max frisch

aspekte des bühnenwerks

**herausgegeben von
gerhard p. knapp**

peter lang
bern · frankfurt am main · las vegas

cip-kurztitelaufnahme der deutschen bibliothek

studien zum werk max frischs
hrsg. von gerhard p. knapp. — bern, frankfurt am main,
las vegas: lang 1979.
   (bd. 2. max frisch, aspekte des bühnenwerks)
   ISBN 3-261-03071-2

© verlag peter lang ag, bern 1979
nachfolger des verlages der
herbert lang & cie ag, Bern

satz und druck: lang druck ag, liebefeld/bern

Inhalt

Vorbemerkungen des Herausgebers 5

MANFRED JURGENSEN:
Die Welt auf Probe. Stichworte zum Drama Max Frischs 15

JÜRGEN H. PETERSEN:
Frischs dramaturgische Konzeptionen 27

WERNER STAUFFACHER:
Die Leistung der Sprache. Zum Verhältnis von Wort und Geste im dramatischen
Werk Max Frischs 59

MONA KNAPP:
"Die Frau ist ein Mensch, bevor man sie liebt, manchmal auch nachher..."
Kritische Anmerkungen zur Gestaltung der Frau in Frischtexten 73

ULRICH PROFITLICH:
"Verlorene Partien": Modelle des Mißlingens im Drama Max Frischs 107

PETER SPYCHER:
Nicht gelebtes und gelebtes Leben in Max Frischs *Bin oder Die Reise nach
Peking* und *Santa Cruz:* Eine literarisch-psychologische Betrachtung 131

MANFRED DURZAK:
Thornton Wilder, ein Lehrmeister des Dramatikers Max Frisch 157

MICHAEL BUTLER:
Das Paradoxon des Parabelstücks: Zu Max Frischs *Als der Krieg zu Ende war* und
Graf Öderland 177

MARIANNE BIEDERMANN:
Graf Öderland in Beziehung zu seiner Umwelt. Eine Untersuchung 195

GERHARD P. KNAPP:
Angelpunkt *Öderland:* Über die Bedeutung eines dramaturgischen Fehlschlags
für das Bühnenwerk Frischs 223

ROLF KIESER und DORIS STARR GUILLOTON:
Faustische Elemente in Max Frischs *Don Juan oder die Liebe zur Geometrie* ... 255

JIŘÍ STROMŠÍK:
Biedermann und die Brandstifter. Schwierigkeiten beim Schreiben eines Lehrstücks 275

ARMIN ARNOLD:
Woyzeck in Andorra: Max Frisch und Georg Büchner 297

5

GERD ALFRED PETERMANN:
Max Frisch und die Psychologie. Kritische Anmerkungen zu Interpretationen
von *Andorra* 313

RICHARD THIEBERGER:
Andorra − nur ein Modell? 341

ZORAN KONSTANTINOVIĆ:
Das diarische Ich im Bühnenwerk. *Biografie: Ein Spiel* 357

SIGRID MAYER:
Biografie: Ein Spiel: Stiller und/oder Gantenbein auf der Bühne? 371

WALTER SCHMITZ:
Zu Max Frisch: *Triptychon.* Drei szenische Bilder (1978) 401

ALEXANDER VON BORMANN:
Theater als Existenz-Erfahrung? Die Wende von Max Frisch zum christlichen
Laienspiel 425

GERHARD P. KNAPP:
"Daß wir uns nur noch wiederholen." Jean-Paul Sartre und Max Frisch: Notizen
zur literarischen Tradition 437

WALTER SCHMITZ:
Frisch-Bilder. Linien und Skizzen der Forschung 451

Die Autoren dieses Bandes 503

Register 507

Vorbemerkungen

Die dramatische Produktion des Autors Max Frisch umspannt jetzt mehr als drei Jahrzehnte. Am 29. März 1945, also noch vor dem Ende des zweiten Weltkriegs, wird sein zweites Stück *Nun singen sie wieder. Versuch eines Requiems* am Zürcher Schauspielhaus uraufgeführt. Noch war keine Rede von einer Waffenruhe in Europa und im Pazifik, und schon lag eine Bilanz des Kriegsgeschehens aus der Feder des damals noch unbekannten schweizer Bühnenautors vor, die beispielgebend werden sollte für ein großes Lager der später so genannten 'Bewältigungsliteratur': die Warnung der Toten, von den Lebenden in den Wind geschlagen, verhallt ungehört. Eine Einsicht findet nicht statt, sieht man einmal ab von der kurzlebigen Konvergenz der Wirkungsstrategie des Stückes mit dem Erwartungshorizont seines Zuschauers. Was sich hier im Kern schon andeutet, ist der spezifische Charakter von Frischs "Lehrstück ohne Lehre," der dann später vor allem in den Welterfolgen *Biedermann und die Brandstifter* (1957) und *Andorra* (1961) zum strukturierenden Element wird.[1]

Frischs erstes Stück, *Santa Cruz* (1944), das der Autor selbst eine "Romanze" nennt, erlebt seine Premiere erst am 7.3.1946, die deutsche Erstaufführung datiert ins Jahr 1948. Vergleicht man die beiden frühesten Bühnentexte, so fällt bereits hier jene Bipolarität auf, die die spätere Entwicklung des Autors zeichnet: hier die Bearbeitung rein privater Themenkomplexe, ein Unbesorgtsein um den historischen und gesellschaftlichen Befund, der das Etikett des Eskapisten auf den Plan rufen muß – dort die unmittelbare Parteinahme für die Opfer der aktuellen Katastrophe, später dann die mehr oder minder konkrete Stellungnahme zum Zeitgeschehen. Eine Versöhnung dieser dem Werk inhärenten Spannung wird Frisch nicht erreichen. Es zeichnen sich jedoch zunächst Vermittlungsversuche ab, später dann ein resignatives Ausweichen, von dem weiter noch die Rede sein wird. –

Überblickt man die Wirkungsgeschichte dieses Bühnenwerks, so wie es heute vorliegt und wie es Anlaß ist zum Innehalten, zur Bestandsaufnahme,

---

1 Vgl. auch Hellmuth Karasek: Max Frisch. Velber (= Friedrichs Dramatiker des Welttheaters / dtv 6817) ⁵1974; S. 28 u.ö.

so wird man schnell klarer Einschnitte gewahr. Den ersten beiden Texten folgt die mäßig erfolgreiche Farce *Die Chinesische Mauer* (1946). Eine Neufassung wird 1955 uraufgeführt, die dritte Bearbeitung 1965, eine vierte Version schließlich ging 1972 im Théâtre de l'Odéon in Paris über die Bühne. Sichtbar wird hier die Tendenz des Bühnenautors Frisch, am einmal geschriebenen Text weiterzuprobieren, in praktischer Zusammenarbeit mit der Bühne und im jeweiligen Reflex auf eine veränderte Rezeptionssituation das Geschriebene neu zu durchdenken. Gleichzeitig mit der Abfassung der *Chinesische Mauer,* gleichlaufend mit dem Beginn der journalhaften Selbstreflexion, deren erstes Produkt das *Tagebuch 1946—1949* darstellt, setzt die bühnentheoretische Arbeit Frischs ein, die ungebrochen bis zum jetzigen Zeitpunkt anhält. Prägende Einflüsse der Bekanntschaft mit Brecht schlagen sich hier nieder. Theoretische Betrachtungen zum Theater, Reden, dramaturgische und kritische Anmerkungen begleiten die Produktion der Stücke; so wie die Tagebücher das fiktionale Werk begleiten, ihm ein Netzwerk von Bezugspunkten sichern, die Leser und Kritik in ihrer Deutung nicht nur gefördert, sondern auch verwirrt haben. –

Der Durchbruch zur Weltgeltung kündigt sich paradoxerweise an in *Graf Öderland* (1951/1956/1961). Die Moritat vom blutrünstigen Staatsanwalt, vom Auflodern hilfloser Gewalttat in einem Gesellschaftsgefüge, dessen Restriktionen keinen Raum lassen für die Träume des Einzelnen – und "Traum" bedeutet "Leben" für Frisch im *Öderland* –, stellt nicht nur einen dramaturgischen Fehlschlag dar (daran ändert auch die zweifache Revision durch den Autor wenig). Sie markiert eine Nahtstelle im Schaffen des Bühnenautors. Auf der Basis des frühen Werks, vor allem auch von *Als der Krieg zu Ende war* (1948/1962) wird hier die Synthese von "privater" und "öffentlicher" Themenstellung versucht. Hier die Entfremdung eines Individuums in einer nur allzu skizzenhaft begriffenen Gesellschaft – dort die Südsee- und Inselromantik, Vehikel der Flucht vor der grauen, langweiligen und im Grunde unverstandenen 'Realität.' Die Verschmelzung der beiden Ebenen kann nicht glaubhaft glücken: das Stück stößt zwischen Gesellschaftskritik und Mythos ins Leere. – In der Komödie *Don Juan oder Die Liebe zur Geometrie* (1953/1961) gelingt Frisch der erste größere Publikumserfolg. Der Rekurs auf das scheinbar "private" Dilemma des von den Furien der literarischen Tradition gehetzten Playboys wider Willen, das Komödiantische, befreit von den Gewichten eines Bedeutungszusammenhangs mit der umgebenden Realität, sichern dem Stück unmittelbare Akklamation. Etwa gleichzeitig entsteht das Hörspiel von Herrn Biedermann und den Brandstiftern – Menetekel vor dem Hintergrund des kalten Krieges und der Morgenröte eines westeuropäischen Wirtschaftswunders; Psychogramm des Spießers, der, bloß um nicht unangenehm aufzufallen, dem eigenen Untergang Tür und Tor öffnet. *Biedermann und die Brandstifter. Lehrstück ohne Lehre* in der Bühnenfassung von 1957 und *Andorra* (1961) begründen den internationalen Ruhm des Bühnenautors. Verfänglich bleibt der Untertitel des Biedermann-Stückes, wenn auch letzten Endes bezeichnend für den gesellschaftlichen Impuls beider Texte, der im resignativen Befund der Unbelehrbarkeit des Einzelnen bzw. des anvisierten Kollektivs sich den Vorwurf der ästhetischen Unverbindlichkeit hat gefallen lassen müssen. Beide Stücke sind, wohlgemerkt, glänzendes Theater. Beide haben ein immenses Publikum erreicht (*Andorra* erzielt, um nur ein Beispiel zu geben, in der Saison 1962/63 934 Einspielungen auf den deutschsprachigen Bühnen) und verzeichnen noch immer erfolgreiche Neuinszenierungen. Sie sind inzwischen nachgerade zu Klassikern der Gegenwartsliteratur avanciert und gehören zum festen Lehrprogramm von Oberschule und Universität.[2]

Schärfer besehen, sind es gerade die beiden 'Gesellschaftsstücke' *Biedermann* und *Andorra* — letzteres wird häufig auch als parabolischer Text gedeutet —, die die Fragwürdigkeit einer gesellschaftskritischen Phänomenologie *ohne* konkrete Lehrmeinung bloßlegen. Hatte Frisch noch im *Öderland* auf eine solche greifbare Didaxe hingezielt — wenn sie ihm auch im Verlauf des Stückes durch die Finger geglitten war — so signalisieren gerade die erfolgreichsten Texte letzten Endes die Unmöglichkeit zu lehren dort, wo jede ideologisch unterbaute Lösung abgelehnt wird. Schon im dazwischenliegenden Schwank *Die große Wut des Philipp Hotz* (1958) probiert der Autor den totalen Rückzug aus dem Engagement der Bühne in plumper Situationskomik, in grobschlächtiger Vorwegnahme des so ungleich subtileren Hannes Kürmann, der mit Hotz doch eines gemein hat: die hilflose, impotente Unfähigkeit des Intellektuellen, den einmal bestehenden Zustand zu verändern, sei es durch Rage, sei es durch den Versuch der Re-Inszenierung des eigenen Lebenslaufs. Zwischen *Andorra* und *Biografie: Ein Spiel* (1967), dem bislang letzten großen Bühnenerfolg, liegt noch *Zürich-Transit* (1965), ein von der Forschung bislang zu Unrecht vernachlässigter Text. Das Filmskript setzt thematisch zwischen *Graf Öderland* und *Biografie* an und verdiente schon deshalb einige Beachtung.

Stationen der Anerkennung und des Erfolges sind die Verleihung des Literaturpreises der Stadt Zürich (1958), im gleichen Jahr des Georg-Büchner-Preises, des Schiller-Preises (1965) und des Friedenspreises des Deutschen Buchhandels (1976). Die verschiedenen Preisreden werden jeweils zum Anstoß der Selbstbesinnung, der literarischen aber auch zeitgenössischen Standortbestimmung. Im Zentrum dieser Betrachtungen steht zumeist die Frage nach der Aufgabe des Schriftstellers in unserer Zeit. Frischs Äußerungen, die Bedeutendes und Bleibendes mit Zeitgeschichtlichem, Widersprüchliches und Kontinuierliches vereinen, sind es wert, im einzelnen nachgelesen

---

2 Hierzu auch: Ernst Wendt und Walter Schmitz (Hrsg.): Materialien zu Max Frischs 'Andorra.' Frankfurt (= edition suhrkamp 653) 1978 und den im ganzen gut gelungenen Kommentar von Wolfgang Frühwald und Walter Schmitz. München/Wien (= Reihe Hanser 243 = Literatur-Kommentare 9) 1977.

zu werden. Das sich dynamisch wandelnde Selbstverständnis des Autors — hier ein offensichtlicher Konflikt mit der Reprivatisierung, wie sie die Stücke selbst zeigen — hat nicht die mutige und offene Äußerung, die konkrete Kritik am Bestehenden gescheut. Auch böswillige oder schlechthin unbedarfte Mißverständnisse konnten nicht ausbleiben: man denke etwa an die jüngste Diskreditierung des Autors anläßlich seiner Rede zum SPD-Parteitag von 1977 durch solche, die es besser wissen sollten. — Als Zeugnisse aber der konstanten Reflexion über die Möglichkeiten der Bühne innerhalb der sich wandelnden gesellschaftlichen Wirkungsmöglichkeiten sind die Reden und dramaturgischen Anmerkungen Frischs Grundlage zum Verständnis seines Bühnenwerks.

Die Veröffentlichung von *Triptychon. Drei szenische Bilder* im April 1978 deutet einen vorläufigen Endpunkt in der Entwicklung dieses Werks an. Ursprünglich, so vernahm man aus der Umgebung des Autors, war ein Stück mit dem Titel *Styx* geplant. In diesem Szenarium — Frisch hat es bislang nicht zur Aufführung freigegeben — schließt sich der Kreis der mit dem *Öderland* einsetzenden, durch *Biografie* virtuos und bühnenwirksam besiegelten Entwicklung der Bühnentexte zum Privaten, Individuellen. Hatte man mit Erstaunen bemerkt, daß Frisch in *Biografie* — ähnlich wie in seinen ganz frühen Stücken — mit einem zwar verhaltenen aber doch eindeutig vorhandenen Identifikationsangebot an seinen Zuschauer herantritt, wo die mittleren Texte dies bestenfalls ex negativo aufzuweisen hatten, so wird diese Tendenz deutlicher im jüngsten Text. In starker Anlehnung an die literarische Tradition, an Wilder und Pirandello, vor allem aber an Sartre — nicht nur *Huis Clos* hat hier Pate gestanden, sondern in erster Linie das gefährlich auf der Grenzlinie zum Trivialen balancierende Skript *Les jeux sont faits* — läßt Frisch hier die Welt der Toten Revue passieren. Was vorher als roter Faden das Werk durchzieht: Angst vor der Wiederholung, Reproduktion als letzte persönliche (und oftmals auch gesellschaftliche) Möglichkeit, der Zwang in die Rolle — das ist nun zum letztgültigen Fazit geworden: "Hier gibt's keine Erwartung mehr, auch keine Furcht, keine Zukunft, und das ist's, warum alles in allem so nichtig erscheint, wenn es zu Ende ist ein für allemal."[3]

Ein Ende also des Lernprozesses, der Illusion sogar einer möglichen Revision des Vergangenen: "was gewesen ist, das läßt sich nicht verändern, und das ist die Ewigkeit."[4] Als persönliche Erkenntnis klänge das, seitdem man sich mit den Lehren des Existenzialismus auseinandersetzte, beileibe nicht neu. Aber gilt das auch als Resultat gesellschaftlicher und historischer Denkprozesse? Hypostasiert sich auch dort Gewesenes zum Unveränderlichen, zum beliebig Wiederholbaren somit, bleibt also nur die totale

---

3 M. F.: Triptychon. Drei szenische Bilder. Frankfurt 1978; S. 80.
4 Ibid., S. 81.

Resignation? Da klingt dann auch der Ausruf Xavers "Warum leben die Leute nicht?"[5] seltsam blaß, wehleidig, wie ein müdes Klischee aus den Kulissen. Man muß sich fragen, wo nun, da im erzählerischen Werk mit *Montauk* (1975) der Schritt zur Reprivatisierung vollzogen, im Bühnenwerk mit *Triptychon* die einmal gegebene Problematik der Rolle unwiderruflich zementiert ist, die weitere Entwicklung des Autors Max Frisch hinführen wird.

* * *

Aus der vorangegegangenen Skizze erhellt, daß zum gegebenen Zeitpunkt, der einen natürlichen Einschnitt in die Produktion vorgibt, eine Überschau des Bühnenwerks naheliegt. Ermöglicht wird diese nicht nur durch werkinterne Kriterien, sondern auch im Blickwinkel historischer Bestandsaufnahme, der zwar in relativer Distanz die vergangenen dreißig Jahre zu ordnen vermag, andererseits doch die Entwicklungen, die sie tragen und prägen, unter dem Zeichen ungebrochener Kontinuität in Gegenwart und Zukunft hineinwirken sieht. Das Vorliegen einer Sammelausgabe der Werke Frischs begünstigt, wie bereits an anderer Stelle betont,[6] die Beschäftigung mit dem Werk.[7] Trotz des beträchtlichen quantitativen Aufschwungs, den die Frischforschung gerade im vergangenen Jahrzehnt zeitigte, fehlt es nach wie vor an übergreifenden Gesamtdarstellungen, sei es zu einem bestimmten Genre, sei es motivischer, vergleichender oder sonstiger Art. Für das Bühnenwerk konnte man bisher zurückgreifen auf die zuverlässige Arbeit von Manfred Jurgensen,[8] heranzuziehen waren primär die Studien von Steinmetz,[9] Marianne Biedermann[10] und Manfred Durzak.[11] Daneben existiert eine Fülle von Arbeiten zu Einzeltexten bzw. auch von wichtigeren Ergebnissen in übergreifender Fragestellung.[12] Eine neue Monographie ausschließlich zum Thema Frisch von Jürgen H. Petersen ist gerade

---

5 Ibid., S. 48.
6 Vgl. Gerhard P. Knapp (Hrsg.): Max Frisch. Aspekte des Prosawerks. Bern/Frankfurt/Las Vegas (= Studien zum Werk Max Frischs 1) 1978; Vorbemerkungen S. 7.
7 Max Frisch. Gesammelte Werke in zeitlicher Folge. Hrsg. v. Hans Mayer u. Mw. v. Walter Schmitz. 6 Bde. Frankfurt 1976. Hierzu auch die Rezension von Jürgen H. Petersen in ZfdPh 96 (1977) S. 619–623.
8 M. J.: Max Frisch. Die Dramen. Bern/München ²1976.
9 Horst Steinmetz: Max Frisch: Tagebuch, Drama, Roman. Göttingen (= Kleine Vandenhoeck-Reihe 379) 1973.
10 M. B.: Das politische Theater von Max Frisch. Lampertheim (= Theater unserer Zeit 13) 1974.
11 M. D.: Dürrenmatt, Frisch, Weiss. Deutsches Drama der Gegenwart zwischen Kritik und Utopie. Stuttgart 1972.
12 Hierzu vgl. die kritisch kommentierte Auswahlbibliographie von Mona Knapp in: Max Frisch. Aspekte des Prosawerks (vgl. Anm. 6); S. 309–351.

erschienen.[13] Hier scheint eine Gesamtdarstellung erstmals überzeugend gelungen. Auf die Kriterien einzugehen, die die frühere Forschung an dieses Bühnenwerk anlegte, ist hier nicht der Ort. –

Über die Zielsetzung des vorliegenden Bandes, der sich als konsequente Fortführung der im gleichen Hause erschienen Sammlung von Studien zum Prosawerk[14] versteht, sei folgendes vermerkt.

Wiederum wird der Versuch unternommen, unter dem ordnenden Zugriff der methodischen Beschränkung auf die Bühnentexte eine Vielfalt von Deutungsmöglichkeiten zu vereinen, die dem Desideratum eines verbindlichen Zwischenbefundes zustrebt. Es haben sich Literaturwissenschaftler aus zehn Ländern zur Mitarbeit bereitgefunden: aus Australien, der Bundesrepublik, Kanada, der ČSSR, Frankreich, Großbritannien, den Niederlanden, Österreich, der Schweiz und den Vereinigten Staaten. Bei den vorliegenden Arbeiten handelt es sich um Originalbeiträge zum Thema, mit der Ausnahme von Manfred Durzaks Studie. Der Begriff des Bühnenwerks – methodisches Regulativ einer anderweits nicht zu verantwortenden Breite, die die Tragfähigkeit des Sammelbandes übersteigen müßte – versteht sich als Sammelbegriff auch dort in sinnvoller Dehnung, wo Verständnisgrundlagen zu theoretischen Schriften oder zu einzelnen wesentlichen Themenkreisen über das Genre im engeren Sinne hinaus erarbeitet werden.

Auch der vorliegende Band will sich wieder nicht nur an den Fachwissenschaftler wenden. Seine Konzeption zielt durchaus auch auf die Vermittlung brauchbarer Ergebnisse im fortschrittlichen Deutschunterricht an den Schulen ab. Er möchte darüber hinaus, wie sein Vorgänger, den Leser von Texten der Gegenwartsliteratur wie den Theaterbesucher direkt ansprechen, zu einer Vertiefung des Dialogs mit den Texten beitragen, Zugänge öffnen, wo sie diese wichtige Auseinandersetzung mit dem Werk eines der bedeutendsten Autoren der deutschsprachigen Literatur der Jahre seit dem zweiten Weltkrieg zu fördern vermögen. Die Lesbarkeit der Beiträge im ganzen spricht hier für sich.

* * *

Der Band gliedert sich, grob gesprochen, in zwei Teile. Der erste behandelt übergreifende Themenstellungen, deren Bedeutung für das Bühnenwerk auf den ersten Blick ersichtlich ist. Hier waren auch, schon allein um den Blick zu öffnen auf die häufig fließenden Demarkationslinien zwischen den Genres, die Grenzen zur Betrachtung der anderen Texte so durchlässig

---

13 J. H. P.: Max Frisch. Stuttgart (= Sammlung Metzler 173) 1978. Auf diesen Band, der für die weiterführende Forschung indispensabel ist, sei der Leser nachdrücklich verwiesen.
14 Vgl. oben Anm. 6.

wie möglich zu halten. Die Nahtstelle zwischen den beiden Teilen des Bandes bildet Peter Spychers Motivuntersuchung, die den Prosatext *Bin oder die Reise nach Peking* mit der Betrachtung des ersten Bühnentexts *Santa Cruz* verklammert und so auf eine werkinterne Kontinuität verweist, die notgedrungen in der methodischen Trennung beider Bände stellenweise etwas in den Hintergrund treten mußte.

Die folgenden Beiträge gruppieren sich locker um die Chronologie der Bühnentexte. Naturgemäß war *Andorra* ein gewisses Schwergewicht einzuräumen; das gleiche gilt für *Biografie: Ein Spiel.* Beide Texte stellen wohl – dies sei gesagt mit allem nötigen Vorbehalt – bislang die bedeutendsten Leistungen Frischs auf der Bühne dar. Auch das neue Szenarium *Triptychon,* als vorläufiger Endpunkt der Bühnenproduktion, findet im Rahmen des Bandes gebührende Beachtung. Als erste literaturwissenschaftliche Stellungnahmen zum Text repräsentieren die sich hier gegenüberstehenden Beiträge eine nach wie vor lebhafte und widersprüchliche Diskussion um Frischtexte, wie sie wohl auch Signum der Forschung für die kommenden Jahre bleiben wird.

Den Band beschließt ein Forschungsbericht zu Max Frisch von Walter Schmitz, der sich als ergänzendes Gegenstück zur kritisch kommentierten Bibliographie des ersten Bandes versteht. Dieser Bericht ist abermals der erste Beitrag dieser Art zur Frischforschung. Überflüssig zu betonen, daß sein Verfasser in der jeweiligen Bewertung der Sachlage nicht notwendig mit anderen Autoren dieses Bandes einig geht. –

Neben einer allgemeinen Konzentration auf die Erarbeitung von ordnenden und vergleichenden Leitlinien zum Bühnenwerk verstand sich, daß der Bedeutung dieses Werks für die umgebende Gesellschaft besondere Aufmerksamkeit zukommen mußte. So stehen auch gesellschaftliche und historische Aspekte gleichberechtigt neben werkinternen Deutungen. Derart möchte der Band als Ganzes weder der Ikonographie noch einer fraglosen Affirmation das Wort reden und so Fehler perpetuieren, die wie unsichtbare Fäden gerade die Frischforschung durchziehen. Eine Auseinandersetzung mit dem Werk Max Frischs auf der Basis der konstruktiven, der klaren Kritik, die ihre Prämissen eingesteht und dieses Werk insistierend befragt, scheint heute nötiger denn je.

* * *

Auch dieser zweite Band zum Werk Frischs, dies braucht kaum mehr eigens betont zu werden, präsentiert sich seinem Leser mit dem fruchtbaren Vorbehalt des Experiments. Sollte er – wiederum – seinen Beitrag leisten können zur Rezeption dieses Bühnenwerks, im weiteren Sinne zur Verfestigung und Selbstbesinnung von Forschung und Kritik, so wäre jenes als gelungen anzusehen. –

Gedankt sei den Autoren des Bandes, die dieses Unternehmen ermöglicht haben. Besonderer Dank gilt wieder Herrn Peter Lang, dem Verleger dieser Sammlung, dessen Geduld und großzügiges Engagement für die Sache wesentlich zu ihrem Gelingen beitrugen.

Amsterdam / Salt Lake City,   GERHARD P. KNAPP
im Sommer/Herbst 1978

MANFRED JURGENSEN

Die Welt auf Probe.
Stichworte zum Drama Max Frischs

1

Elf Bühnenstücke, zwei Hörspiele, ein Filmskript. Außerdem kritische Schriften zum Theater, Besprechungen, Reden, Dramaturgisches.* Der Dramatiker Frisch erstreckt sich über drei Jahrzehnte. Seit 1944 probiert er die Darstellbarkeit der Welt. Nicht als ideologisches Muster, nicht als philosophischen Entwurf. Und nicht als ästhetische Imitatio, die sich als Realismus begreift. Max Frisch sucht die Welt als Erfahrungsmuster darzustellen, wie sie sich konkret im Individuum verwirklicht. Nicht das Ich ist die Welt, sondern die Welt ist nur als Ich erkennbar. Eine Ich-Totalität, an der sich ein individuell-repräsentatives Dasein orientiert. Das Einzelwesen erweist sich als geteilte Existenz: in seiner Einmaligkeit austauschbar, stellvertretend, allumfassend. Es teilt seine Trennung mit anderen Ich und weiß sich in dieser persönlichen Gleichartigkeit verstanden. Kritisch-ironisch verstanden: die Selbstverfremdung gibt sich als wesentlicher Bestandteil der individuellen Identität zu erkennen. Eine Welt der geteilten Trennung also, mit-teilbar durch einen Ausdruck der Spannung. Die Darstellbarkeit der Welt im Drama zeigt das Ich auf der Suche nach seiner Identität, in Schein-Trennung von Geschlecht und Gesellschaft. Dieses Ich-Theater ist somit von Anfang an musterhaft: es identifiziert sich als Modell-Drama. Das Persönliche als geteilte Erfahrung bestimmt – existentiell und dramaturgisch – eine Rollenidentität. Geschlechtliches und gesellschaftliches Rollenspiel diktiert ein Bildnis des Vorurteils: es gestaltet das Ich in seiner Gefangenschaft. Das theatralische Rollen-Ich hingegen wird zum Ausdrucksbild einer freien Selbstgestaltung, freilich nur in dem Sinne, daß die Individualität als dramatische Gestalt ihrer geteilten Existenz bewußt bleibt. Repräsentative Bilder also eines sozialen Ich. Identifizierbar ist dieses Ich allein durch die Gesellschaft seiner Betrachter: im Theater. Die dramatische Selbstbetrach-

---

* Alle Zitate nach:
Max Frisch: *Gesammelte Werke in zeitlicher Folge I–VI,* hrsg. von Hans Mayer unter Mitwirkung von Walter Schmitz. Frankfurt am Main 1976.
Max Frisch: *Triptychon. Drei szenische Bilder.* Frankfurt am Main 1978.

15

tung nimmt teil am Rollenschicksal der *dramatis personae;* in der bildlichen Rolle des theatralischen Ich erkennt sich das individuelle Einzelwesen.

Das Theater ermöglicht dem Ich, spielerisch sich selbst zu lesen, rollenhaft Betrachter seiner selbst zu werden. Der Autor Frisch bestimmt die Ich-Inszenierung im Akt des Schreibens. Er weiß: "Schreiben heißt: sich selber lesen." Das rollenhafte Ich des Theaters verwirklicht ein Muster individueller Existenz. Zuschauen heißt: sich selber erkennen. Das Drama Max Frischs macht die Bühne zum Modell. In der Austauschbarkeit eines musterhaften Ich liegt die gesellschaftliche und politische Dimension seines Theaters. Immanenter Teil eines solchen Modell-Dramas bleibt sein Hang zur Didaktik. Direkt oder indirekt entfaltet sich ein Dialog zwischen Schauspieler und Zuschauer, Ich-Gestalter und Ich-Betrachter. Unüberhörbar bestimmt die dramatische Vorstellung: das bist du. In *Biedermann* und *Andorra* gibt Frischs Theater vor, Lehre und Wirklichkeit im Griff zu haben. Das Drama spielt eine Erkenntnis. Paradoxerweise setzt das Modell Verständnis voraus. Die Parabel lehrt nicht nur, sie bezeugt außerdem die Fiktion – so sehr das auch gegen ihre Absicht sein mag. Das Lehrstück *Biedermann* steht in wunderlichem Widerspruch zu sich selbst: programmatisch negiert es schicksalhafte Fügung, die es als repräsentatives Spiel dennoch dramaturgisch inszenieren muß. Auch *Andorra* drängt noch in die eine unveränderliche Richtung: das Theater spielt seine Lehre. Spätestens mit *Biografie: Ein Spiel* ist sich Frisch dieses Widerspruchs bewußt geworden. Nicht zufällig setzt mit diesem Stück eine zehnjährige Pause im Schaffen des Dramatikers Frisch ein. Es kommt zu einer Scheinlösung, die das biographische Ich als variationsfähiges Spiel inszeniert. Das Ich-Theater wird zum Theater-Ich. Mit den szenischen Bildern *Triptychon* zeichnet Frisch nur noch Teilansichten, Aspekte eines als wirklich akzeptierten Daseins. Das Theater bietet Ausschnitte der Wirklichkeit. Es entwirft keine Parabeln mehr, es weiß sehr viel weniger. Eine Bescheidung in der Erkenntnismöglichkeit einer gespielten Welt. Endgültigkeit des Gewesenen, schicksalhaftes Sein, das biographische Spiel ersetzt durch eine unveränderliche Wirklichkeit. Die Welt stellt sich selber dar.

2

Eine Romanze, Versuch eines Requiems, eine Farce, ein Schauspiel, eine Moritat, eine Komödie, ein Lehrstück ohne Lehre, ein Nachspiel, ein Schwank, ein Stück, ein Spiel, drei szenische Bilder. Der Dramatiker Frisch weiß: jede Form ist Probe. Gelegentlich heißt es denn auch: "Versuch eines Requiems" oder – das Dilemma nicht nur seines, sondern des modernen Dramas überhaupt umschreibend – "ein Lehrstück ohne Lehre." Frisch sucht mit seinem Theater die Welt auf die Probe zu stellen. Die erfahrbare Welt personifiziert sich im stellvertretenden Ich. Mithin probiert Frisch

Versionen eines Ich. Das Ich verfügt über seine eigene Autorenschaft. Es gestaltet sich im bewußten Erleben seiner Existenz, seiner Welt. Die Fiktion des Theaters entwirft Projektionen solcher Ich-Darstellung: sie gestaltet Rollen individueller Erfahrungsmuster. Dramatische Formfiktion erweist sich als Ausdruck musterhafter Erfahrung. *Santa Cruz* ist die fiktionale Lokalisierung eben dieser austauschbaren Erfahrung: Frisch gestaltet sie in der Form einer Romanze, um eine Allgegenwart transparent zu machen. Ein Traumspiel, in dem die Erinnerung als Szene in Erscheinung tritt – und (für das Publikum) umgekehrt: die Szene wird als Erinnerung erkannt. Drama ist hier gleichbedeutend mit Vergegenwärtigung. Dabei identifiziert Frisch das Musterhafte der Erfahrung als Wiederholung, die Wiederholung ihrerseits als Erkenntnisquelle. Die Erkenntnis des eigenen Schicksals ergibt sich paradoxerweise aus der Wiederholung, also eben nicht aus der Einmaligkeit einer individuellen Existenz.

"Es stirbt der ewige Andere in uns," bemerkt Frisch im Programmheft der Uraufführung (II, 77). Schon von hier aus also lassen sich Verbindungen herstellen zu *Biografie: Ein Spiel* und *Triptychon*. In *Nun singen sie wieder* lautet die entsprechende Bestimmung einer geteilten Erfahrung, eines austauschbaren Erlebnisses: "andere werden sich andere denken" (II, 137), traum- und zwanghafte Selbstprojektionen nämlich. Wiederholung und Vergegenwärtigung bestimmen die traumspielhafte Form der Romanze *Santa Cruz*. Das Bildhafte ihrer Darstellung inszeniert Erkenntnis als ästhetischen Schein. Das Drama erweist sich als Bild der Ehe. Es benutzt das Bild als Szene, die Szene als Bild. Szenische Bilder also schon hier, jedoch nicht wie im *Triptychon* als Ausschnitt der Wirklichkeit, sondern als sinnliche Vergegenwärtigung eines Sehnsuchtstraums. Symbolische Handlung, symbolischer Ort, symbolische Charaktere: Max Frisch probiert die Bühne als Sinn-Bild unseres Bewußtseins. Geschlecht und Gesellschaft offenbaren sich in ästhetischer Erscheinung. Der Konflikt einer geteilten Existenz, eines getrennten Ich löst sich in der Schein-Harmonie des theatralischen Spiels.

3

Traumszenen als Sprachbild auch im Versuch eines Requiems *Nun singen sie wieder*. Aus dem gesprochenen Wort soll die Szene hervorgehen, bestimmt Frisch (II, 137). Das Theater gibt sich als Sprachspiel zu erkennen. Die Ungeheuerlichkeit der geschichtlichen Vorlage bestimmt eine Beschränkung auf sprachbildliche und gedankliche Inszenierung. Das heißt: aus moralischen Gründen soll die Darstellung als Spiel erkannt werden. Frischs Drama bleibt ein sprachlicher Einfall, szenische Rhetorik, gedachter Schein. Eine Form des schlechten Gewissens. Das Probieren der Schuld.

4

Dieses Spiel-Konzept ändert sich radikal in der Farce *Die Chinesische Mauer*. Es bezieht sich nunmehr auf Bewußtseinsmasken, die als Gedankenzitate in Erscheinung treten. Wiederum spielt das Stück auf der Bühne, nun aber nicht mehr als traumhaft-sehnsuchtsvolles Ich-Theater wie in *Santa Cruz*, sondern als Inszenierung jener Gedanken, Hoffnungen und Ängste, die "auch die andern, die Straßenbahn fahren" hegen, derjenigen, die "ebenfalls eine solche Bühne in ihrem Kopfe tragen, größer und kleiner, idyllischer oder dramatischer, so oder so bevölkert." (II, 218) Das seelische Theater hat sich sozialisiert, das dramatische Bewußtsein des Zeitgenossen politisiert. Austauschbar bleiben die Gedanken, die Existenzangst und die Identitätskrise. Im Gegensatz zum vorangegangenen Stück erweist sich die Kulisse erneut von großer Bedeutung. *Die Chinesische Mauer* spielt eine gedankliche Maskerade; sie präsentiert eine Bewußtseinskulisse des austauschbaren Zeitgenossen, des Heutigen der Jahrhundertmitte. Das große Thema der beiden frühen Dramen, die Wiederholung, wird auch in dieser verzweifelten Farce beibehalten, freilich mit umgekehrten Vorzeichen: sie ist moralisch nicht zulässig. Die Geschichte als Spiel, historische Begebenheiten als Theater, Politik als Maskerade: in der *Chinesischen Mauer* verwirklicht sich das Thema in der Ausdrucksform. Indem Frisch die geschichtliche Farce der Menschheit dramatisch enthüllt, bedient er sich des Theaters als moralische Anstalt. Er warnt vor der Wiederholung einer maskierten Diktatur, der geistigen und sinnlichen Eroberung durch solche Weltbühne. Die Konsequenz, die Frisch daraus für seine eigene Dramaturgie zieht, wird offenkundig: sie ist eine erste Absage an das Theater, das sich hier bestenfalls nur selbst zitiert. Eigenartiger Widerspruch also, daß die *Chinesische Mauer* ein welthistorisches Theater enthüllt, in dieser Demaskierung jedoch zugleich ein Drama inszeniert, das sich selbst nur in Ausschnitten und Passagen verwirklichen darf. Eine Schein-Negierung des Theaters auf dem Theater also. Der Versuch einer neuen Dramaturgie, gesellschaftlich orientiert und episch verfremdend. Frisch stellt die Weltgeschichte auf eine theatralische Probe — und verurteilt sein eigenes Drama. Dramaturgisch heißt Probe hier Zitat.

In seinem Aufsatz *Zur 'Chinesischen Mauer'*, der 1955 zuerst in den 'Akzenten' erschien, spricht Frisch von einer "wachen Selbsterprobung" (II, 221) in der "handwerklichen" Entwicklung des Schriftstellers. Auch der Dramatiker Frisch erprobt sich künstlerisch in diesem Entwurf eine Dramaturgie der Zitate. In seiner Selbstkritik bemängelt er, daß nicht das Stück selbst, sondern seine Bedeutung gezeigt wird (II, 223). Anders ausgedrückt: das Theater wird gedanklich zitiert, zitatenhaft projiziert, nicht aber auf der Bühne verwirklicht. Die Welt wird nicht einer Probe, sondern einer gedanklichen Prüfung unterzogen. *Die Chinesische Mauer* deutet, sie zeigt nicht. Wie bezeichnend, daß Frisch in seiner Kritik Brechts Straßenunfallszene benutzt (auch das ein Zitat), um die Fragwürdigkeit des

Stücks zu veranschaulichen! Spiel als sprachliches Meinungstheater. Dessen Thema: der Protest eines Stummen, historisch perspektiviert und kommentiert durch die Rolle des Heutigen. Es zeigt sich, wie sehr Frisch hier in eine dramaturgische Sackgasse geraten ist. Er hat die Widersprüche der Welt und ihrer Geschichte zum Widerspruch des Theaters selbst gemacht. Ein Drama der Stilzitate, der Handlungszitate, der Charakter- und Figurenzitate. Keine theatralische Probe, sondern eine Probe des Theaters. Nicht die Welt(geschichte) steht auf der Probe, sondern Meinungen werden spielerisch geprüft.

5

Das Spiel mit der Geschichte erfährt in dem Schauspiel *Als der Krieg zu Ende war* eine rückbezogene Wendung: das geschichtliche Ereignis soll von sich selbst Zeugnis ablegen. Freilich bleibt die Absicht, dem Einmaligen eine allgemeingültige Verbindlichkeit einzuverleiben. Frisch bedient sich übernommener Zeugenaussagen; er erfindet keine dramatische Handlung. Insofern hat er recht, wenn er das Stück der historischen Gattung zuschreiben will (II, 278). Das Spielhafte dieser besonderen geschichtlichen Begebenheit liegt indes in dem Modellcharakter ihrer Ausnahme. Sprachlosigkeit als Überwindung des tödlichen Bildnis: wo sich solcher Ausnahmezustand historisch verwirklicht, verdient er als lebendiges Bild von allgemeiner Gültigkeit auf dem Theater inszeniert zu werden. So betont Frisch einerseits, die historische Vorlage dürfe nicht "als Regel gelten" (II, 279). Zugleich aber spricht er von den "tödlichen Regeln" des Bildnis (ebd.). Das Beispielhafte entstammt der Geschichte, und sei es in der Form einer Ausnahme. Wo diese Ausnahme zum dramatischen Bild wird, bezeugt sie gleichnishaft. Sie wird zur (moralischen und theatralischen) Regel. Frischs Spiel argumentiert nicht, es stellt zur Schau: sein Schauspiel verwirklicht Geschichte und behält doch die Eigenschaft eines dramatischen Modells. Auf solche Weise kommt Frisch nunmehr der Weltgeschichte bei. Sein Theater erhebt ihre Selbstverwirlichung in das Beispiel, in die Parabel, in das Gleichnis, in das Modell. Das Schauspiel hat seine Probe bestanden.

6

Interessant in diesem Zusammenhang Frischs Aufsatz aus der gleichen Zeit (1948): *Theater ohne Illusion,* damals erschienen in der 'Neuen Zürcher Zeitung.' Was Frisch begrüßt — bei Thornton Wilder zunächst —, läßt sich in einem Satz zusammenfassen: "Das Theater begegnet uns wieder als Spiel, das sich selber als Spiel bewußt bleibt." (II, 334) Dieses Spiel-Konzept bleibt in seiner eigenen Laufbahn als Dramatiker von Bedeutung. Er hat es bis zuletzt nicht aufgegeben. Einige der wichtigsten Aspekte seines eigenen Bühnen-

19

werks werden von Frisch in diesen Ausführungen diskutiert. Wichtig ist ihm von vornherein das Spiel mit der Zeit. Das Theater soll verwirklichen, was das Leben nicht vermag: die Allgegenwärtigkeit unseres Bewußtseins. Dementsprechend spielen seine Dramen in der Vorstellung; an die Stelle einer *geschichtlichen* tritt eine *allzeitige* Wirklichkeit. Hinzu kommt, daß sich Ereignisse wiederholen können im Spiel, so wie es die Aufhebung der Zeit ermöglicht. Frisch analysiert hier also eine Gleichsetzung von Spiel und Theater, die er in seinem eigenen Werk praktiziert hat. Diese Rückkehr zum spielhaften Theater propagiert er mit den folgenden Sätzen: "Das Theater ist eine Lästerung, wenn es nicht Theater bleibt. Das Spiel offenbart sich als der einzig mögliche Ausdruck eines reinen Ernstes, als Ausdruck unseres Bewußtseins, daß alles, was die Bühne geben kann, bestenfalls ein Vergleich ist, ein Zeichen, das Zeichen bleibt." (II, 335) Bewußtseinssprache und ernstes Spiel: sie bleiben die Polarität in der Entwicklung des Dramatikers Max Frisch. Das Theater ist die Lehre.

7

Der Einfall ist der Name. So versichert uns Max Frisch in seinem Werkbericht zur Moritat in zwölf Bildern *Graf Öderland.* Eine Ideengestalt ohne Ende. Eine Legende, die der Wahrheit näher kommt als die Wirklichkeit. Das Spiel verlagert sich ein weiteres Mal. Auf der Bühne läßt sich auch ohne ideologische Motivation spielen: im Theater ist das Spiel beheimatet. Erneut identifiziert sich das Drama als Spiel. Öderland ist eine theatralische Gestalt, ein personifiziertes Bild der Selbstentzweiung. Seine märchenhaften Züge bleiben auf seinen Spielcharakter bezogen. Das Gleichnis- und Zeichenhafte dieser Gestalt liegt in der Art ihrer Erscheinung. Frisch gesteht, eine Öderland-Identifizierung geträumt zu haben. Es ist also kein Zufall, daß das Theaterstück mit der Erklärung des sozial wieder eingegliederten Protagonisten endet: "Man hat mich geträumt . . . Erwachen − jetzt: rasch − jetzt: erwachen − erwachen − erwachen! . . ." (III, 89). Ein Alptraum inszeniert als theatralische Legende. Spukhaftes, Privates verwandelt sich in Politisches, ohne persönliches Grauen einzubüßen. Frisch entwirft eine Spielfigur par excellence. Die Probe, politisches Weltgeschehen in einer dramatischen Gestalt zu personifizieren, ist gelungen. Das Theater hat gesiegt (auch, wenn es zunächst zu Mißerfolgen kam). Man versuche eine Rückübersetzung ins Gesellschaftspolitische: Graf Öderland läßt sich nicht etwa durch den Begriff "Anarchist" erfassen. Seine (Spiel)Realität reicht weiter und tiefer. Er ist die sinnbildliche Gestalt unserer individuellen und gesellschaftlichen Spaltung. Die Gewalt, die er verkörpert, identifiziert eine ganze Welt. Ein Triumph der dramatischen Figur. Die Einbildungskraft auf die Probe gestellt. Ein eigenständiges Spielsymbol: Graf Öderland, Vorläufer der literarischen Zitatengestalt Don Juan, Bruder des Rip van Winkle − und des

Anatol Stiller, jener anderen Erzählfigur Frischs, die Staatsanwalt und Gesetzesverstoßer in ein allzu harmonisches Verhältnis setzt.

8

Identität als Personifizierung eines Mißverständnisses. Max Frisch bedient sich einer literarischen Zitatgestalt: Don Juan. Ein Anarchist aus Selbsttreue, ein Verführer aus Eigenliebe. Ein dramatischer Protagonist, der die Welt und sich selber in Frage stellt. Bei ihm fallen theatralische und existentielle Probe einerseits und musterhafte Wiederholung andrerseits zusammen. Ein Modellfall auch in diesem Spiel: das gefährdete Ich, bedroht von Geschlecht und Gesellschaft. Selbstinszeniertes Rollenspiel der Identität, herausgefordert durch die Maskeraden gesellschaftlicher Unterscheidung. Die sich daraus ergebende Konfrontation besteht notwendigerweise aus ständiger Verwechslung: sie gestaltet sich zur Komödie. Was in der *Chinesischen Mauer* noch eindimensional und vordergründig zwischen gesellschaftlichem und dramaturgischem Theater alterniert, vereinigt sich im *Don Juan* simultan in der dramatischen Abhängigkeit von protagonistischer Gestalt und theatralischer Inszenierung. Don Juan ist Theater. Er ist ein eigenständiges Ich-Drama, kein unvollständiges Zitat wie die Gestalten in der *Chinesischen Mauer.* Das ständige Wechselspiel zwischen Maske und Wesen ist zugleich eine Selbstdarstellung des Theaters. Daß sämtliche Verwechslungen der Suche nach einer verlorenen Identität gelten, macht die individuelle und gesellschaftliche Spannung dieses Dramas. Vielschichtig wird der Unterschied zwischen Spiel und Sein aufrechterhalten. Auch ohne epische Verfremdung offenbart sich das Theater als Scheinkunst, als poetischer Schwindel. Eben das personifiziert sein Protagonist: Verwechslung als schöner Schein, Identität als Selbstinszenierung, Auslegung als gesellschaftliches Theater.

Im Spiel mit dem Ich erweist sich die Welt als Reflexion. Sie projiziert Vorstellungen, die es auf die Probe stellt. Don Juans Ich-Theater prüft die Schöpfung. Der kritiklosen Weltaufnahme des Weibes setzt er den Willen einer veränderlichen Wirklichkeit entgegen. Weiblicher Selbsttäuschung sucht er mit männlicher Selbsterkenntnis zu begegnen. In seiner projizierten, reflektierten, inszenierten Welt indes vermag er sich allein im Spiel zu verwirklichen. Don Juans Reflexion erweist sich als Theater. Seine wahre Identität gibt sich als Widerspruch zu erkennen. Frisch läßt in seiner Komödie eine widerspruchsvolle Gesellschaft das Publikum eines mit sich selbst in Konflikt stehenden Individuums werden. Persönliches und kollektives Theater prallen aufeinander und betrachten sich gegenseitig. Beide probieren einander aus. Das ist der Gegenstand dramatischer Reflexionen.

Frischs Spiel-Konzept hat sich weiter vertieft. Er bezieht den Zuschauer ausdrücklich mit in sein Theater ein; gespielt wird auch im Parkett. Die Gesellschaft wird, deutlicher und verbindlicher als in der *Chinesischen*

Mauer, identifizierbar: als rollenhaftes Publikum. In Frischs Komödie lacht
sie über ihr eigenes Theater.

9

Identität als gesellschaftlicher Zuschauer. Das führt notgedrungen über
die Komödie zu einem Lehrstück ohne Lehre. Nicht die Rampe wird
überspielt, die Lehre selbst wird zum Publikum. Wo sich zwei Theater
reflektieren, kommt es entweder zu komischen Verwechslungen oder zum
Leerlauf ihrer gesellschaftlichen Aussage. Der Kreis schließt sich: Frisch
gestaltet ein Theater und eine Gesellschaft, die sich nicht identifizieren. Eine
neue Probe im dramatischen Schaffen Max Frischs. Die Inszenierung des
(gesellschaftlichen) Spiels muß als Spiel (dramaturgisch) inszeniert werden.
Biedermann und die Brandstifter erweist sich als solches Wechselspiel. Die
Didaktik des Stückes hängt nicht allein von der Austauschbarkeit des
biedermännischen Protagonisten ab. Das Betrachtungstheater des gesellschaftlichen Publikums soll in einen Dialog treten mit dem demonstrativen
Handlungstheater des Bühnenstücks. Zugleich — und zwar als wesentlicher
Teil solcher theatralischen Wechselrede — soll der Zuschauer handeln, der
Schauspieler betrachten. Erst wo diese gegenseitige Erkenntnis stattfindet,
kann das Stück als musterhaft episches Theater verstanden werden. Frisch
definiert den Humor als eine partnerorientierte Selbstbeziehung (IV, 457).
Voraussetzung dafür, daß *Biedermann und die Brandstifter* mehr als witzige
Unterhaltung bedeutet, ist die Erkenntnis des theatralischen Doppelbezugs in
diesem Lehrstück. In der Hörspiel-Version des Jahres 1952 tritt noch
absichtsvoll ein *Verfasser* auf, der für das Verhalten Biedermanns im Bereich
seiner literarischen Fiktion (mit ausdrücklichem Hinweis auf Seldwyla)
verantwortlich zeichnet. Die periodisch wiederkehrenden (elf) Aussagen des
Verfassers antizipieren die perspektivierenden Zeugenaussagen in Andorra
(wie das Lehrstück *Biedermann* 1957 geschrieben). Es sind episch festgehal-
tene Erkenntnisstufen in der reflektierten Darstellung einer gesellschaftlichen
Katastrophe. *Biedermann* und *Andorra* probieren einen Appell an die
Gesellschaft, ihr Maskeraden-Spiel aufzugeben, sich in der musterhaften
Inszenierung wiederzuerkennen, eine stufenweise Verwirklichung ihrer Er-
kenntnis zu bezeugen. Das Lehrstück ohne Lehre stellt sein Publikum auf die
Probe. Wo es sich identifiziert, bekennt es sich zur Lehre eines Reflexions-
theaters.

Auch der Schwank *Die große Wut des Philipp Hotz* setzt das Einverständnis mit seinem Publikum voraus, jedoch hier nur, um eine "lebendige
Schablone" (IV, 458) in der Mustergestalt des Intellektuellen auszuspielen.
Der gesellschaftliche Spaß bleibt unverbindlich: das Spiel im Spiel präsentiert
eine Bühne auf der Bühne. Der Wechsel zwischen *Conférence* und *Szene*
bleibt trotz direkter Anrede an die Zuschauer Theater, Fiktion. Es kommt zu

keinem Wechsel zwischen Handelndem und Betrachter. Wo der dramatische Charakter zu reflektieren vorgibt, steht er in komischem Widerspruch zu sich selbst. Der Humor des Stückes geht auf Kosten seines fiktionalen Protagonisten.

10

Ein "Stück in zwölf Bildern" nennt Frisch vorsichtig sein Modelldrama *Andorra*. Es ist ein Stück, das sich seine Wahrheit erprobt und erspielt. In seinen Notizen von den Proben spricht Frisch "von einem Theater, das um der Wahrheit willen, die nur durch Spiel herzustellen ist, nichts vorgibt." (IV, 569) Da wird die Geste zur Lesart der Sprache; da entwirft der Autor einen spielbaren Text. Proben auf dem Theater erforschen die Möglichkeiten des Geschriebenen. Kritischer als in *Nun singen sie wieder* wird das Wort selber probiert. Das geschriebene Theater stellt sich auf die Probe. Das bezieht sich nicht nur auf die Entstehungsgeschichte dieses Dramas, obwohl es viele Änderungen während der Proben erfahren hat. Probieren heißt untersuchen: Frischs Stück untersucht die Entwicklungsgeschichte eines opferhaften Vorurteils. Untrennbarer Bestandteil einer jeden Probe ist die Wiederholung, die ihrerseits das Wesen der Zeit relativiert und perspektiviert. In *Andorra* haben wir kein geschichtliches Drama vor uns wie in *Als der Krieg zu Ende war*. Die probehaften Wiederholungen drohen vielmehr, das modellhafte Geschehen erneut zu verzeitlichen. Sinn der erspielten Wahrheit ist die Mahnung, der Appell, keine Wiederholung der Geschichte zu erlauben. Moralisch-didaktisch zeigen sich hier deutliche Parallelen zur *Chinesischen Mauer*. Die zitathafte Theater-Rhetorik hat sich indes in ein geschlossenes Spiel der Möglichkeiten, der dramatischen Analyse, des inszenierten Modells verwandelt. In *Andorra* werden Schauspiel und Zuschauer gleichermaßen auf die Probe gestellt. Zwischen der Entstehungsgeschichte des Stückes und seinem Thema, der Entfaltung und Konsequenz eines bildnishaften Vorurteils, läßt sich insofern kaum noch unterscheiden. Austauschbarkeit der Identität und Wiederholung einer Begebenheit bleiben aufeinander bezogen. Das Spiel wird zur Probe der Wirklichkeit, die Probe das Spiel eines geschichtlichen Theaters. Frischs Didaktik spielerischer Personen liegt im Maßnehmen, im Anprobieren des modellhaften Spiels durch den Zuschauer, den kritischen Betrachter dieser dramatischen Reflexion. In spiegelhafter Konfrontation stellt Frischs Theater die Welt auf die Probe.

11

"Sagen wir so: Theater als Prüfstand." (V, 341) In seiner Rede auf der Frankfurter Dramaturgentagung 1964 *(Der Autor und das Theater)* bestätigt

Frisch es noch einmal. Mit dem Stück *Biografie: Ein Spiel* (1967) wird das Spiel-Konzept programmatisch in den Titel eines Dramas aufgenommen. Es zeigt sich, daß Spiel und Probe nahezu identisch werden. Frisch schreibt eine neuerliche Komödie über das Verhältnis eines Mannes zu seiner biographischen Identität; er entwirft einen zeitgenössischen Don Juan. Jetzt gilt umgekehrt: mit der Zeit kommen nicht etwa nur Wiederholungen, sondern auch unweigerlich Tatsachen, die uns identifizieren. Das Theater steht hier in wesentlichem Widerspruch zur Geschichte: es probiert Identitäten, die die Wirklichkeit als endgültig bestimmt hat. Es erlaubt das Spiel mit dem anderen Ich. Im Programmheft der Zürcher Uraufführung erklärt Frisch: "Das Theater gestattet, was die Wirklichkeit nicht gestattet: zu wiederholen, zu probieren, zu ändern –" (V, 582). Die Dramaturgie einer Fügung findet nicht auf der Bühne, sondern in der Zeit, in der individuellen Geschichte statt. Ein Drama der endgültigen Form kann für Frisch nur Schicksalsdrama, historisches Schauspiel sein. Es vergibt sich die Chance der Reflexion, der Analyse, der Beispielhaftigkeit. Es ist der Spiel-Aspekt des Theaters, der zum Verständnis der Welt(geschichte) beiträgt. Wie beim Schach gilt es, alle Variationsmöglichkeiten durchzuprobieren, auch wenn es bei einer verbindlichen Entscheidung, bei dem einen verpflichtenden Zug bleibt. Die theatralische Spielprobe einer Biographie vermag die Endgültigkeit eines individuellen Lebenslaufes nicht zu verändern. Wohl aber kann sie sie kritisch perspektivieren.

Ob ein persönliches Leben schicksalhaft oder zufällig ist, entscheidet die Geschichte. Das Theater untersucht und veranschaulicht den Bereich individueller Ausdrucksmöglichkeiten. Es ist sinnliche Theorie: Probe. Die Reflexion einer kritischen Phantasie. Die Inszenierung einer individuellen Vorstellungskraft. Die Form des Dramas selbst erweist sich als Probe. Max Frisch inszeniert die Probe aufs Exempel, – nicht als neuerliche Flucht in ein Illusionstheater, sondern um das Spiel als Fiktion, die Probe als ungeschichtlich zu entlarven. So steht auch diese Dramaturgie im Dienste einer kritischen Selbsterkenntnis. "Varianten eines Vorgangs offenbaren mehr als der Vorgang in seiner endgültigen Form," gibt Frisch zu bedenken (V, 581). Das Theater als geschichtliches *post-mortem:* hier läge dann allenfalls die neuerliche Gefahr einer spielerischen Unverbindlichkeit. Frischs theatralische Proben basieren indes auf vorgestellter Gleichzeitigkeit. Die Wiederholung der Proben ist auch eine Wiederholung der Zeit. Geschichte wird in Frischs Dramaturgie gleichzeitig auf die Probe gestellt. Ihr Spiel dient der Erkenntnis einer historischen Selbstverwirklichung. Die Gantenbeinsche Variationsformel "Ich stelle mir vor" wird in *Biografie: Ein Spiel* zur Vorstellung eines Theaters der Probe.

Die dramatische Analyse einer Persönlichkeitsentfaltung in *Andorra,* die Gedankenprobe eines biographischen Spiels in *Biografie* weicht der Szenen-Dramaturgie des *Triptychon:* statisches, unveränderliches Gewesen-Sein. Ewigkeit des Gewesenen. Endgültigkeit des Todes. Vom Tode her gibt es keine biographische Dynamik mehr, es gibt nichts mehr zu probieren. In *Biedermann* warnt der Chor einer freilich schon dort immer zu späten Feuerwehr davor, das Gewesene Schicksal zu heißen, nur, weil es geschehen ist. In *Triptychon* läßt sich an dem, was sich ereignet hat, nichts mehr ändern. Die Endgültigkeit der Geschichte hat gesiegt. "Das ist es: wir leben mit Toten, und die denken nicht um," erklärt eine Figur im dritten Bild (110). Auch darin liegt jedoch ein Appell, der sich von der *Biedermann*-Didaktik allein in seiner unterschiedlichen Formulierung absetzt. Das Wissen um den Tod muß sich nicht in totes Wissen umsetzen. Auch Frischs letztes Drama handelt von Wahl und Entscheidung. An ihnen identifiziert sich die individuelle Biographie. Das Spiel scheint vorbei. Vom Tode aus betrachtet lohnt es nicht, Variationsmöglichkeiten zu probieren. Und doch entsteht im *Triptychon* ein neues Spiel: die Annahme des Todes liegt in der Wiederholung des Lebens. Die Ewigkeit ist banal, wie es am Ende des zweiten Bildes heißt (84). Das Dasein wird zum erkannten oder verkannten Wunder. Ewig sein heißt: gewesen sein, eine Einsicht, die bereits im Romanbericht *Homo faber* zu finden ist. Noch früher, nämlich im *Tagebuch 1946–1949,* erkennt Frisch den Ausnahme- oder Zufallscharakter menschlicher Existenz überhaupt. Wie identifiziert sich ein solches Leben? Frisch zeigt es vom Leben her in der ständigen Ich-Gefährdung, in einem Ich-Theater der Selbstannahme und Selbstentfremdung, in der Paradoxie einer repräsentativen Individualität. Aus der Erfahrung des Todes verwandelt sich der Ich-Schauspieler in einen Clochard, das Theater in bloße Wiederholung. "Ich hatte die Rolle meines Lebens," erinnert sich der Clochard hintergründig und beschreibt einen dreißigjährigen Tod. Er spürt die Leiche in sich schon während seiner Lebenszeit. Sie zieht ihn schließlich in die "Ewigkeit des Vergangenen" (49/43). Auf halbem Weg zwischen Leben und Tod aber steht für diesen Schauspieler die Probe. Als Stadtstreicher weiß er: "Ich mußte nicht zur Probe." (49) Er personifiziert die stufenweise Entwicklung: Schauspieler – Clochard – Toter. Ihr entspricht die Verwandlung: Theater – Wiederholung – Tod. Die Probe wird so zur Vermittlungsdramaturgie zwischen Leben und Tod. Sie ist tödlich in ihrer Unterbrechung, lebendig in ihrer Veränderlichkeit. Leben als rollenhaftes Schauspiel, Tod als sinnlose Wiederholung des Endgültigen: so versteht sich Frischs Endzeit-Theater im *Triptychon.* Auf der Bühne des Todes läßt sich allenfalls zeigen, "was gewesen ist, das läßt sich nicht verändern, und das ist die Ewigkeit." (81) Nichts Neues läßt sich probieren, die Geschichte erweist sich als endgültig.

Frischs Dramaturgie beginnt mit dem Versuch, private Geschichte als Traumspiel zu begreifen: auch in *Santa Cruz* geht es um die Frage, die in *Triptychon* mehrmals wieder auftaucht: "Warum leben die Leute nicht? " (48) Im frühen Stück bleibt es bei der sinnbildlichen Figur des Vaganten, dem theatralisch veräußerlichten Symbol einer individuell-geteilten Sehnsucht. In der *Chinesischen Mauer* sucht Frisch die Geschichte durch eine Auswahl von Zitatproben zu inszenieren. In *Als der Krieg zu Ende war* wird die Selbstdarstellung der Geschichte probiert, – als Ausnahmefall, der dennoch repräsentative Bedeutung erstrebt. Geschichte als Personifizierung eines Mißverständnisses präsentieren die theatralischen Proben *Graf Öderland* und *Don Juan*. Eine Polarität von Geschichte und Spiel umschreibt die didaktische Absicht in *Biedermann und die Brandstifter*. Probe, Spiel und Geschichte erlangen ihren Höhepunkt im dramatischen Schaffen Max Frischs, wo sie in gegenseitiger Abhängigkeit einen neuen Modellcharakter bestimmen. In *Andorra, Biografie: Ein Spiel* und *Triptychon* demonstriert Frischs Theater die musterhafte Unveränderlichkeit privater und gesellschaftlicher Geschichte. Die Probe wird nicht mehr zum Muster eines alternativen Verhaltens, zum Ausdruck persönlicher Freiheit, sondern veranschaulicht ihrerseits in modellhafter Repräsentanz die Unausweichlichkeit einer endgültigen Geschichte, eines Identifizierungsprozesses, der Variationen allein in der Vorstellung zuläßt. Das alternative Ich wird als Theater erkannt, das rollenhafte Ich der alles bestimmenden Geschichte dagegen als endgültig. *Triptychon* erweist sich so als Frischs Absage an das Theater.

Wie sein Clochard des zweiten Bildes erklärt Frisch mit diesem Drama: "Mein Gedächtnis ist aufgebraucht, die Rolle meines Lebens spielen jetzt andere . . ." (83). Nicht das Theater, sondern die Geschichte hat gesiegt. Frischs Bühnenwerk endet mit einer Dramaturgie des Todes. Ihre Statik erfaßt auch die spielerische Probe: sie gefriert zu szenischen Bildern, die nur noch zitieren und einmalige Begebenheiten wiederholen können. (Ein Vergleich mit der dramatischen Handlung im Nachspiel zu *Biedermann und die Brandstifter* – oder sogar in dem frühen Traumspiel *Nun singen sie wieder* – veranschaulicht in aller Deutlichkeit, wie statisch die Figuren des *Triptychon* geworden sind. Freilich zeigt ein solcher Rückbezug auch, daß Frisch schon immer eine Dramaturgie der Toten in seine Entwicklung als Bühnenautor einbezogen hat.) "Man soll nicht mit den Toten reden!" warnt Roger im dritten Bild (105). Das gilt auch für Max Frisch, der mit diesem Stück sein dramatisches Verstummen inszeniert hat. Die Welt auf Probe gibt es nicht mehr, das Theater entzieht sich ihrer Vorstellung.

JÜRGEN H. PETERSEN

Frischs dramaturgische Konzeptionen

Von den frühesten dramaturgischen Vorstellungen Frischs weiß man nichts: Die Stücke, die er als Schüler schrieb — abgesehen von dem an Max Reinhardt geschickten Erstling *Stahl* berichtet Frisch von "drei oder vier weiteren Schauspielen," unter denen sich "eine Komödie der Ehe" und "eine Farce über die Eroberung des Mondes"[1] befand —, sind verlorengegangen. Der Autor selbst entsinnt sich ihrer kaum noch, und auch wenn man den literarischen Umkreis berücksichtigt, in dem sie entstanden und der von Frisch mit den Namen Schillers und Ibsens abgesteckt wird, kann man ihre Konzeption nicht mehr rekonstruieren. Erst das im August und September 1944 geschriebene Stück *Santa Cruz* läßt Frischs dramaturgische Absichten erkennen. Sie wurden offenbar von den Erfahrungen mitbestimmt, die der Verfasser als Theaterbesucher, vor allem als Probenbeobachter machte. Kurt Hirschfeld, Dramaturg am Zürcher Schauspielhaus, ermunterte Frisch, es einmal mit dem Theater zu versuchen: "Man ließ mich zu den Proben von Brecht, Sartre, Lorca, Giraudoux, Claudel [...] Zwei Monate später [...] brachte ich mein erstes Stück fertig."[2] Brecht und Giraudoux nennt Frisch auch, als er eine "Wertliste" der ihm seinerzeit wichtigsten Autoren aufstellt: "ich hätte Brecht sofort genannt, hätte wahrscheinlich auch Camus genannt, hätte Giraudoux genannt."[3] Von allergrößter Bedeutung ist jedoch offensichtlich das Werk Thornton Wilders gewesen. Im Tb I schreibt Frisch: "Begegnung mit Thornton Wilder — also mit dem Mann, der meine jugendliche Theaterliebe, nachdem sie ein Jahrzehnt gänzlich begraben lag, dermaßen wieder erweckt hat, daß ich ihr wahrscheinlich für die restliche Dauer dieses Lebens verfallen bin."[4] Auf Wilder und Brecht sieht man sich

1 Max Frisch: *Gesammelte Werke* in zeitlicher Folge. Hrsg. v. Hans Mayer u. Mw. v. Walter Schmitz. Sechs Bde. Frankfurt/M. 1976; hier: Bd. II, S. 585 (*Tagebuch 1946–1949* = Tb I). Die Ausgabe wird im folgenden unter Angabe des Bandes (römische Zahl) und der Seite (arabische Zahl) zitiert. — *Tagebuch 1966–1971* = Tb II.
2 Horst Bienek: Werkstattgespräche mit Schriftstellern. München (= dtv 291) 1965; S. 25.
3 Heinz Ludwig Arnold: Gespräche mit Schriftstellern. München 1975; S. 25.
4 II, 626.

besonders nachdrücklich verwiesen, wenn man die dramaturgische Konzeption analysiert, die *Santa Cruz* zugrundeliegt.[5]

Was dieses erste überlieferte Stück Frischs auszeichnet und rückblickend so bedeutsam erscheinen läßt, ist die Tatsache, daß sich hier bereits die Absage an das Theater als ein die Wirklichkeit imitierendes Medium findet. Die Auffassung, es habe keineswegs Wirklichkeit zu wiederholen oder die Illusion zu wecken, auf der Bühne finde Realität statt, hat sich in allen Dramen Frischs Geltung verschafft und verbindet zeitlich so weit auseinanderliegende Stücke wie *Santa Cruz* und *Triptychon* miteinander. In seinem ersten Drama hebt Frisch die Momente, die eine Durchbrechung des Illusionszusammenhangs bewirken, besonders deutlich hervor. Schon unter der Liste der dramatis personae findet sich der Hinweis "Das Stück spielt in sieben Tagen und in siebzehn Jahren,"[6] der — wie immer man auch das "in" interpretieren mag — keinen Zweifel daran läßt, daß hier die zeitlichen Koordinaten der Realität außer Kraft gesetzt sind. Dieses Stück wird bewußt g e s p i e l t , was Frisch — offenbar unter dem Einfluß Wilders stehend — auch durch die Einführung eines Spielleiters betont. Pedro, der Dichter, wendet sich ans Publikum, nennt das Stück "unsere Geschichte," kann vorgreifen, das Geschehen kommentieren, vorausdeuten ("Warum hat Pelegrin mit ihm gerauft? Wir werden es sehen"[7]), und er weist den Zuschauer sogar eigens auf den rein fiktiven Charakter des auf der Bühne Vorgeführten hin: "Wir spielen noch das letzte Bild: heute, siebzehn Jahre später."[8] Solche verfremdenden Momente finden ihren Halt in der Grundkonzeption des Stücks. In den Anmerkungen zu *Santa Cruz,* die er im Programmheft zur Uraufführung 1946 veröffentlichte, hat Frisch davon gesprochen, er unternehme den Versuch, "die Dinge nicht spielen [zu] lassen, wie sie im Kalender stehen, sondern so, wie sie in unserem Bewußtsein spielen, wie sie auftreten auf der Bühne unseres seelischen Erlebens: also nicht Chronik, sondern Synchronik."[9] Er fühlt sich durchaus der Realität verpflichtet, aber nicht einer äußeren, die im Nacheinander der Ereignisse gespiegelt wird, sondern einer inneren, die sich im Zugleich des zeitlich wie räumlich weit Auseinanderliegenden zeigt: "Wir wissen ja, daß die Dinge, die wir als

5 Vgl. zur Darstellung der dramaturgischen Konzeptionen Frischs auch: Jürgen H. Petersen: Max Frisch. Stuttgart (= Sammlung Metzler 173) 1978. Vor allem S. 57–61, 78–80, 150–164.
   Das hier angeschnittene Thema haben erstmals die beiden folgenden Arbeiten behandelt: Dennis Ray McCormick: Max Frisch's Dramaturgical Development (Diss. Austin: Univ. of Texas) 1972; Annemarie Schnetzler-Suter: Max Frisch. Dramaturgische Fragen. Bern 1974.
6 II, 6.
7 II, 46.
8 II, 60.
9 II, 76.

Erinnerung bezeichnen, Gegenwart sind. Nämlich für unser Erleben."[10] Die Konzeption, das "Damals und das Heute" miteinander zu verquicken, "weil beide zusammen gemeint [sind] als das Immer,"[11] verleiht dem Stück jene Merkmale, die das Überschreiten vorfindlicher, "äußerer" Realität erkennbar machen: Träume werden gespielt, mit der erinnerten Wirklichkeit verbunden, von anderen erkannt. Solche Spielelemente gehen wenigstens zum Teil auf Claudels *Seidenen Schuh* zurück[12] und dürften den Ausschlag dafür gegeben haben, daß Frisch − den literaturwissenschaftlichen Inhalt dieses Begriffs beiseitelassend und stattdessen das Traumhaft-Irreale hervorhebend − das Stück eine "Romanze" nennt. Sie besitzen aber auch eine verfremdende Bedeutung im Brechtschen Sinne, denn sie fungieren zugleich als Mittel des Aufweisens, Aufdeckens, Zeigens. Nach eigenen Worten bezweckt Frisch eine "Transparenz aller Gegenwart, die immer wieder vor einer Landschaft der Erinnerung spielt."[13] Wenn er damit auch noch nicht direkt auf jene Demonstrationsästhetik zurückgreift, die die politisch geprägten Stücke Brechts trägt, so wird doch deutlich, daß Frisch von Anfang an im Gegensatz zum Illusions- und Imitiertheater der Bühne die Funktion zuerkennt, im Überschreiten äußerer Wirklichkeitsstrukturen das "Eigentliche" − hier: das Zusammen und Zugleich von Erinnerung und Gegenwart im Bewußtsein des Menschen − freizulegen und für den Zuschauer erkennbar zu machen.

* * *

Es nimmt daher nicht wunder, daß die ersten zusammenhängenden dramaturgischen Äußerungen Frischs von dem Gedanken getragen werden, die Bühne mache die Wirklichkeit dadurch transparent, daß sie auf deren Imitation verzichte. Im Tb I finden sich drei Passagen mit der Überschrift "Zum Theater", von denen die beiden ersten ganz dieser Frage gewidmet sind. Frisch geht zunächst von einer Erfahrung aus, die er offensichtlich bei einem Probenbesuch gemacht hat: Er sitzt unbeobachtet im Zuschauerraum und sieht, wie ein Arbeiter auf der Bühne erscheint, schimpft, eine Schauspielerin die Bühne überquert, den Arbeiter beiläufig grüßt usf. Es handelt sich um eine höchst banale Szene, die jedoch "hier so ganz anders" wirkt, "so viel stärker" als "draußen auf der Straße", als in der Alltagswelt. Frisch erklärt das auf folgende Weise: "die ganze Wirkung kam offenbar daher, daß es ein anderes als diese kleine Szene überhaupt nicht gab; alles andere ringsum war Nacht; ein paar Atemzüge lang gab es nur eins: einen Bühnenarbeiter, der schimpft, und eine junge Schauspielerin, die gähnt und

---

10 Ebd.
11 II, 77.
12 Vgl. dazu: Ulrich Weisstein: Max Frisch. New York 1967; S. 101.
13 II, 76.

in die Garderobe geht."[14] Aus einer alltäglichen wird nur dadurch eine besondere Szene, daß der Bühnenrahmen sie heraushebt, sie dadurch betont, auf sie eigens verweist und ihr damit eine über das Alltägliche hinausgehende Bedeutung verleiht. Frisch verdeutlicht das an der Wirkung eines leeren Bilderrahmens: Hängt man ihn an eine Wand, so bemerkt man "zum erstenmal, [...] wie eigentlich die Wand verputzt ist. Es ist der leere Rahmen, der uns zum Sehen zwingt."[15] Der Rahmen hat wie die Bühne eine Zeige-Funktion: er weist, indem er das Gezeigte von der Umgebung abhebt, eigens auf dessen Wesen und Eigenart hin. Während ein Bild ohne Rahmen "nicht mehr auf sich allein beruht," sich nämlich "nicht mehr von den Zufällen der Umgebung" abhebt, erhält es durch den Rahmen den Anstrich des Besonderen. Diese Besonderheit besteht darin, daß das im Rahmen Dargestellte sein Wesen zeigt, nicht mehr Einzelnes unter Einzelnem, Beliebiges unter Beliebigem ist, sondern den Wesensanblick der Dinge zu erkennen gibt, d.h. "Sinn-Bild" wird: "Der Rahmen [...] löst sie [die Dinge] aus der Natur; er ist ein Fenster nach einem ganz anderen Raum, ein Fenster nach dem Geist, wo die Blume, die gemalte, nicht mehr eine Blume ist, welche welkt, sondern Deutung aller Blumen." Entsprechend gibt die Bühne nicht den Blick auf ein Geschehen, sondern auf die Bedeutung eines Geschehens frei, sie hat Hinweis-, Zeige-, Demonstrationsfunktion: "Schaue hierher," sagen nach Frisch Bildrahmen und Bühnenrahmen, "hier findest du den Sinn, der dauert"[16]: "Ich sehe, was ich sonst nicht sehe: zwei Menschen."[17] Der Rahmen eines Bildes erhebt wie der Bühnenrahmen alles Dargestellte in den Rang des E x e m p l a r i s c h e n.

Deshalb spricht sich Frisch auch in dem zweiten Abschnitt mit der Überschrift "Zum Theater" dagegen aus, die Bühnenrampe zu überspielen. Auffällig ist an dieser frühen Theatertheorie, daß Frisch eindeutig *gegen* Brechts Technik der Vermittlung von Bühne und Zuschauerraum Stellung bezieht, allerdings ohne Brecht beim Namen zu nennen und obwohl er dessen Grundvorstellung vom Zeige-Charakter der Bühne durchaus folgt. Aber er spricht kategorisch von der "Trennung von Bild und Natur,"[18] die Bühnenrahmen und Bühnenrampe zu leisten hätten, denn nur auf diese Weise komme Kunst zustande: "der Dichter, der die Rampe niederreißt, gibt sich selber auf." Da das Exemplarische, das Sinnbildhafte eines Vorgangs nur in Erscheinung tritt, wenn dieser gegen die Wirklichkeit gestellt, wenn das Bühnengeschehen gegen die Vorgänge im Parkett abgegrenzt wird, darf es keine Überspielung der Rampe geben. Wilder, der dieses Gebot gelegentlich

14 II, 398.
15 II, 399.
16 Ebd.
17 II, 400.
18 II, 401.

verletzte, bestätige nur als Ausnahme die Regel: "Jede Gebärde, welche die Rampe überspielt, verliert an Magie."[19]

Daß Frisch in diesem Zusammenhang auf Brecht überhaupt nicht zu sprechen kommt, ist umso überraschender, als 1941 *Mutter Courage und ihre Kinder*, 1942 *Der gute Mensch von Sezuan* und 1943 *Galileo Galilei* im Zürcher Schauspielhaus aufgeführt worden waren und Frisch auch das Gesamtwerk Brechts gut kannte,[20] als er sich über Rampe und Bühnenrahmen im Tb I äußerte. Wenn sich am Anfang des "Vorspiels" von *Der gute Mensch von Sezuan* der Wasserverkäufer Wang dem Publikum vorstellt, in der folgenden ersten Szene "SHEN TE zum Publikum"[21] redet, sich auch am Ende ein Spieler beim Publikum entschuldigt, so ist dies äußerlich nichts anderes als das, was Frisch an Wilder — wenn auch sehr milde — tadelt. Mag sein, daß Brecht schon vor seinem Zusammentreffen mit Frisch für diesen eine solche Autorität war, daß er als Antipode nicht in Betracht kam; gravierender sind auf jeden Fall andere Gründe. Denn Brechts Verfahren, die Figuren das Publikum ansprechen zu lassen, stellt ja nicht den Versuch dar, Bühne und Zuschauerraum zu einem Einerlei zu verbinden, sondern dient — im Gegenteil — durchaus dem Ziel der Verfremdung, erweist sich insofern als Mittel seiner Demonstrationsästhetik. Ihr stimmt Frisch durchaus zu: Die Bühne macht transparent, was im alltäglichen Leben nicht ohne weiteres durchschaubar ist. Und außerdem hat Frisch selbst ja schon in seinem ersten Stück, also *bevor* er im Tb I zum erstenmal seine bühnentheoretischen Überlegungen im Zusammenhang vortrug, ähnliche Mittel wie Brecht (und Wilder) — und zwar im Sinne Brechts — verwendet: Auch Pedro wendet sich ans Publikum, kommentiert das Geschehen, urteilt über andere Figuren. Wenn Frisch an Wilder Kritik übt, weil dieser die Rampe überspielen oder "übersprechen" läßt, so unterstellt er diesem Brechts (und seiner eigenen) Spielweise so ähnlichen Verfahren einfach eine andere, eine gegensätzliche Funktion: Während Brecht durch das Ansprechen des Publikums dieses eigens auf einen Sachverhalt aufmerksam machen will und also Parkett und Bühne keineswegs miteinander verbindet, sucht Wilder in den Augen Frischs die Grenze zwischen Bühne und Zuschauerraum zu überspielen, um den Zuschauer ins Geschehen hineinzuziehen. Nur aus diesem Grund und nur in dieser Hinsicht übt er Kritik an Wilder.

19 II, 403.
20 Vgl. dazu das Interview mit Arnold (= Anm. 3), vor allem S. 26f. Die Bedeutung Brechts für das Theater Frischs ist noch keineswegs zureichend erforscht, wenn auch von ihr immer wieder die Rede ist. Nur Jan Watrak stellt das Verhältnis Frischs zu Brecht in den Mittelpunkt seiner (schwer zugänglichen) Betrachtungen: Dramaturgische Dissoziation: Brecht—Frisch. In: Germanica Wratislawiensia 22 (1975), S. 105—121.
21 Bertolt Brecht: *Stücke* VIII (= *Stücke aus dem Exil*, Dritter Band). Frankfurt a.M. 1957; S. 233.

Die Auffassung, daß die Trennung von Bühne und Parkett geradezu das Wesensmerkmal des Theaters sei, hat Frisch zeit seines Lebens vertreten, sie zieht die Grenzen, innerhalb deren sich seine dramaturgischen Konzeptionen wandeln konnten. So hat er z.B. 1960 auf die Rundfrage *Wie soll man neue Theater bauen?* über die Rampe und Rahmen betonende Guckkastenbühne folgendes gesagt: "Warum übrigens dieses schofle Wort? Es ist die Bühne, die durch Rampe und Rahmen herstellt, was der Dichter braucht: die Trennung von Spiel und Welt."[22] Drei Jahre später spricht er sich gegen die Integration der Spielfläche in den Zuschauerraum aus und plädiert für die "alte" Lösung: "die Arena, das Podium, die Rahmenbühne (sogenannte Guckkastenbühne) erschaffen einen Ort, der sich vom übrigen Raum absetzt und dadurch den Vorgängen, die darin oder darauf vorgestellt werden, die Bedeutung des Exemplarischen verleiht. Jede architektonische Bemühung, Rampe und Rahmen abzubauen, 'um eine Kommunikation zwischen Schauspieler und Publikum herzustellen', beruht auf einem Mißverständnis dessen, was Theater ist und immer sein wird."[23] Mit dieser "Trennung von Spiel und Welt" wird das Spiel als ein solches ins Bewußtsein des Zuschauers gehoben und so zum Mittel, die Welt durchschaubar zu machen.

Wie sehr Frisch am Anfang seiner Arbeit als Stückeschreiber die Brechtsche Dramaturgie in ihren Grundzügen bejahte, kommt auch in einer Besprechung von Brechts *Furcht und Elend des Dritten Reiches* aus dem Jahr 1947 zum Ausdruck. Er rühmt das Stück bezeichnenderweise deshalb, weil Brecht hier die Bewußtheit, mit der er die Vorgänge konzipiert und geordnet habe, durchaus erkennen lasse und gerade dadurch an die Stelle der Wirklichkeitsimitation die Wirklichkeitsinterpretation rücke: "Es gibt nicht eine einzige Szene, wo das Leben, das sie [diese Reportage, wie Frisch das Stück nennt] uns zeigt, nicht durch eine Einsicht erwählt und geformt ist; wo es sich nicht als Deutung abspielt."[24] In dem für die frühen dramaturgischen Überlegungen Frischs besonders bedeutsamen Aufsatz *Theater ohne Illusion* hat er sich mit dieser Frage noch nachdrücklicher befaßt. Wilder, so heißt es da, habe mit seiner kulissenlosen Bühne zwar kein neues Theater entdeckt oder gar entwickelt, wohl aber habe er "Theater wieder erlebbar" gemacht, indem er ihm seine eigentliche Funktion erneut zuerkannte: "Theater begegnet uns wieder als Spiel, das sich selber als Spiel bewußt bleibt." Der Naturalismus, so Frisch, hatte das Theatralische dadurch untergraben, daß auf der minutiösen Imitation von Leben bestand. Nun aber wird der Bühne gleichsam ihr Wesen zurückgegeben, indem das Spiel als Spiel betrieben wird, so daß "wir die Dinge, die wir da sehen und hören, nicht mit dem natürlichen

22 IV, 261.
23 IV, 272: *Exposé zum Wettbewerb für einen Neubau des Schauspielhauses Zürich.*
24 II, 328.

Leben verwechseln."[25] Frisch sieht vor allem zwei Wege, das "Auflösen der naturalistischen Illusion"[26] zu bewerkstelligen, um das es dem Theater nach seiner Auffassung gehen muß. Als "das Entscheidende" bezeichnet er das Verfahren, den Dingen "die Zeit, die natürliche" zu nehmen und mit ihr zu spielen, "wie es im Leben nicht möglich ist. Z.B. läßt er [der Dichter] sie rückwärts laufen, mehr als einmal, damit man es begreift, daß er spielt."[27] Man darf hinzufügen, daß dasselbe auch für den Umgang mit den Spielorten und ihrem Wechsel gilt, der ja von der Zeitfolge abhängt. — Außerdem hebt Frisch den Spielcharakter des Bühnengeschehens auch dadurch hervor, daß er nicht die Faktizität sinnlich wahrnehmbarer Ereignisse, sondern das innere Erleben des Menschen als Realität auf die Bühne bringt: "Wirklich nennen wir nicht, was geschieht; sondern wirklich nennen wir, was ich an einem Geschehen erlebe, und dieses Erleben, wie wir wissen, kümmert sich nicht um die Zeit, wie die Uhren sie zeigen."[28] Die Darstellung innerer Wahrnehmung statt äußerer Ereignisse macht dem Zuschauer das Fiktive des Bühnengeschehens bewußt. Mit dieser Wendung hin zur Wiedergabe innerer Wirklichkeit ist also der Verzicht auf "die Illusion von Ort und Zeit,"[29] die Überwindung der Imitation des Lebens auf der Bühne verbunden.

* * *

Vergleicht man Frischs dramaturgische Äußerungen im Tb I, in den Beiträgen *Zu Bert Brecht: Furcht und Elend des Dritten Reiches* und *Theater ohne Illusion* mit seinem ersten überlieferten Stück, so sieht man, daß er Theorie und Praxis aufs engste miteinander verknüpft. Was er als Kennzeichen einer dem Wesen des Theaters entsprechenden Bühnenkunst bezeichnet, das geht auch in *Santa Cruz* ein: Trennung von Spiel und Welt durch den Rückgriff auf das Bewußtseinsspiel bzw. Traumspiel, durch Überwindung der "natürlichen" Abfolge der Ereignisse, also der "Chronik," zugunsten einer "Synchronik," durch die Einführung verfremdender Momente wie des Kommentars, des Vorgriffs etc. Alle Elemente dienen — wie in den dramaturgischen Überlegungen gefordert — dem Ziel, die innere Wirklichkeit darzustellen und dem Zuschauer transparent zu machen, ihn in diesem Fall

25 II, 334. Zum Einfluß Wilders vgl. den Aufsatz von Manfred Durzak: Max Frisch und Thornton Wilder. Der vierte Akt von *The Skin of Our Teeth*. In: Manfred Jurgensen (Hrsg.): Max Frisch. Kritik — Thesen — Analysen. Beiträge zum 65. Geburtstag. Bern/München 1977; S. 97—120. Es handelt sich um die bisher einzig nennenswerte Studie, die dem Verhältnis Frischs zu Wilder die gebührende Aufmerksamkeit widmet.
26 II, 335.
27 II, 334.
28 II, 335.
29 Ebd.

erkennen zu lassen, daß keiner "ein anderes Dasein [hätte] leben können als jenes, das er lebte."[30] Auch die nächsten Stücke, vor allem *Nun singen sie wieder* und *Die Chinesische Mauer,* sind im Dramaturgischen mit *Santa Cruz* aufs engste verwandt.

Das muß überraschen, denn zwischen Frischs erstem und seinem zweiten Bühnenstück liegt eine werkgeschichtlich höchst bedeutsame Zäsur. Was *Santa Cruz* dem Zuschauer einsichtig macht, das ist eine wesentliche, "existentielle," aber letztlich doch "private" Lebenserfahrung. Das Stück läßt nichts von der Zeit spüren, in der es entstanden ist, jedenfalls bleiben Kriegsgreuel und Völkermord, bleiben die politischen Ereignisse der Epoche vollkommen unberücksichtigt. Obwohl Frisch den *Versuch eines Requiems* im Januar 1945, also nicht einmal ein halbes Jahr nach *Santa Cruz* schrieb, haben beide Werke weder hinsichtlich ihres Themas noch hinsichtlich ihrer gesellschaftlichen Intentionen irgendetwas gemein. *Santa Cruz* zählt nach seinen eigenen Worten zu jenem Werkkomplex, den er als "Fluchtliteratur" bezeichnet, als "Elfenbeinturm,"[31] in den auch *Bin oder Die Reise nach Peking* gehört. *Nun singen sie wieder* nennt Frisch hingegen einen "ersten Reflex auf die Ereignisse, die uns umgaben"[32], ohne zu erläutern, wie es zwischen September 1944 und Januar 1945 zu einer so vollständigen Wandlung der geistigen wie poetischen Grundhaltung kommen konnte. Stellt *Santa Cruz* noch die Grunderfahrung dar, daß der Mensch nicht nur seinem wirklichen, sondern auch seinem möglichen, erträumten Leben ausgeliefert ist, daß er das Beisammen von gelebtem und ungelebtem, realem und ersehntem Dasein ertragen muß und deshalb prinzipiell nicht zur vollständigen Identität findet, so ist *Nun singen sie wieder* ein Anti-Kriegsstück, das die Ängste der Bombenwerfer und Bombardierten, der Exekutierer wie der zu Exekutierenden, die Sehnsüchte der Toten wie die Rachegelüste der Überlebenden auf die Bühne bringt. Gleichwohl wandeln sich die dramaturgischen Mittel nicht. Allenfalls kann man davon sprechen, daß Frisch hier auf dem Weg, die raum-zeitliche Ordnung zu sprengen, noch einen Schritt weiter geht als in *Santa Cruz.* Denn er läßt nicht nur Vergangenheit, Gegenwart, Zukunft synchron aufeinanderstoßen, sondern auch das Diesseits und das Jenseits. Indem er beide Bereiche miteinander konfrontiert, erhält die Welt des Tötens, des Leidens und des Hasses ihr Korrektiv in der das Leben bejahenden und liebenden Gegenwelt der Toten. Das sechste Bild z.B. beginnt mit einer arkadischen Szene, die in scharfem Gegensatz zur Kriegswirklichkeit steht, wodurch deren Grausamkeit enthüllt wird. Benjamin, der abgeschossene alliierte Flieger, und Maria, die von Brandbomben getötete junge Deutsche, begegnen sich in einer idyllischen Landschaft und

---

30 II, 77.
31 Interview mit Arnold (= Anm. 3) S. 20.
32 Ebd. S. 23.

finden einander in der Trauer um das verlorene Dasein und das unerfahrene Glück: "Ich glaube, wir hätten einander lieben können."[33] Im Anschluß daran, noch in derselben Szene, läßt Frisch ein Erschießungskommando auftreten, konfrontiert also die friedvolle Welt der Toten mit der grausamen der Lebenden, um auf diese Weise den Vernichtungstrieb des Menschen im Krieg zu geißeln. Am deutlichsten kommt die Absicht, durch eine Dramaturgie der Überschreitung der von Raum und Zeit gezogenen Grenzen, d.h. durch die Konfrontation unterschiedlicher Zeiten, Räume, ja Welten die Befangenheit des Menschen in seiner Animosität gegenüber allen "anderen" zu dekuvrieren, in der Schlußszene zum Ausdruck: Während Jenny am Grab ihres Mannes schwört, den Sohn so zu erziehen, das Haus so zu bauen und das Geschäft so zu führen, wie er es gewünscht habe, ruft ihr Mann aus dem Jenseits: "Es ist ein Irrtum gewesen, Jenny, das meiste!"[34] Und während Eduard mit dem Ausruf "euer Tod ist nicht umsonst gewesen" Rache schwört, stellt der Funker die darin zum Ausdruck kommende Unbelehrbarkeit des Menschen bloß: "Sie machen mit unserem Tode, was ihnen gefällt, was ihnen nützt."[35]

Diese Dramaturgie der Grenzüberschreitung steht also ganz und gar im Dienst einer aufklärerisch-kritischen Intention. Sie präzisiert die dramaturgischen Grundüberlegungen Frischs, stellt sie aber weder in Frage noch entfernt sie sich von ihnen. So hält Frisch auch in *Nun singen sie wieder* streng daran fest, daß das auf der Bühne Gezeigte nicht mit der Wirklichkeit verwechselt werden darf: "Denn es muß der Eindruck eines Spieles durchaus bewahrt bleiben, so daß keiner es am wirklichen Geschehen vergleichen wird, das ungeheuer ist,"[36] erklärt er in den Anmerkungen, die er der Buchausgabe des Stücks beigegeben hat. Daß der Spielcharakter dem Publikum bewußt bleibt, bewirkt schon die Konfrontation von Diesseits und Jenseits. In *Die Chinesische Mauer* läßt Frisch den "jungen Mann" (später: "Der Heutige") das Publikum bereits zu Beginn des Vorspiels darauf aufmerksam machen, daß es ein bloßes Spiel sieht: "Meine Herrschaften! Wir spielen: Die Chinesische Mauer. Eine Farce. [. . .] Ort der Handlung: hier. Zeit der Handlung: heute. Ich verlese Ihnen, damit keine falschen Erwartungen entstehen, die einzelnen Figuren unseres Spiels."[37] Auch hier steht die Verfremdung im Dienst der Aufklärung des Publikums: Es geht darum, den Einblick in die Mechanismen der Macht zu vermitteln und dem Zuschauer vor Augen zu führen, daß im Zeitalter der Atombombe die alten Herrschaftsformen untauglich geworden sind, daß wir alle gemeinsam, d.h. in demokrati-

33 II, 128.
34 II, 134.
35 II, 135.
36 II, 137.
37 *Die Chinesische Mauer*. Basel 1947 (Erste Fassung); S. 7; vgl. auch II, 141.

scher Verantwortlichkeit diese Welt beherrschen müssen, wenn wir fortexistieren wollen.

Auch hier greift Frisch auf seine Dramaturgie der Grenzüberschreitung (von Raum und Zeit) zurück. Die Gegenwart trifft in Gestalt des jungen Mannes Min Ko bzw. des Heutigen auf die Vergangenheit, die von Hwang Ti und den "Masken" repräsentiert wird. Dieses Konzept hat Frisch in allen vier existierenden Fassungen beibehalten. Es dient der Dekuvrierung überkommener undemokratischer Herrschaftsformen als inhuman und − angesichts der Entwicklung von Atom- und Wasserstoffbomben − als tödlich für die Menschheit überhaupt. So erklärt denn auch der Heutige (in der bisher letzten Fassung des Stücks) dem selbstherrlichen Kaiser von China: "Die Sintflut ist herstellbar. Technisch kein Problem [. . .] Entscheiden wir uns aber: Es soll die Menschheit geben! so heißt das: Eure Art, Geschichte zu machen, kommt nicht mehr in Betracht."[38] An anderer Stelle trägt der Heutige Napoleon diesen zentralen Gedanken vor:

DER HEUTIGE   Exzellenz − das Atom ist teilbar.
NAPOLEON   Was heißt das?
DER HEUTIGE   Die Sintflut ist herstellbar. Sie brauchen nur noch den Befehl zu geben, Exzellenz. Das heißt: Wir stehen vor der Wahl, ob es eine Menschheit geben soll oder nicht. Wer aber, Exzellenz, hat diese Wahl zu treffen? die Menschheit selbst oder − Sie?
NAPOLEON   Ihr seid Demokrat?
DER HEUTIGE   Ich bin besorgt, ja. Wir können uns das Abenteuer der Alleinherrschaft nicht mehr leisten, Exzellenz, und zwar nirgends auf dieser Erde; das Risiko ist zu groß.[39]

Wie im *Versuch eines Requiems* dient die Konfrontation zeitlich, lokal und seinsmäßig weit auseinanderliegender Bereiche der Aufklärung des Zuschauers, wie dort so zerstört sie auch hier die Illusion, auf der Bühne geschehe etwas Wirkliches. Frisch hat dieser ersten dramaturgischen Konzeption und ihrer Tragfähigkeit so sehr vertraut, daß er auch in seinem fünften, nach dem dramaturgisch unergiebigen "Berliner" Drama[40] mit dem Titel *Als der Krieg zu Ende war* erschienenen Stück *Graf Öderland* auf Elemente einer Dramaturgie der Grenzüberschreitung zurückgegriffen hat.

Konfrontiert Frisch in *Santa Cruz* das Heute mit dem Damals, in *Nun singen sie wieder* Diesseits und Jenseits, in *Die Chinesische Mauer* das Atomzeitalter mit verschiedenen Phasen der politischen Geschichte, so läßt er in *Graf Öderland* Realität und Irrealität, unsere Welt und die Welt der Sage aufeinandertreffen. Das Stück beginnt im Bereich (fiktiver) Wirklichkeit, aber schon am Ende der ersten Szene, mit der Regiebemerkung "der

---

38   II, 206.
39   II, 149.
40   Brecht hat das Stück in einem Brief an Frisch "Berliner Thema" betitelt (s. II, 766).

Staatsanwalt sieht zu, als wäre es nicht getan, sondern bloß gedacht" und der Anspielung Hildes auf die Öderland-Sage[41] verläßt die Handlung das Feld fiktiver Realität und begibt sich, wie Frisch in einer Anmerkung *Zur Inszenierung* formuliert hat, "in einen sogenannt phantastischen Raum." Dieser Übergang dient der Verfremdung: Er demonstriert dem Zuschauer das Geschehen als beispielhaft, als nicht alltäglich-wirklich. Erst am Schluß arbeitet Frisch dann mit der Konfrontation der beiden Bereiche 'Sage' und 'Realität', und dies geschieht mit Absicht: "der Zuschauer soll die Geschichte erst dann, wenn er sie als Ganzes kennt, mit unserer Wirklichkeit konfrontieren."[42] Dazu fühlt er sich aufgerufen, weil der Staatsanwalt — in die Aporie geraten, die Dialektik von Macht und Freiheit nicht auflösen zu können — am Ende aus diesem seinem Alptraum erwachen möchte: "Erwachen — jetzt: rasch — jetzt: erwachen — erwachen — erwachen!"[43] Einerseits stellt das Angebot, die Macht zu übernehmen, die Vollendung der Sage dar, andererseits hat der Staatsanwalt Schmutz an den Stiefeln, also ein Zeichen, daß das, was gespielt wurde, der (fiktiven) Wirklichkeit und nicht bloß dem Traum, der Sage, der Irrealität zugehört. Der Zuschauer, unsicher, welcher Bereich gemeint ist, fühlt sich zu einer Entscheidung aufgerufen: Ist das bloß Irrealität oder (fiktive) Realität? Mit dieser Entscheidung jedoch sieht er sich auch vor die Frage gestellt, wie weit er als Einzelner in seiner eigenen Welt Freiheit ohne den sie wieder aufhebenden inneren Widerspruch zu realisieren vermag. Die Technik der Konfrontation beider Bereiche bezieht den Zuschauer als eigentlichen Adressaten in das Spiel mit ein.

Allerdings erhält er keine Anweisungen, wie er das Stück, dessen Ausgang zumal, verstehen soll. Aber da die Rebellion des Staatsanwalts in der Paradoxie von Freiheit und Macht endet, wird ihm auf höchst drastische Weise vor Augen geführt, daß das ideologiefreie Rebellieren gegen eine das Dasein ganz und gar reglementierende, den Einzelnen seines individuellen Freiheitsraums beraubende Gesellschaft in unserer Welt erfolglos, ja sinnlos sein muß, daß andererseits ohne einen Aufstand gegen die Normen des Daseins Freiheit unerreichbar bleibt. Diese Einsicht vermittelt neben der Konfrontation der beiden Bereiche des Irrationalen (Sage) und des Realen schon die Geschichte selbst. Insofern trägt sie deutlich parabolische Züge.

* * *

Graf Öderland ist in mancher Hinsicht ein Dreh- und Wendepunkt. Fragt man nach Entwicklung und Entfaltung der dramaturgischen Vorstellungen Frischs, so bildet das Stück den Übergang von einer Dramaturgie der Überschreitung raum-zeitlicher Grenzen zu einer Dramaturgie des Paraboli-

---

41 III, 12f.
42 III, 839.
43 III, 89.

schen. Das Parabelstück, das in seinem Gesamtwerk durch *Biedermann und die Brandstifter* und *Andorra* vertreten wird, ist eine poetische Form, in der Frisch seine dramaturgischen Grundüberlegungen ebenfalls realisiert hat. In *Illusion zweiten Grades,* jenem Aufsatz, in dem er das Bühnenspiel nicht als "Kopie der Realität, sondern [als] deren Interpretation auf der Bühne unseres Bewußtseins"[44] bestimmt und damit dem Imitiertheater nochmals und nachdrücklich eine Absage erteilt, kommt Frisch auch auf seine beiden Parabelstücke zu sprechen: *"Biedermann und die Brandstifter* sowie *Andorra* haben sich vor dem Imitiertheater zu retten versucht in die Parabel. Ein erprobtes Verfahren nicht erst seit Brecht." Die Begründung, die er anfügt, zeigt deutlich, in welch enger Beziehung das Parabolische zu dem nach Frischs Auffassung Theatralischen überhaupt steht. Denn er definiert die Parabel folgendermaßen: "Sinn-Spiel: Realität, die gemeint ist, wird nicht auf der Bühne imitiert, sie kommt uns zum Bewußtsein lediglich durch den 'Sinn', den das Spiel produziert."[45] Das erinnert stark an seine dramaturgischen Grundüberlegungen im Tb I, wo der Bühne die Funktion zugesprochen wird, das alltägliche Geschehen in den Rang des Exemplarischen zu heben, so wie der Rahmen den gemalten Blumen den Rang verleiht, "Sinn-Bild" zu sein.[46] Was dort "Sinn-Bild" genannt wird, bezeichnet Frisch hier als "Sinn-Spiel": Die Parabel erfüllt genau den Anspruch, den das Theater erhebt. Anders formuliert: sie realisiert die Möglichkeiten, die das Theater besitzt.

Noch an einer anderen Stelle hat Frisch den Zusammenhang zwischen dem Parabelstück und seiner Grundauffassung vom Wesen des Theaters hervorgehoben. In den aus Anlaß der Uraufführung des Stücks verfaßten *Anmerkungen zu Andorra* beschäftigt er sich mit dem Verhältnis von Proszenium und Spielfläche und plädiert für eine möglichst "zwanglose" Inszenierung der Vordergrund-Szene: "Es braucht kein Anti-Illusionismus demonstriert zu werden, aber der Zuschauer soll daran erinnert bleiben, daß ein Modell gezeigt wird, wie auf dem Theater eigentlich immer."[47] Die Auffassung, daß dieses Parabelstück mit seinem Modellcharakter im Grunde nichts anderes leiste, als was Theater überhaupt zu leisten imstande sei, daß es sozusagen Theater in der einzig angemessenen Weise realisiere, zeigt, daß Frisch das Parabolische und das Theatralische in dieser Phase geradezu identifiziert.

Die dramatischen Mittel, die Frisch in *Biedermann* und *Andorra* verwendet, sind – ungeachtet der gleichartigen parabolisch-didaktischen Grundstruktur beider Stücke – doch recht unterschiedlich. In *Biedermann*

44 V, 476.
45 V, 477.
46 II, 399.
47 IV, 561.

und die Brandstifter gebraucht Frisch – parodistisch auf das antike Vorbild, vor allem auf *Antigone* zurückgreifend – den Chor als episch-verfremdenden Kommentator der Ereignisse und Belehrer des Publikums:

> Nimmer verdient,
> Schicksal zu heißen, bloß weil er geschehen:
> Der Blödsinn,
> Der nimmerzulöschende einst![48]

Belehrend wirkt der Chor auch dann, wenn er – dem Untertitel *Ein Lehrstück ohne Lehre* entsprechend – am Ende nur zu verkünden weiß:

> Sinnlos ist viel, und nichts
> Sinnloser als diese Geschichte:
> Die nämlich, einmal entfacht,
> Tötete viele, ach, aber nicht alle
> Und änderte gar nichts.[49]

Denn die Hinwendung zum Publikum und die Interpretation des Geschehens als sinn- und folgenlos besitzt durchaus didaktisches Gepräge. Allerdings gibt der Chor keine Anweisung, was der Zuschauer aus dem sinnlosen Geschehen zu lernen hat. In dieser Hinsicht überläßt das Stück den Rezipienten sich selbst.

Das ist auch in *Andorra* der Fall. Hier hat Frisch sogar auf ein kommentierendes Medium verzichtet, so daß das Publikum nicht direkt als Adressat der Parabel kenntlich wird. Dem widerspricht nicht, daß die Andorraner in den Zwischenszenen an die im Vordergrund errichtete Schranke treten, um ihre Verhaltensweise zu rechtfertigen. Dabei handelt es sich ohne Zweifel um ein Moment des Brechtschen Theaters, und es wundert denn auch nicht, daß Frisch *Andorra* und *Biedermann* – und zwar nur diese beiden Stücke – als Beispiele für seine Brecht-Nachfolge nennt. In beiden Werken, so Frisch, realisiere er das Brechtsche Prinzip der Verfremdung: "Im direkt brechtischen Sinn kommt es zweifellos vor im *Biedermann*-Stück durch den Chor, im *Andorra*-Stück durch das Vortreten der einzelnen Protagonisten, die zwar keinen Song haben, aber Statements von sich geben – da ist ganz sicher, daß ich das von Brecht übernommen habe."[50] Aber die Figuren in den Vordergrundszenen von *Andorra* sprechen nicht ad spectatores, sondern zeigen sich dem Zuschauer im Profil. Das Publikum ist nicht Richter über die Andorraner, sondern es wird durch sie vertreten: die Schuld, die hier zur Darstellung gelangt, wird auch als Schuld des Zuschauers verstanden, die Selbstrechtfertigungen der Andorraner werden auch als seine Selbstrechtfertigung interpretiert. Zwar soll der Betrachter offensichtlich

---

48 IV, 328.
49 IV, 388.
50 Interview mit Arnold (= Anm. 3) S. 27.

etwas lernen, aber ihm wird so wenig wie dem Besucher einer *Öderland*-Aufführung expressis verbis gesagt, was und wie er lernen soll. In diesem Punkt, so will es scheinen, weicht Frisch entschieden von Brecht ab, der — wenigstens seit seinen im Exil geschriebenen Stücken, mit Ausnahme des *Galilei* — überdeutlich zu erkennen gibt, worin die Wirkung der Bühnendarbietung bestehen soll.

Vielleicht könnte man angesichts des Fehlens eindeutiger Anweisungen für das Publikum auf die Idee verfallen, trotz aller Verfremdungsmittel und trotz aller didaktischen Züge des Parabelstücks habe Frisch weder in *Graf Öderland* noch in *Biedermann* oder *Andorra* etwas Lernbares mitzuteilen. Ja, rückblickend läßt sich sogar feststellen, daß schon in den früheren Stücken der Zuschauer keine Verständnishinweise erhält, daß er sich auch dort selbst überlassen bleibt: In *Nun singen sie wieder* lernen die Menschen nichts dazu, die vorletzte Szene der *Chinesischen Mauer* beschließt der Heutige mit dem Hinweis, daß "die ganze Farce soeben von vorne beginnt,"[51] *Graf Öderland* besitzt einen völlig offenen Schluß, weshalb Durzak Frisch "fehlende politische Reflexion" vorgeworfen hat,[52] in *Biedermann und die Brandstifter* wird nicht nur vorgeführt, sondern auch ausgesprochen, daß die Menschen nichts dazulernen, und in *Andorra* unterstellt Frisch dem Zuschauer die gleiche Schuld und die gleiche Selbstgerechtigkeit, die die Andorraner an den Tag legen, indem er ihn zum Mitzeugen der Protagonisten an der Zeugenschranke macht. Muß er sich nicht provoziert fühlen, wenn ihm unterstellt wird, im Grunde nicht anders als die Andorraner zu handeln und zu sein?

* * *

In der Tat kann man von einer "Dramaturgie der Provokation" sprechen, die in den Werken der ersten und zweiten Schaffensperiode Frischs in wachsendem Maße wirksam wird. Daß sich in der Welt nichts ändert, stellt eine Aussage dar, die eine Identifikation des Zuschauers mit der Bühnenhandlung ausschließt. Die Trennung von Spiel und Welt wird gewahrt. Indem das Spiel dem Publikum den Menschen als lernunfähig vorführt, provoziert es dessen Lernfähigkeit: Der Zuschauer will es anders machen, das Stück gleichsam eines Besseren belehren. Das gilt für *Nun singen sie wieder* ebenso wie für *Die Chinesische Mauer*. Auch *Graf Öderland* läßt den Zuschauer unberaten, vielleicht sogar ratlos zurück, aber indem das Stück ihn in eine Paradoxie verstrickt, provoziert es auch Lösungsversuche. In *Biedermann und die Brandstifter* funktioniert die Provokation ähnlich wie in *Nun singen sie wieder* und *Die Chinesische Mauer,* aber es kommen zwei zusätzliche

---

51 II, 213.
52 Manfred Durzak: Dürrenmatt, Frisch, Weiss. Deutsches Drama der Gegenwart zwischen Kritik und Utopie. Stuttgart [2] 1973; S. 194.

Mittel der Provokation ins Spiel: Einerseits impliziert die Einfachheit des Parabolischen schon einen didaktischen Impetus – in diesem Fall spielen groteske Übertreibungen eine erhebliche Rolle –, und andererseits wird der Rezipient auch vom Chor eigens auf die Lernunfähigkeit der Menschen hingewiesen, von denen er sich – provoziert – distanzieren muß, wenn er nicht selbst zu den Lernunfähigen zählen will. In *Andorra* schließlich erreicht die Technik poetischer Provokation ihren Höhepunkt. Denn hier mutet der Autor dem Publikum die Identifikation mit den Selbstgerechten zu und provoziert damit besonders nachdrücklich dessen Distanzierung.

Freilich zielt diese Dramaturgie der Provokation nicht auf eine bestimmte "Lehre," sondern lediglich auf Aktivierung des Zuschauers, darauf, daß er selbst nach Lösungen sucht. Dies zu erreichen, ist für Frisch überhaupt die primäre Aufgabe des Stückeschreibers. Schon im Tb I hat er sich ganz eindeutig geäußert. Im Anschluß an das Ibsen-Zitat "Zu fragen bin ich da, nicht zu antworten" weist er das Angebot von Lösungsvorschlägen weit von sich: "Als Stückeschreiber hielte ich meine Aufgabe für durchaus erfüllt, wenn es einem Stück jemals gelänge, eine Frage dermaßen zu stellen, daß die Zuschauer von dieser Stunde an ohne eine Antwort nicht leben können – ohne ihre Antwort, ihre eigene, die sie nur mit dem Leben selber geben können." Diese Äußerung drückt eine Erfahrung aus, die Frisch in einer Diskussion mit Studenten gemacht hat. Dort zeigte sich bald das "Bedürfnis nach Führung": "Auch die Studenten [. . .] erwarten von einem Schauspiel, daß es eine Lösung liefere." Frisch hält das für falsch, denn: "Was würde geschehen? Nichts. Was wäre gewonnen? [. . .] Die Lösung ist immer unsere Sache, meine Sache, eure Sache."[53] Dieser frühen Überlegung korrespondiert eine andere, die Frisch fast dreißig Jahre später in einem Interview mit Jugendlichen vorgetragen hat: "Wenn ich Ihnen Erfahrungen, die Sie haben, evident machen kann, und Sie kommen zu einer Stellungnahme – damit emanzipiere ich Sie."[54]

* * *

Eine Variante dieser stark rezipientenorientierten Dramaturgie entwickelt Frisch in dem neben *Biedermann* vielleicht gelungensten Stück, der nicht leicht in das Gesamtwerk einzuordnenden Komödie *Don Juan oder Die Liebe zur Geometrie.* Die Arbeit, entstehungsgeschichtlich der Phase der Parabelstücke zugehörig (1952/53 nach dem Hörspiel *Herr Biedermann und die Brandstifter,* aber fünf Jahre vor dem *Lehrstück ohne Lehre* entstanden), weist keine Züge des Parabolischen auf, auch greift Frisch kaum auf die gewohnten Momente des epischen Theaters zurück. Trotzdem waltet auch

53 II, 467.
54 Rudolf Ossowski (Hrsg.): Jugend fragt – Prominente antworten. Berlin 1975, S. 124.

hier die Trennung von Spiel und Welt, von Bühnenhandlung und Zuschauer-erlebnis. Das geht schon aus der Bemerkung hervor, die sich unter der Personenliste findet: "Ort: Ein theatralisches Sevilla / Zeit: Eine Zeit guter Kostüme."[55] Kein "realistischer" Ort der Handlung, sondern ein "theatrali-scher" soll auf die Bühne gebracht werden, und die Kostüme sollen die Distanz zwischen Spiel und Zuschauer noch betonen. Verfremdung ist also auch hier eingeplant, aber die Frage, wie sie zu realisieren sei, hat Frisch nicht beantwortet. Sie beantwortet sich im Stück von selbst. Denn es folgt dem Prinzip, die Publikumserwartungen zu enttäuschen und schon auf diese Weise jede Möglichkeit der Identifikation von Zuschauer und Figur bzw. Handlungsverlauf zu unterbinden: Der Rezipient sieht sich immer wieder vom Stück distanziert, weil es stets anderes als das Erwartete vorführt. Darauf beruht auch der Komödien-Charakter dieses Dramas. Denn es handelt sich um eine komische Irreführung des Betrachters, wenn Frisch mit Don Juan statt eines Frauenhelden eher einen Frauenfeind, statt eines begabten Liebhabers einen geometriesüchtigen Intellektuellen, statt eines Verführers einen Verführten auf die Bühne stellt. Erwartet der Zuschauer einen auf reizvolle Weise treulosen Bräutigam, so muß er erfahren, daß Juan in diese Rolle gezwungen wird, glaubt er an die Rache des Himmels durch das Eingreifen des toten Komturs, so muß er gewahr werden, daß Don Juan seinen Untergang selbst inszeniert, um durch die Höllenfahrt einen ihn schützenden Mythos in die Welt zu bringen. Und am Ende wird dem Publikum sogar der Anblick eines wider Willen domestizierten Helden nicht erspart: Von Miranda finanziell abhängig, ihr auch in widerwilliger Liebe treu verbunden, geht Juan einem Dasein als Vater entgegen.

Verfremdung, Distanzierung, Trennung von Handlung und Rezeption erreicht Frisch hier also mit einer besonderen Form rezipientenorientierter Dramaturgie: Er inszeniert ein Spiel mit dem Bewußtsein des Publikums. Auf dessen feste Vorstellungen von einem Don Juan kann er bauen. Indem er das Gegenteil dessen geschehen läßt, was der Zuschauer erwartet, reißt er beständig einen Graben zwischen Bühne und Publikum auf. Es ist dies die komödienhafte Kehrseite seiner Dramaturgie der Provokation: Auch diese beruht ja auf einer Strategie, die das Bewußtsein des Rezipienten als wesentlichen Orientierungspunkt in ihre Berechnungen einbezieht. Denn provozierbar ist ein Zuschauer ja nur, wenn das Drama etwas ihm provokant Erscheinendes vorführt, d.h. es rechnet mit einer bestimmten Bewußtseins-situation. In diesem Punkt berühren sich komödienhaftes Spiel und parabolische Provokation.

* * *

55 III, 96.

Die Abkehr Frischs vom Parabel-Theater erfolgte unmittelbar nach Abschluß von *Andorra;* sie war offenbar mit gewissen Schwierigkeiten verbunden. Darauf weist die Tatsache hin, daß Frisch erst sechs Jahre nach *Andorra* ein weiteres Theaterstück schrieb und dann sogar ein ganzes Jahrzehnt vergehen ließ, bevor er mit *Triptychon* auf die Bühne bzw. den Dialog als Darstellungsmedium zurückgriff. Diese Tatsache bringt er selbst mit dem Abschied vom Parabolischen in Zusammenhang. In einem Interview, das er aus Anlaß des Erscheinens von *Triptychon* der Deutschen Zeitung[56] gab, nennt er als Grund für die Abkehr vom Theater das Gefühl, "in eine Sackgasse" geraten zu sein, die er schon mit *Biografie: Ein Spiel* habe verlassen wollen, was aber nicht gelungen sei: "Als Sackgasse würde ich die Stücke, die davor waren, bezeichnen: die Parabelstücke wie *Biedermann* und *Andorra.*" In dem Briefwechsel mit Höllerer von 1969, in dem Frisch sich um eine Dramaturgie der Möglichkeit, der Variation und Permutation bemüht, findet sich ein Satz, der die Gründe andeutet, die zur Aufgabe der Parabel führten: "Die Parabel, indem sie zur Lehre nötigt, verbaut mich."[57] Zwei Jahre vorher, in *Illusion zweiten Grades,* hat er diesen Gedanken ein wenig ausführlicher dargestellt: *"Biedermann und die Brandstifter* sowie *Andorra* haben sich vor dem Imitiertheater zu retten versucht in die Parabel. Ein erprobtes Verfahren, nicht erst seit Brecht [. . .] Das geht: das hat nur einen Nachteil: die Parabel strapaziert den Sinn, das Spiel tendiert zum Quod-erat-demonstrandum [. . .] Daher das Unbehagen in der Parabel. Und daher die Suche nach einem anderen Verfahren."[58]

Die Begründung, die Frisch für seine Abkehr vom parabolischen Drama gibt, signalisiert einen tiefgreifenden Wandel in seiner Geisteshaltung und Kunstanschauung. Während er als politisch engagierter Autor auf das Parabelstück gerade *wegen* seiner didaktischen Wesensmerkmale zurückgegriffen und sich mit ihm dem Brechtschen Theater angenähert hatte, führt Frisch nun gerade die Sinnorientiertheit der Parabel, ihr didaktisches Wesen als Grund für sein Unbehagen an. Gibt es nichts mehr zu "demonstrieren," macht es Schwierigkeiten, dem Zuschauer einen "Sinn" mit der dem Parabelstück eigentümlichen Nachdrücklichkeit zu vermitteln? – Im Brief-wechsel mit Höllerer rückt er in der Tat mit folgender Begründung von der Parabel ab: "Das eben: die Parabel geht meistens auf. Hang zum Sinn. Sie täuscht Erklärbarkeit vor, zumindest Zwangsläufigkeit. Sie gibt sich gültig, indem sie zugleich vage bleibt."[59] Die hier zum Ausdruck gelangende Auffassung, daß die Welt letztlich unerklärbar bleibe, ist aber nicht der einzige Grund für den Verzicht auf das Parabolisch-Didaktische. Hinzu

---

56 Die lange Ewigkeit des Gewesenen. In: Deutsche Zeitung v. 21.4.1978, No. 17, S. 15 (Interview mit Peter Rüedi).
57 *Dramaturgisches.* Ein Briefwechsel mit Walter Höllerer. Berlin 1976; S. 19.
58 V, 477.
59 *Dramaturgisches* (= Anm. 57) S. 19.

kommt auch eine Neueinschätzung des Verhältnisses von Literatur und Politik. Einige Seiten später ergreift Frisch für das Private als "Domäne der Literatur" Partei und nicht für das offene, gar zur Schau gestellte politische Engagement in der Kunst: "Domäne der Literatur? Was die Soziologie nicht erfaßt, was die Biologie nicht erfaßt: das Einzelwesen, das Ich, nicht mein Ich, aber ein Ich, die Person, die die Welt erfährt als Ich, die stirbt als Ich."[60] Es handelt sich um das Zitat einer Interview-Antwort, die in das Tb II aufgenommen wurde.[61] Sie gehört in das Jahr 1967, also in das geistige Umfeld von *Biografie: Ein Spiel,* dem Stück, das die Abwendung vom politischen Parabelstück dokumentiert. In der Entdeckung der Person, des Einzelwesens, zeigt sich Frischs Skepsis gegenüber den gesellschaftlich-politischen Wirkungen, die Literatur hervorzurufen vermag: "Zwar spiegelt die Literatur, die diesen Namen verdient, die Verwandlungen unseres Bewußtseins, aber sie spiegelt nur; die Anstöße zur Verwandlung kommen anderswo her."[62] Für einen Autor dieser Ansicht hat sich ein wie immer geartetes didaktisches, auf Veränderung des Zuschauerbewußtseins angelegtes Theater erledigt: es wird verständlich, daß Frisch sich von Brecht als Vorbild endgültig löste und die Parabel als literarische Form verwarf.

Seine Äußerungen dürfen freilich auch nicht mißverstanden werden: Die Entdeckung des Individuums und die damit verknüpfte Aufgabe einer Dramaturgie des Engagements bedeuten nicht die Tilgung des Gesellschaftlichen und des Politischen aus der Kunst überhaupt, auch nicht aus der Literatur. Frisch hat lediglich "Zweifel an der Wirksamkeit eines direkt-politischen Engagements der Literatur",[63] bezeichnet Literatur jedoch sogar als "subversiv," sobald sie sich als "Recherche durch Sprache" verstehe, – unabhängig davon, in welchem gesellschaftlichen System der Dichter tätig sei, und gerade auch dann, wenn er den Menschen in seiner Individualität vorführe. Denn: "Die Gesellschaft, selbst die wünschenswerte, besteht aus Personen, die leben, und Leben findet in der Ich-Form statt."[64] Das heißt zugleich, daß auch die an der "Person" orientierte Literatur Gesellschaft spiegelt, kritisiert, in Frage stellt. Schon in seiner Rede auf der Frankfurter Dramaturgentagung 1964 hat er davon gesprochen, daß Literatur nicht aus "Verantwortung des Schriftstellers gegenüber der Gesellschaft"[65] entstehe; er fügt jedoch hinzu: "Aber daraus abzuleiten, daß das schriftstellerische Produkt, in seinem Ursprung ohne didaktische Absicht, deswegen ohne Folgen auf die Gesellschaft bleibe, wäre nicht naiv, sondern unrealistisch."[66]

60 Ebd. S. 34.
61 VI, 88f.
62 *Dramaturgisches* (= Anm. 57) S. 33.
63 Ebd. S. 38.
64 Ebd. S. 41.
65 V, 350.
66 V, 351.

Indem er der Parabel einen "Hang zum Sinn" vorwirft und formuliert "Sie täuscht Erklärbarkeit vor,"[67] stellt Frisch die Einsehbarkeit und Begründbarkeit des menschlichen Handelns, ja des Weltgeschehens überhaupt in Frage und scheint damit eine ganz und gar unmetaphysische Position zu beziehen. Das ist in der Tat der Fall, aber dieses Weltbild beruht nicht auf philosophischen Spekulationen, sondern auf der Beobachtung der Lebenswirklichkeit. Frisch verwirft die Parabel, ja die gesamte traditionelle Dramaturgie im Namen einer Realität, von der er behauptet, sie sei ganz anders geartet als diejenige, die das "alte" Drama auf die Bühne brachte. Auf diese Weise entwickelt er eine neue dramaturgische Konzeption. Dies geschieht zum erstenmal in der *Schillerpreis-Rede* von 1965. Frisch setzt bei dem Gefühl der Verdrossenheit an, das das Gegenwartstheater, insonderheit auch Brecht und die "Brecht-Schule,"[68] in ihm erzeuge. Er erklärt sich diese Wirkung damit, daß auf der Bühne wie eh und je entsprechend einer traditionellen Dramaturgie kausal bestimmte Handlungen vorgeführt werden: "Die Meinung, ein Vorgang könne nur überzeugen, wenn er sich aus der Entwicklung als zwingend darstellt, ein Axiom der klassischen Dramaturgie, [. .] geistert noch immer nicht nur im Urteil der Kritik, sondern auch in der Praxis unseres Schreibens." Was er an dieser Dramaturgie verwirft, ist die Tatsache, daß sie jedes Spiel mit Möglichkeiten, jedes Andersein-können eines Geschehens ausschließt: "Die Fabel, die den Eindruck zu erwecken sich bemüht, daß sie nur so und nicht anders hätte verlaufen können, befriedigt [. . .] eine Dramaturgie, die uns als klassisches Erbe formal belastet: eine Dramaturgie der Fügung, eine Dramaturgie der Peripetie." Dabei fällt weniger ins Gewicht, daß – wie Frisch offenbar meint – eine Dramaturgie der Fügung zu einer durch Peripetie strukturierten Dramenform führt, als die Tatsache, daß diese Dramaturgie mit der Wirklichkeit nichts zu tun hat: "Dabei ist unser Lebensgefühl ein ganz anderes."[69] Das läßt sich leicht erklären, denn: "Tatsächlich sehen wir, wo immer Leben sich abspielt, etwas viel Aufregenderes: es summiert sich aus Handlungen, die oft zufällig sind, und es hätte immer auch anders sein können, es gibt keine Handlung und keine Unterlassung, die für die Zukunft nicht Varianten zuließe." Zwischen der alten Dramaturgie der Fügung und der Wirklichkeit menschlichen Lebens besteht eine Kluft, die Frisch schließlich auch dadurch aufweist, daß er auf den "Sinn" zu sprechen kommt, den die alte Dramaturgie vortäusche, der indes dem Leben völlig fehle. Alles Geschehen werde zwingend "durch Unterstellung eines Sinns." Indes: "Wir erleben ihn nirgends, und was wir erleben, ist das Gegenteil."[70] So kann Frisch für sein Desinteresse an dem Theater, das dem dramaturgischen Konzept einer kausalen Ordnung folgt,

---

67 *Dramaturgisches* (= Anm. 57) S. 19.
68 V, 364.
69 V, 366.
70 V, 367.

am Ende des Vortrags sogar die "Unwahrheit" des traditionellen Dramas dingfest machen, die in einem einzigen Faktum besteht: "das Gespielte hat einen Hang zum Sinn, den das Gelebte nicht hat."[71] Sollen Kunst und Leben wieder in Übereinstimmung gebracht werden, so muß man eine Dramaturgie entwickeln, die den Sinn alles Geschehens bezweifelt und auf diese Weise jedem Ereignis auf der Bühne den Anstrich des Zwingenden und Einmaligen nimmt. Frisch bezeichnet sie am Ende seiner Rede als "Dramaturgie, die eben die Zufälligkeit akzentuiert", als "eine Dramaturgie des Unglaubens," als "Dramatik der Permutation."[72]

* * *

Von diesen drei Bezeichnungen, die für Frisch austauschbar sind, ist der mittlere der am wenigsten problematische, weil am wenigsten präzise Terminus. Eine "Dramaturgie des Unglaubens" oder — wie Höllerer sie später nennt — eine "Dramaturgie des reinen Zweifels"[73] hat den Kausalitätszwang außer Kraft zu setzen, die "Beliebigkeit jeder Geschichte" bewußt zu machen, den "Eindruck von Zwangsläufigkeit, von Schicksal, von Fügung"[74] beim Zuschauer nicht entstehen zu lassen. Frisch hat diesen Begriff selten benutzt, nicht weil er falsch wäre, sondern weil er das Verfahren nicht einmal andeutet, mit dem die Destruktion einer Dramaturgie der Fügung betrieben werden soll.

Das ist anders bei dem Begriff "Dramaturgie des Zufalls," der zunächst eine dominante Rolle spielt. Daß Frisch der Fügung den Zufall entgegensetzt, kann nicht überraschen, weil beide Begriffe auch im alltäglichen Denken als Gegensätze fungieren. Schon in *Nun singen sie wieder* hat Frisch sie in diesem Sinne benutzt. Bevor er erschossen wird, erklärt der Oberlehrer: "Ich begreife die Fügung, denn es ist kein Zufall, im Grunde kein Zufall, daß du es bist, Herbert, der dieses Verbrechen an mir vollstreckt —"[75] Aber indem Frisch auch in seiner neuen Dramaturgie den Zufall in einen Gegensatz zur Fügung bringt, wählt er eine andere Vorstellung vom Wesen des Zufalls als diejenige, die in seinem Werk bis dahin vorgeherrscht hatte. Den Schluß des Tb I z.B. bildet eine Überlegung, die Zufall und Fügung in eine enge Beziehung zueinander bringt: "Der Zufall ganz allgemein: was uns zufällt ohne unsere Voraussicht, ohne unseren bewußten Willen. Schon der Zufall, wie zwei Menschen sich kennenlernen, wird oft als Fügung empfunden."[76]

71 V, 368.
72 V, 368f.
73 *Dramaturgisches* (= Anm. 57) S. 11.
74 Ebd. S. 9.
75 II, 130. Zur Rolle des Zufalls im Werk Frischs vgl. Tildy Hanhart: Max Frisch: Zufall, Rolle und literarische Form. Kronberg 1976.
76 II, 749.

Auch hier behauptet Frisch nicht, im menschlichen Leben walte Gott oder das Schicksal und füge die Ereignisse nach freiem Belieben. Vielmehr spricht er davon, daß wir etwas als Fügung empfinden: Der Zufall erweist sich als Fügung, wenn er für den, der von ihm betroffen wurde, von Bedeutung, vielleicht von lebensentscheidender Bedeutung ist. Der Schlußsatz des Tb I bringt dies in eine bündige Formel: "Am Ende ist es immer das Fälligste, was uns zufällt." Damit meint Frisch, daß uns als Zufall erst bewußt wird, was für uns Bedeutung gewinnt, und bedeutsam kann nur sein, was uns für dieses Ereignis disponiert findet. Deswegen erleben wir keine Zufälle, "die nicht zu uns gehören."[77] Mit diesem Zufallsbegriff hat Frisch in *Homo faber* gearbeitet, jetzt hingegen will er eine Dramaturgie des Zufalls entwickeln, die die bloße Beliebigkeit eines Geschehens sichtbar macht, ihm jeden "Sinn," auch jede subjektive Bedeutsamkeit bestreitet und so ein freies Spiel jenseits der Kausalität inszeniert.

In *Biografie,* also in jenem Stück, das Frisch dem Drama der Fügung entgegenstellt und in dem er einen Neuansatz nach der Aufgabe des Parabelstücks versuchte, spielt der Zufall in der Tat eine gewisse Rolle. So verdanken die Flüchtlinge ihre Rettung dem Zufall, daß Kürmann "grad an diesem Bahnhof war in diesem Augenblick,"[78] und auch die Entdeckung des nach ihm benannten "Kürmannschen Reflexes" hat der Protagonist einem Zufall zuzuschreiben. Schließlich spricht Frisch auch noch zu Beginn des Briefwechsels mit Höllerer, in dem beide auf die Erfahrungen mit der Aufführung von *Biografie* Bezug nehmen, vom Zufall und benutzt ihn als zentrale dramaturgische Kategorie.

Schaut man jedoch genau hin, so zeigt sich, daß Frisch eine Dramaturgie des Zufalls in *Biografie* gar nicht realisiert. Von wenigen Ausnahmen abgesehen, die noch dazu von recht nebensächlicher Bedeutung sind, gelingt es Kürmann nicht, seine Lebensgeschichte zu ändern, was ja nichts anderes heißt, als daß der Gang seines Lebens nicht auf Zufällen basieren kann. Nicht nur aufkeimende Liebe oder männliche Eitelkeit hindern ihn daran, die erste Begegnung mit Antoinette so zu variieren, daß "keine Geschichte"[79] aus ihr wird. Vielmehr scheitern die Versuche, mit der Korrektur schon an einer früheren Stelle seines Lebenslaufes zu beginnen, weil jede Veränderung kaum zu ertragende oder kaum zu verantwortende Konsequenzen nach sich zöge. Eine Wiedergutmachung an Rotz bedeutet die Wiederholung verhaßter Lebensphasen, verläßt er Helen nicht, sind die Flüchtlinge verloren, will er den Selbstmord seiner ersten Frau ungeschehen machen, so muß er nicht nur das Eheversprechen brechen, sondern auch auf seinen Sohn verzichten usf. Angesichts der Verantwortung, die er durch eine etwaige Korrektur seines

77 II, 750.
78 V, 514.
79 V, 499.

Lebens auf sich lädt, stellt er das ganze Verfahren in Frage: "Wie soll ich anders wählen . . ."[80] Noch deutlicher zeigt sich der Verzicht auf eine Dramaturgie des Zufalls im zweiten Teil von *Biografie*. Als es Kürmann nämlich gelingt, sich so zu verhalten, daß Antoinette rechtzeitig – also bevor es zu einem Liebesabenteuer kommt – seine Wohnung verläßt, entscheidet er sich, trotzdem die erste Fassung seiner Biographie beizubehalten: Er sieht sich nicht in der Lage, seine vita zu korrigieren, weil sein Leben mit Antoinette weniger auf einen Zufall als auf seinen Entschluß zurückzuführen ist, mit dieser Frau zusammenzubleiben.

Im Grunde lassen ja schon die Spielregeln, nach denen Kürmann seine Lebensgeschichte verändern kann, deutlich werden, daß es weniger um den Zufall als um die Entfaltung des Menschen durch die Variierung seines Ichs geht. Denn Frisch verändert Kürmanns vita keineswegs dadurch, daß er andere Zufälle eintreten läßt – was allein ja eine Dramaturgie des Zufalls wirksam werden ließe –, sondern er stellt das Ausprobieren von Lebensvarianten Kürmanns Wahl anheim. Abhängig von seinen Entscheidungen, richtet sich Kürmanns Lebensgeschichte nicht nach Zufällen, sondern nach seinem Belieben, nach seinen Sehnsüchten, Wünschen, Ängsten usf., d.h. nach seiner Persönlichkeitsstruktur. Zudem grenzen die Spielregeln auch rigoros ein, was Kürmann entscheiden und also verändern darf. "Was Sie wählen können, ist Ihr eigenes Verhalten,"[81] hebt der Registrator hervor, und auch am Ende des Stücks stellt er diesen Sachverhalt klar, wenn er auf Kürmanns Frage, was er denn wählen könne, antwortet: "Wie Sie sich dazu verhalten, daß Sie verloren sind."[82] Sein Verhalten kann Kürmann variieren, seine Persönlichkeit, von der sein Leben abhängt, jedoch nicht. "Das ist das einzige, was ich wünsche, wenn ich nochmals anfangen kann: eine andere Intelligenz," erklärt der Protagonist, und prompt hält der Registrator ihm entgegen: "Sie mißverstehen unsere Spielregel: Sie haben die Genehmigung, nochmals zu wählen, aber mit der Intelligenz, die Sie nun einmal haben. Die ist gegeben."[83] In allem Probieren, das sich der Freiheit der Wahl, aber nicht der Beliebigkeit des Zufalls verdankt, bleibt das Ich als mit sich identische Konstante erhalten und zieht der Veränderbarkeit der Lebensgeschichte enge Grenzen. Alles, so Frisch in seinen *Anmerkungen zu 'Biografie,'* vermag Kürmann zu ändern: "Nur er kann nicht anders sein."[84] Von Zufälligkeit oder Beliebigkeit des Geschehens kann deshalb nicht die Rede sein. So nimmt es nicht wunder, daß Höllerer den Begriff des Zufalls schon zu Beginn seines Briefwechsels mit Frisch beiseite schiebt, obwohl Frisch ihn zunächst immer wieder ins Spiel gebracht hatte.

80 V, 514.
81 V, 490.
82 V, 573.
83 V, 503.
84 V, 580.

Nachdem Frisch davon gesprochen hat, er habe "Ansatzmöglichkeiten zu einer Dramaturgie, die den Zufall, als Element der Beliebigkeit, in unser Kunst-Spiel einbezieht," nicht erst bei der Arbeit an *Biografie,* sondern schon bei der Arbeit an dem Roman *Mein Name sei Gantenbein* gesehen, ruft Höllerer aus: "Also, wenn es nur um den Zufall ginge!" Die Zusammenstellung von *Biografie* und *Gantenbein* bewegt ihn offenbar dazu, den Zufall als dramaturgischen bzw. als poetologischen Begriff auszuklammern. "Es geht aber," fährt Höllerer an der eben zitierten Stelle fort, "wenn ich Sie so in Ihrer jetzigen Verfassung betrachte, gar nicht um den Zufall, sondern um den Zweifel,"[85] nämlich um den Zweifel an der Einmaligkeit und Zwangsläufigkeit einer Biographie, erst recht an der Schicksalhaftigkeit und Sinnhaftigkeit alles Geschehens. "Das Wort Zufall scheidet aus,"[86] erklärt er schließlich kategorisch und fügt als Begründung an, der Zufall habe "an sich" gar keine Bedeutung, er erhalte sie überhaupt erst vom Betrachter. Für denjenigen, der die Welt als Ordnungsgefüge sehe, mache es keine Schwierigkeiten, auch dem Zufall einen Ordnungssinn zu unterlegen (und ihn damit de facto außer Kraft zu setzen). Und für denjenigen, der die Welt als die Ordnungslosigkeit schlechthin betrachte, verliere der Zufall seine Besonderheit und damit auch seine dramaturgische Funktion, die Unterstellung von Sinn, den Gedanken an das Walten von Schicksal und Notwendigkeit im Welt- wie im Bühnengeschehen in Frage zu ziehen. Auf welche Weise aber soll, wenn der Zufall keine Rolle spielt, eine Dramaturgie des Zweifels realisiert werden? – Höllerer knüpft an die Bemerkung Frischs an, in *Mein Name sei Gantenbein* walte das gleiche poetische Prinzip wie in *Biografie: Ein Spiel:* "Sie weisen auf *Gantenbein* und auf *Biografie* als auf Ansätze für Ihre Komposition und Dramaturgie des Zweifels. Einverstanden. Gantenbein probiert sich 'Geschichten an wie Kleider,' und in der *Biografie* proben Sie das Variantentheater."[87]

Mit diesem Begriff meint Höllerer dasselbe wie Frisch mit dem dritten in der *Schillerpreis-Rede* fallenden Terminus "Dramatik der Permutation." Nicht der Nachweis, daß der Lebensgang ein bloß zufälliger ist und – bei Eintritt eines anderen Zufalls – ganz anders verlaufen wäre, sondern Variationen der Biographie stehen im Mittelpunkt des Kürmann-Stücks. Frisch geht denn auch sofort auf Höllerers Kritik ein und gibt mit dem Begriff auch das in Wahrheit nie wirklich durchdachte und noch weniger in *Biografie* realisierte Konzept einer Dramaturgie des Zufalls auf. Er setzt nochmals neu an und schildert, was er mit seiner Polemik gegen die von ihm so bezeichnete Dramaturgie der Fügung eigentlich gemeint hat. Dazu greift er auf seinen Gedanken einer Permutation des Bühnengeschehens zurück und

85 *Dramaturgisches* (= Anm. 57) S. 13.
86 Ebd. S. 14.
87 Ebd. S. 14f.

nimmt Höllerers Vorschlag auf, von Varianten zu sprechen: "Varianten eines Vorgangs zeigen mehr als der Vorgang in seiner definitiven Version, Auffächerung der Möglichkeiten, wie ein und dieselbe Figur sich verhalten kann. Oft kaum zu entscheiden, welche Version glaubhafter ist; keine ist die einzigrichtige."[88] Damit hat Frisch ein Konzept entworfen, die in *Mein Name sei Gantenbein* erprobte Varianten-Poetik auf das Feld des Dramas zu übertragen.

Es ist auffallend, wie hartnäckig sich Frisch zunächst über den Versuch eines Neuansatzes nach *Andorra* ausschweigt. Er entwirft keine Theorie, die er dann poetisch realisiert, sondern er versucht sich im Erzählen und äußert sich erst anschließend über theoretische Fragen. Auch Höllerer gegenüber weist er darauf hin, "daß ich meine Arbeit nie durch Theorie habe programmieren können [...] Also Theorie allenfalls als Versuch einer Rechenschaft hinterher."[89] Diese Rechenschaft legt er für den auf *Andorra* folgenden *Gantenbein*-Roman in den *Antworten auf vorgestellte Fragen* unter der Überschrift *Ich schreibe für Leser* von 1964 ab, und darin finden sich Formulierungen, die in der Tat die Verwandtschaft der poetologischen Konzeptionen von *Gantenbein* und *Biografie* sichtbar werden lassen.

Die "Person ist eine Summe von verschiedenen Möglichkeiten, meine ich, eine nicht unbeschränkte Summe, aber eine Summe, die über die Biographie hinausgeht. Erst die Varianten zeigen die Konstante."[90] Der Satz, auf den *Gantenbein*-Roman gemünzt, drückt durchaus die dramaturgische Konzeption aus, die *Biografie: Ein Spiel* prägt: Dadurch, daß Kürmann die Möglichkeit gegeben wird, seine Biographie zu korrigieren, wird im Zuschauer der Gedanke an mögliche Lebensvarianten geweckt, die Kürmanns Ich erst eigentlich deutlich werden lassen. Gerade dadurch, daß er bestimmte Veränderungen nicht auszulösen vermag und bestimmte Varianten nicht wählt, daß er z.B. einer Biographie mit Antoinette, der Rettung der Flüchtlinge, der Existenz seines Sohnes keine Absage erteilt und lediglich kleinere Veränderungen in sein Leben einfügt (Eintritt in die KP, Streichung der Ohrfeige usw.), offenbart sich dem Zuschauer die Persönlichkeit Kürmanns, – "die Varianten zeigen die Konstante." Blickt man zurück auf das Parabelstück und die in ihm kulminierende Dramaturgie der Fügung, so zeigt sich, daß Frisch in *Biografie* die Zwangsläufigkeit des Geschehens dadurch aufzuheben trachtet, daß er – orientiert an dem in *Mein Name sei*

88 Ebd. S. 16.
89 Ebd. S. 21.
90 V, 327; Zif. 11. Zum Problem der Möglichkeit bei Frisch vgl. Markus Werner: Bilder des Endgültigen, Entwürfe des Möglichen. Zum Werk von Max Frisch. Bern 1975. Es handelt sich allerdings um eine wenig konzise Studie, was vor allem auch darauf beruht, daß der Verf. den Begriff der Möglichkeit gar nicht diskutiert. – Frischs Dramaturgie der Variation und Permutation untersucht Heinrich Geisser: Die Entstehung von Max Frischs Dramaturgie der Permutation. Stuttgart 1973.

Gantenbein erprobten Verfahren – Varianten eines Geschehens ausprobieren, andere und wieder andere Möglichkeiten eines Vorgangs durchspielen möchte, daß er ein "Möglichkeitenspiel"[91] inszenieren und auf diese Weise vorführen will, daß alles, was geschieht, immer auch anders sein könnte.

* * *

Indes hat er dieses Konzept in *Biografie* nicht zu realisieren vermocht und dies auch im Briefwechsel mit Höllerer rückhaltlos bekannt: "ich war bei der Arbeit konsterniert: Das wird ja genau, was ich nicht wahrhaben will, ein Schicksalslauf! Und so wirkte es denn auch, trotz der radikalen Annullierung durch den Schluß, auf die meisten Zuschauer; sie applaudierten der biederen Einsicht: Wir können ja doch an unserer Biographie eigentlich nichts ändern."[92] Anläßlich der vier Erstaufführungen heißt es im Tb II unter dem 8.2.1968 lapidar: "Stück aufgeführt, BIOGRAFIE EIN SPIEL, mit vierfachem Sieg der Bühne (Zürich, München, Frankfurt, Düsseldorf) über den Autor; er bestreitet die Fatalität, die Bühne bestätigt sie – spielend."[93] Wieso aber, so möchte man fragen, ließ sich Frischs Vorstellung von einer Permutations-, Variations- und Möglichkeits-Dichtung auf der Bühne nicht verwirklichen? Sie hatte sich im Erzählerischen doch bewährt, denn mit dem *Gantenbein*-Roman hatte Frisch ein Werk vorgelegt, das als reines Spiel mit Fiktionen, als reines Möglichkeiten- und Variantenspiel durchaus gelungen schien, was Frisch auch gegenüber Höllerer hervorhebt: "Der fiktive Charakter ('Ich stelle mir vor') ist in der Erzählung leichter zu sichern – was ich nicht erwartet habe."[94]

Frisch bringt hier das Scheitern des Varianten-Prinzips mit der gewählten literarischen Gattung in Verbindung. "Sobald gespielt wird, und sei die Varianten-Szene noch so kurz, gilt es als geschehen. Macht des Theaters," führt er aus. Das als bloß mögliches gemeinte Geschehen erhält auf der Bühne den Anstrich des wirklichen. Wird es ständig wieder verworfen, so rüttelt das nach Frisch außerdem an unserer "Gläubigkeit," mit der wir die Bühnenhandlung betrachten, so daß sich "der Zuschauer, auf Erschütterung abonniert,"[95] betrogen fühlt.

Daran ist gewiß vieles richtig. Ob damit aber die Probleme von *Biografie* als einem Möglichkeiten-Spiel wirklich vollständig aufgedeckt wurden, muß man bezweifeln. Von entscheidender Bedeutung ist wohl die Tatsache, daß das Stück mit einem Rückblick des Registrators auf den 26.5.1960 beginnt, der als solcher durch das Tempus kenntlich ist. Damit aber wird von

91 *Dramaturgisches* (= Anm. 57) S. 29.
92 Ebd. S. 28.
93 VI, 103.
94 *Dramaturgisches* (= Anm. 57) S. 32.
95 Ebd.

vornherein festgelegt, was wirklich passierte: Die Vergangenheit aufzulösen muß dem Zuschauer als bloßes Spiel erscheinen; die Wirklichkeit liegt für ihn hingegen fest. Darin fühlt er sich erst recht bestätigt, wenn der Registrator seine Einführung mit dem Satz beendet: "Es mußte nicht sein."[96] Denn an dieser Stelle bestätigt er, daß etwas tatsächlich geschehen ist, was auch anders hätte verlaufen können, aber nun einmal nicht anders verlaufen ist. Was nun gespielt wird, bleibt als (bloße) Variante des Wirklichen ontisch und ontologisch hinter diesem zurück, und da die Varianten zudem fast immer die Unveränderbarkeit der Wirklichkeit, d.h. die Unfähigkeit Kürmanns dokumentieren, sein Leben zu ändern, muß seine Biographie als letztlich zwangsläufiges Geschehen erscheinen. Ein reines Möglichkeitsspiel wäre durchaus denkbar, wenn nicht die Perspektive des Rückblicks auf Geschehenes, sondern die des Ausblicks auf (zukünftig) Mögliches gewählt, wenn das wirklich Geschehene nicht schon definiert worden wäre. Anders formuliert: Das Mögliche dürfte nicht als Variante des Wirklichen erscheinen, sondern es müßte sich das ganze Spiel im Rahmen bloßer Fiktion und damit reiner Möglichkeit bewegen. Wirklichkeit, tatsächliches Geschehen, müßte von vornherein außerhalb des Spiels bleiben.

So nämlich verfährt Frisch im *Gantenbein*-Roman,[97] und deshalb, so will es scheinen, ist ihm dort eher eine Dichtung der Möglichkeit gelungen. Das Ich, das dort erzählt, tritt als definierbare Person gar nicht in Erscheinung: Es hat weder einen Namen noch eine Lebensgeschichte noch Charaktermerkmale usw. Was wir von ihm erfahren, sind allein seine Fiktionen, d.h. in Geschichten gefaßte Möglichkeiten dieses Ichs. Aus ihnen besteht das ganze Buch — abgesehen lediglich von dem letzten Absatz. *Mein Name sei Gantenbein* stellt sich als ein Roman der reinen Möglichkeit dar, sofern er den Bereich der Wirklichkeit ausspart und die Möglichkeiten nicht hinsichtlich ihrer Realisierbarkeit vorführt, sondern sie in ihrem Wesen, bloße Möglichkeit zu sein, beläßt. Dadurch bleibt das modale Verhältnis von Möglichkeit und Wirklichkeit außer Betracht. Wirklichkeit bedeutet jetzt das Ganze der Möglichkeiten, in die sich das Ich entfaltet, es erscheint daher "umrissen durch die Summe der Fiktionen, die [ihm] möglich sind."[98] In *Biografie* hingegen konkurriert die als Variante vorgetragene Möglichkeit insofern mit der Wirklichkeit, als Kürmann eine Entscheidung über die Wirklichkeit fällen soll. Dabei ist für den Zuschauer von Beginn an klar, was — zumindest bisher — wirklich geschehen ist. Die Bemerkungen des

96 V, 484.
97 Zur Entwicklung von Frischs Poetik der Potentialität und ihrer Realisierung in *Mein Name sei Gantenbein* vgl. Jürgen H. Petersen: Wirklichkeit, Möglichkeit und Fiktion in Max Frischs Roman *Mein Name sei Gantenbein*. In: Max Frisch. Aspekte des Prosawerks. Hrsg. v. Gerhard P. Knapp. Bern 1978; S. 131–156.
98 V, 325: *Ich schreibe für Leser;* Zif. 6.

Registrators während des Spiels und die alles korrigierende Entscheidung Antoinettes am Schluß vermögen diesen Eindruck nicht zu tilgen.

* * *

Hängen die Schwierigkeiten mit der dramaturgischen Konzeption, durch ein Varianten- und Möglichkeitenspiel die Dramaturgie der Fügung zu überwinden, auch gewiß nicht allein, vielleicht nicht einmal vornehmlich mit der Bühne als Medium zusammen, so ist für die weitere Entwicklung Frischs doch bedeutsam gewesen, daß er selbst die Probleme mit *Biografie* fast ausschließlich auf die spezifischen Mängel des Theaters zurückführte. Während er weiterhin Episches schrieb, verzichtete er ein volles Jahrzehnt darauf, als Bühnenautor nochmals in Erscheinung zu treten. In dem schon zitierten Interview nennt er als Grund dafür die negative Erfahrung mit dem in *Biografie* unternommenen Versuch, eine Dramaturgie der Permutation zu realisieren: "Ich wollte etwas darstellen und nicht etwas diktieren oder belehren. Als ich das wußte, wollte ich aus der Parabel heraus, versuchte dann dieses Spiel 'Biografie,' mit etwas großen Worten eine Dramaturgie der Permutation, der Möglichkeiten. Ich habe dann gesehen, daß ich auch dort nicht sehr viel weiterkomme, habe dann das Theater gelassen."[99] Die Enttäuschung über das Theater als Medium war offenbar so tief, daß Frisch sich noch während der Arbeit an *Triptychon* einredete, Dialoge, aber kein Bühnenstück zu schreiben, und in der Tat hat er bisher noch keine Aufführungsrechte erteilt. Er erklärte aber, daß er — wenn jemand einen akzeptablen Inszenierungsplan vorlegen könne — gegen eine Theater-Aufführung zu einem späteren Zeitpunkt nichts einzuwenden habe. Wenn also das lange Schweigen Frischs als Stückeschreiber damit zusammenhängt, daß er glaubte, seine Vorstellung von einer Dichtung der Möglichkeit zwar im Roman, nicht jedoch auf dem Theater realisieren zu können, so ist zu überlegen, ob nicht auch seine Rückkehr zum Dialog (und zur Bühne) auf eine neue, in *Triptychon* erprobte dramaturgische Konzeption zurückzuführen ist. Man mag sogar fragen, ob es sich vielleicht um eine der Varianten-Poetik entgegengesetzte Konzeption handelt, welche es ihm nunmehr möglich und sinnvoll erscheinen läßt, sich nach den negativen Erfahrungen mit *Biografie* wieder dem Theater zuzuwenden. Das ist in der Tat der Fall. Will man die in *Triptychon* praktizierte Konzeption auf einen Begriff bringen, so kann man von einer *Dramaturgie der Invariation* sprechen. Die "szenischen Bilder" handeln vom Tod als dem Bereich, der jegliche Veränderung des Daseins hinter sich gelassen hat, für den das Gegenteil von dem gilt, was Frisch als das Kennzeichen des Lebens hervorhebt: "Tatsächlich sehen wir, wo immer Leben sich abspielt," daß es

99 S. Anm. 56.

"immer auch anders [hätte] sein können." Denn im Leben gibt es "keine Handlung und keine Unterlassung, die für die Zukunft nicht Varianten zuließe."[100] In *Triptychon* zeigt Frisch die Gegenwelt, in der es keinerlei Wandlung, keine Zukunft und keine Perspektive gibt.

"Es geschieht nichts, was nicht schon geschehen ist [...] Es kommt nichts mehr dazu, was ich nicht schon erfahren habe. Und ich bleibe Anfang Dreißig. Was ich denke, das habe ich schon gedacht. Was ich höre, das habe ich gehört."[101] Die Worte Katrins zu Beginn des zweiten Bildes beschreiben das zukunftslose, der Unveränderbarkeit ausgesetzte Dasein der Toten. Schon in der ersten theoretischen Äußerung zu einer Poesie der Möglichkeit und Variation, in den *Antworten auf vorgestellte Fragen* zum *Gantenbein*-Roman, hat Frisch den Tod als das Invariable schlechthin gekennzeichnet: "Was keine Variante mehr zuläßt, ist der Tod."[102] Nun setzt er der im Namen des Lebendigen entworfenen Poesie der Variation eine Dramatik der Unveränderlichkeit entgegen, indem er in seinem Stück entweder Tod und Leben aufeinandertreffen (Szene 1 und 3) oder die Figuren im Hades auftreten läßt (Szene 2).

In allen drei Szenen herrscht das dramaturgische Prinzip der Invariation, auch wenn die szenischen Mittel stark differieren. Im ersten Bild läßt Frisch die Witwe mit ihrem verstorbenen Ehemann sprechen. Sie macht ihm Vorwürfe, geht auf in Selbstgerechtigkeit und Selbstmitleid, während der Tote, im Lehnsessel sitzend, sich abkehrt, weder etwas zu seiner Verteidigung, zur Richtigstellung, zur Beruhigung seiner Frau sagen kann noch das vergangene Leben zu korrigieren vermag. Da nichts mehr zu ändern ist, verläßt er den Raum. Roger, einer der Trauergäste, formuliert den Gedanken, der diesem Stück zugrundeliegt, nämlich "daß der Tod letztlich die Wahrheit über unser Leben ist: Wir leben endgültig."[103] Denn da der Tod eine Korrektur des Lebens für immer ausschließt, macht er das Gelebte definitiv: Der Tod "ist die Ewigkeit des Gewesenen."[104] Mit dieser Formel greift Frisch auf einen Satz aus *Homo faber* zurück: "Ewig sein: gewesen sein."[105] Der Genetiv dort drückt dasselbe aus wie der Doppelpunkt hier: Die Ewigkeit hat nur die Dimension der Vergangenheit und impliziert daher starre Unveränderlichkeit.

Im zweiten Bild realisiert Frisch die Dramaturgie der Invariation mit Hilfe mehrerer Motive: Der Tankwart macht seinem Sohn die alten Vorwürfe, der Flötenspieler spielt immer wieder dieselbe Melodie und scheitert an derselben Stelle, Xaver und Katrin können ihr Verhältnis nicht

100 V, 367 *(Schillerpreis-Rede);* vgl. auch VI, 75 (Tb II).
101 Max Frisch: *Triptychon.* Frankfurt/M. 1978; S. 31.
102 V, 331; Zif. 27.
103 *Triptychon* (= Anm. 101) S. 15.
104 Ebd. S. 14.
105 IV, 199.

verändern, sooft sie auch miteinander reden ("Wir können alles noch einmal sagen, und es ändert sich nichts"[106]), der Funker durchlebt ständig aufs neue den Moment des Absturzes usw. Die Menschen kennen durchaus ihre Situation: "Hier gibt's keine Erwartung mehr, auch keine Furcht, keine Zukunft, und das ist's, warum alles in allem so nichtig erscheint, wenn es zu Ende ist ein für allemal."[107] Daß überhaupt noch ein Spiel zustandekommt, liegt daran, daß Frisch dem Prinzip der Wiederholung die gleiche dramaturgische Bedeutung zuerkennt wie im Variantentheater dem Prinzip der Permutation. Man könnte sagen, daß an die Stelle der Permutation nun Reproduktion und Perpetuierung der Vergangenheit getreten sind.

Am deutlichsten hat Frisch dieses Prinzip im dritten Bild angewandt. Roger trifft auf Francine, von der er sich vor Jahren getrennt hat, die inzwischen gestorben ist, die er aber noch immer liebt. Bewegt von dem Wunsch, das Zerwürfnis rückgängig zu machen und so "von unserer Geschichte erlöst"[108] zu werden, fliegt er von Austin nach Paris: "diese irre Zuversicht: Es könnte ja sein, daß nichts vergangen ist, und wir treffen uns in dieser Allee, du und ich!"[109] Frisch läßt die beiden nochmals an derselben Stelle aufeinandertreffen, an der sie sich seinerzeit getrennt haben. Aber sie sind nicht in der Lage, die Szene anders zu gestalten als damals. Francine ist tot, kann sich und ihr Leben nicht mehr korrigieren, vermag vielmehr nur noch zu wiederholen, was sie einmal gesagt oder getan hat: "Du brauchst mich nicht zu begleiten, Roger." / "So hast du gesagt." / "Manchmal hasse ich dich [. . .]" / "So hast du gesagt."[110] Was Francine betrifft, stellt sich die Szene als Reproduktion jener Nacht dar, in der beide voneinander Abschied nahmen: Sie kauft eine Zeitung, sie spricht von ihrer Zukunft ("Ich werde arbeiten." / "So hast du gesagt." / "Viel arbeiten."[111]), sie schlägt vor, ins Hotel zurückzukehren usw. Gegen Ende der Szene stellt Frisch ihre Sätze wie in einem Katalog zusammen,[112] um die bloße Wiederholung des einmal Gesagten zu betonen. Die für die Dramaturgie der Invariation vielleicht charakteristischste Stelle ist die, an der Roger auf das noch gar nicht Geschehene vorausweist. Er schaut zu, wie Francine sich eine Zigarette anzündet, und sagt: "So hast du geraucht. Und gelegentlich werden wir frieren. Später kommt der Gendarm, der sich wundert, daß wir nicht ins Bett gehen. Das habe ich nie vergessen, wie du sagst: NOUS ATTENDONS LE MATIN, MONSIEUR! und wie er grüßt mit der Hand an der Mütze."[113] Als

106 *Triptychon* (= Anm. 101) S. 40.
107 Ebd. S. 80.
108 Ebd. S. 111.
109 Ebd. S. 99.
110 Ebd. S. 87.
111 Ebd. S. 94.
112 Ebd. S. 112–114.
113 Ebd. S. 93.

Wiederholung hat die Vergangenheit die Gegenwart bereits eingeholt. Roger weiß, was geschehen wird, weil er weiß, was geschehen ist, d.h. es kann kein Ereignis eintreten, das nicht bereits der Vergangenheit angehört. Und tatsächlich erscheint wenig später der Polizist, und es spielt sich genau die Szene ab, von der Roger erzählte. Da Francine – als Tote – nur die Vergangenheit zu reproduzieren vermag, muß Rogers Versuch fehlschlagen, diese Vergangenheit zu korrigieren. Sein Wunsch, daß Francine einmal etwas anderes sagt, als sie schon gesagt hat, bleibt unerfüllt: "Nein, Francine – sag was du damals nicht gesagt hast. Was du später gedacht hast. Was du heute sagen würdest. Was uns von unserer Geschichte erlöst, Francine!"[114] Aber sie wiederholt nur jenen von Roger nicht zu ertragenden Vorwurf: "Du hast nie jemand geliebt, dazu bist du nicht imstande, Roger, und du wirst auch nie jemand lieben."[115] Gebunden an die unglückliche, aber unkorrigierbare Geschichte mit Francine, nimmt Roger sich das Leben.

Solche Momente machen deutlich, daß die Dramaturgie der Invariation dem Variantentheater diametral entgegengesetzt ist. Insofern wird verständlich, daß Frisch mit dieser neuen Konzeption zur Bühne bzw. zum Dialog zurückkehrte: Nach dem vermeintlich dem Theater als Medium zuzuschreibenden Mißlingen der Dramaturgie der Permutation mag er die Auffassung gewonnen haben, daß für eine entgegengesetzte Dramaturgie auch die Bühne wieder ein taugliches Medium darstelle. Über die Richtigkeit dieser Ansicht können erst zukünftige Inszenierungen entscheiden. Anders steht es mit der Frage, ob Frischs Dramaturgie der Invariation tatsächlich einen Neuansatz bedeutet. Gewiß negiert sie das Prinzip der Permutation total und verkehrt es geradezu in sein Gegenteil. Aber indem sie das tut, bleibt sie ihm doch auch verbunden, ist sie nur als Negation, d.h. vom Prinzip der Variation als ihrem Gegenteil aus, zu verstehen. Dies zeigt sich auch in dem Stück *Triptychon*. Es handelt in allen drei Bildern von der Trauer über das verlorene Dasein, über den Verlust des permanent im Wandel befindlichen, dem Menschen die eigene Veränderung ermöglichenden Lebens. Die Kälte und Starre, die die Atmosphäre von *Triptychon* bestimmt, wird dadurch ein wenig gebrochen, daß im Hinweis auf das verlorene Dasein die Sehnsucht nach Verwandlung deutlich wird. Auch daran zeigt sich, daß die bisher letzte dramaturgische Konzeption Frischs als Gegenposition zur vorhergehenden zu gelten hat und weniger als eine, die neue Dimensionen des Dramatischen erschließt.

* * *

Blickt man von *Triptychon* aus auf *Santa Cruz* zurück, so wird offenkundig, daß Frisch einerseits in den fast 35 Jahren seiner Tätigkeit als

114 Ebd. S. 111.
115 Ebd. S. 115.

Stückeschreiber durchaus unterschiedliche dramaturgische Konzeptionen entwickelt hat, die sich zudem nur mit Hilfe einer recht mannigfaltigen Terminologie fassen lassen, daß aber andererseits auch eine gewisse Kontinuität zu erkennen ist, daß er bestimmte Grundpositionen beibehält, manche Mittel immer wieder einsetzt, bei allem Ändern und Verwerfen nicht zu radikalen Lösungen neigt. Für *Santa Cruz* wie für *Triptychon* gilt, daß das Bühnenspiel als solches bewußt gemacht wird, gilt die Absage an das Illusions- und Imitiertheater, gilt die Trennung von Spiel und Welt. Zudem bringt Frisch in *Triptychon* jene Dramaturgie der Grenzüberschreitung in Anwendung, die er in *Santa Cruz* entwickelt, in *Nun singen sie wieder, Die Chinesische Mauer* und *Graf Öderland* variiert hat. Realität und Irrealität, Diesseits und Jenseits werden miteinander verbunden, die raum-zeitlichen Trennungslinien überschritten, um das Verhältnis von Tod und Leben, von Ewigkeit, die allen Wandel abweist, und Zeitlichkeit, die in steter Veränderung begriffen ist, hervorzuheben. Wie flexibel diese Dramaturgie ist, beweist sie dadurch, daß sie – wie in *Santa Cruz* und *Triptychon* – eher allgemein-menschliche, nachgerade "persönliche" Fragen auf die Bühne zu bringen vermag, während sie andererseits – wie in *Nun singen sie wieder, Die Chinesische Mauer* und *Graf Öderland* – im Dienst eines gesellschaftlich-politisch engagierten Theaters steht.

Die Abkehr vom Parabelstück ist u.a. die Folge einer Neueinschätzung dessen, was Literatur zu leisten imstande ist: Ihre Wirkung auf die Bewußtseinsbildung wird als gering eingeschätzt, die Person rückt als Individuum in den Mittelpunkt, nicht als animal sociale. Dem liegt eine allgemeine Skepsis gegenüber jeder schlüssigen Welterklärung zugrunde, die allem, was geschieht, einen Sinn abzugewinnen weiß, – sei es ein metaphysisch transzendentaler oder ein sozial-revolutionärer. Das Ich mit seinen Möglichkeiten zu existieren, das Ich in seinem So-und-auch-anders rückt in den Mittelpunkt. Die aus diesem Grund notwendige Dramaturgie des Zweifels an der Einmaligkeit und Schicksalhaftigkeit des Geschehens scheint sich für Frisch zunächst in Stücken zu realisieren, die das bloß Zufällige aller Ereignisse auf die Bühne bringen. Dieses Konzept setzt er der von ihm so bezeichneten Dramaturgie der Fügung und Peripetie entgegen, ohne freilich das Wesen des Zufalls genauer zu durchdenken und ohne ihm in *Biografie: Ein Spiel* eine wirklich entscheidende Bedeutung zu geben. Man kann gewiß sagen, daß das an die Stelle des Zufalls tretende Prinzip der Variation und Permutation, das Varianten- und Möglichkeitentheater in scharfem Gegensatz zu den ersten dramatischen Bemühungen Frischs steht, zeigt *Santa Cruz* doch die Perpetuierung des Widerspruchs von gelebtem und ungelebtem Leben in "Viola, die alles von neuem erfährt, die alles noch einmal beginnt"[116] – so der Schlußsatz von Frischs erstem Stück. Aber dadurch, daß

116 II, 75.

er das wirkliche Leben mit dem ersehnten konfrontiert, öffnet er auch die Dimension des Andersseins, spielt er eine Variante an, ungeachtet der Tatsache, daß Frisch in *Santa Cruz* das Gegenteil von dem zu zeigen beabsichtigt, was er in *Biografie* auf die Bühne bringt, – nämlich daß "keiner [. . .] ein anderes Dasein [hätte] leben können als jenes, das er lebte", und daß, "mindestens in den wesentlichen Wendungen, kein Zufall in unserem Leben"[117] ist. Wenn Frisch den Rittmeister in *Santa Cruz* sagen läßt, er wolle "ihn noch einmal kennenlernen, ihn, der mein anderes Leben führt,"[118] oder "Ich möchte sehen, wie mein Leben hätte aussehen können" oder "All das hier – ich glaube nicht mehr, daß es für mich das einzig mögliche Leben gewesen sei,"[119] dann hat er in seinem Bühnenerstling das Thema von den möglichen Varianten des Ich angeschnitten, das er in *Mein Name sei Gantenbein* erstmals entfaltet hat und in *Biografie* im Theater darzustellen suchte. Richtet man sein Augenmerk darauf, daß auch das *Triptychon* tragende Prinzip der Invariation auf die Frage nach den anderen, ungelebten Möglichkeiten des Ich bezogen bleibt – sofern es nämlich als Verkehrung einer Dramaturgie der Permutation zu verstehen ist –, dann sieht man, wie beharrlich und kontinuierlich Frisch seine dramaturgischen Ansätze verfolgt, ausgebaut und ans Ende geführt hat.

117 II, 77.
118 II, 21.
119 II, 22.

WERNER STAUFFACHER

Die Leistung der Sprache.
Zum Verhältnis von Wort und Geste im dramatischen Werk Max Frischs

Die Frage nach der Leistung der Sprache in der Literatur ist von Max Frisch mehr als einmal gestellt worden, am direktesten in jenem Aperçu des *Tagebuches 1946–1949*,[1] das ich vor einigen Jahren zum Angelpunkt einer Untersuchung über *Stiller, Homo Faber* und *Mein Name sei Gantenbein* gemacht habe. Die schriftstellerische Arbeit wird hier mit der Tätigkeit eines Bildhauers verglichen. Die sich aus ihr ergebende sprachliche Gestalt entspricht dabei nicht etwa der sich aus dem Stein lösenden Form, sondern dem Geröll und Staub, der sich zu Füßen des Künstlers ansammelt. Sie ist das Sagbare, das den Blick auf das Unsagbare, auf das es eigentlich ankommt, verstellt, etwas Negatives also, aber in seiner Negativität höchst Bedeutsames, dessen Züge nicht nur das Inadäquate, ja Lügenhafte jeder sprachlichen Aussage denunzieren, sondern gleichzeitig über sich hinausweisen auf eine nur in Negativprojektion darstellbare Wahrheit.

Es wäre eine durchaus sinnvolle Aufgabe, den Ansatz jener früheren Untersuchung auf Frischs dramatische Texte zu übertragen und vielleicht ein Feld der Übereinstimmung des Erzählers mit dem Dramatiker abzustecken, wobei von den Zitaten und Parodien der *Chinesischen Mauer* bis zur Bildnisthematik in *Andorra* vieles zur Sprache kommen könnte. Es scheint mir indessen lohnender, bei der ausdrücklich auf das dramatische Werk bezogenen Fragestellung dieses Sammelbandes einen neuen, spezifischeren Ausgangspunkt zu wählen, wenn möglich das Besondere von Frischs dramatischer Sprache in den Blick zu bekommen.

* * *

Es ist eine Binsenwahrheit, daß der Theaterbesucher dem Werk des Schriftstellers in anderer Weise begegnet als der Leser. Während dieser den Text selber entziffert und überhaupt völlig auf seine eigene Vorstellungskraft

---

1 Max Frisch: *Gesammelte Werke* in zeitlicher Folge, hrsg. v. Hans Mayer u. Mw. v. Walter Schmitz. Frankfurt 1976 (nachstehend als Grundlage sämtlicher Textzitate benützt); II, 2, S. 378f. Dazu Werner Stauffacher: Langage et mystère. A propos des derniers romans de Max Frisch. Etudes germaniques 20 (1965) S. 331–345.

angewiesen bleibt, sieht sich jener optischen und akustischen Wahrnehmungen ausgesetzt, welche seine Phantasietätigkeit beherrschen oder mindestens entscheidend beeinflussen. Dabei schaltet sich in der Regel ein personaler Vermittler, der Schauspieler, ein, der den vom Schriftsteller bereitgestellten Text nicht nur sprachlich interpretiert, sondern mimisch und gestisch zu veranschaulichen sucht. Das Zwiegespräch des Autors mit seinem Publikum läuft über ein Relais mit eigenen Gesetzen und eigenen Ansprüchen.

Wie hat sich Max Frisch als Dramatiker in dieser Situation verhalten? Wie stellt sich ihm insbesondere das Problem der schriftstellerischen Sprache unter solchen Voraussetzungen dar?

In seinen ersten Stücken scheint Frisch von der Hypothese eines unproblematischen Verhältnisses zwischen Autor und Theater, Text und Schauspieler, Wort und Geste ausgegangen zu sein. Der Sprechtext ist ganz von der Vorstellung her bestimmt, die der Autor von seiner Figur hat. Das Theater erscheint demgemäß einfach als dienendes, ausführendes Organ: ihm ist die Aufgabe gestellt, die Sprache des Autors dem Zuschauer weiterzureichen und diesem auf dem Wege über die szenische Darstellung die Illusion einer freilich zum Teil poetisch aufgelockerten und erweiterten Wirklichkeit zu vermitteln.

Wann der Reflexionsprozeß eingesetzt hat, der über diese verhältnismäßig naive Stufe hinausführt und welche Rolle dabei die Bekanntschaft mit dem Werk Thornton Wilders und dem Bert Brechts gespielt hat, ist von den veröffentlichten Dokumenten her nicht sicher auszumachen. Zu den frühesten überlieferten Zeugnissen in diesem Zusammenhang gehören jedenfalls Frischs Äußerungen über das Marionettentheater im ersten *Tagebuch*. Sein Interesse für diese Spielform dokumentiert sich zunächst in einem breit angelegten schriftstellerischen Entwurf, in dessen Mittelpunkt ein Marionettenspieler steht,[2] ein Entwurf, der in engster Verbindung mit Frischs Grundthematik steht und dessen Ausläufer sich bis über *Andorra* hinaus verfolgen lassen. Die theoretische Auseinandersetzung folgt ein Jahr darauf:

Ein anderes, was an Marionetten begeistert, ist ihr Verhältnis zum Wort. Ob man will oder nicht, das Wort im Puppenspiel ist immer überhöht, so daß es sich nicht verwechseln läßt mit der Rede unsres Alltags. Es ist übernatürlich, schon weil es von der Puppe getrennt ist, gleichsam über ihr lebt und webt; dazu ist es größer, als es jemals ihrem hölzernen Brustkorb entspräche. Es ist mehr als jenes begleitende Geräusch, das uns täglich aus dem Munde kommt. Es ist das Wort, das im Anfang war, das eigenmächtige, das alles erschaffende Wort. Es ist Sprache. Das Puppenspiel kann sich keinen Augenblick lang mit der Natur verwechseln. Es ist ihm nur eines möglich, nämlich Dichtung; sie bleibt sein einziger Spielraum.[3]

2 II, 351ff.
3 II, 478.

Eine merkwürdige Begeisterung! Deren Grund darin liegt, daß Text und Geste hier nicht, wie der Dramatiker Frisch bisher stillschweigend vorauszusetzen schien, kongruieren, sondern daß das *Wort* durch das Wesen des Puppentheaters *überhöht* wird, größer als die darstellende Figur, jedenfalls von dieser ablösbar erscheint. Das Entscheidende liegt jedenfalls beim *Wort*. Dieses wird ungescheut auf jenes Wort zurückbezogen, das der Prolog des Johannes-Evangeliums als das schöpferische Wort Gottes erkennt und das in der Gestalt Christi Fleisch geworden ist. Wort "im Anfang, eigenmächtig, alles erschaffend," nennt der Tagebuchschreiber das Wort des Dichters, ein Wort, das vor der Verwechslung mit der *Natur* zu bewahren ist. Diese scharfe Abgrenzung von Text und Spiel, Wort und Geste, welche das Puppentheater notgedrungen leistet, erkennt Frisch jetzt offenbar als die wesentliche Möglichkeit des Theaters überhaupt und betont sie dementsprechend in seinen ersten konkreteren Beobachtungen zu Bühne, Rahmen und Rampe.

In diese erste Reihe von Überlegungen hinein treffen seit 1948 die erregenden Gespräche mit dem aus dem amerikanischen Exil zurückgekehrten Bert Brecht. Deren Bedeutung für Frischs dramatisches Schaffen ist offener, als man nach all dem, was darüber gesagt worden ist, annehmen möchte. Dasselbe gilt für die Entwicklung seiner Theaterauffassung und insbesondere für unser spezifisches Thema.

Brecht geht auf Beherrschung seines Publikums aus, rationale Beherrschung zwar, nicht rauschhafte, aber gleichwohl Beherrschung. Er will das Bewußtsein des Zuschauers in einem bestimmten, im voraus festgelegten Sinn verändern und setzt die Institution des Theaters als Mittel dafür ein, wobei die intellektuelle Achse durch die ästhetische höchst absichtsvoll verstärkt wird. Der Zuschauer soll zwar zu eigenem Überlegen veranlaßt werden, das Resultat dieser Überlegung aber ist soweit wie möglich vorgeplant. Er soll sich zwar über das Dargebotene freuen, dabei aber nicht die Kontrolle über seine Gefühle verlieren, was ihn ja gleichzeitig der Kontrolle des Dramatikers entzöge.

Auch Frisch will – wie jeder Dramatiker – das Resultat seiner schriftstellerischen Arbeit zu möglichst intensiver Wirkung bringen; die Art der Wirkung jedoch bleibt weitgehend offen. Nicht von ungefähr referiert er, noch vor der Begegnung mit Brecht, in seinem *Tagebuch* über ein Gespräch mit Studenten, denen er klarzumachen versucht, daß es ihm vor allem darauf ankomme, Fragen zu stellen – echte Fragen, deren Beantwortung tatsächlich dem Zuschauer anheimgestellt bleibt.[4] Bei seiner Tätigkeit als Dramatiker und als Schriftsteller schwebt Frisch offenbar mehr und mehr ein Verhältnis offener Partnerschaft vor. Manfred Jurgensen hat darauf hingewiesen,[5] wie

---

4 II, 467f.
5 Manfred Jurgensen: "Die Erfindung eines Lesers": Max Frischs Tagebücher. In: Frisch. Beiträge zum 65. Geburtstag, hrsg. von Manfred Jurgensen. Bern/München 1977; S. 167–179.

bezeichnend für diesen Autor schon die Veröffentlichung seiner Tagebücher ist, als Suche nach dem Leser als Gesprächspartner, und wie sich die sein Werk weithin bestimmende, in Brechts Werk fehlende Eheproblematik aus diesem Grundansatz ergibt.

So verwundert es uns nicht, wenn der Tagebuchschreiber seinen Bericht über die Gespräche mit Brecht erst ein halbes Jahr nach dem ersten Zusammentreffen aufnimmt, und es ist wohl nicht nur der Unbeholfenheit des Jüngeren zuzuschreiben, wenn Brecht ihn zu Äußerungen über das *Kleine Organon,* das er ihm in Manuskriptform anvertraut hatte, ausdrücklich auffordern mußte.[6] Die Gedankenbahnen kreuzen sich, laufen vielleicht zeit- und teilweise parallel, trennen sich aber bald wieder. Frisch lernt zwar, um auf unser Thema zurückzukommen, dem Schauspieler mehr *zuzumuten,*[7] als er es bisher in wortschöpferischer Selbstherrlichkeit von Natur aus zu tun bereit war. Schon die Überlegungen aber, die er in dieser Richtung anstellt, sind durchaus selbständig. Sie laufen schließlich doch wieder auf eine Dissoziation von Text und Spiel, Wort und Geste hinaus. Was Frisch auffällt, ist die doppelte Dimension des *Theatralischen: Wahrnehmung* und *Vorstellung:*

Auf der Bühne steht ein Mensch, ich sehe seine körperliche Gestalt, sein Kostüm, seine Miene, seine Gebärden, auch seine weitere Umgebung, lauter Dinge also, die ich etwa beim Lesen nicht habe, nicht als sinnliche Wahrnehmung. Und dann kommt ein anderes hinzu: Sprache. Ich höre nicht nur Geräusche, wo es bei der sinnlichen Wahrnehmung bleibt, sondern Sprache. Ich höre, was dieser Mensch redet, und das heißt, hinzu kommt noch ein zweites, ein anderes Bild, ein Bild andrer Art. Er sagt: Diese Nacht ist wie ein Dom! Außer jenem augenscheinlichen Bild empfange ich noch ein sprachliches Bild, eines, das ich nicht durch Wahrnehmung, sondern durch Vorstellung gewinne, durch Einbildung, durch Imagination, hervorgerufen durch das Wort. Und beides habe ich gleichzeitig: Wahrnehmung und Imagination. Ihr Zusammenspiel, ihr Bezug zueinander, das Spannungsfeld, das sich zwischen ihnen ergibt, das ist es, was man, wie mir scheint, als das Theatralische bezeichnen könnte.[8]

Zum erstenmal erkennt Frisch an, daß für den Bühnendichter die Sprache "doch nur ein Teil" ist:

Der andere Teil, das sinnlich Wahrnehmbare, das nun einmal zum Theater gehört, hat es an sich, gegenwärtig zu sein, auch wenn der Dichter es vergißt, mächtig zu sein, auch wenn der Dichter es nicht benutzt − gegen ihn zu sein, und zwar so, daß keine Sprache ihn rettet, keine.[9]

6 VI, 25.
7 IV, 454.
8 II, 570ff.
9 II, 572.

Das sind für einen Schriftsteller, der noch ein Jahr zuvor einseitig die Souveränität des Sprachlichen betont hatte, höchst bemerkenswerte Einsichten. Dennoch ist nicht zu übersehen, daß sie auf einer anderen Ebene verlaufen als Brechts Überlegungen zum Zeigen und zum − eminent sozialen − Gestus, welche das Verhältnis von Gesehenem und Gehörtem im Hinblick auf die beabsichtigte Wirkung instrumental festlegen. Für Frisch bleibt die Vermittlung von Wahrnehmung und Vorstellung der rationalen Durchdringung unzugänglich. Das Zusammenspiel erfolgt in einem *Spannungsfeld* und schließt die Möglichkeit des *Widerspiels* ein. *Spielplatz* sei doch "immer die menschliche Seele." Diese aber verfahre nach der (psychologischen) Kategorie der *Kompensation*. Szenen dieses Typs seien daher besonders wirksam.[10]

* * *

"Nicht auf der Bühne dichten, sondern mit der Bühne" − so lautet jetzt das Fazit.[11] Mit der Bühne? Das kann nach dem Gesagten freilich kaum mehr im Sinne reinen Dienstes der Bühne am Wort aufgefaßt werden, sondern scheint auf eine Zusammenarbeit zu weisen, bei der der Schriftsteller nicht über sämtliche Register verfügt. Es liegt auf der Hand, daß eine solche Zusammenarbeit, in welcher sich Frischs eigener Ansatz mit dem bei Brecht Gelernten verbindet, leichter zu fordern als zu verwirklichen ist. Stellt sie nicht dieselben Probleme wie jedes zwischenmenschliche Verhältnis, um dessen Schwierigkeiten ja das Werk Frischs immer eindeutiger zu kreisen beginnt, von *Don Juan* über *Stiller* zu *Andorra?* Wir stehen dabei gewissermaßen vor einem Sonderfall des Bildnisthemas. Dem Theater ist es aufgetragen, das Wort des Schriftstellers zu verbildlichen. Bis zu welchem Grade gelingt es ihm dabei, die Wirkung des Wortes durch Verdeutlichung zu intensivieren, von welchem Punkt an gerät es in Gefahr, der Absicht des Dichters entgegenzuwirken, indem es den Spielraum der Freiheit, der im Ungesagten liegt, einengt, so wie ich einen Menschen seiner Freiheit beraube, indem ich mir ein Bildnis von ihm mache? Frischs Verlautbarungen der folgenden Jahre scheinen nur den ersten Fall zu berücksichtigen. Dabei fällt seine Betonung der eigenen Unsicherheit auf. Anläßlich der Proben zu *Biedermann und die Brandstifter* hören wir ihn tief aufseufzen über seine angebliche Inkompetenz in Sachen Schauspielkunst. "Man müßte Hände haben," meint er:

Wer sechs Stücke am Schreibtisch verfaßt und zur Aufführung gegeben hat, kommt sich wie einer vor, der sich als Schmied ausgibt, ohne je einen Hammer in der Hand gehalten zu haben; man legt nur seine

10 II, 575.
11 II, 576.

Anweisungen auf den Amboß und sieht zu, was der Hammer draus macht, man schreibt vor: Drei Schläge! aber nach einem Schlag ist es vielleicht schon Brei, oder es brauchte siebenunddreißig Schläge, um das Erstrebte herzustellen. Das kann man nicht anweisen, das entscheidet sich aus der Hand dessen, der es macht. Man müßte spüren, was das Material hergibt, was es eingibt. Man müßte machen. Man müßte Hände haben. Man müßte probieren können.[12]

Das klingt nicht gerade nach geglücktem Zusammenspiel; man glaubt einen jungen, unerfahrenen Autor zu vernehmen. Der ursprüngliche Problemansatz scheint dabei ins Technische verschoben. Nicht von ungefähr erinnert sich Frisch gerade jetzt voller Bewunderung an Brechts überragende Könnerschaft:

Man sollte fürs Theater nur schreiben, wenn man die Hand hat, das Theater an die Hand zu nehmen. Brecht hatte diese Hand.[13]

Zum erstenmal hören wir Frisch konkret vom Verhältnis zwischen Wort und Geste sprechen:

Die Partitur, die wir dem Theater geben, ist immer zu vage; sie bezeichnet nur, was ausgesprochen wird, ohne Noten, wie es ausgesprochen wird, und das Unausgesprochene überhaupt nicht, daher die bekannte Versuchung, daß man zu redselig wird – auch wo Redseligkeit nicht zur Figur gehört –, als könne das Vage durch Wortfülle bezwungen werden [. . .] Der Stückschreiber müßte wissen, was ohne Wort darstellbar ist, und er muß es durch die Anlage der Szene schon bestimmt haben. Auch das Ausgesparte muß gedichtet sein. Ganze Seiten reicher Prosa, die nicht geschrieben werden dürfen, auch nicht einmal als Leitfaden für den Schauspieler, müssen in Erscheinung aufgehen können – ohne Verschleppen des Dialogs, also ohne pantomimische Geschwätzigkeit, sondern durch Erfindung eines Gestus, der das Vage im Augenblick bannt.[14]

"Erfindung eines Gestus" – dafür hatte Brecht sich interessiert, allerdings in etwas anderem Sinn: er unterschied zwischen Gestus und Geste, zwischen der zu veranschaulichenden sozialen Grundstruktur eines Verhaltens und der dieser Struktur entsprechenden, sie zum Ausdruck bringenden Einzelgebärde. Für Max Frisch geht es dagegen um die *Erscheinung* des *Ausgesparten*, des *Unausgesprochenen* jenseits des Worts; jenseits der Grenze jenes Bereichs, über den der Schriftsteller als Sprachkünstler unmittelbar verfügt.

Daß es hier – in der Tat entgegen der immer wieder auf die *Hände* weisenden handwerklichen Note des ganzen Textes – im Grunde doch nicht

12 *Nachbemerkungen zu Biedermann und Hotz. Man müßte Hände haben;* IV, 454ff.; hier S. 455.
13 IV, 454.
14 IV, 454f.

um eine durch Information oder Übung zu meisternde technische Schwierigkeit geht, sondern um eine für Frisch grundlegende Problematik, zeigen drei Jahre später die in einer ähnlichen Situation, während der Theaterproben zu *Andorra*, verfaßten *Notizen*. Dieses Stück fordert freilich zu einer Diskussion des Verhältnisses zwischen Wort und Geste geradezu heraus. Andri wird durch seine Umgebung aus seiner Identität verdrängt. Er spielt schließlich die Rolle, die man ihm zuweist. Sein Gestus paßt sich gewissermaßen einem ihm vorgelegten Text an, so daß er sich in der berühmten Judenschau so verhält, wie es der anwesende Judenschauer von einem Juden erwartet. Das Bild, das sich die andern von ihm machen, ist zu seiner eigentlichen Natur geworden, einer Natur, die auch sein unwillkürliches Gehaben bestimmt. Das Problem der Gestik erscheint hier nicht nur thematisiert, sondern gleichzeitig radikalisiert. Dementsprechend fallen die *Notizen* von *den Proben*[15] aus. Nie hat sich Frisch so ausführlich über das Verhältnis von Text und Theater ausgesprochen, und nicht von ungefähr ist das erste Kapitel der Gestik gewidmet.

Frisch geht dabei von der "fast uferlosen Mißdeutbarkeit unserer Worte" aus, die erst vom Theater, durch die Geste eingeschränkt werde. Eine derartige Sprachskepsis liegt zwar durchaus auf der Linie jenes Aperçus aus dem Anfang des ersten *Tagebuchs*, artikuliert sich aber hier erstmals mit direktem Bezug auf das Schaffen des Dramatikers, dem sich das Problem allerdings in besonders handfester Weise stellt. Der Schauspieler leistet etwas, was der Schriftsteller nur vorzubereiten, aber nicht selber zu geben vermag. Der Text liefert dem Theater lediglich einen "Raster der Möglichkeiten":

Daß unsere Sprache, die geschriebene, immer erst ein Raster der Möglichkeiten darstellt, das ist der Schock der ersten Proben: man findet sich selber mißverständlich. Dann plötzlich eine Geste, und die Figur ist da, die die Worte auf sich zu beziehen vermag, nicht nur die Worte, auch das Schweigen, das in jeder Figur ein so großer Raum ist, aber kein leerer und kein beliebiger Raum sein darf.

Zwar hält Frisch prinzipiell am Primat des Wortes fest, muß aber anerkennen, daß das Wort auf der Bühne nichts ist, wenn ihm nicht von der andern Seite, vom Schauspieler her etwas entgegenkommt:

Die Geste, die wir im Leben kaum beachten, die Art schon, wie einer zum Glas greift oder wie er geht, ich sage nicht, daß sie wichtiger ist als die Worte, aber entscheidend dafür, ob die Worte zu einem Menschen gehören, den es gibt, oder ob sie auf der Bühne verloren sind.

Ja der vorgesehene Text kann durch die Geste ins Unrecht versetzt werden, allerdings auch die Geste durch den Text:

---

15 IV, 562ff.; die folgenden Zitate alle S. 562f.

Manchmal muß ich auch meine Kenntnis ändern; seine [des Schauspielers] Geste widerlegt mich, belehrt mich, und sein Text (mein Text) hat unrecht. Oder umgekehrt: der Text verwirft die Geste wie von selbst, bis sie stimmt.

Hier wird in der Tat ein äußerst enges Zusammenwirken von Autor und Theater im Hinblick auf eine gemeinsame Produktion formuliert. Der Vorrang des Wortes liegt in seinem Vorausssein, seinem Entwurfcharakter. Es ist dabei, als ob sich in Frischs Argumentation das Schwergewicht mit einer Art Schaukelbewegung von einem Partner zum andern verschöbe. Die Geste, die eben noch ganz zum Bereich des Schauspielers zu gehören schien, wird für den Schriftsteller in Anspruch genommen, indem diesem die Aufgabe gestellt wird, seinen Text "aus der Geste heraus zu schreiben," einer Geste, die er – hier springt der Ball zum Schauspieler zurück – nicht "vormachen" kann. Ja, die auf der Bühne verwirklichte Geste überrascht ihn dadurch, daß sie Wortbezüge sichtbar macht, welche ihm nicht bewußt waren:

Sätze, die ursprünglich in einem andern Kontext gestanden haben, fallen schon bei den ersten Proben heraus; ein richtiger Bezug, ein logischer etwa, genügt noch lange nicht; viele Bezüge (oft sehr unlogische) tragen das Wort, oder genauer gesagt: sie erlauben die Geste, die das Wort trägt. Eine Szene ist bei aller nötigen Bewußtheit doch nur aus der Geste heraus zu schreiben, einer Geste, die ich nicht vormachen kann; aber sie muß dem Text zugrundeliegen, damit er spielbar sei. Dann, wenn er sich als spielbar erweist, staune ich oft über Bezüge, die mir nie bewußt sind; der Text stimmt, wenn er eine Geste zuläßt, die seine Bezüge umfaßt.

Der im Schreibakt vorbedachten Geste antwortet eine wirkliche Gebärde, die über das bewußte "Programm" des Schriftstellers hinausreicht, im Sinn einer Enthüllung des Intendierten von der anderen Seite der Grenze des textlich Vorgegebenen her. Entscheidend ist der daraufhin offengehaltene Raum: die Bezüge *erlauben* die Geste, der Text *läßt* eine Geste *zu.*
Man wird an dieser Stelle an die von der Linguistik entwickelte Unterscheidung von Denotation und Konnotation erinnern dürfen. Unter Denotation verstehen wir den vordergründigen semantischen Bezug eines Worts, die "Bedeutung," die sich im Wörterbuch nachschlagen läßt. Konnotation bezeichnet demgegenüber alle jene Bedeutungskomponenten, die sich aus dem Kontext ergeben und die den Sinn erst endgültig prägen. Wir wissen heute, daß jeder literarische Text wesentlich vom Reichtum seiner Konnotationen lebt. Frischs hier vorgetragener Auffassung zufolge wäre es die Geste des Schauspielers, welche diesen Reichtum dem Zuschauer verfügbar macht, indem sie die konnotativen *Bezüge* freilegt.
Die Proben zu *Andorra* haben Max Frisch unstreitig zu ausgedehnten Erfahrungen auf diesem schwierigen Gebiet verholfen. Das eindrucksvollste Beispiel liefert dabei vielleicht die intensive Auseinandersetzung über den

Schrei Barblins in der Vergewaltigungsszene.[16] Der Dramatiker hatte sich diesen Schrei ursprünglich als Ausdruck erlittener Gewalt gedacht, was dem Leser der Szenenanweisung auch ohne weiteres einleuchtet. In der theatralischen Ausführung wirkt der Schrei anders. Die Stimme der Schauspielerin "liefert den Körper des Mädchens in einem Grad, der jetzt unerträglich ist, der Schrei zieht sie aus, und ich frage mich, wie sie auf dem Bett liegt." Solche Fragen und Vorstellungen beim Zuschauer aber kann der Dramatiker hier nicht brauchen. Die Aufmerksamkeit soll sich Andri zuwenden, der "sich verraten fühlt, was immer auch da hinten geschehen sein mag oder nicht." Es erscheine, meint Frisch, einmal mehr "der Unterschied zwischen Bühne und Erzählung." Die Szenenanweisung *Barblin schreit* sei "ein Satz, der in der Erzählung überhaupt keine Leiblichkeit herstellt; als Erzähler brauchte ich ganz andere Sätze, um soviel körperliche Nacktheit zu beschwören, wie der bloße Schrei einer Unsichtbaren, ausgeführt auf der Bühne, es vermag." Interessanterweise zeigt es sich, daß der vom Dramatiker gehörte Schrei auch nicht einfach gestrichen werden kann. Auch das Stummsein Barblins ist *mißdeutbar*. An die Stelle des von einer Unsichtbaren ausgestoßenen Schreis setzt Frisch die sichtbare Geste unterdrückten Schreiens, und der Text lautet schließlich: "Barblin will schreien, aber der Mund wird ihr zugehalten."[17]

* * *

Es stellt sich die Frage, welchen Nutzen Frisch aus diesen Erkenntnissen gezogen hat, ob zum Beispiel sein auf *Andorra* folgendes Stück, *Biografie,* der in seinen Notizen zu *Andorra* entwickelten Konzeption Rechnung trägt. Auf den ersten Blick ist es, als ob der Schriftsteller hier aus seiner Not eine Tugend zu machen versuchte, indem er das Problem thematisiert, so wie er das Bildnisproblem in *Andorra* thematisiert und in der Judenschauszene sogar allegorisiert hatte. Die Situation der Theaterproben, in deren Verlauf sich immer wieder die Spielbarkeit oder Nichtspielbarkeit des Textes erweisen muß und bei der dem Dramatiker Frisch seine relative Abhängigkeit vom Schauspieler zu Bewußtsein gekommen ist, wird hier ins Sujet aufgenommen, also auf die Textseite herübergezogen. Auf einer ersten Ebene wird die Spielbarkeit des Textes – die von Kürmann gewünschten Änderungen an seinem Lebenslauf – vom Text her erörtert und entschieden, und zwar in der Regel negativ: der von Kürmann gesprochene neue Text erlaubt im gegebenen Rahmen keine Geste, *die das Wort trägt.* Das von Frisch gelegentlich erfahrene Scheitern seines Textes in der Probe wird so auf die Inhaltsebene projiziert. Das Problem, vor das sich der Stückeschreiber gestellt

---

16 *Andorra;* IV, 498ff.
17 Ebd.

sah, ist dadurch natürlich nicht aufgehoben, sondern lediglich auf eine andere Ebene verschoben, denn es sind ja doch wieder wirkliche Schauspieler, die die primäre Spielbarkeit des den fiktiven "Schauspielern" Kürmann und Antoinette sowie dem Regie führenden Registrator zugemuteten Textes auf der wirklichen, nicht auf der fiktiven Bühne prüfen müssen.

Im Ganzen wird man behaupten dürfen, daß Frisch in diesem Stück mehr als je den Rat Brechts zu befolgen suchte, dem Theater mehr zuzumuten, das heißt, daß der Text mehr als jeder andere auf eine Aufführung hin angelegt worden ist. Das bekommt zunächst der Leser zu spüren, der einige Mühe hat, sich darin ohne Hilfe des Theaters mit seiner eigenen Vorstellungskraft zurechtzufinden. Wir sind recht weit vom "Wort, das im Anfang war." Immerhin gewinnt man den Eindruck, daß Frischs Text im Sinne seiner Notizen zu *Andorra* immer wieder Gesten zuläßt, die seine Bezüge zu umfassen vermögen; ja daß er stärker als noch in *Andorra,* wenngleich weniger forciert, das Gestische als wesentlichen Handlungsaspekt einbezieht. Als Beispiel dafür möge jene Szene dienen, die der zum Anfang zurückkehrenden und das Experiment Kürmanns endgültig abbrechenden Schlußszene unmittelbar vorausgeht und dabei das absolute Ende jeder möglichen Handlung — den Tod des Helden — vorwegnimmt.[18] Kürmann liegt im Spital, in hoffnungslosem Zustand. Seine Frau Antoinette versucht ihm und sich die Zeit mit Italienisch-Übungen zu vertreiben. Plötzlich verstummt er, das heißt: er will ihr etwas sagen. Er weiß es aber nicht mehr, da man ihm, wenn Besuche kommen, eine Spritze gibt, die seine Konzentrationsfähigkeit herabsetzt. Der allwissende Registrator aber hat den Text aufgeschrieben und liest ihn nun, wobei er sich sein Neon-Licht anknipst, "von einem kleinen Zettel":

Wir haben einander verkleinert. Warum haben wir immer verkleinert? Ich dich, du mich. Wieso hat sich uns alles, was möglich wäre, so verkleinert? Wir kennen einander nur verkleinert.

Die Enthüllung ist für den Zuschauer gedacht, nicht für Antoinette. Diese versucht zur Italienisch-Lektion zurückzukehren, und Kürmann geht gehorsam darauf ein: "Undicesima lezione," sagt er. Dann kommt der Assistenz- arzt, um ihn zur Bestrahlung zu bringen. "Sie wollen mich wieder bestrahlen," ist sein letztes Wort. Antoinette "erhebt sich," verspricht, am Nachmittag wiederzukommen. Kürmann wird hinausgerollt. "Antoinette steht jetzt allein" und beginnt mit dem Registrator zu sprechen.

Hier wird in der Tat nicht in zusammenhängender Perspektive geredet, sondern auf mehreren Ebenen gehandelt. Die Sprache selbst, auch die den Figuren zugedachte, ist stark handlungsbezogen. Das einzige größere Sprach-

18 V, 574ff.

stück wird nicht eigentlich gesprochen, sondern abgelesen, und zwar nicht von dem, der es in seinem Bewußtsein konzipiert hat. Es wird dadurch aus dem natürlichen Kontext und gleichzeitig aus seiner psychologischen Einbettung herausgehoben, erscheint als eine Art Sonderinformation, die sich dem Zuschauer natürlich stark einprägt, aber nicht als "gestisch" verkörperter Ausdruck, sondern als abgelöster, "reiner" Inhalt. Die Zeilen enthalten eine Gesamtdeutung eines menschlichen Verhaltens und Verhältnisses aus der Perspektive des sterbenden Kürmann, und zwar eine Deutung, die im vorausgehenden Spiel nur wenig vorbereitet ist. Um so unübersehbarer hängt sie mit Frischs Grundthema zwischenmenschlicher Beziehung zusammen: sie könnte als Motto über seinem Roman *Stiller* stehen. Um diese gewissermaßen extrapolierende, vom Registrator bei Neonlicht gelesene Verlautbarung herum schließt sich das aktuelle Handeln der beiden Hauptpersonen in der zeitlich vorgeschobensten, extremsten Situation — im Angesicht des Todes, der allerdings beschwiegen wird — verdeckt durch das einem Schweigen gleichkommende, ins Schweigen mündende Artikulieren fremdsprachlicher Übungstexte. Das dieser Szene unterlegte Wort scheint in der Tat eine komplexe Gestik *zuzulassen,* welche seine vielfältigen, ins Zentrum des Themas dringenden Bezüge *umfaßt.*

Die Erfolge, die Frisch mit seinem Stück an verschiedenen Bühnen erzielte, lassen an der effektiven Spielbarkeit der vom Autor bereitgestellten Textapparatur keinen Zweifel aufkommen. Die Theatralisierung hat sich bezahlt gemacht. Die Fragen stellen sich vielmehr auf einer anderen Ebene. Frisch selber konstatiert in seinem *Tagebuch 1966–1971* mit Datum vom 8. Februar 1968 den "vierfachen Sieg der Bühne (Zürich, München, Frankfurt, Düsseldorf) über den Autor; er bestreitet die Fatalität, die Bühne bestätigt sie — spielend."[19] Wie ist diese Bemerkung aufzufassen? Doch kaum als blankes Eingeständnis des Scheiterns? Die Selbstironie — ob mild, ob grimmig — ist indessen unübersehbar. Das Theater hat sich als untauglich erwiesen, dem Publikum die Absichten des Autors zu vermitteln. Für eine gewisse Ernüchterung spricht nicht nur die Tatsache, daß Frisch nach *Biografie* in mehr als zehn Jahren kein weiteres dramatisches Werk entworfen und zur Aufführung gebracht hat, sondern daß er innerhalb desselben *Tagebuchs* etwa zwei Jahre später ein dramaturgisches Konzept entwickelt, das die Idee einer Partnerschaft zwischen Autor und Theater, im Sinn einer Synthese von Wort und Geste zurückzunehmen scheint.

* * *

Theater mit Puppen betitelt Frisch seinen Entwurf, über den er in einem auf Mai 1970 zu datierenden, durch Schreibmaschinenschrift recht auffällig

---

19 VI, 103.

herausgestellten Text berichtet.[20] Gemeint sind "überlebensgroße Puppen," die von einer "Bühnenperson" — man beachte das absichtsvoll Neutrale dieses Ausdrucks — bedient werden sollen, während der Text über Lautsprecher zu vermitteln ist. Daß die Puppen dabei nur auf eine "lapidare Gestik eingestellt" werden können, wird von Anfang in Kauf genommen, ja in Rechnung gestellt. Ebenfalls die Tatsache, daß diese Gestik nicht mit dem Text Schritt hält, daß sie noch da ist, nachdem die Situation ihr nicht mehr entspricht oder schon da ist, bevor sich eine Übereinstimmung ergibt. Wichtig an dieser Versuchsanlage ist, daß der in den Notizen zu *Andorra* artikulierte Anspruch auf eine vollkommene Deckung von Text und Geste aufgegeben ist, ja daß Frisch sich die stärksten Wirkungen gerade vom Konflikt zwischen den beiden Medien erhofft, sowohl aus dem Zusammenstoß von nuanciertem Text und lapidarer Gestik wie aus der Gegenläufigkeit von Wahrnehmung und Vorstellung, Gesehenem und Gehörtem. Frisch scheint zu seinen Ursprüngen zurückzukehren. Sein *Theater mit Puppen* schließt nicht nur äußerlich an sein altes Interesse für das Marionettentheater an. Es läßt sich mühelos in den Zusammenhang jener Auffassung vom Wesen der *Schriftstellerei* und vor allem der schriftstellerischen Sprache einordnen, von der wir ausgegangen sind. Das Gespielte bleibt ausdrücklich diesseits des Gesagten, ebenso wie das Gesagte diesseits des Unsagbaren verharrt. Die Aufführung ist nicht darauf angelegt, eine geistige Gestalt direkt sichtbar zu machen, sondern auf Differenzen hinzuweisen.

Im Unterschied zu den Aussagen des ersten *Tagebuchs* enthält sich Frisch jetzt freilich aller mystischen Ausblicke. Er begnügt sich mit Überraschungen, die sich aus den Differenzen von Gestik und Wort ergeben können und die allerdings in ihrer Weise ebenfalls über die Grenze des Gesagten hinausführen. Zuviel wird man in die anderthalb Seiten nicht hineinlegen dürfen. Isoliert ist der Vorstoß keineswegs, wenn man die Theaterexperimente der letzten Jahre bedenkt. In erster Linie wäre da Peter Handke zu nennen, der ebenfalls mit reduzierten Aufführungsmodellen zu arbeiten versucht hat. In seinem Stück *Das Mündel will Vormund sein* liefert der Autor zwar eine genaue Beschreibung alles dessen, was der Zuschauer zu sehen und zu hören bekommen soll, unter Ausschluß eines gesprochenen Texts. Die Aufführung erfüllt sich im Vorspielen vorgeschriebener Bewegungsabläufe und Haltungen bei ebenfalls vorgeschriebener musikalischer Untermalung. Bei Frisch wie bei Handke wird ein operativer Eingriff in die Sphäre des Theaters vorgenommen. Zielscheibe ist nicht mehr das schon von Brecht aufgegebene realistische Illusionstheater, sondern jedes Theater, das von der Hypothese einer möglichen Darstellung kreatürlicher Ganzheit des Menschen ausgeht, wie sie schließlich auch noch in der von Brecht in Anspruch genommenen Kongruenz von Wort und Geste vorausgesetzt wird,

20 VI, 301f.

allerdings nicht als etwas Gegebenes, sondern als etwas, was im Hinblick auf revolutionäre Praxis jeweils erst herzustellen ist.

Im Unterschied zu Peter Handke und anderen Schriftstellern der jüngeren Generation ist Frisch bisher vor einer unmittelbaren Verwirklichung seines radikalen Konzepts zurückgeschreckt. Sein jüngster dramatischer Versuch, *Triptychon. Drei szenische Bilder*,[21] läßt keine Kehrtwendung in irgendeine Richtung erkennen, liegt aber dennoch auf der im *Theater mit Puppen* angedeuteten Linie. Die Stelle der Puppen wird in diesem Text gleichsam von Figuren übernommen, die Tote darzustellen haben, sei es tatsächlich in äußerer puppenhafter Starre wie am Ende des ersten Bildes, sei es in ihrer inneren Fixiertheit auf das Gewesene, in ihrer absoluten Unfähigkeit, über das seinerzeit Wahrgenommene, Erfahrene, Erlebte, Gesagte, Verantwortete hinauszukommen. Der formale Ansatz des Aperçus ist also mit einem Kunstgriff ins Inhaltliche transponiert und von dort her motiviert worden. Jenseits einer Spielebene, wo die dem realistischen Theater eigene Kongruenz von Wort und Geste normal, das heißt direkt zu funktionieren scheint – wie unter den Trauernden des ersten Bildes – zeichnet sich eine andere ab, auf der diese Kongruenz grundsätzlich verhindert wird, sich bestenfalls erst in einer anderen Dimension des Spiels – gewissermaßen logarithmisch – verwirklicht. Im zweiten und dritten Bild fallen Wort und Geste nirgends mehr in dem Sinn zusammen, daß uns eine runde menschliche Gestalt in ihrer "realistisch" überzeugenden Dreidimensionalität enträte: zwischen Gesehenem und Gehörtem, Geste und Wort klafft ein unüberbrückbarer Abgrund, da die Toten als Gestalten im Augenblick ihres Sterbens fixiert worden sind, ihre Identität ebenfalls durch das Gelebte bestimmt ist, die Gegenwart der Szene aber in surrealer Weise zum Beispiel den altgewordenen Sohn mit dem jungverstorbenen Vater konfrontiert. Der Sohn hat dabei dem Vater gegenüber die Rolle des Knaben zu spielen, der er bei dessen Tode war, während er andern Gestalten gegenüber als der väterliche Freund erscheinen kann, der er für sie später geworden ist. Die Frage nach dem Bildnis vom andern Menschen, um die *Andorra* kreist, das Thema von Fügung und Zufall, welchem *Biografie* Ausdruck gibt, wird in *Triptychon* nicht mehr zu einem Problem menschlichen Verhaltens gemacht. Es hat sich in absolute Gegebenheit verwandelt. Unter diesem Zeichen entfaltet sich das dritte Bild: der "Dialog" eines Lebenden mit einer Toten, ein Dialog, der freilich gerade die Unmöglichkeit jedes Dialogs unter solchen Voraussetzungen zur Anschauung bringt, da die Partnerin von vornherein in jenen Haltungen und Worten festgelegt ist, die einst die ihren waren. Sie kann sich nur zitieren, nicht aber sprechen, das heißt jedem neuen Augenblick mehr oder weniger angemessenen, jedenfalls offenen, lebendigen Ausdruck geben.

21 Frankfurt 1978.

Ob hier die absolute Ausweglosigkeit der Situation in der Tat nur eine Metapher für die Wirklichkeit des Todes, ob der Tod nicht umgekehrt eine Metapher für die wirkliche Aussichtslosigkeit zwischenmenschlicher Verhältnisse ist, läßt sich nicht entscheiden, soll wohl auch unentschieden bleiben. Dem Schauspieler stellt sich jedenfalls die heikle Aufgabe, die Frage offenzuhalten, also eben Wort und Geste nicht in einer Kongruenz ersten Grades zusammenfallen zu lassen, sondern beides wie die Figuren in Handkes *Ritt über den Bodensee* auf einer ersten Ebene zu trennen, Inkongruenz zu spielen. Das wird besonders deutlich in der Schlußpartie des Ganzen, wo die als Tote vorzustellende weibliche Figur alle jene Sätze, die ihr lebender Partner im "Gespräch" bisher vorgebracht hat, als Schlüssel, die auf vergangene Situationen paßten, jetzt aber unbrauchbar geworden sind, plötzlich aufgreift und als Zitatreihe, wie ein zusammengeklebtes Tonband, wiedergibt, abschnurren läßt. Zwischen den Sätzen scheint sie auf Reaktionen des Partners zu warten; dieser aber schweigt jetzt, da er seine Lage erkannt hat; es bleibt bei spannungsgeladenen Sprechpausen. Der letzte dieser Sätze lautet: "Du hast nie jemand geliebt, dazu bist zu nicht imstande, Roger, und du wirst auch nie jemand lieben."[22] Ein Zitat, das durch die Haltung des Partners in der ganzen Szene zwar aufs intensivste widerlegt wird, aber eben, wie dieser sagt, *bleibt,* durch nichts mehr zu verändern ist, auch nicht durch den die Szenenreihe abschließenden Schuß in die eigene Schläfe.

Vor einer derartigen Versuchsanlage läßt sich die zu Beginn dieses Beitrags gestellte Frage nach der Leistung der Sprache kaum mehr in einfacher Weise beantworten. Die Wahrheit liegt sowohl jenseits der naiven Positionen des Frühwerks wie jenseits der späteren — mehr theoretischen als praktischen — radikalen Infragestellungen. Was das uns hier besonders interessierende Verhältnis von Sprache und Theater betrifft: sowohl jenseits der frühen Absolutheitsansprüche des Wortes wie jenseits der späteren Ausgleichsversuche im Sinne eines irgendwie gearteten szenischen Realismus. Diese Stationen sind dabei wohl durchwegs aufgehoben in einer Konzeption, welche die sprachliche Substanz des dichterischen Werks über ein kompliziertes Mit- und Gegeneinander von Wort und Geste zur Geltung bringt. Von einer einfachen Identität der Aussage kann dabei so wenig mehr die Rede sein wie von einer sprachlich objektivierbaren Identität der Person. Dem Theater bleibt indessen aufgetragen, das weder Sag- noch Darstellbare als Horizont des Menschlichen im Medium des vordergründig Gesagten und Gezeigten aufscheinen zu lassen.

22 Ebd. S. 115.

MONA KNAPP

"Die Frau ist ein Mensch,
bevor man sie liebt, manchmal auch nachher..."
Kritisches zur Gestaltung der Frau in Frischtexten

Es ist seit einigen Jahren Mode, die Beteiligung der Frau an allen
möglichen Lebens- und Forschungsbereichen – der Geschichte, Politik, den
bildenden Künsten, um nur einige wenige Beispiele zu nennen – als Bereich
für sich zu erkennen und erforschen.[1] Dieser Trend stützt sich auf die
Annahme, die jahrhundertelange Vernachlässigung der Frau in diesen
Bereichen ließe sich, zumindest erkenntnistheoretisch, schlagartig nachholen.
Die Aufgabe der 'Frauenkunde' ist zweifellos primär eine sozialwissenschaft-
liche, sekundär und in der Anwendung ihrer Resultate dann eine politische,
so wie die traditionelle Benachteiligung der Frau in erster Linie ein
gesellschaftliches, und kein literarisches Phänomen darstellt.

Unter diesem Aspekt muß eine Untersuchung der Frauengestalten in
einem beliebigen literarischen Oeuvre von vornherein notwendig auf methodische Schwierigkeiten stoßen, denn sie vermischt zwei an sich getrennte
hermeneutische Kategorien. Darüber hinaus soll sie – quasi mit einem Schlag
– Konkurrenz leisten einer schier unüberschaubaren Forschung zu den
'Männergestalten,' die sich in der Regel allerdings nicht unter dem Aspekt
"Mann" gruppiert, sondern alle möglichen anderen, größtenteils *nicht* sozial-
und vorurteilsbedingten Aspekte differenziert behandelt.

Über die methodische Berechtigung einer solchen Studie läßt sich, das sei
vorausgeschickt, jedenfalls streiten. Die Tatsachen wollen es jedoch, daß Max
Frisch wie kein anderer Autor der deutschsprachigen Gegenwartsliteratur
sich konstant und mit bemerkenswerter Intensität mit Frauengestalten
beschäftigt. Nahezu von Anfang an lassen sich im Werk Frischs zwei größere
Themenkreise gegeneinander abgrenzen: die Werke der "Öffentlichkeit,"
diejenigen Texte also mit einem wie auch immer gearteten politischen

---

1 Eine gute Einführung zur Frauenfrage mit literarischer Blickrichtung findet man bei
Kate Millett: Sexual Politics. New York 1971ff.; Bibliographie S. 475–494. – Im
folgenden wird zitiert nach: Max Frisch: Gesammelte Werke in zeitlicher Folge.
Herausgegeben von Hans Mayer u. Mitw. von Walter Schmitz. Frankfurt/M. 1976,
6 Bde. (GW). Die römische Zahl bezieht sich auf den Band, die arabische auf die
Seiten. – Zitiert wird auch: Max Frisch: *Triptychon.* Drei szenische Bilder.
Frankfurt/M. 1978.

73

Anspruch, stehen denen der 'privaten' Sphäre, deren Problematik größtenteils um die Institution der Ehe kreist, gegenüber. Allein im Frühwerk – man denke an *Jürg Reinhart, Die Schwierigen, Santa Cruz* – befaßt sich Frisch exklusiv mit der privaten Sphäre, hier fehlt noch jeder politische Anspruch. Dieser entfaltet sich in den Werken der fünfziger Jahre und wird dann in der literarischen Produktion der sechziger und vor allem der siebziger Jahre nach und nach durch eine ausschließliche Fixierung auf das Private gleichsam zurückgenommen. Die private Sphäre bei Frisch, die allgemein unter der Rubrik der Identitätsproblematik rezipiert wird, hängt unzertrennlich mit dem Bild der Frau, so wie es dieses Werk entwirft, zusammen. Durch sein stereotypes Bemühen, 'emanzipierte' Frauen in Drama und Prosa zu schaffen, fordert Frisch die Forschung geradezu heraus, jenen populären Sammelbegriff der "Emanzipation der Frau" an sein Werk heranzutragen. Dies im Gegensatz etwa zu seinem Zeitgenossen Friedrich Dürrenmatt, bei dem die Komplexe 'Ehe' und 'Frau' für die Deutung des bisherigen Gesamtwerks keine wesentliche Rolle spielen. Bei Dürrenmatt wäre die Frage nach der emanzipierten Frau absolut verfehlt: bei Frisch läßt sie sich kaum umgehen.

Angesichts einer bemerkenswerten Fülle kritischer und literaturwissenschaftlicher Auseinandersetzungen mit Frischtexten ist die Rolle und die Funktion der Frauenfiguren im Werk keineswegs letztlich analysiert und gedeutet worden. Darauf weist neuerdings Reinhold Grimm (in Verbindung mit Carolyn Wellauer) hin: "Davon jedoch, daß [. . .] alles Weibliche harmonisch in sich ruhte, kann bei Frisch keine Rede sein. [. . .] Was dessen Romane, Dramen und Tagebücher an Weiblichkeit bevölkert, hat durchaus seine eigenen Probleme."[2] Es existiert zum Thema bisher nur eine größere Monographie,[3] die als Aufzählung der Phänotypen und Individualcharakteristika gute Grundsatzarbeit leistet, darüber hinaus aber die tatsächliche Funktion der erforschten Gestalten stellenweise grob verkennt. – Einen weiteren wichtigen Vorstoß stellt die kurze Studie von Zoran Konstantinović dar,[4] die jedoch auf ihrer Grundeinsicht verharrt[5] und sie in der Folge durch

---

2 Reinhold Grimm in Verbindung mit Carolyn Wellauer: Max Frisch. Mosaik eines Statikers. In: Hans Wagener (Hrsg.): Zeitkritische Romane des 20. Jahrhunderts. Die Gesellschaft in der Kritik der deutschen Literatur. Stuttgart 1975; S. 276–300, hier S. 285.

3 Doris Fulda Merrifield. Das Bild der Frau bei Max Frisch. Freiburg i.Br. 1971 (im folgenden zitiert als Merrifield). Vgl. auch Renate Zonta: Die zwischenmenschlichen Beziehungen im Werk von Max Frisch. Dargestellt am Problem der Liebe und Ehe. Innsbruck (= Phil. Diss.) 1973.

4 Zoran Konstantinović: Die Schuld an der Frau. Ein Beitrag zur Thematologie der Werke von Max Frisch. In: Manfred Jurgensen (Hrsg.): Frisch. Kritik – Thesen – Analysen. Bern/München (= Queensland Studies 6) [1977]; S. 145–155.

5 Vgl. Konstantinović (Anm. 4) S. 146: "Das ihn [Frisch] zutiefst beherrschende Thema jedoch – man kann es wohl behaupten – ist das Thema der Schuld an der

ein subjektives Plädoyer aufweicht.[6] Auch Walter Schmitz, der einige gute Ansätze zum Untersuchungsgegenstand gegeben hat, weicht der Analyse des Texts selber aus und gelangt nicht über die Ebene der populären Frauendebatte des zwanzigsten Jahrhunderts hinaus.[7]

Es ist hier nicht der Ort, eine detaillierte Untersuchung *aller* Frauengestalten im Werk Frischs durchzuführen. Hierfür sei der Leser (mit der genannten Einschränkung) auf die Arbeit Merrifields verwiesen. Es läßt sich aber feststellen − und darauf deutet auch Konstantinovićs Annahme eines "Monothematismus" hin − daß diese Gestalten, nicht anders als die Männergestalten, in ihrer 'Vielfalt' täuschen: in der Tat lassen sie sich auf ein beschränktes Repertoire von immer wiederkehrenden Eigenschaften und auf das Gebundensein an eine Reihe eben solcher Situationen reduzieren. Ebenso besitzen die meisten Frauengestalten eine im Gesamtwerk immer vergleichbare strukturbildende Funktion − sie verstärkt sich übrigens noch in den neueren Texten −, von der im weiteren noch die Rede sein soll.

Daß wir es in der Tat mit Stereotypen und Sammelbegriffen zu tun haben, beweist schon ein kurzer Blick auf die Texte selbst. Hier gehören die Prototypen "der Mann," "die Frau" bzw. "die Frauen" ebenso zur Standardbegrifflichkeit wie die vieldiskutierten Elemente des "Sich kein Bildnis machen" und der "Wiederholung." Interessant vor allem der häufige Gebrauch des bestimmten an Stelle des unbestimmten Artikels. Dieser Manierismus fällt zunächst als etwas ungeschickt auf:

manchmal meine ich sie zu verstehen, *die Frauen* [. . .]
DAS IST DEINE INTERPRETATION, sagen *die Frauen* [. . .]
Es sind nicht *die Frauen,* die mich hinters Licht führen [. . .]
(*Montauk,* GW VI, 695f.; Hervorhebung v. d. Verf.)

So findet man auch im 2. *Tagebuch* ähnliche Generalisierungen:

Tun Ihnen *die Frauen* leid?
[Eignen] sich *die Frauen* für bestimmte Arbeiten, die *der Mann* für sich als unwürdig empfindet [. . .]?
(GW VI, 137f.; Hervorhebung v. d. Verf.)

Frau." Wichtig auch die Folgerung: "Wie kein anderer Schriftsteller unserer Zeit hat Max Frisch den Gesamtkomplex der möglichen Schuld des Mannes gegenüber der Frau zum Ausdruck gebracht; nicht als Moralist, der über der Welt steht, sondern als ein in allen Varianten Schuldiger, dem die Befreiung von diesem Schuldgefühl letztlich doch nicht gelungen ist." (S. 154)

6 So zum Beispiel: "Die Situation, in die sie [Sibylle] gerät, kann sie jemals von einem männlichen Leser voll nachempfunden werden? " (S. 151)

7 Vgl. Walter Schmitz: Max Frisch. "Homo faber." Materialien, Kommentar. München/Wien (= Reihe Hanser 214, Literatur-Kommentare 5) 1977. Die Argumentation zum "Geschlechterproblem" (S. 61−64) wird belegt nicht durch den Text, sondern durch die Äußerungen Simone de Beauvoirs. Schmitz' Exkurse zu Proudhomme, Bachofen und de Beauvoir lassen die Textlage bei *Frisch* völlig außer acht.

Der Gebrauch des Artikels verweist nicht nur auf eine unbegrenzte Anzahl – also "alle" Frauen[8] –, sondern er impliziert auch eine absolute Übereinstimmung im Verhalten *jeder* Frau. Dabei scheint "Frau" als Rolle bereits eine selbständige Kategorie zu bilden, die sich von ihrer Trägerin weitgehend löst. So beklagt sich Svobodas Lila: "Du siehst mich bloß als Frau" (GW V, 232), implizierend, daß für sie als *Mensch* diese Betrachtungsweise verletzend, zumindest ungenügend erscheint.[9]

Für die Reduktion "der" Frauen auf einen Stereotyp liefern häufig verwendete, versatzstückhafte Charakteristika, die in ihrer Belanglosigkeit bereits zum Klischee tendieren, einiges Beweismaterial. Immer wieder ist eine Frau "großartig" und "wunderbar," allzu häufig könnte sie spielend ausgetauscht werden gegen ihre Artgenossinnen. So unterscheidet sich in ihrer Charakterisierung Stillers Julika, "eine großartige Frau" (GW III, 687 und passim), nicht wesentlich von Don Juans Herzogin, "eine wunderbare Frau" (GW III, 163), von Gantenbeins Lila ("eine großartige Frau" [GW V, 220]), oder von Antoinette in *Biografie* ("deine Frau ist großartig" [GW V, 567]).[10] Die Frage stellt sich, ob den hier skizzierten Verallgemeinerungen ein durchgehendes Konzept zugrunde liegt, wenn ja, welcher Art dieses Konzept sei.

Das Ziel der vorliegenden Untersuchung ist ein dreifaches: Sie will einmal, am Beispiel der drei großen Romane und der wichtigeren Bühnentexte – vor allem *Santa Cruz, Als der Krieg zu Ende war, Graf Öderland, Don Juan* und *Biografie* –, die paradoxe Gestaltung der Frau im Werk Max Frischs umreißen. Eine klare Betrachtung der Grundelemente dieses Paradoxons führt notwendig dann zur Frage der strukturellen Funktion dieser Figuren. Diese Funktion (in einem im ganzen eindeutig männer-zentrierten Oeuvre) erweist sich als in hohem Grad zweckgebunden und stellenweise als bewußt manipuliert. Drittens soll der Beleg erbracht werden, daß und inwieweit die Darstellung der Frau auf der Bühne bzw. durch den Frischschen Erzähler sich auf Vorurteile verläßt und, im Anschluß daran, inwieweit solche Vorurteile in der Rezeption dieses Werkes sich in kritischen Mißverständnissen verfestigt haben.

---

8 Vgl. hierzu das Fantasieren Enderlins (GW V, 148f.):
   Frauen –
   Viele Frauen!
   Er kann nicht in der Einzahl denken.
   Alle Frauen!
9 Hiermit wird die frühere Unterscheidung zwischen "Frau" und "Weib," wobei "Frau" noch sehr vorzuziehen war, offenbar aufgehoben. Vgl. *Don Juan* (GW III, 145): "Drum hassest du uns. Du hast uns stets als Weib genommen, nie als Frau. [...] Warum glaubst du nicht an eine Frau, Juan, ein einziges Mal? "
10 Vgl. weiter die frühen Romane, v.a. *Jürg Reinhart,* wo sich ähnliche Formulierungen finden.

Doris Merrifield glaubt durch ihre ebenso sorgfältige wie in den Schlüssen meist oberflächliche Aufzählung von weiblichen Eigenschaften "Die zweifellose und echte Überlegenheit der Frau bei Max Frisch"[11] bewiesen zu haben. Dieser Schluß stützt sich vor allem auf eine Reihe von äußerlichen Eigenschaften, die stereotyp — man möchte sagen: mit sklavischer Treue — Frauengestalten in Frischs Werk kennzeichnen. Unter anderem wird häufig die gesellschaftlich 'gehobene' Herkunft von Frauengestalten betont,[12] mit der sich der — meistens aus 'kleineren' Verhältnissen stammende — männliche Partner nur schwer abfinden kann. So auch die finanzielle Selbständigkeit, die fast jede der geschilderten weiblichen Gestalten erringt,[13] während männliche Protagonisten sich häufig — wie Stiller, Don Juan oder Gantenbein — "aushalten" lassen. Weiter: Frisch bemüht sich, seine Frauenfiguren im Hinblick auf Ausbildung und Intelligenz nicht zu kurz kommen zu lassen. Fast alle sind mehrsprachig, eine gute Anzahl sogar promoviert. Sabeth (Homo faber) ist im Besitz eines Stipendiums der Prestige-Universität Yale, Antoinette hat gar "bei Adorno doktoriert." Äußerlich anziehend — "bildschön" im Extremfall — sind fast alle. Zudem noch in der Lage, "allein zu sein," eine Fähigkeit, um die die männlichen Protagonisten verzweifelt aber durchweg vergebens ringen.[14] Man müßte auf den ersten Blick annehmen, daß "die Frau als Frau unverstört ihrer selbst sicher wäre [. . .]"[15]

Einen eklatanten Widerspruch zu diesem Bild der oberflächlichen Überlegenheit und Unabhängigkeit stellt allerdings Merrifields Schlußsatz fest: "Ohne das heile Selbstbewußtsein des Mannes wird die Frau [. . .] um ihr höchstes Glück betrogen: um das selige Gefühl der Geborgenheit!"[16] Diese höchst bedeutsame Schlußfolgerung — die den vermeintlich 'emanzipierten' Anspruch der Texte völlig ignoriert und auf ein traditionelles und dem Klischee verhaftetes Denken zurückfällt — demaskiert, ohne es im mindesten zu beabsichtigen, den grundlegenden Widerspruch in Frischs Darstellung seiner Frauengestalten. In der Tat erweist sich die scheinbare Überlegenheit dieser Figuren letzten Endes als eine Schablone, ohne substanzielle Wirkung auf Text und Leser: bei aller 'Emanzipation' bleiben

---

11 Merrifield S. 130.
12 Angefangen mit der "Baronin" in *Jürg Reinhart*, Yvonne in *Die Schwierigen*, "Tochter eines Kaufmannes von Geblüt" (GW I, 389); über Julika und Sibylle, auch Lila muß einmal als "Contessa" erscheinen — bis hin zu Antoinette.
13 Man denke abermals an Yvonne *(Die Schwierigen)*, "bewundert als Frau, die ihr eigenes Geld verdiente [. . .]" (GW I, 418), auch an die unerschöpflichen Quellen der "Herzogin" Miranda in *Don Juan*, an Julika und Lila, die ihre Ehemänner klaglos unterhalten.
14 Am stärksten vertreten wird dieses Ringen durch Stiller und Walter Faber. Vgl. GW III, 681–685 und GW IV, 90–92.
15 Grimm und Wellauer (Anm. 2) S. 285.
16 Merrifield S. 142.

sie grundsätzlich abhängig vom männlichen Partner und weitgehend seiner Manipulation ausgeliefert. Der scheinbar 'unterlegene' Mann (um im sprachlichen Klischee zu bleiben) erweist sich durchweg als Sieger und steht nach wie vor im Mittelpunkt jeder substanziellen Deutung. Die Verherrlichung der Frau bei Frisch ist allzu häufig eine inhaltslose Pose – um mit Don Juan zu sprechen: eine "Larve" –, die grundlegende Geringschätzung, stellenweise auch herablassende Abneigung verdeckt. Daher rührt – und dies soll in der folgenden Analyse bewiesen werden – das widersprüchliche und paradoxe Element, das die weiblichen Figuren in Frischtexten zeichnet.

Die "großartige Frau": wie großartig ist sie?
Santa Cruz *und* Als der Krieg zu Ende war

Bereits im ersten Bühnenstück *Santa Cruz* (1944) werden wesentliche 'positive' weibliche Charakteristika mit der Figur Elviras verknüpft. Elvira spricht weitgehend in Aphorismen und spart keineswegs an Lob dem eigenen Genus gegenüber:

> Aber die Frau, siehst du, spielt nicht mit der Liebe, mit der Ehe, mit der Treue, mit dem Menschen, dem sie gefolgt ist. [. . .] Wenn eine Frau sagt: Ja, ich folge dir! dann handelt sie auch Ja, und alles andere opfere ich, ich denke nicht mehr daran, ich bereue es nicht. Denn ich liebe. Ich möchte, daß der Mann, der mir ein Alles ist, auch seinerseits ein Ganzes an mir habe. (GW II, 24)

Elviras Selbstpreis beruht hier primär auf ihrer gedanklichen 'Treue' gegenüber ihrem Mann, von einer faktischen Untreue kann ohnehin nicht die Rede sein, da sie das Schloß offenbar nie verläßt und niemand hereingelassen wird. Ihr tadelloses Verhalten unterstreicht sie mit stolzer Selbstgerechtigkeit weniger tadellosen Menschen gegenüber: sie fände es "wunderbar," wäre der Vagant aufgehängt worden: "Weil es einem Mann, der mit seinem Schicksal nicht mehr zufrieden sein möchte, die Flausen austreiben wird und die fixen Ideen, – darum." (GW II, 26) Doch entlarvt sich Elviras Selbstgerechtigkeit schnell als Heuchelei, wenn Pelegrin tatsächlich erscheint. Konfrontiert mit dem lebenden Beweis ihres Selbstbetrugs, kann sie zunächst nur "stumm" aber "entschlossen" fliehen. Denn sie hat, wie sie später zugibt, in den siebzehn Jahren ihrer "vollkommen glücklich[en]" (GW II, 63) Ehe doch immer wieder von Pelegrin und Santa Cruz geträumt. Ihr Mann hat keineswegs "ein Ganzes" an ihr. Daß sie ihm "Ja, ich folge dir!" gesagt hätte, muß im Nachhinein als Lüge dastehen: sie hat ihn eher in ihrer Verzweiflung moralisch genötigt, bei ihr zu bleiben.

Im zweiten und vierten Akt wird das frühere Verhältnis Elviras zu Pelegrin – dem Gegenstand ihrer Träume also – dargestellt. Auch hier widerlegt sich Elviras kategorische Behauptung "die Frau spielt nicht mit der Treue" eklatant. Denn sie selbst, die mit dem Rittmeister schon verlobt war, verließ ihn, um Pelegrin zu folgen und mit ihm auf seinem gekaperten Schiff "Viola" zu leben. Auf Pelegrins Feststellung, der "Edelmann" und sein Schloß seien für Elvira wahrscheinlich doch "die Wirklichkeit," weiß sie nur zu antworten: "Wie gräßlich du reden kannst!" (GW II, 48) Kurz darauf, da Elvira einsieht, daß Pelegrin ohne sie weiterfahren wird, hält sie aber den Rittmeister von seiner Hawaii-Flucht zurück mit den Worten:

Mein Freund, wie hätten wir es schön haben können! Wenn mein Vater von deinem Schloß erzählte, machte es mich immer ganz melancholisch: Womit, sagte ich oft, womit habe ich das verdient, daß ich auf einem Schloß sitzen soll? [. . .] Was aus mir werden soll? Ich warte auf dich. Vielleicht, daß du noch einmal wiederkehrst, und was sollte ich anderes machen mit meiner Liebe zu dir, als daß ich warte, [. . .] dennoch dich liebe . . . ! (GW II, 59f.)

Elviras hochgepriesene 'Treue' erweist sich so als manipulatives und zweckgebundenes Spiel: sie belügt den Rittmeister, um Schloß und Sicherheit der Ehe zu gewinnen.

Elviras Stolz beruht auf einem zweiten Faktor: ihrer selbstlosen Sorge um ihr Kind: "Der Mann denkt immer nur an sich. [. . .] Ich denke an das Kind." (GW II, 49) Bereits hier erscheint "das Kind" in seiner Funktion als Gegenspieler zum männlichen Partner, ein Motiv, das sich wie ein roter Faden durch das weitere Werk zieht. Von der Existenz dieses Kindes aber kann Elvira noch überhaupt nichts wissen. Daß sie es "ahnt"[17] ist eine doch allzu mystifizierende Annahme, die man als Motivation nicht ernstnehmen wird. Motiviert ist Elvira hier durch die rein *hypothetische* Vorstellung eines Kindes.[18] Sie will sozusagen über Nacht die Ansichten eines "Mädchens" zugunsten der Position einer Frau aufgegeben haben. Ihr Verlangen nach Sicherheit − in der Ehe − im Namen des Kindes gibt sich indessen als altruistisch und selbstlos, sie will nicht mehr Abenteuer, sondern Heirat: "Ein Nest, das man nicht mehr verläßt." (GW II, 49) Zu diesem Zweck heiratet sie dann den Rittmeister. Hiermit liefert sie das Muster für eine Reihe späterer Frisch-Heldinnen. Die (wirkliche oder imaginäre) Schwangerschaft motiviert eine rasche Verbindung mit dem nächsten besten Ernährer (oder, in den

---

17 Vgl. hierzu Merrifield S. 13: "Wahrscheinlich schon in der Ahnung werdender Mutterschaft verlangt sie von Pelegrin, daß er sie heiraten und ein Heim gründen soll."

18 Vgl. zum Komplex "Kind" u.a. GW I, 467 und 512 *(Die Schwierigen),* ähnlich *Stiller* (GW III, 442). In diesen und ähnlichen Fällen ist die mystifizierte *Vorstellung* eines Kindes ein viel potenteres Motiv als ein *tatsächliches* Kind. Wirkliche Kinder − da sie ihre Funktion als Auslöser einer Ehekrise überlebt haben − sind bestenfalls lästig (man denke an den vernachlässigten Sohn Sibylles), im schlimmsten Fall verhängnisvoll-vernichtend (wie Sabeth).

Fällen wo sich keiner findet, eine Abtreibung).[19] Diese Kausalkette legt die Vermutung nahe, daß die *materielle Sicherheit* der bürgerlichen Ehe – und *nicht* das Kind – die wirkliche Motivation darstellt.[20] Elviras selbstlose Hingabe an das – wie gesagt, noch imaginäre – "Kind" ist nichts anderes als eine glorifizierte Entschuldigung dafür, daß sie dem Rittmeister, den sie zu diesem Zeitpunkt durchaus nicht liebt, ihre Liebe vorlügt.

Es dürfte also jedem Leser – und Elvira selbst – klar sein, daß sie keineswegs selbstloser, liebender (= sehnsuchtsloser) ist als ihr Mann, daß er keineswegs an ihr "ein Ganzes" besitzt. Trotzdem versteift sie sich in der Position der tugendhaften Ehe-Prophetin und versucht, Pelegrin über sein Verhalten (durch den Vergleich mit dem Rittmeister) zu beschämen. Die ergebene Liebe des Rittmeisters ihr gegenüber belegt sie mit dem Beispiel, daß er wochenlang ihren Papagei gefüttert habe (GW II, 64). Schon die absolute Banalität dieses Beweises wirkt – sicherlich unbeabsichtigt – in hohem Maße ironisch und demaskierend für die Position Elviras. Bei alledem beharrt Elvira auf ihrer offenkundigen Lüge: "Der Gute! [der Rittmeister] Er weiß es nicht, daß du [Pelegrin] für mich überhaupt keine Rolle mehr spielst . . ." (ibid.) Erst der Brief des Rittmeisters, in dem er ihr seine Sehnsucht gesteht, veranlaßt schließlich das Geständnis ihrer eigenen Verlogenheit: "Pelegrin: es ist schön, daß du gekommen bist . . . [. . .] Seit siebzehn Jahren glaubte ich, ich müßte Lügen, ich müsse, damit ich dir [dem Rittmeister] treu sei, so, wie ich meinte, daß du es seiest . . ." (GW II, 72f.) Elvira – die trotz allem hier noch als schuldlos erscheint, denn "Das Weib ist niemals schuld [. . .]" (GW II, 58) – versteigt sich dann zur Inkarnation der Aufrichtigkeit, der Offenheit und der wahren Liebe:

> Gott hat das alles viel schöner gemeint . . . Wir dürfen uns lieben, wir alle, jetzt kann ich es sehen: das Leben ist anders, die Liebe ist größer, die Treue ist tiefer, sie muß unsere Träume nicht fürchten, wir müssen die Sehnsucht nicht töten, wir müssen nicht lügen . . . O Pelegrin! Hörst du mich? Wir werden zusammen eine Apfelsine essen, hörst du [. . .] (GW II, 73f.)[21]

Elviras Wandlung, die in der Tat bestenfalls sehr schwach motiviert ist, überzeugt kaum. Dennoch steht gerade Elvira in der Anlage des Stückes als

---

19 Daher das immer wiederkehrende Motiv der Abtreibung im Werk. Den Gipfel der Gleichgültigkeit diesem Komplex gegenüber findet man in *Montauk:* "Vier Abtreibungen bei drei Frauen [. . .] Die Rolle des Mannes dabei, der dann den Arzt bezahlt." (GW VI, 688)

20 Vgl. Merrifield, S. 110: "Die werdende Mutter kennt für ihr weiteres Schicksal dabei nur eine Alternative: Entweder gibt es einen zweiten Mann, der schon auf ihre Gegenliebe wartet und sich zum Vater und Ernährer ihres Kindes eignet, oder das Kind darf nicht geboren werden."

21 Auch hier wirkt die globale Überbewertung eines banalen Vorgangs (daß man zusammen eine Apfelsine ißt) nicht symbolisch, sondern eher pathetisch.

stärkste Figur da, ihre im ganzen fragwürdige Haltung wird glorifiziert, und ihr allein gelingt die "Einsicht" in die wahren Zusammenhänge von Sehnsucht, Treue, Liebe, in "das Leben" allgemein. Sie stellt sich durch Lüge und Verstellung auf der ganzen Linie bloß. Am Ende jedoch tritt sie als eine Art Iphigenie – wenn auch wenig überzeugend in ihrer Verwandlung – vor den Zuschauer.

Die paradoxe und zutiefst widersprüchliche Haltung der Frau, wie sie am Beispiel der Elvira aufgezeigt wurde, dürfte als Muster dienen für eine Reihe weiterer weiblicher Figuren bei Frisch. Eine Verherrlichung der Frau (bzw. der Ehe) erweist sich als fiktionales Versatzstück und damit als Manierismus: die Mehrzahl der "überlegenen" Frauenfiguren ist alles anders als emanzipiert, ehrlich oder altruistisch. Dieser Befund läßt sich etwa am Beispiel der Agnes Anders (*Als der Krieg zu Ende war* [1949]) eindeutig nachweisen. In diesem Stück ist die Protagonistin klar als Symbol der Menschlichkeit, der alle Widerstände transzendierenden Liebe angelegt, die keine nationalen Grenzen bzw. nationalistisch begründeten Vorurteile kennt. Frisch selber vermerkt im *Nachwort:*

> Im Vordergrund [...] steht eine Liebe, die, auch wenn man sie als Ehebruch bezeichnen mag, das Gegenteil jener Versündigung darstellt und insofern heilig ist, als sie das Bildnis überwindet. Und nur insofern rechtfertigt sich auch der Name, den ich dieser Frau gegeben habe: Agnes heißt Unschuld, Reinheit. (GW II, 279)

Agnes Anders erscheint quasi als "mutiger Mensch," indem sie offen dem 'Feind' – dem russischen Oberst also, der im eigenen Haus logiert – gegenübertritt und um Gnade und Menschlichkeit bittet. (In der Originalfassung von 1949 wird Agnes in einer Schlußszene, die nachher gestrichen wurde, zur Märtyrerin im Namen der Aufrichtigkeit, bevor sie Selbstmord begeht.[22]) Ihre Überwindung der Kriegspropaganda, ihre Hingabe an den Gedanken der reinen Menschlichkeit ist so vollkommen, daß sie sich sogar in den Feind Stepan Iwanow verliebt. Diese Liebe ist allerdings wortlos, da sie kein Russisch und er kein Deutsch versteht. (Um diese dramaturgisch schwierige Situation zu bewältigen, läßt Frisch Agnes Anders nicht nur als Protagonistin, sondern auch quasi als Erzählerin fungieren,[23] was wiederum ihre Omniszienz unterstreicht.) Agnes Anders ist in ihrer 'höheren' Liebe 'sich selber' treu. Hierzu merkt Frisch im ersten Tagebuch an:

---

22 Vgl. Merrifield, S. 25: "Daraufhin springt Agnes in ihren Tod, aber nicht, ohne vorher eine Ansprache an die versammelten Freunde zu halten, in der sie sie auffordert, ihrem Beispiel zu folgen: Aufrecht zu leben, solange es ginge, und länger nicht [...]"

23 Cf. GW II, 231, 232, 249ff., 257, 263, 270f.

Und wichtig scheint mir auch, daß es eine Frau ist, die diese rettende Überwindung schafft; die Frau: konkreter erlebend, eher imstande, einen einzelnen Menschen als solchen anzunehmen und ihn nicht unter einer Schablone zu begraben. [. . .] Ich finde in dieser Frau, was an so vielen Frauen, die ich gesprochen habe, und an tausend Frauen in der Untergrundbahn zu finden ist: sie ist heiler als die Männer, wirklicher, in ihrem Grunde minder verwirrt. (GW II, 536f.)

Doch ist Agnes Anders tatsächlich so "heil," so "wirklich," so "minder verwirrt" als "die Männer? " Von vornherein agiert sie − wenn auch mutig und offen − nicht ohne 'typisch' weibliche Attrappen: schon für den ersten Besuch bei den Russen bekleidet sie sich im schönsten Abendkleid ("Ich werde mich so schön machen als möglich − [. . .] gib mir doch die andern Schuhe, die schwarzen. Mit der silbernen Spange." [GW II, 244]) − Irgendwie ahnt sie auch die bevorstehende moralische Bedrohung, die ihr noch gefährlicher erscheint als die rein physische, denn sie schickt ihr einziges Kind, den vierjährigen Martin, weg. Sie selber weiß nicht warum: "Warum habe ich ihn bloß aus dem Keller gelassen? Ich begreife mich ja selber nicht mehr." (GW II, 270) Trotzdem: die Abwesenheit des Kindes ebnet den Weg für Agnes' Beziehung zu Iwanow. Agnes verstrickt sich freiwillig in ein Netz von Lügen und Erfindungen Horst gegenüber. Sie gerät dadurch immer mehr in Verwirrung über ihr eigenes Verhalten: "All diese Lügen und Listen, ich werde nie begreifen, wie ich das vermocht habe . . ." (GW II, 270) Der 'betrogene' Mann versteckt sich im Keller, Agnes ist in ihrer schweigenden Liebesbeziehung "selig," bis endlich Iwanow aus diesem Verhältnis flieht.

Nun geht es nicht darum, das Verhalten Agnes Anders' moralisch zu beurteilen, sondern nur ihre Lage und ihr Handeln zu entmythisieren. Agnes Anders ist keineswegs die klarsichtige Prophetin der Menschenliebe: dieses Prädikat verdankt sie einer Deutungsschablone, die wiederum vom Autor bewußt in der Wirkungsstrategie des Stückes verfestigt wird. Sie verrät von vornherein ihr Kind, sie belügt ihren Mann und belügt auch den "Geliebten" Iwanow, indem sie die Anwesenheit Horst Anders' verschweigt. All diese Schritte tut sie im Namen der Selbsttreue, der 'großen Liebe' zu Iwanow. − Doch was ist das tatsächlich für eine Liebe? Sie verdankt ihren Ursprung der Tatsache, daß, "da sie einander nicht verstehen können," sie "gezwungen [sind], einander anzusehen [. . .]" (GW II, 537). Die Herzensergießungen der Agnes haben nur für sie, und nicht für Iwanow, eine Bedeutung. Trotzdem fühlt sich Agnes in ihrer tiefsten Seele verstanden und geliebt. Man kann sie nur bewundern. Und tatsächlich verleiht die Aufnahme des Stückes durch Publikum und Kritik dieser Bewunderung nur mäßigen Ausdruck. −

Hier entsteht ein Verhältnis, das im späteren Werk zum Topos wird. Die echte Liebe ist ein wortloses Verhältnis, sie setzt immer mehr Schweigen und Anonymität von seiten der Frau voraus. Als Ideal gilt jenes Verhältnis, in dem sogar der Name der Frau unbekannt ist; man vergleiche Enderlins erste

Begegnung mit Lila: "Schon daß er ihren Namen weiß, ist zuviel [. . .]" (GW V, 71); "noch [war] kein Wort zwischen sie gefallen [. . .]" (GW V, 74). Das Schweigen Lilas ermöglicht "Hoffnung gegen die Zeit," also gegen das Altern. Jedes Wort, jede Aussage erweist sich als Bedrohung für die wahre Liebe, die dann geradezu zwangshaft zur unverbindlichen und belanglosen Begegnung degenerieren muß. Das fanatische Bedürfnis Stillers, sich auszusprechen, die Vergangenheit zu rekapitulieren, die Wahrheit in Worte zu fassen, beschränkt sich ausschließlich auf den eigenen Standpunkt, den des Mannes: Julika kommt fast nie direkt zu Wort. Auch im neueren Werk — man denke etwa an *Montauk* — muß die beteiligte Frauengestalt schweigen. Der Grund hierfür liegt auf der Hand: wer nicht spricht, kann nicht lügen. Und die männliche Angst vor der weiblichen Lüge wird immer zwingender in den Stationen dieses Werks. Hiervon wird unten weiter die Rede sein.

Doch Agnes Anders — um auf den Ausgangspunkt zurückzukommen — hat durchaus noch das Bedürfnis nach einem verbalen Austausch, vor allem sucht sie einen Ausweg aus dem doch sehr schwierigen Doppelleben. Sie will auch Iwanow *kennen,* nicht nur 'lieben': "Erzähl mir, wer du bist. Woher du kommst. Erzähl mir dein ganzes Leben." (GW II, 272) Iwanow aber — der ohnehin nie überzeugende Konturen gewinnt — verläßt entschlossen das Haus und damit Agnes, sowie ihm die Präsenz von Horst Anders und dessen Rolle im Kriegsgeschehen klar werden. Damit entblößt sich die in diesem Text vorbehaltlos idealisierte 'wortlose' Liebe von 'Mensch zu Mensch' — die an sich für die Protagonistin nur eine Entwürdigung darstellen kann — als Lüge, als Verdrängungsmechanismus für das im Grunde selbstsüchtige Verhalten der — doch sehr verwirrten — Agnes Anders.

Es ist unbestreitbar, daß die Untreue einen wesentlichen Aspekt der weiblichen Figur im Gesamtwerk darstellt. So sind Figuren wie Donna Anna in *Don Juan* (1953) oder, noch extremer, Dorli in *Die große Wut des Philipp Hotz* (1958) einzig und allein für den Mann von Interesse, da sie sich treulos verhalten. In dem Moment, in dem Donna Anna sich doch für die eheliche Treue entscheidet (als sie nämlich realisiert, daß Don Juan mit dem Geliebten am Teich identisch ist) verliert sie für ihn jeden Reiz. Philipp Hotz findet den — vielleicht einzigen — Ansporn in dem Bewußtsein, daß Dorli ihm untreu gewesen ist und sich scheiden lassen will. Als sie die Scheidungsklage zurückzieht, stürzt sie ihn in einen hysterischen Wutausbruch. So inspirativ ist ihm die Idee des Ehebruchs, daß er sogar "Ehebrüche gesteht, die nie stattgefunden haben" (GW IV, 448).

Es gehört eindeutig zur männlichen Selbstverwirklichung bei den meisten Helden Frischs, daß die Gegenspielerin sie "betrügt." Die immerhin an der Oberfläche angelegt idealistische Selbst-Treue, die bei Elvira und Agnes Anders die jeweilige objektive Untreue motiviert und entschuldigt, verschwindet zusehends im späteren Werk. Innere Substanz und Reflexion sind in einer Figur wie Lila (*Mein Name sei Gantenbein* [1964]) verschwindend gering. Lilas Untreue — wohl ihre stärkste Eigenschaft im Roman überhaupt

– ist Motivation und Ziel für sich. Von einer höheren, menschlicheren Liebe kann hier nicht mehr die Rede sein. Lilas fanatische Untreue dient einem einzigen Zweck: hierdurch liefert sie dem Erzähler (sei er nun Gantenbein, Enderlin oder Svoboda: die Unterschiede sind minimal) die Gelegenheit, *sich selber* in seiner noblen Reaktion auf ihre Untreue zu begreifen. Je mehr das Bild der weiblichen Figur auf diese eine Funktion reduziert wird – und diese Reduktion wird im Laufe des Gesamtwerks immer radikaler –, desto banaler und unreifer erscheinen dann die jeweiligen Individualcharakteristika der Frau, sofern sie überhaupt noch über das Genus hinaus konzipiert sind. In dieser Hinsicht stellt *Gantenbein* innerhalb des Gesamtwerks zugleich eine Nahtstelle und einen Höhepunkt dar. Lila ist eine durchweg banale Figur, die sich in Kleinigkeiten erschöpft, da sie auf dieser Funktionsebene das beste Material für die Selbstreflexionen Gantenbeins liefert. Lila ist schlampig im Haushalt – damit Gantenbein selbstlos und schweigend in ihrer Abwesenheit die Wohnung putzen kann. Lila ist vergeßlich – damit Gantenbein sie "retten" kann mit Schlüsseln, verlorenen Halsketten etc. Lila lügt schamlos – damit Gantenbein ihre Lüge großmütig hinnehmen kann (vgl. GW V, 104). Vor allem aber ist Lila pathologisch untreu, damit Gantenbein (oder Svoboda) sich ruhig, erwachsen, überlegen und emanzipiert gebärden – und damit seine beständige Ich-Krise ohne drastische Unterbrechungen fortsetzen kann.

Trotzdem wird um Lila – sowohl im Text wie von der Forschung[24] – ein Nimbus von beachtlichen Proportionen errichtet. Der Erzähler sieht sie als "durchaus eine Frau von heute, eine großartige Frau, finde ich, eine der ersten Frauen dieses Jahrhunderts [...]"[25] Bei allen Anzeichen einer oberflächlichen "Emanzipation" – Lila ist berufstätig, finanziell selbständig, gesellschaftlich gewandt – ist sie, sofern man sie als reale Figur[26] im Text kennenlernt, nichts weniger als eine eitle, hinterhältige Lügnerin. Sie manipuliert Gantenbein schamlos (nicht umsonst ist eine ihrer wenigen dramatischen Rollen "Lady MacBeth"!) und zeigt nicht den leisesten Anflug von menschlicher Reife oder Einsicht. Es erübrigt sich, die schlagendsten Beweise hierfür – die jedem aufmerksamen Leser nicht entgangen sein

---

24 Die Beurteilung Hans Mayers (der "sehr reizvollen Frauengestalt Lila") ist nach wie vor sehr einflußreich. Hans Mayer: Mögliche Ansichten über Herrn Gantenbein. In: Walter Schmitz (Hrsg.): Über Max Frisch II. Frankfurt 1976; S. 314–324, hier S. 322.

25 "[...] die sich selbst ohne Getue eingesteht, daß es sie zur Ausübung eines Berufs eigentlich überhaupt nicht drängt." GW V, 220.

26 Die Äußerung Frischs an entlegener Stelle: "Denn Lila ist überhaupt keine Figur. [...] Lila ist eine Chiffre für das Weibliche [...] Was von Lila erzählt wird, porträtiert nur ihn. Lila ist ein Phantom, also nicht zu fassen [...]" (*Ich schreibe für Leser – Antworten auf vorgestellte Fragen), GW V, 333f. erscheint dem Leser eher ausweichend, für die Analyse der Gestalt im einzelnen zu vage.

dürften — aufzuzählen. Festzuhalten bleibt, daß gerade das Treulose, das Substanzlose an Lila für den Mann fesselnd und faszinierend wirkt und ihm Rohstoff für seine Selbstbetrachtung liefert.

"Julika ist dein Leben geworden . . .": Das *"Bildnis"* wird zum Opfer

Als ein außerordentlich aufschlußreicher Einzelfall für die Betrachtung der Frauengestalten im Gesamtwerk erweist sich die Analyse der Figur Julika Stiller-Tschudy *(Stiller* [1954]). Diese Figur ist zugleich die erste und — wie es sich bei der Analyse des späteren Werks herausstellt — die eindrucksvollste Leistung Frischs in der Darstellung einer weiblichen Figur. Julika ist in ihrer Widersprüchlichkeit symptomatisch für viele Frauengestalten im weiteren Werk. Noch wichtiger: um diese Figur rankt sich die komplexe Erzählhaltung, die den Roman *Stiller* in der Prosa der Nachkriegsjahre so einzigartig darstehen läßt.

"Ich bin nicht Stiller! — Tag für Tag, seit meiner Einlieferung in dieses Gefängnis, das noch zu beschreiben sein wird, sage ich es [. . .] (GW III, 361) Mit diesen Worten setzt der erste Konflikt um die Figur des "Mr. White," also des sechs Jahre lang verschollenen Bildhauers Anatol Ludwig Stiller an. Das Dilemma an der Oberfläche: eine legalistische, durch das reibungslose Funktionieren der Paßämter zu klärende Frage der Identität, ein Dilemma, das man als Standard-Ingrediens etwa eines Kriminalromans betrachten darf. Diese Frage soll entschieden werden durch die Aussage der Frau des verschollenen Bildhauers, Julika Stiller-Tschudy, die eigens zu diesem Zweck von Paris nach Zürich reist. Doch mit der Ankunft Julikas setzt die eigentliche Fragestellung um die Identität Stillers erst ein. Die legale Komplikation wird nach und nach verdrängt (ihre endgültige Klärung durch einen Gerichtsbeschluß ist dann völlig antiklimaktisch) durch das Problem der "internen" Identität, der Bereitschaft oder Unfähigkeit Stillers, sich selbst anzunehmen. Der Bericht, in dem er seine objektive Identität als "Mr. White" zu beweisen hat, ist die subjektive Aufzeichnung der Ehe Stillers mit Julika. Dem Leser wird schnell klar, daß Stillers Kampf um sich selber zugleich das Ringen um Julika ist — nur dadurch, daß er seine Ehe wieder annimmt, kann er sich selbst wieder annehmen.

Julika (bzw. die vormalige Ehe Julikas mit Stiller) ist also ein Hauptgegenstand des Erzählens. Da die vorgebliche Erzählposition "Mr. Whites" ihm verbietet, Informationen über diese Ehe aus irgendeiner anderen Quelle zu haben als von Frau Julika, da er vortäuscht, "in diesen Heften nichts anderes zu tun als zu protokollieren, was Frau Julika Stiller-Tschudy, der ich so gerne gerecht werden möchte [. . .] von ihrer Ehe selber erzählt hat [. . .]" (GW III, 441), müßte notwendig Julikas Standpunkt im Mittelpunkt der Aufzeichnungen stehen. Dies trifft nicht zu. Sogar dann, wenn die

Position des "Mr. White" noch aufrechterhalten wird, bestimmt eine absolute Fixierung auf das "Er," eine vollkommene Ich-Bezogenheit des Erzählers durchgängig den Erzählgang. Jede Eigenschaft Julikas wird sofort vom Erzähler internalisiert, sogar schon bei der ersten (Wieder-)Begegnung: "Sie spricht sehr leise, damit der Partner nicht brüllt." (GW III, 408). Oder:

> Ihre Art, eine Frage stets mit einer anderen Frage zu beantworten, findet sich bei vielen Frauen, eigentlich bei allen, und ist mir bekannt; um so mehr muß ich mich hüten vor dem verfänglichen Gefühl, ihr schon einmal begegnet zu sein. (GW III, 408)

Der Gedankengang hier ist bemerkenswert und für das Folgende symptomatisch: die Reflexion des Erzählers setzt bei dem "Sie" an, bei einer spezifischen Eigenschaft Julikas, geht jedoch unmittelbar zu einer Verallgemeinerung auf "alle" Frauen über und erreicht als Zielpunkt eine Aussage zum "Er," einen höchst persönlichen Befund zur Sache Stiller-White.

In der Nacherzählung von Julikas Darstellung dieser Ehe setzt sich dieses Erzählmuster fort: "Kaum lächelte sie einmal, hatte Stiller schon Angst, nicht ernstgenommen zu sein [. . .] (GW III, 438f.) — Auch die harmlosesten Gesten oder Eigenschaften Julikas stellen von vornherein für Stiller eine Bedrohung dar. Seine Überlegungen zu ihrer Person werden mit fataler Konsequenz umfunktioniert zu Meditationen über sich selber:

> [. . .] und sann immer wieder einmal daran herum, ob ein *Kind* nicht gerade für Julika sehr wichtig sein könnte. Wieso gerade für *Julika?* Ein Kind, meinte *Stiller,* könnte Julika als Frau in einer Weise erfüllen, wie *er* es nie vermochte. (GW III, 442; Hervorhebung v. d. Verf.)

Man beachte abermals den Gedankengang: vom "Er" ausgehend wird eine Überlegung zu Julika angestellt. Diese führt über die allgemeinen Kategorien "Kind" und "Frau" zum Ausgangspunkt zurück, zu Stillers Versagen Julika gegenüber. Die Reflexion über das eigene Versagen ist für Stiller Anfang und zugleich Ende des Gedankengangs.

Karlheinz Braun hat in Bezug auf die Gespräche Stillers festgestellt, die "Spannung liegt jedoch nicht so sehr im Verhältnis Erzähler und Gesprächspartner (Stiller—Julika), sondern in dem des Erzählers zu seinem Erzählgegenstand, also Stillers zu sich selbst."[27] Diese Aussage dürfte nicht nur als zutreffend gelten für die Erzählung insgesamt, sondern auch als symptomatisch für den tieferen Inhalt des Romans, in dem Julika als eine "Zwischenstation" zwischen dem anfänglichen "Er" und dem Endprodukt des Entwicklungsgangs — einem gewandelten "Er" — ihre Funktionalität besitzt.

---

27 Karlheinz Braun: Max Frischs "Stiller": Sprache und Stil — Zwei Beispielanalysen. In: Walter Schmitz (Hrsg.): Materialien zu Max Frisch 'Stiller.' Frankfurt 1978; S. 39—51, hier S. 42.

Nirgendwo ist Frisch eine so komplikative, subtile und substanzielle Erzählhaltung gelungen wie in *Stiller*. Während auf einer Erzählebene "Mr. White" angeblich das durch Julika Erzählte wiedergibt, entwirft auf einer zweiten Ebene der Erzähler sein eigenes Bild – ein sehr anderes Bild allerdings – des gleichen Gegenstands. Diese zwei Ebenen werden von vornherein kunstvoll ineinander verstrickt und vereinen sich im Verlauf des Romans nahtlos. Die anfängliche Widersprüchlichkeit der Erzählhaltung wird in jeder Nuance durch die Figur Julikas aufgefangen und reflektiert: nur die Synthese kann sie nicht mitvollziehen. Julika besteht von Anfang an aus Widersprüchen: schon "Mr. Whites" initiale Reaktion auf ihr Aussehen – "eine graziöse Härte" (GW III, 407) – deutet auf das unvermeidliche Nebeneinander des Gegensätzlichen hin. Jene Eigenschaften, die für "Mr. White" anziehend und lobenswert erscheinen – so sehr, daß er sich in sie verliebt –, sind eben die gleichen Eigenschaften, die Stiller als quälend und zerstörerisch empfand. Für den Leser ist die Verflechtung der "Whiteschen" Apologie Julikas mit der Stillerschen Verdammung fast undurchdringlich. Verschweigt Julika ihre Krankheit Stiller gegenüber aus altruistischen Gründen, "um ihn zu schonen, um ihm nicht das Gefühl zu geben, daß er zu wenig verdiente"? Oder möchte sie tatsächlich, wie Stiller glaubt, ihn durch Mitleid und Reue an sich binden, ihn durch die ständige Erinnerung an sein Versagen moralisch in die Position des Mörders drängen: "[. . .] natürlich ist es meine Schuld [. . .] mein schlechtes Gewissen ist für dich das beste Ruhekissen." – In der Zeichnung der "schönen" Julika stehen sich Epitheta wie "sanft," "zart," "ganz Hingabe an ihren Beruf und an ihren Mann" (GW III, 445) gegenüber mit Abwertungen wie "spröde," "frigide," "der pure Narzißmus." (GW III, 450f.) Einerseits wird Julika als Künstlerin gepriesen, andererseits wird ihr ein exhibitionistisches, sich nahezu prostituierendes Verhalten vorgeworfen:

[es war] einfach ein Labsal, auf der Bühne zu stehen; tausend fremde Blicke auf ihrem Körper zu fühlen, Blicke so unterschiedlicher Art [. . .] die alles eher als die tänzerische Leistung erfaßten, in der Tat, es machte Julika weniger aus, als wenn Stiller, ihr Mann, seine harte und von der Bildhauerei etwas rauhe Hand auf ihren Körper legte. (GW III, 451)

Die Details dieser von Grund auf widersprüchlichen Darstellungen der Julika auch nur im Ansatz zu untersuchen, würde den Rahmen dieses Beitrags bei weitem sprengen. Festzuhalten bleibt, daß der unermüdliche Versuch, dem weiblichen Gegenüber in der Beschreibung beizukommen, gleichzusetzen ist mit der erzählerischen Suche nach sich selbst. Die innere Bewegung des Erzählvorgangs wird in der Gestalt Julikas wie in einem Spiegel reflektiert. Ohne Julika gibt es keinen Stiller. Er kann nur glücklich sein, wenn er glaubt, sie glücklich machen zu können; er kann sich selber nur finden, indem er sich als Mann an ihr ausprobiert. Ihre Abwesenheit – durch temporäre geographische Trennung oder, permanent, nach ihrem Tod – ist gleichbedeutend mit dem Ende seiner Existenzsuche.[28]

Doch trotz – oder vielleicht gerade wegen – dieser zentralen Funktion im Roman gewinnt Julika keine letzte Glaubwürdigkeit, keine Autonomie der Person. Ihre Rolle im Text ist in einem wesentlichen Punkt fragwürdig: Julikas Rückkehr zu Stiller bleibt völlig unmotiviert. Stiller stellt für sich fest, nach langem, qualvollem Ringen mit sich selber:

> Du bist nämlich meine einzige Hoffnung, Julika, und das ist das Schreckliche. Hör mich an! [...] Du bist nämlich auch nicht weitergekommen, liebe Julika [...] Und es ist ja auch gar nicht denkbar, daß wir weiterkommen, du nicht und ich nicht. Das ist nämlich die Wahl, die uns noch bleibt, glaube ich; entweder machen wir uns am andern kaputt oder es gelingt uns, einander zu lieben. [...] Wir sind nicht fertig geworden miteinander. Und darum glaube ich, haben wir uns trotz allem nicht trennen können. (GW III, 688f.)

Hier wäre aber mit Stiller zu argumentieren: Ist es wirklich so, daß Julika *ohne* Stiller nicht weitergekommen ist? Daß sie mit ihm "nicht fertig geworden" ist? Ganz im Gegenteil: Julika hat sich gerade *seit* der Trennung von Stiller von der Tuberkulose wie durch ein Wunder erholt, danach hat sie sich wieder erfolgreich ihrer Kunst widmen können. Sie ist nunmehr "eine blühende Person," ihr selbständiges, anspruchsvolles Leben in Paris scheint ungetrübt. Nichts deutet darauf hin, daß Stiller für sie "die einzige Hoffnung" ist.

Trotzdem kehrt Julika, ohne die leiseste Motivation, zu Stiller zurück, obwohl ihr durchaus bewußt ist: "Er hat dich krank gemacht [...] krank auf den Tod, er hat dich liegen lassen, du hättest sterben können [...]" (GW III, 433) Sie kommt zurück, denn die Motivierung Stillers wird an dieser entscheidenden Stelle nahtlos auf Julika übertragen. Hier liegt der wesentliche Widerspruch in der Gestalt Julikas. Manfred Jurgensen deutet darauf hin, wenn er feststellt, Julika "nimmt ihre Identität fraglos an."[29] Das übersimplifizierte, fraglose "Annehmen" der männlichen Motivation kollidiert mit der bisher außerordentlich komplexen Gestaltung der Frau Julika und unterhöhlt die Glaubwürdigkeit der Figur beträchtlich.

An diesem Punkt fallen die mit viel Sorgfalt errichteten Konturen der Frau Julika in sich zusammen: danach ist sie nur noch Schablone, der (wenn auch kurzlebige) lebende Beweis dafür, daß die Ehe mit Stiller für sie ein tödliches Schicksal ist. Tuberkulose setzt mit der Ehe gleichzeitig wieder ein, aber bereits *vor* dem klinischen Tod ist Julika als Person erledigt: weil sie

---

28 Von dieser These als Grundsatz einer Gesamtdeutung geht Horst Steinmetz aus: Max Frisch: Tagebuch, Drama, Roman. Göttingen (= Kleine Vandenhoeck-Reihe 379) 1973.

29 Manfred Jurgensen: Max Frisch. Die Romane. Bern/München ²1976; S. 66.

Stiller nicht das Gefühl zu geben vermag, daß er sie glücklich mache. Weil sie einfach nicht weiß, "was er immer von mir erwartet." (GW III, 743 und passim) Die beiden mit großem Erzähltalent entworfenen widersprüchlichen Mutmaßungen über Julika werden nie vereinigt, die Synthese findet nicht statt. Erzähltechnisch wird die hieraus resultierende Spannung mit dem simplen Befund ihres Ablebens aufgelöst, da sie nicht gleichberechtigt neben der Spannung zwischen dem Anspruch und der Realität Stillers bestehen darf. Die Beschreibung Rolfs kurz vor Julikas Tod verrät, daß sie im wesentlichen schon tot ist, daß sie der Stillerschen Ich-Suche bereits zum Opfer gefallen ist:

Zwischen ihrer Not und der Welt schien eine Wand zu sein, undurchdringlich [. . .] wie eine Gewißheit, nicht gehört zu werden, eine alte und hoffnun[g]slose, nie wieder zu tilgende [. . .] Erfahrung, daß der Partner doch nur sich selbst hört. [. . .] es blieb ihr kein persönlicher Zug mehr, keine Stimme, nichts als ein verzweifelter Leib, ein lautlos schreiendes Fleisch in Todesangst. (GW III, 747f.)

So erkennt auch Rolf in Julika − die einmal "mit einem Innenleben wie kaum eine andere Frau" (GW III, 718) beschrieben wurde − die totale Vernichtung einer Person im Namen der 'Identität' des anderen. Auch die erschreckende Egozentrik der Aufzeichnungen Stillers bleibt ihm nicht verborgen: sie verraten "mehr über den Bildner, dünkt mich, als über die Person, die von diesem Bildnis vergewaltigt worden ist." (GW III, 749) −

Gemeinsam hat die Darstellung Julikas mit den anderen Frauengestalten im Werk eine tiefgehende Widersprüchlichkeit − hier allerdings noch viel differenzierter und sorgfältiger angelegt als im späteren Werk. Diese Widersprüchlichkeit entfaltet sich an der gespaltenen Erzählerposition, sie wird aber nach der Versöhnung beider Erzähler-Ansprüche keineswegs gelöst, sondern einfach getilgt. Einen Einzelfall stellt Julika insofern dar, als sie − zum Zweck der männlichen Selbstverwirklichung − geopfert werden muß. Im späteren Werk ist es eher so, daß der weibliche Partner glücklich davonkommt, während der Protagonist an seiner Ich-Suche scheitert oder resigniert. Julika ist die "Geliebte," die aber dem Liebenden derart zur Bedrohung wird, daß er sie mit seiner fanatischen Liebe vernichten muß. Stillers Ziel ist schließlich nicht das *Finden* seiner Identität, sondern das *Suchen* danach: diese Suche ist nur über Julika möglich, auch wenn sie sie zerstört.

Graf Öderland *und* Don Juan: *Der Wahrheit viel näher*

Elvira, Agnes Anders, Julika, Lila, Antoinette: dieses sind eindeutig Hauptfiguren und in ihrer Darstellung hochkompliziert und differenziert. Solche Frauengestalten heben sich deutlich ab von der Gruppe der Nebenrollen, die viel überschaubarer und letztlich nur funktionsbestimmt scheint. In diese Kategorie gehört etwa die dreifache Figur Hilde/Inge/Coco in *Graf Öderland* (1951), auch Babette Biedermann, auch die zahlreichen Frauengestalten in *Don Juan oder Die Liebe zur Geometrie* (1953). Bei aller Einfachheit der Zeichnung vermutet man doch – gerade auf der Grundlage der vorangegangenen Analyse der 'komplexen' Frauengestalten in ihrer meist fragwürdigen, wenn auch stereotypen Ambivalenz – in diesen Figuren viel mehr Wahrheit, viel weniger Pose. Sie scheinen ihrer eigentlichen dramaturgischen Funktion im Werk Frischs viel näher zu stehen.

Der Typus 'Frau' in *Graf Öderland* verkörpert eindeutig das Böse, Zerstörende und Korrupte. Elsa, die Frau des Staatsanwalts, bleibt weitgehend stereotyp: die wohlgesittete, bürgerliche Gattin, die gerade in ihrem Mangel an Verstehen und in ihrer Kälte den Staatsanwalt, der ohnehin verunsichert ist, weiter entfremdet. Dramaturgisch gesehen, ist sie von vornherein eher Widerstand, da sie die Existenzkrise ihres Mannes nicht nur ignoriert, sondern sie noch komisch unterstreicht durch die Banalität ihrer Argumentation: "Wieso schläfst du nicht? ", "Du rauchst zuviel," "Martin, es ist zwei Uhr." (GW III, 7f.) etc. Natürlich darf das Ehebruchsmotiv (Elsas Verhältnis zu Doktor Hahn) nicht fehlen, obwohl es im übrigen für das Stück ohne Folgen bleibt. Elsa zeigt sich im weiteren Fortgang als verräterisch, indem sie das Verschwinden ihres Mannes bereitwillig mit seinem Tod gleichsetzt. So sagt sie zum Hellseher versehentlich-bedeutungsvoll: "Das *war* sein Schreibtisch," "Mein Mann *war* Staatsanwalt" (GW III, 30f.; Hervorhebung v. d. Verf.) – jeweils automatisch das Imperfekt gebrauchend. Für sie ist der Staatsanwalt, nachdem er einmal aus der gewohnten Ordnung ausgebrochen ist, tot, erledigt. Darüber ist sie offensichtlich erleichtert, und ihr weiteres Nachforschen nach seinem Verbleib ist bestenfalls eine Pflichtübung.

Um vieles interessanter ist die Gestalt Hilde/Inge/Coco.[30] Inge kennt man schon aus der Prosafassung des *Graf Öderland* im ersten Tagebuch ("Der Graf von Öderland;" GW II, 406–443). Hier wirkt sie – in Frischs Werk eine einmalige Erscheinung – gleichzeitig diabolisch besessen und geistesgestört. Sie singt ihr grausiges Lied vom Grafen mit der Axt und sehnt sich – trotz der Natur-Idylle des ruhigen Waldes, in dem sie aufgewachsen ist – nach blutiger Zerstörung. Schon bei ihrem ersten Auftritt im Bühnenstück im nächtlichen Arbeitszimmer des Staatsanwalts – barfuß und mit losem Haar – verkörpert sie das 'Böse.' Sie übt auf den Staatsanwalt eine unwiderstehliche Anziehung aus und treibt ihn in seiner Krise ruhelos voran. Durch ihr Verbrennen der Akten liefert sie die dramaturgische Nahtstelle zwischen dem Arbeitszimmer und dem Köhlerfeuer im Wald; auf ihren Anstoß wird der Staatsanwalt zum Grafen von Öderland. Hildes Gestalt kann im Namen der

---

30 Manfred Jurgensen macht diese Gestalt sogar zum Grundelement der ganzen Handlung. Cf. M. J.: Max Frisch. Die Dramen. Bern/München ²1976; S. 31–37.

Zerstörung die Grenzen von Zeit, Raum und Individualität transzendieren: noch ist sie Dienstmagd bei Elsa, gleichzeitig spielt sie die Rolle der "Gräfin" im Hotel in Begleitung des Staatsanwalts. Ihre Zerstörungsfreude entzündet sich ebensosehr am Einzelwesen wie an der globalen Revolution: so berichtet sie mit einem Unterton von Genugtuung und Freude, daß der Hund des Staatsanwalts am Verhungern sei. Dank der ihr verliehenen Kraft des Bösen gelingt ihr sogar eine Art 'Auferstehung': aus den Höhlen der Kanalisation, wo sie krank liegt, "nicht mehr stehen und gehen kann" (GW III, 63), vollzieht sich dann im letzten Akt ihre Verwandlung in Coco, "eine Dame [...] die erste Dame" (GW III, 70). Hilde/Inge/Coco ist eine − im gemeinsprachlichen Sinne − rein böse Gestalt, deren Eigenwesen jeden Bezug zur Wirklichkeit vermissen läßt. Sie treibt genußvoll den Staatsanwalt in seine eigene Vernichtung und in die sinnlose Zerstörung anderer.

Thematisch von Interesse, wenngleich für das Stück von minderer Bedeutung, ist auch die Frau des ermordeten Nachtwächters, Betty Hofmeier, mit der sich ein bei Frisch beliebtes Motiv verbindet. Es gehört zur amoralischen Natur des Typus Frau, daß sie − sei es aus nymphomanischer Anlage, sei es motiviert durch ihre Habgier − mit dem Mörder ihres Mannes schläft. So erzählt der Mörder Betty:

> Nicht traurig sein, Betty, nicht traurig sein. So ist das halt. [...] Der Mann meiner Schwester ist auch umgelegt worden. [...] Aber einer von denen, die ihn umgelegt haben, ist zu meiner Schwester gekommen, ein Unteroffizier, hat sich um die Witwe gekümmert. Sonst wären wir damals verhungert. Und noch im selben Jahr haben sie geheiratet. Was ist dabei? Heut haben sie ein eignes Haus. Mit Eisschrank. Und einen Wagen und zwei Kinder . . . (GW III, 76).

Betty ihrerseits schläft auch mit dem Mörder ihres Mannes, plädiert sogar beim Polizisten: "Er ist begnadigt!" (GW III, 81) Ausschlaggebend für die Motivierung des weiblichen Handelns ist nicht der Mann, abstrakt gesagt: die Treue, sondern allein Haus, Eisschrank, Wagen. Die Frau, angeblich in der Lage, "allein zu sein" und sich selber zu ernähren, handelt in solchen Fällen ausschließlich aus Gewinnsucht, sie verrät den Verstorbenen und nutzt den Lebenden aus.

Dieses Motiv wiederholt sich in *Don Juan*. Die Gier der verschiedenen Frauen nach Don Juan ist derart bestimmend, daß jede andere Verpflichtung und Verbindung grundsätzlich verraten wird. Donna Elvira findet Don Juan − den Verlobten ihrer Tochter − "herrlich" und verbirgt ihn in ihrem Schlafzimmer, während ihr Ehemann Don Gonzalo ihn die ganze Nacht sucht. Auch nachdem Don Juan Gonzalo getötet hat, sehnt sich Elvira noch immer nach seinem Mörder. Ähnlich verhält es sich mit Donna Inez, der Geliebten Roderigos, der sich aus Entsetzen über ihre Untreue umgebracht hat, und mit Donna Belisa, der Frau des verschollenen Lopez. Keine bereut im mindesten den Tod des Mannes − Donna Belisa bereut nur die Tatsache, daß sie als einzige "keine Witwe ist" (GW III, 153).

Nun ist das alles als Komödie gemeint. Trotzdem kann der Vorgang mit einiger Einschränkung als Musterbeispiel für das wahre Verhältnis der Geschlechter im Gesamtwerk Frischs gelten. Mit *Don Juan* wird der Extremfall, die äußerste Position, wie sie im übrigen Werk nur verdeckt zu erkennen ist, unverblümt freigelegt. Ausnahmsweise ist der *Mann* der geistig überlegene, die Frau indessen auf ihre wahre Natur der sexuellen Zügellosigkeit und des bedenkenlosen Verrats unverhohlen reduziert. Die Frauengestalten werfen sich Don Juan ungeduldig zu Füßen, er aber hat höheres im Sinn: die Bewahrung seiner Identität. Sein Selbst ist ihm der höchste Wert, der durch Liebeleien nicht "verschlungen" werden darf.[31] Die sexuell liebende Frau, die ohnehin nur eine jeweils episodische Existenzberechtigung besitzt, erscheint hier als ekelerregend und abstoßend. Dazu der Autor selbst:

Liebe, wie Don Juan sie erlebt, muß das Unheimlich-Widerliche der Tropen haben, etwas wie feuchte Sonne über einem Sumpf voll blühender Verwesung, panisch, wie die klebrige Stille voll mörderischer Überfruchtung, die sich selbst auffrißt, voll Schlinggewächs [. . .] (GW III, 169)[32]

Auf grund ihrer Substanzlosigkeit lassen sich die meisten Frauen mühelos· abstoßen. Wirkliche Gefahr aber stellt diejenige Frau dar – hier also Miranda – die behauptet, ohne den Mann leben zu können und die, wohlgemerkt, ihn dazu noch finanziell unterhält:

Don Juan: Kein Bann der Kirche, Sie wissen es, und keine Klinge der Welt haben mich je zum Zittern gebracht; aber sie, eine Frau, die mich liebt, sie bringt mich jeden Tag dazu. [. . .] Es fehlt jetzt nur, daß das Geschlecht mir auch noch die letzte Schlinge um den Hals wirft [. . .] Daß es mich zum Vater macht [. . .]

Der Bischof: [. . .] Don Juan unter dem Pantoffel! [. . .] Die Ehe, versteht ihr, das ist die wahre Hölle! (GW III, 164ff.)

Eine tatsächliche Überlegenheit des weiblichen Partners – sie setzt sich de facto aus emotioneller *und* finanzieller Unabhängigkeit zusammen – stellt eine ernsthafte Gefährdung des männlichen Ich dar. Diese Überlegenheit ist für ihn Gift, Vernichtung der Identität und, um mit Don Juan zu sprechen, die nie endenwollende Hölle der Kleinbürgerlichkeit.

---

31 M. F.: Nachträgliches zu "Don Juan" (GW III, 168): " [. . .] indem sie [Don Juans 'Geistigkeit'] ganz andere Ziele kennt als die Frau und die Frau von vornherein als Episode einsetzt – mit dem bekannten Ergebnis freilich, daß die Episode schließlich sein ganzes Leben verschlingt."

32 Hier wird eindeutig der Standpunkt Walter Fabers vorweggenommen: "Ivy heißt Efeu, und so heißen für mich eigentlich alle Frauen." (GW IV, 91) Man denke hier u.a. an die allgemeine Feststellung im *Tagebuch II*: "Ohne Frauen wäre es besser."

Endstation eines Stereotyps: Biografie: Ein Spiel

Diesen Befund bestätigt die Gestalt der Antoinette – in diesem Falle eine hochkomplizierte und in sich widersprüchliche Figur – in *Biografie: Ein Spiel* (1967), dem Stück, das lange Zeit einen vorläufigen Endpunkt im Bühnenwerk Frischs markierte. Antoinette ist in vieler Hinsicht der gelungenste Versuch Frischs, eine offensichtlich emanzipierte, moderne, selbständige und geistig überlegene Frau auf die Bühne zu bringen. Die Ingredienzien ihrer äußeren Überlegenheit werden im Spielverlauf geduldig wiederholt: "Ich übersetze," "Ich möchte einen kleinen Verlag gründen," "am liebsten würde ich eine kleine Galerie leiten –," "Ich habe bei Adorno doktoriert" (GW V, 495–499). Etwas tückisch fordert sie Kürmann (der, wie Stiller und andere Frisch-Helden, auf dieser vordergründigen Ebene unter seiner tatsächlichen oder eingebildeten "Unterlegenheit" ohnehin leidet) in puncto 'Männlichkeit' heraus, worauf sie ihm versichert, ihre "wirklichen Freunde" seien alle Homosexuelle (GW V, 496). Hiermit verweist sie ohne viel Umschweife auf ihre eigene Fähigkeit, ohne einen Mann zu leben.

Die Überlegenheit Antoinettes wird während des Spiels geradezu obsessiv betont, denn dieser Mensch allein bedeutet für Kürmann Schicksal, Verhängnis, die Zerstörung seiner Person. Im Verlauf des mißlungenen Versuchs, seine 'Biographie' zu ändern, bringt er dann quasi pro forma weitere Begebenheiten zur Sprache: seine Jugend, seine erste Ehe mit Katrin, seine Beziehung mit Helen, die Rückkehr in die USA, "Arbeit in der Partei" etc. Doch man weiß: all das ist nur Augenwischerei. Seine einzige, die wirkliche Hoffnung, die eine Revision verspricht, ist, Antoinette Stein entgehen zu können: "Biografie ohne Antoinette." (GW V, 499 und passim)

Antoinette zeichnet sich – wie wohl die meisten weiblichen Figuren Frischs, denen irgendeine Komplexität zu attestieren wäre – auch durch den Tatbestand des Ehebruchs aus. Ihr "Geständnis" bedeutet (wie bei Rolf und Sibylle, Hotz und Dorli) den Anfang der ehelichen und, für Kürmann, der biographischen Krise. Kürmanns moralischer Vorwurf wird abgebogen und entkräftet durch Antoinettes Gegenbeschuldigung. Sie wirft ihm seine angeblich kleinbürgerliche Moral vor, die kindische Überzeugung, seine Frau müsse ihm allein gehören:

> [. . .] ich finde es unmöglich: ein Mann wie du, ein Intellektueller, ein Mann in deinem Alter [. . .] ob ich mit jemand geschlafen habe oder nicht, hast du nichts andres zu denken in dieser Welt? Ist das dein Problem? [. . .] und gesetzt den Fall, ich hätte mit einem Mann geschlafen heute nacht oder jedesmal, wenn du es dir vorstellst: Was dann? Ich bitte dich: Was dann? Ich frage dich: Wäre das denn der Wärmetod der Welt? (GW V, 550f.)

Antoinettes Abenteuer besitzt jedoch lediglich topische Funktion. Von Interesse und von Bedeutung für den Spielverlauf ist allein Kürmanns Reaktion: zunächst verhält er sich wie es einem Manne seines Bildungsstandes geziemt – "einwandfrei," dann ohrfeigt er sie und am Ende bringt er sie gar um in seiner Verzweiflung.

Hier zeigt sich ein grundsätzlicher Widerspruch im Werk Frischs. Die Heldin Antoinette propagiert, quasi-emanzipiert, eine Art "open marriage" und wirft dem nicht gleichgesinnten Mann Kleinbürgerlichkeit vor. Frisch ist aber, und das zeigt das Gesamtwerk deutlich genug, ein *bürgerlicher* Autor, seine Verpflichtung der bürgerlichen Tradition gegenüber steht von Anfang an fest. So wird das scheinbar lobenswerte (der Text legt diesen Schluß nahe) "emanzipierte" Verhalten der Frau zur absoluten Entwürdigung des Mannes, der sich damit einfach nicht abfinden kann. Dessen (scheinbar altmodische und kleinliche) eheliche Treue wird im Endeffekt durch die bürgerliche Tradition affirmiert, ja zur Grundlage der eigenen Existenz hochstilisiert. In *seiner* Haltung liegt die Substanz, denn: ihm ist die Frage 'Antoinette/nicht Antoinette' buchstäblich lebenswichtig – ihr ist die Fragestellung mehr oder weniger gleichgültig.

Die Motive des Ehebruchs der Frau und der Reaktion des verletzten Ehemannes sind aus dem Werk Frischs längst bekannt. Diese Grundsituation wird in *Biografie* durch keinen neuen Aspekt bereichert. Neu ist allerdings der Umstand, daß es in diesem Stück – also nach über drei Jahrzehnten literarischer Produktion Frischs – endlich einem Menschen gelingt, die eigene Existenz tatsächlich zu verändern. Nicht aber dem Mann – dem gerade die Veränderung so viel bedeutet und der um sie verzweifelt kämpft –, sondern seinem Feind, der Frau. Kürmann verspielt seine Chance eines Neuanfangs: er kann es eben nicht anders machen. Antoinette, die nur ein einziges Mal Regie führen darf, gelingt es bei diesem einen Mal, im kritischen Moment einfach wegzugehen. Dieses "Gelingen" betrifft aber nur die *Schablone* Antoinette, die aus den oben skizzierten "Überlegenheits-eigenschaften" zusammengesetzt ist und nie zu einer fühlenden, atmenden Figur wird. Für den existenzsuchenden Protagonisten ist sie nach wie vor *nicht* veränderbar, schlimmer noch: jedes Gelingen Antoinettes gereicht ihm zur Niederlage. Je bewußter des eigenen Werts und damit je überlegener die weibliche Gegenspielerin, desto höher ihr destruktives Potential, desto verhängnisvoller wird sie letzten Endes für den Mann.

Solange Kürmann Regie führt, bleibt auch Antoinette an die Technik des Selbstzitats gebunden. Ihre Handlungen und Worte stehen bereits fest, sie braucht sie lediglich zu wiederholen: die Originalität einer Grammophonplatte. Antoinette ist eine bekannte Größe, mit der Kürmann fertigzuwerden hat. Sie ist für ihn, wie Julika für Stiller, eine "Lebensaufgabe." Der Beitrag der Antagonistin zum Dialog ist ein für allemal geleistet; das dramatische Potential des Stückes liegt darin, auf welche Weise Kürmann diesen Beitrag weiter verarbeitet. (Insofern ist Antoinette schon lange tot, bevor Kürmann sie de facto erschießt.) – Dieser Zustand des, so könnte man sagen: passiven Katalysators ist eine der beiden Extrempositionen für die Darstellung der weiblichen Figur im Werk Frischs. Die andere – die in der Gestalt der Agnes

Anders ihren Prototypus hat — ist das einfache und damit vollends problemlose Schweigen. Das Schweigen prägt im späteren Werk etwa die Figur der Lynn in *Montauk:* sie sagt fast nichts, "Lynn protestiert nicht," wenn sie indessen spricht, so handelt es sich bei dem Gesagten durchweg um Klischees und Gemeinplätze.[33] Daß Lynn dem Erzähler "Gegenwart"[34] liefere, ist sehr euphemistisch ausgedrückt: eher ermöglicht sie ihm durch ihr Schweigen einen assoziativen und ungestörten Zugang zu seiner eigenen Vergangenheit.

Die ewig sich wiederholende, für jede Dynamik tote Frau findet ihre reinste und, so könnte man vermuten, endgültige Darstellung im neuesten Bühnentext *Triptychon* (1978). Das letzte Bild stellt die Rekapitulation einer Trennung dar, motiviert durch das Fragen des Mannes, der in der Gegenwart lebt. Seine Gesprächspartnerin — die inzwischen verstorbene Francine — existiert auf einer Zeitebene der Vergangenheit: sie kann also nur ihre Worte der einmal dagewesenen Trennungsszene ewig wiederholen. Hier ist die Gestaltung der Frau endgültig und unwiderruflich reduziert auf ihre Grundfunktion: sie hat dem Partner durch ihre Untreue einmal Reflektionsstoff geliefert, damit ist sie als Mensch erledigt. Dramaturgisch existiert sie aber durchaus noch als Gegenstand der männlichen Reflektion. Rogers Behauptung: "Mein Bedürfnis, im Recht zu sein, ist weg, seit du gestorben bist [. . .]" (*Triptychon,* 108) klingt nicht glaubhaft, schon allein dadurch, daß die einmal gefallenen Worte Francines ihn immerfort quälen. Auch der Tod setzt der Ich-Suche des Protagonisten keine Schranken, wenn diese Suche einmal durch die sich verselbständigende Frau ausgelöst worden ist.

Die *"Permanenz ihrer Frau-Mann-Position"?*
Zur wahren Funktion und Entwicklung der Frauengestalten

Die vorhergehenden Kurzanalysen fordern einen Zwischenbefund. Es läßt sich eine deutliche Entwicklung der Frauengestalten vom Frühwerk bis hin zu *Triptychon* erkennen. In den frühen Dramen *(Santa Cruz, Als der Krieg zu Ende war)* und Prosawerken (etwa *Die Schwierigen*) stehen die Stärke der Frau, ihre menschliche Einsicht und ihr Mut im Vordergrund der Darstellung. Diese durchaus noch heile Oberfläche verdeckt aber bereits das eine oder andere brüchige Element: schon hier erscheint bei genauerer Betrachtung die wahre Motivation der weiblichen Figur stellenweise sehr fragwürdig.

---

33 Wie z.B.: "DIRTY OLD MAN," "I LIKE YOUR SENSE OF HUMOR," "I AM FINE," "MAX YOU ARE A FORTUNATE MAN" und Ähnliches. Nicht nur durch die Drucktype, sondern auch durch die Fremdsprache werden die Äußerungen Lynns als leere Formeln hervorgehoben.
34 Vgl. GW VI, 682, 685, 721, 748, vor allem aber 709: "Es bleibt das irre Bedürfnis nach Gegenwart durch eine Frau."

In einigen Dramen der mittleren Schaffensperiode stellt Frisch dann Frauenfiguren auf die Bühne, die quasi eindimensional, folienhaft und ohne innere Ambivalenz angelegt sind: in ihrem Effekt auf das jeweilige Gegenüber rein negativ, amoralisch und zerstörerisch. In dieser Zeichnung wird der weiblichen Figur zumeist eine Nebenrolle zugewiesen, sie ist dabei auf jeden Fall dem männlichen Protagonisten, genauer: dessen Identität eine ernste Bedrohung.

Der 'Überlegenheitstopos' der frühen Texte rückt im weiteren Werk, vor allem im Prosawerk, immer deutlicher in den Vordergrund. Diese Überlegenheit degeneriert allerdings mehr und mehr zum Versatzstück, dem es, eben auf grund seiner paradoxen Anlage, an tatsächlicher Überzeugungskraft gebricht. Sie wird zudem unterminiert durch eine wachsende Oberflächlichkeit und Charakterschwäche der jeweiligen Figur. So findet man – einmal abgesehen von der grundsätzlich gegebenen Neigung zu Untreue und Lüge – eine überwältigende Kleinlichkeit in der Motivation der weiblichen Figuren. Der Drang nach Emanzipation ist häufig nur Vorwand, um den jeweiligen Ehemann zu betrügen, sich verwöhnen zu lassen oder, noch gerissener und für den Mann noch gefährlicher: um Kinder zu bekommen. Diese Motivierung ist schon in *Die Schwierigen* stark angelegt: "Der Mann ist immer nur Stufe zum Kind." (GW I, 596) – Zügellosigkeit im sexuellen Bereich als Kennzeichen des Genus wird ebenfalls zusehends deutlicher im Werk. Zu diesem Komplex sind gerade die Tagebücher außerordentlich aufschlußreich. Man findet zum Beispiel im *Tagebuch II* Verallgemeinerungen, die in ihrer Impertinenz den Leser eher amüsieren als empören dürften: "[. . .] ich erfahre *die Frau* nur als ein Wesen, das sich auf *den Mann* bezieht [. . .] als Geschlechtspartner." (GW VI, 177; Hervorhebung v. d. Verf.; vgl. auch GW VI, 298). (Nun, die Entwürdigung fällt letztlich quälend auf 'den Mann' zurück: so ist es nur konsequent, wenn der "Gezeichnete" "Das Bett als Ort der Bewährung" [GW VI, 165] fürchten muß.)

Kleinlichkeit zeichnet die weiblichen Figuren auch in Bezug auf materiellen Komfort und Besitztum: Babette Biedermann kommt im Brand um, weil sie zurückläuft "wegen meines ganzen Schmuckes" (GW IV, 393). Sie jammert auch noch in der Hölle: "Mein ganzer Schmuck ist geschmolzen!", "Gottlieb – unsere Sessel!", "Unser schlichtes und gutes Eigenheim. [. . .] Gottlieb – unsere Standuhr!" und ähnliches mehr. Unter dem Titel "MONEY" wird in der Erzählung *Montauk* (1975) die Besitzgier der sich von ihrem Mann trennenden Ehefrau betont, die einen zweifach vorhandenen Goethe-Band lieber zweimal mitnimmt als ihm das überflüssige Buch zu überlassen (GW VI, 734). An solchen Stellen wird man erinnert an die aphoristische Feststellung Pelegrins: "das Weib ist nicht großmütig." (GW II, 70)

Der Grund für diese doch recht radikalen Zweifel an der weiblichen Substanz: die Frauengestalt im Werk Frischs erscheint in erster Linie als Funktionsträger, sie wird immer mehr im Hinblick auf diese *Funktion*, immer weniger als autonome Persönlichkeit von einiger *Substanz* gestaltet. Derart entfaltet sich das grundlegende Paradoxon dieses Konzepts: die weibliche Figur wird für das "Gelingen" oder das Scheitern der männlichen Existenz immer entscheidender, ihr Verhalten – man denke an Kürmann – ist für den Protagonisten buchstäblich eine Frage von Leben und Tod. Insofern rückt sie *indirekt* an eine immer zentralere Stelle. Sie selber aber, als Persönlichkeit, erscheint zusehends flacher, unglaubhafter und letztlich substanzloser, da sie nur eines minimalen Gerüsts von Eigenschaften bedarf, um die männliche Ich-Krise bzw. -Reflexion auszulösen. Am besten geeignet hierfür (dies ein weiteres Paradoxon) erweisen sich die *negativen* Eigenschaften jener Frauengestalten – ihre Treulosigkeit, ihre Besitzgier und ihre emotionale Dürftigkeit. Trotzdem insistiert Frisch nach wie vor auf einer 'überlegenen' und 'emanzipierten' Gestaltung der Frau, die notwendig sich als Schablone und konsistente Irreführung bloßlegen muß.

Im Zuge dieser sich zuspitzenden Entwicklung verfolgt man eine Art von Depersonalisierung, die die Eigenschaften der verschiedenen Frauengestalten immer austauschbarer werden läßt. Eins steht fest: jede Frau verläßt oder betrügt den Mann, der sich ihr unterlegen fühlt.[35] Der Rest ist mehr oder weniger zweitrangig, wird immer flüchtiger – oft im Selbstzitat – abgetan. In bezug auf die Figur der Lynn in *Montauk* vermutet man vielleicht zu Recht, sie bestehe nur aus geliehenen äußerlichen Eigenschaften früherer Figuren:[36] ist ihr hagebuttenrotes Haar nicht Julika, der "Roßschwanz" Sabeth entlehnt? –

Im Hinblick auf ihre Ausbildung ist eine Frau gekennzeichnet durch Sprachgewandtheit, Übersetzungstätigkeit, Freude an der Philosophie und der Musik, den 'Künsten' überhaupt; im persönlichen Bereich indes durch Untreue, 'Emanzipiertheit' – häufig genug kommt eine Schwangerschaft bzw. eine Abtreibung hinzu. Gewisse Grundsituationen werden leitmotivisch wiederholt, um Frauengestalten aus dem ganzen Spektrum des Werks wie durch einen roten Faden zu verbinden.[37] Die durchgängige Tendenz zum Aphorismus im Werk Frischs schafft zudem eine weitgehende Austauschbarkeit im Gedanklichen: in *Die Schwierigen* etwa findet sich die Erkenntnis:

---

35 Mit der einzigen Ausnahme von Julika in *Stiller.*

36 Diese Vermutung wird bestärkt durch die Tendenz des Erzählers, immer wieder zu vergessen, wie Lynn aussieht: "Ihr Gesicht: er hat es nicht vergessen, aber sie trägt diese große Dunkelbrille [. . .]" (GW VI, 623) Später: "Wenn Lynn eine Weile weg ist und während er wartet, ist er gespannt, wie sie eigentlich aussieht [. . .]" (GW VI, 651)

37 So, um nur ein Beispiel zu nennen, muß man an das Verhältnis Julikas mit dem Balletmeister Jean-Louis in Paris denken, wenn Antoinette in *Biografie* immer wieder ihre Freundschaft mit dem Tänzer Claude-Philippe betont. Beide Verhältnisse sind vor allem von Interesse, indem sie dem Protagonisten die Selbständigkeit der jeweiligen geliebten Frau vor Augen führen.

"Ein Wunderbares ist um die Ehe." (GW I, 551) In *Santa Cruz* liest man es wieder: "Ein Wunderbares ist um die Ehe!" (GW II, 63). Dieser Gedanke kehrt in ähnlicher Form dann im ganzen Werk leitmotivisch wieder. Diese Vereinfachung der Mittel zum fast immer gleichen Effekt erinnert an die Versatztechnik des Barock. Die Frau fungiert als Ingrediens im größeren Rahmen des Versatzstücks, zusammengestellt aus einer Anzahl wiederum austauschbarer Ingredienzien, die meist schon bekannt sind, derart also "vorgedeutet" aus dem Kontext anderer Werke. Letztlich liefern die Frauengestalten einen Spiegel für den Protagonisten, sie dienen als Katalysator für seine Identität, oft als — wie Frisch selber offenbar eingesehen hat — "Mannequin," das seine "Idee von Emanzipation vorzuführen hat." (*Triptychon*, 69)

Hinter der Beschwörungsformel "eine wunderbare Frau" verbirgt sich somit eine grundsätzlich funktions- bzw. zweckgerichtete Einstellung gegenüber der Frau. Diese Haltung liegt am klarsten zutage in den Tagebüchern und im Prosawerk. So liest man in *Montauk* die folgende, als autobiographisch indizierte Erklärung:

MY LIFE AS A MAN:
manchmal meine ich sie zu verstehen, *die Frauen,* und im Anfang gefällt ihnen meine Erfindung, mein Entwurf zu ihrem Wesen; [...] Damit gewinne ich sie überhaupt. [...] Mein Entwurf hat etwas Zwingendes. Wie jedes Orakel. Ich staune dann selber, wie ihr Verhalten bestätigt, was ich geahnt habe. Natürlich habe ich nicht für *jede Frau* den gleichen Entwurf. [...] ich erfinde für jede Partnerin eine andere Not mit mir. [...] Ob es *mich* peinigt oder beseligt, was *ich* um die geliebte Frau herum erfinde, ist gleichgültig; es muß *mich* nur überzeugen. (GW VI, 695f.; Hervorhebungen v. d. Verf.)

Die Verdinglichung des anderen Menschen läßt sich kaum deutlicher ausdrücken. Nur sie kann den männlichen Partner dazu verleiten, sich selbst als den stets formenden, bestimmenden, kreativen Teil zu setzen, von Grund auf berechtigt, über "die Frauen" in kühner Verallgemeinerung zu urteilen, sie gemäß den Bedürfnissen seiner Selbstverwirklichung zu gebrauchen. Nicht ohne Anflug von Großmut gesteht das Erzähler-Ich zu, daß es "nicht für jede Frau den gleichen Entwurf" besitzt, auch wenn es über gleichsam seherische Kräfte verfügen kann (war nicht Pythia eine Frau?), um einer Frau Bedeutung zu verleihen. Eine solche Stellungnahme muß — und sei sie auch nicht ganz ohne Selbstironie, ganz ohne Koketterie — jeden Leser in hohem Grad befremden. Demaskiert sie nicht auch emphatisch die bisherige Haltung der 'Unterlegenheit' des Mannes (die bei diesem Erzähler nicht nur gegenüber Frauen, sondern schon in der Freundschaft zu W. [GW VI, 636–649] betont wird)?

Es ist auffällig, daß es bei allem Bemühen um den Standpunkt und das Wesen der Frau Frisch kein einziges Mal gelungen ist, direkt oder indirekt eine Frau in die Erzählerposition zu rücken. Dabei ist es keineswegs ausgeschlossen, daß etwa ein männlicher Romancier die Erzählhaltung einer Frau technisch sowie psychologisch glaubwürdig vertritt: man denke an die Werke Schnitzlers, der sich mindestens ebenso intensiv mit den Themenkreisen 'Frau' und 'Ehe' beschäftigt hat, der allerdings Frauen sowohl in der ersten wie auch in der dritten Person erzählen läßt. Eine offene Erklärung dieses Mangels findet man in *Triptychon:*

> Die Sprache, die du brauchst, ist eine Männersprache. [. . .] Weil es eure Sprache noch nicht gibt, die Sprache der Frau. Wie soll die Frau ihr eignes Befinden ausdrücken in dieser Männer-Syntax? Wenn ich lese, was Frauen heute schreiben, so verstehe ich es Wort für Wort, und das bedeutet, daß die Frau, wenn sie sich aussprechen will, denken muß wie der Mann: unter dem Zwang dieser Syntax, die der Mann sich geschaffen hat. [. . .] erst wenn die Frau einmal ihre eigene Sprache findet [. . .] (*Triptychon*, 39).

Man fragt sich: Sprache — als Träger von Sinn und Bedeutung — ist Geschöpf und Eigentum 'des Mannes?' Eine Frau, die sinnvoll spricht, ist somit automatisch 'männlich,' also von vornherein beraubt ihrer genusbedingten Substanz. Diese Ansicht — so verstiegen sie sein mag — ist dem Leser nicht weiter überraschend. Die Darstellung der Frau im Werk Frischs treibt von Anfang an auf Schweigen hin: die hohlen Reden der Elvira oder der Agnes Anders werden nach und nach durch bedeutungsvolles und tolerantes Schweigen ersetzt, das dem Protagonisten "Gegenwart" ermöglichen soll. Die Abstrakta *Gegenwart, Wahrheit* und *Sprache* gehören zum männlichen Verfügungsbereich.

Ironisch wirkt insofern der weitere Befund, daß die Rollen von Mann und Frau, wie man sie aus der Tradition kennt, im Werk Frischs grundsätzlich vertauscht erscheinen. Frisch hat sich bemüht — aus den oben genannten Gründen — seine Frauengestalten zumindest oberflächlich vom Rollenklischee emanzipiert darzustellen. Dadurch hat er vor allem funktionable Schablonen geschaffen. Den Mann dagegen hat er — sicherlich unbeabsichtigt — immer weiter in der traditionell weiblichen Rolle verfestigt. Denn 'typische weibliche' Eigenschaften beschreiben oft haargenau die Haltung eines Mannes im Werk Frischs: Hysterie, Abhängigkeit, manipulatives Verhalten. Hier sitzt nicht eine Frau — man denke an Gantenbein — arbeitslos zu Hause und reflektiert ihr Schicksal bzw. ihre Ehe, sondern ein Mann. Nicht eine Frau, sondern der Mann überbewertet die Institution der Ehe und macht seine ganze Identität von ihr abhängig. Eine Frau wendet sich nach außen, der Welt zu; der Mann sich immer introvertierter nach innen. Ein Mann sieht seine Ehe als Schicksal (dem er meistens nicht entrinnen kann, so gerne er es möchte — man denke an Stiller oder Kürmann). Wenn diese Ehe jedoch scheitert, agiert die Frau sachlich, der Mann dagegen reagiert mit Vorwurf, Hysterie und Gewalttätigkeit: man denke an Hotz, Svoboda, Kürmann. An sich gehört es zum Topos des *weibischen* Verhaltens, so will es doch die communis opinio, Vasen gegen die Wand zu schmettern und Ohrfeigen zu verpassen. Bei Hotz wird die Hysterie dann gar zu einer notwendigen Tugend gesteigert – so ermuntert er sich: "Jetzt nur nicht die Wut verlieren!" Das (feminine) Nomen "Wut" ersetzt den (maskulinen) Begriff "Mut" in der Redewendung als Voraussetzung zum Gelingen des Schwanks.

Weiter: Es gehört zur Natur der männlichen Figur, eher verpaßten Möglichkeiten nachzuhängen als aktiv die Realität zu bewältigen. So entwirft sich der Erzählvorgang von *Montauk* fast exklusiv als Vergangenheitsbewältigung, die "Gegenwart" wird auf ein minimales Gerüst reduziert.[38] Es ist zudem im Werk Frischs fast ausschließlich die Aufgabe der Frau, ein Verhältnis aktiv aufzunehmen bzw. abzubrechen. Bezeichnend hierfür wiederholt sich mehrfach die Formulierung (von seiten der Frau): "Wenn sich etwas zwischen *uns* ändert, so werde *ich* es dir sagen."[39] Der Mann wartet, er akzeptiert und er resigniert. Er verhält sich also in gemeinsprachlicher Begrifflichkeit absolut 'weibisch': trotzig, pseudo-nobel, vor allem aber passiv. Seine Identitätssuche lebt sich im geduldigen Warten und der tatenlosen Reflektion aus. Er agiert nicht, sondern *r*eagiert auf das Verhalten einer Frau, die er angeblich liebt und verehrt, in der Tat aber verachtet und fürchtet. Gerade aber auf dieses Paradoxon (im Ganzen trägt es durchaus masochistische Züge) kann der Mann zum Zweck seiner "Selbstverwirklichung" nicht verzichten. So spricht der Arzt Burri *(Gantenbein)* ein unauffälliges aber wahres Wort wenn er andeutet: "Was Männer hörig macht: ihre Verachtung der Frau, die sie sich selbst nicht eingestehen; daher müssen sie verherrlichen und stellen sich blind [. . .]" (GW V, 208)

Einzelfall Homo faber:
Zum Vorurteil des "ressentimentgeladenen" Walter Faber

Im wahren Sinne des Wortes emanzipierte, emotionell gesunde und menschlich äquivalente Frauen finden sich selten bei Frisch. Die eine große Ausnahme stellt – wie wohl der Roman überhaupt in vielfacher Hinsicht – die Figur der Hanna in *Homo faber* (1959) dar.[40] Hanna ist – wie zu

---

38 Vgl. hierzu die ausführliche Analyse von Gerhard P. Knapp: Noch einmal: Das Spiel mit der Identität. Zu Max Frischs *Montauk.* In: G. P. K. (Hrsg.): Max Frisch. aspekte des prosawerks. Bern/Frankfurt/Las Vegas (= Studien zum Werk Max Frischs 1) 1978; S. 285–307.

39 GW VI, 716. Diese Formulierung findet man auch bei Lila in *Gantenbein.*

40 Auch Sabeth, eine absolut gesunde und unproblematische Figur, muß der problematischen Krise Fabers zum Opfer fallen. So erklärt Manfred Jurgensen (M. F. Die Romane [Anm. 29] S. 147): "Letztlich kann Walter nicht damit fertig werden, daß Sabeth überhaupt existiert, daß sie lebt. Sie wird somit mehr und mehr zum Symbol

erwarten — "hochgebildet," intelligent, sensibel, beruflich erfolgreich als promovierte Kunsthistorikerin. Sie bewegt sich selbständig, wohnt aus eigener Wahl in dem Lande, das sie politisch tolerabel findet. Sie ist mindestens zweisprachig und führt ein kultiviertes Leben ("ohne Television"!).

Im persönlichen Bereich steht Hanna im Gesamtkontext des Werkes einmalig da in ihrer Substanz: "Es gibt [...] in Frischs Opus keine Frau, die so menschlich-mütterlich wirkt wie Hanna [...]"[41] Sie ist eine Mutter, die ihr Kind trotz aller Widerstände zur Welt brachte und sich darüber hinaus substanziell und liebevoll diesem Kind widmet. Hanna lebt aufrichtig und ohne Lüge: sie existiert lieber allein als in einem unoffenen Eheverhältnis mit einem Partner, den sie — sicherlich zu Recht — im großen und ganzen als unterlegen empfinden mußte. Sie zeigt unter allen Umständen Charakter und Mut: schon in ihrer jugendlichen Freundschaft mit dem blinden Armin (GW IV, 182—185) offenbart sich eine menschliche Substanz, die von vornherein die Basis der bürgerlichen Ehe transzendiert und die mit der unverbindlichen Emotionalität eines Walter Faber (vgl. seine Verhältnisse mit der Frau des Lehrers oder mit Ivy) überhaupt nichts gemein hat.

Walter Faber muß zunächst die menschliche und geistige Potenz Hannas anerkennen. Lange vor der Wiederbegegnung gibt er zu, sie sei die einzige Frau, mit der sein Verhältnis "nicht absurd" gewesen sei. Er muß auch immer wieder Hannas "Sachlichkeit" — für den 'Techniker' natürlich eine höchst erstrebenswerte Eigenschaft, die man sonst nicht bei Frauen erwartet — erkennen und loben. "Ich staunte über Hanna; ein Mann, ein Freund, hätte nicht sachlicher fragen können." (GW IV, 127)[42] Trotz — oder wegen? — seiner Bewunderung für sie, kompensiert er aber seine eigene Unsicherheit ihr gegenüber mit dem traditionellen männlichen Vorurteil, auf das er immer wieder zurückfällt. Lange bevor Hanna im Text erscheint, wird sie als "Kunstfee," "Schwärmerin" und "abergläubisch" abgestempelt — in Wirklichkeit zeigt sie keine dieser Tendenzen. Faber tut die ernsthaften Äußerungen Hannas ab als "Backfischphilosophie" und unterstellt ihr, sowie sie sich substanziell äußert zur Gefahr des Verlusts der einzigen Tochter, sie gebärde sich "wie eine Henne." (GW IV, 137 und passim)

Wiederum typisch für den Standpunkt des männlichen Vorurteils, fixiert sich Faber herablassend auf Hannas Aussehen. Während er feststellt, sie sei "alles andere als eine alte Frau" und "Ihr Alter stand ihr eigentlich sehr gut" (GW IV, 138), bemängelt er ihre "mürbe Haut," die "Tränensäcke" und

---

des Lebendigen überhaupt. [...] In dem Verhältnis zu seiner Tochter treffen diese allgemeine Lebensangst und sein persönliches Schicksal, die Furcht vor der eigenen Identität, zusammen."

41 Hans Bänziger: Frisch und Dürrenmatt. Bern/München [6] 1971; S. 90.
42 Vgl. auch GW IV, 126, 134, 146 und passim.

"Krähenfüße," auch die "Haut unter ihrem Kinn, die mich an die Haut von Eidechsen erinnert [. . .] (ibid.).

Es ist bei genauer Betrachtung ohne Zweifel Faber, der sich "wie eine Henne" gebärdet. Er weiß chronisch nicht, was er selbst denkt: "ich wußte selbst nicht, was ich dachte, ich konnte mich sozusagen nicht entschließen, zu wissen, was ich denke." (GW IV, 135)[43] Er greift hilflos nach der richtigen Bezeichnung für andere Menschen: Hanna nennt er "die Mutter meiner Geliebten," "meine Geliebte" und "sozusagen meine Schwiegermutter." Er ist kaum imstande, den eigenen Rasierapparat oder die eigene Filmkamera zu betätigen.[44] In seinen Beobachtungen schwankt er mit 'femininer' Unentschlossenheit:

> Ihre Hand: [. . .] nervös und schlaff, *häßlich,* eigentlich gar keine Hand, sondern etwas Verstümmeltes, weich und knochig und welk, Wachs mit Sommersprossen, eigentlich *nicht häßlich,* im Gegenteil, etwas *Liebes,* aber etwas Fremdes, etwas *Entsetzliches* [. . .] (GW IV, 141; Hervorhebungen v. d. Verf.)

An solchen Stellen müßte man Faber seine eigene Frage stellen: "Wozu weibisch werden? " (GW IV, 24)

Den Text durchdringt auch eine deutliche − wenn völlig unberechtigte − Herablassung Fabers Hanna gegenüber. Dies während er vorgibt, sie zu loben: "[. . .] eine Dame von ihrem Ansehen [. . .] geradezu wie eine Professorin, eine Nobelpreisträgerin! − *sie tat mir leid.* " (GW IV, 140; Hervorhebung v. d. Verf.) In bezug auf Hannas mit Mühe errungene Selbständigkeit schlägt Faber (der, wie man weiß, von 'Gott' sehr wenig hält) ihr vor: "[. . .] deine Wohnung, deine wissenschaftliche Arbeit, deine Tochter − du solltest Gott danken!" (GW IV, 144)

Dieses Bild, das Faber sich von Hanna macht, und das zum guten Teil auf Vorurteilen und Gemeinplätzen aufbaut, wird durch eine Handlung Hannas nur an einer Stelle im Text bestätigt. Frisch läßt Hanna am Ende des Romans ihren Standpunkt − den der unvoreingenommene Leser sonst als konsequent und aufrichtig empfinden muß − bereuen: "Ob ich ihr verzeihen könne! Sie hat geweint, Hanna auf den Knien [. . .]" (GW IV, 202f.). Hier wirkt Hanna durchaus vom Autor manipuliert und unklar in ihrer Motivation (vergleichbar mit Julika in ihrer unerklärlichen Rückkehr zu Stiller). Diese Stelle hat aber − ähnlich wie die selbstgewählte Bezeichnung Hannas für ihr eigenes Leben als "verpfuscht," die ironisch gemeint ist und die "Männerwelt" nicht affirmiert, sondern spitzfindig demaskiert − weitgehend die kritische

---

43 Überhaupt fällt es auf, daß der "Techniker" viele Äußerungen mit "ich weiß nicht" anfängt: vgl. GW IV, 8, 10, 13, 29, 35, etc.
44 Vgl. GW IV, 63 bzw. 185ff. Zur technischen Ungeschicklichkeit des "Technikers" vgl. auch Verf.: Der "Techniker" Walter Faber: Zu einem kritischen Mißverständnis. In: Germanic Notes 8 (1977) S. 20−23.

Aufnahme der Figur bestimmt. Beide Textpassagen wurden, ungeachtet ihrer ironischen Anlage bzw. der offenkundigen Manipulation, ernstgenommen und dementsprechend gedeutet. Auf dieser Basis wird behauptet, auch Hanna sei "schuldig geworden, indem sie ihrem Kind den Vater vorenthielt [. . .]"[45]

Hanna erscheint also automatisch als mitschuldig am Scheitern Fabers. Man findet dann weitere Rückschlüsse (von ihrer grundsätzlichen 'Schuld' ausgehend) auf ihren Charakter und ihre Lebensweise überhaupt. Um nur ein Beispiel zu nennen: Hanna hat die Wahl eines Lebens ohne Ehe getroffen. Diese Entscheidung fällt sie aus Erfahrung und Überzeugung. Faber hat gleichermaßen gewählt, nicht zu heiraten: dies aber aus tiefem, offensichtlich pathologischem Ekel gegenüber allem Weiblichen (so seine Diskreditierung aller Frauen als "Schlinggewächs").[46] Doch: einem Mann steht — von der traditionellen Perspektive der Gesellschaft aus gesehen — diese Wahl ohne weiteres zu, einer Frau keineswegs. Bei Faber also, obwohl seine Neurose in diesem Punkt klar aus dem Text hervorgeht, wird jene Entscheidung hochstilisiert zum Sprungbrett einer Identitätserneuerung und einer Ich-Tragödie. Hanna dagegen, wenn auch ungleich sachlicher und würdiger in ihrem Entschluß, wird als unnatürlich, als abstoßend 'männlich' empfunden, rundum als "Ressentiment-geladener Anti-Mann"[47] abgestempelt. Dieses Urteil, das zu oft kritiklos übernommen wurde,[48] hebt auf ein verbreitetes Vorurteil ab. Treffender wäre es, Faber eine 'ressentimentgeladene Anti-Frau' zu nennen — diese Bezeichnung ließe sich letztlich viel eher durch den Text stützen.

So gilt Hanna allgemein als die Verkörperung des "Irrationalismus,"[49] auch wenn sie kein einziges Mal irrational handelt. "Das Weibliche" in dem Roman wird gleichgesetzt mit einer "nicht auswählende[n], bewußtlos strömende[n] Fruchtbarkeit, die dem männlichen, zur geplanten Aktion drängenden Prinzip entgegentritt."[50] Solche Schlüsse stützen sich auf Fabers Vorurteile, nicht auf die Textlage: denn die "geplante Aktion" wird tatsächlich durch Hanna vertreten, während sich Faber durchweg "nicht

45 Ursula Roisch: Max Frischs Auffassung vom Einfluß der Technik auf den Menschen — nachgewiesen am Roman 'Homo faber' In: Weimarer Beiträge 13 (1967) S. 950—967. Auch in: Thomas Beckermann (Hrsg.): Über Max Frisch. Frankfurt [6] 1976; S. 84—109, hier S. 106.
46 GW IV, 91. Vgl. auch hierzu Roisch (Anm. 45), S. 99.
47 Gerhard Kaiser: Max Frischs *Homo faber*. Schweizer Monatshefte 38 (1958/59) S. 841—852. Auch in: Walter Schmitz (Hrsg.): Über Max Frisch II (Anm. 24), S. 266—280, hier S. 278.
48 Neuerdings in der Arbeit von Grimm/Wellauer (Anm. 2), S. 285. Inwiefern die Bezeichnung "mit Recht" existiert, wird allerdings nicht gesagt.
49 Vgl. G. Kaiser (Anm. 47), S. 277: "[Hanna] denaturiert [. . .] das weibliche Prinzip, indem sie es zur bloßen Gegenideologie, zum Irrationalismus, macht."
50 U. Roisch (Anm. 45), S. 99.

auswählend," ohne Kontrolle oder Einsicht verhält. Es wird Hanna zum Vorwurf gemacht – da sie sich weigert, das männliche Identitätsspiel aktiv zu unterstützen –, daß sie Faber nicht "beheimatet."[51] Man muß fragen: warum sollte sie? Obwohl Faber Hanna und damit das ungeborene Kind verlassen hat, wird Hanna unerklärlicherweise vorgehalten: "Sie hat ihm das Kind und damit das Erlebnis der Vaterschaft vorenthalten und seine Verirrung [. . .] erst ermöglicht."[52] Weiter wird ihr vorgeworfen: "sie will Mutter werden, aber sie möchte mit dem Kind für sich bleiben."[53] Als eine der wenigen Frauen in Frischs Werk, die den Mut haben, trotz des Fehlens eines männlichen Ernährers keine Abtreibung durchzuführen, gereicht ihr das an sich einzig *moralische* Handeln nicht zur Tugend, sondern zum Tadel. Als Leser muß man fragen, was Hanna dazu verpflichten sollte, entweder zu heiraten oder das Kind abzutreiben? Doch nur die Konvention. Oder läge eines der beiden Verhaltensmuster näher, nur weil sie im Gesamtkontext des Frischschen Werks verfestigt sind?

Hanna ist zudem eine der seltenen Frauen im Werk, die einen männlichen Partner auf einer sexuellen Ebene weder ausbeutet noch erniedrigt. Auch dies wird ihr zum Vorwurf gemacht. Ihre geistige Freundschaft zum alten Achim wird umfunktioniert zum "vergiftenden" und "traumatischen" Erlebnis,[54] das sie außerstande setzt, eine "vitale Beziehung" zu genießen. Dies allerdings sind Anwürfe des praesumptiv männlichen Standorts, nämlich im besonderen des Mannes, der mit seiner Unterlegenheit dem weiblichen Partner gegenüber nicht anders als durch Abwertung fertig werden kann.

Es versteht sich, daß die Natur dieser Abwertung in Klischee und Vorurteil wohlverankert ist. So wird vielleicht die einzige Frauengestalt bei Frisch, die in der Tat Substanz und Würde besitzt, die – vom Rollenklischee befreit – eigenständig zu existieren vermag, und nicht nur als Katalysator der Ich-Prüfung des jeweiligen Mannes, am Ende doch auf der Waage des Vorurteils gewogen und zu leicht gefunden. Man kehrt zurück zum Ausgangspunkt der vorliegenden Betrachtung und darf schließen:

Die allem Anschein nach überlegenen Frauengestalten im Werk Frischs lassen sich in Wahrheit auf ein Grundkonzept zurückführen: ihr eigentliches Wesen erscheint substanzlos und verachtenswert. Gelingt im Ausnahmefall – wie eben bei der Darstellung Hannas – die überzeugende Darstellung einer tatsächlichen Überlegenheit, so wird diese durch den subtilen Verweis auf ein bekanntes und durch den Gesamtkontext des Werks gestütztes Vorurteil unterminiert, im Grunde als 'krank' diagnostiziert. Die Funktion der

51 G. Kaiser (Anm. 47), S. 278: "[. . .] sie muß den Homo faber verdrängen, statt ihn zu beheimaten."
52 Merrifield S. 78.
53 G. Kaiser (Anm. 47), S. 277.
54 Ibid.

weiblichen Figuren muß im Werk Frischs paradox wirken: "Selbständig" zwar — aber zum Zweck der männlichen Ichbezogenheit beliebig manipulierbar; "emanzipiert" zwar — aber dem traditionellen Rollen-Klischee zutiefst verhaftet; "überlegen" zwar — aber substanzlos. Vor allem: "geliebt," in Wirklichkeit indessen gefürchtet und verachtet. Und je deutlicher die Frau Ausdruck dieser eigentlichen Funktion im Werk wird, desto klarer ist sie als glaubhafte Figur entwertet, desto eindringlicher erinnert sie an jene Uhr, die Antoinette so fasziniert:

> Figuren, die immer die gleichen Gesten machen, sobald es klimpert, und immer ist es dieselbe Walze, trotzdem ist man gespannt jedesmal. Sie nicht? (GW V, 485)

ULRICH PROFITLICH

"Verlorene Partien:"
Modelle des Mißlingens im Drama Max Frischs

(1)

Eine "verlorene Partie" – so nennt Frisch den Lebenslauf des *Biografie*-Helden Kürmann.[1] "Verlorene Partien" sind auch die Fabeln der vorausgehenden Dramen von *Santa Cruz* bis *Andorra,* die noch in der traditionellen "Fügungs"-Dramaturgie präsentiert werden. Keines unter ihnen, dessen Ausgang nicht durch Mißlingen und Verfehlen, durch Mißerfolg und Versäumnisse geprägt, zumindest mitgeprägt wäre. Sehen wir recht, so ist die Diskrepanz zwischen Wünschbarem und Erreichtem um so krasser, je entschiedener Frisch die p o l i t i s c h e Dimension des Geschehens akzentuiert. Zwar setzen auch in Stücken mit ausschließlich oder überwiegend p r i v a t e r Thematik – in *Santa Cruz, Don Juan, Hotz* und *Biografie* – die Helden ihre Ziele nicht durch, doch gibt es in diesen "Ich-Geschichten"[2] unvorhergesehene Erleichterungen, Milderungen des Scheiterns derart, daß sich Mißlingen und Glücksmöglichkeit verschränken. Wo Frisch dagegen "Zeitgeschehen" und "öffentliche Probleme" in den Mittelpunkt stellt – in *Nun singen sie wieder, Die Chinesische Mauer, Biedermann* und *Andorra* –, bilden den Ausgang uneingeschränkte Katastrophen, gleichgültig ob das Unheil als gegenwärtig oder als drohende Gefahr gezeigt wird, gleichgültig, ob es den Helden bewußt ist oder nicht. Das gilt selbst für die beiden ersten Stücke dieser Gruppe, *Nun singen sie wieder* und *Die Chinesische Mauer,* in

---

1 Max Frisch: *Biografie: Ein Spiel.* Frankfurt (= Bibliothek Suhrkamp 225) 1969; S. 119.
2 Als "Ich-Geschichten" werden im Folgenden die genannten vier Stücke bezeichnet: *Santa Cruz, Don Juan, Hotz* und *Biografie.* Ausgeschlossen aus dieser Gruppe bleiben *Als der Krieg zu Ende war, Graf Öderland* und *Triptychon.* Sie sind aus unterschiedlichen Gründen Sonderfälle und in diesem begrenzten Aufriß nur beiläufig mitzubehandeln. (Über *Öderland* vgl. Anm. 5.) – Den Ausdruck "Ich-Geschichten" gebraucht Frisch in: *Dramaturgisches. Ein Briefwechsel mit Walter Höllerer.* Berlin 1969; S. 41.
3 Am deutlichsten in der zweiten Fassung der *Chinesischen Mauer* von 1955.
4 Seitenzahlen in Klammern beziehen sich auf: Max Frisch: *Stücke.* Bd. 1 u. 2. Frankfurt 1962.

denen Frisch szenisch bzw. reflektierend dem allgemeinen Debakel eine geglückte Liebesbeziehung gegenüberstellt.[3] Auch dieses Gelingen, das einem anderen Bezirk angehört, der als ohne Einwirkung auf die Gesellschaft, als "ohnmächtig" und "umsonst" gezeigt wird (I, 148),[4] gibt dem Dramenausgang nichts Triumphierendes. Das politische Unheil erhält keine Kompensation. Eher ließe sich sagen, daß Harmonie und Desaster, die kontrastierenden Ausgänge, einander steigern: gerade im Gegensatz zu den geglückten zwischenmenschlichen Beziehungen zeigen sich die auf politische Ziele gerichteten Mühen in ihrer ganzen Ohnmacht.

Das Gefüge der Faktoren, aus denen Frisch seine Schlüsse herleitet, soll im Folgenden umrißhaft beschrieben werden.[5] Zunächst sei die eigentümliche Aufhebung des Mißlingens charakterisiert, die den Ausgang der "Ich-Geschichten" kennzeichnet. Schon in *Santa Cruz* ist sie voll ausgeprägt. Der Rittmeister muß einsehen, daß er das Leben Pelegrins nicht führen kann. Zugleich aber wird er von einem Zwang befreit, dem er sich siebzehn Jahre unterwarf: von der "kleinen Komödie" (I, 83), die er − wie auch Elvira − spielen zu müssen glaubte. Es ist eine beiläufige, unverhoffte Entlastung, die sein Mißlingen gewiß nicht zurücknimmt, aber in gewissem Sinne übergreift. Am Ende steht die Einsicht in die Vereinbarkeit zweier Lebensthemen, die einander auszuschließen schienen: die "Sehnsucht," die der Rittmeister bislang als etwas der Ehe Fremdes, Widerstrebendes mißdeutete, erfährt er nun als deren Bestandteil; ihrer Abspaltung, der Unwahrhaftigkeit im Namen einer vermeintlichen Rücksicht auf den Ehepartner bedarf es nicht. Die krasse Gegensätzlichkeit zweier Themenstränge, mit der *Nun singen sie wieder* und *Die Chinesische Mauer* in der Tat schließen, besteht in *Santa Cruz* nur in der − am Ende aufgehobenen − Verblendung der Protagonisten. Ähnliches geschieht in *Don Juan*. Abermals setzt der Held seine Absicht − Ehelosigkeit − nicht durch. Seine Niederlage erweist sich jedoch als Verfehlen eines Irrwegs, als Mißlingen eines Vorsatzes, der ihn eher behindert als fördert. Eben die Ehe mit einer Miranda ist die Lebensform, die ihm seine Ziele − das, was von ihnen überhaupt erreichbar ist − ermöglicht. Don Juan wird von der "Not [seiner] Sehnsucht"[6] ebensowenig befreit wie das Rittmeisterehepaar, aber allen Indizien zufolge wird er lernen, die mit

---

5 Trotz der Simplifizierungen, die dabei um der Herausarbeitung stückübergreifender Modelle willen in Kauf genommen werden, sind mit den folgenden Bemerkungen Frischs dramatische Konstellationen selbstverständlich nur teilweise zu erfassen. Die Untersuchung beschränkt sich, von wenigen Ausnahmen abgesehn, auf die Schicksale der P r o t a g o n i s t e n. Als solche werden in der Gruppe der "Ich-Geschichten" verstanden: das Rittmeisterehepaar, Don Juan, Hotz, Kürmann; in der Gruppe der politischen Fabeln: die Lebenden *(Nun singen sie wieder)*, die Machthaber und Feldherrn *(Die Chinesische Mauer)*, Biedermann, die Andorraner.

6 Frisch: *Don Juan*. Frankfurt 1953 [1. Fassung]; S. 132.

absoluten Forderungen unvereinbare Lösung anzunehmen und das begrenzte Mögliche zu würdigen, "ohne zu fluchen."[7]

Die Verschränkung von Gelingen und Mißlingen charakterisiert auch die beiden späteren Stücke mit privater Thematik, *Hotz* und *Biografie*. Sein Ziel, ernstgenommen zu werden, erreicht Hotz nicht, doch dieses Ziel erscheint als verfehlt, überzeugt nicht als dringlich, ganz abgesehen von dem selbstzerstörerischen Weg, auf dem es durchgesetzt werden soll. Der übergreifende Zweck, dem alle Anstrengungen sinnvollerweise dienen können, ist ohnehin nie in Frage gestellt: seine Frau liebt auch den nicht ernstgenommenen Hotz. So wie Frisch die Konstellation hier — im "Schwank" — präsentiert, ist zwischen Hotz und seinem Dorli (der Welt) trotz eines ärgerlichen Schönheitsfehlers im Grunde "alles zum besten bestellt;" "alle Leiden und Leidenschaften, die sich abspielen, [werden] unverhältnismäßig [. . .] und insofern komisch."[8] Was hier unerfüllt bleibt, ist ein Ziel von nur eingebildeter Notwendigkeit. — Und schließlich *Biografie:* Der Held verfehlt die Änderung seines Lebenslaufes. Sie gelingt aber auf einem Wege, mit dem er nicht gerechnet hat: worum er sich umsonst mühte, das bringt die Partnerin Antoinette spielend zustande. Was herauskommt, ist nicht die gewünschte "Biografie ohne Antoinette," sondern eher eine 'Biografie ohne Kürmann.' Macht das den Helden zum Objekt melancholischer Ironie, so ist doch seine Hauptthese, mit der er die Bühne betritt — die These von der Änderbarkeit und Beliebigkeit von Lebensläufen —, damit nicht widerlegt. Für eine eingeschränkte Frist und anders, als Kürmann es sich vorstellte, erweist die Versuchsanordnung seine Biografie als variabel.

(2)

Noch entschiedener weichen die beiden Stücktypen voneinander ab, betrachtet man statt der *tatsächlichen* die *möglichen* Schlüsse, die den Akteuren eingeräumten Chancen. Zu den Gemeinsamkeiten der Fabeln mit p o l i t i s c h e r Thematik gehört die Voraussetzung, die Katastrophe sei vermeidbar. Bald durch Mittel der Figurendarstellung, bald durch Räsoneure postuliert Frisch für Biedermann wie für die Andorraner, für die Lebenden in *Nun singen sie wieder* wie für die Potentaten in der *Chinesischen Mauer* die Chance, aus eigener Kraft einen besseren Ausgang herbeizuführen. Der Gefahr zu begegnen, war es — das ist die immerfort wiederholte Botschaft des *Biedermann*-Chores — nicht "zu spät;" das Debakel als unabwendbares Schicksal zu deuten, dient nur denen, die ein Interesse daran haben, "daß du

---

7 Vgl. ebd.
8 Diese Wendungen entstammen der Charakteristik des Genres "Lustspiel," die Frisch im ersten *Tagebuch* (*Tagebuch 1946–1949*. Frankfurt 1960; S. 186) gibt.

nicht fragest, wie's kommt" (II, 89). Und so in den politischen Handlungszusammenhängen der übrigen Stücke: ob das drohende Unheil eintritt oder vermieden wird, gilt als eine Frage von "Einsicht" und "Entscheidung" ("Wahl") der Betroffenen. Diese — so wird vorausgesetzt — sind nicht überfordert, es gibt eine zum Ziel führende Methode, und das schließliche Mißlingen gründet darin, daß die beteiligten Figuren das ihnen Mögliche versäumen.

In den Stücken mit p r i v a t e r Thematik, in den "Ich-Geschichten," besteht eine solche Differenz zwischen tatsächlichem und möglichem Ausgang nicht. Was am Ende erreicht ist oder sich andeutet, fällt zusammen mit dem, was als erreichbar ausgegeben wird. Wenn der Erfolg hinter dem Wünschenswerten zurückbleibt, so nicht, weil die Beteiligten es an Anstrengungen fehlen ließen — im Gegenteil: niemand unter ihnen schont sich, der Rittmeister sowenig wie Don Juan, Hotz sowenig wie Kürmann —, doch sie kämpfen gegen Gegebenheiten, denen sie nicht gewachsen sind. Die Begrenztheit ihres Erfolges entspricht der Begrenztheit des Möglichen. Daß der Rittmeister in *Santa Cruz* seine Wunschträume nicht wirklich macht, liegt allein daran, daß er es nicht "kann" (I, 61). "Es ist nicht möglich" (I, 82) — so lernt er es selbst auf seiner hastigen Ausreise und kommt damit zur Anerkennung einer Gegebenheit, die schon Pedro, die mit höchster Autorität ausgestattete Instanz des Stückes, konstatiert hatte: "Sie können nicht tun wie der Andere, den Sie zeitlebens beneiden." (I, 61)

Er "kann nicht anders sein"[9] — diese These gilt auch für den Helden von *Biografie.* Mögen ihm einige Verhaltensvarianten gelingen, keine greift so tief, daß er selbst "ein andrer" wird.[10] Allein das aber würde ihn in der Beziehung zu seiner zweiten Frau zum Schöpfer seines Lebenslaufs werden lassen. Ohne eine solche fundamentale Änderung bleibt er auf unverhältnismäßig opfervolle Umwege angewiesen, die den widrigen Zufall auf den Plan rufen. Ja, selbst wo er von Pech und unwahrscheinlichen Störfaktoren verschont wird und tatsächlich eine Variante zustande bringt, ist er unfähig, sie zu nutzen, und nimmt sie schließlich ausdrücklich zurück. Sein Widersacher ist offenbar seine eigne Disposition, sein Nichtkönnen ein Nichtwollenkönnen, eine Belastung, die alle aufwendigen Veranstaltungen von vornherein als aussichtslos erscheinen läßt.

Neben solchen seelischen Handicaps, die Kürmann zum Leidensgenossen des Rittmeisters machen, gibt es — ebenso unüberwindlich — biologisch-kreatürliche Gegebenheiten, Begrenzungen durch die Physis: beginnend mit der schwankhaft-harmlosen Kurzsichtigkeit, die Philipp Hotz untauglich macht zum Fremdenlegionärsdienst, endend mit Kürmanns Krebskrankheit, die, unaufhebbar selbst durch einwandfreies Verhalten, sein Leben auch nach

---

9 Frisch: *Biografie* (Vgl. Anm. 1); S. 119.
10 Ebd. S. 99.

Antoinettes spektakulärem Eingriff auf eine unüberschreitbare Siebenjahres-
frist begrenzt. Chancenlos ist schließlich auch der Kampf gegen den
Widersacher, mit dem sich Don Juan eingelassen hat: die "naturhafte Gewalt
des Geschlechts" (II, 318), die "Ungeheuerlichkeit, daß der Mensch allein
nicht das Ganze ist" (II, 381). Im Grunde ist es "die Schöpfung selbst" (II,
317), gegen die er rebelliert, ein übermächtiger unpersönlicher Gegner, der
dem, der es mit ihm aufnimmt, nur die Wahl zwischen Tod und Kapitulation
läßt. Immerfort fallen Vokabeln, die das Streben des Helden als hybrid und
vergeblich charakterisieren: die Wunde des Geschlechts ist "unheilbar" (II,
62), gegen die Gespaltenheit des Menschen ist "nichts zu machen [. . .], und
mit gutem Willen schon gar nicht" (II, 82) . . . Zwar hatte Miranda, die
neben dem Bischof überlegene räsonierende Instanz, die Vereinbarkeit von
Don Juans beiden Lebensthemen – Geometrie und Geschlechtlichkeit –
postuliert: nicht der Sprung aus den Fenstern der 1003 Liebeskammern,
sondern die Liebe zu einer Frau sollte ihn zur Geometrie und zu sich selbst
führen. Und gewiß wird ihre These durch den Ausgang nicht schlechterdings
widerlegt. Doch Miranda formuliert nur die halbe Wahrheit. Obwohl das
Stück mit der Kapitulation des Helden statt in die Tragödie in die Komödie
mündet, obwohl Don Juan sich schließlich anschickt, in der Anerkennung
des Weiblichen vom "Nur-Mann" zum "Menschen" zu werden, bleibt ein
unerfüllter und unerfüllbarer Rest. "Es gibt keine Lösung,"[11] keine, die Don
Juans Wünsche unverkürzt realisieren könnte. Dieselbe personale Liebe, die
seine Wissenschaft erst möglich macht, ist ihr auch störend und feindlich
entgegengesetzt. Sie ist unerläßliche Bedingung und antagonistisches Moment
zugleich. Das Zusammenspiel der beiden ins Metaphysische hypostasierten
Prinzipien, das trotz aller Milderungen die Grenzen unaufhebbar macht,
verläuft nach dem Muster dialektischer Verschränkung.[11a]

11 Frisch: *Don Juan* (1. Fassung; vgl. Anm. 6); S. 132.
11a Daß es "keine Lösung mehr gibt" – dieser Satz als Ausdruck des hier beschriebenen
Dilemmas begegnet nur noch ein einziges Mal: als Kommentar des Dichters Pedro
zum Dilemma von Pelegrin und Elvira im vierten Akt von *Santa Cruz* (I, 53).
Rigoroser noch als in *Don Juan* wird hier der Konflikt, in den Mann und Frau
geraten, als "Widersinn" exponiert. Die Alternative, innerhalb deren die beiden
Liebenden wählen müssen – "zusammenzubleiben" oder "einander zu verlassen" –,
ist nicht ein simples Entweder-Oder derart, daß den beiden Verhaltensmöglichkeiten
gegensätzliche Interessen entsprächen; beide besagen vielmehr das nämliche: Erfüllung und Verletzung der Liebe zugleich. Ein Verhalten, das ausschließlich Erfüllung, nicht auch Verletzung bedeutete, gibt es um keinen Preis. Dieselbe Liebe,
welcher der Wunsch nach "Zusammenbleiben," nach Nähe und Gemeinsamkeit
entspringt, verlangt zugleich deren Gegenteil, die Trennung. Sie muß es tun, sofern
ein Motiv nicht unterdrückt wird, das mit der Liebe gleich ursprünglich gesetzt ist wie
jener Drang nach dem "Zusammenbleiben": die Respektierung der Lebensbedürfnisse
des anderen. Trennung ist unausweichlich, gesteht jeder der beiden dem Geliebten die
ihm mögliche Existenzweise zu. So sehr dies der Erfüllung der Liebe entgegenwirkt:
es ist zugleich deren Bestandteil. Den Verzicht des anderen annehmen, bedeutet nicht

Die Zentren der privaten Dramen — *Santa Cruz, Don Juan, Hotz* und *Biografie* — behandelt Frisch als "Komödien." Das Gemeinsame, das sie zu "Komödien" macht, ist nicht nur die oben beschriebene Milderung des Scheiterns durch eine begrenzte Erfüllung, sondern auch der Weg, auf dem diese Erfüllung zustande kommt. Nie ist es der, den der Held selbst einschlägt. Entweder sind Anstrengungen schlechthin überflüssig, weil das Erreichbare ohnehin gegeben ist, oder es sind Anstrengungen zwar notwendig, aber die des Helden selbst bleiben unzulänglich. Das erste Modell repräsentieren *Santa Cruz* und *Hotz:* Die Helden glauben, sich Zwang antun zu müssen, weil sie verkennen, daß Liebe die ihr vermeintlich widerstreitenden Gehalte übergreift. Dem zweiten Modell folgen *Don Juan* und *Biografie:* Die Protagonisten überschätzen sich; erst mit Hilfe der Partnerin (Miranda, Antoinette) wird zumindest teilweise wirklich, was Don Juan und Kürmann trotz aller Entsagungen und Opfer verfehlen müssen.

"Komödie" in diesem Sinne ist von den politischen Stücken keines — trotz aller komischen Züge einzelner Figuren (namentlich Biedermanns und einiger Andorraner). Weder sind hier Anstrengungen schlechthin unnötig, noch gibt es jemanden, der die notwendigen Anstrengungen den Helden abnehmen könnte. Die Alternative dieser Stücke lautet Ruin oder Überleben eines Gemeinwesens (bzw. der Menschheit schlechthin), genauer: Fortsetzung oder Überwindung einer Denkweise, die unvermeidlich in die Katastrophe mündet. Das Entweder-Oder, auf das die "Ich-Geschichten" zulaufen, ist bescheidener. Nicht Faktisches steht auf dem Spiel, sondern nur noch eine subjektive Reaktion auf Faktisches: nicht ob die Akteure handelnd ihre Chance zur Änderung der Welt (zur Abwendung einer drohenden Gefahr) nutzen oder versäumen, sondern wie sie sich zu Gegebenem, zu den ihnen gesetzten Grenzen stellen. Welche Reaktion die angemessene sei, darüber lassen die Stücke keinen Zweifel. Als "Komödien"-Schreiber urteilt Frisch vom Standpunkt des "Lebens." Ohne die unaufhebbaren Grenzen zu verwischen, akzentuiert er das Erreichbare und Erreichte, das Mögliche und

nur, dessen "Sehnsucht" zu verlieren, es bedeutet auch "Schuld" — und zwar in genau demselben Maße, wie die umgekehrte Entscheidung, der Entschluß zur Trennung, als "Schuld" gilt (als Verfehlen des "Rechten," als "Verrat" an der Liebe). — Diese moralisierende Kommentierung kehrt in *Don Juan* nicht wieder. Dennoch ist das Modell ähnlich: In beiden Fällen kollidieren die Wünsche der Akteure mit den Ansprüchen, die aus der (als zeitlos-geschlechtsspezifisch verstandenen) Verschiedenheit der Partner folgen, in beiden Fällen schließen die konfrontierten Interessen sich gleichzeitig ein und aus, und in beiden Fällen ist die Unmöglichkeit oder Begrenztheit der Erfüllung schon der Konstellation selbst immanent, deren Grundriß die Entzweiung eines Prinzips, die Einheit der Gegensätze ist. Die hier beschriebene Ätiologie bleibt freilich Ausnahme. Nicht als ob den Grundrissen von Frischs Dramen Dialektik des beschriebenen Typus fremd wäre, doch sie wird nicht entfaltet. Frisch kultiviert die dialektische Deutung seiner Stückthemen weder durch die Fabelführung noch durch die Reflexionen der Figuren.

Lebbare. Hierauf lenkt er die Aufmerksamkeit und enthüllt damit die Komik im Verhalten der Helden: fixiert auf Unabänderliches oder Unnötiges, nehmen sie das Lebensmögliche nicht wahr. Mag der Grad der Einsicht, zu der sie am Ende gelangen, unterschiedlich sein, keiner von ihnen endet tödlich. Im Gegensatz zu den Helden der politischen Fabeln, den Opfern gegenwärtigen oder zukünftigen Unheils, leben sie und werden leben — ungeachtet aller Schmerzen, die das Bewußtsein ihrer unaufhebbaren Begrenztheit ihnen bereitet. Vom Standpunkt der "Komödie" sind die Hindernisse, die sie überwinden müssen, nicht diese Begrenztheiten selbst, sondern ihre unangemessene Haltung dazu, ihr Fluchen und Wüten und die inneren Kämpfe, mit denen sie sich quälen, wo "Leben" möglich ist.[12]

(3)

Verglichen mit dem vielgestaltigen Faktorenensemble der "Ich-Geschichten" ist das der politischen Fabeln wenig differenziert, ja simpel. Alle die Widrigkeiten, an denen die auf Änderung der privaten Biographie zielenden Anstrengungen scheitern, sind ohne Gewicht, spielen höchstens Nebenrollen, wo — in *Nun singen sie wieder,* der *Chinesischen Mauer, Biedermann* und *Andorra*[13] — das Schicksal der Gesellschaft oder der Menschheit auf dem Spiel steht. Selbst der Zufall, Pech und unberechenbare Störfaktoren treten hier zurück, wirken zwar mit beim Aufbau der Situation, aber nicht als Moment, das den Ausgang determiniert. Frisch sieht im politischen Geschehen das Versagen der vielen Einzelnen, dieselben millionenfach wiederkehrenden Muster, und er zeigt sie im Modell. Schon das schließt den Zufall und alles, was nicht alltäglich, nicht regelhaft ist, als definitives Moment aus. Was Dürrenmatt in den *Physikern* und *Wiedertäufern* unternimmt — den Zufall als entscheidenden Mitspieler historischen und menschheitlichen Geschehens zu akzentuieren —, das fordert Frisch zwar 1965 im Anschluß an seine Reflexionen zum Mißlingen des 20. Juli 1944 ebenfalls,[14] doch als Dramati-

---

12 Zu Frischs "Komödien"-Verständnis vgl. neben der in Anm. 8 erwähnten Tagebucheintragung vor allem *Nachträgliches zu 'Don Juan'* (II, 317–319).

13 *Graf Öderland* ist, wo im Folgenden von dieser Stückgruppe gehandelt wird, ebensowenig mitgemeint wie in den Charakteristiken der "Ich-Geschichten." Das Stück markiert die Nahtstelle der beiden Gruppen. Frisch selbst nennt es als Beispiel für die Darstellung von Interferenz zwischen den "herrschenden Verhältnissen" und dem Schicksal einer "Ich-Person" (*Dramaturgisches* [vgl. Anm. 2], 41). Leider läßt der für den folgenden Aufriß zur Verfügung stehende Raum die Sonderbetrachtung, die dieses wichtige Stück unter unserer Fragestellung verlangt, nicht zu. Wenige Bemerkungen enthält der Abschnitt V. Im übrigen sei auf den Beitrag des Bandherausgebers Gerhard P. Knapp verwiesen.

14 Vgl. Frisch: *Öffentlichkeit als Partner.* Frankfurt (= edition suhrkamp 209) 1967; S. 99.

ker beschränkt er sich auf eine zaghafte Erprobung mit der "Ich-Geschichte" *Biografie*.

Ebenso fern aber liegt ihm, an die Stelle des unkontrollierbaren unpersönlichen Widersachers einen menschlichen zu setzen. Zwar kommen auch Frischs Dramenfabeln ohne Gegnerschaften zwischen Individuen und Gruppen nicht aus, zwar enthalten auch sie latente und offene Interessenkollisionen mit einer ganzen Skala von Austragungsformen, die vom Überzeugungsversuch bis zur Gewaltandrohung und Gewaltanwendung in Mord, Krieg und Bürgerkrieg reichen; doch der Beitrag im Kausalgeflecht, der solchen Gegensätzen zugemessen wird, trägt nicht den Akzent. Als dominant gilt diesmal das Handeln der Helden selbst. Eben der Faktor, den die "Ich-Geschichten" so oft als ohnmächtig demonstrieren – hier ist er aufgewertet zum ausschlaggebenden Moment. Die Gefahren, die den Helden durch die ihnen entgegentretenden Figuren entstehen, fungieren dagegen ähnlich wie die Zufälle und alle übrigen Faktoren auch: als Elemente der Konstellation, auf die das als entscheidend geltende Verhalten der Helden – der vielen Einzelnen, nicht nur das eines einzigen[15] – reagiert. Ein Konflikt im strengen Sinne der klassischen Dramaturgie ist damit ausgeschlossen. Alles dient dem Aufbau einer Situation, die – bald mehr, bald weniger – Züge einer Prüfungs- und Bewährungssituation besitzt. Nicht Konflikte werden ausgetragen, sondern Haltungen demonstriert, Stadien der Verblendung, fortschreitend von harmloser Befangenheit zu immer desperateren Verstrickungen. Zumal in *Biedermann* und *Andorra* gleicht das Verfahren dem, das auch Dürrenmatt anwendet, wo immer er ein politisches Gebilde, ein ganzes Gemeinwesen schildert (in der *Alten Dame*, in *Herkules*, in *Ein Engel kommt nach Babylon* und im *Prozeß um des Esels Schatten*). Beide Autoren zeigen die Zwänge und Bedrohungen, die von der Umwelt ausgehen, so weit, daß die Reaktionen der Helden als verständlich, nicht aber als unausweichlich erscheinen. Was immer die Mitfiguren aufbauen – und sei es eine extreme Zwangslage –, legt das Handeln der Helden nicht fest, läßt ihnen einen Spielraum. Dies ist die Prämisse für die stückimmanente Ätiologie. Weniger Eisenring und Schmitz werden belastet als der Protagonist Biedermann selbst, weniger die Schwarzen und Andri[16] als die Andorraner. Nicht die äußeren Feinde treiben den chinesischen Kaiser in den Krieg, sondern seine selbstsüchtigen, weder durch Verantwortungsgefühl noch Klugheit gehemmten Interessen. Und ähnlich in *Nun singen sie wieder:* als Quelle künftigen wie gegenwärtigen Unheils gilt der durch die Verteufelung des Gegners scheinbar gerechtfertigte Impuls zur Vergeltung, nicht die

---

15 Daß gerade, wo politische Ziele auf dem Spiele stehen, das Verhalten eines Einzelnen ohne Chance ist, zeigen z.B. die Schicksale des Heutigen, Karls und des Lehrers; dazu s. u. S. 117.

16 Andri ist hier insofern zu nennen, als er sich selbstgerecht in seiner Märtyrerrolle gefällt und dadurch seinen Mitbürgern die Möglichkeit zu einer Umkehr erschwert.

erlittenen Greueltaten, die diesen Impuls provozieren. Selbst gegenüber einem Verhalten, das durch offenen Terror erzwungen wird, herrscht diese Blickrichtung vor: mehr als die Erpresser und erpresserischen Mechanismen zeigt Frisch die Schwächen derer, die ihnen unterliegen.

Daß an die Stelle des äußeren Konflikts dennoch nur ausnahmsweise der innere tritt, wird noch zu zeigen sein. Zunächst sei versucht, die für die politischen Fabelkonstellationen entscheidenden Dispositionen der Protagonisten zu charakterisieren. Auch dabei kann es sich nur um eine schematisch-vergröbernde Skizze handeln.

Frisch zeichnet zwei Typen. Der eine: die Figuren besitzen zwar eine zutreffende Einsicht in das, was die Situation von ihnen fordert, doch sie folgen ihr nicht aus Scheu vor den Verzichtleistungen und Opfern, die mit dem als notwendig erkannten Verhalten verbunden wären. Der andere Typus: sie handeln zwar ihrer Einsicht (ihrer "Gesinnung") gemäß, doch diese Einsicht ist − gemessen an den Maximen, die das Stück insgesamt vertritt und vermittelt − offenbar unzulänglich. Die Figuren begreifen nicht, was sie tun müßten, und dieser Unzulänglichkeit ihrer Einsicht entspringt die Unangemessenheit ihres Verhaltens. Beides sind offenbar Defekte, die nichts gemein haben mit den fundamentalen Grenzen der eignen Disposition, an denen der Rittmeister, Öderland und Kürmann laborieren.

Den ersten Typus charakterisiert Frisch mithilfe der Begriffe "Mut" und "Feigheit" ("Angst"). Als "Feigheit," als Folge der "Angst" stellt er es hin, wenn die chinesischen Höflinge in Heuchelei flüchten, wenn der Pope in *Nun singen sie wieder* falsch schwört und der Luftschutzwart zur Denunziation bereit ist, wenn der junge Can und seine Geliebte ihre auf Errichtung einer besseren Welt zielenden Pläne aufgeben und ihren gemeinsamen Sohn verleugnen. Sie alle handeln bewußt wider ihre Überzeugung, tun, was sie selbst mißbilligen. Immer präsentiert Frisch ihre Entscheidung eindeutig als Versagen, als so falsch und bedauerlich wie begreiflich; immer läßt er in der gegebenen Situation Opferbereitschaft und Standhaftigkeit als unzweifelhaft geboten, Heldentum als zumutbar erscheinen. Daß die jungen Rebellen in *Andorra,* um der ihnen vorschwebenden gerechteren Welt willen, auf die Prämien verzichten müßten, mit denen die Gesellschaft Konformität belohnt, stellt er so wenig in Frage wie die nachträgliche Deutung Cans und der Senora, ihre Motive seien Feigheit und Angst gewesen.

Ebenso behandelt er in *Nun singen sie wieder* den Verrat des Oberlehrers an seinen humanistischen Prinzipien. Auch ihm gibt er als Grundlage seiner Entschuldigungsversuche ein klares Bewußtsein davon, daß er anders handeln müßte,[17] und er bestätigt dieses Urteil durch die Art, wie er die Pro- und

---

17 Der versagende Humanist verliert dieses Bewußtsein offenbar selbst dort nicht, wo er sich an Entschuldigungen klammert. Gerade seine von Beginn an betriebene Suche nach Entlastungsgründen setzt das unverdrängte Bewußtsein des Unrechts voraus: die

Kontrapositionen präsentiert. Nicht nur daß er dem versagenden Humanisten die bestmöglichen Argumente erst gar nicht zugesteht (bzw. eine Konstellation wählt, welche solche Argumente zu finden erschwert[18]); bezeichnender noch ist die Dialogführung, die lakonische Abfertigung der ihm zugestandenen Argumente durch den rigorosen Gesprächspartner Karl, bei der Frisch es bewenden läßt. "Wo es am Mute fehlt, da fehlt es nie an Gründen," ist fast die einzige Antwort auf die Beteuerung, der Verrat sei aus Rücksicht auf die Familie geschehen. Karls Vorwurf, der Vater habe immer nur die bequemste Lösung ("jedes Mal nur [. . .] das Günstigste"[19]) gewählt, bleibt unwidersprochen. Was Frisch interessiert, ist offenbar nicht ein bestimmtes ethisches Problem, nicht der Antagonismus zweier Pflichten, nicht die Ambivalenz sämtlicher durch die Lage gegebener Verhaltensmöglichkeiten. Die Werte, die im Laufe der Dramenfabel in Opposition geraten, sind im Grunde von vornherein als ein höherer und ein niederer charakterisiert. Nie erreicht die Situationsschilderung eine solche Konkretheit, nie wird das zu opfernde Gut so dargeboten, daß die Hierarchie der Verhaltensmöglichkeiten dem Zuschauer ernsthaft fraglich bleibt (oder bleiben soll). Zweifel und Nichtübereinstimmung mit dieser Hierarchie bei einzelnen Figuren erscheinen als Zeichen von Feigheit oder mangelnder sittlicher Sensibilität. Auffällig wird dies im Vergleich mit den Tagebuchreflexionen und den "Ich-Geschichten," in denen die Neigung zum Problematisieren und Differenzieren, zur Herausarbeitung des Ambivalenten und Widersprüchlichen sehr viel größer ist. Wo diese (zumindest unter andrem) nach der richtigen Verhaltensnorm fragen — "Herrgott, was sollen wir tun? "[20] —, fragen die politischen Stücke überwiegend nach den Ursachen, die es verhindern, daß die als richtig

Ausflucht, nicht bei ihm liege die Verantwortung, ebenso wie die Beschwichtigung durch den Gedanken, es sei "auch viel Gutes an der Sache" (I, 112). Selbst die Rücksicht auf die Familie, um deretwillen er alles "auf sich genommen" zu haben behauptet, erscheint ihm durchaus nicht als die höhere, dem "Humanismus" überlegene Pflicht. Mag ihm die Beschönigung seines Handlungsmotivs, die Rationalisierung der Feigheit zur Familienrücksicht gelingen: nicht gelingt ihm offenbar die fundamentale Umdeutung des Unrechts zum Recht; den inneren Konflikt und das schlechte Gewissen wird er nie los.

18 Vgl. als Gegenbeispiel die viel differenziertere Präsentation des Für und Wider in der Tagebucheintragung "Pfannenstiel" des Jahres 1948 (vgl. Anm. 8); S. 251f.

19 I, 112. – Zum Schwankmotiv verzerrt, kehrt die Berufung auf die Familie bei Leporello in *Don Juan* wieder (II, 57).

20 So fragt Pelegrin (I, 58), ähnlich Agnes in *Als der Krieg zu Ende war* (I, 293; "Was geht, Herrgott, was geht nicht? "). Auf die ähnliche Frage des Heutigen (I, 228) gibt es eine vergleichsweise eindeutige und rasche Antwort. Vgl. auch die obstinate Frage "Was tun? " in der bereits erwähnten imaginierten Tagebuch-Szene "Pfannenstiel" (s. Anm. 18). Selbstverständlich handelt es sich hier nicht um ein starres Entweder-Oder, sondern eher um Tendenzen. – Zum Problem Eindeutigkeit/Ambivalenz vgl. Frischs Bemerkungen zu Peter André Bloch und Rudolf Bussmann in: Peter André Bloch und Edwin Hubacher (Hrsg.): *Der Schriftsteller in unserer Zeit*. Bern 1972; S. 24f.

vorausgesetzte Norm verwirklicht wird. Ihr Thema ist das Reaktionsmuster: Wie verhalten sich Menschen in einer Lage, in der die Notwendigkeit des Opferns, die Unentbehrlichkeit des Mutes eindeutig feststeht, in der zwischen zwei Lösungen zu wählen ist, von denen die eine fraglos gefordert, die andere als die bequemere abgetan wird?

Zugrunde liegt eine Beurteilungsweise, die das Versagen der Personen nicht allein in ihrer Entscheidung für eine falsche Sache sieht, sondern auch in einem formal-ethischen Moment: Can und der Oberlehrer verraten die eigne Überzeugung; bewußt wider ihre Einsicht handelnd, geben sie sich selbst auf. Verantwortung, Mut, Selbstübereinstimmung gehören zu den wichtigsten Kategorien dieser dem Formalismus existenzialistischer Positionen nahestehenden Ethik. Sie prägt vor allem die Stücke der vierziger Jahre, namentlich *Nun singen sie wieder,* das Ergebnis der Enttäuschung über die "Unwirklichkeit des deutschen Geistes."[21] "Unwirklichkeit" meint hier offenbar nicht, daß ein mit den humanistischen Forderungen übereinstimmendes Handeln in der politischen Welt ohnmächtig sei, sondern daß ein solches Handeln erst gar nicht zustande komme − eben jenen Mangel an "bürgerlichem Mut," das sogenannte "Unverbindliche" des "Geistes."[22] Die Frage nach dem Erfolg, nach der politischen Wirksamkeit mutigen Verhaltens thematisiert *Nun singen sie wieder* dagegen kaum. Es zeigt eine Situation fortgeschrittenen Unheils, in der die Übereinstimmung von Gesinnung und Verhalten außer der Sühne vergangener Schuld nichts mehr bewirken kann. Prämisse des Stücks ist jedoch, daß es Phasen der Auseinandersetzung gibt, die dem mutigen Widerstand − nicht einzelner, sondern vieler − noch eine Chance lassen. Es ist dieselbe Prämisse, die Frischs These zugrunde liegt, der Mangel an "bürgerlichem Mut" sei eine der Ursachen für die Ausbreitung des Nationalsozialismus gewesen, dessen "Unmenschlichkeit [habe] sich nur in der Folge jenes Versagens" auswirken können.[23]

---

21 Vgl. dazu Max Frisch: *Verdammen oder verzeihen?* Neue Schweizer Rundschau 13 (1945) S. 121.

22 Diese "Unverbindlichkeit" ist als ein Mangel an Glaubensintensität beschrieben. Wie es von den Andorranern heißt, in der Stunde des Versagens merke "jeder, was er alles nie geglaubt hat" (II, 279), so erklärt der Oberlehrer: "Kann sein, daß ich selber nicht wußte, wie wahr es ist, was ich ein Leben lang lehrte; daß ich selber nicht ganz daran glaubte, was ich sagte −" (I, 141).

23 Vgl. *Verdammen oder verzeihen?* (vgl. Anm. 21); S. 122f. − Ein Stadium, in dem Heil und Unheil noch unmittelbar durch "bürgerlichen Mut" zu entscheiden wären, zeigt auch die auf *Nun singen sie wieder* folgende Farce *Die Chinesische Mauer* nicht. Das tun erst *Biedermann* und *Andorra,* die allerdings neben der Notwendigkeit des Mutes die Wirksamkeit anderer, mindestens gleichbedeutender Faktoren hervorheben.

Welche Reichweite hat dieses erste Erklärungsmotiv? Charakterisiert der für den Oberlehrer, Can und die junge Senora bezeichnende Verstoß gegen die eignen Normvorstellungen auch die übrigen Andorraner und Biedermann, den chinesischen Kaiser und die Lebenden des frühen Antikriegsstücks? Gewiß wird einiges in den Reaktionen der Andorraner mit Feigheit im beschriebenen Sinne erklärt, und auch in Biedermanns Parteieintritt und seiner Weigerung, mit der Polizei zusammenzuarbeiten, spielt dieses Motiv mit. Keineswegs aber läßt sich sagen, die Protagonisten der politischen Handlungszusammenhänge lebten fortwährend im Konflikt mit sich selbst, handelten durchgängig ihrer besseren Einsicht zuwider. Sie tun es schon darum nicht, weil sie eine bessere Einsicht, gegen die sie verstoßen könnten, großenteils gar nicht besitzen. Die Notwendigkeit, ihr Verhalten zu ändern, ist ihnen entweder überhaupt nicht oder nur andeutungs- und augenblicksweise bewußt. Eben das ist der Defekt, dem Frisch in der Darstellung politischer Handlungszusammenhänge das größte Gewicht gibt: das Verkennen dessen, was die je gegenwärtige Situation zu tun verlangt. Es hat wiederum zwei Gründe.

Der erste: schon die Wertvorstellungen der Akteure, ihre Maximen selbst sind verkehrt − sei es unentwickelt, sei es verzerrt, jedenfalls unvereinbar mit den Normen, die das Stück als verbindlich voraussetzt. Hierhin gehören der Vergeltungsdrang der Lebenden in *Nun singen sie wieder,* die vom chinesischen Kaiser ungeniert ausgesprochene Mißachtung fremden Lebens, der unbefangene Egoismus Biedermanns, der jedenfalls zeitweilig von seinem "guten Recht" überzeugt ist, sich des lästigen Mitarbeiters zu entledigen, und nicht zuletzt der Antisemitismus der Andorraner. Alle diese Figuren handeln aus ethischer Borniertheit, aus einem Mangel an sozialer Sensibilität. Keineswegs amoralische Schurken, zeigen sie doch in der Äußerung der Handlungsimpulse, die in solcherart verzerrten Maximen gründen, keinerlei Skrupel. Drastischstes Beispiel ist die unter den Andorranern verbreitete Überzeugung, was gegenüber dem Landsmann Andri ein Unrecht wäre, sei gegenüber dem Juden Andri gestattet. Es ist die Voraussetzung all derer, die sich durch ihren Irrtum über Andris Abstammung entschuldigt glauben. Bezeichnenderweise äußern sie diesen Anspruch in aller Unbefangenheit. Anders als Can, die Senora oder der Oberlehrer, die den Protest ihres Gewissens aushalten müssen, sind sie weitgehend mit sich im Reinen. Ihre Handlungen und ihre Normvorstellungen entsprechen einander; diese sind nicht weniger verkehrt als jene.

Doch nicht immer gründet das Versäumnis des Notwendigen in solcher prinzipiellen Borniertheit. Blindheit gegenüber dem Gebot der Stunde gibt es auch dort, wo die Figuren durchaus über praktische und ethische Maximen verfügen, die zur Bewältigung der Situation geeignet wären. Handeln sie dennoch falsch, dann weil sie den Fall, für den ihre tadellosen Maximen gelten, nicht als gegeben erkennen. Diesem zweiten Modell folgt über große Partien die Ätiologie des *Biedermann*-Debakels. Was sich gegen eine Bedrohung durch Brandstifter tun läßt, ist dem Helden wohl bekannt, doch dieses Wissen bleibt folgenlos. Immer neu mißdeutet Biedermann die Situation, immer neu versteht er es, seinen durchaus vorhandenen Verdacht so zu beschwichtigen, daß er den vor den Stammtischfreunden großspurig dozierten Verhaltensregeln nicht zu folgen braucht. Ganz offenbar handelt es sich um jenes von Frisch, aber auch von Dürrenmatt und anderen Nachkriegsautoren (Dorst, Lenz, Walser, Horváth-Nachfolger) immer wieder thematisierte Motiv des Ignorierens, des Nichtdarandenken-, ja "Nichtbegreifenwollens" (I, 162). Wirkliches zu ignorieren – das ist nicht nur die Ausflucht Biedermanns. Ebenso reagiert der chinesische Kaiser, der die Warnungen des Heutigen als Poesie abtut und ebenso die öderländische Gesellschaft, die Marios Diagnosen beklatscht. Ebenso reagieren die Andorraner, als sie Andris andorranische Abstammung oder den Mörder der Senora nicht erfahren mögen. Ebenso die Spanier in *Don Juan,* wenn sie die Wahrheit über den christlichen Ehestand leugnen,[24] und ebenso die Überlebenden in *Nun singen sie wieder,* die das Vermächtnis der Toten deuten, wie es ihnen "gefällt" und "nützt" (I, 147).

Alle diese Figuren befinden sich in einer Lage, die, richtig erkannt, von ihnen höchst unbequeme Reaktionen verlangen würde: die Überlebenden müßten ihre Hoffnung auf Vergeltung und erneutes Prestige aufgeben, der Kaiser und die übrigen Potentaten müßten auf ihre Macht verzichten, die Andorraner auf die Annehmlichkeiten, die ihnen die Existenz eines Sündenbocks verschafft, die Spanier auf den Rechtfertigungsgrund für ihren Eroberungskrieg gegen die Mauren, und Biedermann würde – so fürchtet er – mit der Alarmierung der Polizei seine Karriere als Bürger und Geschäftsmann ebenso aufs Spiel setzen wie sein ihm unentbehrliches Selbstverständnis, "menschlich" und "humorvoll" zu sein. Im Gegensatz zu Can, der Senora, dem Popen und dem Oberlehrer, denen die Unvereinbarkeit ihrer Wünsche ständig bewußt bleibt, gelingt es dem Biedermann-Typus immer wieder, die Notwendigkeit der Entscheidung, das Entweder-Oder zu leugnen. So sind ihm "innere Kämpfe"[25] zwar nicht fremd, doch dank der "erstaunliche[n] Routine, sich selbst zu belügen,"[26] abgeschwächt und von kurzer Dauer. Wie Dürrenmatts Güllener, Babylonier, Abderiten und Elier gehört auch Frischs Biedermann zu denen, die hoffen, es sei "beides" zu haben, es sei möglich, die Interessen, die den Inhalt ihrer Bürgerexistenz ausmachen, zu verfolgen und dennoch verschont zu bleiben. Zwischen dem Selbstbetrug und diesen Interessen besteht offenbar ein Zusammen-

---

24 Vgl. *Don Juan* (1. Fassung; vgl. Anm. 6); S. 39.
25 Frisch: *Herr Biedermann und die Brandstifter. Hörspiel.* Paderborn o.J.; S. 30.
26 Ebd. S. 27.

hang. Nicht unmittelbar setzen sie sich durch, sondern über einen Umweg: über die Produktion einer verharmlosenden Situationsdeutung, in deren Gefolge ungemütliche Opfer- und Verzichtleistungen als unnötig erscheinen. Frisch beschreibt einen klassischen Abwehrmechanismus, dessen Funktionieren sich der Einsicht der Betroffenen entzieht: Bewußt sind Biedermann die Interessen, gegen die er mit einem situationsangemessenen Verhalten verstoßen würde. Nicht bewußt dagegen ist ihm ihr Zusammenhang mit seiner Lagebeurteilung, der Umweg, auf dem diese Interessen wirksam werden.[27]

Doch der Drang nach Besitz, Prestige, Macht, nach Karriere und Geschäftemachen erklärt Ausmaß und Intensität der Wirklichkeitsleugnung nur zum Teil. Frisch zeigt zwei weitere Motive. Das erste benennt Biedermann mit den Worten: "Ich will meine Ruhe und meinen Frieden haben [. . .]. Ich kann nicht Angst haben die ganze Zeit!" (II, 122f.) Was Biedermann zu meiden sucht, ist die Einsicht in die Notwendigkeit der "Verwandlung" (II, 125), das Bewußtsein, die eigne Lebensweise, ja sich selbst ändern zu müssen. Auch diese Furcht erklärt, warum er den Kopf in den Sand steckt. Mehr als tatsächlichen Schaden, mehr als wirkliche Einbußen und Katastrophen scheut er die Angst vor ihnen, mehr als das Unheil selbst eine Befindlichkeit, deren Sinn es ist, ihn vor Unheil zu bewahren.[28] – Das andre Motiv ist der Wunsch nach einem der Eigenliebe schmeichelnden Selbstbild, das Bedürfnis, nicht nur vor der Mitwelt, sondern schon vor sich selbst als "unschuldig" und "rechtschaffen" dazustehn, ein gutes Gewissen zu haben, "sich moralisch zu fühlen."[29] Dieses Bedürfnis ist offenbar so stark, daß es den Figuren verwehrt, Handlungsimpulsen, die sie mißbilligen, unmittelbar nachzugeben. Es zwingt sie nicht nur, ihr vergangenes Versagen umzudeuten, es läßt schon in der Phase des Planens und Ausführens nur zu, was mit ihrem Bewußtsein des (praktisch und moralisch) Notwendigen vereinbar ist. Kann eine Verhaltensweise vor diesem Bewußtsein nicht bestehen, wird dieses, nicht jene geändert. Statt sein ruinöses Tun aufzugeben, unterdrückt Biedermann die mitunter ja vorhandene Einsicht in dessen Unangemessenheit. So wird der Drang nach dem guten Gewissen zu einem Luxus, der teuer bezahlt werden muß (ein Brecht-Thema

27 Der Verfasser des Hörspiels nennt das Phänomen "erstaunlich": es ist gewiß nicht Verdrängung im strengen Sinne der Psychoanalyse, doch auch – zumindest partienweise – mehr als bloßes Nichtdarandenken; die "offenkundigsten Tatsachen" werden nicht "gesehen" (Hörspielfassung [vgl. Anm. 25]; S. 27).

28 Angst kommt demnach in Frischs Ätiologie politischen Fehlverhaltens zweimal vor: unmittelbar als Regung, die das Individuum drängt, sich gegen den Protest seiner Vernunft und seines Gewissens im Sinne seiner durch die Situation bedrohten Interessen zu verhalten; daneben mittelbar als Objekt einer elementaren Abneigung, die ein Wirklichkeitsbild produziert, bei dem Angst erst gar nicht entstehen kann.

29 Vgl. dazu die Hörspielfassung von *Biedermann* (vgl. Anm. 25); S. 41 und *Wir müssen unsere Welt anders einrichten*. Gespräch mit Max Frisch. Die Tat 9.12.1967.

seit der *Dreigroschenoper*). Auch bei den Andorranern, für die Denken zusammenfällt mit Sichrechtfertigen, gründen Versuche zur Wirklichkeitsleugnung und -verzerrung in diesem Bedürfnis, "auf der Bank der Gerechten" zu sitzen. Ohne dieses Bedürfnis wäre zwar der Widerstand gegen ihre ruinösen Impulse geringer. Größer aber wäre die Chance, daß sie zum Bewußtsein ihres Tuns wenigstens im Nachhinein gelangten, und eher erschiene aufhebbar, was schwerer wiegt als ihr vergangenes Versagen: ihre gegenwärtige Verstocktheit, welche zukünftige Wiederholungen des Geschehens so wahrscheinlich macht.[30]

Zugleich ist damit die psychologische Begründung für die Ambivalenz angedeutet, die in Frischs Überlegungen den Faktor "Einsicht" charakterisiert: Menschen bedürfen zu ihrem Handeln, sei es vernünftig oder unvernünftig, von egoistischen Interessen oder von Verantwortung geleitet, der Billigung ihrer "Einsicht." Ebenso wie Macht, Besitz und Prestige brauchen sie nicht nur den äußeren Schein, sondern auch das Bewußtsein der "Rechtschaffenheit," das anders nicht zu haben ist als durch Übereinstimmung ihres Verhaltens mit den Normen ihrer Vernunft und ihres Gewissens. In dieser Erfahrung läßt sich Frischs optimistische Prämisse erkennen, die Grundlage aller Versuche des Autors wie auch mancher seiner Dramengestalten, drohende Katastrophen durch Erweckung von Einsicht zu verhindern. Balanciert wird dieser Optimismus durch die gegenteilige Erfahrung, daß die Einsicht nicht autonom ist, daß unvernünftige, dem Notwendigen zuwiderlaufende Interessen, die an der unmittelbaren Umsetzung ins Handeln gehindert sind, sich auf dem Umweg über die Entstellung der Wahrnehmung und die Korrumpierung des Verstandes[31] nicht weniger ruinös auswirken.

---

30 Wirklichkeitsleugnung der hier beschriebenen Art ist zweifellos eines der Motive, die den von Frisch geschilderten politischen und privaten Handlungszusammenhängen gemeinsam sind. Auch unter den Dramengestalten, die nur mit ihrer eigenen Biographie beschäftigt sind, gibt es solche, die nicht wissen wollen: Figuren, die nicht ertragen, als Liebende abgewiesen zu sein (z.B. der Prinz in der *Chinesischen Mauer*, Donna Elvira in der ersten Fassung von *Don Juan*) oder dem eigenen Idealbild nicht zu entsprechen (z.B. Elvira in *Santa Cruz* oder die in *Don Juan* geschilderte spanische Gesellschaft im Gegensatz zum Titelhelden, der "schön [ist] durch seinen Mut zur Erfahrung" [II, 314]). Erschöpft sich die Wirklichkeitsleugnung hier zumeist darin, an die Stelle einer unliebsamen Wahrheit ein erträglicheres Wunschbild zu setzen, ist ihre Funktion in den politischen Handlungszusammenhängen, mißbilligte Verhaltensimpulse annehmbar zu machen. Damit wird das "Unschuld"-Bedürfnis zu einem Fluchtpunkt, zu einer der letzten Ursachen des Geschehens. – Völlig frei von diesem Bedürfnis, fähig, sich das eigene Versagen einzugestehen, sind in den Stücken mit politischer Thematik nur der junge Can, die Señora, der Pope, wohl auch der Luftschutzwart. Schon der Oberlehrer sucht dem Bewußtsein, eigentlich anders handeln zu müssen, auszuweichen: teils durch Beschönigung der Situation – durch den Einwand, sein Kompromiß diene einem guten Zweck –, teils durch Rationalisierung seines Tuns, indem er um der Familie willen zu tun behauptet, was (angeblich) nur das Bequemste für ihn ist. Vgl. dazu Anm. 17.

31 Vgl. schon I, 78.

(5)

Die hier skizzierten Dispositionen tragen unter den Ursachen politischer Fehlentwicklungen zweifellos den Akzent. Überindividuelle Momente, Momente der gesellschaftlichen Ordnung, in der diese Dispositionen entstehen und sich ruinös auswirken, spielen in der Darbietung der öffentlichen Katastrophen eine beinahe ebenso untergeordnete Rolle wie als Bedingung der biographischen Bredouillen, der privaten Lebenskrisen und Ehenöte. Das Ausmaß, in dem Frisch solche Momente in die Ätiologie einbezieht, wechselt wie auch das Verhältnis, in das er die beiden Faktorenkomplexe setzt, von Stück zu Stück. Es gibt mehrere Modelle, die mit wenigen simplifizierenden Bemerkungen angedeutet seien.

Unter den Stücken, in denen soziale und politische Gegebenheiten nicht bloß punktuell gezeigt oder erwähnt werden, sondern auch einen Platz im Nexus des Geschehens erhalten, ist das erste *Die Chinesische Mauer*. Zu einer Ursache der drohenden Katastrophe erklärt der Heutige die Konzentration der Macht in den Händen eines Einzelnen: "Wir können uns das Abenteuer der Alleinherrschaft nicht mehr leisten [...]; das Risiko ist zu groß."[32] Eine solche These sieht freilich von allem geschichtlich Konkreten ab. Das Systemmoment, auf das der Heutige den Blick des Zuschauers lenkt, ist im Grunde nur ein Zwischenglied, von dem die Betrachtung sogleich auf andres, abermals auf Dispositionen der einzelnen, übergeht: einerseits auf die Interessen, welche die Herrschenden hindern, sich freiwillig ihrer Privilegien zu begeben (Macht- und Geschäftsinteressen, letztlich das existentielle Motiv der Wahrheitsscheu);[33] andrerseits in gleichem Maße auf die Interessen der Beherrschten: auf deren Leidensgenuß — das Volk brauche, heißt es, sein Unrechtleiden als Ausrede für die eignen Fehler — oder auf Schwächen vom Typus jener Eitelkeit, die in der Mutter des Stummen wirkt, wenn sie die ihr zugesprochene geschichtliche Chance versäumt.[34] Diese Dispositionen sind es, die in der *Chinesischen Mauer* als letzte Ursachen erscheinen. Frisch präsentiert sie als ahistorische: die Eitelkeit der Olan als mütterliche Eitelkeit schlechthin, den Leidensgenuß der "ungeheuren Mehrzahl" als Einstellung eines jeden, der durch das ihm angetane Unrecht der Frage nach seiner eignen Gerechtigkeit enthoben zu sein hofft:

> wer Unrecht erleidet, der dünkt sich gerecht, ohne daß er selber es sein muß. Sie brauchen das Unrecht, nicht minder als Brot; [...] Das Bedürfnis nach Ausrede: das ist Cäsar, unausrottbar, ob es ihn gibt oder nicht ...[35]

---

32 I, 160; vgl. dazu das *Tat*-Interview mit Frisch vom 9.12.1967 (Anm. 29).
33 Ausdrücklich appelliert der Narr in der ersten Fassung des Stückes an die Verzichtbereitschaft des Kaisers: "Verzichten Sie auf alles, was Ihnen nicht in Wahrheit gehört [...]!" (*Die Chinesische Mauer*. Basel 1947; S. 117).
34 Vgl. ebd. S. 123 u. S. 128.
35 Ebd. S. 128.

Was Frisch hier heraushebt, sind allgemeinmenschliche Ansprüche, ins Abstrakt-Existentielle gehobene Grundbefindlichkeiten, weder eingeschränkt auf die Angehörigen einer Schicht noch bedingt durch ein historisches System, innerhalb dessen sie gedeihen.

Sie erscheinen nicht nur als letzte Ursachen, sie erscheinen auch als einziger Ansatzpunkt für Versuche, dem Unheil zu begegnen. Indem ein Interesse an durchgreifender Änderung den Beherrschten so wenig wie den Herrschenden zuerkannt wird,[36] entfällt jene Differenzierung der Beteiligten in Nutznießer und Leidtragende, die etwa Brecht herausarbeitet, wo er das Funktionieren der Klassengesellschaft entlarvt. Unter diesen Umständen Gegenkräfte zu mobilisieren, bedeutet immer, sie im Bewußtsein von Betroffenen aufzusuchen, von denen niemand eine Änderung ernsthaft will. Darauf zielen die im Stück vorgeführten Versuche des Intellektuellen und der Prinzessin. Es sind – zumindest seit der zweiten Fassung – weniger moralische Appelle als an den Selbsterhaltungstrieb gerichtete Warnungen, die den "Verzicht" als unerläßlich schon um des Überlebens willen erweisen sollen. Ihre Prämisse ist die Hoffnung, einen Bundesgenossen gegen die ruinösen Dispositionen der vielen Einzelnen in deren "Vernunft," in deren eigner "Einsicht" zu finden.

Werden gesellschaftlich-institutionelle Gegebenheiten in der *Chinesischen Mauer* schon nur als Durchgangsglied einer Kette behandelt, an deren Ende hypostasierte seelische Dispositionen stehen, sind sie in *Andorra* als ursächliches Moment noch weniger präsent. Die Diskriminierung des vermeintlichen Juden Andri begründet Frisch in Motiven wie Angst, Neid, Eifersucht, Feigheit und Selbstgerechtigkeit. Das Wenige dagegen, was von der andorranischen Gesellschaft überhaupt deutlich wird, bleibt mit dem Unheil im wesentlichen unverknüpft, erscheint kaum ansatzweise als eine seiner Bedingungen. Frisch profiliert weder der Sozialordnung eigentümliche Kräfte, die jene als ursächlich herausgestellten seelischen Dispositionen hervorbringen oder fördern, noch solche, die sich ihrer bedienen und damit zumindest für ihre fatalen Auswirkungen verantwortlich werden. Daß Rassen- und Völkerhaß unter die "Verbrechen gesellschaftlicher Systeme" gehören, daß sie "mobilisiert werden, [...] um ein anderes Ziel, das wirkliche Ziel" zu verschleiern, daß statt einer Änderung der menschlichen Dispositionen "die Welt" geändert werden müsse[37] –, solche Überzeugungen, die Frisch als Tagebuch-Autor und politischer Redner vertritt, nach denen er auch als Staatsbürger zu handeln sucht, bleiben außerhalb des Stückhorizonts, geschweige denn daß sie zum Thema würden. Thema ist, wie man oft

---

36 Das gilt vor allem für die erste Fassung. Das geheime Einverständnis des Volks mit seinem Leiden gehört zu den Motiven, die Frisch in der Umarbeitung des Jahres 1955 deutlich zurückdrängt. Unverändert aber kennzeichnet er die Interessen des Volkes als solche, die eine Änderung von vornherein korrumpieren.

37 Vgl. das schon in Anm. 29 zitierte Interview.

hervorgehoben hat, an erster Stelle die Reaktion auf ein Versagen, weniger dessen Genese – schon gar nicht die Genese des Antisemitismus, der ein allgemeineres Phänomen repräsentiert. Nicht dessen Zustandekommen wird vorgeführt, sondern die Rolle, die ein von vornherein bestehendes Vorurteil in der Dynamik vor allem individuell-psychologischer Motive spielt, die Phase, in der es im Verein mit diesen Motiven blutig wirksam wird. Eine komplette Ätiologie des Geschehens ist offenbar gar nicht beabsichtigt. Selbst diejenigen seiner Bedingungen, die im Psychologischen liegen, werden weniger um ihrer selbst willen gezeigt, als weil sie den Bezugspunkt für die Betrachtung andrer Aspekte abgeben: nicht allein für die Würdigung der unzureichenden Auseinandersetzung der Täter mit ihrem Versagen, sondern auch für die Einsicht, daß die Mechanismen, die in der szenischen Gegenwart diese Auseinandersetzung verhindern, keine andren sind als jene, die dem vergangenen Geschehen selbst zugrunde liegen und eben darum dessen Wiederholung befürchten lassen.

Mit größerem Gewicht dagegen ist Überindividuelles in *Graf Öderland* und *Biedermann* integriert. Die in *Öderland* gezeigte gesellschaftliche Ordnung begründet nicht nur die Ausgangssituation, den Entfremdungszustand, auf den der Staatsanwalt mit seinem Ausbruch reagiert; dieselbe Gesellschaft, die solche Reaktionen hervorruft, vereitelt auch deren Gelingen. Dem Versuch, sich ihr radikal zu entziehen, setzt sie unüberwindliche Hindernisse entgegen und verursacht letztlich auch die Gewaltsamkeit der Entladung, den naiven Irrtum des Grafen, die gesuchte "Freiheit" könne das Ergebnis anarchischer Gewalt sein. Alles weist zurück auf die Perversionen einer Ordnung, die als Folge ihrer Selbststerilisierung die eigene Krise produziert.[38] Zu sehen ist freilich, daß vor allem Symptome – an erster Stelle moralischer und juristischer Natur – zur Debatte stehen, während von deren Bedingungen kaum etwas deutlich wird.[39] Und selbst die Charakterisierung der Symptome bleibt nebulös. So vage wie das utopische Ziel bestimmt ist, das sich die dumpfe Rebellion setzt ("Leben," "Freiheit," "Freude"), so vage bleibt auch der Gegner. Mag das Gebilde, gegen das sich Öderlands "Lebens"-Drang auflehnt, in vielen Zügen eindeutig als "bürgerliche Gesellschaft"[40] gekennzeichnet sein: es gibt andre Passagen, in denen der Widerpart des "Lebens" schlechterdings "Ordnung," "Gesetz," "Zivilisation," ja – das gilt besonders für die erste Fassung – "Wiederholung" heißt. "Wiederholung" – das meint eben jene Begrenzung der Erlebnisfähigkeit auf

---

38 Vgl. dazu *Der Schriftsteller in unserer Zeit* (Anm. 20); S. 26.
39 So wird etwa gezeigt, daß den Regierenden an der Erhaltung der gegenwärtigen Ordnung gelegen ist, nicht aber wer diese Regierenden (und die von ihnen Regierten) sind. Und wichtiger noch: als Wurzel der freudlosen Arbeits- und Sparsamkeitsmoral wird die Ungunst der Natur im nördlichen Breitengrad angesehen, eine geographische Benachteiligung Öderlands, die als so wenig kompensierbar wie aufhebbar gilt.
40 Vgl. dazu *Der Schriftsteller in unserer Zeit* (Anm. 20); S. 26.

wenige Muster, jene von Frisch mehrfach thematisierte Erfahrung des Immergleichen vor allem in zwischenmenschlichen Beziehungen. Im selben Maße, wie die Rebellion solchen Phänomenen gilt, richtet sie sich gegen etwas, das weder der Titelheld noch andre Instanzen – auch nicht der Hellseher Mario, eine mit Zügen des Intellektuellen und Autors ausgestattete Warner-Figur – in eine historische Perspektive rücken. Wie die Einkreisung durch das Immergleiche gezeigt ist, erscheint sie vielmehr als autonome Disposition, dem Individuum schlechthin eigen und überwindbar allenfalls auch von ihm selbst (in der Liebe) – nicht anders als die Motive und Interessen, die in Andri und den Andorranern, in den Potentaten der Weltgeschichte und den von ihnen Unterdrückten wirken. So verhindern der Reichtum und die Widersprüchlichkeit, die Frisch diesem ihm besonders teuren Stück beließ, eine eindeutige Zuordnung auch in der hier interessierenden Frage.

Beschränkt sich Frischs Charakterisierung der *Öderland*-Gesellschaft auf zwei Dimensionen – auf die Rigidität der Leistungs- und Ordnungsmoral und den Grad der Reglementierung aller Lebensäußerungen durch einen zum Totalitären neigenden Staat –, macht *Biedermann und die Brandstifter* Ansätze zu einer differenzierteren Analyse. Deutlicher als das 1953 entstandene Hörspiel zeigt die Bühnenfassung eine Gesellschaft, in der sich Klassen gegenüberstehen, zieht aus diesem Tatbestand Folgerungen für den Verlauf und gibt damit der Diagnose eine zwar begrenzte, aber in Frischs Dramatik sonst unbekannte Konkretheit. Momente des gesellschaftlichen Systems bringt das Stück auf doppelte Weise ins Spiel: 1. durch den Hinweis, Biedermann würde weniger idiotisch denken, gehörte er einer anderen Gesellschaftsklasse an, 2. indem einiges von den Bedingungen gezeigt wird, unter denen die Haltung der Biedermänner sich für das ganze Gemeinwesen katastrophal auswirken muß.

Als klassenspezifisch ist unter den Motiven, die Biedermann zur Situationsleugnung und Tatenlosigkeit veranlassen, vor allem eines herausgehoben: die Sorge, durch Verständigung der Polizei seine geschäftliche und bürgerliche Existenz aufs Spiel zu setzen. Diese Regung ist nicht unbegründet. Biedermann ist wirklich "strafbar," und zwar – so wird vorausgesetzt – nicht als Individuum, sondern als Mitglied seiner Schicht (Eisenring: "Jeder Bürger ist strafbar, genaugenommen, von einem gewissen Einkommen an."[41]) In der Tat zeigt Frisch einen Angehörigen einer andren Klasse, der Anstalten zu einem angemesseneren Verhalten macht: die als Dienstmädchen im Biedermann-Hause angestellte Anna. Sie läßt keinen Zweifel daran, wie ungeniert sie, nicht belastet durch das bourgeoise schlechte Gewissen, mit den Eindringlingen fertig werden würde. Auf der andren Seite: den Akzent trägt die hiermit angedeutete Herleitung nicht. Neben Biedermanns Bedürfnis, in seinen fragwürdigen Geschäftspraktiken nicht gestört zu werden, steht

41 II, 112.

die Überzahl der weiteren Motive – vor allem geistige Bequemlichkeit und Wandlungsfeindschaft –, für deren Klassen- und Systembedingtheit es keine deutlichen Hinweise gibt.

Auf völlig andere Art werden gesellschaftliche Bedingungen der Katastrophe in Biedermanns Dialog mit dem Chor greifbar:

> Meine Herrn, ich bin ein freier Bürger. Ich kann denken, was ich will. Was sollen diese Fragen? Ich habe das Recht, meine Herrn, überhaupt nichts zu denken – ganz abgesehen davon, meine Herrn: Was unter meinem Dach geschieht – ich muß schon sagen, schließlich und endlich bin ich der Hauseigentümer! (II, 122)

Die Perversion der Eigentumsidee und Freiheitsidee, die aus diesem Kauderwelsch spricht – Freiheit als Freiheit zu Torheit und Gedankenlosigkeit, Eigentum als Negation von Vernunft und Verantwortung – bleibt ohne Widerrede, ruft bei den biederen Feuerwehrmännern nicht den geringsten Protest hervor. Beflissen versichern sie ihr Einverständnis:

> Heilig sei Heiliges uns, / Eigentum, / Was auch entstehe daraus, / Nimmerzulöschendes einst, / Das uns dann alle versengt und verkohlt: / Heilig sei Heiliges uns!

Behängt und überladen mit blitzendem Gerät, zitternd vor Eifer, jedoch zurückgehalten durch zwei mißbrauchte Vokabeln, zeigen die Choristen sich hier in bis zum Komischen gesteigerter Hilflosigkeit: loyal gegenüber einer Ordnung, die ihnen zumutet, wider besseres Wissen den eignen Untergang zu befördern, gelähmt durch die Ehrfurcht vor der Scheinlegitimation derer, die sie besolden. "Freundlichgesinnte dem freundlichen Bürger / – Der uns ja schließlich bezahlt" (II, 89), so charakterisieren sie sich selbst. Den selbstmörderischen Schwachsinn "Freundlichkeit" zu nennen – das steht auf derselben Stufe wie der Versuch Biedermanns, seine Mischung von Feigheit und Eitelkeit als "Gutmütigkeit" auszugeben. Die sonst überlegenen Räsonneure lassen hier die Grenzen ihrer Einsicht erkennen: zuverlässig in der Einschätzung der Gefahr, unfehlbar in der Erkenntnis dessen, was der Bürger tun müßte, aber von aller Vernunft verlassen, sobald es gilt, die Verzerrung einer Freiheitsideologie zu durchschauen, die sie hindert, in der kritischen Situation ihre Chance zu nutzen.

Freilich sind es nur wenige Dialogpartikel, die Anlaß zu solchen Überlegungen geben; die Proportionen der Argumente sind nicht mißzuverstehen. So gewiß hier der gesellschaftliche Rahmen angedeutet ist, innerhalb dessen Biedermanns Borniertheit erst gefährlich werden kann, und so gewiß Biedermann damit von der Alleinverantwortung befreit ist: den Akzent tragen auch diese Momente nicht. Weder der Hinweis, daß der Titelheld nur als Bürger so idiotisch handelt, wie er es tut, noch die Andeutungen über die ökonomischen Beziehungen des Feuerwehrchors und der herrschenden Bürgerklasse lassen institutionelle Veränderungen als den Weg erscheinen, die

126

Katastrophe zu verhindern. Auch dieses Stück, dessen Gesellschaftsanalyse präziser als die irgendeines der übrigen Stücke ist, lenkt die Aufmerksamkeit des Zuschauers auf eine Bewußtseinsbeschaffenheit, vorwiegend auf die Motive des Titelhelden und die diesen Motiven dienenden Arrangements, die ihn dazu bringen, so offensichtlich wider seine bessere Einsicht zu handeln. Wieder erscheint als Ansatzpunkt der Veränderung gerade die Mentalität der Nutznießer des gegenwärtigen Zustands, die Mentalität jener Gruppe, die, zwar von der Katastrophe ebenso bedroht wie alle anderen Gruppen auch, durch ihre partikulären Interessen von einem situationsangemessenen Verhalten am allerweitesten entfernt ist. Und wieder zielt die Kritik, die das Stück an diesen partikulären Interessen übt, darauf, die Unvereinbarkeit dieser Interessen mit der Bedingung aller Interessen überhaupt, dem Überleben des Individuums und des Gemeinwesens, zu erweisen.

Zwar macht Frisch, indem er Mechanismen zeigt, welche die Einsicht in diese Unvereinbarkeit verhindern, den Zuschauer um ein Moment klüger als seinen Helden; doch Biedermann und der Zuschauer stehen sich nicht einfach als Verblendeter und Belehrter gegenüber. Wissen und Nichtwissen sind vielmehr ineinander verschränkt. Die überlegene Einsicht des Zuschauers schließt die Selbsteinschränkung, ja die Selbstaufhebung ein. Gegenstand seines Wissens ist ja die Wirkungslosigkeit des Wissens, die Behinderung, die das Wissen durch die Dynamik der Interessen erfährt. Je entschiedener der Zuschauer sich vor dem Helden durch diese Einsicht auszeichnet, um so dringender muß sein Impuls werden, sie zu widerlegen, in seinem eignen Verhalten den Mechanismus außer Kraft zu setzen, dem sie ihren Wahrheitsgehalt verdankt. Eben das ist die Paradoxie dieses "Lehrstücks." Der Zuschauer muß zu einer Einsicht gelangen und sie zugleich leugnen, muß sich von dem an Biedermann exemplifizierten Mechanismus überzeugen und ihn zugleich als überwindbar erklären. Mag ein Zuschauer, der in vergleichbarer Situation Biedermanns Fehler zu vermeiden hofft, sich dem Verdacht aussetzen, die Tücke des im Stück demonstrierten Verblendungsphänomens nicht ganz begriffen zu haben, mag er mit seinem Selbstvertrauen der Biedermann-Borniertheit schon wieder bedenklich nahe kommen: ohne ein Mindestmaß dieser Hoffnung ist ein Handeln gegen die drohende Katastrophe undenkbar. Es ist das Minimum an Hoffnung, dessen auch der Autor bedarf, der allen Fehlschlägen zum Trotz sein Geschäft darin sieht, in seinen Zeitgenossen jene zugleich lähmende und aktivierende Einsicht zu befördern.

(6)

Eine weiterführende Untersuchung der aufgeworfenen Probleme, die in andrem Zusammenhang gegeben werden soll, hätte nicht nur die hier ausgesparten Stücke einzubeziehen, sondern auch einige bisher kaum berührte Fragen zu stellen (u.a. die nach den Gründen der so gegensätzlichen

Dramenausgangsmodelle). Die Richtung, die eine solche Studie nehmen könnte, sei wenigstens angedeutet.

Frischs politische Stücke sind ohne Schlußpointe. Nicht im *Finale* erfüllen sie sich, sondern in dessen *Herleitung,* im Aufdecken der Bedingungen, die zu ihm hinführen. Allein auf diese wird die von aller Ausgangsspannung befreite Aufmerksamkeit des Zuschauers gelenkt. Schreitet die Handlung fort, entfaltet sich nur ein von vornherein Gegebenes. Zu einer substantiellen Situationsänderung dagegen kommt es zwischen Dramenbeginn und -ausgang nicht. Die totalisierende Alternative, die Frischs politische Fabeln aufbauen – Fortdauer oder Aufhebung der Menschheitsbedrohung schlechthin –, ebnet alle Entwicklung derart ein, daß die Situation als im Grunde unverändert erscheinen muß, gleichgültig ob Katastrophen und Niederlagen begrenzten Ausmaßes eintreten oder nicht. Mit der unverwandelten Denkungsart der Überlebenden besteht die Gefahr fort und wird fortbestehen, aufhebbar nur durch eine definitive Totalkatastrophe oder durch das Umdenken der Betroffenen diesseits der Bühnenrampe.

Anders die "Ich-Geschichten." Sie erschöpfen sich nicht in der Genese des Mißlingens. Auch die Schlußpartie trägt einen Akzent, ja bringt eine Pointe, die im Vergleich mit der Situationsstatik der politischen Fabeln geradezu spektakulär wirkt. Regelmäßig werden die Protagonisten – das Rittmeisterehepaar wie Don Juan, Hotz wie Kürmann – im Finale mit etwas Neuem konfrontiert. Ein – wenn auch begrenztes – Lebensmögliches wird deutlich, mit dem der Zuschauer im Grunde so wenig gerechnet hat wie die Helden. Es ist die überraschende Enthüllung der Vereinbarkeit des vermeintlich Unvereinbaren, die oben als das "Komödien"-Moment der "Ich-Geschichten" beschrieben wurde. Die privaten Kalamitäten als "Komödien" behandeln, heißt nicht nur, die Anstrengungen der Protagonisten in ihrer Unangemessenheit präsentieren; es schließt auch eine spezifische Konstellation ein, welche dem Drame*nausgang* das Hauptgewicht verleiht. In keiner der "Ich-Geschichten" ist die Diskrepanz zwischen dem Möglichen und dem Wünschenswerten auf die Spitze getrieben. Trotz aller Frustrationen, die Frisch seinen Helden nicht erspart, gewährt er ihnen etwas, das ihrem Scheitern das Katastrophale nimmt. Was mißlingt, sind ihre in die Irre gehenden Ziele; für ihre wahren Bedürfnisse aber ist auf unverhoffte Weise gesorgt. Die Enthüllung eines solchen Autorwohlwollens geschieht im Finale. Im Grunde entspringen die Stücke dieser Filiation der Lebensbejahung, die der Schlußsatz des *Gantenbein*-Romans formuliert, streben einem "Lustspiel"-Typus entgegen, den Frisch in einer schon erwähnten Tagebucheintragung des Jahres 1947 als Produkt "unwiderstehlicher Zuversicht" charakterisiert: .

> Denkbar wäre eine Heiterkeit ohne jeden Witz, lustvoll-tröstlich, entspringend aus einer unwiderstehlichen Zuversicht, der gegenüber alle Leiden und Leidenschaften, die sich abspielen, unverhältnismäßig werden und insofern komisch. [...] Unsere Leidenschaften erscheinen im

besonderen Fall vielleicht närrisch; der Mensch vertraut, wo er betrogen wird, und sein Vertrauen wird unverhältnismäßig, komisch, weil er es stets an die falsche Person vergeudet; aber auf der gleichen Szene steht eine andere Person, die ihn, wenn er es bloß merken möchte, zweifellos glücklich machte. Zweifellos; das ist der Punkt. Man könnte glücklich sein! [...] ohne diese Zuversicht, die fromm und zweifellos sein muß, kann es nur eine Satire werden, witzig, aber nicht lustvoll-tröstlich ...[41]

Etwas derart "Lustvoll-Tröstliches" besitzen *Santa Cruz, Don Juan* und *Hotz* in der Tat — trotz aller Nöte, die den Helden nicht abgenommen werden. Daß selbst *Biografie* noch daran teilhat, lehrt der Blick auf die andere Dramenfiliation, die Öffentliches und Zeitgeschehen auf die Bühne bringt. Nicht der "Zuversicht" entspringen die politischen Stücke, sondern der entgegengesetzten Regung, dem Zweifel, der jenes "gewaltige Verlangen" nach einem tröstlichen Genre nicht nur korrigiert und einschränkt, sondern überhaupt erst hervorbringt. Frisch bekennt ihn in derselben Tagebucheintragung: "Woher aber die Zuversicht? Woher der Goldgrund?" Dem frommen Vertrauen, der im Grunde "metaphysischen Zuversicht," welche in den "Ich-Geschichten" die dem Heiden geschenkte Lebensmöglichkeit bejahen und seine Verblendung belachen kann, entspricht nichts, wo zum Thema das millionenfache Versagen wird, das der Autor im politischen Geschehen der Kriegs- und Nachkriegszeit registriert: weder ein Glaube an den Menschen "als Gottes bestes Geschöpf, sein Meisterstück," noch ein Glaube an eine Gesellschaftsordnung, welche die Summe der individuellen Versäumnisse verhindern oder kompensieren könnte. Nichts, was gestattete, die Verblendung der Tyrannen und Feldherrn, der Biedermänner und Andorraner als "Entartungen" oder "leidige Auswüchse" abzutun. Als gefährlich sind sie zu zeigen, nicht als lustvoll, als Gegenstand des Schreckens und der Betroffenheit, auch durch Komik — durch die Komik der "Satire" — nicht gemildert.

Dem entspricht die Bilanz am Stückausgang: Wenn trotz der Untergangsgefahr, welche die gesamte Menschheit bedroht, in der letzten Szene der *Chinesischen Mauer*, von *Nun singen sie wieder* und von *Andorra* Menschen noch leben, wenn selbst der *Biedermann*-Chor von Überlebenden spricht, so ist das nichts, was das Mißlingen und Scheitern übergriffe und unerheblich machte, nichts, was das Ende ins "Lustvoll-Tröstliche" höbe, wie es in den "Ich-Geschichten" die unverhofft deutlich werdenden Lebensmöglichkeiten tun. "Leben," wie die politischen Fabeln es zeigen, ist weniger ein Geschenk als etwas Bedrohtes, weniger etwas, das zu genießen, als etwas, das zu erhalten ist. Nicht am Leben Gefallen zu finden, lautet der Appell dieser Stücke, sondern zu entscheiden, ob es fortbestehen soll. Was sie vom Zuschauer fordern, ist eine "Wahl," was sie vorlegen, eine "sittliche Frage."[42] "L u s t s p i e l e" entstehen unter diesen Bedingungen nicht.

42 *Tagebuch 1946–1949* (vgl. Anm. 8); S. 186f.
43 Ebd. S. 67.

PETER SPYCHER

Nicht-gelebtes und gelebtes Leben in Max Frischs *Bin oder die Reise nach Peking* und *Santa Cruz:* Eine literarisch-psychologische Betrachtung

Im vorliegenden Beitrag werden keine abgerundeten und vergleichenden Deutungen angestrebt. Vielmehr soll der bekannten Thematik der Auf- oder Ausbruchsversuche und deren Ausgängen in zwei verhältnismäßig früheren Werken Max Frischs, der Erzählung *Bin oder Die Reise nach Peking* und dem Drama *Santa Cruz,* konkret nachgegangen werden: in der Hoffnung, daß einige bisher weniger beachtete oder mißverstandene Züge und Beziehungen ans Licht treten könnten. Die sich hieraus ableitenden Ergebnisse möchten als Skizze verstanden werden zum "Lebens"-Bild Frischs und, vielleicht allgemeiner, zur Lebensanschauung eines bürgerlichen Autors in unserer Zeit.

Wohlwollend erklärt Eduard Stäuble: "[. . .] den Menschen in seiner ganzen lebendigen, wandlungsfähigen, gestaltungsreichen und geheimnisvollen *Vielfalt,* den Menschen als immer wieder neues und erregendes *Rätsel* meint und liebt der Dichter. Aus dieser Liebe zur menschlichen Kreatur ist Max Frischs ganzes bisheriges Werk gewachsen." Und: "Das Tagebuchblatt 'Du sollst dir kein Bildnis machen' gilt uns als eine [. . .] wichtige Einstiegstelle."[1] Vom Staatsanwalt alias Graf Öderland sagt Frisch: "Eigentlich möchte er ja nur leben."[2] Dasselbe gilt, mutatis mutandis, für die andern hier behandelten Hauptfiguren. Unsere Aufgabe wird sein, herauszufinden, was sich Frisch unter "Leben" bzw. dessen Alternativen vorstellt.

* * *

Die lange Erzählung *Bin oder Die Reise nach Peking* (1944 geschrieben, 1945 veröffentlicht)[3] ist eine von Frischs zartesten Filigranarbeiten, eine

---

1 Eduard Stäuble: Max Frisch. Gesamtdarstellung seines Werkes. Mit einer Bibliographie von Klaus-Dietrich Petersen. St. Gallen [4] 1971; S. 21f.
2 Max Frisch: *Werkbericht.* In: M. F.: *Gesammelte Werke* in zeitlicher Folge; hrsg. v. Hans Mayer u. Mw. v. Walter Schmitz. Frankfurt (= *werkausgabe* edition suhrkamp in zwölf Bänden) [2] 1976; V, 92. – Frischs Werke werden im folgenden nach dieser Ausgabe (Stichwort: *werkausgabe*) zitiert.
3 *Bin oder Die Reise nach Peking.* In: M. F.: *werkausgabe;* II, 601–658. Hierzu der wichtige Beitrag von Linda J. Stine: Chinesische Träumerei – amerikanisches

"Arabeske."[4] Seit dem Erscheinen seiner *Gesammelten Werke* ist es auch der allgemeinen Leserschaft deutlich geworden, daß er nicht erst ein Schriftsteller der Zeit nach 1945 ist, sondern einer, dessen Laufbahn sich bereits in den dreißiger Jahren abzeichnete. *Bin* kann daher nicht als Etüde eines Anfängers eingestuft werden, sondern muß zu den Texten gezählt werden, die einen Teil von Frischs dauerhaften Leistungen bilden.[5]

Bin ist, wie Hans Bänziger feststellt, ein Stiller "in nuce" und "enthält als Skizze den ganzen Mummenschanz der *Chinesischen Mauer.*"[6] Man könnte sogar — kühner — behaupten, diese Erzählung enthalte bereits im Ansatz das *gesamte* spätere Werk Frischs. Anderseits ist — wir verweisen wiederum auf Bänziger — die Form "noch eine romantisch-verharmlosende,"[7] was nicht zuletzt dem damaligen deutschschweizerischen "literarischen Klima" zuzuschreiben ist, welches natürlich auch auf Frisch abfärbte.[8] (Unverkennbar ist z.B. eine gewisse Anlehnung an den bewunderten Mit-Zürcher Albin Zollinger,[9] oder an andere deutschsprachige Dichter wie Hans Carossa,[10]

Märchen: Märchenelemente in *Bin* und *Stiller.* In: Gerhard P. Knapp (Hrsg.): Max Frisch. Aspekte des Prosawerks. Bern/Frankfurt/Las Vegas 1978; S. 37–51.

4 Zitiert nach Ulrich Weisstein: Max Frisch. New York (= TWAS 21) 1967; S. 42.

5 Vgl. Dieter Bachmann: 'Max. Fangen wir an, Max.' Der junge Max Frisch — zum erstenmal (fast) vollständig. Schweizer Monatshefte 56 (1976) S. 437–445. besonders S. 443f. Vgl. auch Ulrich Weisstein: Max Frisch, S. 43.

6 Hans Bänziger: Frisch und Dürrenmatt. Bern und München [6] 1971; S. 49. Vgl. auch Manfred Jurgensen: Max Frisch. Die Romane. Bern und München [2] 1976; S. 9, wo es heißt, Frisch finde in *Blätter aus dem Brotsack* und *Bin* in entscheidender Weise zur Form des literarischen Tagebuches, die seine großen Romane bestimmen werde. Vgl. ferner Eduard Stäuble: Max Frisch, S. 59: "In der Erzählung [. . .] schlägt der Dichter zum erstenmal sehr deutlich das Traummotiv an." Vgl. schließlich Hans Schumacher: Zu Max Frischs *Bin oder Die Reise nach Peking.* In: Walter Schmitz (Hrsg.): Über Max Frisch II. Frankfurt (= edition suhrkamp 852) 1976, S. 178–182, besonders S. 179f. — Anders Ulrich Weisstein: Max Frisch, S. 47, der meint: "[. . .] this imaginary journey outside of time and space is an anomaly, not only in the *oeuvre* of Max Frisch himself, but in the annals of recent German literature as a whole. Ambivalent in form and content, it marks an impasse.Luckily, Frisch shortly afterward pumped fresh blood into his art by seeking an *engagement* in the social, moral, and political world." Dieses Urteil ist sachlich anfechtbar.

7 Hans Bänziger: Frisch und Dürrenmatt, S. 48.

8 Vgl. Dieter Bachmann: 'Max. Fangen wir an, Max', S. 442.

9 Vgl. Max Frisch, *werkausgabe;* I, 177–179; 197–202; 206–213. Siehe namentlich das über Zollingers "Fröschlacher Kuckuck" Geschriebene (S. 212). Bedeutsam ist auch Frischs Bericht über Zollingers Roman *Die große Unruhe* (1939) (S. 206f.). Vgl. ferner Max Frisch: *Tagebuch 1946–1949.* In: M. F.: *werkausgabe;* IV, 496–499.

10 Max Frisch: *werkausgabe;* I, 96f.

Rainer Maria Rilke,[11] Hugo von Hofmannsthal,[12] vermutlich auch Ernst Jünger.[13])

"Romantisch-verharmlosend": Man denke in diesem Zusammenhang an Frischs "treuherziges Tagebuch"[14] *Blätter aus dem Brotsack* (1939 geschrieben, 1940 veröffentlicht). Hier stoßen wir auf einige der besorgniserregenden Zeitgeschichte gegenüber seltsam distanzierte und fragwürdig ironische Sätze wie: "Alles Denken wächst in der Spirale [. . .] Unser Verhältnis zum Krieg, zum Beispiel: vom untersten Ja, vom Ja des wilden Tieres, geht es über ein Nein, das Nein der Tanten und Haarschneider, zu einem zweiten Ja, zum Ja der Gesunden und Kampftüchtigen, und zu einem zweiten Nein, zum Nein der Schöpferischen [!] – und am Ende vielleicht wieder zu einem Ja, zum übermenschlichen und grausamen Ja der Götter. (Und der Nihilisten.)"[15] Oder: "Gewiß gibt es nur einen einzigen Menschen, der wirklich über dem Kriege steht [!]: der schöpferische Mensch [sic], und auch der nur in den seltenen Stunden, wo er ganz ist."[16] Ehrlicherweise gab Frisch selber zu: "Wie schemenhaft bleibt mir alle Geschichte!"[17]

Daß die "Träumerei in Prosa" *Bin*[18] den schrecklichen Hintergrund des Zweiten Weltkriegs immerhin nicht völlig außer acht läßt, zeigt das (nicht betitelte) "Vorspiel" (S. 603f.), das von der unerwarteten, nutzlosen Begegnung eines "namhaften" – vermutlich deutschen –, "am Krieg arbeitenden," einen Überfall "ins reine" gebracht habenden Marschalls mit der Gestalt Bins ("seines" eigenen Bin – denn jedermann "hat" ihn) handelt. Und nicht nur das "Vorspiel," sondern auch eine Phase der eigentlichen Erzählung, worin der von einem pseudo-kollektiven "Wir" zum "Ich-Erzähler"[19]erkorene, in seinen dreißiger Jahren stehende – vermutlich zürcherische – Architekt, ein "Herr," Ehemann und (angehender?) Vater –, der zumeist anonym bleiben soll, schließlich aber dann doch (in der dritten

11 Ebenda, 85, 190, 215.
12 Unmittelbare Hinweise von seiten Frischs scheinen zu fehlen. Vgl. immerhin Eduard Stäuble: Max Frisch, S. 68.
13 Vgl. Ulrich Weisstein: Max Frisch, S. 46. – Vgl. die gelegentlich weich-romantische Schreibweise Frischs (630, 637 usw.), seine Verwendung von Endreimen (642, 644, 647, 658) und Stabreimen (631, 647, 653).
14 Frischs eigene Kennzeichnung, zitiert nach Dieter Bachmann: 'Max. Fangen wir an, Max,' S. 442.
15 *Blätter aus dem Brotsack.* In: *werkausgabe;* I, 159f.
16 Ebenda, 149.
17 Ebenda, 129.
18 *Tagebuch 1946–1949.* In: *werkausgabe;* IV, 589.
19 Eduard Stäuble: Max Frisch, S. 59, sieht die Handlung von *Bin* ausschließlich als (Wach-)Traum eines beurlaubten Soldaten. Dieselbe Ansicht teilt Hans Bänziger: Frisch und Dürrenmatt, S. 47, 49. Eine andere Deutung wird von Ulrich Weisstein: Max Frisch, S. 44, vorgeschlagen: "Structurally, one could imagine that the narrator's dream experiences were inspired by the sandstone Buddha in his study."

Person) Kilian genannt wird (vgl. 650) – als ein nach Hause beurlaubter Soldat auftritt (650). Dennoch ist die Gesamtatmosphäre eine dem Krieg entrückte.

Das mehr als ein Dutzend locker aneinandergereihte und ineinander übergehende Episoden umfassende Gerüst der Fabel ist verblüffend schlank. Rufen wir es kurz in Erinnerung: Zur Zeit eines Krieges (man denkt an den Zweiten Weltkrieg) macht an einem vorfrühlingshaften Märzabend, nach einem Kaffeehaus-Besuch, der Architekt Kilian, eine Rolle mit der Planzeichnung eines anspruchvollen Hauses unter den Arm geklemmt, statt nach Hause zu gehen, wo ihn seine Frau Rapunzel [!] zum Nachtessen erwartet, einen Spaziergang durch die an einem See gelegene Stadt (man denkt an Zürich), nachher durch einen mondbeglänzten Wald, steht traumhafterweise unversehens vor der Chinesischen Mauer, trifft an dieser Grenze einen guten Freund namens Bin, fragt ihn nach dem weiteren Weg zu einem ihm unklaren Ziel jenseits der Mauer, welches sich zunächst als die Stadt Peking, letzten Endes jedoch als das sich dahinter ausbreitende Meer entpuppt, wandert mit Bin zusammen, erfährt manche abenteuerlichen Erlebnisse, gelangt bis vor Peking, verbringt einige Zeit als willkommener Gast im Hause einer vornehmen chinesischen Familie (er hatte eigentlich dort bloß vorübergehend seine Rolle einstellen wollen), schließt mit der siebzehnjährigen, schönen Tochter des Gastgebers eine zärtliche Freundschaft, kehrt dann mit Bin und ihr, die ihrerseits Fernweh hat, eines prächtigen Herbstes, anstatt Peking, geschweige denn das Meer zu erreichen, in seine Stadt zurück, verliert, als ernster und nicht mehr so junger Herr, der er geworden ist, das Mädchen an einen Jüngling, einen Zigarettenverkäufer, und landet zu guter letzt, als aus einem "elenden Kaff" (658) beurlaubter Soldat, glücklich zu Hause, wo ihn seine Frau, die ihm (inzwischen?) ein Kind geboren hat, froh empfängt.[19] Nicht durch die Handlung erzeugte Spannung fesselt den Leser, sondern der Mitvollzug einer märchenartigen (639, 657) Traumwelt und Traumreise, durch welche die sogenannte Lebenswirklichkeit stets von neuem hindurchschimmert.[20]

20 Vgl. Hans Mayer: Bin oder die Reise nach Peking. In: H. M.: Dürrenmatt und Frisch. Anmerkungen. Pfullingen (= opuscula 4) 1963; S. 37: "Peking und die Etappen der Reise bleiben stets Abbilder aus der täglichen Wirklichkeit, Kompositionen aus realen Erlebnissen. Nur versucht hier der Dichter, durch lyrische Sprache das Alltägliche zu durchleuchten." Mehrfach ist *Bin* mit anderen Werken verglichen worden: von Hans Mayer mit der "Gattung imaginärer Reisen außerhalb von Zeit und Raum [. . .]: Gulliver und Robinson, Edgar Poes Reise des Arthur Gordon Pym und Giraudoux' 'Suzanne et le Pacifique' " (S. 35f.), auch mit Novalis' " 'Romantisierung' des Alltags" (S. 37), oder Franz Kafkas *Amerika* (S. 36). Oder von Hans Bänziger (Frisch und Dürrenmatt, S. 49) mit Novalis' *Hyacinth und Rosenblüt* und mit Hermann Hesses *Morgenlandfahrt*. Verschiedene Kritiker haben auch Ähnlichkeiten mit anderen Erzählungen Frischs festgestellt: z.B. *Antwort aus der Stille* (1937), *Skizze* (über Heinrich Gottlieb Schinz) in *Tagebuch 1946–1949*, oder mit Dramen wie *Santa Cruz, Graf Öderland*, oder mit *Die große Wut des Philipp Hotz* usf.

Daß es um die dichterische Darstellung einer innern Entzweiung geht, wird — abgesehen vom "Vorspiel" — schon zu Beginn der eigentlichen Erzählung sichtbar:[21]

> Mindestens die Hälfte des Lebens ist nun vorüber, und insgeheim fangen wir an, uns vor dem Jüngling zu schämen, dessen Erwartungen sich nicht erfüllen. Das ist natürlich kein Zustand.[22] Ich winkte dem Kellner, zahlte und ging. Den Mantel, den er mir halten wollte, nahm ich auf den Arm, ebenso die Rolle — Draußen war ein unsäglicher Abend. Ich ging. Ich ging in der Richtung einer Sehnsucht, die weiter nicht nennenswert ist, da sie doch, wir wissen es und lächeln, alljährlich wiederkommt, eine Sache der Jahreszeit, ein märzliches Heimweh nach neuen Menschen, denen man selber noch einmal neu wäre, [...] Heimweh nach ersten langen Gesprächen mit einer fremden Frau. Oh, so hinauszuwandern in eine Nacht, um keine Grenzen bekümmert! Wir werden schon keine, die in uns liegt, je überspringen..." (604)

Wichtig in dieser zitierten Stelle sind etwa die Motive der Unzufriedenheit mit der unerfüllten Vergangenheit, der Sehnsucht ("Die Sehnsucht ist unser bestes —" [643][23]) nach neuen und erneuernden Begegnungen mit Menschen und Dingen, insbesondere auch mit einer fremden Frau (trotz der als glücklich bezeichneten Ehe), der Wunsch nach Grenzenlosigkeit in bezug auf Nähe und Ferne, Zukunft und Vergangenheit (der Ausdruck "Heimweh nach ersten langen Gesprächen mit einer fremden Frau" ist doppel- oder mehrdeutig, er kann sowohl etwas zukünftiges als auch etwas Vergangenes meinen, meint in der Tat beides, indem diese "fremde Frau" später als eine einst vom jungen Kilian schüchtern und die vom reiferen Manne resigniert geliebte — von ihm "Maja" genannte — Tochter jenes chinesischen Gutsherrn erscheint[24]); andererseits das Wissen um die persönlichen Grenzen, das Festhalten an der Rolle (wobei das Wort "Rolle" im gegebenen Kontext natürlich zwei Bedeutungen besitzt, nämlich Architektur-Plan und bürgerlichen Rollenzwang), endlich die liebenswürdige Verharmlosung der ganzen Situation, eine Verharmlosung, die, wie gesagt, den Ton der Erzählung überhaupt beherrscht...

---

21 Untrennbar damit verbunden ist die raffinierte (gelegentlich selbstreflektierte) Erzählweise, worin die Kunst der Übergänge bzw. Sprünge, der Ausdehnung und Zusammenziehung von Raum und Zeit und der Verdoppelung oder Vervielfachung von Gestalten geübt wird.

22 Vgl. Frischs Erläuterungen über seine Erzählung *Antwort aus der Stille*, zitiert bei Eduard Stäuble: Max Frisch, S. 51f. (siehe auch S. 60, 61f.)

23 Dieser Satz ist schon von Albin Zollinger geprägt worden; siehe Hans Bänziger: Frisch und Dürrenmatt, S. 49.

24 Manfred Jurgensen: Max Frisch. Die Romane, S. 36 (Anmerkung), macht auf die Bedeutung der "Maja-Gestalt" in Albin Zollingers Werken aufmerksam. Vgl. auch Max Frisch: *Tagebuch 1946–1949*. In: M. F.: *werkausgabe;* IV, S. 481f. ("An Maja").

Um was für eine Art der Sehnsucht und Sehnsuchtsreise handelt es sich? Hans Mayer spricht von einer "Ferienreise mit einem Retourbillett;" sie sei "kaum ein Protest gegen eine Welt, aus der unser Reisender Kilian entflieht und die ihn doch immer wieder mit der 'Rolle' unterm Arm bei sich behält und an ihre Erstgeburtsrechte erinnert," obwohl "auch hier viel Sehnsucht und Unbehagen im Spiel" seien, Unbehagen an der " 'bürgerlichen Kondition'," an "Erwerb und Dienst." Im ganzen gehe die Reise: "Nach Hause. Aber ohne Novalisgedanken. Bis zur nächsten Reise nach Peking."[25] Eduard Stäuble dagegen spricht von einem "geistig-seelischen Fernweh nach innen," "das seinen bildhaften Ausdruck finde in einem Fernweh nach außen."[26] Denn unter der "Maskenhaftigkeit," dem "Spuk" des Lebens werde gelitten. Und: "Damit ein Leben ein wirkliches Leben ist, muß einer *mit sich selbst identisch*' werden."[27] Manfred Jurgensen gar glaubt: "Die Reise zum selbsterfüllten Ich ist [. . .] weder ein zeitlicher noch ein räumlicher Prozeß, sondern die Wallfahrt eigener Bewußtseinsentwicklung."[28] Ist es nicht vielmehr die Sehnsucht eines Ichs sowohl nach innerer als auch nach äußerer Erweiterung und Abwechslung? "Peking" und das "Meer" einerseits, "Bin" anderseits?

Wer ist Bin, dieser gemütlich pfeiferauchende, lächelnde, knabenhaft Beeren "futternde," mit einer "vertragenen Joppe" (603) bekleidete Bursche, der zwar, im Unterschied zu dem mehr oder weniger Rilkeschen, jedenfalls Marionschen "Engel" (612, 614),[29] ein Mensch ist (615), eher noch indessen ein "Geist" (624), und den das Ich jeweils zwischendurch so leicht vergißt (629, vgl. auch 607, 652)? Er ist dem Ich "stets um eine Gnade voraus" (609), mahnt es: "Gehen wir? " (616, vgl. 624, 630f., 646), und kratzt "mit dem Daumen das Moos [z.B.] von der [Chinesischen] Mauer, Moos, Sand, Gebröckel von verwittertem Stein, Staub der Jahrhunderte" (605, vgl. 603).

Hier gehen die Ansichten der Kritiker kaum auseinander: Nach Eduard Stäuble[30] ist "der Fremde [= Bin] [. . .] unser eigentliches, wirkliches Ich, dem wir uns eben 'entfremdet' haben, von dem wir losgetrennt, gespalten leben." Nach Hans Bänziger[31] erscheint Bin "als die Kraft, die an der eigenen

25 Hans Mayer: Bin oder die Reise nach Peking, S. 36.
26 Eduard Stäuble: Max Frisch, S. 27.
27 Ebenda, S. 27f. und 46.
28 Manfred Jurgensen: Max Frisch. Die Romane, S. 33; vgl. auch S. 30.
29 Die Gestalt des Engels erscheint z.B. auch in *Die Schwierigen oder J'adore ce qui me brûle*. In: M. F.: werkausgabe; II, 545, und in *Tagebuch 1946–1949*, 359, 500, 721.
30 Eduard Stäuble: Max Frisch, S. 60.
31 Hans Bänziger: Frisch und Dürrenmatt, S. 48; vgl. Ulrich Weisstein: Max Frisch, S. 43; Charles W. Hoffmann: The Search for Self, Inner Freedom, and Relatedness in the Novels of Max Frisch. In: Robert R. Heitner (Hrsg.): The Contemporary Novel in German. A Symposium. Austin/London 1967; S. 94ff.

Existenz oft übersehen wird, als das, was dem Ich über die Schulter schaut. [...] Zum Dasein, zum 'Ich bin', gehört sowohl die Fassade wie der Kern der Persönlichkeit, das Bewußte wie das Unbewußte, das Fremde wie das Eigene, das Ich wie das Bin, das Wachsein wie der Traum."

Nach Jurgensen[32] trägt Bin "Züge des Marionschen Engels, von dem es im *Tagebuch* heißt, daß er allein das Ich zur Selbsterfüllung zu führen vermag."

Zweifellos ist Bin für den gehobenen Alltags-Bürger Kilian ein "Traum" (629), ein in sich ruhendes und zugleich aktives Wesen, in Aussehen und Gehaben betont einfach, an Geist und Herz reich, ein Vorbild, von dem sich Kilian erhofft, daß es ihn eher noch mehr über ihn hinaus- als in ihn hineinführe.

Auffällig ist die vorwiegend ästhetisch-kontemplative Natur von Kilians Wunschtraum. Bins Worte: "Man dichtet [das Glück] immer in seine Jugend zurück, was jetzt, da wir es für Erinnerung halten, Gegenwart ist: jetzt, in diesem Atemzug, und zum erstenmal –" (610), werden von Kilian breiter ausgemalt:

Wenn wir nicht wissen, wie die Dinge des Lebens zusammenhängen, so sagen wir immer: zuerst, dann, später. Der Ort im Kalender! Ein anderes wäre natürlich der Ort in unserem Herzen, und dort können Dinge, die Jahrtausende auseinanderliegen, zusammengehören, sich gar am nächsten sein [...] Man müßte erzählen, so wie man wirklich erlebt. [...] Wer es wüßte, wie die Träume ineinanderwurzeln, auseinander wachsen! [...] Er hätte noch viel zu erzählen, denke ich, fast alles –" (617)[33]

Im Zusammenhang damit stehen Frischs Überlegungen: "[...] daß jedes Ich, auch das Ich, das wir leben und sterben, eine Erfindung ist"; und: "Man könnte mit einer fixen Summe gleicher Vorkommnisse, bloß indem man ihnen eine andere Erfindung seines Ichs zugrunde legt, sieben verschiedene Lebensgeschichten nicht nur erzählen, sondern leben."[34] Aber gerade in diesem Gedanken der Verwandlungsfähigkeit und -lust[35] wird auch der Gedanke der schicksalshaften Identität eines Ich spürbar.[36] Desgleichen

32 Manfred Jurgensen: Max Frisch. Die Romane, S. 32.
33 Eine angemessene Anwendung dieses Gedankens ist z.B. die S. 649f. geschilderte Episode. (Übrigens wäre auch die Verwendung des Präsens und der Vergangenheitsformen zu untersuchen.)
34 Siehe Max Frisch. In: Horst Bienek: Werkstattgespräche mit Schriftstellern. München 1962; S. 25.
35 Vgl. "Alles Fertige, sagt man, alles Fertige hört auf, Behausung unsres Geistes zu sein." (645; vgl. 635)
36 Der in Anmerkung 35 zitierte Satz hat folgende Fortsetzung: "Man könnte auch sagen: Ein weises Wort, eine bessere Ausrede . . ." (645). – Bei dieser Gelegenheit ist freilich Tildy Hanharts Beobachtung (in: Max Frisch. Zufall, Rolle und literarische Form. Interpretationen zu seinem neueren Werk. Kronberg/Ts. [= Scriptor Taschenbücher 599] 1976; S. 12) nicht zu übersehen: "[...] ab und zu wird eine Existenz

bleibt das Wissen um die Vergänglichkeit stets gegenwärtig (vgl. "Unser Leben ist kurz!" [630]; oder: "Die Erde ist so groß nicht, wie man meint, auch sie macht es mit Wiederholungen. Aber es ist doch immer anders [...] − nichts kehrt uns wieder" [651][37]).

Auf jeden Fall sind Kilians − oft in Bins Begleitung − jenseits der Chinesischen Mauer gemachte Erfahrungen für ihn typisch, keineswegs zufällig, obwohl er zunächst kein festes Ziel hat ("Ich hatte Bin nach dem weiteren Weg gefragt. 'Es kommt darauf an,' sagte er, 'wohin du willst.' Nicht einmal das wußte ich . . ." [605f.]): Ähnlich wie in *Biografie: Ein Spiel* (1967) sind seine Erlebnisse zur Hauptsache traumartig "experimentierende" Heraufbeschwörungen aus seiner Vergangenheit, viel weniger solche aus einer von ihm ersehnten Zukunft und Ferne, also Ausdrücke seines Verlangens nach intensiven Wiederholungen, mitunter Überprüfungen und Änderungen entscheidender Stationen auf dem Wege seines bisherigen Lebens.[38] Das einzig Neue ist genau genommen seine Bekanntschaft mit dem "Fürsten von Peking," für den er einen neuen Palast entwerfen und bauen soll. Er flüstert

skizziert, die sich außerhalb der üblichen Normen verwirklicht: Pelegrin in 'Santa Cruz;' Agnes, die den Russen liebt, in 'Als der Krieg zu Ende war.' Es gibt einige Figuren, die mit sich identisch sind: Sabeth im 'Homo faber' und Sibylle im 'Stiller;' eine Variation solcher Wesensart ist auch Lila in 'Mein Name sei Gantenbein'."

37 Ein Schlüsselsatz in *Die Schwierigen oder J'adore ce qui me brûle*.

38 Übrigens lassen sich etliche dieser Episoden auf zum Teil autobiographische Vorkommnisse zurückführen, die Frisch bereits in seinen "Prosaschriften" der 1930er und 1940er Jahre (einschließlich der *Blätter aus dem Brotsack*), in *werkausgabe;* I, schildert. Zwei Beispiele dafür: 1) *Blätter aus dem Brotsack:* "Einsam und ziemlich öde stehen die Grenzberge vor uns." "Hinunter geht es durch herbstlichen Buschwald, steil und steinig." "Aber dann, endlich im Tal unten, wo das Gehen auf der Ebene eine wahre Labsal für die Knie ist, singen wir aus vollen Hälsen." Usw. (153f.) *Bin:* "So unerhört anders und fremd, wie man vermuten möchte, war die Landschaft auch wieder nicht. In den einsamen Bergen des Karstes hatten wir ähnliches schon einmal erlebt [. . .] − plötzlich, nie werde ich es vergessen, standen wir am Ende der Schlucht: vor uns ein fremdes und liebliches Tal." Usw. (606) 2) Oder: Die Episode mit dem russischen Mönch in *Bin* (612ff.), die aus gewissen Erlebnissen Frischs geschöpft ist, wie sie in dem dalmatischen Reisebericht "Klosterbesuche" (50ff.) und dem griechischen Reisebericht "Glück in Griechenland" (57ff.) dargestellt sind. − Auch literarische Vorbilder aus Frischs früheren Werken ließen sich heranziehen. Ein Beispiel: Die Episode mit der in der flachen Brandung einer Bucht stehenden, nackten jungen Frau in *Bin*, die sich dann vor dem (damals jünglingshaften) Ich-Erzähler in eine eiserne Tonne flüchtet (615f.), hat eine Vor-Form an einer Stelle im Roman *Die Schwierigen oder J'adore ce qui me brûle* (ursprünglich mit umgekehrtem Titel 1942, in überarbeiteter Fassung 1957 veröffentlicht), wo es von Hortense heißt: "Sie erinnerte sich an die Zeichnung mit der griechischen Bucht, wo Reinhart die badende Frau entdeckt hatte . . ." (*werkausgabe;* II, 500). Selbstverständlich finden sich zahllose derartige Parallelen zwischen *Bin* und anderen Dichtungen und Essays Frischs aus jenen Jahren (vgl. z.B. Manfred Jurgensen: Max Frisch. Die Romane, S. 36, 38, 43).

Bin zu: " 'Wie ich es als Bub mir gedacht habe! [. . .] Eines Tages käme ein Fürst und sagte, bauen Sie mir einen Palast, aber möglichst groß!' " (646) Dieses Neue wird jedoch in seinem Wert eingeschränkt: einmal durch Kilians eigene Unzufriedenheit mit seinen architektonischen Leistungen (635, 644, 646), sodann durch die Äußerung des Kanzlers: "Es ist gerade kein andrer [Architekt] vorhanden, wie so oft in der Geschichte – so kommen wir alle, sind wir erst alt genug, zu Würden und Wirkung, im stillen verblüfft, wie leicht es ist, wie lächerlich billig, was unsrer Jugend so groß und schwer schien" (647), und endlich durch die immer unbarmherziger entlarvte Gemeinheit des Fürsten. Neu scheint auch die zärtliche Freundschaft mit der Tochter des chinesischen Gastherrn zu sein. Doch verschmilzt diese Tochter zusehends mit der Jugendgeliebten Maja.[39] Wo, so fragen wir, bleibt da das wirklich Neue?

Wesentlich klarer ist das, was Kilian *kritisch* betrachtet, nämlich seine Ansichten über das Abendland oder den Westen und namentlich die Schweiz: Unfähigkeit zu einem kontemplativen Dasein, sklavisch, ameisenhaft, nach der Uhr gerichtete Alltags-Routine, Atomisierung der Gesellschaft, schlecht verhohlener Ehrgeiz, Unterdrückung "ungestillten Lebens," eine Demokratie in Form der Spannung zwischen dem "gemeinen Volk" und den "Reichen" (642), geheucheltes Christentum, Mangel an Gottesglauben (vgl. Bin: "Ich glaube fast, es fehlt euch allesamt ein wenig der liebe Gott, nichts weiter. [. . .] Es fehlt so ein Ding [!], das die Achtung wohl aller besäße" [619], während der lächelnde Buddha – strenger – warnt: "Wer seine Erde nicht dem Feuer gibt, das sie verbrennt, wie sollte jemals ein Geist aus ihm werden?" [619]).

Zwei wesentliche Elemente des Texts sind der kritischen Betrachtung bislang entgangen: 1) Selbst in der Gegend von Kilians Wunsch-Peking herrschen nüchterne Alltagswirklichkeit und soziale Ungerechtigkeit:

Leute kamen des Weges, Gesichter, als wüßten sie nicht, wie nahe am Glück sie wohnen, wie offen die Tore uns stehen. Man hätte stutzen können, wie sie des Weges kamen, Krämer, die eben auf dem Markte waren, Kulis, die ihre Lasten trugen, die auf den Boden blickten, damit sie nicht stolperten und das Genick nicht brachen unter ihren Lasten, Herren auch, die sich in einer Sänfte tragen ließen, lächelnd, fächelnd. Man hätte stutzen können. Sie gafften mich an, die Träger, die Herren – man hätte sie packen mögen, den ersten besten, einen Wasserträger [!] zum Beispiel: 'Mensch, Freund, wissen Sie es denn nicht?' 'Was?' 'Wie

---

39 Man kann diesen Tatbestand, mit Kilian, auch etwas anders sehen: "Seit ich eine von ihnen [= meinen Geliebten, in diesem Falle, Maja] verloren habe, dünkt es mich, ich liebe sie alle. Ich möchte sie [= Maja] immer noch einmal verlieren [. . .] Aber es hört nicht auf, daß ich sie verloren habe –" (618) Das ist, mit Verlaub zu sagen, eine recht "lieblose" Auffassung von der Liebe, eine Auffassung, die dadurch verstärkt wird, daß Kilian gegenwärtig glücklich verheiratet ist.

selig, wie herrlich, wie wunderlich das Leben sein kann, sehen Sie es denn nicht? Ein solcher Morgen...' Er glotzte mich an. Sie wohnen in Peking, dachte ich, und wissen es nicht! (634)

In dieselbe Richtung weist die Episode mit dem "Fürsten von Peking" (641ff.), in welcher die Pseudo-Nobilität eines Feudalaristokraten buchstäblich als Roheit entlarvt wird[40] (wobei der Ich-Erzähler seine eigenen Neigungen zum Luxus beobachtet und in Frage stellt [646]). 2) Die junge Tochter von Kilians chinesischem Gastgeber "Maja" teilt Kilians Fernweh. Freilich sehnt *sie* sich von Peking weg nach Kilians Heimatsort, begleitet ihn dann dorthin, stößt aber auf eine ihre Begeisterung dämpfende Reaktion, als sie mit ihm und Bin im Boot einen See befährt: "Denken Sie, nun ist es ja wirklich, o Freund," jubelt sie, "wir fliehen − ich bin noch nie, solang ich lebe, noch nie an jenem anderen Ufer gewesen, nie!" (649); während Kilian denkt: "Was wird uns das andere Ufer schon bringen! [...]; hinter jedem Ufer, das aus dem Nebel tritt, schwebt ein nächstes. Ich glaube, ich werde älter; so jung schon fängt das an." (650) Kein Wunder, daß sie den "ernsten" "Herrn" (652, 650) bald, wenn auch betrübt, zugunsten eines fröhlichen Jünglings verläßt. (Hier haben wir eine Parallele zum unglücklichen jugendlichen Liebesverhältnis zwischen Kilian und Maja.)

Zutreffend erklärt Ulrich Weisstein: "[...] as far as the narrative structure of the arabesque is concerned, the movement leads away from Peking rather than towards it. Reality, utterly vague at the beginning of the narrative, gradually intrudes upon the world of fantasy. The narrator's family comes into view [...], and [...] the man 'burdened with the role' of speaker and protagonist is finally introduced as Kilian. In the final section of the book, Kilian is identified as an army reservist on weekend [?] furlough. This would seem to imply a reversal of the trend toward *Aufbruch.*"[41] Nachdem Peking − um nicht zu sagen: das Meer − nicht erreicht worden ist, geht es zurück ins bürgerliche Alltagsleben. Dieses Alltagsleben ist auf der Reise nach Peking nie vollkommen aus dem Blickfeld verschwunden. Das bezeugt selbstverständlich vor allem Kilians Architekten-Rolle. Was ihn stört:

Irgendwo in Peking, sagt man sich, wirst du sie liegen lassen! Man kennt sich wenigstens in seinen Mißgeschicken[!]. Und dann, wenn man sie eines alltäglichen Tages wieder braucht, werde ich mich bestenfalls erinnern, wo ich sie zuletzt in den Händen gehalten, und eben diese leeren Hände betrachten ... denn niemals werde ich wieder [!] dahin gelangen ... Was man in solchen Augenblicken erlebt, das ist nicht mehr und nicht weniger als ein Wunder, Gott verzeih mir, aber darüber täusche

---

40 Manfred Jurgensen: Max Frisch. Die Romane, S. 42, hält den Fürsten für identisch mit dem Weggiswiler Isidor Hühnerwadel, einem "Sauerl" (648). Ähnlich schon Eduard Stäuble: Max Frisch, S. 31.
41 Ulrich Weisstein: Max Frisch, S. 45.

ich mich nicht, sooft ich an eine Schleife unseres Weges komme und wieder hinunterschaue auf die blinkenden Dächer von Peking (607). Ich hielt sie [d.h. die Rolle] auch diesmal, daß sie mir fast in den Händen zerknüllte. Ohne sie, glaube ich immer, wäre ich selig gewesen. (608)

Aber ohne sie kann und will er auf die Dauer nicht sein. Hier liegt eben jene innere Grenze, die er nicht überspringt. (604) Und trotz seines "Heimwehs nach ersten Gesprächen mit einer fremden Frau" (604) gesteht er einmal Bin: "Nun haben wir [d.h. Rapunzel und ich] auch bald ein Kind. Wir sind in einer Weise glücklich, die uns kaum noch ein Recht läßt auf Sehnsucht; das ist das einzig Schwere . . ." (631) Sogar das ihm im chinesischen Haus aufgetischte Frühstück ist das gleiche wie das "entzückende" Frühstück, das die liebe Gattin dem heimgekehrten Urlauber-Ehegatten zum frohen Empfang beschert.[42]

In der Konzertsaal-Episode, wo der Tod Kilian erlaubt, jemand anderen an seiner Stelle sterben zu lassen, wenn er einen solchen finde, klopft Kilian seinem *toten* Vater auf die Schulter, der ihm gegenüber bemerkt: "Das Kind, in dieser Stunde ist es gekommen, euer Kind –." Worauf Kilian sagt: "Vater" – wahrscheinlich, um weiter auszuholen. Doch der Vater schließt den kurzen Dialog bündig ab: "Ja, nun bist du es auch." (656)[43] "Es mag sein, daß Kilian weinte," heißt es darauf, "obschon er nun sehr glücklich war; er war in die Nacht hinausgegangen, er stapfte durch Wald [sic], und es funkelte von herbstlichen Sternen . . . Noch lange hielt er es für einen Traum . . . In Wirklichkeit war es das Kind." (656) Eine Generation löst die andere ab – in künstlerisch-bürgerlichem Milieu.

Kilian sagt Ja zu seiner Familie und zu seinem Beruf, mehr als zu seinem Bin-, Peking- und Meer-Traum – ohne diesen zu vergessen.[44] Das Ende der Erzählung lautet: "Am ehesten, so will mich immer wieder dünken," sagt der Ich-Erzähler, "gleicht [unser Kind] Bin, der uns [!] nach Peking führt – Peking, das ich [!] nie erreichen werde." (658)

Dieses Ende verweist uns förmlich auf *Santa Cruz*.

* * *

In "Zu *Santa Cruz*"[45] spricht Frisch von der "Synchronik" (im Unterschied zu einer "Chronik") seiner (1944 geschriebenen, 1946 in Zürich uraufgeführten) "Romanze," von einer "Transparenz" aller Gegenwart, die immer wieder vor einer Landschaft der Erinnerung spielt, und umgekehrt von der "Erinnerung" als "Gegenwart," wobei das Hauptgewicht auf die

---

42 Ebenda, S. 171, Anmerkung 24.
43 Vgl. Manfred Jurgensen: Max Frisch. Die Romane, S. 44. Hier sei lediglich vermerkt, daß seine Deutung dieser Episode in gewissen Punkten von der unsrigen abweicht.
44 Vgl. die der Erzählung vorangestellte Widmung: "Für meine Frau."
45 Max Frisch: Zu *Santa Cruz*. In: M. F.: *werkausgabe;* III, 76f.

Erinnerung fällt. Dies nämlich ist, seiner Meinung nach – wir wissen es schon von *Bin* her –, die Erlebnisweise des menschlichen Bewußtseins. Der Verfasser bietet im übrigen einige handfeste Winke zur Deutung seines Stückes an: Das winterliche Schloß des Rittmeisters (der keinen Namen erhalten hat) und seiner Gattin Elvira (vgl. den *Don-Juan*-Stoff) (wie auch der Tochter Viola [mit ihrem sozusagen "durchsichtigen" Namen]) ist ein "Bild der Ehe" oder "des behausten Lebens überhaupt" (die beiden Begriffe sind bei Frisch nahezu auswechselbar). Der "Sommer [. . .] und das offene Meer," wohin der Vagant Pelegrin gehört, bedeuten das "freie Leben." "Das Stück spielt in einer Nacht, während es schneit [. . .]: zugleich spielt es vor siebzehn Jahren und auf der andern Seite unsrer Erde." "Das Damals und das Heute: beide zusammen gemeint als das Immer, das diesen drei Menschen gesetzt ist in ihrem Verhältnis zueinander." Bemerkenswert ist Frischs Betonung des sich wiederholenden sehnsuchtsvollen Verzichts auf jenes "freie Leben": "[. . .] die Erkenntnis, daß wir offenbar ein Schicksal haben, ein Kreuz, das man auf sich nehmen muß, eine crux oder cruz, um spanischer zu reden." Mit anderen Worten: "Es ist, mindestens in den wesentlichen Wendungen, kein Zufall in unserem Leben;" "[. . .] keiner hätte ein anderes Dasein leben können als jenes, das er lebte, der Rittmeister nicht, Elvira nicht, Pelegrin nicht;" darum "lohnt [es] sich nicht, das Vergangene zurückzuholen" (Frisch muß hier unter "Zurückholen" ein endgültiges Eintauschen verstehen, sonst widerspräche er sich). Diese "Erkenntnis" ist "die Überwindung aller Wehmut –". (In späteren Jahren werden andersgeartete "Erkenntnisse" – mindestens theoretisierend – verkündet werden; vgl. z.B. *Dramaturgisches: Ein Briefwechsel mit Walter Höllerer* [1969].)[46] Was die letzte Phase des Lebens – also die des Sterbens – betrifft, so sollen Pelegrins Worte allgemeine Gültigkeit besitzen: "Ich verwünsche nichts, was ich erlebt habe, und nichts, was ich erlebt habe, wünsche ich noch einmal zurück."

Frischs eigene Deutung seines Stücks läßt an Klarheit nichts zu wünschen übrig. Zu sehr verallgemeinernd mag höchstens eine Bemerkung über ein *déjà vu*-Erleben klingen: "Das alles" – besser: eine "bestimmte Lebenslage" – "habe ich schon einmal erlebt, ich weiß nicht wann und nicht wo, aber im Grunde genau so, und wohin ich auch gehe, ich werde es immer wieder erleben –."

Betrachtet man den Text selbst, so wirkt, verglichen mit der Erzählung *Bin*, das Theaterstück *Santa Cruz* wesentlich straffer gefügt und bei allem

---

46 Max Frisch: *Dramaturgisches. Ein Briefwechsel mit Walter Höllerer.* Berlin 1969.
47 Vgl. Ulrich Weisstein: Max Frisch, S. 96f., 102; ferner Manfred Durzak: Dürrenmatt, Frisch, Weiss. Deutsches Drama der Gegenwart zwischen Kritik und Utopie. Stuttgart 1972; S. 160ff., der feinsinnig die Natur dieser "Romanze" bestimmt. Vgl. auch Heide-Lore Schaefer: Max Frisch. *Santa Cruz.* Eine Interpretation. In: Walter

surrealen und symbolischen Beiwerk "realistischer" gestaltet, obwohl auch es zu Stimmungshaftigkeit, Ungeschichtlichkeit, Statik, Wiederholungen (Stichwort: "immer wieder") und nach außen projizierten innerlichen Vorgängen neigt. Die Thematik (von der formalen Virtuosität sei hier nicht die Rede) ist schärfer gefaßt und geprägt: Aristokratische, "gute" Ehe und geordnetes, behütetes, eintöniges Existieren im Gegensatz zu einem exotischen, paradiesischen, ungehemmten, schöpferischen, genießerischen, sinnlichen Vaganten- und Abenteurertum. Von Schuldgefühl verdrängte Versuchung zum Auf- und Ausbruch im Gegensatz zu einer "Schuftereien' in Kauf nehmenden Ungebundenheit. Inneres (Elvira), ja, äußeres (Rittmeister), halbherziges Sich-Einlassen auf die Versuchung. Rückbesinnung auf das unvermeidlich zu tragende "Kreuz" im vollen Bewußtsein dieser ständig lauernden Versuchung auf der einen Seite (Rittmeister und Elvira), ein unbeschwertes, beinah zufriedenes Sich-Abfinden mit der Aussicht auf einen nahen Tod auf der anderen Seite (Pelegrin). Im ganzen eine bejahende Einsicht in die problematische Mehrschichtigkeit der menschlichen Seele. *Santa Cruz* ist trotz seiner oft heiteren Leichtigkeit schwerblütiger und härter als *Bin*.

Der (wie gesagt unmittelbar vor dem Tod stehende) Vagant Pelegrin verkörpert das "Leben." Wiederum ist zu fragen, was mit "Leben" gemeint ist. Suchen wir möglichst konkrete Antworten. Natürlich ist es all das, womit Pelegrin zu tun hat und was sich auf ihn bezieht: Sein letztes − in seiner Todes-Euphorie erträumtes, gleichzeitig von ihm als unerfüllbar erkanntes − Ziel ist eine verlassene, verödete Farm in Kuba, "die auf [ihn] wartet, um Früchte zu tragen" (9, 27, 74);[48] Hawai [sic] (50, 55 und passim: das

Schmitz (Hrsg.): Über Max Frisch II; S. 183−206, die Frischs Behandlung der Zeit mit Akribie untersucht. − Anderseits Hans Bänziger: Frisch und Dürrenmatt, S. 56, der in *Santa Cruz* auch "das Zeitgefühl des an seiner Bürgerlichkeit zweifelnden Menschen" widergespiegelt sieht, sowie die "Therapeutik," die darin liege, daß der Dichter hier "zur wahren Wirklichkeit führen" wolle. Übrigens gibt Bänziger Hinweise auf frühere Dramen, die mit *Santa Cruz* vergleichbar sind, nämlich Ibsens *Die Frau am Meer*, Hofmannsthals *Der Abenteurer und die Sängerin* und Paul Claudels *Der seidene Schuh;* überdies erwähnt er Gottfried Kellers Gedicht *Winternacht*. Dazu ferner Hellmuth Karasek: Max Frisch. Velber (= Friedrichs Dramatiker der Weltliteratur 17) [2]1968; S. 17, der erklärt, das Stück selber zitiere Calderóns *Das Leben ist ein Traum* (man denkt dabei unwillkürlich an Grillparzers *Der Traum ein Leben*); ferner Manfred Durzak: Dürrenmatt, Frisch, Weiss, S. 156f., der Hofmannsthals *Der Tor und der Tod* und Thornton Wilders Dramatik heranzieht und, in Übereinstimmung mit Heide-Lore Schaefer (Max Frisch. *Santa Cruz*. Eine Interpretation, S. 90−92), die auffälligen Parallelen zwischen *Der Abenteurer und die Sängerin* und *Santa Cruz* hervorhebt.

48 Vgl. die Farm in Amerika, wo er einst diente und wo er künstlich geschrumpfte indianische Schädel sammelte (zum "Spielzeug" gemachtes früheres Leben! vgl. den Buddha und das Haus "am Vorabend vor Peking" in *Bin* und das Spielzeug-Schiff in *Graf Öderland*) − um sie eines Tages nach ihn ärgernden "Weibern" zu werfen.

Leitmotiv par excellence) ist eine paradiesisch-exotische Utopie: unbeschadet der Tatsache, daß diese Inselgruppe von Pelegrin einmal betreten wird. Auch Santa Cruz, das eigentlich kein Ziel, sondern der Ort ist, wo die wesentlichen Entscheidungen oder Nicht-Entscheidungen der Hauptpersonen getroffen werden, ist zusammen mit Kuba und Hawaii zu nennen ("Das Wort [Santa Cruz] ist voll fremder Gassen und Bläue, voll Bögen, Palmen und Agaven, Mauern, Maste, Meer . . ." [20]: nicht zu vergessen sei insbesondere das Meer (z.B. 36, 50f. – vgl. das Meer in *Bin*). Pelegrin kommt "von überall" her (19), reist überall hin, ist der "Fremdling," der, wie der Schloß-Diener Kilian [!] schildert,

mit der Gitarre auf dem Tische [der Schloßküche] sitzt und uns von nackenden Völkern erzählt, die den Schnee überhaupt nicht kennen, auch keine Angst, auch keine Pflichten, keine Zinsen, keine schlechten Zähne. Das gibt es. Und es gibt Berge, die Schwefel und Rauch und glühende Steine in den blauen Himmel speien, einfach so; er hat es selber gesehen. So heiß ist unsere Erde im Innern. Und Fische gibt es, welche fliegen können, wenn sie wollen, und unten im Meer, sagt er, wenn man emporschaut, da glitzert die Sonne wie Scherben von grünem Glas . . . Er hat eine Koralle in der Hosentasche, Euer Gnaden, wir haben sie selber gesehen. (19)

Der genießerische Abenteurer, Seefahrer und -räuber, der Musik liebt, namentlich ein bestimmtes javanisches Lied (7 und passim), der eine schäbige Jacke und zigeunerhafte Schuhe trägt (12, 25f., vgl. Bins Aussehen), zögert nicht, ein vor Marokko liegendes französisches Schiff[49] zu kapern und dabei fremde wie eigene Matrosen umkommen zu lassen, all dies nur, um wochenlang der mit einem Rittmeister verlobten Elvira (welche er einmal gesehen oder getroffen hat) nachzujagen, sie wiederzusehen und sie (offenbar ohne zu wissen, daß sie verlobt ist, und ohne daß der Verlobte Pelegrins Beziehung zu ihr kennt), nach Hawaii zu entführen, ein Unternehmen, das nach einer gelungenen Verführung scheitert – oder dann den von Fernweh befallenen Rittmeister zur Mitreise zu ermuntern, was freilich auch nicht zustande kommt. Zwar gelangt Pelegrin selber schließlich nach Hawaii, aber nicht als Kapitän seines gekaperten und ungenügend getarnten Schiffes, sondern auf dem Umweg über Gefangenschaft und drohende Galeerensklaverei als verurteilter Seeräuber und durch Flucht dank einer ihm im Spital blut- und damit lebenspendenden Krankenschwester, die es ihm ermöglichte, sich auf einen nach Hawaii startenden holländischen Frachter zu retten.
Zu vermerken bleibt weiterhin, daß Pelegrin ein Frauenheld ist. Anderseits hat er, wir dürfen das nicht übersehen, echte kulturelle

---

49 Karl Schmid: Unbehagen im Kleinstaat. Untersuchungen über Conrad Ferdinand Meyer, Henri-Frédéric Amiel, Max Frisch, Jacob Burckhardt. Zürich und Stuttgart 1963; S. 174, betrachtet das Motiv des Schiffes als ein Hauptsymbol der "Evasion" in *Santa Cruz*, wie z.B. das der Axt in *Graf Öderland*.

Interessen. Es ist nicht so, daß er etwa geistesabwesend in den Büchern des Rittmeisters herumblättert. "Einmal," sagt er, "ich weiß nicht wann, da werd' ich euch lesen, euch alle, ihr schönen Waben voll Geist der Jahrhunderte, Kerzentropfen darauf." (28) So ironisch (oder ungewollt ironisch) dieser Satz klingen mag, er ist sicher ernst gemeint. (Vgl. auch Pelegrins Lust, z.B. Klavichord spielen oder malen zu lernen. [71] Was die "Fünfte" im "Schlußchor" deklamiert: "Ich bringe dir [= Pelegrin] die Bücher: Sophokles, Virgil, Konfuzius, Byron, Cervantes und alles, was du noch einmal hättest lesen wollen. Waben voll Geist der Jahrhunderte, Kerzentropfen darauf" [74], bestätigt den Ernst.)

Im übrigen ist das "Leben" nicht allein bei ihm zu suchen. Er findet oder sucht es auch bei andern Menschen; er findet es z.B. bei seinen Matrosen; er sucht es zuletzt im Schloß: "Noch einmal unter lebenden Menschen sein..." (12, vgl. 69). Sogar im Schloß gab es einst "Leben": Der Rittmeister bemerkt zu Elvira: "All das hier — ich glaube nicht mehr, daß es für mich das einzig mögliche Leben gewesen sei [...] Ich glaubte es einmal durchaus, solange es noch Ziel war, nicht Erfüllung, nicht Besitz, nicht Alltag." (22f.)[50] Pelegrin seinerseits braucht diese Art von Erwartung: Was er vor Jahren zu Elviras Lob ausgesprochen hatte und nun wiederholt (34), verallgemeinert er gegen das Ende des Stückes hin:

> Ich kenne eine Muschel, die es nicht gibt, eine Muschel, die man nur denken kann, so schön ist sie, und wenn man an allen Küsten streifte und tausend Muscheln eröffnete, alle zusammen: nie sind sie so schön wie die Muschel, die ich mir denken kann ... Du aber bist es! sagte ich den Mädchen, wenn ich sie liebte: du aber bist es! Weiß Gott, ich meinte es ernst, und die Mädchen glaubten es. Aber die Mädchen vergehen, es werden Frauen daraus, und auch die Frauen vergehen — und am Ende bleibt nur noch die Muschel, die es nicht gibt, die Muschel, die man sich denken kann. (71)

---

50 Die Fortsetzung des Dialogs nach diesen Worten ist mir teilweise unverständlich:

ELVIRA   Dann glaubst du auch nicht mehr an Gott.
RITTMEISTER   Wieso?
ELVIRA   Mir scheint so. Mein Vater selig schrieb einmal in einem Brief: Fürchte die Zufälle nicht. Wenn du einen Seeräuber heiratest oder einen Rittmeister, dein Dasein wird ziemlich verschieden aussehen: du aber bist immer Elvira ... Ich war beschämt, damals, und zuversichtlich zugleich, und der nächste Zufall war ein Rittmeister, wie du weißt, und ich sagte Ja ... Das war in Santa Cruz. (23)

Wie konnte Elviras Vater so etwas schreiben, er, der in Santa Cruz zu Pelegrin und den Matrosen sagte: "Ich habe eine Perle von einer Tochter, [...]: Ihr aber, meine Burschen, ihr seid es nicht wert, sie anzusehen!" "Wo ist sie denn?" fragte Pelegrin. "Das geht dich nichts an, [...]: sie ist verlobt" (8)? Und es war durchaus kein Zufall, daß Elvira statt des Vaganten den Rittmeister wählte.

Überdies ist sich Pelegrin (wie andere Figuren) bewußt, daß das "Leben" eine im All einzigartige Erscheinung ist. Er zitiert einen Kapitän: "[. . .] so groß ist das Nichts, so selten das Leben, das Warme, das Vorhandene, was ihr begreift, das Lichtlein, das brennt. So selten ist das, was ist." (69; vgl. besonders 43) Und der Rittmeister macht seinen Diener darauf aufmerksam, daß einmal alles aufhöre: "Die Akropolis, die Bibel . . . eine Stille wird sein, als wäre das alles nie gewesen." (20) Und schließlich gilt für Pelegrin (wie für alle Menschen): "Das Leben ist kurz." (10)

Dennoch ist er so, wie es der Rittmeister ausdrückt: "[. . .] alles erscheint ihm so möglich und leicht, er fühlt sich voll Leben, mehr als wir alle zusammen, voll Musik . . ." (20), oder wie der Schreiber: "Sie [= Pelegrin] blättern in den Jahren herum, vorwärts und rückwärts". (45)

* * *

Das Stück enthält eine Vielzahl von Lebens-(und Todes-)Symbolen, die von einem einfachen Motiv (z.B. dem der Koralle, Perle, Muschel) bis zur Episode reichen (z.B. derjenigen mit dem Neger in Santa Cruz, der dem Rittmeister tote Austern verkaufen kann, dem Vaganten hingegen nur lebende verkaufen soll; es kommt zu einem Handgemenge zwischen Pelegrin und ihm, die Austern werden dabei auf die Straße geworfen, er holt die Polizei, der Vagant ist inzwischen mit Elvira in das Haus entflohen, wo sie sich derzeit aufhält, weil er als Seeräuber verdächtig ist. Elvira, die von der Polizei aus dem Haus geholt wird, gerät in eine ziemlich peinliche Lage, der ritterliche Rittmeister bezahlt dem Neger die Austern, behebt damit den Zwischenfall und kommt so wieder mit Elvira zusammen.) Doch dieser Aspekt würde eine gesonderte Untersuchung erfordern, der wir uns in unserm Rahmen nicht widmen können.[51] Der "Schlußchor" "segnet" sozusagen Pelegrins Leben. (74f.)

Das also ist, im groben skizziert, was Frisch in *Santa Cruz* mit einem freien und reichen "Leben" meint. Diesem "Leben" gelten die Erinnerungen und Sehnsüchte des Rittmeisters und Elviras.[52] Die Lage ist, auf den ersten Blick, so, wie Pelegrin sie formuliert: "Man kann nicht beides haben, scheint es. Der eine hat das Meer, der andere das Schloß; der eine hat Hawai – der andere das Kind . . ." (72) Aber dieses Entweder-Oder ist eben lediglich ein *scheinbares.* Gewiß, die Welt des winterlichen, verschneiten, routinegelenkten, sicheren Schlosses und der gewohnten Ehe des Rittmeisters mit Elvira und der die Tochter Viola einbeziehenden Familie samt dem Gesinde bildet einen offensichtlichen Gegensatz zur oben beschriebenen Welt Pelegrins.

51 Hellmuth Karasek: Max Frisch, S. 17f., spricht davon, daß "das Thema" des Stückes "von den Bildern [. . .] umkreist, umstellt" werde.
52 Auch die Sehnsüchte der Wirtin Josephine und der Zofe Elviras!

Doch ist dieser Gegensatz kein starrer, sondern ein dialektischer, der durch Pelegrins Besuch im Schloß für alle Beteiligten ans Licht und zu einer Katharsis gebracht wird.

Schon Karl Schmid hat erklärt: "In dieser Tatsache, daß Frisch den innern Seelenraum in Musik auffängt und die Linien des Bewußtseins nur zerfasert, um an ihre Stelle die schwierigere und reichere Partitur der Seele zu setzen, liegt sein innerstes Geheimnis verborgen."[53] Nach Hellmuth Karasek "sollte man in dem Stück [...] nicht nach 'Charakteren' suchen, oder ihr Fehlen beklagen – sie sind gar nicht angestrebt. Angestrebt scheint vielmehr das Spannungsfeld zweier Möglichkeiten."[54] Andere Kritiker haben später Ähnliches gesagt.[55] Wir stimmen lieber Ulrich Weisstein zu, der annimmt, Frisch benütze Pelegrin "both as an allegory and a character, whose physical presence must be credible to an audience."[56] In *Santa Cruz* gibt es also *Charaktere*. Und erst dann, wenn man sie als solche sieht, offenbaren sie Entscheidendes über sich, über das Stück und über dessen Verfasser. Der gleiche Befund gilt für die beiden Hauptzeitebenen des Stückes, überhaupt für die Frage nach der Behandlung von Raum und Zeit innerhalb der Spielstruktur. Im Rahmen unserer literarisch-psychologischen Betrachtung werden wir diesen Zentralproblemen nun weiter nachzugehen haben. –

In der Gegenwarts-Handlung wird von Anfang an deutlich, daß der Rittmeister nicht bloß ein Mann der "Ordnung" und ein treubesorgter Gatte und Vater ist. Im Gespräch mit seiner Gattin im ersten Akt enthüllt er ihr unumwunden seine Seelenverfassung: "Ich möchte [Pelegrin] noch einmal kennenlernen, ihn, der mein anderes Leben führt. Nur dies. Ich möchte wissen, wie es ihm ergangen ist. Ich möchte hören, was ich alles nicht erlebt

---

53 Karl Schmid: Versuch über Max Frisch. Schweizer Annalen, Dezember 1946; S. 328; zitiert nach Hans Bänziger: Frisch und Dürrenmatt, S. 59, 268.

54 Hellmuth Karasek: Max Frisch, S. 18.

55 Vgl. z.B. Adelheid Weise: Untersuchungen zur Thematik und Struktur der Dramen von Max Frisch. Göppingen (= Göppinger Arbeiten zur Germanistik 7) 1969; S. 67: "Der Rittmeister und Pelegrin sind die gespaltenen Wesenshälften eines 'ganzen' Menschen." Vgl. auch Heide-Lore Schaefer: Max Frisch. *Santa Cruz*. Eine Interpretation, S. 186: "Die dramatische Handlung entsteht [...] aus einer Folge von Ereignissen, die abwechselnd der Zeitstufe der Vergangenheit und der Gegenwart angehören. Ihr Verlauf ist deshalb zu verstehen als ein Nacheinander sich motivierender Ereignisse, durch das die chronologische Abfolge des Geschehens aufgehoben wird," und die beigefügte Anmerkung, S. 205, Anmerkung 15: "Daraus ergibt sich, daß das Stück kein illusionistisches Stück ist, das Reales darstellen will; bei Joseph Gregor, *Der Schauspielführer* [...], wird das nicht beachtet; Gregor ist deshalb gezwungen, ständig zu glätten, d.h. geographische und zeitliche Ergänzungen anzubringen."

56 Ulrich Weisstein: Max Frisch, S. 100. Vgl. auch Manfred Jurgensen: Max Frisch: Die Dramen. Bern 1968; S. 25.

habe. Ich möchte sehen, wie mein Leben hätte aussehen können. Nur dies."
Auf Elviras Entgegnung: "Was für ein Hirngespinst!", antwortet er: "Es ist
kein Hirngespinst. Es ist eine leibhaftige Person, die von meinen Kräften lebt
und zehrt, von meiner Sehnsucht sich nährt, sonst wäre ich nicht immer so
müde, so alt." Elvira scherzt: "Vielleicht ist es der Vagant, der drunten in der
Küche singt," ruft dann aber aus: "Macht euch der Schnee denn alle
verrückt? Meine Zofe träumt von Fischen, welche fliegen können." (22)
Auch Elvira verrät sich mit ihrem "Scherzen." Indessen ist sie es, die sich
vorerst als unerschütterlich treue Gattin gibt: "Im Ernst, mein lieber Mann,
was würdest du empfinden, wenn ich der Erinnerung mich hingäbe, so wie
du? Wenn ich so redete von einer Elvira, die mein anderes, vielleicht mein
wirklicheres Leben führte − ferne von hier . . ." (23f.) Ihre zur Schau
gestellte Haltung mag übrigens etwas mit dem bekannten (von Frisch selbst
in *Montauk* zugegebenen) "Männer-Chauvinismus" zu tun haben, der sich
durch das ganze Stück hindurchzieht. Bereits hier also wird dieses Thema
angeschlagen: Der Rittmeister fährt weiter: "Die Frau, sagt man, kann
leichter vergessen." Und Elvira erwidert: "Sagt man. Ich habe nicht
vergessen. Pelegrin hieß er." (Regieanweisung: *"Kleine Stille."*) "Aber die
Frau, siehst du, spielt nicht mit der Liebe, mit der Ehe, mit der Treue, mit
dem Menschen, dem sie gefolgt ist." (24) Dabei ist immerhin zu beachten:
Vor siebzehn Jahren tauchte die − weit in der Welt herumgekommene − *mit
dem Rittmeister verlobte* Elvira nach einer mehrwöchigen Reise (was das für
eine Reise war, bleibt im dunkeln) ohne (jedenfalls dem Zuschauer)
ersichtlichen Zweck in Santa Cruz auf, lernte auf irgendeine Weise den
vagabundierenden Seefahrer und -räuber Pelegrin mit seinem gekaperten, rot
bewimpelten, schmutzigen Schiff kennen oder *näher* kennen, der ihr
dreizehn Wochen lang nachgefahren war, um sie *wieder*zusehen. Es kam
(damals, oder bereits früher?) zum gegenseitigen Du. Sie folgte ihm, als er
ihr versprach: "Und morgen, wenn du erwachst, ein Morgen wird es sein, ein
Morgen voll jauchzender Sonne, ein Morgen voll Bläue und Wind, ein Morgen
ohne Küste, schrankenlos −" (36) (es wurden dann mehrere "Morgen"
daraus), in die Kajüte, ließ sich von ihm bestens bewirten, schlief mit ihm,
wurde von ihm geschwängert, verbrachte eine gewisse Zeit − dreizehn Tage,
um genau zu sein − mit ihm in einem Haus in Santa Cruz. Vor diesem
Hintergrund muß man das betrachten, was sich daraufhin abspielte, ebenso
vor dem Hintergrund des Kommentars des Poeten Pedro: "Was immer sie tun
werden, Elvira und Pelegrin, es kann nur schmerzlich sein. Womit sie das
verdient haben? Weil sie einander lieben, Mann und Frau, die Gott
füreinander geschaffen hat, damit sie schuldig werden aneinander. Das ist die
Welt eines Gottes, den wir den 'Lieben' nennen, weil er sich unser erbarmte
− nachher . . ." (47) (Hinsichtlich der Frage der Schuld ist hier nur von der
Schuld Pelegrins und Elviras "aneinander" die Rede, nicht von der gegenüber
dem Rittmeister begangenen. − Der "liebe" Gott übrigens wird schließlich
doch noch − sollen wir es zur Beruhigung sagen? − zum *lieben* Gott [73].)

"Es ist das alte Lied," fährt Pedro fort. "Sie lieben sich, kein Zweifel, und sie werden einander verlassen müssen, kein Zweifel. Das ist der Widersinn. Man mag es glauben oder nicht. Es kommt die Stunde, wo es keine Lösung mehr gibt." (47) Das sind nicht unwichtige Worte: "Müssen" weist auf "Schicksal" oder individuelles "Determiniertsein" hin. "Widersinn" würde wohl besser durch "betrübliche Lage" ersetzt. "Keine Lösung" heißt "keine gegenseitige Loslösung." Worin besteht die "betrübliche Lage"? Ein "holder Traum" hatte Elvira zu einem abenteuerlichen Leben mit dem geliebten Pelegrin "verführt," aber sie war "nicht geboren für ein solches Leben" (48). Wir würden daraus zunächst denselben Schluß ziehen wie Pelegrin: "[...] die Wirklichkeit, das ist das Schloß, das dir der andere versprochen hat, der Edelmann. Du hast ihn verlassen. Ein Traum." (48) Das ist jedoch ein Mißverständnis: Elvira nämlich wollte *Pelegrin heiraten,* sich mit ihm an einem festen Ort niederlassen, mit ihm ein Kind haben, vor allem für das Kind sorgen, das ein längeres Leben vor sich hat als seine Eltern. (49) (Dabei schablonisiert sie sich selber: "Ich möchte nur, was jede Frau [!], die liebt, von ihrem Geliebten möchte –" [49]) Verglichen damit war für sie Pelegrins Hawaii "ein Name, ein Wort" (51), nichts mehr. Pelegrin hinwiederum "[konnte] nicht heiraten" (50), konnte sich nicht als ein Biedermann (ein Frischscher "Biedermann" [vgl. 50]) binden lassen. "Die Ehe ist ein Sarg für die Liebe..." (49) Wieder treffen wir auf eine Schablonisierung: daß *die* Frau *den* Mann domestizieren und zum Familienvater machen möchte; während umgekehrt *der* Mann "immer nur an sich" denke (49). "Niemand kann leisten, was er nicht wollen kann ... und nicht einmal du kannst es wollen: Ich werde in dem Hause sitzen, dir zuliebe, aber meine Sehnsucht wird gegen dich sein!" Das wäre beider "Schuld" (51). (Eine Ironie liegt darin, daß es später Elvira und dem Rittmeister in ihrer Ehe ausgerechnet so ergehen sollte.) Dem Rittmeister wurde bei all dem keine Beachtung geschenkt; ja, in bezug auf ihre Liebesaffäre beteuerte Elvira: "Es reut mich nichts." (51) Gehört auch das zu Elviras "Schicksal" eher als zu ihrer "Schuld," die sie – genau genommen – mit dem Frauenhelden Pelegrin teilt? Wie dem auch immer sei, der Ausgang war klar: Pelegrin fuhr mit seinem Schiff weiter. Elvira blieb in Santa Cruz zurück – und beide konnten einander nie vergessen.[57]

Auch der Fall des Rittmeisters ist recht eigentümlich: Warum kam dieser verlobte "Edelmann" – zufällig oder absichtlich oder aus "Vorherbestimmung" – gerade zu diesem Zeitpunkt "mit Gepäck" nach Santa Cruz, dem exotischen Ausgangspunkt für exotische Reisen? Suchte er hier Elvira?

[57] Die Episode mit dem Austern verkaufenden Neger (die ohnehin ziemlich naiv operettenhaft ist) schafft möglicherweise Motivierungs-Komplikationen, indem sich Pelegrin auch deshalb entfernt, um als Seeräuber, der er ist, Kontakt mit Behörden zu vermeiden. Vgl. Pelegrin, der zu Pedro sagt: "Wir müssen weiter, ich kann nicht heiraten, ich kann mich nicht hängen lassen." (54)

Oder wollte er "verreisen," wie Pedro vermutete? Und falls er verreisen wollte, aus welchem Grunde und zu welchem Zweck? Gab Pedro die zutreffende Erklärung: "Sie wissen ganz genau: eine Frau [d.h. Elvira] hat Sie verlassen . . ." (53)? [58] Einmal mehr bleibt dem Zuschauer unklar, wie der Rittmeister – vor siebzehn Jahren! – das wissen konnte.[59] Die Unklarheit wird durch Pedros weitere Worte keineswegs vermindert: "[. . .] vor Ihnen [= dem Rittmeister] das offene Meer, die Schiffe, die Maste, das andere Leben. So stehen Sie da, mit klopfendem Herzen, in der Not einer heimlichen Verwirrung: Was weiter . . .?" (53) Dies nun wäre ein Grund zum Verreisen, der nicht so geradewegs mit der Untreue einer Frau in Zusammenhang zu bringen ist: es wäre ein Grund sui generis. Übrigens derselbe Grund, worauf sich Pelegrin stützte, als er den in der Tat abenteuerlustigen Rittmeister ermunterte, in sein für die Fahrt nach Hawaii bestimmtes Schiff einzusteigen. Oder wäre es eben doch "die Sehnsucht eines Mannes, der keine andere mehr hat" (55)?

Aber wie der Charakter Elviras und der Pelegrins ist auch der Charakter des Rittmeisters determiniert. Pedro spricht es aus: "Sie sind ein Edelmann." "Sie können sich an einer Frau, wenn sie in Not ist, nicht rächen, zum Beispiel. Sie können kein solcher Egoist sein, wie Sie möchten. Sie können nicht tun wie der Andere [d.h. Pelegrin], den Sie zeitlebens beneiden." "Weil keiner ein anderes Leben hätte führen können als jenes, das er führte . . ." "Sie können nicht anders, Sie sind ein Edelmann." (53f.)

Fast gewinnt man den Eindruck, als ob der Rittmeister nicht gewußt hätte, daß Elvira gerade in Santa Cruz sei: "Hier also treffen wir uns wieder," sagte er zu ihr, allerdings ohne ihr zu verheimlichen, daß er "verreise." Elviras Verhalten dem Rittmeister gegenüber wirkt nicht überzeugend. So sagt sie etwa: "Zu hoffen, daß wir uns wiedersehen, ich wagte es kaum mehr. Und dennoch dachte ich immer wieder, wie es sein müßte! Und ich schämte mich in den Boden hinein, obschon ich an allem nicht schuld bin; dennoch schämte ich mich." (58) Daß sie sich schämte, war angemessen. Daß sie sich jedoch für unschuldig hielt, bleibt unverständlich. Der Rittmeister entgegnete denn auch: "Das Weib ist niemals schuld, ich weiß. Allein der Anschein, daß das Weib nicht handelt, spricht schon zu seinen Gunsten." (58) (Die alte Schablonisierung!) Elviras Stoßseufer:

Mein Freund, wie hätten wir es schön haben können! Wenn mein Vater von deinem Schloß erzählte, machte es mich immer ganz melancholisch. Womit, sagte ich oft, womit habe ich das verdient, daß ich auf einem Schloß sitzen soll? Mein Vater lachte dann und sagte: Weil du so schön

---

58 Vgl. 42: "Teure Elvira, da du nicht wissen kannst, daß ich es weiß." Übrigens fragt man sich, ob auch dieser Teil des vierten Aktes zum Traum oder Wachtraum der sich im Schloß erinnernden Elvira gehört.

59 Vgl. auch 55 unten, 57 Mitte, 57f.

bist, Elvira . . . Und gerade das [d.h. meine Schönheit] ist nun mein Unglück geworden. (59)

erweckt den Verdacht, es gehe ihr wesentlich mehr um das Schloß als um den Rittmeister.[60] Immerhin gibt sie dann zu: "Ich kann dir nicht zürnen, wenn du mich verlassen wirst . . ." (59). Und: "[. . .] du sollst nicht bei mir bleiben aus Mitleid, aus Anstand." Aber dann doch wieder: "Was aus mir werden soll? Ich warte auf dich." (60) Nicht zu Unrecht fragt der Rittmeister: "Von wem redest du? " Elvira: "Von wem? Von dir . . ." (60) Und nun vermag der Zuschauer seine Rührung nicht zurückzuhalten, denn in der Regieanweisung heißt es: *"Sie bricht zusammen, so daß er sie halten muß."* Der Edelmann zieht sich mit ihr zurück auf das "Schloß der Ehe" (60).

Am Rittmeister zu beobachten wäre trotzdem, daß er etwas Junggesellenhaftes an sich hat. Als er mitten in der Nacht in dem (im Lauf der Jahre ein bißchen eng gewordenen) "Wams seiner Jugend" aus dem Schloß abreisen will, schüttelt der Diener Kilian den Kopf: "Ich kann nicht glauben, daß ein Rittmeister einfach verreisen kann, als gäbe es nur ihn." (Dies wäre ein anderer Egoismus als der Pelegrins.) Der Schreiber bemerkt: "Wenn ihn die Sehnsucht zieht [. . .]?" Und der Diener wendet ein: "Ihr redet als ein Junggeselle. Was weiß ein Junggeselle, und wenn er um die Welt führe . . .!" (41) Irgendwie paßt auch die Anekdote vom Kapitän in Honolulu, "der, alt wie er war, nur noch eine einzige Geliebte hatte, die Astronomie" (68), zum Rittmeister.[61]

Zu hoffen ist, daß wir nicht als schulmeisternde Moralisten mißverstanden werden. Hier wird lediglich der Versuch unternommen, die im Stück selber gezeichneten moralischen Linien gewissermaßen nachzuziehen, allenfalls eine romantische Filmschicht wegzukratzen, schlimmstenfalls jedoch, Widersprüche bloßzulegen, die der Text enthält.

Im fünften Akt, zumal nach dem plötzlichen Verreisen des Rittmeisters, pocht Elvira gegenüber Pelegrin, den sie für diesen "Wahnsinn" verantwortlich macht, stärker als je auf das grundsätzliche und wachsende Glück ihrer Ehe und auf die Vorbildlichkeit ihres Gatten, wobei freilich ihre Illustrationen weiterhin den Gedanken nahelegen, ihr mangle es an genügender Liebe.[62] So lobt sie etwa seine Zuverlässigkeit, indem sie erwähnt, er habe während

60 Vgl. dazu Jürgen Schröder: Spiel mit dem Lebenslauf. Das Drama Max Frischs. In: Walter Schmitz (Hrsg.): Über Max Frisch II, S. 40: "Der Dichter — und hierin liegt der tiefste Grund für seine Einsamkeit, Doppelgängerei und Schauspielerei — vereinigt beide Geschlechter in seiner Person. Seine Liebe erfüllt sich in der Selbstliebe, ein Motiv, das in den Werken Frischs einen zentralen Platz einnimmt."

61 Vgl. Frischs Don Juan in *Don Juan oder Die Liebe zur Geometrie.*

62 So Pelegrin zu Elvira: "Du hast Geheimnisse, glaube ich, die dein Vestand behüten muß; du brauchst ihn sehr, drum wird er so spitz." (69) Und Elvira zum Rittmeister: "Ich habe ihn [= Pelegrin] verhöhnt, dir zuliebe." Der Rittmeister: "Mir zuliebe?" Elvira: "Der Treue zuliebe." (73)

ihrer zehnwöchigen Grippe ihren Papagei, den sie "wahrscheinlich vergessen" hatte, gefüttert, obschon er ihn hasse. Oder sie behauptet, er sei sicherlich in die Nacht hinaus gefahren, weil er rücksichtsvoll angenommen habe, sie wolle mit Pelegrin allein sein, obschon ihr nichts ferner liege als das. Ihr äußerlich feindseliges Verhalten gegenüber Pelegrin steigert sich bis zu einem leidenschaftlichen Ausbruch: "Mir graute vor Scham, daß ich den Kerl, der diesen Wisch [d.h. einen Gruß aus Korea] geschrieben, einmal von Herzen geliebt habe, ja, mir ekelte vor dir!" "[. . .] mir ekelte vor einem solchen Feigling, wie du es bist. Du hast mir [. . .] einen treuen und verlässigen Gatten gewünscht . . ." (66) Ein Feigling war und ist Pelegrin in Elviras Augen offenbar insofern, als er — wie sie ihm nicht grundlos vorwirft — die Ehe mit ihr nicht gewollt habe, damit ihm, dem Casanova, allein ihre Sehnsucht erhalten bleibe, während er das "Alltägliche" gern ihrem Gatten überlassen habe. (Nochmals jene Schablonisierung: "[. . .] die Untreue des Mannes, womit er sich schmeichelt, es ist eure Art von Putz, nichts weiter, ein wenig Glanz von Abenteuer, von Leidenschaft um jeden Preis, worauf ihr eitel seid . . ." [67].) Kurz, Elvira wirft ihm vor, er habe das Schloß nach siebzehn Jahren aufgesucht, um sie überheblich und zugleich sentimental an das Vergangene und dessen angeblichen heutigen Gegensatz zu erinnern.

Die impulsive Flucht des Rittmeisters — mit einem Schlitten und dem Gespann der beiden Pferde namens Casanova und Rosinante — und seine so rasche Rückkehr werden von ihm selbst nicht erklärt. Es fällt indessen nicht schwer zu erraten, daß die Flucht einem junggesellenhaften Trieb entsprang, und Pelegrin hat wohl recht, die Rückkehr als die Tat eines "Edelmannes" und Vaters zu bezeichnen. Daß es ein *liebender* Ehemann sei, wird allerdings nicht gesagt. —

* * *

Warum und wozu hat Pelegrin das Schloß und seine Besitzer tatsächlich aufgesucht? Er handelt im allgemeinen gern spontan, läßt sich ungern zwingen, sich selber zu deuten, Kausalitäten zu finden und zu formulieren. Auf Elviras Frage, was er hier gewollt habe, antwortet er: "Ich saß in der Pinte — ja, schon eine Woche ist es her — ich hörte, wer auf diesem Schlosse wohnt, ein Zufall! Ein andrer Zufall, und ich hätte es nicht gehört: wir hätten einander auf dieser Erde nicht wiedergesehen." (64)[63] Zufall? Doch

---

63 Ulrich Weisstein: Max Frisch, S. 97, meint: "Pelegrin's arrival at the castle [. . .] is dramaturgically unmotivated." Dem ist entgegenzuhalten, daß Pelegrin, von einer unheilbaren Tropenkrankheit befallen, ein bekanntes, auf die Behandlung solcher Krankheiten spezialisiertes Spital aufgesucht hat, das sich in der Umgebung des Schlosses befindet (vgl. "Vorspiel"). Umgekehrt mag es als einigermaßen seltsam erscheinen, daß der Kranke während seines ganzen zwölfmonatigen Aufenthalts im Spital nie vom Schloß und dessen Besitzern gehört hat.

nicht so ganz. Pelegrin wollte nämlich "noch einmal unter lebenden Menschen sein" (12), vor allem aber noch einmal Elvira sehen:

Warum sollen wir einander nicht grüßen? ... Mehr will ich nicht ... Einmal, eine Weile lang, sind wir allein, Elvira und ich. [...] Ich küsse sie nicht. Entweihen wir nicht das Gewesene. Wiederholen wir nichts. Ich sehe, sie atmet. Das sei mir genug. Und morgen reise ich weiter." (12, vgl. 70)

Ob er angesichts der Lage sagen darf: *"Entweihen* wir nicht das Gewesene,"* ist freilich eine Frage, die der Text offen läßt.

Moralisch feinfühliger preist er im fünften Akt nicht nur das Leben, indem er Elvira die Geschichte vom alten Kapitän in Honolulu erzählt, dessen einzige Geliebte nur noch die Astronomie war (die Apfelsine als Demonstrationsobjekt für den Mond, Pelegrins Schälen und sein Aufessen einer Apfelsine: all dies spielt eine symbolische Rolle), sondern er erkennt jetzt außerdem – zum ersten und letzten Mal – die Komponente einer Schuld: "Du kannst mich für einen Schuft halten," sagt er zu Elvira. "Gott wird mich danach empfangen, wenn ich es war." (69f.) Aber auch die "nicht großmütige" Elvira mahnt er: "Gott, wenn er ebenso denkt, wird dich empfangen danach." (70) Schnell geht er indessen zu unproblematischeren Dingen über: "[...] aber auf jeden Fall, dachte ich, sind wir einander in diesem Leben begegnet, wir haben einander geliebt." (70) Auch seine Einstellung gegenüber Viola wird wärmer. Eine leise Wehmut durchdringt seine Worte: "Man kann nicht beides haben, scheint es. Der eine hat das Meer, der andere das Schloß; der eine hat Hawai – der andere das Kind ..." (72) Bei alledem lautet seine heitere Lebensbilanz: "Ich verwünsche nichts, was ich erlebt habe, und nichts, was ich erlebt habe, wünsche ich noch einmal zurück ..." (74)[64] Im selben Geiste sagt Elvira – ohne es noch zu wissen, daß der Freund tot ist –: "Pelegrin, es ist schön, daß du gekommen bist ..." (72) Und so wird eine einst leidvolle Liebe sanft zu Grabe getragen.

Natürlich ist die Funktion Pelegrins im Schloß die eines Katalysators für die Ehe des Rittmeisters und Elviras: Beide gelangen, nachdem Elvira jenen Abschiedsbrief des Rittmeisters gelesen hat,[65] zur Einsicht: "Keines wollte das andere [mit seiner geheimen Sehnsucht] enttäuschen ... das ist die kleine Komödie, die wir so lange, so lange gespielt haben: bis Pelegrin gekommen ist." (73) Er ist es aber auch, der eine wenigstens *seelische* Synthese zwischen der Welt des Schlosses und seiner eigenen schafft: "Wir

---

64 Rätselhaft wirkt das, was im "Schlußchor" die "Achte" sagt: "Ich bin die Mutter, die du nie gesehen hast, Pelegrin; ich starb an dir." (74) Was für einen Sinn hat dieses Sagen-Motiv?

65 Hellmuth Karasek: Max Frisch, S. 22, kritisiert mit Recht, daß der Rittmeister den hochintimen Abschiedsbrief seinem Schreiber diktiere, was zwar offenbar eine Bühnennotwendigkeit, aber keine Ideallösung sei.

haben uns Unrecht getan," sagt Elvira vor dem toten Pelegrin zu ihrem Gatten, "wir alle zusammen. Gott hat das alles viel schöner gemeint . . . Wir dürfen uns lieben, wir alle, jetzt kann ich es sehen: das Leben ist anders, die Liebe größer, die Treue tiefer, sie muß unsere Träume nicht fürchten, wir müssen die Sehnsucht nicht töten, wir müssen nicht lügen . . ." (73f.) Elviras Vision dieser Harmonie ist schön, so schön wie der "Schlußchor." Aber ist dies eine *echte* Harmonie? Für Elvira eine Art Doppelehe, für den Rittmeister eine Art Doppelexistenz, wobei der *Tod* Pelegrins die Problematik Elviras zwar erheblich mildert, die des Rittmeisters dagegen nicht?

* * *

Zuzugeben ist, daß in *Santa Cruz* — im Unterschied zu *Bin* — eine schärfere *Auseinandersetzung* mit dem Problem des nicht-gelebten und des gelebten Lebens stattfindet, keine bloße Rückschau auf vergangene und zum Teil verfehlte Erlebnisse, keine *bloß* verschwommene Vorschau auf etwas Neues. Wenn jedoch die "Letzte" des "Schlußchors," das Stück beendend, zum toten Pelegrin sagt: "Ich bin aus deinem Blute das Kind, Viola, die alles von neuem erfährt, die alles noch einmal beginnt" (75), dann befällt uns dasselbe Gefühl der endlosen Wiederholung eines Frischschen Dilemmas wie in der Erzählung. Pelegrin ist Bins Bruder, Viola ist die Base der Tochter Kilians und Rapunzels.[66]

An Beifall für *Santa Cruz* hat es nicht gefehlt. Eduard Stäuble etwa findet: " 'Santa Cruz' ist ein vollkommenes Stück auch hinein bis in jedes Wort der Sprache. Zusammen mit der Prosaerzählung 'Bin' gehört es zweifellos zu den dichterischen Meisterleistungen deutschsprachiger Gegenwartsliteratur."[67] Es fehlt aber auch nicht an Kritik: Hans Bänziger notiert sich Elisabeth Brock-Sulzers Tadel, Frisch huldige einem "noch nicht ganz überwundenen Impressionismus" und einer "falsch verwendeten Leitmotiv-Technik," oder den eines andern Rezensenten: die Romanze "vertrüge [. . .] eine rauschend-prächtige Ausstattung, ja das fliegende Brio einer Wein-Weib-und-Gesang-Stimmung," oder die vielfache Ablehnung anläßlich der Münchner Aufführung im Jahre 1951: " 'Die Sehnsucht fiel nicht ins Parkett,' 'Das wäre selbst Courths-Mahler zuviel,' man sehe alle 'Pusteln der Unreife,' von diesem 'traumverlorenen Blick' habe man bald genug und lasse sich die Dinge nicht gern zwei-, dreimal erzählen."[68] Ulrich Weissstein nennt den Poeten Pedro beiläufig eine "Tiresias figure."[69] Man fühlt sich versucht, darüber hinauszugehen und zu behaupten, Pedro sei eine überflüssige Poeten-

---

66 Vgl. Hans Bänziger: Frisch und Dürrenmatt, S. 56.
67 Eduard Stäuble: Max Frisch, S. 68.
68 Hans Bänziger: Frisch und Dürrenmatt, S. 57, 268.
69 Ulrich Weisstein: Max Frisch, S. 100.
70 Hans Bänziger: Frisch und Dürrenmatt, s. 56.

und Spielleiter-Figur, da der Verfasser bereits fleißig genug "arrangiere." Wie schon Hans Bänziger von "verbrauchten" Motiven und Mitteln ("Gebrauchsgut Hollywoods") spricht,[70] so auch Hellmuth Karasek von "einem Vokabular, das seine kräftigen Bilder einem bereits abgesicherten, ja gefährdeten Bestand verdankt. Daß die Sehnsucht Hawaii heißt – diese Erfahrung teilt das Stück ja mit ungezählten Schlagern, und auch die Abenteuer, die da als Seeräuberdasein auftauchen, verwerten eine abgesicherte Bildwelt."[71] Und noch schneidender drückt sich Manfred Durzak aus: "Das Unbehagen an dieser ästhetisierten Geographie [= 'naive Märchenland-Vorstellungen' –] hat sich inzwischen gerade am Beispiel von Korea und Kuba erheblich gesteigert [...] Wo Frisch [...] bewußt einfach sein will, wird er ungewollt trivial [...] Im Zeitalter des künftigen Massentourismus hätte Frischs Rittmeister sein Fernweh, an dem fast seine Ehe zerbrochen wäre, durch eine dreiwöchige Weltreise bequem kompensieren können. Auch unter diesem – hier übertriebenen – Aspekt verrät sich ein Anachronismus in der Konstruktion dieses Dramas [...] Die für Frisch sicherlich zentrale Thematik der Identitätssuche wird hier in ein Spielfeld projiziert, das die Wirklichkeit mit unverbindlichen Märchenkonstellationen überdeckt."[72] Zugespitzt fragt Jürgen Schröder: "Redet und schreibt Max Frisch nicht einem subjektivistischen, narzißhaften und esoterischen Theater der Innerlichkeit das Wort? Schließt es sich nicht hermetisch nach außen ab?"[73] Schröders Frage zielt auf Frischs Gesamtwerk, trifft aber ganz besonders ein Theaterstück wie *Santa Cruz*. Halten wir uns vielleicht an Ulrich Weissteins vorsichtigeres Urteil: "In Frisch's career, the work [*Santa Cruz*] marks the end of the first major phase of artistic growth, a period in which topical matters and contemporary life are still excluded from the fictional world, while being reflected in *feuilletons* and diaries."[74] – Die individualpsychologische Konstellation und – damit untrennbar verbunden – der gesellschaftliche Standort, der in der Darstellung des *Lebens* – des wirklichen und des erträumten – in diesen frühen Werken sichtbar wird, scheint in gewisser Weise verbindlich zu bleiben für die weitere literarische Produktion Frischs. Seine Problematik ist von Christa Wolf treffend erfaßt worden. Wir gestatten uns, den Leser auf ihren Essay *Max Frisch, beim Wiederlesen oder: Vom Schreiben in Ich-Form*[75] hinzuweisen.

71 Hellmuth Karasek: Max Frisch, S. 21.
72 Manfred Durzak: Dürrenmatt, Frisch, Weiss, S. 164f.
73 Jürgen Schröder: Spiel mit dem Lebenslauf, S. 55.
74 Ulrich Weisstein: Max Frisch, S. 96.
75 Christa Wolf: Max Frisch. Beim Wiederlesen oder: Vom Schreiben in Ich-Form. In: Walter Schmitz (Hrsg.): Über Max Frisch II, S. 11–18.

MANFRED DURZAK

Thornton Wilder,
ein Lehrmeister des Dramatikers
Max Frisch

I. Am Ende von Wilders Stück[1] hat seine amerikanische Jedermann-
Familie, die den nur geringfügig veränderten griechischen Namen Mensch
trägt, in einem planetarischen Überblick über einige Jahrtausende menschlicher Geschichte nach Eiszeit und Sintflut die dritte Katastrophe, den Krieg,
überstanden. Die durch alle Katastrophen gleichsam unberührt hindurch-
gehende, die assimilationsfähige und sich immer angleichende und die im
Kern gleichbleibende Natur verkörpernde Sabina, ehemalige Geliebte[2] und
Küchenmagd des eiszeitlichen Antrobus, im zweiten amerikanischen Jahrhundert spielenden Akt als Miss Fairweather Schönheitskönigin und Verführerin des zum Präsidenten aufgestiegenen Antrobus, der sich von seiner Frau
scheiden lassen und Sabina heiraten will, im dritten Nachkriegsakt wiederum
Küchenmädchen, biblische Lilith[3] und griechische Helena[4] ineins und als aus
ihrer Rolle fallende Schauspielerin Miss Somerset zugleich auch Reflexions-
medium — diese Sabina steht am Ende des Stückes in der gleichen Haltung da
wie am Anfang, aus dem Fenster schauend und in Erwartung des aus seinem
Büro heimkehrenden Mr. Antrobus: "Pray God nothing serious has happened
to him crossing the Hudson river. But I wouldn't be surprised. The whole
world's at sixes and sevens, and why the house hasn't fallen down about our
ears long ago is a miracle to me." (250)

1 Zitiert hier und im folgenden nach der Ausgabe *Three Plays.* New York 1957; 105—
   250.
2 Vgl. 119.
3 Vgl. dazu die Hinweise von Papajewski: "Unter den weiblichen Personen ist Mrs.
   Antrobus die Eva, d.h. hebräisch die Mütterliche, die das Feuer für das Leben bewahrt. Ihr wird Sabina als die andere Eva, die Verführerin, gegenübergestellt [...] Sie
   ist die Tochter der in der talmudischen Überlieferung vorkommenden Lilith, der
   Nächtlichen und Dämonischen . . ." (Thornton Wilder. Frankfurt/Main 1961; S. 107)
4 Vgl. Sabinas Äußerung im zweiten Akt: "When all those husbands just think about
   me they'll get dizzy. They'll faint in the streets. They'll have to lean against
   lampposts. — Esmeralda, who was Helen of Troy?" (171) Bei der ersten Polonaise
   der Masken in Frischs *Chinesischer Mauer* wird ausdrücklich auch "Helena" (158)
   erwähnt.

Aber noch während dieser das Drama zyklisch schließenden Wieder-
holungsszene, die den Kreislauf der Geschichte sinnfällig zum Ausdruck
bringt und mit dieser szenisch dokumentierten Gleichförmigkeit zugleich die
Hoffnung verbindet, daß es so wie bisher weitergehen wird, nämlich daß man
den auftauchenden Katastrophen immer knapp entkommt, tritt Sabina in
einem letzten Illusionsbruch an die Rampe und redet das Publikum direkt
an: "We have to go on for ages and ages yet. You go home. The end of the
play isn't written yet. Mr. and Mrs. Antrobus! Their heads are full of plans
and they're as confident as the first day they began, – and they told me to
tell you: good night." (250)

Die Aufforderung an den Zuschauer, das offene Ende des Stückes
gleichsam in sein eigenes Leben einmünden zu lassen und der Reflexion der
Geschichte aus der Gegenwart heraus eine neue Wendung zu geben, wird
freilich zugleich abgebogen durch das Identifikationsbeispiel des Ehepaares
Antrobus, das sich mit neuen Ideen und altem Selbstbewußtsein der Zukunft
zuwendet. Die Katastrophe des Zweiten Weltkrieges – der japanische
Überfall auf Pearl Harbour hat unmittelbar auf die Konzeption des Stückes
eingewirkt[5] – scheint überwunden, und das Leben, so scheint es, beginnt
seine Runden von vorn.

Schon wenige Jahre später begann Wilder selbst die implizierte Idylle
dieses Schlusses fragwürdig zu werden, auf dem Hintergrund einer Kata-
strophenvision, die alles bisher Dagewesene durch ihr apokalyptisches
Ausmaß in den Schatten stellte, in den Schatten des Atompilzes der Bombe
von Hiroshima. In einem Gespräch ist Wilder unmittelbar darauf eingegangen
und hat dem Schlußsatz Sabinas: "The end of the play isn't written yet."
(250) eine neue Bedeutung gegeben: "I've often been asked to write Act IV
of 'The Skin of Our Teeth', he said. 'When the play had its première in
Milan, the director arranged to have newsboys race down the aisle right after
the final curtain shouting 'The H-Bomb has been dropped. Act IV . . .' "[6]

Max Frischs *Chinesische Mauer*[7] stellt in gewisser Weise diesen vierten
Akt von *The Skin of Our Teeth* dar, die Fortsetzung des Stückes, zwar

---

5 Vgl. dazu die Ausführungen von Richard H. Goldstone: Thornton Wilder. An Intim-
   ate Portrait. New York 1975; S. 163.
6 Flora Lewis: Thornton Wilder at 65 Looks Ahead and Back. In: New York Times
   Magazine v. 15.4.1962; S. 28.
7 Zitiert im folgenden nach der Fassung von 1955 in der Ausgabe *Stücke* Bd. I, Frank-
   furt/Main 1962; 149–245. Zu den Unterschieden dieser Fassung im Vergleich
   mit den Fassungen von 1946 und 1965 vgl. vor allem die Ausführungen von Peter
   Gontrum: Max Frisch's 'Die Chinesische Mauer': A New Approach to World Theater.
   In: Revue des Langues Vivantes 36/1 (1970) S. 35–44, desgleichen Ulrich Weisstein: Epic Welttheater. In: U. W., Max Frisch. New York 1967; S. 117–125. Auf
   die umfangreiche Forschungsgeschichte der *Chinesischen Mauer* soll hier nicht im
   einzelnen eingegangen werden, vgl. dazu u.a. die Ausführungen des Verf. in Dürren-

nicht auf der Ebene der direkten Adaption und Weiterführung im allego-
risch-archetypischen Handlungsmodell von Wilder, sondern die Wiederauf-
nahme der Fragestellung auf einer neuen Ebene der dramatischen Beweisführung und der Versuch, die Antwort Wilders weiter voranzutreiben im
Angesicht einer Situation, die vom Bewußtsein der letzten, endgültigen
Katastrophe, der atomaren, bereits gezeichnet ist. Das in der Erstfassung
1946 entstandene Stück steht unmittelbar unter dem Eindruck der Atombombe von Bikini, die, nach dem Zerstörungsschock der über Hiroshima
abgeworfenen Bombe, gewissermaßen den Eindruck erweckte, als gelänge es
dem Menschen auch hier nochmals, sich aus der Rolle des Zauberlehrlings zu
befreien und zum Meister der entfesselten Naturkräfte zu werden.

Im frühen *Tagebuch*[8] reflektiert Frisch darüber: "In allen Zeitungen
findet man die Bilder von Bikini [...] Das alles ändert nichts an der
grundsätzlichen Freude, die dieses Ereignis auslöst. Bei Hiroshima, als
Hunderttausende daran starben, war solche Freude nicht möglich. Diesmal
ist es nur eine Hauptprobe [...] Aber alles das, kein Zweifel, wird sich
verbessern lassen, und der Fortschritt, der nach Bikini führte, wird auch den
letzten Schritt noch machen: die Sintflut wird herstellbar. Das ist das
Großartige. Wir können, was wir wollen, und es fragt sich nur noch, was wir
wollen; am Ende unsres Fortschrittes stehen wir da, wo Adam und Eva
gestanden haben; es bleibt uns nur noch die sittliche Frage." (67f.)

Diese Reflexion findet sich fast wörtlich wieder im zwanzigsten Bild der
Chinesische Mauer, in der gegen den chinesischen Kaiser Hwang Ti, den
Erbauer der großen Mauer, gerichteten Anklage des Heutigen, die ihm
ironischerweise als Beispiel von Poesie am Ende den Beifall der Politiker und
des Kaisers einträgt: "Die Sintflut ist herstellbar. Technisch kein Problem. Je
mehr wir (dank der Technik) können, was wir wollen, um so nackter stehen
wir da, wo Adam und Eva gestanden haben, vor der Frage nämlich: Was
wollen wir? vor der sittlichen Entscheidung ..." (232) Das Tagebuch führt
zur Erläuterung dieser sittlichen Frage noch hinzu: "es liegt an uns, ob es
eine Menschheit gibt oder nicht." (67)

---

matt, Frisch, Weiss. Deutsches Drama der Gegenwart zwischen Kritik und Utopie.
Stuttgart 1972; S. 174—185, ferner die Interpretationen von Manfred Jurgensen: Max
Frisch. Die Dramen. Berlin 1968; S. 56—65, von Gerhard Kaiser: Max Frischs Farce
'Die Chinesische Mauer.' In: Über Max Frisch; hrsg. v. Thomas Beckermann. Frank-
furt/Main 1971; S. 116—136, von Walter Jacobi: Max Frischs 'Die Chinesische Mauer':
Die Beziehungen zwischen Sinngehalt und Form, von Günter Waldmann: Das Ver-
hängnis der Geschichtlichkeit. Max Frisch: 'Die Chinesische Mauer; in: Max Frisch —
Beiträge zur Wirkungsgeschichte; hrsg. v. Albrecht Schau. Freiburg i.Br. 1971; S. 211—
224 u. 225—233 und von Rémy Charbon: Die Naturwissenschaften im modernen
deutschen Drama. Zürich 1974; S. 62—70.

8 *Tagebuch 1946—1949.* Frankfurt/Main 1970; im folgenden wird stets nach dieser
Ausgabe zitiert.

Die mittels der Technik möglich gewordene völlige Verfügbarmachung der Welt hat gleichsam die Situation Adams und Evas vor dem Sündenfall im Paradies noch einmal heraufgeführt. Es liegt nochmals in ihrer Entscheidungsgewalt, den Kreislauf der Erbsünde wieder von vorn zu beginnen, der diesmal freilich nicht nur zur Vertreibung aus dem Paradies führen wird, sondern aller Voraussicht nach zum Finale der endgültigen Katastrophe. Die Alternative Adams und Evas wäre, der Verführung der Schlange, nämlich der Technologie – der Hybris, Gott gleich werden zu wollen –, zu widerstehen, sich auf ihre Menschlichkeit zu besinnen und in der Verwirklichung ihrer Liebe diese Menschlichkeit – ohne den Biß in den Apfel – Gestalt annehmen zu lassen.

Das Shakespearesche Liebesduett von Romeo und Julia, das Frischs Drama zyklisch zusammenführt[9] und das Gegengewicht bildet zu der sich am Ende gleichfalls neu formierenden Polonaise der Masken, wird in der Liebe zwischen dem Heutigen und der chinesischen Prinzessin Mee Lan, die ihr altes Ich abstößt und aus der Geschichte in die Gegenwart des Heutigen übertritt, variiert und als utopische Antwort Frischs auf die im Stück thematisierte "sittliche Frage" glaubhaft gemacht.

Die Beziehungen zu Wilder liegen hier auf der Hand, da er zu Anfang seines Stückes den die "News of the World" (109) kommentierenden Announcer ausdrücklich unter den im Theater gefundenen Gegenständen erwähnen läßt: "Among these objects found today was a wedding ring, inscribed: To Eva from Adam. Genesis II:18." (110) Als biblisches Paar Adam und Eva erscheinen nicht nur Mr. and Mrs. Antrobus, deren Sohn Henry eigentlich Cain heißt und seinen Bruder Abel erschlagen hat,[10] sondern der Sinn dieser biblischen Mythisierung wird zugleich in einer auf Frisch vorausdeutenden Weise vom Announcer ironisch bestimmt, der über die Verwendung des Ringes äußert: "The ring will be restored to the owner or owners, if their credentials are satisfactory." (110)

Auch Wilders Stück läßt sich als Untersuchung dieser "credentials" verstehen, als Frage danach, inwieweit in der zwischenmenschlichen Beziehung zwischen Mr. and Mrs. Antrobus noch jene Liebe die Basis abgibt, die sie allein als erstes Menschenpaar, Adam und Eva, legitimiert und den Fortlauf der Geschichte als einer menschlichen Geschichte sinnvoll und damit die Überwindung der immer neuen Katastrophen möglich macht. Hier bildet sich eine thematische Grundlinie in Wilders Stück ab, die Frisch in seinem Stück wiederaufgenommen, variiert hat und grundsätzlich in der gleichen utopischen Hoffnung gipfeln läßt.

9 Das entspricht strukturell der Sabina-Szene am Anfang und am Ende von *The Skin of Our Teeth.*
10 Vgl. 113.

II. Das ist bei weitem nicht die einzige Affinität, die sich zwischen Wilders und Frischs Stück abzeichnet. Und es handelt sich auch keineswegs um unfreiwillig zustande gekommene Analogien, sondern um Ähnlichkeiten, die sich als produktive literarische Weiterverarbeitung von Anregungen verstehen lassen, die auch entstehungsgeschichtlich direkt mit der Rezeption von Wilders Stück verbunden sind. Frischs Stück ordnet sich damit einem alexandrinischen Kontext ein, der bereits Wilders Stück umgibt, der hier nicht nur Anregungen von Pirandellos *Sei personnagi in cerca d'autore* verarbeitet hat[11] − ein Stück, das er kurz vor der Entstehung von *The Skin of Our Teeth* für Max Reinhardt einrichtete −, sondern auch von Joyces *Finnegans Wake*,[12] eines Romans, der ihn sehr beschäftigt und zu einigen offenkundigen Anleihen inspiriert hat. Zu einem geringeren Ausmaß gehört zu diesen alexandrinischen Voraussetzungen von Wilders Stück auch ein möglicher − allerdings nur dramentechnischer − Einfluß von Brecht,[13]

---

11 Vgl. dazu die Ausführungen von Goldstone: "[...] Wilder had attended one of the première performances of Pirandello's masterpiece during his Roman sojourn, 1920–21, and in 1941 − during the composition of 'The Skin of Our Teeth' − he was actually revising 'Six Characters' for Max Reinhardt." (S. 175)

12 Das wurde bekanntlich zum Anlaß eines Aufsehen erregenden Plagiatsvorwurfes: Joseph Campbell/Henry Morton Robinson: The Skin of Whose Teeth? The Strange Case of Mr. Wilder's New Play and 'Finnegans Wake.' In: Saturday Review of Literature v. 19.12.1942, S. 3f. Wilder hatte im Jahr davor einen Aufsatz über seine Beschäftigung mit Joyce veröffentlicht: James Joyce. In: Poetry. A Magazine of Verse (März 1941), S. 370–374.

13 Vgl. dazu die im ganzen nicht überzeugenden Ausführungen von Douglas Charles Wixson: The Dramatic Techniques of Thornton Wilder and Bertolt Brecht: A Study of Comparison. In: Modern Drama 15 (1972) S. 112–124. Vor allem wird von Wixson übersehen, daß die theatertechnischen Innovationen, die er ausschließlich Brecht zuschreibt, auf dem Hintergrund der damaligen Theatersituation Berlins vor allem mit den imponierenden Regieleistungen Erwin Piscators verbunden waren, die sich Brecht freilich in seinen Stücken und in seiner Theorie zu Nutze machte. In den bisher im ganzen unveröffentlichten Anweisungen Wilders für die Uraufführung von *The Skin of Our Teeth* läßt sich dieser Hinweis auf Piscator indirekt aus der Erwähnung des deutschen Expressionismus erschließen: "At various moments the play superficially resembles other modes, but never thoroughly and never for long: 'dream plays', German expressionism; a comic strip; musical comedy turns. Its prevailing and unifying character is Old Fashioned American Stock Company Theatre." (Zitiert nach Erwin Häberle: Das szenische Werk Thornton Wilders. Heidelberg 1967; S. 96) Viel gravierender als die vagen Analogien zu Brecht sind daher Affinitäten zu gewissen populären amerikanischen Komödientraditionen, worauf Mary McCarthy, etwa im Hinweis auf Techniken der Komiker Olsen und Johnson, aufmerksam macht: "Thornton Wilder's latest play, 'The Skin of Our Teeth', is a spoof on history. For all its air of experimentation, its debt to Joyce, as yet unacknowledged, its debt to Olsen and Johnson, paid in full, it belongs to a tradition familiar and dear to the Anglo-Saxon heart. That is the tradition of 'Road to Rome', 'Caesar and Cleopatra', 'Hamlet' in modern dress, 'Julius Caesar' in uniforms. Its mainspring is the anachronistic joke, a joke both provincial and selfasserting [...]" (Sights and Spectacles. New York 1956; S. 51)

dessen *Dreigroschenoper* Wilder im Winter 1928/29 während eines ausgedehnten Theateraufenthaltes in Berlin (und Wien) kennengelernt hat. Wilder hat diese entstehungsgeschichtlichen Zusammenhänge später ohne weiteres eingeräumt und ironisch kommentiert: "I do borrow from other writers, shamelessly! I can only say in my defence, like the woman brought before the judge on a charge of kleptomania, 'I do steal; but, Your Honor, only from the very best stores.' "[14]

Während sich Wilder jedoch erst relativ spät, so im Vorwort zu *Three Plays* ernsthaft zu dem *The Skin of Our Teeth* dominierenden Vorbild von Joyces *Finnegans Wake* bekannt hat,[15] ist Frisch im frühen Tagebuch direkt auf Wilders Stück, das nach 1945 einen triumphalen Erfolg in Deutschland[16] und der Schweiz hatte, eingegangen und diskutiert einen wichtigen Aspekt des Stückes im Zusammenhang mit den Überlegungen über die Atombombe von Bikini und dokumentiert damit unmittelbar den werkgeschichtlichen Konnex zwischen der Wirkung der möglichen nuklearen Katastrophe und der ihn beschäftigenden Reflexion in Wilders Stück: "Immer wieder gibt es Dichter, welche die Rampe überspielen; [...] ich denke an Thornton Wilder, wo Sabine sich einmal an die Zuschauer wendet mit der leidenschaftlichen Bitte, sie möchten auch ihre Sessel hinaufgeben zum Feuer, das die Menschheit retten soll. Auch hier [...] soll ein Vorbild hinausgetragen werden ins wirkliche Leben, indem sich das Kunstwerk auf das gleiche Pflaster stellt, wo sie selber stehen und gehen. Es fragt sich, ob das Vorbild dadurch wirksamer wird, wenn es auf die Entrückung verzichtet. Er hat, wenn wir an den Ausruf jener Sabine denken, jedenfalls den kurzen Gewinn der Überraschung; daß er nur kurz sein kann, hat auch Wilder gewußt: sofort danach läßt er den Vorhang fallen." (69)

Diese auf das Ende des ersten Aktes in *The Skin of Our Teeth* bezogene Reflexion Frischs präzisiert ein formales Element in Wilders Komödie, das die Formstruktur von Frischs Stück ganz entscheidend beeinflußt hat: die Ineinanderschiebung verschiedener Zeitebenen, die von einem epischen Bewußtsein[17] organisierte Simultaneität, deren personale Verkörperung in *Our Town* der Stage Manager ist und sich in *The Skin of Our Teeth* auf die Rollen des anonym bleibenden Announcers, des gelegentlich vermittelnd in die Inszenierung des Stückes eingreifenden Mr. Fitzpatrick, des Stage Managers, und der sich personal wandelnden und als Miss Somerset aus ihrer Rolle fallenden und sich ans Publikum wendenden Sabina verteilt.

---

14 Zitiert nach Goldstone S. 180.
15 Vgl. "Preface," S. XIV.
16 Vgl. Horst Frenz: The Reception of Thornton Wilder's Plays in Germany. In: Modern Drama 3/2 (1960) S. 123–137.
17 Vgl. dazu u.a. die Ausführungen von Peter Szondi: Episches Ich als Spielleiter (Wilder). In: P.S.: Theorie des modernen Dramas. Frankfurt/Main 1966; S. 139ff.

Die Einheit des epischen Bewußtseins, die hier aufgespalten ist, läßt sich bei Frisch in der Figur des Heutigen erkennen, der ähnlich wie der Stage Manager in *Our Town* Erinnerungs- und Verbindungsmedium der einzelnen Szenen, Spielleiter und Kommentator zugleich ist und die nicht mehr in der sich episodisch aufsplitternden Fabel vorhandene Handlungseinheit durch sein Bewußtsein und seine Person herstellt. Ganz analog ist die Funktion des Heutigen angelegt, der im "Vorspiel" zur *Chinesischen Mauer* als Handlungsort ausdrücklich "unser Bewußtsein" (156) bestimmt, wobei das Possessivpronomen von dem Repräsentationsgewicht seiner Rolle legitimiert wird: "Ich spiele darin die Rolle eines Intellektuellen." (156) Das gegenwärtige intellektuelle Bewußtsein, das der Heutige verkörpert, ist also der Handlungsort des Stückes, und da die Dimension des Bewußtseins als Erinnerung, Gedächtnis, Vorausahnung oder Hoffnung die Zeit ist, spielt das Stück eigentlich in der Dimension der Zeit.

Aus dieser episch verwirklichten Simultaneität, die szenisch durch bestimmte, epische Einheit verkörpernde Personen gesteuert wird, die zwischen den verschiedenen Zeitebenen wechseln, erwachsen bei Wilder im Aufbau der einzelnen Szenen ganz bestimmte formale Konsequenzen, die sich auch analog bei Frisch erkennen lassen. Beide erschließen sich damit ein Reservoir komischer sprachlicher Effekte, die sich inhaltlich als Verwendung von Anachronismen charakterisieren lassen und im sprachlichen Detail die gleiche Reflexionsbewegung vorführen, die sich personal etwa bei Sabina oder dem Heutigen zeigt, nämlich die Allgegenwärtigkeit des epischen Bewußtseins, das alle Zeit- und Geschichtsebenen zitierbar zur Verfügung hat.

So ist Mr. Antrobus im ersten Akt gerade erst dabei, das Alphabet zu erfinden, empfiehlt jedoch seiner Frau in einem Telegramm, das sie über seine verspätete Heimkehr ins mittelständische amerikanische Vorstadt-Heim in Excelsior, New Jersey informiert: "burn everything except Shakespeare." (124) Desgleichen ist es bereits möglich, Telegramme zu versenden, während der das Telegramm verlesende Bote andererseits gerade jubelnd von Mr. Antrobus' neuester Erfindungstat berichtet: "Three cheers have invented the wheel." (128) Auch der Dinosaurier und das Mammut,[18] die in dem Wohnzimmer der Familie Antrobus vor der Kälte Zuflucht suchen, sind Beispiele eines solchen Anachronismus.

Frisch bedient sich einer analogen Technik und läßt den Heutigen so im Gespräch mit der Prinzessin Mee Lan "von der Wasserstoffbombe" (181) berichten, während die gelangweilt Zuhörende hintereinander drei Zeremonienmeister ihres kaiserlichen Vaters, die dem Heutigen die Schlinge um den Hals legen wollen, ihrerseits mit dieser Schlinge erhängen läßt. Als der im Krieg erfolgreiche, um Mee Lan werbende chinesische Prinz erneut von ihr

18 Vgl. 122f.

verschmäht wird, begründet sie ihre Haltung so: "ich war verliebt in Ihren neuen Helm (wie sich die Mädchen heutzutage verlieben in einen Porsche oder Mercedes) —" (207)

Auch die satirische Entlarvung durch eine unfreiwillig zustandekommende Selbstaussprache der Akteure findet sich bereits bei Wilder angedeutet, wird jedoch bei Frisch viel stärker zu einer handlungstragenden Szene ausgebaut. So äußert etwa der Präsident Antrobus in seiner Antrittsrede vor der Gesellschaft der Säugetiere in Atlantic City, ins Stottern geraten und von seiner Frau mit den Stichwort "Confidence" (164) unterstützt, in einer Freudschen Fehlleistung: "With complete lack of confidence, that a new day of security is about to dawn." (164) Ein ganz ähnliches Malheur passiert kurze Zeit später seiner Frau, als sie vom Announcer auf ihren fünftausendsten Hochzeitstag aufmerksam gemacht wird und entgegnet: "I don't know if I speak for my husband, but I can say that, as for me, I regret every moment of it." (166) Die beiden unfreiwilligen Geständnisse sind zugleich Vorwegnahmen der tatsächlichen Entwicklung, die dann eintritt: der Sintflut, die jedes Versprechen von Sicherheit Lügen straft, und der Verführung von Antrobus durch "Miss Lily-Sabina Fairweather" (167), der Schönheitskönigin, die Antrobus zu seiner neuen Frau machen will.

Bei Frisch gewinnt die unfreiwillige sprachliche Selbstentlarvung Hwang Tis ein ganz anderes szenisches Gewicht, da im 18. Bild die im "Vorspiel" entwickelte Nebenhandlung um die chinesische Bäuerin Olan, "die niemals eine Rolle spielt in der Geschichte der Welt" (152) und die mit ihrem stummen Sohn Min Ko in die Stadt kommt, um den Kaiser anzuklagen: "Ein Henker. Ein Mörder." (153), mit der politischen Haupthandlung des chinesischen Kaisers Hwang Ti verbunden wird. Denn Min Ko, der die "Stimme des Volkes" (155) genannt wird, lebt als "letzter Widersacher" (155) Hwang Tis im Land und soll, von dessen Häschern ergriffen, gefoltert und vor Gericht gestellt, seine Schuld eingestehen. Der schweigende Stumme, der durch sein Schweigen den Kaiser in Zorn versetzt, provoziert ihn schließlich dazu, sich selbst alles das vorzuwerfen, was er als Vorwurf Min Kos gegen sich unterstellt: "Ich bin nicht der Retter eures Vaterlandes, ich bin ein Räuber am Volk, ein Mörder am Volk, ein Verbrecher — bestreite es, wenn du kannst!" (217)

Der Doppelsinn des Schlußsatzes setzt den Schlußpunkt unter dieses unfreiwillige Geständnis. Denn so wenig der Stumme den unterstellten Vorwurf bestreiten kann, so wenig läßt sich der Vorwurf an sich bestreiten, da er völlig zu Recht besteht. Die dialektische Selbstaussprache, die Frisch hier zur szenischen Widerlegung Hwang Tis werden läßt, geht in der künstlerischen Differenziertheit weit über die Freudschen Fehlleistungen des Ehepaares Antrobus bei Wilder hinaus, auch wenn sich im Kern der gleiche Vorgang erkennen läßt.

In diesem Katalog punktueller Mittel der Sprachkomik läßt sich in diesem Zusammenhang auch auf den satirisierenden Kalauer verweisen, den

Wilder wie Frisch einsetzen. Als der zum Präsidenten der "Mammals", der Säugetiere Gattung Mensch, gewählte Mr. Antrobus im zweiten Akt die Devise seiner Präsidentschaft verkündet: "Enjoy Yourselves." (164), ahnt er noch nicht die ironische Umkehrung seines Mottos am Ende des zweiten Aktes im spöttischen Rat der Wahrsagerin für die Horde von betrunkenen und flanierenden Kongreßbesuchern in Atlantic City, die vor der sich ankündenden Sintflut in Aufruhr geraten sind. Sie ruft ihnen zu: "Paddle in the water, boys – enjoy yourselves." (211)

Einen ganz ähnlichen Effekt erreicht Frisch im dritten Bild der *Chinesischen Mauer,* als sich der Heutige in der Pose des Schillerschen Marquis von Posa vor Philipp II. auf die Knie wirft und bittet: "Sire! – Geben Sie die vier Freiheiten . . . Erstens die Gedankenfreiheit –" (170) und der den Masken gleichzeitig Whisky servierende Kellner dazwischen spricht: "Mit oder ohne Gin? " (170)

III. Aber wichtiger als diese punktuellen Momente der Sprachkomik, die zudem kollektiver Besitz der Komödientradition sind,[19] scheinen jene strukturellen Brüche zu sein, die als Illusionszerstörung, gestisch im Schritt an die Rampe und aus der zu spielenden Rolle heraus, szenisch konkretisiert werden und Wirklichkeit und Theater einander näherrücken und damit zugleich das theatralisch Demonstrierte gleichsam in der Wirklichkeit der Zuschauer verankern wollen. Frisch erwähnt im Tagebuch selbst als Beispiel den Schlußsatz Sabinas im ersten Akt, als die Kälte der sich ausbreitenden Eiszeit unerträglich wird und Sabina auf der Suche nach Brennmaterial die Platzanweiser auffordert: "Usher, will you pass the chairs here up? Thank you." (159) und sich schließlich direkt an die Zuschauer wendet: "Pass up your chairs, everybody. Save the human race." (160)

Im Gestus erscheint das ganz ähnlich bei Frisch, etwa im elften Bild der *Chinesischen Mauer,* als sich der die Unbelehrbarkeit der politischen Gewalt verkörpernde chinesische Feudalherr Hwang Ti plötzlich an die Zuschauer wendet: "Ich weiß genau, was ihr denkt, ihr da unten. Aber ich lächle über eure Hoffnung. Ihr denkt, noch heute abend werde ich von diesem Thron gestürzt, denn das Spiel muß doch ein Ende haben und einen

---

19 Das gilt etwa für sprachliche Slapstick-Gags wie im zweiten Akt von *The Skin of Our Teeth,* wenn Antrobus sich gerade mit einer heuchlerischen Begründung von seiner Frau trennt und der Chor der Bingo-Spieler dazwischen brüllt: "Bingo!!" (199), oder die "Conveeners" dem sich auf die Sintflut einstellenden Antrobus, der die Arche mit je einem Paar von Tieren füllt, zurufen: "George, setting up for Barnum and Bailey." (209) Gemeint ist der berühmte amerikanische Zirkus. Ähnliche Gags finden sich auch bei Frisch, so wenn er zu Beginn des achten Bildes beim "Aufmarsch der Eunuchen zum Empfang des Kaisers" (185) einen als Eunuchen angesprochenen Journalisten beleidigt reagieren läßt: "Wenn ich bitten darf: wir sind keine Eunuchen, wir sind die Herren von der Presse!" (185)

Sinn, und wenn ich gestürzt bin, könnt ihr getrost nach Hause fahren, ein Bier trinken [. . .] Das könnte euch so passen. Ihr mit eurer Dramaturgie! Ich lächle. Geht hinaus und kauft eure Zeitung, ihr da unten, und auf der vordersten Seite, ihr werdet sehen, steht mein Name. Denn ich lasse mich nicht stürzen; ich halte mich nicht an Dramaturgie." (194)

Auch hier werden die Zuschauer dazu aufgefordert, den Schritt über die Rampe gleichsam mitzuvollziehen, indem sie das auf der Bühne Dargestellte in seinen Konsequenzen auf ihr eigenes Leben beziehen: die Parabel von Hwang Ti in den Zeitungsnachrichten über politische Diktatoren der Gegenwart wiedererkennen. Es handelt sich jedoch nicht nur um einen Appell gegen die immanent im Theater angelegte Neigung zur ästhetischen Neutralisierung, die die szenische Parabel mit den benutzten Kulissen im Theaterfundus verschwinden läßt anstatt die intendierte Bedeutung in die Realität hinauszutragen, sondern auch um eine Reflexion der dramatischen Form. Denn die auf finale Geschlossenheit gerichtete traditionelle Dramaturgie, die mittels psychologischer Verknüpfung alles ins rational verstehbare Muster übersetzt und allem einen Anfang und ein Ende setzt, ergibt das unterschwellig wirksame ideologische Verständnismuster, das auch auf die Politik angewandt wird und im äußerlichen Wechsel der Akteure und der Handlung zugleich ein Voranschreiten der Geschichte zu erkennen glaubt. Der Wiederholungszwang der Geschichte, der so zustande kommt, ist das ideologische Fundament der Macht, auf das Hwang Ti und seinesgleichen sich stützen.

Der paradoxe Satz: "Ich halte mich nicht an Dramaturgie." (194) bedeutet also eigentlich, daß ihn diese Dramaturgie als Denkmechanismus an der Macht hält und daß die Aufhebung dieses Kreislaufs der Macht, der sich am Ende konkret darin zeigt, daß der rebellierende, von Mee Lan verschmähte Prinz Hwang Ti zwar stürzt, aber alles wie bisher fortsetzt, erst dadurch möglich würde, wenn auch diese Dramaturgie und damit die konventionalisierten Formen der Literatur aufgehoben würden. Das erweist sich also indirekt als eine Reflexion der Form des Stückes, das in seiner gegen finale Handlungskausalität und einheitliche Fabel gerichteten Tendenz bereits Momente anklingen läßt, die erst wesentlich später für Frischs Schaffen beherrschend wurden und so zum Beispiel in seinem Stück *Biografie* zum Versuch der Begründung einer neuen Dramaturgie geführt haben.[20]

---

20 Vgl. dazu etwa Frischs Äußerungen in seiner *Schiller-Rede* von 1965: "Die Fabel, die den Eindruck sich zu erwecken bemüht, daß sie nur so und nicht anders hätte verlaufen können, befriedigt zwar eine Dramaturgie, die uns als klassisches Erbe formal belastet: eine Dramaturgie der Fügung, eine Dramaturgie der Peripetie. Nun gibt es aber nichts [. . .] Langweiligeres als die Befriedigung dramaturgischer Postulate [. . .] was wir erkennen möchten im Theater, unsere Existenz-Erfahrung, genau das verhindern sie." (96f., in: M.F.: *Öffentlichkeit als Partner*. Frankfurt/Main 1970; 90–99) Vgl. dazu auch Frischs Briefwechsel mit Walter Höllerer: *Dramaturgi-*

Auch bei Wilder läßt sich in diesen Illusionsbrüchen eine Spiegelung der eigenen dramatischen Absicht erkennen, aber ohne diesen starken ideologiekritischen Impetus wie bei Frisch, sondern stärker orientiert am Thema des eigenen Dramas. Die bei weitem meisten Illusionsbrüche bei Wilder sind szenisch mit der Rolle Sabinas verbunden. Bei ihrem Überspielen der Rampe und ihren direkten Appellen an das Publikum sind jedoch offensichtlich zwei Formen des Aus-der-Rolle-Fallens zu unterscheiden. Sie fällt einmal aus der Rolle der im Theaterstück zu spielenden schillernden Figur der Sabina-Lily und spielt dann die Rolle der Schauspielerin Miss Somerset, agiert also weiter innerhalb der von Wilder entworfenen ästhetischen Struktur seines Theaterspiels: sie fällt also gleichsam aus einer Rolle im Spiel in eine andere Spielrolle. Zum andern lassen sich jedoch auch Illusionsbrüche Sabinas erkennen, in denen sich ihr Bewußtsein mit dem Bewußtsein der Zuschauer identifiziert, also die Theaterrampe nicht nur scheinbar, sondern "wirklich" überspringt, indem sie die aus dem Theaterspiel hervorgehenden Konsequenzen unmittelbar mit der Haltung des Publikums zu verbinden versucht. Das letztere ist der Fall in dem von Frisch zitierten Beispiel am Ende des ersten Aktes. Das gilt auch für Sabinas Hinwendung zum Publikum am Ende des dritten Aktes. Hier läßt sich am ehesten die Technik der Verfremdung erkennen, die auch Frisch in sein Drama übernommen hat.

Eine andere und konventionellere Bedeutung kommt jedoch offenbar der ersten Gruppe von Illusionsbrüchen Sabinas zu. So tauchen in allen drei Akten Wilders Szenen auf, in denen Sabina als Miss Sommerset gegen das Stück protestiert oder es zu kommentieren versucht und vom Stage Manager Fitzpatrick ermahnt werden muß, in ihrer Rolle als Sabina fortzufahren. Was Wilder dadurch erreicht, ist einmal, Reflexionssignale für den Zuschauer zu setzen. Miss Somersets erster Protest: "I hate this play [. . .] As for me, I don't understand a single word of it [. . .] Besides, the author hasn't made up his silly mind as to whether we're living back in caves or in New Jersey today [. . .]" (115) antizipiert und reflektiert zugleich mögliche Widerstände im Publikum gegen die ästhetische Form des Stückes. Das gilt auch für den zweiten Ausbruchversuch Sabinas als Miss Somerset gegen Ende des ersten Aktes, als sie das Publikum anredet: "Ladies and gentlemen! Don't take this play serious. The world's not coming to an end [. . .] And I advise *you* not to think about the play, either." (143) Auch hier wird gerade das Gegenteil von dem erreicht, was Sabina als Miss Somerset empfiehlt, nämlich Nachdenken über das Stück provoziert.

Die entsprechenden Szenen im zweiten und dritten Akt zeigen eine ähnliche Struktur. So weigert sich Sabina als Miss Somerset in der Mitte des zweiten Aktes jene Szene zu spielen, die ihre Verführung von Antrobus am

sches. Berlin 1969. Zu diesem Problem im Werk Frischs vgl. auch im einzelnen die Ausführungen des Verf. Dramaturgie der Permutation. In: Dürrenmatt, Frisch, Weiss; S. 231ff.

Strand von Atlantic City zeigt: "Nothing, nothing will make me say some of those lines [...] about 'a man outgrows a wife every seven years' and [...] that one about 'the Mohammedans being the only people who looked the subject square in the face.' Nothing." (192) Das ist auf der einen Seite ein Protest gegen die sich hier einschleichende psychologische Motivierungsstrategie des naturalistischen Theaters, das mit der szenischen Dokumentation der Gründe den Vorfall erklärbar und damit akzeptierbar macht, und auf der andern Seite auch ein an die Adresse des Publikums gerichtetes moralisches Verdikt gegen die Handlungsweise Lily-Sabinas, die hier mit der Zerstörung der Familie der Antrobus jenen Zustand der sinnlichen Unterjochung von Mr. Antrobus wieder heraufführen will, der im Eiszeitalter, als sie für einige Zeit die Vorgängerin von Frau Antrobus war, offenbar vorübergehend unter ihrem Einfluß stand.

Und auch die erneute Unterbrechung, mit der dieses Mal der Stage Manager Sabina am Weiterspielen hindert, nämlich eine Nahrungsmittel-Vergiftung von einigen Schauspielern, die improvisierend ersetzt werden müssen, wird von Mr. Antrobus bezeichnenderweise so kommentiert: "Ladies and gentlemen, an unfortunate accident has taken place back stage. Perhaps I should say *another* unfortunate accident." (214) Damit wird in der Tat die Deutungsperspektive analysiert, die Wilder am Beispiel dieser Illusionsbrüche zum Ausdruck bringen will. Das Stück wird selbst in seiner von immer neuen Widerständen blockierten theatralischen Verwirklichung, technischen Katastrophen, denen es gleichsam immer wieder knapp entkommt, zum szenisch-konkreten Beispiel für das, was auf der thematischen Ebene des Stückes demonstriert wird: daß die Menschheit aus den Katastrophenerfahrungen der Geschichte jeweils mit einem blauen Auge davon kommt, daß die Agonie des Untergangs jeweils knapp vermieden wird, so wie das Scheitern der theatralischen Verwirklichung des Stückes immer wieder knapp verhindert wird.[21]

Hier tritt einer der auffälligsten Unterschiede zu Frischs Stück hervor. Die ästhetische Geschlossenheit, die Wilder so strukturell verwirklicht bei aller Vermeidung einer geschlossenen Fabel, deren allegorisches Muster nur jeweils auf drei Ebenen wiederholt und modifiziert wird, läßt sich bei Frisch nicht erkennen. Zwar sind die Masken-Intermezzi Frischs auf eine solche Wiederholungsstruktur ausgerichtet. Am Ende des Stückes lädt der Kellner die Masken bezeichnenderweise zum Wiederholungstanz ein: "Die nächste

---

21 Häberle hat nicht zu Unrecht darauf aufmerksam gemacht, daß auch die stichwortartig eingeblendeten privaten Mißgeschicke der einzelnen Schauspieler dieser szenischen Beweisführung dienen: "Die Unglücksfälle auf der Bühne lassen hier also plötzliche Durchblicke auf das wirkliche Leben wirklicher Menschen frei, das im üblichen Unterhaltungstheater mit 'erfolgreichem' Stage Management normalerweise von Konventionen zugedeckt bleibt [...] In der darstellungstechnischen Katastrophe aber tritt nun plötzlich die Wahrheit über den Menschen hervor." (S. 100)

Polonaise. Die Herrschaften werden erwartet." (241) Der sich neu formierende Maskenzug wird denn auch am Ende allegorisch so beschrieben: "Auftritt der Polonaise der Maken. Sie bewegen sich in der Art einer Spieluhr: jede Figur, wenn sie vorne ist, hat das Wort und dreht sich um sich selber weiter." (243) Doch dieser Masken-Ebene des Stückes tritt die einer Lehrparabel gegenüber, die chinesische Handlungsebene, die sowohl in der Konfrontation zwischen Hwang Ti und Min Ko wie zwischen dem Kaiser und dem Heutigen eine dramatische Konfliktsituation enthält und damit ein Handlungsmuster aufgreift, das sich bei Wilder nicht erkennen läßt. Zwar macht sich auch auf der Hwang Ti-Ebene abstrakt der Wiederholungsmechanismus der Geschichte bemerkbar. Der Rebell Wu Tsiang benutzt den stummen Min Ko als politischen Märtyrer für seine Zwecke und macht sich zum neuen Herrscher, ohne an den Gesetzmäßigkeiten der politischen Macht etwas zu verändern, aber in der hier verwirklichten dramatischen Form selbst — etwa der großen Gerichtsszene — scheint viel stärker das Lehrtheater Brechts[22] durch als das Vorbild Wilders.

IV. Es ist bezeichnend, daß Frisch diese formale Doppelpoligkeit bei der Neubearbeitung seines Stückes 1955 als ästhetischen Mangel empfand: "statt die Geschichte von dem Tyrannen und dem Stummen hervorzubringen, bemüht sich das Stück, uns die *Bedeutung* eben dieser Geschichte einzupauken."[23] Er erwog sogar momentan, "das Stück auf seine blanke Handlung zu reduzieren." (389) Das hätte bedeutet, es ganz und gar in Brechtsches Lehrtheater abzuwandeln, die Ebene der Masken aus dem Stück herauszunehmen und sich auf die Handlungsweise der Figuren zu konzentrieren, wie er ja auch zwischen beiden Personengruppen bereits in den dramatis personae kategorial unterscheidet.

Werkgeschichtlich zeigt sich in dieser Einstellung die Entfernung vom Vorbild Wilders und die stärkere Annäherung an Brecht. Denn in der dramatischen Verwendung der Masken verrät sich vielleicht die auffälligste Nähe Frischs zu Wilder. Auch in *The Skin of Our Teeth* wird die kulturelle Zitierbarkeit der Vergangenheit an allegorischen Personifikationen vorgeführt. Vor der Kälte des vordringenden Eises suchen Moses und Homer[24] und die neun Musen[25] im Hause der Antrobus Schutz. Nach der Katastrophe des Krieges wird ähnlich die zivilisatorische Vergangenheit in den Gestalten von Aristoteles, Platon und Spinoza beschworen.[26] Das wird vom Stage Manager

---

22 In meiner Interpretation Verdikt der Geschichte: 'Die Chinesische Mauer' (in: Dürrenmatt, Frisch, Weiss; S. 174–185) wird der Brecht-Einfluß stark betont. Die Ausführungen hier sind als Ergänzung und Revision gedacht.
23 Zur Chinesischen Mauer; 389. In: Akzente 2 (1955) S. 386–396.
24 Vgl. 147.
25 Vgl. 146.
26 Vgl. 216.

zwar mit dem Understatement: "It's just a kind of poetic effect." (216) begründet, ist aber unübersehbar zugleich als Hinweis auf die geistigen Kronzeugen der westeuropäischen Zivilisation bei Wilder gemeint, die ebenso wichtig sind wie die Bücher, nach denen der aus dem Krieg heimkehrende Antrobus gleich verlangt.

Dieser von Wilder in den Allegorien seines Stückes verwirklichte Stilzug wird von einem der Darsteller zugleich in einer Weise beschrieben, die sich direkt mit der Begründung deckt, die Frisch für den Auftritt der Masken in seinem Stück gegeben hat. Ivy äußert: "– just like the hours and stars go by over our heads at night, in the same way the ideas and thoughts of the great men are in the air around us all the time and they're working on us, even when we don't know it." (217)

Ganz ähnlich läßt Frisch es den Heutigen in seinem Stück begründen, und hat er selbst es begründet: "Ein Heutiger, irgendein durchschnittlicher Intellektueller als Teilhaber am heutigen Bewußtsein, tritt den Figuren gegenüber, die unser Hirn bevölkern: Napoleon, Cleopatra, Philipp von Spanien, Brutus, Don Juan, Inconnue de la Seine, Columbus, Romeo und Julia und sofort [. . .] Die Figuren, die unser Hirn bevölkern, haben ihre Existenz ausschließlich in der Sprache." (390)

Der Akt der poetischen Konkretisierung dieser Masken, wie Frisch sie in seinem Stück nennt, ist bei ihm und Wilder der gleiche: es sind Emanationen des menschlichen Bewußtseins, für das Ehepaar Antrobus aufzunehmende und zu behütende Garanten einer menschlichen Dimension der Geschichte, für Frisch in seiner zugespitzten historischen Situation zugleich Beispiele von falschem historischen Verhalten, das die allgemeine menschliche Wahrheit, nach der er den Heutigen fragen läßt, mit der jeweiligen historischen Wahrheit der einzelnen Maskenträger identifiziert und damit korrumpiert. Der vor der Wahrheit zurückschreckende und durch das Stück wandelnde Pontius Pilatus ist ebenso ein Beispiel dafür wie Philipp II., der im Namen seiner Wahrheit durch die Inquisition Hunderttausende opfern ließ. Columbus, Brutus, Don Juan, Napoleon, die zeitgenössischen Masken in Frack und Cut, die Inconnue de la Seine werden jeweils vom Wahn ihrer eigenen Wahrheit besessen gezeigt, wobei die sich dem jeweils Überlebenden angleichende Cleopatra, die am Ende ihr Credo verkündet: "Ich bin Cleopatra, ich bin das Weib, das an die Sieger glaubt; ich liebe die Sieger, ich liebe die Männer, die Geschichte machen, überhaupt die Männer . . ." (244) als eine direkte Verwandte Sabinas[27] erscheint, der triebstarken, sich ständig

---

27 Ebenso deutlich ist die Verwandtschaft mit Dürrenmatts Anastasia in *Die Ehe des Herrn Mississippi.* Anastasia weist nicht nur auf Wedekinds Lulu zurück, sondern auch auf Wilders Sabina, zumal sich auch andere von Wilder erprobte szenische Innovationen, etwa die Technik der Illusionsbrüche, in Dürrenmatts frühen Stücken entdecken lassen. Auch hier ist eine produktive Rezeption Wilders vorauszusetzen, freilich nicht in der gleichen Intensität wie bei Frisch. Vgl. dazu auch die

angleichenden Frau, die einmal Lilith, einmal Helena, einmal betörende Schönheitskönigin und am Ende wieder Küchenmädchen ist.

Auch die Entgegensetzung zu Sabina in Mrs. Antrobus erscheint bei Frisch in der Gegenüberstellung von Cleopatra mit Mee Lan, die freilich stärker als Wilders die Familie über alles stellende mittelständische Matrone, im Idealfall eine Mischung aus "a saint and a college professor, and a dancehall hostess" (226), bei Frisch der chinesischen Prinzessin Turandot verwandt ist, auch wenn sie sich am Ende wandelt und, in die Zeit des Heutigen übertretend, die Utopie von Romeo und Julia an der Seite des Heutigen zu leben versucht.

Die formale Übernahme von Gestaltungszügen Wilders, die sich bei den Masken Frischs zeigt, ist freilich mit einer neuen künstlerischen Funktion dieser Elemente verbunden. Sie werden von Frisch nicht nur affirmativ wie bei Wilder zitiert und als Garanten der kulturellen Tradition gewürdigt, sondern sind, der größeren politischen Zuspitzung bei Frisch entsprechend, zugleich historische Exempel für eine irrtümliche Sicht der Geschichte, für zu überwindende Fiktionen der Vergangenheit, wenn die letzte, die voraussichtliche Katastrophe einmal gemeistert werden soll.

Während bei Wilder das Element der politischen Zerstörung nur personalisiert im biblischen Gleichnis Kains erscheint, des Antrobus-Sohnes Henry, der, das Zeichen Kains[26] auf der Stirn, den Bruder Abel erschlug, von seinem Vater gehaßt wird und im dritten Akt als ordengeschmückter Kriegsheld heimkehrt,[29] von Wilder in einer Bühnenanmerkung als "a representation of strong unreconciled evil" (235) beschrieben wird, zu neuen Taten und Katastrophen bereit, ist die politische Dimension bei Frisch viel differenzierter angelegt. Das zeigt sich nicht nur im Zitat der Kriegsheroen der Vergangenheit, besonders Napoleons[30] — wobei bezeichnenderweise auch an einer Stelle Hitler[31] erwähnt wird —, sondern auch in der Konfliktsitua-

---

Ausführungen von Jean-Paul Mauranges: Der Einfluß Wilders auf das literarische Schaffen von Friedrisch Dürrenmatt und Max Frisch. In: Nordamerikanische Literatur im deutschen Sprachraum seit 1945. München 1973; S. 225–250.

28 Vgl. Antrobus' Hinweis im ersten Akt: "Why — why can't you remember to keep your hair down over your forehead. You must keep that scar covered up." (130) Bei Frisch taucht der gleiche Hinweis in der Charakteristik des Heutigen auf, der somit auch die Erbschaft Kains antritt: "Woher die Narbe hier? [. . .] Von einem Schlangenbiß? [. . .] Ach, nein, das war bei einem Kinderspiel mit Pfeil und Bogen." (184) Bei einem "Kinderspiel" tötet auch Wilders Henry alias Cain seinen Bruder, vgl. 113.

29 Vgl. 227.

30 Die allegorische Repräsentanzfunktion wird auch im "Vorspiel" ausdrücklich betont, indem der Heutige ausführt: "Alexander der Grosse — das haben wir, nach Rücksprache mit dem Verfasser, geändert! Wir geben ihn als Napoleon, was für dieses Spiel keinen Unterschied macht." (151f.)

31 Vgl. den ironischen Hinweis: "Ein Herr namens Hitler, der behauptet, ein Deutscher zu sein, wurde nicht hereingelassen;" (188)

tion zwischen Min Ko und Hwang Ti, die den Heutigen zum Eingeständnis seiner schuldhaften Passivität bringt: "Es bleibt dem Geist, wenn er Geschichte will, nichts als das Opfer seiner selbst —" (226) und darüber hinaus zur Einsicht in die Unmöglichkeit einer Wiederholung der bisherigen Geschichte: "Wir wollen leben. Eure Art, Geschichte zu machen, können wir uns nicht mehr leisten. Es wäre das Ende, eine Kettenreaktion des Wahnsinns —" (170), wobei die Kettenreaktion auch wörtlich die atomare einer Bombenzündung meint.

In der Charakteristik des Heutigen, der beim Verhör des Stummen vor dem Kaiser zuerst schweigt und, von der moralischen Anklage Mee Lans getroffen: "Ein Stummer, der gefoltert wird, bis er schreit! — schreit, ein Wehrloser, der keine Stimme hat [...] Du mit deinem tauben Wissen, warum schreist nicht du für ihn? — Nein! Ich hasse dich." (223), den Kaiser dann öffentlich anklagt und dafür ironischerweise einen Preis als Poet verliehen bekommt,[32] hat Frisch eine Situation zugespitzt, die er bereits bei Wilder ausgedrückt fand. Er äußert im Tagebuch dazu: "Vielleicht ist es kein Zufall, daß uns als Beispiel gerade jene Sabine einfiel, welche die Menschheit retten will mit ihrem Aufruf über die Rampe: die Selbstaufgabe der Dichtung, die ihre Ohnmacht erkennt, ihre Ohnmacht zeigt, hat etwas von einem letzten Alarm, der ihr möglich ist." (69)

Das läßt sich denn auch ohne Abstriche auf den Heutigen beziehen und kennzeichnet darüber hinaus die paradoxe Erkenntnisaufgabe der Dichtung bei Wilder und Frisch: in der dokumentierten Wirkungslosigkeit ihres moralischen Appells dennoch die Notwendigkeit dieses Appells als Warnung und Hinweis auf eine letzte Möglichkeit begreifbar zu machen. Die Ohnmacht und Stummheit des Heutigen am Ende der *Chinesischen Mauer* läßt ihn für Mee Lan zur Verkörperung Min Kos werden, aber zugleich zu einem sich im Handeln als Mensch beweisenden einzelnen, den sie nun, das Wort aus dem Genesis-Bericht der Bibel aufnehmend, in Liebe erkennt: "Ich liebe dich. Ich habe dich erkannt und ich liebe dich. Ich, die Hochmütige, knie vor dir, dem Verhöhnten, und liebe dich." (245)

Nicht von ungefähr hat ja auch Wilder seinen Mr. Antrobus als Intellektuellen gezeichnet, als Erfinder des Hebels und des Rades, als Entdecker des Alphabets, als Gelehrten, der, dem Schrecken des Krieges gerade noch entkommen, zu seinen Büchern zurückkehren will und der, in der erneuten Konfrontation mit seinem Sohn Henry, alle Hoffnung auf einen Neubeginn verliert.[33] Auch hier stellt die Liebe zu seiner Frau das einzige Kontinuum dar, das ihm hilft weiterzuexistieren bzw. neu beginnen läßt.

---

32 Diese Szene fehlt sowohl in der Fassung von 1946 wie in der von 1965, vgl. auch Gontrum S. 35.
33 Vgl. 237.

Was Frisch in der Anfang und Ende seines Stückes einrahmenden Romeo und Julia-Episode akzentuiert und in der Beziehung zwischen dem Heutigen und Mee Lan am Ende als einzige Hoffnung in die Zukunft trägt,[34] spiegelt sich in dem Gespräch zwischen Antrobus und seiner Frau am Ende von Wilders Stück. Antrobus' Resignation: "I'd have moments, Maggie, when *I saw* things that we could do when it was over. When you're at war you think about a better life; when you're at peace you think about a more comfortable one. I've lost it. I feel sick and tired." (242) wird von seiner Frau widersprochen: "Think! What kept us alive all these years? Even now, it's not comfort we want. We can suffer whatever's necessary; only give us back that promise." (243f.)

Was damit gemeint ist, wird klarer, wenn im gleichen Kontext kurz vorher Antrobus beim Hinweis seiner Frau auf die wenigen inzwischen eingetroffenen Briefe äußert: "Yes, the ocean's full of letters, along with other things." (242) Beides bezieht sich auf jene Stelle im zweiten Akt, wo Antrobus auf dem Höhepunkt seiner Karriere der Verführung durch Lily-Sabina nachgeben will und seine Frau ihm erwidert: "I married you because you gave me a promise [...] Two imperfect people got married and it was the promise that made the marriage." (200f.) Der ins Meer geworfene Brief bezieht sich auf jene Flaschenpost,[35] die Mrs. Antrobus damals auf dem Höhepunkt ihrer Entfremdung mit folgenden Worten ins Meer schleuderte: "I have a message to throw into the ocean [...] It's a bottle. And in the bottle's a letter. And in the letter is written all the things that a woman knows. It's never been told to any man and it's never been told to any woman, and if it finds its destination, a new time will come. We're not what books and plays say we are. We're not what advertisements say we are. We're not on the movies and we're not on the radio. We're not what you're all told and what you think we are: We're ourselves." (202)

---

34 Eine solche sinnbildliche Hoffnungsbedeutung hat am Ende auch das Baby von Gladys, der Tochter der Familie Antrobus. Allerdings wirkt dieser Symbolverweis bei Wilder sehr aufgesetzt, da die Herkunft des Kindes im Dunkeln bleibt und nur allgemein erwähnt wird, daß Gladys und Mrs. Antrobus aus Sorge um das Baby ihren Lebensmut im Krieg nicht verloren, vgl. 243.

35 Es handelt sich hier um ein Bild, das unmittelbar auf Joyces *Finnegans Wake* zurückweist, um den Brief, den Mrs. Earwicker unter ähnlich gezeichneten Umständen ins Meer wirft. Edmund Wilson hat die Frage nach der Funktion dieser Joyceschen Entlehnung bei Wilder gestellt und gemeint: "Again, the letter, which in the second act Mrs. Antrobus throws into the sea is Wilder's echo of the letter which plays such an important part in Joyce! But this scene is rather pointless in the play because it is simply something caught and has no connection with anything else." (The Antrobuses and the Earwickers. In: The Nation v. 30.1.1943, S. 168) Tatsächlich ist das Gegenteil der Fall.

Diese bilderlose und sprachlose Erkenntnis[36] wäre erst das völlige Verstehen des andern, die Rückkehr zu jenem paradiesischen Erkenntniszustand, der Adam und Eva in Liebe verband und den auch Frisch am Ende der *Chinesische Mauer,* die als Bauwerk die Zeit zum Stillstand bringen sollte, als einzige Überwindungsmöglichkeit der Zeit und der Geschichte andeutet. Jene Flaschenpost, die Wilders Mrs. Antrobus ins Meer geworfen hat, Frisch hat sie – um im Bilde zu sprechen – aufgefunden und mit dem Blick auf seine inzwischen fortgeschrittene historische Situation in seinem Stück zu entziffern versucht und bleibt trotz aller politischen und wissenschaftlichen Radikalisierung – Atomtod und Wärmetod und planetarische Verödung der Erde als Zukunftsaussichten – der humanen Utopie Wilders treu: "Das ist die Wirklichkeit: Du, der Ohnmächtige, und ich, die Geschändete, so stehen wir in dieser Zeit, und die Welt geht über uns hin. Das ist unsere Geschichte." (244f.)

Mee Lans Worte sind ein Echo der Worte von Antrobus am Ende von Wilders Stück: "Oh, I've never forgotten for long at a time that living is struggle. I know that every good and excellent thing in the world stands moment by moment on the razor-edge of danger and must be fought for – [. . .] We've come a long ways. We've learned. We're learning. And the steps of our journey are marked for us here." (247f.)

Ist freilich gegen Wilder kritisch eingewendet worden, daß das Schema der drei Katastrophen in den drei Akten von *The Skin of Our Teeth,* Eiszeit, Sintflut und Weltkrieg, die prähistorischen Naturkatastrophen auf einer Stufe mit den historischen, von Menschen verursachten Katastrophen vergleicht,[37] so trifft diese Kritik im Ansatz auch auf Frisch zu, der zwar den nuklearen Weltuntergang als die letzte politisch herstellbare Katastrophe reflektiert, sich aber resignativ auf einen Standpunkt der individuellen Moral aus der Geschichte zurückzieht und sich im Angesicht einer sinnlosen Historie auf die menschliche Geschichte, die Innerlichkeit der Liebesbeziehung, beschränkt: "taub und blind wie die Dinge ist Gott, blind und leer und ohne Schöpfung: ohne Spiegel im Glanz eines unsterblichen Menschenauges, ohne unser Bewußtsein von Zeit, zeitlos – Kontinente, die einmal aus der Unzeit aufleuchteten durch Bewußtsein: Asien, Europa, Amerika – bewußtlos! sinnlos! leblos! geistlos! menschlos! gottlos!" (234)

Liebesutopie und Agnostizismus der Geschichte stehen sich widersprüchlich gegenüber, ein Widerspruch, dem die künftigen Katastrophen bereits

---

36 Hier zeigt sich zugleich eine zentrale thematische Nähe zu Frisch, der hier eine Grundanschauung ausgedrückt findet, die er bereits im frühen Tagebuch am Beispiel des andorranischen Juden so formuliert: "Du sollst dir kein Bildnis machen . . ." (37)

37 Vgl. dazu den bezeichnenden Einwand von Malcolm Cowley, der betont: "He is our great unsocial and antihistorical novelist, the artist of the anachronism. In all his work I can think of only one event that makes an absolute change; it is the birth of Christ [. . .]" (The Man Who Abolished Time. In: Saturday Review v. 6.10.1956, S. 50)

innewohnen und der auch durch die Humanisierung der Geschichte, wie Wilder und Frisch sie verkünden, nur den Schimmer einer Hoffnung erhält.[38]

Im November 1948, als Frisch das erste Mal mit Wilder persönlich zusammentraf, stellte er dem Tagebuch-Bericht darüber die folgenden Sätze voran: "Begegnung mit Thornton Wilder — also mit dem Mann, der meine jugendliche Theaterliebe, nachdem sie ein Jahrzehnt gänzlich begraben lag, dermaßen wieder erweckt hat, daß ich ihr wahrscheinlich für die restliche Dauer dieses Lebens verfallen bin . . ." (322) *Die Chinesische Mauer* ist das deutlichste Zeichen dieser Erweckung und in ihrer produktiven Weiterverarbeitung von Anregungen Wilders wie in ihrer moralischen Identifikation mit der dort vertretenen Haltung des Amerikaners Bestätigung jenes erstaunlich offenen Tagebuch-Bekenntnisses zu dem Vorbild: "Ich bin zum Bersten bereit, einen unsrer Lehrmeister kennenzulernen [. . .]" (323)

Was er Frisch gelehrt hat, läßt sich vor allem an der *Chinesischen Mauer* ablesen, diesem Dokument einer transatlantischen Begegnung,[39] das zur Wirkungsgeschichte der amerikanischen Literatur auf die deutschsprachige Literatur der frühen Nachkriegszeit gehört. Mit dem Blick auf seine Abhängigkeit von Joyce hat Wilder später einmal gemeint: "The play is deeply indebted to James Joyce's 'Finnegans Wake'. I should be very happy if, in the future, some author should feel similiarly indebted to any work of mine."[40] Max Frisch hat diese Hoffnung eingelöst.

---

38 Vgl. dazu einerseits die Ausführungen von Franz H. Link: Das Theater Thornton Wilders (in: Die neueren Sprachen 7 (1965) S. 305—318) und andererseits die Darstellung von Joseph C. Schöpp, dessen Kritik sich implizit auch gegen Frisch richtet: "Wilder, eine Utopie antizipierend, befriedigte vor allem die Bedürfnisse jener, in denen aufgrund der Erfahrungen von Faschismus und Krieg die emotionale Sehnsucht stärker war als der Gedanke ihrer Realisierung. 'Sehnsucht' aber hieß die Losung nur wenige Jahre." (Thornton Wilders 'Our Town': Theoretischer Anspruch und künstlerische Realisierung; S. 166, in: Amerikanisches Drama und Theater im 20. Jahrhundert; hrsg. v. Alfred Weber u. Siegfried Neuweiler. Göttingen 1975; S. 148—170. Diese ideologischen Voraussetzungen dürften auch mit dafür verantwortlich sein, daß Wilder im Deutschland der Nachkriegszeit eine weit umfangreichere und enthusiastischere Rezeption zuteil wurde — vgl. dazu auch die Dissertation von Renate Voss: Die Umsetzung von Thornton Wilders 'The Skin of Our Teeth' im deutschsprachigen Raum (Masch. Kiel 1964) — als in Amerika, wo der Kritiker Michael Gold bereits 1930 Wilders Werk einer richtungsweisenden negativen Kritik unterzog: Wilder: Prophet of the Genteel Christ. In: New Republic (22.10.1930), vgl. dazu im einzelnen Goldstone S. 79ff. Zur Forschungsgeschichte Wilders vgl. auch die Ausführungen von Heinz Kosok: Thornton Wilder. Ein Literaturbericht. In: Jahrbuch für Amerikastudien 9 (1964); S. 196—227.

39 Die Wilder-Rezeption ist nur ein Kapitel in der Frischs Werk bestimmenden Auseinandersetzung mit Amerika, vgl. dazu Walter Hinderer: 'Ein Gefühl der Fremde'. Amerikaperspektiven bei Max Frisch. In: Amerika in der deutschen Literatur; hrsg. v. Sigrid Bauschinger u.a. Stuttgart 1975; S. 353—367.

40 In: "Preface" zu *Three Plays;* XIV.

MICHAEL BUTLER

Das Paradoxon des Parabelstücks:
Zu Max Frischs *Als der Krieg zu Ende war* und *Graf Öderland*

(1)

Die eigentümliche Spannung, die das Werk Max Frischs im Theater wie im Roman charakterisiert, entspringt einem ständigen Paradoxon: zum einen erweist sich der Schweizer als Moralist mit tiefem Interesse am Wert und an der Einzigartigkeit des Individuums ganz in der aufklärerischen Tradition. Zum anderen ist er Erbe jener spezifischen Krise des zwanzigsten Jahrhunderts, die am Zusammenbruch des zentralen Glaubens der Aufklärung erkennbar ist, nämlich daß die Vernunft und ihre konkrete Gestalt, die Sprache, der individuellen Erfahrung und der gesellschaftlichen Wirklichkeit einen verbindlichen Ausdruck verleihen könnten. Der Kern dieses Paradoxons wird am schärfsten durch Frischs bedeutendste Leistung, den Roman *Stiller* beleuchtet, dessen Held – durch den Druck der Gesellschaft in die Enge getrieben und von seinem eigenen Minderwertigkeitsgefühl gelähmt – sich gezwungen sieht, mit unbewußt ironischer Deutlichkeit eben diesen Artikulationsverlust zu artikulieren: "Das ist die erschreckende Erfahrung dieser Untersuchungshaft: ich habe keine Sprache für meine Wirklichkeit!" (III, 436)[1] In den ersten Nachkriegsjahren konnte sich die Lage nur verschärfen durch einen erneuten Kulturpessimismus, dessen Beschaffenheit Max Frisch als einer der ersten aufzudecken bemüht war. Von seinem privilegierten Standort als Schweizer aus fühlte er sich doch von der deutschen Katastrophe und ihrer tiefgehenden Einwirkung auf die Sprache wenigstens geistig mitbetroffen, und in seinem *Tagebuch 1946–1949* konnte er aus diesem Einfühlungsvermögen heraus jene Pervertierung des aufklärerischen Ideals aufzeigen, die vor allem in Deutschland direkt zum Phänomen der "moralischen Schizophrenie" (II, 629) geführt hatte. Die unvermeidliche Folge dieser verhängnisvoll irrigen Überzeugung war die Annahme, daß große Kunst einen automatischen Schutz gegen die Barbarei gewähren würde. Der Höhepunkt seines zweiten, aber an erster Stelle aufgeführten Stückes, *Nun*

---

1 Zitiert wird nach Max Frisch: *Gesammelte Werke* in zeitlicher Folge. 6 Bände. Hrsg. v. Hans Mayer u. Mw. v. Walter Schmitz. Frankfurt 1976. Römische Ziffern beziehen sich auf den Band, arabische auf die Seitenzahl.

singen sie wieder (1945), wird bezeichnenderweise in einer Szene erreicht, wo ein deutscher Oberlehrer, der die tradierten Werte des humanistischen Gymnasiums unter nationalsozialistischem Druck prompt verraten hatte, mit seinem ehemaligen Lieblingsschüler, dem "begabten Cellisten" Herbert, konfrontiert wird. In nihilistischer Verzweiflung hatte sich dieser während des Krieges der Erschießung von Geiseln schuldig gemacht, nachdem er die Heuchelei der ihm vermittelten "ästhetischen" Kultur durchschaut hatte — eben jener ästhetischen Kultur, "deren besonderes, immer sichtbares Kennzeichen [. . .] die Unverbindlichkeit [ist], die säuberliche Scheidung zwischen Kultur und Politik" (*Tagebuch 1946–1949*, II, 629).

Die Kultur, so argumentiert Frisch, bietet keine Garantie gegen den persönlichen noch den sozialen Zerfall — eine Einsicht, die zum Leitgedanken dieser Jahre wird. Genau wie die Kultur zu einem tief fragwürdigen Begriff geworden war, so hatte sich der Anspruch des Schriftstellers auf eine erzieherische Funktion in der Gesellschaft auch als nicht mehr stichhaltig erwiesen. Frisch fand sich damals also in einer widersinnigen Lage: im Namen des Humanismus mußte er gegen einen diskreditierten Humanismus ankämpfen, wobei er sich seiner Rolle als kritischer Intellektueller selber nicht ganz sicher war. Da er es folglich für unmöglich hielt, direkt an die humanen und sozialen Probleme seiner Zeit heranzugehen, wandte er sich zunächst der mittelbaren Methode der Parabel zu. Dieser Entschluß führte jedoch zur Steigerung des Paradoxons: während die herkömmliche Parabel etwa des achtzehnten Jahrhunderts unbefangen als didaktische Waffe gegen die religiöse Engstirnigkeit oder den verstockten Aberglauben verwendet werden konnte, mußte die zeitgenössische Parabel doch weitgehend *ohne* die rationale Selbstverständlichkeit ihres Vorbildes fungieren.[2] Die Ausnahme zu dieser Regel stellt freilich Brecht dar. Nur dadurch jedoch, daß er sich die historische Notwendigkeit der marxistischen Lehre zu eigen machte, konnte Brecht Parabeln weiter in der aufklärerischen Tradition verfassen. Diese Lösung bot Frisch keinen akzeptablen Ausweg dar. Denn der Marxismus paßte weder zur Erfahrung seines Ich noch zu der seiner Umwelt. Das Hauptmerkmal seiner Versuche, die politischen und gesellschaftlichen Probleme seiner Zeit und deren Einwirkungen auf das Individuum zu schildern, ist also in einer konstanten Skepsis zu sehen. Gegen eine ästhetische und ästhetisierende Kultur stellt Frisch den konstruktiven Zweifel. So kommt sein Werk einer verbindlichen 'Antwort' am nächsten, indem es der Frage selbst Form zu verleihen sucht.[3]

Obgleich Frisch in den späteren, ausgesprochen politischen Parabelstücken *Biedermann und die Brandstifter* und *Andorra* Brechts intellektueller

---

2 Vgl. Norbert Miller: Moderne Parabel. Akzente 6 (1959) S. 200–213.
3 Nach Louis MacNeice ist dies charakteristisch für die moderne Parabel. Siehe seine Studie: Varieties of Parable. London 1965; S. 124.

Position näherzurücken scheint, wäre es ein oberflächliches Urteil, ihn als dessen Erben oder gar als epigonal abzuqualifizieren. Denn auch durch diese Stücke läuft doch ein Faden der Zweideutigkeit, der sich von Frischs Weigerung herleitet, seine Skepsis der verführerischen Logik jedes totalen Denksystems unterzuordnen. Diese skeptische Haltung zeigt sich nicht nur im ironischen Untertitel zu *Biedermann und die Brandstifter* – "Lehrstück ohne Lehre" –, sondern schon zur Zeit der frühesten Bekanntschaft mit Brecht, wie im *Tagebuch 1946–1949* leicht nachzulesen ist:

> Ein Katholik beispielsweise, der sich in einer geschlossenen Ordnung glauben kann, hat natürlich die Erlaubnis zur Vollendung; seine Welt ist vollendet. Die Haltung der meisten Zeitgenossen aber, glaube ich, ist die Frage, und ihre Form, solange eine ganze Antwort fehlt, kann nur vorläufig sein. (II, 451)

Aus dieser Einstellung des permanenten Zweifels heraus ist also das Paradoxon des Frischschen Parabelstückes zu erklären. Obwohl Frisch von der Parabelform zunächst angezogen wurde, um dem sogenannten Imitier-Theater zu entgehen, das deshalb völlig in die Irre gegangen war, weil es den Bezug zur Realität durch Imitation von Realität herzustellen suchte, war er sich schon Mitte der sechziger Jahre des Nachteils dieser Alternative genau bewußt:

> Die Parabel strapaziert den Sinn, das Spiel tendiert zum Quod-erat-demonstrandum [. . .] die Parabel impliziert Lehre – auch wenn es mir nicht um eine Lehre geht und vielleicht nie in erster Linie darum gegangen ist. Daher das Unbehagen in der Parabel.[4]

Zu dieser Einsicht kam Frisch bereits in einem sehr frühen Stadium seiner dramatischen Entwicklung, auch wenn er sie erst später formulierte, denn ein ähnliches "Unbehagen" ist bereits in den frühesten Parabelstücken festzustellen. Diese sind tatsächlich nur insofern interessant, als sie nicht als Komponenten eines moralischen Systems oder einer voll ausgearbeiteten Philosophie, sondern als der Ausdruck eines ununterbrochenen Klärungsvorgangs verstanden werden, der nicht mehr ganz überzeugt, sobald ihm etwas Erstarrend-Endgültiges anhaftet. Der Keim dieses Unbehagens an der Parabel ist in zwei frühen Stücken dieser Gattung – *Als der Krieg zu Ende war* (1949, Neufassung 1962) und *Graf Öderland* (1951, dritte Fassung 1961) – leicht zu entdecken.

(2)

Obwohl Frisch selbst *Als der Krieg zu Ende war* nie als Parabelstück bezeichnet hat, sondern es in "die Gattung der historischen Stücke" (II, 278)

---

4 *Illusion zweiten Grades*, V, 477.

einstufen will, entspricht es doch dem herkömmlichen Kriterium dieser literarischen Form: der Versuch wird angestellt, eine allgemeine, moralische Wahrheit – hier das im *Tagebuch 1946–1949* als Leitfaden verwendete Gebot "Du sollst Dir kein Bildnis machen" – durch eine exemplarische Fiktion anschaulich zu machen. Das Stück gilt gleichsam als spontaner Reflex auf seinen ersten Besuch im Jahre 1947 in Berlin, einer Großstadt, deren Trümmer ihn sowohl auf das Provisorische des menschlichen Lebens als auch auf die Notwendigkeit, einen neuen Anfang zu setzen, hinwiesen. Zu dieser Zeit wurde der Kalte Krieg zu einer immer deprimierenderen Realität, welche die ungeheueren Leiden und Opfer der Hitler-Jahre zu verhöhnen schien und sie sinnlos zu machen drohte. Insbesondere lieferten der sowjetische Imperialismus 1948 in der ČSSR und der russische Versuch, West-Berlin auszuhungern, vielen Deutschen gebrauchsfertige Vorwände, die eigene jüngste Vergangenheit unbewältigt zu lassen und auf den Roten Feind und seine Ausschreitungen die eigenen Schuldgefühle und den eigenen Selbstekel zu projizieren. Mitten im immer stärker werdenden Propaganda-Krieg dieser Jahre mußte der 'wahre' Stoff von der deutschen Frau, die sich 1945 in Berlin in einen russischen Oberst verliebte, ohne daß beide sich sprachlich verständigen konnten, Frisch besonders anziehen. *Als der Krieg zu Ende war* entstammt also offensichtlich einem moralischen Protest gegen den allgemeinen Dünkel, und zwar einem Protest, der von einem Schweizer erhoben wird, dessen Selbstverständnis aus der deutschen Sprache und der deutschen Kultur herrührt.

Das Thema des Stücks – eine neuartige Behandlung der Judith-Holofernes-Geschichte[5] – ist die gefährliche Neigung der Sprache, zwischenmenschliche Beziehungen zu verderben. Ein Thema, das eine zentrale Bedeutung im reiferen Schaffen Max Frischs gewinnt. Hier macht er den Versuch, eine Situation auszuloten, in der zwei Menschen nur deshalb zwanglos sehen, fühlen und denken können, weil ihnen eine gemeinsame Sprache fehlt. Ihr Verhältnis kann deshalb nicht durch sprachlich vermittelte Klischees und vorgefertigte Bildnisse vergiftet werden.

Bei genauerer Textanalyse zeigen sich aber eher Gemeinsamkeiten mit einem Schauspiel, das beispielhaft für den Humanismus der deutschen Klassik ist: Goethes *Iphigenie auf Tauris.* Denn in beiden Stücken gerät eine noble Frau in die Gewalt eines allmächtigen Fremden und wird zwischen Wahrheit und Lüge hin- und hergerissen, indem sie sich bemüht, ihre Liebe zu retten. Beide Heldinnen werden als Verkörperung der Reinheit und der Unschuld dargestellt, die dem männlich-weiblichen Konflikt zwischen Ratio und Gefühl zum Opfer fallen. Die Parallele fällt vor allem am Ende des ersten

---

5 Frisch hatte das Stück ursprünglich *Judith* benannt, nachdem er den melodramatisch klingenden Titel *Ihr Morgen ist die Finsternis* aufgegeben hatte.

Aktes auf, da Agnes ihren großen Monolog an Stepan richtet, der nichts versteht, aber dessen mitfühlendes Schweigen sie allmählich zwingt, ihren abwehrenden Hochmut abzuwerfen und ihr Geheimnis – das Kellerversteck ihres Mannes – preiszugeben:

> Wenn ich Ihnen mein ganzes Vertrauen schenke, wenn ich Ihnen zeige, daß ich unser Schicksal ganz und gar in Ihre Hand gebe – ohne Hinterhalt, ohne Deckung – werden Sie mir glauben, daß auch das übrige, was ich sage, nicht gelogen ist? Ja? Wenn ich Ihnen sage – Es ist an mir, den Anfang zu machen mit dem Vertrauen; Sie haben recht! . . . (II, 252)

Dieser schnell gefaßte Entschluß, sich der Menschlichkeit des schweigenden Russen auszuliefern, klingt direkt an Iphigenies ähnlich "unerhörte Tat" an, die in ihren Worten an Thoas gipfelt: "Verdirb uns, wenn du darfst" (V, iii).

Es ist von Bedeutung und keineswegs rein zufällig, daß die Geschichte der deutschen Frau und des russischen Obersten zuerst im *Tagebuch 1946–1949* nachgezeichnet ist, zwischen Erinnerungen an zwei Schauspiele, die Frisch 1947 in Berlin gesehen hatte. Das eine war tatsächlich *Iphigenie,* das andere Molières *Tartuffe.*[6] Obwohl höchst verschiedenen Gesellschaftsformen entspringend, weisen beide Stücke wenigstens eine Gemeinsamkeit mit *Als der Krieg zu Ende war* auf: die Faszination von der Macht der Sprache. Aber wo Goethe eine Heldin darstellt, deren Integrität die gegensätzlichen Ansprüche der Liebe für ihre Landsleute und des Respekts vor dem Barbarenkönig bedrohen, und die ihr Dilemma löst, indem sie die Wahrheit sagt, veranschaulicht Molière dagegen die elementare Ironie der 'Wahrheit,' indem er seine Hauptfigur, den scheinheiligen Tartuffe – vor aller Welt als Wüstling entlarvt –, die Wahrheit so sagen läßt, daß sein Herr ihm nicht glauben kann. In beiden Fällen handelt es sich um Menschen, die in ein Labyrinth des Konflikts verstrickt sind und sich als letztes Rettungsmittel auf die Sprache verlassen: Iphigenie drückt ihre Wahrheit in Worten aus, die an Wohlklang nichts zu wünschen übriglassen, während Tartuffe den Rhythmus seines Geständnisses derart manipuliert, daß der Sinn überhört werden kann. So findet sich der ursprüngliche Stoff zu *Als der Krieg zu Ende war* – das auf den ersten Blick eine unkomplizierte, man darf fast sagen, banale Aussage enthält – mitten in einem Kontext, der sich reich an paradoxen Elementen zeigt. Und gerade solche paradoxen Aspekte hebt Frisch in seinem Schauspiel hervor. Es geht ihm darum, das "ungeheure Paradoxon, daß man sich ohne Sprache näher kommt" zu erforschen. Agnes

---

6 Auf den inneren Zusammenhang seines *Tagebuchs* hat Frisch in einer Notiz 'An den Leser' hingedeutet: "Der Leser täte diesem Buch einen großen Gefallen, wenn er, nicht nach Laune und Zufall hin und her blätternd, die zusammensetzende Folge achtete; die einzelnen Steine eines Mosaiks, und als solches ist dieses Buch zumindest gewollt, können sich allein kaum verantworten."

und Stepan stellen eine beispielhafte Ausnahme dar, "ein Besonderes, einen lebendigen Widerspruch gegen die Regel, gegen das Vorurteil." In einem Verhältnis ohne Sprache entdecken beide ihre Menschlichkeit "gegen eine Welt, die auf Schablonen verhext ist, gegen eine Zeit, deren Sprache heillos geworden ist, keine menschliche Sprache, sondern eine Sprache der Sender und eine Sprache der Zeitungen." (II, 537) Agnes geht zunächst zu ihrem russischen Eroberer in der vollen Erwartung, den slawischen Barbaren des Propaganda-Kampfes — "lauter Mongolen," "Russenschweine" — zu treffen. Stattdessen findet sie einen Menschen. Einer gemeinsamen Sprache beraubt, wird Agnes nicht mehr versucht oder dazu verleitet, "das Lebendige, das Unfaßbare, das Unnennbare" im Anderen zu definieren und derart zu verneinen, was sonst jede sinnvolle Bindung vereiteln müßte.

Die Ausnahme soll also die Regel in ihrer ganzen Entartung kritisch beleuchten. *Als der Krieg zu Ende war* stellt sich die Aufgabe, die "Fratze unseres Vorurteils" (II, 279) zu entlarven und dessen sprachliche Wurzeln nachzuzeichnen, indem es den polaren Zusammenhang zwischen privatem Betragen und politischen Ereignissen aufzudecken sucht. Zu diesem Zweck weist Frisch in seinem Nachwort zum Stück sorgfältig auf seine historisch belegten Quellen hin und will so die Authentizität seiner Fabel betonen, die er aber um eine wichtige Einzelheit bereichert: Agnes' Gatte Horst Anders soll an der Unterdrückung des Warschauer Aufstands teilgenommen haben. Die fürchterliche und konkrete Wirklichkeit des Warschauer Pogroms bleibt jedoch im Hintergrund, während das Allgemein-Menschliche sich auf der Bühne abspielt.[7] So zeigt sich klar die gefährliche Unverbindlichkeit der Parabelform: das Stück bleibt völlig im Privaten stecken.[8] Und eben hier

---

7 Gerade hier hakte Brechts Kritik des Stückes ein. Mitten in der Arbeit an seinem *Kleinen Organon für das Theater* legte er seinen Einwand in einem Brief an Frisch dar, datiert im Juli 1948: "Plump gesprochen: ich habe den Eindruck, daß Sie es einfach ablehnten, zu analysieren, warum Ihnen der Stoff (in der Behandlung, die Sie ihm gleich zu Anfang zuerdachten) so fruchtbar erschien. Er enthält, und zwar so wie Sie ihn behandelten, sehr bedeutende Aspekte und es kommt mir so vor, als hätten Sie dafür nicht die adäquate Form gewählt, nämlich die sogenannte Große Form. Damit sind natürlich nicht Verse usw. gemeint, sondern eben eine Form, die die großen Aspekte herausarbeitet [. . .] Von den klassischen Tradition aus gesehen, behandeln Sie das Judith-Thema und die neue Wendung besteht darin, daß die Vergewaltigte sich in den Vergewaltiger verliebt, als Vergewaltiger nunmehr den 'rechtmäßigen Besitzer' ansehen muß und den Ansprüchen des Geliebten, der eine höhere Sittlichkeit vertritt, nicht gerecht werden kann. Das jedenfalls scheinen mir die angedeuteten aber nicht gedeuteten Aspekte in ihrem Stück zu sein: es sind politische." Nachgedruckt in: M. F.: *Gesammelte Werke*, II, 766f.

8 Der dürftige Zusammenhang zwischen dem Allgemein-Privaten und dem Historisch-Politischen wurde klar hervorgehoben, als Frisch 1962 den dritten Akt einfach strich, "weil dieser das Thema nicht weiterführt, sondern bloß datiert." Der letzte Akt zeigte Horsts Anpassung an die amerikanische Besatzungsmacht und Agnes' Selbstmord ein Jahr später.

gerät *Als der Krieg zu Ende war* in einen dauernden Widerspruch zu sich selbst. Die Unstimmigkeit besteht darin, daß Frisch gerade *sprachliche* Mittel gewählt hat, um die Unzulänglichkeit der Sprache als Kommunikationsmodell darzulegen. So behauptet Agnes, die *Stiller*-Problematik vorwegnehmend: "Im Grunde ist alles ganz anders, als man es sagen kann" (II, 242); und trotzdem muß sie wie Iphigenie feststellen: "Die einzige Hoffnung [. . .] Ich werde sprechen mit ihm [= Stepan]." (II, 244)

Die didaktische Pointe des Stückes — das Zueinanderfinden zweier Menschen *ohne* Sprache — ist in der von Frisch gewählten Form einfach nicht zu veranschaulichen. Das Aufblühen einer großen Liebe über drei Wochen ohne mündliche Kommunikation wäre etwa im Roman schwer darstellbar gewesen — im Rahmen eines konventionellen Bühnenstücks aber ist die Aufgabe überhaupt nicht zu bewältigen. Darüber können die wiederholten 'epischen' Einschübsel auch nicht weghelfen. Vielleicht wäre nur die Verwendung von anderen 'Sprachen,' zum Beispiel der Musik, des Tanzes oder der Mimik, Frischs Einfall gerecht geworden. Im Stück, so wie es ist, muß er lediglich ständig auf sprachliche — und im Grunde widersinnige — Ironie zurückgreifen. Paradox vor allem ist die Tatsache, daß Agnes und Stepan anscheinend doch noch die Sprache nötig haben, um ihr Verhältnis zu fundieren. Insbesondere spürt Agnes ein drängendes Bedürfnis, sich vor Stepan auszusprechen, und sie sehnt sich unentwegt nach sprachlich verifizierbarer Information über den Russen: "Erzähl mir, wer du bist. Woher du kommst. Erzähl mir dein ganzes Leben." (II, 272) Und Stepan wird auch nur insofern glaubwürdig als menschliche Figur, als er seine ersten Brocken Deutsch von Agnes erlernt. Es ist Frisch hier weder gelungen, einen Reinigungsprozeß der Sprache aufzuzeigen noch eine angemessene Gestik zu finden, die den Zuschauern sein didaktisches Vorhaben hätte vermitteln können.

Dieses Paradoxon hat im Stücke tiefe Wurzeln geschlagen. So scheint etwa das Bühnenbild die menschliche Eigenschaft, sich negative Bildnisse von einander zu machen, plastisch darzustellen, indem unten im dunklen Keller das Vorurteil sein unheilvolles Wesen treibt, während oben im geräumigen Wohnzimmer ein Aufklärungsprozeß sich abspielt. Aber in Wirklichkeit stützt sich das Wahre des Agnes-Stepan-Verhältnisses auf ein Lügengewebe, das Agnes ihrem Mann tagtäglich vorspinnen muß. Für diesen besitzen jedoch eben diese Lügen eine fast 'magische,' heilbringende Qualität:

> Plötzlich, wenn du mir von euren Gesprächen erzählst — plötzlich erscheint alles ganz anders; gewisse Namen und so — was ich nicht riechen konnte — plötzlich bekommt alles ein ganz anderes Licht, wenn man dich so reden hört, fast eine Art von Glanz — (II, 261)

Das auf Betrug gebaute Liebesverhältnis bricht sofort zusammen, als Horst Anders am Ende des Stückes im Wohnzimmer erscheint und damit Agnes' Geheimnis vor Stepan eigenhändig preisgibt. Denn Stepan mißdeutet diese Geste und verläßt wortlos das Haus mit offensichtlichem Abscheu davor, sich von Agnes betrogen zu fühlen. So versagt schon vor der ersten Prüfung eine große Liebe, die Frisch als spontan, instinktiv und unmittelbar zeigen wollte. Es ist augenfällig, daß nur eine komplexe *sprachliche* Auseinandersetzung die Situation hätte retten können. So widerspricht sich selbst am Ende das "ungeheure Paradoxon." Trotz der humanistischen und idealistischen Haltung, die in *Als der Krieg zu Ende war* zum Ausdruck kommt, beruht das Stück letztlich auf einer negativen Kritik der Sprache als "Gefäß des Vorurteils" (II, 536) und deutet deswegen auf einen Irrationalismus, der die Basis der Parabelform zwangsläufig untergräbt.

Wenn es bei alledem schwierig ist, mit der Behauptung übereinzustimmen, daß *Als der Krieg zu Ende war* samt dem *Tagebuch 1946–1949* als Frischs "gelungenste, treffendste, und in einer sehr realistischen Weise, harmonischste Arbeit"[9] einzustufen sei, so muß die Aufrichtigkeit dieses dramatischen Versuches doch anerkannt werden. Auch wenn Horst, der Wehrmachtsoffizier mit dem schlechten Gewissen über seine Rolle im Warschauer Massaker, manchmal verblüffend schablonenhaft wirkt, und auch wenn die angetrunkenen russischen Offiziere selbst an die Zerrbilder grenzen, die Frisch vor allem vermeiden wollte, so bleibt die zentrale Begebenheit sowohl faszinierend als auch herausfordernd. Die Brechtsche Kritik behält allerdings recht: es ist Frisch letzten Endes nicht gelungen, die angemessene Form für ein so bedeutungsschweres Sujet zu kreieren. Das Schicksal von Agnes, Horst und Stepan bleibt privat und eindimensional, während die wichtigen politischen Aspekte der Zeit in kein einleuchtendes Spannungsverhältnis dazu gebracht werden. Ein 'menschlicher' Russe im Kontext des deutschen Zusammenbruchs und des Kalten Krieges konnte die erforderliche Schockwirkung kaum verfehlen,[10] aber die heutigen Schablonen und Bildnisse – obschon ebenso verhängnisvoll – sind komplizierter geworden, und das Stück hat deshalb auch an brennender Aktualität viel eingebüßt.

Daß Frisch die "große Form" nicht gefunden hat, ist zweifellos auf seine ambivalente Einstellung zur Sprache und zum Didaktischen des Parabelstücks zurückzuführen. Für einen Autor, der immer geglaubt hat, "Alles Fertige hört auf, Behausung unsres Geistes zu sein" (*Bin oder Die Reise nach Peking,* I, 645), nimmt es nicht wunder, daß Frisch angesichts der Geschlossenheit der traditionellen Parabelform ein leichtes Unbehagen spüren mußte.

---

9 Joachim Kaiser: Öderlandische Meditationen. Frankfurter Hefte 11 (1956) S. 392.
10 Vgl. Frischs lakonische Notiz von der ersten Aufführung am 8.1.1949 im Zürcher Schauspielhaus: "Kleine Schlägerei im Foyer" (*Tagebuch 1946–1949,* II, 637).

Wenn der schon damals brüchige Nachkriegshumanismus von *Als der Krieg zu Ende war* in den letzten dreißig Jahren an Aktualität eingebüßt hat, scheint Frischs 'Moritat' *Graf Öderland* dagegen den Terrorismus der siebziger Jahre geradezu vorweggenommen zu haben. Unter diesem Aspekt gesehen, erstaunt es zunächst besonders, daß der gewalttätige Held dieser Moritat *Staatsanwalt* ist, d.i. Repräsentant nicht des unterdrückten Proletariats, sondern des gut situierten, wohlhabenden Mittelstands, ein Mann also, der gewöhnlich durch die Strukturen und Einrichtungen der bürgerlichen Gesellschaft geschützt und gefördert wird. Die desillusionierte jugendliche Intelligenz der Studentenbewegung und vor allem die Pariser Ereignisse von 1968 weisen gewisse Ähnlichkeiten mit Frischs legendärem Grafen und seiner Karriere auf, und diese verleihen dem Stück eine Aktualität, die es vor dem Hintergrund seiner früheren Aufführungen keineswegs zu besitzen schien. Nur allzu leicht ist es aber, mögliche parabolische Beziehungen des *Graf Öderland* zu den jüngsten politischen Ereignissen zu überbewerten und dabei die ebenso wichtige private Problematik des Stückes zu übersehen. Parallelen etwa zum Anwalt Horst Mahler und der RAF sollten nicht zu eng gezogen werden. Denn bei aller verschwommenen Irrationalität erheben die Terroristen der späten siebziger Jahre doch wenigstens den Anspruch darauf, eine kohärente Ideologie und eine überlegenere Gesellschaftsanalyse zu besitzen. Die andauernde und im Grunde ideologiefeindliche Faszination der Graf-Öderland-Figur wurzelt vielmehr in ihren *legendären* Ursprüngen, in der Tatsache also, daß die anarchische Macht, die sie verkörpert, nicht zeitlich und örtlich gebunden, sondern eine ständige Komponente der menschlichen Natur ist. So Frisch im Programmheft der Berliner Aufführung von 1961:

Sowie wir ihn mit einem Zeitgenossen verwechseln, entschlüpft er uns, und während wir uns mit dem erfaßten Zeitgenossen schlagen, treibt er, Graf Öderland, sein bestechendes Unwesen weiter. Was nämlich diesen Graf Öderland von allen Zeitgenossen unterscheidet, die wie er die Axt schwingen, ist dies: Er kommt uns ohne Programm, ohne Vokabeln des Heils, er kommt mit der blanken Axt, er verbirgt sie in seiner Ledermappe, gewiß, aber nicht in dieser oder jener Ideologie. Das macht ihn zu einer Legende heutzutage, das gibt es nicht in Wirklichkeit.[11]

Der Kern des Stückes in seiner endgültigen Fassung offenbart sich also vor allem im Phänomen einer *persönlichen, existentiellen* Revolte, in der Geschichte einer *individuellen* Entfremdung, die als symptomatisch für die

---

11 Nachgedruckt in: M. F.: *Gesammelte Werke*, III, 92. Im Gespräch mit Heinz Ludwig Arnold schien Frisch auch den Pariser Ereignissen jede theoretische Basis abzusprechen: "Diese Ereignisse haben sehr viel mit dem Stück zu tun, es war eine Revolte, nicht eine Revolution, es ist eine Eruption gewesen [...] sinnlos und notwendig." In: H. L. A.: Gespräche mit Schriftstellern. München 1975; S. 39.

ganze bürgerliche Gesellschaft gelten soll. Denn, wie Frisch es einmal ausdrückt: "Wie ist aber Entfremdung, als Begriff abstrakt, darzustellen, wenn nicht an einer Person? "[12] Ohne diese typische Betonung auf dem Abgründig-Privaten hätte *Graf Öderland* seinen Reiz für den Autor sicher längst verloren, der diese Moritat trotz aller Schwächen als sein "geheimnisvollstes" und *deshalb* "lebendigstes Stück" betrachtet.[13] Was Frisch an *Graf Öderland* am meisten schätzt, und was dieses vielleicht zu seinem interessantesten, wenn auch bühnenmäßig bedenklichsten Schauspiel macht, ist eben seine Undurchsichtigkeit. In diesem Sinne stellt *Graf Öderland,* anders als *Als der Krieg zu Ende war,* eine Parabel dar, die einfach offen bleibt und jeder endgültigen Interpretation ausweicht.

Die Genese des Stückes deutet schon auf Frischs langwieriges Ringen mit dem Graf Öderland-Stoff. Wie so vieles andere findet sich der erste Entwurf, eine Prosa-Skizze von sieben Szenen, unter den frühesten Eintragungen im *Tagebuch 1946–1949* (II, 406–43).[14] Die ersten Motive dazu werden bereits vor der Skizze in zwei kurzen Zeitungsnotizen aufgezeichnet. Die eine ist das Inserat eines Hellsehers, das Frisch an das plötzliche Verschwinden eines hochangesehenen Untersuchungsrichters erinnert – "ein nüchterner und beherrschter Mann" (II, 362) – dessen Leiche nur mit Hilfe eines Hellsehers entdeckt werden konnte. Die andere handelt von einem "braven und getreuen" Kassierer mittleren Alters, der aus völlig unerklärlichen Gründen seine gesamte Familie ermordet hatte. Der innere Zusammenhang dieser zwei kurzen Berichte läßt sich etwa so formulieren: der Untersuchungsrichter, der Hellseher und der kleine Kassierer stellen je nach ihren persönlichen Umständen die *Kausalität* in Frage, den festen Glauben, daß das menschliche Leben durch eine allumfassende, unveränderliche Gesetzlichkeit geregelt, verstanden und logisch vorausgesagt werden kann. Die kleinen 'Geschichten' veranschaulichen in der extremsten Form des Freitodes und des unmotivierten Mordes jenen äußerst privaten Raum des Irrationalen, den die meisten Menschen verdrängt haben oder durch komplexe Routine erfolgreich bändigen. Frischs Beziehung zum Frühexpressionismus und dessen flammender Anklage der erstarrten Wilhelminischen Gesellschaft liegt auf der Hand. Vor allem fällt die Ähnlichkeit zwischen seiner Kassierer-Figur im *Graf Öderland* und dem Anti-Helden von Georg Kaisers *Von morgens bis mitternachts* (1912) sofort auf. Die beiden Bankangestellten teilen mehr als

12 Max Frisch: *Dramaturgisches.* Ein Briefwechsel mit Walter Höllerer. Berlin 1969; S. 41.
13 Arnold, S. 34.
14 Für eine Erörterung der drei Bühnenfassungen von 1951, 1956 und 1961 siehe Hellmuth Karasek: Max Frisch. München [5]1974; S. 49–57. Ein kurzer Vergleich der Fassungen mit dem vollen Text der jeweiligen letzten Szene von 1951 und 1956 findet sich in: M. F.: *Gesammelte Werke,* III, 839–861.

einen relativ belanglosen Beruf. Beide ersticken an den Beschränkungen der kleinbürgerlichen Gesellschaftsordnung, und ihr Aufbruch aus dem Alltagsleben muß als inchoativer — wenn auch in seiner Ergebnislosigkeit fataler — Vorstoß zu einer vitaleren Existenzform aufgefaßt werden. Der expressionistischen Thematik hat Frisch eine sehr eigenartige Wendung gegeben, indem er seinen Staatsanwalt, der den Mordprozeß gegen den Kassierer führt, durch des Kassierers Malaise selbst infiziert werden läßt. Auf diese Weise baut Frisch ein erheblich komplizierteres Stationendrama als Kaiser auf: sein Kassierer, dem er den schicklichen Namen Schweiger gegeben hat, steht als eine Art ruhender Pol inmitten der schwindelnden Welt des Staatsanwalts, die durch seine rasch anwachsende Gewalttätigkeit gekennzeichnet ist. Wolfgang Schweiger wirkt so als stummer Protest gegen die Ordnung einer entfremdeten Gesellschaft, während der ihm geistig verwandte Staatsanwalt erkennen muß, daß sein "naives Unterfangen,"[15] aus der Gesellschaft auszubrechen, um nach einem vitaleren Leben zu suchen, ihn zu sinnlosen Untaten treibt, die sein Ziel auf verhängnisvollste Weise kompromittieren müssen. Der Staatsanwalt muß letzten Endes einsehen, daß Gewalt und Mißachtung des Lebens die Entfremdung nur verstärken, genau wie Kaisers Kassierer zur späten Einsicht gezwungen wird, daß die Macht des Geldes kaum zur Freiheit in einer Gesellschaft verhelfen kann, in der Mammon zum Götzen errichtet worden ist.

In Max Frischs Gedankenwelt nimmt der 'Staatsanwalt' eine ganz besondere und ambivalente Stellung ein. Auf der einen Seite steht in diesem Stücke Dr. Hahn, engstirnig und im Einklang mit der Umwelt — ein fader Vorgeschmack vom tiefer konzipierten Verteidiger in *Stiller,* Dr. Bohnenblust. Ein Mann also, der unmöglich begreifen kann, daß das Leben etwas anderes sein sollte als gesellschaftlich bedingtes Rollenspiel. Auf der anderen Seite dann sein Gegner, Martin, ein Mann, den die bürgerliche Gesellschaftsordnung plötzlich nicht mehr überzeugt, und der eher mit Stillers vertrautem Staatsanwalt Rolf verwandt ist.[16] Der Staatsanwalt gilt für Frisch — mehr als

---

15 *Dramaturgisches,* a.a.O.

16 Hier muß differenziert werden. Trotz der schweren Krise in seinem eigenen Leben paßt sich Rolf am Ende doch der Gesellschaft an. Er bleibt zwar sympathisch und klug, ist aber im wesentlichen kompromittiert. Diese Behauptung findet sich voll ausgearbeitet in meinem Buch: The Novels of Max Frisch. London 1976; S. 82–87. In dt. Übers. auch in: Walter Schmitz (Hrsg.): Materialien zu Max Frischs *Stiller.* Frankfurt 1978; S. 195–200. Frisch kehrte wieder zu diesem Thema zurück in einer Skizze in seinem *Tagebuch 1966–1971* (VI, 44–50). Dort erleidet ein Staatsanwalt, genau wie Martin, eine gründliche Desorientierung und verliert dabei jedes Interesse am Reden. Trotz der mannigfaltigen gesellschaftlichen Vorteile, die ein solches Verstummen paradoxerweise mit sich bringt, zieht er schließlich die Konsequenzen aus seiner Situation und wählt den Freitod. Die Skizze stellt vielleicht einen ironischen Kommentar des älteren, weiseren Frisch auf die Agnes-Stepan-Thematik dar.

jeder andere bürgerliche Beruf – als Repräsentant des sozialen Erfolgs und der gesellschaftlichen Integration, dessen hervorstechende Merkmale Luzidität, Logik und Vertrauen in die Unantastbarkeit des Gesetzes bedeuten. Indem er einen solchen Mann darstellt, der ins Ungewisse explodiert, geht Frisch einen entscheidenden Schritt weiter als Georg Kaiser. Denn die bequeme Antwort, daß wir es hier mit einem 'normalen' Fall der durch repressive Arbeitsbedingungen verursachten Entfremdung zu tun haben, klingt hohl. Das Wesen der öderlandschen Malaise ist keineswegs klassenspezifisch, obwohl ganz offensichtlich Produkt einer Klassengesellschaft. Die jähe Einsicht des Kassierers in die Absurdität der Welt und die unerwartete Solidarisierung des Staatsanwaltes Martin können zu jeder Zeit und in jeder Gesellschaftsschicht durchbrechen. Martins alogische Einfühlung in das absurde Dilemma des Mörders läßt sich nur aus einer langwierigen stillen Verzweiflung heraus erklären. Dies wird schon in der ersten Szene ('Ein Staatsanwalt hat es satt') plastisch dargestellt: die menschliche Isolierung des fünfzig Jahre alten Martin, der in seinem Arbeitszimmer zwischen den symbolhaften, sauber etikettierten Ordnern eines fleißigen, pflichtbewußten Lebens steht, wird durch das stumpfsinnige Mißverstehen seiner Frau gestisch vorgeführt. Im Handumdrehen wird dieser verzweifelte Vertreter der Gesellschaft ihre Ordnungsprinzipien dementieren, ihre Unehrlichkeit und Sterilität demaskieren. Eine Gesellschaft wird aufgezeigt, in der (laut Frisch) "Vitalkräfte nur noch ins Kriminelle, ins Faschistische oder in die Gewalt ausarten können."[17] Martin und Schweiger bindet also eine beiden gemeinsame Frustration, die zum einen der Einsicht in die Ersatznatur der sozialen Wirklichkeit entstammt, zum anderen im Unvermögen wurzelt, eine verbindliche Sprache zu finden, mit der sie ihrer Zwangslage einen konkreten Ausdruck hätten verleihen können. Die Gesellschaft beruht nämlich auf Abstraktionen und beansprucht ein unabdingbares Recht, ihre Interessen gegen 'Kriminelle' und 'Geisteskranke' – solche also, die die Kontrollmechanismen des Systems durchschaut haben – verteidigen zu dürfen. Das alles sieht Martin ganz genau:

> Hoffnung auf den Feierabend, Hoffnung auf das Wochenende, all diese lebenslängliche Hoffnung auf Ersatz, inbegriffen die jämmerliche Hoffnung auf das Jenseits, vielleicht genügte es schon, wenn man den Millionen angestellter Seelen, die Tag für Tag an ihren Pulten hocken, diese Art von Hoffnung nehmen würde: – groß wäre das Entsetzen, groß die Verwandlung. Wer weiß! Die Tat, die wir Verbrechen nennen, am Ende ist sie nichts anderes als eine blutige Klage, die das Leben selbst erhebt. Gegen die Hoffnung, ja, gegen den Ersatz, gegen den Aufschub . . . (III, 10f.)

17 Frisch im Gespräch mit Rolf Bussmann. In: Peter André Bloch und Edwin Hubacher (Hrsg.): Der Schriftsteller in unserer Zeit. Schweizer Autoren bestimmen ihre Rolle in der Gesellschaft. Bern 1972; S. 26. Siehe auch: Arnold, S. 39.

Die sehr verschiedenen Schicksale, die Frischs zwei Abtrünnige erleben, sind bereits ein Teil seiner Sozialkritik: der relativ harmlose Kassierer wird durch eine generelle "Amnesie" (wie es Schweiger unbewußt-ironisch ausdrückt) begnadigt,[18] während die ernste Drohung, die 'Graf Öderland' und seine Anhänger darstellen, zweckmäßig neutralisiert wird, indem die existentielle Revolte kühn in das nächste Stadium des Regierungsprozesses übernommen wird. Martin kann alles an Macht erreichen, nur nicht das Leben und die Freiheit. In solchen Augenblicken hoher Komik, wo Frisch dem Theatralischen seines Einfalls freien Lauf läßt, zeigt sich die verblüffende Gewandtheit des bürgerlichen Systems, sich den jeweiligen Umständen anzupassen, ohne dabei sein abgründiges Entfremdetsein aufs Spiel zu setzen. Hier sieht man für einen Augenblick die belehrende, warnende Funktion des herkömmlichen Parabelstücks.

Wie ist es nun mit der zentralen Begebenheit dieser Moritat – der Identitätskrise des Staatsanwalts – beschaffen? Daß Martin 'Graf Öderland' nicht *wird*, sollte ebenso klar sein, wie Anatol Stiller sich nicht in 'Mr White' verwandelt. In beiden Fällen schlüpft ein Verzweifelter lediglich in eine falsche Identität hinein, um auf der Basis einer inneren tabula rasa eine neue Existenz aufzubauen. Beide vergessen dabei, daß jede auch nur vorläufige Rolle eine gewisse Rollenerwartung mit sich bringt, daß das Rollenspiel keine unbedingte Freiheit bietet. Weder Stiller noch Martin gelingt es, auf diese Weise ihrer alten Identität zu entfliehen, und sie müssen deshalb zunächst einen schwierigen Irrweg gehen, bevor die soziale Wirklichkeit sie zwingt, aus dem Traum der gesellschaftlichen Unverbindlichkeit aufzuwachen. Im Falle Martin wird übrigens die Identität des Grafen Öderland bezeichnenderweise nicht spontan von ihm selbst gewählt: die arme Köhlertochter Hilde ist es, die dem Staatsanwalt den Namen des legendären Grafen aufdrängt, um aus ihrer eigenen beklemmenden Isolierung mit ausbrechen zu können. Hilde erweist sich jedoch als kein lebensechtes Du: sie ist eine Waldfee, eine irreführende Chimäre, die ihre Substanz aus seinem eigenen Wunschdenken schöpft. Sie stellt viel eher eine Versuchung dar als eine echte Quelle der Vitalität. Deshalb kann sie gleichzeitig auch als Inge und als Coco auftreten. Martins Identitätssuche wird also von vornherein durch eine unheilvolle Verwirrung charakterisiert: er mißachtet das Grundprinzip, daß die Individualität – der Schlüssel zum wirklichen Leben – nur innerhalb eines dialektischen Verhältnisses mit einem realen Du in einem gesellschaftlichen Kontext sich schöpferisch ausdrücken kann. Die Folgen sind katastrophal:

---

18 Die Erschießung des Kassierers durch Personenverwechslung, ein schönes Beispiel zwar von Frischs schwarzem Humor, ist dramaturgisch schwach. Sie entspricht dem ebenfalls fragwürdigen Selbstmord Graf Öderlands in den früheren Fassungen "aus Verlegenheit des Verfassers." Siehe Frischs *Werkbericht* (1961), III, 93.

sobald die Vitalkräfte, die Martin verkörpert, von den Verpflichtungen sozialer Normen und Bräuche befreit werden, steigern sie sich zwangsläufig ins andere Extrem entfesselter Gewalttätigkeit. Die Selbsterkenntnis degeneriert rasch zu Selbstverkennung. Triebhaftigkeit und egoistische Schrankenlosigkeit führen Martin weg von der angestrebten Identität und direkt in die Selbstentfremdung zurück. Er wird zur bitteren Einsicht gezwungen, daß ein einseitiges Verfolgen der Santorin-Utopie – des Traumes vom menschlichen Glück außerhalb der Zeit – zu einem noch öderen und sterileren Solipsismus führen muß. Indem er sich seiner Waldfee und *ihrer* Graf-Öderland-Vision ergibt, verspielt und verträumt der Staatsanwalt im Grunde jede Chance für ein 'neues' Leben. Er schließt dabei den Teufelskreis: der unsinnige Traum von Santorin, dem ewigen Jetzt, dessen Unwirklichkeit durch das Schifflein mit Segeln aus Pergament treffend symbolisiert wird, schrumpft zu einer nur zu wirklichen Kloake zusammen. Um einer furchtbaren Alltagsroutine zu entfliehen, hat sich Martin einer schattenhaften Vision ergeben und muß schließlich feststellen, daß der Traum zu einem Alptraum, der Alptraum wiederum zu einem groteskeren Zerrbild des Alltags geworden ist. Die Erkenntnis, daß das Träumen die Wirklichkeit verzerrt, kommt für den selbsternannten Grafen Öderland einfach zu spät. Kein Wunder, daß die Moritat mit einem verzweifelten Schrei endet: "Erwachen – jetzt: rasch – jetzt: erwachen – erwachen – erwachen – erwachen!"

Wegen seiner charakteristischen 'Offenheit' läßt sich aus diesem Parabelstück jedoch keine klare, verbindliche Lehre herauskristallisieren. Alles bleibt von zäher Zweideutigkeit, deren Grund vor allem darin liegt, daß es Frisch nicht gelungen ist, seine "Ich-Geschichte, das Malaise, das die Privat-Person treibt,"[19] als Spiegel der herrschenden Verhältnisse zur vollen Geltung zu bringen. Dies bildete den Kern von Dürrenmatts Kritik.[20] Keineswegs überraschend angesichts seiner eigenen Position[21] verlangte Dürrenmatt eine straffer organisierte Parabel, die sich auf die apokalyptische Vision vom Grafen Öderland als Universal-Figur konzentrieren sollte, wohl etwa im Sinne seines eigenen, später erfundenen Monstrums, Mathilde von Zahnd: der wahnsinnigen Irrenärztin seines *Physiker*-Stückes. Gerade eine solche Dämonisierung wollte Frisch aber prinzipiell vermeiden. In einem Brief an

19 *Dramaturgisches,* a.a.O.
20 Siehe seine Rezension der Aufführung von 1951, die trotz der Neubearbeitung auch noch an die Fassung von 1961 angelegt werden kann: Eine Vision und ihr dramatisches Schicksal. Zu *Graf Öderland* von Max Frisch. In: Thomas Beckermann (Hrsg.): Über Max Frisch. Frankfurt (= edition suhrkamp 404) 1971; S. 110–112.
21 Frisch hat den Unterschied zwischen sich und seinem Landsmann einmal treffend charakterisiert: "Wir haben auch sehr bald festgestellt, daß wir völlig unterschiedliche Temperamente sind, von einem ganz anderen Hintergrund herkommend: er zweifellos vom Theologischen her, und ich, wenn man es so mit einer Etikette sagen will, vom Aufklärerischen her, rationalistischer, humanistisch usw." Arnold, S. 25.

Dürrenmatt hob er die Tatsache hervor, daß sein Stück nicht um 'Graf Öderland' ging, sondern eben um die ominöse Anziehungskraft einer solchen bunt-mythischen Legende mitten im grauen Alltag einer trostlosen Zivilisation:

> Oder sagen wir ganz simpel: ein Privatmann, Herr Martin, kommt dahin, sich zeitweilig für Graf Öderland zu halten [...] was wir mit Augen gesehen haben, ist nicht Graf Öderland, die mythische Gestalt, sondern das Öderlandische in einem gewöhnlichen Menschen namens Martin, Staatsanwalt. Ich habe nicht erwartet, daß sein privates Schicksal den Zuschauer erschüttert; was mich beschäftigt, ist das Öderlandische, eine Wirklichkeit, an der wir möglicherweise zugrunde gehen, das Öderlandische, ausgedrückt durch das Mittel einer mythischen Figur, die als solche [...] nicht zu zeigen ist – ich habe sie auch nicht gezeigt, ich habe nur versucht, sie zu spiegeln in einem Irgendwer, der uns die Gestalt, die legendäre, einigermaßen umschreibt, indem er dieser Gestalt eine Zeitlang nachzuleben versucht.[22]

Graf Öderland ist demnach weder ein Plädoyer für die Gewalt marxistisch-revolutionärer Prägung noch eine billige Hitler-Karikatur,[23] sondern stellt den Versuch dar, jene vitale Kraft in uns selbst freizulegen, die unter Umständen irregehen mag und nicht nur das Privatleben, sondern auch noch die umgebende Gesellschaft verwüsten kann.

Dennoch muß eingeräumt werden, daß Frisch sich vielleicht zu sehr auf eine dramatische Kurzschrift verlassen hat, als er die Motivationsstränge von Martins Aufbruch skizzierte. Zum Beispiel: da er dem Staatsanwalt solch eine schale, unehrliche Ehefrau gibt, läuft er Gefahr, daß der Zuschauer voreilige Schlüsse zieht: Martins Problem bestehe etwa in einer lädierten Ehe, – er leide an einer geradezu modischen 'midlife-crisis,' oder dergleichen mehr. Der vierten Szene mit Mario, dem Hellseher, – welche die Moritat offensichtlich auf ein allgemeineres parabolisches Niveau zu heben versucht – gelingt es nur teilweise, diesem Kurzschluß vorzubeugen. Sicher nicht aus solchen bequemen Gründen will Frisch den explosiven Ich-Zerfall seines Helden erklären, sondern er deutet auf die tiefere Ursache der Entfremdung innerhalb der – zwar gegebenen, aber nur vage skizzierten – Gesellschaftsordnung selbst hin, die Martin das "Irrenhaus der Ordnung" nennt, ein "Öderland, wo der Mensch nicht hingehört, wo er nie gedeiht." (III, 55) Frisch will also die Frage stellen, ob eine solche Gesellschaft nur 'Verrücktheit,' 'Krankheit,' 'Abnormalität' und schließlich eine wilde, sinnlose

---

22 Brief an Dürrenmatt, nachgedruckt in: Walter Schmitz (Hrsg.): Über Max Frisch II. Frankfurt (= edition suhrkamp 852) 1976; S. 546.
23 *Werkbericht*, III, 93. Wenn die erste Fassung von 1951 als marxistisches Revolutionsstück falsch aufgefaßt wurde, gab es eine Art umgepolte Reaktion auf die zweite Fassung, die die politische Komponente klarer herauszuarbeiten suchte.

Gewalttätigkeit hervorbringen kann. Vor einer total verdutzten Elsa und ihrem bleichen Geliebten, Dr. Hahn, schreit Martin: "Und wenn es an der Ordnung liegt? Wenn sie nicht lebbar sind, eure Gesetze, sondern tödlich, wenn sie es sind, die uns krank machen?" (III, 54) Hier ist der springende Punkt: nicht die ideologieträchtige Revolution, sondern die Tragödie der anarchischen Revolte, die kein erreichbares Ziel kennt, wird auf der Bühne anschaulich gemacht.

Einen völlig adäquaten dramaturgischen Ausdruck für diesen Einfall hat Frisch gewiß nicht gefunden. Vor allem wirkt die Geschwindigkeit, mit der Martin zum Chef einer beträchtlichen Bande von Aufständischen wird, dramatisch nicht überzeugend. Aber die Thematisierung der wesentlichen Gebrechlichkeit der bürgerlichen Ordnung kommt Zuschauern und Lesern der siebziger Jahre im ganzen nicht so unglaubwürdig vor, zumal sie Zeugen waren der Panik Charles de Gaulles im Mai 1968 oder des Ausbruchs der Hysterie in der Bundesrepublik und der unverhältnismäßig scharfen Reaktion, welche die Tätigkeit einer kleinen Gruppe Terroristen dort hervorrufen konnte — von den jüngsten Unruhen in Italien ganz zu schweigen. Es ist sicher richtig, daß Frisch das ästhetisch-dramaturgische Problem, wie man die zwei Pole des Privat-Persönlichen und des Konkret-Politischen zusammenbringt, nicht gelöst hat. Aber es ist ihm doch unstreitbar gelungen, die erschreckende Vision eines Staates heraufzubeschwören, der auf seine scheinbar höchst geschätzten Freiheiten und Prinzipien verzichtet, sobald es darum geht, das bloße Äußere seines öffentlichen Image zu retten. Es kann sicher nur wenige Momente im zeitgenössischen deutschen Theater geben, die der ätzenden Ironie der zehnten Szene ('Die Herren der Lage') an demaskierender Aktualität gleichkommen. Hier trifft Frisch genau den Tonfall — die merkwürdige Mischung aus Schwulst, Verschlagenheit und Absurdität — eines Innenministers, der am kalten Büffett im Namen der freiheitlich-demokratischen Grundordnung seines Staates die Vertilgung individueller Freiheiten bekanntgibt:

Als Innenminister bin ich verantwortlich für Ruhe und Ordnung. Auf unsrer Seite ist nicht nur das Recht, die Sittlichkeit, sondern auch die Mehrheit der Bevölkerung. Ich stütze mich auf das neue Gesetz zum Schutze des Staates. Wir haben alles getan, um Ruhe und Ordnung sicherzustellen [...] — wir haben den geheimen Sicherungsdienst, wir überwachen unsere Bürger von der Wiege bis zum Grab, jeder Verdächtige wird sorgsam und oft über Jahre beobachtet, wir haben die bewährten Fragebogen, wir haben den neuen Bürgerschein mit Fingerabdruck, wir haben alles getan, um die Feinde der Freiheit nicht aufkommen zu lassen, ich erinnere bloß an das Notrecht, das uns endlich erlaubt, auch den inländischen Briefverkehr zu überwachen, und hundert andere Maßnahmen der Vorsicht, niemand wird uns den Vorwurf machen, daß es uns an Wachsamkeit fehlt, wir haben die monatliche Meldepflicht vom sechzehnten Lebensjahr an, wir haben den sogenannten Arbeitsstempel, der jede Art von Arbeit der behördlichen Bewilligung unterstellt, wir haben die Winterhilfe, die Altersversicherung, lauter Wohlfahrt, die uns die Zügel in die Hand gibt, wir haben das katholische und das protestantische Aufklärungsjahr, das Gesetz für Presse und Verlag, die amtliche Verteilung des Papiers, wir haben einen Kurzwellensender, der keine andere Aufgabe hat als die tägliche Widerlegung der täglichen Gerüchte – lauter Einrichtungen, die Millionen kosten! (III, 72)

In solchen Augenblicken deutet die Parabel klar und traditionsgemäß auf ganz konkrete Gefahren außerhalb des Theaters hin.

Diese dritte, endgültige Fassung von *Graf Öderland* scheint Frischs letzter Versuch, in demselben Schauspiel die rein ichbezogene Identitätsproblematik mit der unmittelbar politischen Thematik zu verbinden. Seither läßt sich seine Theaterarbeit in die ästhetisch kongrueneteren, wenn schon weniger interessanten Parabelstücke *Biedermann und die Brandstifter* und *Andorra*[24] und andererseits die in mancher Hinsicht mehr versprechenden Stücke *Biografie* und *Triptychon* einteilen, wobei letztere offenbar eine Art "Reprivatisierung der Literatur"[25] anstreben. In diesem Zusammenhang ist es schon ein Paradoxon an sich, daß Frischs "mißratenes Kind" *Öderland* fest im Gedächtnis haften bleibt, während die technisch überlegeneren Texte *Biedermann* und *Andorra* sich längst in Lesestoffe für die Oberstufe gewandelt haben – was den Schweizer gefährlich nah an die "Wirkungslosigkeit eines Klassikers" gebracht hat. Das Schicksal also, das er einmal widerwillig als dasjenige Brechts feststellen mußte. Andererseits zeugen *Biografie* und *Triptychon* davon, daß eben die öderlandsche Ambivalenz Frisch ein ergiebigeres Experimentierfeld dargeboten hat als das eindeutigere politische Parabelstück.

Die bloße Tatsache aber, daß alle vier Schauspiele einen großen Fortschritt in seinem dramatischen Schaffen markieren, gibt *Graf Öderland* darin eine zentrale Stellung. Denn indem diese Moritat sich darum bemüht, die *Richtung* eines Einfalls mehr oder weniger konsequent bis zu ihrem Endpunkt zu erkunden, löst sie die Parabelform im engeren Sinne allmählich auf. Sie läuft nicht mehr auf eine allgemein verbindliche Lehre hinaus, sondern auf eine Reihe von Fragezeichen. Die Parabel vom mythischen Grafen endet nicht formgemäß mit einem *Quod-erat-demonstrandum*, sondern mit einem Rätsel. Wie in Georg Kaisers Stationendrama wird die Notwendigkeit des Aufbruchs bestätigt, aber die Frage, wohin dieser dann führen soll, bleibt unbeantwortet. Das Stück bietet im Grunde ein skeptisches Denk- beziehungsweise Bewußtseinsspiel dar, das den Zuschauer dazu einlädt, die Untiefen seiner eigenen Gedanken und Gefühle in sich selbst zu

---

24 Vgl. Frischs lapidare Einschätzung von *Andorra* als "Anfängerkurs in der Beschäftigung mit dem Phänomen Vorurteil. Es ist mir nicht geheimnisvoll genug, für mich selber." Arnold, S. 38.

25 Dieter E. Zimmer: Nocheinmal anfangen können. Ein Gespräch mit Max Frisch. Die Zeit, 22. Dezember 1967.

entdecken, deren ständige Verdrängung im privaten wie im öffentlichen Leben sich auf die Dauer verheerend auswirken kann. In seinem *Werkbericht* erklärte Frisch: "Graf Öderland gehört zu den Gestalten, die ihrem Wesen nach ohne ein Ende sind; sie treten an und bleiben." (III, 93) Und nur ein Stück, das den strengen Rahmen der aufklärerischen Parabel sprengt, vermochte einerseits, dieser paradoxen Gestalt, die im Mythos wurzelt, Leben zu geben und andererseits eine kritische Rezeption zu provozieren, der eine endgültige, einstimmige Deutung des Phänomens Öderland immer noch schwer fällt.

MARIANNE BIEDERMANN

Graf Öderland in Beziehung zu seiner Umwelt. Eine Untersuchung

Ein Vergleich der Kritiken über das Theaterstück *Graf Öderland*[1] von Max Frisch zeigt an, daß es zu den umstrittenen Werken des Autors gehört.[2] Die komplizierte Entstehungsgeschichte[3] hat hierzu sicherlich beigetragen, so wie die erheblich von einander abweichenden Fassungen[4] auch auf die Gestaltungsschwierigkeiten bei Max Frisch hindeuten.[5]

Erste Ansätze der Geschichte vom Grafen Öderland finden sich wie bei so vielen Werken Frischs in seinem *Tagebuch 1946–1949* (GW II, 347–750)[6] in mehreren kurzen Reflexionen[7] aus dem Jahr 1946, sowie in dem sich daran anschließenden Prosaentwurf von sieben Szenen mit dem Titel: *Der Graf von Öderland* (GW II, 406–443). Die erste Fassung *Graf Öderland. Ein Spiel in zehn Bildern*[8] datiert aus dem Jahr 1951, die zweite Fassung, die Frisch für die Frankfurter Aufführung am 4.2.1956 schuf, wurde nie vollständig gedruckt.[9] Die dritte Fassung, die Endfassung *Graf Öderland. Eine Moritat in zwölf Bildern* erschien 1961[10] und wurde in die *Gesammelten Werke*[11] aufgenommen.

1   Zu den drei Fassungen des Stückes und dem Prosaentwurf vgl. im folgenden und Anmerkungen 8–10.
2   Walter Schmitz: Nachwort. In: Walter Schmitz (Hrsg.): Über Max Frisch II. Frankfurt (= edition suhrkamp 852) [2]1976; S. 537–565; hier S. 545f.
3   Vgl. dazu: Adelheid Weise: Untersuchungen zur Thematik und Struktur der Dramen von Max Frisch. Göppingen 1969; S. 143–147; Szenensynopse in: Max Frisch: *Gesammelte Werke* in zeitlicher Folge, hrsg. v. Hans Mayer u. Mw. v. Walter Schmitz. Frankfurt 1976; III, S. 840–842. Zitiert wird in der Folge, auch im Text, unter der Abkürzung GW unter Angabe des Bandes und der Seitenzahl.
4   Ibid.
5   Hans Bänziger: Frisch und Dürrenmatt. Bern/München [5]1967; S. 67–73.
6   Vgl. hierzu Horst Steinmetz: Max Frisch: Tagebuch. Drama. Roman. Göttingen (= Kleine Vandenhoeck-Reihe 379) 1973.
7   GW II, 362; 403f.; 404f.; 405f.; vgl. dazu: GW III, 839.
8   Max Frisch: *Graf Öderland. Ein Spiel in zehn Bildern.* Frankfurt 1951.
9   Vgl. hierzu GW III, 840.
10 Max Frisch: *Graf Öderland. Eine Moritat in zwölf Bildern.* Frankfurt 1961.
11 GW III, 5–89.

Bereits vor der Uraufführung im Jahr 1951 begann die Diskussion um das Stück mit einem Brief Friedrich Dürrenmatts an Max Frisch.[12] Dürrenmatt sah in der Gestalt des Graf Öderland eine Figur, die sich der dramatischen Gestaltung zu entziehen scheint. In seiner Rezension der Uraufführung[13] folgt er diesem Gedanken und kritisiert, ein Mythos lasse sich nicht verbindlich darstellen: "[. . .] an Stelle eines Allgemeinen stand ein Besonderes, an Stelle einer mythischen Figur ein Massenmörder mit einem originellen Motiv."[14] Diese Kritik hat erheblichen Widerspruch ausgelöst.[15] Auch Max Frisch hat in einem Brief an Dürrenmatt vom 17.2.1951[16] Stellung genommen und darauf hingewiesen, daß es seine Absicht gewesen sei, nicht die mythische Figur, sondern "das Öderländische in einem gewöhnlichen Menschen namens Martin, Staatsanwalt" darzustellen.

Die neueren Stellungnahmen beschäftigen sich vorwiegend mit der Endfassung des Stückes[17] und in diesem Rahmen nahezu ausschließlich mit der Figur des Staatsanwalts bzw. des Grafen Öderland.[18] Auch dann, wenn die verschiedenen Fassungen in die Kritik miteinbezogen werden, läßt sich diese Konzentration auf die Hauptperson feststellen.[19] Deutungen dieser Figur verfolgen in vielen Fällen den Gedanken, der Staatsanwalt verkörpere den Dualismus zwischen Ordnungswelt und Freiheitsdrang[20] in extremer

12 Friedrich Dürrenmatt: Brief an Max Frisch aus dem Jahr 1950 (= abgedruckt bei Hans Bänziger, l.c. S. 215–219).

13 Friedrich Dürrenmatt: *Eine Vision und ihr dramatisches Schicksal.* Zu "Graf Öderland" von Max Frisch. In: F. D.: *Theater-Schriften und Reden.* Zürich 1966; S. 257–260.

14 Ibid. S. 259.

15 J. R. von Salis: Zu Max Frischs "Graf Öderland". In: J. R. v. S.: Schwierige Schweiz. Zürich 1968; S. 144–148.

16 Max Frisch: *Brief an Friedrich Dürrenmatt vom 17.2.1951.* (Teilweise abgedruckt in: Über Max Frisch II [vgl. Anm. 2]; S. 546.)

17 Vgl. dazu: Manfred Jurgensen: Max Frisch. Die Dramen. Bern 1968; S. 31–37; Weise l.c. S. 69–78; Manfred Durzak: Spielmodelle des Ichs und der Wirklichkeit. Die Dramen von Max Frisch. In: M. D.: Dürrenmatt, Frisch, Weiss. Deutsches Drama der Gegenwart zwischen Kritik und Utopie. Stuttgart 1972; S. 145–241; hier S. 185–196; Klaus Matthias: Die Dramen von Max Frisch. Strukturen und Aussagen. In: Über Max Frisch II (vgl. Anm. 2); S. 75–124; hier S. 92–97; Gertrud Bauer Pickar: The Dramatic Works of Max Frisch. Bern/Frankfurt (= Europ. Hochschulschriften I, 182) 1977; S. 162–164. Weise (l.c. S. 143–147) erläutert in Kap. II. "Die Form der Dramen" unter diesem Aspekt zusätzlich die verschiedenen Fassungen der Moritat, während Durzak (l.c. S. 194f.) und Pickar (l.c. S. 22 u. 36) nur gelegentlich auf einzelne Unterschiede der Fassungen eingehen.

18 Vgl. dazu: Durzak l.c. S. 185–196; Matthias l.c. S. 92–97; Weise l.c. S. 69–78; Jurgensen (l.c. S. 31–37) berücksichtigt zusätzlich die Mädchen Hilde und Inge.

19 Vgl. dazu: Bänziger l.c. S. 67–73; Carol Petersen: Max Frisch. Berlin (= Köpfe des 20. Jahrhunderts 44) 1966; S. 38–43.

20 Weise l.c. S. 69; Petersen l.c. S. 38; Pickar l.c. S. 163; i.w. auch Ulrich Weisstein: Max Frisch. New York (= TWAS 21) 1967; S. 126–136.

Form.[21] Die vorübergehende Erfüllung seiner Sehnsucht[22] bzw. die Lösung von den Fesseln der realen Existenz zeige sich in der Umwandlung zum Grafen Öderland. Das Scheitern des Ausbruchs beruhe auf der Erkenntnis des Staatsanwalts, daß es eine absolute Freiheit nicht gebe[23] bzw. auf dem Zweifel Frischs an der Möglichkeit einer existentiellen Revolte[24] oder dem "dialektischen Umschlag von Freiheit in neue Gewalt,"[25] schließlich auch auf der fehlenden politischen Reflexion Öderlands bzw. seines Autors über die konkreten Ziele seiner Revolution.[26] Der Ausbruch erfolge aus einer "realistischen" Welt der Ordnung und Gesetze[27] der heutigen Zivilisation,[28] die auch als bürgerliche Welt verstanden wird, er habe eine Welt der absoluten Freiheit,[29] eine Traumwelt,[30] zum Ziel, in der sich die seelische Wirklichkeit des Menschen, seine subjektive Realität[31] frei entfalten könne,[32] wobei das erste und zwölfte Bild der ersteren und die Bilder 3, 5, 7 und 10 der letzteren zugerechnet werden.[33]

Der Deutung der Hauptfigur folgend wird die Moritat *Graf Öderland* als Darstellung der Entfremdung des Menschen in der heutigen Zeit[34] angesehen, als poetisches Stück, in dem der Dualismus zwischen der tödlichen Ordnung und dem Drang nach absoluter Freiheit durch die dramatische Nutzbarmachung poetischer Symbole gezeigt werde,[35] als Ausdruck der Suche nach

21 Jurgensen l.c. S. 34—37; Matthias l.c. S. 95.
22 Jurgensen l.c. S. 34; Weise l.c. S. 73f.; Matthias (l.c. S. 96): "Die Szenen des Machtkampfes aus dem Untergrund der Kanalisation lassen einen dialektischen Umschlag von Freiheit in neue Gewalt erkennen, der an das egoistische, schonungslose Machtstreben des Prinzen in der *Chinesischen Mauer* erinnert." Pickar l.c. S. 163f. Durzak (l.c. S. 191) sieht dagegen in dem Staatsanwalt zunächst den "außerhalb der Gesellschaft revoltierenden romantischen Kriminellen," der im 7. Bild "von der subjektiven Rebellion zum bewußten politischen Kampf gegen den Staat" schreitet.
23 Jurgensen l.c. S. 37.
24 Weise l.c. S. 77.
25 Matthias l.c. S. 96.
26 Durzak l.c. S. 194.
27 Bänziger (l.c. S. 68): "Motiv der bürgerlichen Gefangenschaft;" Jurgensen (l.c. S. 36): "Ausbruch aus der bürgerlichen Ordnung;" Matthias (l.c. S. 95): "Die sterile Ordnungswelt;" Pickar (l.c. S. 162): "Confines of law and order;" Petersen (l.c. S. 38): "Enge der bürgerlichen Normierungen des Lebens."
28 Weise l.c. S. 70.
29 Jurgensen l.c. S. 34 u. 37; Weise l.c. S. 74; Matthias l.c. S. 95; Petersen l.c. S. 39.
30 Jurgensen l.c. S. 31; Weise l.c. S. 73; Pickar l.c. S. 162—164.
31 Pickar l.c. S. 164.
32 Für Durzak (l.c. S. 187) dokumentiert sich hierin nur die "emotionale Einstellung" von Max Frischs Staatsanwalt "einer Wirklichkeit gegenüber, die er ablehnt, ohne die Gründe für die Ablehnung zu reflektieren."
33 Weise l.c. S. 121; Pickar l.c. S. 36; ähnlich auch Jurgensen l.c. S. 31 u. 37.
34 Weise l.c. S. 25.
35 Jurgensen l.c. S. 35 u. 37.

einem alternativen Lebens- und Realitätsverständnis,[36] als extrem überstei-
gerte Konfrontation einer Freiheits-Utopie mit Staats-Realismus,[37] als
"mythisierte Politik"[38] interpretiert und, teilweise hieraus folgend, die
mangelnde Verbindung zwischen der romantischen privaten Ausbruchsthematik mit den politischen bzw. gesellschaftlichen Problemen des Aufruhrs
gerügt[39] bzw. die Vermischung von Traum- und Wirklichkeitsebenen als
verwirrend bezeichnet.[40]

Bei einer Beschäftigung mit diesen Interpretationen ergibt sich, wenn
man an die bekannte und auch häufig konstatierte Vielfalt von Szenen und
Personen der Moritat denkt, die Frage, ob denn – bei einer so ausschließlich
auf den Staatsanwalt bezogenen Deutung – die anderen Figuren sozusagen
nur als *Staffage* für die Freiheitssuche des Einen vom Autor angelegt sind.
Dies wäre zwar denkbar angesichts des auf wenige große Themen beschränk-
ten Gesamtwerks,[41] müßte aber auch gerade bei der Figur des Grafen
Öderland, welche die verschiedensten Stationen[42] als ein der Realität
enthobener Mensch durchläuft, zu der Frage führen, ob sich in dieser der
"Ich-Dramatik des Expressionismus" nicht unbedingt thematisch, aber
formal verwandten Form nicht eher die entfremdete Welt als das isolierte Ich
darstellen kann bzw. sich das Subjekt nur insoweit ausdrückt, als es mit der
fremden Objektivität zusammenfällt.[43] Es ergeben sich auch Fragen nach der
Abgrenzung der beiden Welten, in denen sich der Staatsanwalt bzw. der Graf
Öderland bewegt. Wenn die Welt der Ordnung und des Alltags, die
bürgerliche Welt, sich in Ehe, Villa, Gericht und Regierung manifestiert und
die Traumwelt für Öderland bei den Köhlern beginnt und sich dann weiter
im Hotel und möglicherweise noch in der Kanalisation und im Regierungssaal
fortsetzt, fragt es sich, ob die einzelnen Personen, auf die Öderland trifft,
Figuren aus seinem Traum sind, und wie man sie von denen, die der realen
Welt zuzurechnen sind, unterscheiden kann. Oder gehören diese Menschen
aus der Traumwelt des Grafen ihrerseits der realen Welt an, so daß der Mord

36 Pickar l.c. S. 164.
37 Matthias l.c. S. 97.
38 Durzak l.c. S. 185 u. 195.
39 Durzak l.c. S. 194; Matthias l.c. S. 95f.; Bänziger l.c. S. 73; Hellmuth Karasek (Max
   Frisch. Velber b. Hannover [= Friedrichs Dramatiker des Welttheaters 17] ²1968;
   S. 46–57) kritisiert diese mangelnde Verbindung insbesondere für die 1. u.
   2. Fassung von *Graf Öderland*.
40 Pickar l.c. S. 22 u. 163; Petersen l.c. S. 42; Karasek l.c. S. 55f.
41 Vgl. dazu: Jiří Stromšík: Das Verhältnis von Weltanschauung und Erzählmethode bei
   Max Frisch. In: Über Max Frisch II (vgl. Anm. 2); S. 125–157; hier insbesondere
   S. 139f.; auch Matthias l.c. S. 75 und Durzak l.c. S. 152–154.
42 Pickar l.c. S. 36.
43 Zur "Ich-Dramatik" Strindbergs und des Expressionismus vgl. Peter Szondi: Theorie
   des modernen Dramas. Frankfurt (= edition suhrkamp 27) 1964; S. 105–108.

an den Landjägern zu einem Verbrechen werden kann und sich Traumwelt des Staatsanwalts und reale Welt der Anderen in einem Bild auf der Bühne mischen würden?

Im folgenden soll versucht werden, diesen Fragen anhand der Untersuchung einzelner Nebenfiguren nachzugehen. Dies ist allerdings nicht ohne eingehende Analyse der Figur des Grafen Öderland möglich, denn im Verhältnis der Nebengestalten zu ihm kann sich zu allererst zeigen, wie die Traum- und Phantasiewelt und die reale Welt gegeneinander abgegrenzt oder miteinander verbunden sind. Textgrundlage ist die dritte, endgültige Fassung der Moritat, weil sich die Problematik einer solchen Abgrenzung weder für die erste Fassung (in der sich die Geschichte vom Grafen Öderland als Traumvorstellung des Staatsanwalts relativiert[44]) in gleichem Maße zu stellen scheint noch für die zweite Fassung, die nach Frischs eigenen Worten die Legende zu sehr in den "aktuellen Vordergrund" (GW III, 93) rückt,[45] und weil schließlich der Versuch, den Wandlungen dieser Problematik in den verschiedenen Fassungen nachzugehen, den Rahmen einer kurzen Analyse notwendig sprengen müßte.

* * *

Das 1. Bild führt den Staatsanwalt Martin nachts im Arbeitszimmer seiner Villa im Gespräch mit Elsa, der Ehefrau, vor. Er beschäftigt sich mit einem neuen Fall — dem motivlosen Mord des braven und gewissenhaften Bankkassierers an dem Hauswart der Bank — und meint, in dieser nach den Maßstäben seiner Umgebung sinnlosen und auch vom Mörder selbst unverstandenen Tat das Aufbegehren gegen eine Welt zu sehen, deren Hoffnungen auf Freude durch Ersatzbilder (Feierabend, Wochenende, Jenseits) verkümmert sind. Es erscheint ihm wie ein Wunder, daß alle sich mit einem solchen Leben abfinden, "obschon es ein Spuk ist" (GW III, 9), und nicht zur Axt greifen. Seine Spekulationen, am Ende sei ein solches Verbrechen "nichts anderes als eine blutige Klage, die das Leben selbst erhebt" (GW III, 11), machen deutlich, daß er das normale Leben seiner Umwelt einschließlich seines eigenen nicht als "das Leben selbst" begreift. Folgerichtig versteht er den Bankkassierer immer besser, besser als sich selbst, "Obschon er nichts erklären kann." (GW III, 8) Offenbar hat dieser aus der Sicht des Staatsanwalts eine Tat verübt, die etwas mit diesem "Leben selbst" zu tun hat, das im Gegensatz zu seinem eigenen Leben steht, in dem man wie "alle hierzulande" zu viel arbeitet, "Bis es einmal reißt" (GW III, 8), in dem die Ehefrau gähnt, sobald man redet, und in dem man nie jung gewesen ist (GW III, 9). Wie dieses andere Leben beschaffen sein sollte und

44 Durzak l.c. S. 194; Pickar l.c. S. 22.
45 So auch Pickar l.c. S. 22; Karasek l.c. S. 55.

wie man es erreichen könnte, weiß aber auch er nicht zu erklären: "Vielleicht kann ich mich nicht ausdrücken." (GW III, 9) Er vermutet nur, daß es ein großes Entsetzen und eine große Verwandlung mit sich bringen würde. Er fragt auch nicht weiter, wie eine solche Desillusionierung erreicht werden könnte.

Seine verabsolutierende Trennung zwischen dem *realen* Leben und dem *anderen* Leben, das selbst Klage gegen die Irrationalität des Normalen und Üblichen führen könnte und demzufolge etwas *Wirkliches, Wahrhaftiges* verkörpern müßte, deutet auf die ontologische Problematik hin, die bereits ein Kennzeichen von Figuren in Frischs früheren Werken war und die auch die "Helden" der folgenden Theaterstücke und Romane bewegt, wobei eine solche Fragestellung in der modernen Literatur keine Seltenheit ist.[46] Ästhetisch wird die Problematik der frühen Figuren wie z.B. des Architekten-Ich in *Bin oder Die Reise nach Peking* oder des Rittmeisters und Elviras in *Santa Cruz* in Verbindung von Traum- und Phantasiewelten[47] mit dem realen Leben dargestellt. Die Sehnsucht der Figuren nach dem "wahren, wirklichen Leben," ihre Zerrissenheit drückt sich in ihrer Teilhabe an beiden Welten aus.

Die auf das Gespräch mit Elsa folgenden Begegnungen des Staatsanwalts mit Hilde und Inge scheinen zunächst darauf hinzudeuten, daß es Herrn Martin gelingt, sich mit Hilfe dieser Mädchen vorübergehend seiner "seelischen Wirklichkeit"[48] zu versichern.

Hilde, Inge und Coco sind nach Frischs[49] Anweisungen von der gleichen Darstellerin zu spielen. Für den Staatsanwalt sind die beiden ersten Figuren Verkörperungen einer Feengestalt. So spricht er zu Hilde im 1. Bild: "Du siehst aus wie eine Fee" (GW III, 12), zu Inge im 3. Bild: "Du mußt nicht denken, ich sei verliebt in dich, weil du jung bist und herrlich − [. . .] wie eine Fee." (GW III, 26f.) Auch zu Coco fallen in der Fassung von 1951 noch die Worte: "Du siehst aus wie eine Fee . . . [. . .] Du siehst wirklich aus wie eine Fee." (GW III, 846) Während Coco in der zweiten Fassung von 1956 nicht zum Typ der Hilde, sondern zu dem der Elsa gehört,[50] fragt der Staatsanwalt in der dritten Fassung von 1961 dagegen wieder, als er auf Coco trifft: "Woher kennen wir uns? " (GW III, 75), in deutlicher Parallele zu der Frage an Inge im 3. Bild: "Woher kenne ich dich? " (GW III, 27) Allen gemeinsam ist der Blick, der vom Staatsanwalt auf sie fällt: "Am Ende, wenn ich mich erinnere, sind es zwei oder drei Gesichter, die immer wiederkehren [. . .] Immer ist da ein Gesicht wie das deine, ein Kind." (GW III, 27) Diese Perspektive ist sowohl dem Staatsanwalt wie dem Grafen Öderland eigen,

46 Jiří Stromšík l.c. S. 130−132.
47 Ibid., S. 129f.
48 Weise l.c. S. 73.
49 Vgl. Personenverzeichnis zu *Graf Öderland* GW III, 6.
50 Vgl. dazu Szenensynopse GW III, 842.

denn schon im 1. Bild — vor jeder Verwandlung — wirft Hilde ihrem Gesprächspartner vor: "Immer sagen Herr Staatsanwalt, ich sehe aus wie eine Fee." (GW III, 12)

Zunächst sehen wir — nach dem Gespräch mit Elsa-Hilde, das Dienstmädchen, in das Arbeitszimmer kommen, um, ungerufen, ein Feuer zu machen. Der Staatsanwalt läßt es in einer Art Trance zu, daß sie seine Akten verbrennt: (Regieanweisung) "Sie wirft das Aktenbündel ins Feuer, der Staatsanwalt sieht zu, als wäre es nicht getan, sondern bloß gedacht..." (GW III, 12f.) und hört ihrer Geschichte vom Grafen Öderland fasziniert zu. Seine einzige Frage nach den Worten der Fee angesichts der brennenden Hütten, Dörfer und Städte provoziert sogar eine Gleichsetzung zwischen Hilde und der Fee, in dem diese ihre eigenen Worte "— Wie das scheint!" (GW III, 13) als Antwort im Namen der Fee wiederholen muß. Auffällig ist das passive Verhalten des Herrn Martin, der sich völlig Hildes Eingebungen überläßt.[51]

Eine ähnliche Ausstrahlung auf den Staatsanwalt übt auch Inge, das Köhlermädchen, im 3. Bild aus, in dem Herr Martin die Identität des Grafen Öderland annimmt.

Gedankenverlorenheit und tranceartige Passivität, die kennzeichnend für den Zustand des Staatsanwalts in der Begegnung mit Hilde waren, sind jetzt jedoch einem nicht mehr der chronologischen Zeit und dem geographisch bestimmbaren Ort unterworfenen Bewußtsein des Herrn Martin gewichen.

Im ersten Bild verweisen Elsa und Martin ständig auf diese kontinuierlich ablaufende chronologische Zeit, in der alle Ereignisse ihren festen, unverrückbaren Platz in Vergangenheit, Gegenwart oder Zukunft haben bzw. haben werden:[52]

Staatsanwalt.	"Ich habe mich nur angezogen."	
Elsa.	"Mitten in der Nacht?"	(GW III, 7);
Staatsanwalt.	"Heute hat er gestanden."	(GW III, 8);
Elsa.	"Martin, es ist zwei Uhr."	
Staatsanwalt.	"Ich weiß, in acht Stunden stehe ich vor Gericht [...]"	(GW III, 8);
Elsa.	"[...] Ich sage, es ist zwei Uhr vorbei."	
Staatsanwalt.	"... vierzehn Jahre an der Kasse, Monat um Monat, Woche um Woche, Tag für Tag [...] Du hast recht, Elsa, es ist zwei Uhr. [...]"	(GW III, 9)

51 So auch Jurgensen l.c. S. 33 und Durzak l.c. S. 191.
52 So auch Pickar l.c. S. 21.

Im 3. Bild dagegen hat der Staatsanwalt "plötzlich [. . .] Zeit" (GW III, 27) und steht "stundenlang [. . .] droben im Wald" (GW III, 22). Die übrigen Zeitverweise betreffen größtenteils einen sehr langen Zeitraum, einen immerwährenden Zustand oder eine Erinnerung.[53]

Inge.	"Öd ist es hier. Immer. Wenn Sie noch zehn Jahre in dieser Küche sitzen, da kommt nichts dazu, in einer halben Stunde wissen Sie alles."	
Staatsanwalt.	"Ich kenne das . . ."	(GW III, 26);
Staatsanwalt.	"Ich erinnere mich. Früher schon hatte ich dieses Gefühl. Immer schon. [...]"	(GW III, 26);
	"Früher meinte ich immer [...]"	(GW III, 26);
	"All das hier habe ich schon einmal erlebt [...]"	(GW III, 26);
	"Das ist alles, woran ich mich erinnere [...]"	(GW III, 27);
	"Am Ende, wenn ich mich erinnere, sind es zwei oder drei Gesichter, die immer wiederkehren [...] Immer ist da ein Gesicht wie das deine [...] Und immer, wenn man gehen will, immer ist eine Art von Gendarm da [...]"	(GW III, 27);
	"Einmal war ich Kapitän. [...] Ohne Ziel und Zeit. [...] Dann plötzlich war es ein Spielzeug, mein Schiff [...] Und ein Dienstmädchen staubt es ab Tag für Tag —"	(GW III, 27f.).

An die Stelle der ständigen Hinweise auf die chronologisch ablaufende Zeit im 1. Bild sind jetzt im 3. Bild Zeitverweise getreten, die anders strukturiert sind. Der Staatsanwalt sieht nunmehr seine mit dem Spielzeugschiff verbundenen Träume von einem freien ungebundenen Leben — auf offener See ohne Ziel und Zeit — als reale Vergangenheit an.[54] Die auf dieses "wahre andere Leben" folgende Zeit ist ereignislos, so daß zehn Jahre einer halben Stunde entsprechen. Die Begegnungen mit verschiedenen Menschen

---

53 Ibid.
54 Pickar (l.c. S. 162) sieht hierin, vermutlich im Hinblick auf das Spielzeugschiff, einen Kindheitstraum.

werden aus der Perspektive der Erinnerung zu einer ständigen Wiederholung, weil die Gesichter sich gleich sind.

Die Struktur dieser Zeit bildet sich also nach dem Maß der erlebten oder noch zu erlebenden Zeit in der Spiegelung des Bewußtseins. In dieser Kategorie der Zeit – einer subjektiven, die frei über Erlebnisse und Gefühle verfügen kann und sie nach ihrer jeweiligen Bedeutung miteinander verbindet – wird auch die Begegnung mit Hilde vor wenigen Stunden für den Staatsanwalt zu einem "Einstmals." Gedanken über einen Ausbruch aus dem normalen Leben durch ein Verbrechen, der im 1. Bild nur in bestimmten "Stunden" oder "Augenblicken" (GW III, 9) vorstellbar erscheint, werden jetzt in dieser Zeitkategorie nach dem Maß ihrer Intensität für den Staatsanwalt zu einem immerwährenden Gefühl, "mit jedem Atemzug" (GW III, 26) seine Pflicht versäumt zu haben.

Wie die Zeit hat auch der Raum, in dem sich der Staatsanwalt bewegt, Veränderungen erfahren. Im 1. Bild ist Herr Martin im Arbeitszimmer seiner Villa, "in seinen vier Wänden" (GW III, 8), auch wenn er sich dort nicht mehr zuhaus fühlt. Im 3. Bild befindet er sich statt dessen in einer "Gegend, die [. . .] [er] noch nie erblickt" hat (GW III, 27), in einem Wald, von Stämmen ringsum umstellt. Er weiß nicht, woher er kommt: "Da, hinter mir, plötzlich ist es weg, ein Wald voll Schnee, weiter nichts, Schnee, der alle Spuren löscht" (GW III, 27). Er hat das Gefühl, "anderswo erwartet" zu werden, um etwas zu erledigen (GW III, 26), ohne zu wissen, was und wo er es tun müßte. In seinem einstigen Leben als Kapitän konnte er "Draußen auf der offenen See [. . .] Kreuz und quer" zu "allen Küsten der Welt" (GW III, 27) segeln. Jetzt dagegen scheitert jeder Aufbruch, jedes Weggehen, an irgendeinem Gendarmen, der Auskunft über Herkunft, Ziel und Zweck verlangt, und an den "Schranken, Gitter[n], Stäbe[n]. Wie die Stämme im Wald, die man fällen möchte, wenn man eine Axt hätte." (GW III, 27)

Auch hier, wie bei der Kategorie der Zeit, ist an die Stelle des genau bestimmbaren geographischen Orts ein Raum mit anderer Beschaffenheit getreten.[55] Der Monotonie seines normalen Lebens entspricht jetzt der eintönige Raum. Stagnation und Leerlauf trotz eines Übermaßes an Arbeit und Geschäftigkeit werden in den Spuren versinnbildlicht, die alle vom Schnee[56] gelöscht werden. Die Sehnsucht nach einem erfüllten, ereignisreichen Leben wandelt sich zur Vergangenheit: "Draußen auf der offenen See." (GW III, 27) Ein Ausbruch aus dem normalen Leben wird zur Flucht aus einem Wald, die nur noch mit der Axt möglich scheint, weil der Mensch

---

55 Dazu auch Pickar l.c. S. 36.
56 Zur Bedeutung des Schnees in den Dramen Max Frischs vgl. Manfred Jurgensen: Leitmotivischer Sprachsymbolismus in den Dramen Max Frischs. In: Thomas Beckermann (Hrsg.): Über Max Frisch. Frankfurt (= edition suhrkamp 404) ² 1971; S. 274–286; hier S. 279–281.

ringsum von Baumstämmen umstellt ist. Absolut ungewiß bleibt jedoch auch in diesem Zustand, mit welchem Zweck und Ziel ein solcher Ausbruch erfolgen sollte:

Staatsanwalt.   "[. . .] Früher schon hatte ich dieses Gefühl [. . .], daß ich anderswo erwartet werde. [. . .] Und daß ich jetzt etwas erledigen müßte."
Inge.   "Was denn? "
Staatsanwalt.   "Keine Ahnung!"   (GW III, 26)

Mittels dieser veränderten, nach dem Maß des Erlebten verbundenen Raum- und Zeitdimension, in der Träume zu Erinnerungen, Augenblicke zur Zeitdauer eines Lebens werden und die Spannung zwischen normalem Leben und dem "wahren wirklichen Leben" sich in räumlichen Differenzen ausdrückt, wird also das Bewußtsein des Staatsanwalts in seiner ontologischen Problematik von Frisch szenisch dargestellt. Wie der Rittmeister und Elvira in *Santa Cruz* oder das Architekten-Ich in *Bin oder Die Reise nach Peking* wird der Staatsanwalt in eine Dimension überführt, in der seine Probleme nicht mehr nur diskursiv, sondern bildhaft demonstriert werden.[57]

In diese Traumwelt des Grafen Öderland scheint ein Mensch, das Köhlermädchen Inge, zu gehören. Sie fragt nicht nach seiner Identität, sie ist für ihn jung und herrlich wie eine Fee, und sie – vor dem Feuer im Kamin – weckt die Erinnerung an Hilde, an das einzige Ereignis, das ihm jetzt in seinem Bewußtsein, in dem nur das "wirkliche Erleben" zählt, neben der "Vergangenheit" als Kapitän auf offener See gegenwärtig ist. Ihr dringlicher Wunsch, sie mit fortzunehmen, und ihr Traum vom Grafen Öderland bieten den Anstoß zum Aufbruch und eine Identifizierungsmöglichkeit für den Staatsanwalt in einem Zustand, der zwar auf Veränderung drängt, aber nicht weiß, wie und wohin, und letzlich durch passives Verhalten gekennzeichnet ist. Die Jugend Inges im Gegensatz zu der Jugendlosigkeit des Staatsanwalts, ihr Traum und der Wille, ihn durchzusetzen im Kontrast zu seiner Hilflosigkeit lassen sie aus seiner Perspektive – wie im 1. Bild das Dienstmädchen Hilde – nahezu magische Kräfte gewinnen.

* * *

Wie und in welcher Form haben nun die Mädchen Hilde und Inge bei der Umwandlung geholfen? Sind sie, wie Jurgensen annimmt, Nachfolgerinnen des Vaganten in *Santa Cruz*, die "ihr eigentümliches Wesen insbesondere im Bezug zu anderen Gestalten" offenbaren und als "dichterisch personifizier-

---

57 Weise (l.c. S. 120f.) bezeichnet diese Dimension als Traumspiel, Pickar (l.c. S. 164) als subjektive Realität.

te[s] Symbol" den "krassen Gegensatz sozialer Verpflichtung," nämlich "sowohl Sehnsucht als auch Ziel eines inneren Zustandes seelischer Befreiung," verkörpern und die Öderland verlassen, sobald sich die "Legende [. . .] aktualisiert und die realisierte Sehnsucht die Macht ergriffen" hat? [58] Auch für Durzak ist Hilde die ins "Überwirkliche entrückte Figur," deren magische Funktion im 3. Bild von Inge übernommen wird, welche die Identifikation des Staatsanwalts mit Öderland heraufbeschwört,[59] während Pickar in ihnen Vorformen eines Erzählers, eines Spielleiters sieht, wie sie deutlicher Pedro aus *Santa Cruz* verkörpert.[60]

Sicher ist, daß beide Mädchen im 1. und 3. Bild für den Staatsanwalt feenhafte Züge haben und ihn mit einer Art magischer Kraft beeinflussen. Es ist allerdings die Frage, ob diese Kennzeichnung aus der Sicht des Protagonisten mit derjenigen des Stückes übereinstimmt, d.h. ob der Stellenwert der Figuren im Drama diese Perspektive nicht auch übersteigen könnte, womit nicht eine von psychologischen Kriterien ausgehende Interpretation beabsichtigt ist. Ebenso wie der Staatsanwalt nicht als Individuum charakterisiert wird, sondern als Typ eines durchschnittlichen bürgerlichen Privatmannes — dies beweist die skizzenhafte Darstellung als frustrierter Ehemann und Jurist —, werden auch Hilde und Inge nicht als bestimmte, unverwechselbare Individuen vorgeführt. Die von Frisch gewünschte Darstellung ihrer Rolle — eingeschlossen die der Coco — durch *eine* Darstellerin deutet zusätzlich darauf hin, daß sie als Typus angelegt sind. In diesem Zusammenhang interessieren nicht ihre Personen als solche, sondern nur ihre Funktionen im Rahmen des dramaturgischen Vollzugs, so wie ihn das Stück vorführt.

Hilde ist ein Dienstmädchen, das in der Stadt nicht zu Hause ist. Sie glaubt an das "Kindermärchen" (GW III, 46, 61) vom Grafen Öderland wie auch die Erwachsenen, sogar die Männer, in ihrer Heimat "droben, im Wald" (GW III, 12). In der Fremde wird jedoch über sie gelächelt, wenn sie diese Geschichten erzählt. In der Stadt "glauben sie ja überhaupt nichts" (GW III, 12), beklagt sie sich. Skizzenhaft umreißt Frisch ein junges Mädchen, das in einer Welt der vermeintlichen Sicherheit und Zivilisationsferne aufgewachsen ist, wo bestimmte Normen, Regeln, Erfahrungen und alte Sagen noch als verbindlich anerkannt werden. Gerade ihr Hinweis, auch die Männer würden noch an die alten Geschichten glauben, macht deutlich, daß es eine patriarchalische Welt ist, in der Zweifel und Erkenntnis allenfalls dem Mann vorbehalten wären. Folgerichtig ist auch der Staatsanwalt für Hilde als Mann und zugleich Dienstherr Autoritätsperson, der sie folgt. Das Verbrennen der Akten erscheint ihr nicht als ein Akt der Befreiung. Für sie gilt das Wort des

---

58 Jurgensen l.c. S. 31 u. 34.
59 Durzak l.c. S. 191.
60 Pickar l.c. S. 54.

Staatsanwalts als Auftrag, den sie ausgeführt hat. Sie "kann doch nichts dafür!" (GW III, 33 und 86) Im 12. Bild, bei dem erneuten Zusammentreffen mit dem Staatsanwalt anläßlich seiner Rückkehr in die Villa sind die Ereignisse, der Mord an den Landjägern, die dem Staatsanwalt als Traum und wüste Geschichte erscheinen, für Hilde wahr, weil sie sie in der Zeitung gelesen hat und alle davon geredet haben. Obwohl sie den Hergang der Geschichte kennt, ist sie nicht in der Lage, Verbindungen zwischen diesem Geschehen und dem Staatsanwalt und erst recht nicht zwischen ihrem Märchen und den Ereignissen zu ziehen. Für sie bleibt Öderland der Staatsanwalt, von dem sie sich Auskunft darüber verspricht, weshalb in der Stadt geschossen wird, der sich lustig macht über sie und den sie nicht versteht. Zeit und Raum bleiben für sie stets die empirische Zeit und das Haus des Staatsanwalts, die Stadt. "Weiß man schon etwas, wo der Herr jetzt ist?" (GW III, 34), fragt sie dessen Frau, und dem Staatsanwalt selbst gegenüber, der hofft, alles sei nur ein böser Traum gewesen, beharrt sie auf dem realen Ablauf: "Wotan, unser Hund [...] hat nichts fressen wollen, weil Herr Staatsanwalt fortgegangen sind so lang." (GW III, 86) Ihre Erzählung vom Grafen, "eine wüste Geschichte" (GW III, 84), die noch in ihrer jetzigen Form als Kindermärchen vom Aufruhr der Welt kündet und von daher auf Veränderung drängt,[61] ist für sie nur eine Verbindung mit der Heimat und also eine Absicherung gegen die Fremde. Eine Realisierung dieser Legende hat in ihrem Bewußtsein keinen Platz.[62] Hieraus ergibt sich folgendes:

Während der Staatsanwalt also die Verbrennung seiner Akten als ein gedankliches Experiment begreift und im Nachvollzug eines Märchens die Zerstörung seiner realen Existenz geschehen läßt, versichert sich Hilde in der Wiederholung des Märchens ihrer Identität, die in der Sicherheit einer abgeschlossenen, nach festen Normen und verbindlichen Regeln funktionierenden Welt besteht. Die magische Ausstrahlung, die den Staatsanwalt zu einer Kommunikation mit Hilde und zu einer inneren, seelischen Befreiung zu führen scheint, wird derart problematisch, weil sie sich objektiv als ein Nichtverstehen erweist. Die Spekulation des Staatsanwalts, mittels einer Zerstörung seiner realen Existenz zu einem "wahren Leben" zu gelangen, führt in eine Märchenwelt, die den Rückgriff auf wohl der Vergangenheit angehörende, aber nicht minder unfreie Welten beinhaltet.

Nur dieser Rückgriff verbindet den Staatsanwalt mit Hilde und er verdeutlicht, daß Frisch hier seine eigenen Ansätze in den früheren Werken wie *Bin oder Die Reise nach Peking* oder *Santa Cruz* einer Prüfung zu

---

61 Zum Begriff des "wilden Märchens" vgl. Ernst Bloch: Das Prinzip Hoffnung. Frankfurt (= Wissenschaftliche Sonderausgabe in 3 Bänden) 1968; S. 426–428.

62 Hier wäre der Interpretation von Doris Fulda Merrifield (Das Bild der Frau bei Max Frisch. Freiburg/Br. 1971; S. 26–29) zu widersprechen, die Hilde als skrupellos beurteilt bzw. als aus dem Unbewußten des Mannes kommende Kraft.

unterziehen scheint. In der Gegenüberstellung von Traum- und Phantasiewelt mit einer realen, sozialen und psychologischen Evidenzen folgenden Welt konnte die existentielle Problematik der Figuren des Rittmeisters und Elviras, des Architekten-Ich ästhetisch vermittelt werden. Widersprüche der Existenz ließen sich szenisch vorführen und Lösungen der Problematik konnten, wenn auch nicht in einer Auflösung des Dualismus, so doch in seiner Vermittlung, durch Erkenntnis der Widersprüche in einer Welt der Poesie[63] aufgezeigt werden. "Die Figur des Pelegrin ist damit sowohl für Elvira als für den Rittmeister die Verkörperung einer Sehnsucht," Santa Cruz "der bedeutungsvolle Name des Ortes, an dem diese Figuren immer wieder die Unmöglichkeit einer Flucht aus ihrem Leben erkennen."[64] So lauten die Schlußfolgerungen Schaefers aus ihrer Strukturuntersuchung des Stückes *Santa Cruz*, in dem eine "vollständige 'Entstofflichung' des historischen Ortes und der historischen Zeit" stattgefunden habe. In der Welt des Jenseits aus *Nun singen sie wieder* preisen die geläuterten Toten [. . .] die Liebe,"[65] eine Verständigung mit der Welt der Lebenden ist von vornherein unmöglich.

Der Staatsanwalt dagegen wehrt sich am Ende gegen eine Verbindung beider Welten. Graf Öderland wird ihm zu einer "wüste[n] Geschichte" (GW III, 84), die ihm nur von Hilde erzählt wurde und von der er geträumt hat. Als er an dieser Auffassung nicht mehr länger festhalten kann, versucht er verzweifelt zu erwachen, damit er das Geschehen nicht als Realität anerkennen muß. Für Hilde stehen Märchen und realisierte Geschichte, die sie aus der Zeitung kennt, unverbunden nebeneinander, keine Erkenntnis, sondern nur Angst stiftend.

Die Analyse der Beziehung des Staatsanwalts zu Hilde verdeutlicht, daß Frischs Moritat nicht die Wiederholung der Legende vom Grafen Öderland intendiert. Vielmehr wird die Legende selbst zum Gegenstand des Stückes. Ausgangspunkt und Endpunkt im Arbeitszimmer des Staatsanwalts zeigen den qualitativen Unterschied, der zwischen der Legendenfigur und der des Herrn Martin besteht. Auf der einen Seite die ahistorische, sich gegen jeden Anfang und jedes Ende sperrende mythische Figur,[66] auf der anderen Seite ein gewöhnlicher Mensch namens Martin, Staatsanwalt, der sich zeitweilig für

---

63 Vgl. dazu Walter Schmitz: Nachwort. In: Über Max Frisch II (vgl. Anm. 2); S. 544f.; auch Pickar l.c. S. 159.

64 Heide-Lore Schaefer: Max Frisch: Santa Cruz. Eine Interpretation. In: Über Max Frisch II (vgl.. Anm. 2); S. 183–206; hier S. 204.

65 Matthias l.c. S. 87.

66 Vgl. hierzu Max Frisch: "Graf Öderland gehört zu den Gestalten, die ihrem Wesen nach ohne ein Ende sind; sie treten an und bleiben." (*Werkbericht* zu Graf Öderland 1961, GW III, 92–94; hier S. 93); ähnlich Friedrich Dürrenmatt: "Öderland ist ein Beil und nichts weiter. [. . .] Ein solches Leben hat aber im strengsten Sinne keine Geschichte mehr." (*Eine Vision und ihr dramatisches Schicksal.* Zu "Graf Öderland" von Max Frisch, l.c. S. 259).

Graf Öderland hält, wie es Frisch in seinem Brief an Dürrenmatt vom 17.2.1951 ausdrückt.[67] Ob und in welcher Weise in gegenwärtiger Zeit Vermittlungen möglich werden zwischen den zwei Weltsichten des Staatsanwalts, scheint die Grundfrage des Stückes auszumachen. Die Beziehung des Herrn Martin zu Hilde läßt eine derartige Versöhnung der existentiellen Widersprüche nicht als möglich erscheinen, nicht einmal für kurze Zeitspannen, weil schon die Trennung von der realen Existenz mit einem objektiven Mißverstehen beginnt. Es fragt sich, ob das Verhältnis des Staatsanwalts zu Inge im 3. Bild, in dem die eigentliche Umwandlung in die Figur des Grafen Öderland erfolgt, zu anderen Schlüssen führen kann.

Inge, das Köhlermädchen, lebt in der Heimat, in einem einsamen Tal, in das fast nie Besucher kommen und in dem so wenig geschieht, daß der alte Köhler, Inges Vater, ständig die gleiche Geschichte von der Ermordung seiner Eltern vor einundzwanzig Jahren erzählt. Inges Aufgaben bewegen sich im immer gleichen täglichen Einerlei zwischen dem Kochen der Suppe, dem Füttern der Hühner und dem Binden von Holzknüppeln.

Mit Hilfe des von der dramatischen Ebene abgehobenen Liedes vom Grafen Öderland legt Frisch ihr bisheriges monotones und stumpfsinniges Leben und ihre Hoffnungen frei, die sich auf das Bild der mythischen Figur konzentrieren und mit dunklen Prophezeiungen die Gewaltsamkeit und Unabänderlichkeit ihres Entschlusses, diese Hoffnungen zu realisieren, verkünden:

> "Wehe!
> Wer uns die Wege verstellt,
> wehe,
> wehe euch allen,
> ich sehe euch fallen
> wie Bäume im Wald!"
> (GW III, 21f.)

In der Thematik dem Lied der Seeräuber-Jenny aus Bertolt Brechts *Dreigroschenoper*[68] verwandt — auch dort wird eines Tages ein Schiff kommen und Jenny aus ihrem schäbigen Dasein wegführen, nicht ohne daß vorher alle anderen Köpfe rollen mußten —, werden die lyrischen Elemente hier jedoch nicht dialektisch mit einer völlig "verbürgerlichten Räuberwelt" in Beziehung gesetzt, sondern sie umschreiben Inges Wirklichkeit, die sich im Dialog mit den Eltern und dem Staatsanwalt nicht artikulieren könnte.[69] Das Lied verdeutlicht ihre naive und ungebrochene Hoffnung auf ein Ereignis,

---

67 vgl. oben Anm. 16.
68 Bertolt Brecht: *Die Dreigroschenoper*. In: B. B.: Gesammelte Werke in 20 Bänden. Frankfurt (= werkausgabe edition suhrkamp) 1967; Bd. 2, S. 393–486; hier S. 415–417.
69 Pickar (l.c. S. 54) weist darauf hin, daß das Lied eine begrenzte Spielleiterfunktion Inges anzeige.

das sie aus ihrem eintönigen und armseligen Dasein befreien und ihr zu einem besseren Leben verhelfen wird – gleichgültig mit welchem Ziel und ungeachtet der hierzu notwendigen Gewalt. Die Analogie zu Räuberballaden und Volksliedern ähnlicher Art (wie sie noch immer von denjenigen gesungen worden sind, die ihre ihnen unbewußten Hoffnungen nur auf diese Weise auszudrücken vermögen) ist bewußt impliziert, um das Mädchen auf diese Weise zu charakterisieren. Für Inge ist das Lied eine Art Tagtraum, der ihr hilft, ihr Leben zu ertragen.

Sie glaubt also an ein mögliches besseres Leben, hat Hoffnungen auf die Zukunft und steht damit im Widerspruch zu dem Staatsanwalt, der Anklage erhoben hat gegen "all diese lebenslängliche Hoffnung auf Ersatz" (GW III, 10) und der nach Santorin segeln will, einem Ort "ohne Hoffnung auf ein andermal" (GW III, 54). Die Traum- bzw. Phantasiewelt des Staatsanwalts ist für Inge die reale Welt, der auch ihre Eltern angehören: ein einsamer Wald, in dem sie seit ihrer Geburt lebt, keine Begegnungen mit Menschen, da keine Besucher kommen, keine Erlebnisse, da "nicht viel" geschieht in diesem Tal.

Als ein Mann in dieser Einöde auftaucht, der nicht weiß, wer er ist, der sie, das Köhlermädchen, mit einer Fee vergleicht, mit ihr spricht – statt zu schimpfen wie der Vater –, der ihre Träume vom Weggehen zu verstehen scheint, versucht Inge ihren Traum zu realisieren und gibt dem Staatsanwalt den Namen des Grafen Öderland. Hieran zeigt sich folgendes:

Der Staatsanwalt nimmt die Identität des Grafen Öderland an, weil diese Figur die Zerstörung aller in seiner Perspektive falschen Bilder und Ersatzhoffnungen zu versprechen und aufgrund ihrer Unbedingtheit keine Bindungen zu kennen scheint. Tatsächlich wird aber diese Unbedingtheit bereits im Augenblick ihrer Entstehung zerstört. Indem die Figur des Grafen Öderland von Inge mit Hoffnungen verknüpft und zum Erwartungshorizont ihrer eigenen Wünsche erhoben wird, erhält die Gewalt ein "Programm."

In seinem *Werkbericht* zur Moritat aus dem Jahr 1961 (GW III, 92–94) bemerkt Frisch in bezug auf den Unterschied zwischen dem Grafen Öderland und möglichen Zeitgenossen: "Er kommt uns ohne Programm [. . .] Das macht ihn zu einer Legende heutzutage, das gibt es ja nicht in Wirklichkeit. [. . .] Das kommt ja nicht vor: das wissen wir alle, die wir Zeitungen lesen und Reden hören. Eine Legende, die der Wahrheit, meine ich manchmal, näher kommt als die Wirklichkeit –" (GW III, 92). Eine Legende, die der Wahrheit näher kommt als die Wirklichkeit: das dritte Bild zeigt, daß Graf Öderland, der Staatsanwalt Martin, nicht ohne Fesseln "um die Welt" (GW III, 61) gehen wird. Inges märchenhafte Vorstellungen von einem Leben mit dem Grafen Öderland verknüpfen seine Figur mit Hoffnungen und Erwartungen, für deren Erfüllung er aufkommen soll.

Die Weiterentwicklung der Inge im Stück deutet dies skizzenhaft an. In der bürgerlichen Atmosphäre eines großen Hotels erster Klasse tritt sie auf, (Regieanweisung:) "[. . .] gekleidet als Dame von Welt" (GW III, 47), und hat sich in Sprache und Benehmen dieser für sie neuen Umwelt voll angepaßt. Sie läßt sich vom Concierge mit der Abendzeitung bedienen und befragt, ihre Rolle perfekt beherrschend, den Gendarmen, als dieser vom Staatsanwalt zur Mitfahrt nach Santorin aufgefordert wird, sofort auf seine Tauglichkeit zum Angestellten: "Können Sie kochen? " (GW III, 49) Eher lassen sich von hier aus Parallelen zu Coco als zu dem feenhaften Wesen ziehen, als das sie dem Staatsanwalt erschien. Im 9. Bild, krank und von Öderland verlassen, erkennt Inge sich und die übrigen Mitkämpfer als verloren. Ihre Fragen an den Studenten: "Du glaubst noch daran? " und "Warum bist du dabei?" (GW III, 63) lassen erkennen: sie glaubte auch an den Grafen Öderland ihrer Verse und hatte sich ihm angeschlossen, von ihm Veränderungen und Verbesserungen erwartend. Dem Staatsanwalt ist Inge jetzt im Wege, und er verläßt sie: "[. . .] ich wollte heraus, ich wollte leben . . ." (GW III, 85) Doch die Erinnerung an sie wirkt peinigend, so daß er versucht, sie wie einen Alptraum zu verdrängen.

Die Analyse dieser Beziehung zeigt die Differenz zwischen Inge und dem Vaganten aus *Santa Cruz,* der zwar stirbt, aber in den Personen des Schlußchors, die seine personifizierten Erfahrungen darstellen,[70] und in Viola, "Die alles von neuem erfährt, die alles noch einmal beginnt" (GW II, 75), weiterlebt, ebenso wie im Bewußtsein Elviras und des Rittmeisters als Verkörperung ihrer Sehnsucht nach Liebe und einem abenteuerlichen freien Leben.[71] Auch die Liebe der Toten in *Nun singen sie wieder,* die "allein [nicht] verzweifelt" (GW II, 136) und Verständigung, wenn auch nur im Jenseits, möglich werden läßt,[72] existiert nicht als versöhnende Kraft in *Graf Öderland,* während noch in der *Chinesischen Mauer* (zweite Fassung 1955) nur die Liebe zwischen Mee Lan, der Geschändeten und dem ohnmächtigen Heutigen nach dem verlorenen Kampf des Geistes gegen die Macht als letzte Hoffnung bestehen bleibt.[73] Inge dagegen lebt nur als Coco weiter, die den Grafen Öderland in die Residenz begleitet, so daß eine Hoffnung auf utopische Selbstverwirklichung in der Liebe nicht mehr auszumachen ist. Die Beziehung des Staatsanwalts zu Inge führt ihn nicht zu einem Zustand innerer seelischer Befreiung, nicht einmal in der ersten Begegnung, denn in dem Augenblick, in dem er sich von allen Bedingungen seiner realen Existenz löst, wächst ihm bereits eine neue Rolle zu, in welche die verschiedensten Erwartungen gesetzt werden.

70 So Durzak l.c. S. 161f.
71 Vgl. Heide-Lore Schaefer l.c. S. 204.
72 Vgl. dazu Pickar l.c. S. 160–162.
73 In der vierten Fassung von 1972, die in die *Gesammelten Werke* in zeitlicher Folge aufgenommen wurde (GW II, 139–216), ist diese Szene 24 gestrichen. Das Stück endet mit den Versen der Masken Romeo und Julia. Zur Bedeutung dieser Änderung zutreffend Reinhold Grimm in Verbindg. mit Carolyn Wellauer: Max Frisch. Mosaik eines Statikers. In: Hans Wagener (Hrsg.): Zeitkritische Romane des 20. Jahrhunderts. Stuttgart 1975; S. 276–300; hier S. 296f.

Die paradoxe Verschränkung findet ihren szenischen Ausdruck im Bühnenraum des 3. Bildes. Frisch spaltet ihn gleichsam in zwei Räume auf, einen innerseelischen, in dem sich der Staatsanwalt bewegt, und einen realen, der Inge zur Verfügung steht. In beiden Fällen setzt er sich aus den gleichen Requisiten zusammen, unterschieden nur durch die jeweilige Perspektive. Die Aufspaltung legt die Differenzen zwischen Inge und dem Staatsanwalt bloß und deutet zugleich darauf hin, daß sich hier in den Figuren nicht die "magischen Chiffren in einem Geisterspiel" gegenüberstehen, wie es Matthias[74] für die drei Hauptpersonen in *Santa Cruz* feststellt. Statt dessen führt der Weg des Staatsanwalts durch eine reale Welt. Es ist die Frage, ob er als Graf Öderland seinem Ziel näher kommt.

* * *

Im 5. Bild, bei den Köhlern im Wald, hoffen diese, das Versprechen des Grafen Öderland mißverstehend, auf einen Wohltäter, der sie auf immer von der Sorge um Essen und Alkohol befreit: "Herrlich sind wir und frei! [...] Aber ohne Schnaps —" (GW III, 40). Diese ersten Sätze der Köhler umschreiben ironisch die Differenzen zwischen dem Freiheitsbegriff des Staatsanwalts und den Wünschen der betrunkenen Männer. Obwohl sie schon wissen, daß es im ganzen Umkreis keinen Alkohol mehr gibt und sie auch bei ihren Nachforschungen im Nachbardorf gehört haben, daß die Hütten dort niedergebrannt wurden, vertrauen sie auf ein Wunder, auf eine höhere Macht, die sich für sie im Grafen verkörpert, der ihnen alles beschaffen wird: "Er kommt zurück [...] mit neuem Schnaps —" (GW III, 40), damit deutlich machend, daß sie noch immer von einer Autorität — sei es die Regierung oder ein sonstiger Anführer — Rat und Tat verlangen, ohne selbst an den Entscheidungen beteiligt sein zu wollen. Mit welchem Unverständnis sie den Vorstellungen des Staatsanwalts gegenüberstehen, spricht einer aus: "Ich versteh kein Wort —" (GW III, 42). Dies belegt auch ihre Verzweiflung angesichts der Vernichtung ihrer Hütten, ihrer realen Existenz.

Im 7. Bild, im Hotel, trifft Öderland mit dem Gendarmen zusammen, der seine Ausweispapiere kontrollieren will. Obwohl der Staatsanwalt deutlich auf seine Identität mit dem Grafen verweist, bleibt er für den Polizisten ein Mensch mit "Humor" (GW III, 51). Seine beruflichen Informationen und die Kenntnisse über den Grafen Öderland, die er aus Zeitungslektüre gewonnen hat, versagen restlos in der direkten Konfrontation mit der gesuchten Person, die wie ein "Herr" auf ihn wirkt. Eilfertig besinnt sich der Gendarm auf seine Untergebenenrolle: "Wenn unsereiner tun und lassen könnte, was er möchte, Herr Graf — [...] Aber eben — das geht halt nicht..." (GW III, 49). Seine Blindheit gegenüber der Identität des Grafen Öderland beruht auch darauf,

74 Matthias l.c. S. 80.

daß er den Ernst des Staatsanwalts grundsätzlich für Scherz hält: "Die Herrschaften scherzen –"; "Sie können scherzen, Herr Graf –"; "Spaß beiseite." (GW III, 49f.) Unfähig, seine allgemeinen Kenntnisse auf den konkreten Fall zu beziehen, erscheint der Gendarm wie eine Vorwegnahme des Gottlieb Biedermann in *Biedermann und Die Brandstifter*.[75] Der Vorschlag Öderlands, mit ihm nach Santorin aufzubrechen, wird für ihn folgerichtig zum Illustriertentraum: "Wenn man so denkt, was man anfangen könnte mit diesem Leben, um die ganze Welt könnte man segeln" (GW III, 51); "Oft kommt einer wirklich auf solche Gedanken, [. . .] auch wenn das nicht in der Zeitung stehen würde." (GW III, 50) Wie unpersönlich und abgeleitet er sowohl Öderlands konkreten Hinweis auf den Mord an den Zöllnern als auch den Vorschlag zum Aufbruch nach Santorin versteht, zeigt sein häufiger Gebrauch des Wortes "man." Auch Gottlieb Biedermann führt das Wort "man" ständig im Mund, wenn er von sich spricht: "Aufhängen sollte man sie!" (GW IV, 329) ist sein Kommentar zu den Brandstiftern, nachdem er gerade wieder einmal von Brandstiftungen in der Zeitung gelesen hat.

Für den Gendarmen ist es wahr, was jeweils in der Zeitung stand: "[. . .] das ist Tatsache, man hat Bilder gesehen" (GW III, 46), "Steht im Abendblatt" (GW III, 47), "– wie in der Zeitung? " (GW III, 50). Er richtet sich nach den vermittelten Informationen und Konventionen, ohne im einzelnen werten zu können: "Ich tue bloß meine Pflicht" (GW III, 45), "Ich bin selbst Gendarm, [. . .] ich kenne die Vorschriften." (GW III, 49) Vom Staatsanwalt als Privatmann auf Familie, Beruf und Wünsche angesprochen, kann er diese persönlichen Kontakte mit seinen beruflichen Belangen und den allgemeinen Verhaltensregeln nicht koordinieren. Seine Anpassung an eine jeweils denkbare moderne Gesellschaft mit ihren vielfältigen Zwängen bei gleichzeitigem Verlust der Möglichkeit persönlicher Wertung läßt ihn zudem anfällig werden für eine vermeintliche Chance, durch die Gewalt diesem Leben zu entkommen, zumal ihm dieser Vorschlag von einer nach seinen Begriffen respektablen Person unterbreitet wird.

Der Gendarm ist jedoch nicht der einzige Mitläufer. Andere – so berichtet er dem Staatsanwalt – nutzen die nur durch Gerüchte und Zeitungsmeldungen bekannt gewordene Figur des Grafen Öderlands auf ihre Weise. Viele kaufen Äxte, die Geschäftswelt stellt sich durch Preiserhöhungen auf den "Boom" ein. Andere wiederum tragen unter dem Rockkragen ein Abzeichen mit einer Axt, um sich bei Bedarf als zugehörig auszuweisen. Eigentümer fürchten um ihre Rechte, weil Mieter sich gegen Kündigungen mit dem Hinweis auf ihr Abzeichen, die Axt, wehren. Auch die Schulkinder spielen das Spiel vom Graf Öderland.

---

75 Vgl. dazu die Interpretation der Figur Gottlieb Biedermanns bei Marianne Biedermann: Das politische Theater von Max Frisch. Lampertheim (= Theater unserer Zeit 13) 1974; S. 16–19 u. 22–24.

Vor der Verhaftung im Anschluß an das Gespräch mit der Ehefrau Elsa und Dr. Hahn wird der Staatsanwalt von einem Fahrer gerettet, der sich "irgend etwas davon versprochen" (GW III, 66) hat. Im Augenblick des Mißlingens der Revolte in der Kanalisation, als er "im Namen von siebentausend Leuten" (GW III, 67) Öderlands Leben fordert, um sich und die anderen zu retten, der Staatsanwalt dagegen ablehnt, weil er sich ebenfalls retten will, wird Öderland ihm zum Verräter. Mit seinen Worten: "Wir sind verraten und verloren" (GW III, 68) schließt er den Kreis von Inge: "Wir sind verloren, glaube ich" (GW III, 63) über die Köhler: "Wir sind verraten und verlumpt" (GW III, 42) zu sich und den anderen "siebentausend" Mitläufern. Der Student, der als Anhänger zu der Gruppe gekommen war, weil seiner Meinung nach "etwas geschehen [muß]" (GW III, 63), spricht aus, was ihnen allen gemeinsam war: der Glaube an die Figur des Grafen Öderland. Wenn sie sich jetzt verraten fühlen, so nur deshalb: "Weil ihr nicht an ihn glaubt −" (GW III, 68).

Alle Figuren verbinden mit der Gestalt des Grafen Öderland mehr oder weniger undifferenzierte Erwartungen, ihr Dasein oder "irgend etwas" mit Hilfe der von Öderland verkörperten Gewalt ändern zu können. Wie gleichgültig die jeweiligen Motivationen für die Spielstruktur bleiben, zeigt schon der Umstand, daß die Anhänger mit Ausnahme der wenigen dargestellten Personen nur aus Berichten des Gendarmen und des Fahrers bekannt werden. *Graf Öderland wird zur Chiffre, die von allen je nach der eigenen Perspektive interpretiert wird.*

Die Rollenproblematik wirkt jedoch nicht nur in einer Richtung. Auch der Staatsanwalt wird zu dem Bild, das die anderen von ihm haben und bestärkt sie so in ihrer Sicht. Während des Aufenthaltes im Hotel spielt er die Rolle des wohlsituierten Grafen so perfekt, hat sich im Auftreten und Benehmen so gut seiner Umwelt angepaßt, daß er ohne Zweifel in diese Atmosphäre zu gehören scheint. "Rebellen spielen nicht Golf. [...] Nach meiner Menschenkenntnis." (GW III, 46) So lautet das Urteil des Concierge. Die Verhandlungen mit Elsa und Dr. Hahn über den Kauf einer Segeljacht wickelt der Staatsanwalt mit einer Routine ab, als gehörten derartige Geschäfte für ihn zum Alltag. Er verhält sich, wie es Frisch in der Regieanweisung notiert, "in der Art eines Mannes, der täglich viel unterzeichnet." (GW III, 55f.) Seine Erklärung gegenüber dem Gendarmen, weshalb man seine reale Existenz verlassen und *leben* müßte, fällt in Form eines Selbstzitats, − er wiederholt seine Worte gegenüber den Köhlern wie ein Programm −, während er sich eine Zigarre anrichtet. Es fällt anläßlich eines solchen Auftretens nicht schwer, die Reaktionen des Gendarmen und des Concierge zu begreifen.

Im 9. Bild, im Untergrund zum Anführer der Rebellen geworden, ist Öderlands Sprache militärisch knapp und eindeutig, nur auf den Kampf gerichtet:

Staatsanwalt.	"Er soll zu mir kommen. Sofort.
	Aber es wird nicht gerufen,
	verstanden? [. . .]"
Student.	"Zu Befehl."
Staatsanwalt.	"Sonst lassen Sie niemand herein;
	wer auf Anruf nicht stehen bleibt,
	wird erschossen." (GW III, 65)

Noch einmal taucht die Erinnerung an den Anfang auf, sprachlich durch den Kontrast bildhafter, auf den Wald der 3. Szene verweisender Rede mit seiner militärischen Diktion charakterisiert: "Oft wundert es mich selbst, ob es wirklich nichts gibt, was mich zum Stehen bringt. Ich höre das Ächzen in den Bäumen und komme mir vor wie der Wind —" (GW III, 67). Aber von der anschließenden Meldung des Sträflings über eine Ausbruchschance wird diese Erinnerung sofort übertönt.

In der Residenz, im Zusammentreffen mit der Regierung, gibt es keine Unterschiede mehr zwischen dem Staatsanwalt und seinen Partnern. Öderland beginnt seine Verhandlung mit der bei solchen Gelegenheiten üblichen Floskel: "Es ist nicht ohne Opfer gegangen, leider, auf beiden Seiten" (GW III, 73) und unterbreitet dann seinen geschickt die Mentalität dieser Regierung nutzenden Kompromißvorschlag, den diese schließlich annimmt, weil er ihrem Verständnis der Situation entspricht.

Groteske Zuspitzung der persönlichen Beziehungen des Grafen Öderland zeigt seine Begegnung mit Coco. Die "Nachfolgerin" Hildes und Inges wird von Frisch nur in der Gestalt vorgeführt, die ihr die öffentliche Meinung, verkörpert von Teilnehmern am Staatsempfang, gibt: "Sie wechselt die Regime, aber immer ist sie die erste Dame. [. . .] Wenn sie ihren Arm gibt, heißt das, daß dieser Mann schon gemacht ist —" (GW III, 70). Kurz darauf erfolgt die Bestätigung. Zwei knappe Fragen des Staatsanwalts und eine Gegenfrage Cocos genügen, und sie führt Öderland auf den Balkon und veranlaßt die faktische Machtübernahme. Ihre Beziehung zueinander ist auf einen Punkt zusammengestrichen: die Macht.[76]

Coco wird in grotesker Überzeichnung zum Kennzeichen, wie sich am Ende des Weges das Bild des Grafen Öderland in der Gesellschaft geformt hat, und wie er sich selbst diesem Bild angepaßt hat. Von hier aus — indem die Schauspielerin der Coco nach Frischs Anweisungen zugleich auch die Hilde und Inge darzustellen hat — fällt noch einmal ein genaues Licht auf die im Grunde von Anfang an, schon in den Begegnungen mit Hilde und Inge, zum Scheitern verurteilten Selbstverwirklichungsversuche Öderlands.

---

76 In der ersten Fassung von Graf Öderland (1951) ist Coco als Nachfolgerin von Hilde, Inge und Iris auch die Geliebte des Grafen. Auffallend sind die Parallelen dieser Coco zu Miranda in Don Juan oder Die Liebe zur Geometrie. Beide lieben die Hände ihres Geliebten (GW III, 103; GW III, 848), und beide fordern den Mann auf, sie zu lieben anstatt sich selbst (GW III, 145; GW III, 848).

Auch sein Verhältnis zur Zeit läßt erkennen, daß es dem Staatsanwalt nicht gelingt, "Ohne Ziel und Zeit" (GW III, 27) zu sein. In der Hotelhalle erklärt er dem Gendarmen, falls er nach Santorin mitsegeln wolle, ginge dies "Spätestens bis morgen um diese Zeit" (GW III, 51). Zu Dr. Hahn und Elsa wird er "in einer Minute" (GW III, 51) kommen. Bei den Kaufverhandlungen kommt er sofort zur Sache, denn er will diese Stadt "binnen vierundzwanzig Stunden verlassen" (GW III, 53). In der Kanalisation geht es um die Frist der Regierung bis "auf heute Mitternacht" (GW III, 65). In dieser Lage ist Eile geboten, erst recht in der Residenz, wo Öderland seinen Kompromiß vorträgt und auf die Zeitnot hinweist: "Es ist jetzt zehn Minuten vor Mitternacht, genau: 11.51." (GW III, 73) Nach seiner Rückkehr in die Villa ist die Zeit so knapp, daß neben den sachlichen Fragen der Machtübernahme nichts anderes zwischen dem Staatsanwalt und dem Präsidenten besprochen werden kann. Die Turmuhr im 1. Bild, bei dem Gespräch mit Elsa zwei Uhr schlagend, zeigt jetzt die vierte Morgenstunde an. Das bedeutet: Zwar war es dem Staatsanwalt möglich, der chronologischen Zeit, die sein Leben als Jurist bestimmte, zu entkommen, aber nicht, um frei zu werden, sondern um erneut in seiner Rolle als Graf Öderland von dieser unverrückbar ablaufenden Zeit bestimmt zu werden.[77] Santorin "[. . .] ohne Hoffnung auf ein andermal, alles ist jetzt" (GW III, 54) kommt nicht in Sicht, wie es auch die Stationen seines Weges zeigen: An Stelle der Insel und der Stadt Santorin im "Licht" (GW III, 54) tritt ein nächtlicher Wald; die nächste Station ist nicht die offene "See" (GW III, 27), sondern eine Hotelhalle. Die Stadt Santorin, "Hoch über der schäumenden Brandung [. . .] emporgetürmt in den Wind und ins Licht" (GW III, 54), wird zur Kaverne inmitten kanalisierter Abwässer. Statt des Ausbruchs aus "diesem Irrenhaus der Ordnung" (GW III, 55) präsentiert in der Residenz "die Ehrengarde [. . .] das Gewehr" (GW III, 75) für Graf Öderland.

Immer wieder sind es nur Räume, aus denen der Staatsanwalt flüchtet – vor den Köhlern im Wald, aus dem Hotel, aus der Kanalisation –, und schließlich will er der Machtübernahme entgehen, indem er sich wünscht, alles nur geträumt zu haben. In seinen ständigen Ortswechseln scheint der Staatsanwalt schon Stiller und Walter Faber verwandt, die beide versuchen, "ihre Krisen durch Flucht in den Raum zu lösen,"[78] und die beiden letzten Endes scheitern.

* * *

77 Hier wäre Weise (l.c. S. 121) und Pickar (l.c. S. 36) zu widersprechen, die Öderland bis zum 12. Bild als zeitungebunden sehen.
78 Hans Mayer: Max Frischs Romane. In: H. M.: Zur deutschen Literatur der Zeit. Zusammenhänge. Schriftsteller. Bücher. Reinbek 1967; S. 189–213; hier S. 202. Vgl. auch in: Gerhard P. Knapp (Hrsg.): Max Frisch. Aspekte des Prosawerks. Bern/Frankfurt/Las Vegas 1978; S. 53–75.

Die Untersuchung der Beziehungen zwischen dem Staatsanwalt und den Figuren, denen er auf seinem Weg in ein vermeintlich wirkliches, wahres Leben begegnet, hat gezeigt, daß er seiner realen Existenz nur entkommt, um sofort eine neue Rolle zu übernehmen. Raum- und Zeitbehandlung belegen, daß er sich zunächst zwar scheinbar von den Fesseln der chronologischen Zeit und des geographisch bestimmbaren Ortes trennen kann, aber aus dem "Gefängnis" des Waldes und der leeren ereignislosen Zeit nur entkommt, um als Graf Öderland wieder den Bindungen von Zeit und Raum der realen Welt unterworfen zu sein. Es findet deshalb im Grunde kein Umschwung von privater Freiheitsutopie in eine politische Revolution statt.[79] Der Aufgabe der einen an die Welt des Juristen, Ehemannes und gewissenhaften Staatsbürgers fixierten Existenz folgt im Wechsel die Annahme einer neuen, die ebenfalls durch die eigenen Vorstellungen und durch die Postulate aller Mitläufer und Anhänger festgelegt ist. Sie führt, wie es die groteske Zuspitzung anläßlich der Rückkehr in die eigene Villa bzw. an die Spitze des Staates zeigt, zu keiner wirklichen Veränderung. Graf Öderland kann deshalb auch nicht erkennen, "daß es eine absolute Freiheit nicht geben kann, sondern nurmehr eine relative,"[80] weil die von Frisch dargestellte Gesellschaft weder eine absolute noch eine relative Freiheit zuzulassen scheint, auch nicht die "existentielle Revolte," denn selbst ein Sieg der "bewußten Wesenshälfte" des Menschen über seine "irrationalen Kräfte"[81] könnte den fixierten Bildern des Menschen vom Menschen innerhalb dieser Gesellschaft, wie sie durch die öffentlichen Vorstellungen, Konventionen und Informationen gegeben sind, am Ende nicht entgehen.

Die Spiegelung der Thematik im Bild des Mörders zeigt an, daß Frisch in der Moritat nicht die Problematik einer *politischen* Revolution vorführen will, wie sich dies aber auch bereits an der skizzenhaften Darstellung der Anhängerschaft des Grafen und ihrer im wesentlichen unbenannten Motive ablesen ließ.

Die Parallelen zwischen dem Staatsanwalt und dem Mörder sind offenkundig. Während dem Staatsanwalt jeder Ort zum Gefängnis wird, aus dem er flüchtet, befindet sich der Mörder tatsächlich in Haft. Trotz all seiner Bemühungen, den Rollenbildern, wie sie ihm sein Verteidiger anbietet, zu entgehen, wird er schließlich, weil ein Mörder ohne Motiv nicht vorstellbar ist, zum Anhänger des Grafen Öderland gestempelt und durch allgemeine Amnestie entlassen. Sein Tod ist im Grunde ein bürokratisches Versehen, ausgelöst durch die ihm fehlenden Ausweispapiere und die Überzeugung des Mörders, dem Kreislauf von Entfremdung, Frustration und Gefängnis nicht

---

79 Insoweit wäre Matthias' (l.c. S. 95f. u. 97) These von der "gemischten Thematik" zu widersprechen.

80 Jurgensen (l.c. S. 37) geht von dieser Erkenntnis des Staatsanwalts aus.

81 Weise (l.c. S. 77) folgert, der Staatsanwalt könne dann zur Identität mit sich selbst finden, wenn der Freiheitsdrang rational kontrolliert werden kann.

entgehen zu können. Seine Klagen, niemals habe ihn jemand mit seinem Vornamen angesprochen, sondern immer nur mit Namen entsprechend seinen Aufgaben als Kassierer, Angehöriger des Militärs und Gefangener, bezeichnen auch die Problematik, die an Graf Öderland vorgeführt wird, nämlich die Verdinglichung aller menschlichen Beziehungen durch Rollenfixierungen, die weder durch individuelle Entscheidungen zu durchbrechen sind noch zwangsläufig in eine politische Revolution münden.

Der Stoff, den Frisch benutzt, um dieses Problem zu gestalten, ist die von ihm erfundene mythische Figur des Grafen Öderland. Die nackte, von keiner Ideologie verbrämte Gewalt ist, wie Frisch es im *Werkbericht* zu *Graf Öderland* von 1961 (GW III, 92–94) formuliert, uns Heutigen undenkbar, auch wenn sie seiner Auffassung nach immanenter Bestandteil vieler Ideen, gesellschaftlicher Vorstellungen und Handlungen ist. Der Staatsanwalt, der nur die Zerstörung seiner realen Existenz versucht, aber der Dialektik von Identität und Rolle nicht entgehen kann und zum "Programm," zum Grafen Öderland wird, ist die dramatische Formel dieses Widerspruchs. Frisch benutzt als das adäquate Medium für dieses Thema das Theater, "das darin besteht, daß Larve und Wesen nicht identisch sind," wie er es in *Nachträgliches zu "Don Juan"* (GW III, 171) formuliert. Im Gegenentwurf zu der mythischen Figur der Legende wird die von allen Personen des Stücks als Verkörperung ihrer Wünsche, als Symbol ihrer Hoffnungen angesehene Figur wiederum theatralisch in ihr Gegenteil: in bloße Vorstellung, in ein Rollenbild umgesetzt. Die utopischen Ziele des Staatsanwalts haben ihr Ende in faktischer Machtausübung. Die Mitläufer gehen unter oder bleiben Bürger eines Staates, in dem sich trotz allem nichts ändert.

Derart übt Frisch mit den Mitteln des Theaters, vermittels der Dialektik von Sinn und Schein, Kritik an Utopiebegriffen, weil seine Zweifel an den Möglichkeiten einer wirklichen Verständigung über gemeinsame Ziele wie auch an individueller Selbstverwirklichung – die sich nur in der Verständigung mit anderen realisieren läßt – angesichts der fixierten Rollenbilder eine Lösung nicht zulassen. Zugleich richtet sich Frischs Kritik aber auch auf die Entwürfe utopischer Selbstverwirklichung, wie sie beispielsweise seine früheren Werke *Bin oder Die Reise nach Peking, Santa Cruz* und *Die Chinesische Mauer* (in der Fassung von 1955) in der Vermittlung zwischen realer Existenz und Traumwelt oder durch die Liebe enthalten. Auch die vorurteilsfreie Kommunikation zwischen Agnes und dem russischen Oberst aus *Als der Krieg zu Ende war* – ohnehin problematisch, weil die Verständigung nicht durch Sprache geleistet werden kann[82] – wird von den Ansätzen her, die sich in *Graf Öderland* zeigen, rückwirkend in Frage gestellt. Die Begegnungen des Staatsanwalts mit Hilde und mit Inge, die sich in einer Art Traum- bzw. Phantasiewelt des Herrn Martin vollziehen, akzentuieren

82 So zutreffend Matthias l.c. S. 92–94.

gerade das Mißverstehen. Die vorgebliche Verständigung erweist sich im Gegenteil als der Rückgriff auf Märchen und Träume, deren Leitbilder und Konventionen nicht zu einer Befreiung führen, sondern den Staatsanwalt nur in eine neue, nun von diesen Vorstellungen abhängige Rolle zwingen.

Problematisch wird jedoch diese Kritik, weil sie sich dieser Traum- und Märchenwelt bedient. Zwar gelingt es, in dem von realer Zeit und geographischem Ort abgehobenen "Bewußtseinsraum" das Gefühl der Enge, Eintönigkeit und Hoffnungslosigkeit, das das reale Leben des Staatsanwalts zeichnet, szenisch zu verdeutlichen und die Differenzen, die eine wirkliche Verständigung verwehren, in der Weise anzudeuten, daß weder Hilde noch Inge diesen "Bewußtseinsraum" teilen. Die Struktur der Traum- bzw. Phantasiewelt des Staatsanwalts ist jedoch zu zeitenthoben, zu folienhaft, als daß sich hierin die vielschichtigen und komplizierten individuellen und gesellschaftlichen Bedingungen erkennen ließen, die in einer beliebigen modernen Gesellschaftsordnung den Weg zur Selbstverwirklichung verhindern und wirkliche Veränderung ausschließen. Der Tatbestand der Entfremdung gegenüber der Arbeit, der Manipulation öffentlicher und privater Meinung, der Verdinglichung menschlicher Beziehungen in industriellen Massengesellschaften und die Auswirkungen dieser Gegebenheiten auf den Einzelnen, die ihn zu immer engerer Anpassung an politische und wirtschaftliche Gruppen — also in Rollen — zwingen und hierfür mit sozialem Aufstieg belohnen bzw. die Verweigerung mit entsprechenden Diskriminierungen bestrafen, wobei das Individuum ohnmächtig den einzelnen Gruppen, Institutionen und Sachautoritäten gegenübersteht, können im Bild des verschneiten Waldes nicht einsichtig gemacht werden. Die Bäume, die den Staatsanwalt umgeben, sind alle gleich. Sie zeigen nur ein Gefühl der Ohnmacht gegenüber der ganzen Welt an. Demzufolge lassen sich anhand dieses Bildes weder die *realen* Schwierigkeiten abmessen, die einer *wirklichen* Veränderung der individuellen Machtlosigkeit und Rollenexistenz im Wege stehen, noch bieten sich, weil der Traumzustand von der konkreten sozialen und individuellen Problematik abstrahiert, Ansatzpunkte für erkenntniskritische und politische Überlegungen in bezug auf Veränderungen der realen Existenz.

Auch die weiteren Stationen auf dem Weg des Staatsanwalts und seine Beziehungen können hier nicht korrigierend wirken. Die Figuren, die zu seinen Anhängern werden, sind aufgrund ihrer skizzenhaften Darstellung und ihrer Heterogenität so ausschließlich auf die Rolle des Grafen bezogen, daß auch für sie als gemeinsamer Nenner nur ein *Gefühl* der Unzufriedenheit mit ihrem Dasein konstatiert werden kann, welches sie zu ihren Rollenbildern zwingt. Während ein "sozialpsychologisches Modell,"[83] das Frisch in

---

83 Vgl. hierzu die instruktive Untersuchung von Wolfgang Frühwald/Walter Schmitz: Max Frisch. Andorra. Wilhelm Tell. Materialien, Kommentare. München/Wien (= Reihe Hanser Literaturkommentare 9) 1977; S. 41–44.

Andorra entwirft, die Entwicklung des Selbstbildnisses von Andri aus dem Interdependenzverhältnis zu den Bildern der Andorraner, die sie von Andri haben, in seiner Entstehung vorführt und damit einsichtig macht auch in seiner Zwangshaftigkeit, verhalten sich Graf Öderland wie seine Anhänger von vornherein vollständig ihren Rollen angepaßt. Die sozial unterschiedlichen Positionen, mit denen der Staatsanwalt zusammentrifft, verdeutlichen Frischs Intention, anhand einer möglichst breiten Variation von Modellen die jeweilige Rollenfixierung vorzuführen. Jedoch läßt diese Variationsbreite dann auch nichts anderes zu, als die Entfremdung gegenüber der Arbeit, die Verdinglichung menschlicher Beziehungen, die politische und private Ohnmacht durch ein allen Figuren gemeinsames Gefühl zu kennzeichnen, etwas in ihrem Leben ändern zu müssen. Die Interdependenz des Bildes, das sie sich von der Figur des Grafen Öderland machen, mit dem Selbstbildnis des Staatsanwalts wird in vielen Beispielen vorgeführt. Die politischen, wirtschaftlichen, sozialen und individuellen Bedingungen, unter denen derartige Prozesse ablaufen, sich bestimmte Leitbilder, Konventionen, Vorurteile und Schablonen entwickeln, werden nicht dargestellt. Mißstände werden als solche vorgeführt, ohne daß sich Ansatzpunkte erkennen ließen, ob und mit welchen Mitteln sie zu durchschauen oder gar abzustellen wären.

* * *

Der die Problematik des Stücks in doppelter Hinsicht kennzeichnende Satz ist nicht die viel zitierte Sentenz des Präsidenten: "Wer, um frei zu sein, die Macht stürzt, übernimmt das Gegenteil der Freiheit, die Macht" (GW III, 89), sondern es sind Öderlands Worte: "Man hat mich geträumt!" (GW III, 88), die er zum Schluß noch einmal wiederholt: "Man hat mich geträumt . . . [. . .] Erwachen — jetzt: rasch — jetzt: erwachen — erwachen — erwachen!" (GW III, 89) Die Vorstellungen aller Personen einschließlich derjenigen des Staatsanwalts haben einen Grafen Öderland konstituiert, der jetzt Realität geworden ist. Die fixierten Meinungsbilder und Rollenerwartungen aller haben eine *wirkliche* Verständigung verhindert und statt dessen einen Mythos geschaffen, dessen Inhalt sich schließlich als Gewalt gegen sie wendet.

Diese Schlußfolgerung scheint unvermeidlich, da die Träume der Mädchen, die fixierten Vorstellungen von Autorität bei den Köhlern, die Zwänge der vermittelten Information bei dem Gendarmen und den anderen "siebentausend" nur als vorhanden dargestellt werden, aber in ihren vielschichtigen und komplizierten Einwirkungsmodalitäten nicht erklärt und damit auch für Kritik und eine mögliche Veränderung nicht offen sind. Die groteske Darstellung einer Regierung, die sich auf einer Stehparty mit Teller und Glas in der Hand gegen den Grafen Öderland nicht zu wehren vermag, deutet hierauf ebenso hin wie der Gedanke des Mörders, vielleicht hätte er sich bei mehr Verständnis für seine Arbeit nicht so gelangweilt und dann den

Mord nicht begangen. Die Lächerlichkeit der Situation in der Residenz ironisiert und verdrängt zugleich die Schwäche moderner Massendemokratien mit ihrer allein auf die öffentliche Meinung gegründeten Legitimität, eines Parlamentarismus, der durch Werbung und Manipulation in so starkem Maße gekennzeichnet ist, daß jede Kommunikation über die gemeinsamen Ziele auf enorme Schwierigkeiten stoßen muß. Auch der Hinweis des Mörders auf den Zusammenhang zwischen seiner Tat und beruflichen Schwierigkeiten wird in der Moritat nicht weiter verfolgt oder an anderen Personen vorgeführt und damit als mögliche Erklärung ihrer Anfälligkeit für Figuren wie Öderland gezeigt, obwohl gerade die Entfremdung gegenüber der Arbeit und den Produktionsprozessen zu den wirklichen Problemen der Leistungsgesellschaft gehört.

Zusammenfassend läßt sich feststellen, daß die Moritat *Graf Öderland* zumindest in ihrer Endfassung ein kritisches Bild von Individuum und Gesellschaft entwirft und damit auch frühere Ansätze möglicher Selbstverwirklichung im privaten Raum, in einer märchenhaften Allegorie, zweifelhaft werden läßt. Eine diese kritische Reflexion störende Mischung von privater und öffentlicher Thematik ist ebensowenig zu konstatieren wie eine verwirrende Vermengung von Traum und Wirklichkeit. Dennoch bewirkt bei aller Schärfe und Klarheit der Kritik die "Einsicht in die Entfremdung deren Potenzierung und die potenzierte Entfremdung eine 'Fiktion zweiten Grades'."[84] Intention und Konsequenz in der Durchführung zeigen ein unveränderbares Modell, in dem Träume und manipulative Vorstellungen aller von allen keine Veränderung zulassen.

Es mag zutreffen, daß die erste Fassung von *Graf Öderland* aus dem Jahr 1951 noch deutliche Verwandtschaft mit den frühen Dramen Frischs von *Santa Cruz* über *Nun singen sie wieder* bis *Als der Krieg zu Ende war* aufweist, weil sie sich, wie Karasek ausführt,[85] in vielen ihrer Motive "privat begründet" zeigt und ihr Ende ein "sehr privater Schluß" ist. Auch die zweite Fassung aus dem Jahr 1956 verbindet, vom "Heldentod" Öderlands her beurteilt, dieses Ende weder mit der privaten Ausbruchsthematik noch mit der "Parabel von der Macht."[86]

In der Endfassung von 1961 dagegen beschäftigt sich Frisch konsequent mit Problemen heutiger Gesellschaftsordnungen, die an Öderland und den anderen Figuren vorgeführt werden. Damit fügt sich dieses Stück thematisch in den Zusammenhang der Bühnenproduktion Frischs aus dieser Zeit. Auch *Biedermann und die Brandstifter* (1958) und *Andorra* (1961) sind Texte, die Frischs Beschäftigung mit zentralen öffentlichen Schwierigkeiten und

---

84 Grimm/Wellauer l.c. S. 297.
85 Karasek l.c. S. 51 u. 54.
86 Vgl. hierzu die Interpretation Karaseks l.c. S. 52 u. 54f.

Zwängen dokumentieren, die in ihrer Auswirkung auf den einzelnen dargestellt werden.[87] In diesen Parabeln werden ebenfalls die Beziehungen zwischen Gesellschaft und Individuum und die Fixierungen auf Leitbilder und Konventionen sowie die Diskriminierungen von einzelnen beobachtet und kritisiert. Und auch dort zeigen sich keine Lösungen oder Ansätze, wie Veränderungen denkbar wären.[88]

Dies mag zu der These berechtigen, daß *Graf Öderland* in seiner endgültigen Fassung eher zu dem Kreis der Parabeln *Biedermann und die Brandstifter* und *Andorra* zu zählen ist, also zu den Stücken, die sich keineswegs auf eine "private" Problematik beschränken, die in ihrer Darstellung und Wirkungsabsicht allerdings auf Beobachtung und Kritik beschränkt bleiben.

---

87 Vgl. zu *Biedermann und die Brandstifter* Durzak l.c. S. 207–219; hier insbesondere S. 218f. und zu *Andorra* Peter Pütz (Max Frischs "Andorra" – ein Modell der Mißverständnisse. In: Text und Kritik 47/48 [1975] S. 37–43). Nach Pütz will das Drama "nicht einmal in Ansätzen glauben machen, es leiste eine fundierte Auseinandersetzung mit dem historischen Phänomen des Nationalsozialismus, [. . .] [sondern] will dagegen zeigen, daß diese noch gar nicht begonnen hat [. . .]"
88 Vgl. dazu Marianne Biedermann: Politisches Theater oder radikale Verinnerlichung? Ein Vergleich der Stücke *Biedermann und die Brandstifter* und *Andorra* mit *Biografie. Ein Spiel.* In: Text und Kritik 47/48 (1975) S. 44–57; hier S. 56. Durzak (l.c. S. 229) stellt für *Andorra* fest: "Das mit den Mitteln traditioneller Dramaturgie entwickelte Modell bleibt weit hinter der Wirklichkeit zurück."

GERHARD P. KNAPP

Angelpunkt *Öderland*.
Über die Bedeutung eines dramaturgischen Fehlschlages für das Bühnenwerk Frischs

Max Frisch selbst hat in einem Gespräch – das inzwischen als teilweise überholt gelten dürfte – *Graf Öderland* einmal als sein "liebstes" Stück bezeichnet.[1] Gewiß hat er in dieses Schmerzenskind, die dramaturgische "Fehlgeburt,"[2] mehr Mühe investiert als in die meisten anderen seiner Texte. Allein die Entstehungsgeschichte ist weitaus verwickelter als sonst: Rohmotive finden sich schon im *Tagebuch 1946–1949*, eine Prosa-Szenenfolge in sieben Teilen im *Tagebuch mit Marion*. Diese trägt bereits die Überschrift "Der Graf von Öderland." Unter dem Titel *Graf Öderland. Ein Spiel in zehn Bildern* wurde eine erste Version des Bühnenstückes am 10. Februar 1951 im Zürcher Schauspielhaus uraufgeführt. Sie wurde zum Mißerfolg bei Publikum und Kritik. Eine zweite Fassung – sie trägt dann, wie die Buchausgabe von 1951, den Untertitel *Eine Moritat in zehn Bildern* – entstand 1955 und ging, unter der Regie Fritz Kortners, in Frankfurt am 4. Februar 1956 über die Bühne. Bis heute ist dieser Text im ganzen umgedruckt. Nach abermaliger Überarbeitung wurde schließlich eine dritte, wiederum stark veränderte Fassung am 25. September 1961 in Berlin erstaufgeführt. Diese "Endfassung"[3] – vorbehaltlich einer weiteren Revision durch den Autor sei sie einmal so genannt – erfährt eine bestenfalls lauwarme Aufnahme beim

1 Vgl. Heinz Ludwig Arnold: Gespräche mit Schriftstellern. München 1975; S. 34. In seinem Interview mit Peter Rüedi (Die lange Zeit des Gewesenen. Deutsche Zeitung vom 21.4.1978; zuvor unter dem Titel: Abschied von der Biografie in Die Weltwoche [Zürich] vom 19.4.1978) betonte Frisch, daß alles, was er vor *Biografie* fürs Theater geschrieben habe, "Sackgassen" gewesen seien. Hierzu vgl. auch Jürgen H. Petersen: Frischs dramaturgische Konzeptionen. In diesem Band S. 27–58. – In: Peter André Bloch und Edwin Hubacher (Hrsg.): Der Schriftsteller in unserer Zeit. Schweizer Autoren bestimmen ihre Rolle in der Gesellschaft. Bern 1972; S. 27 antwortet Frisch auf die Frage "Stellt *Graf Öderland* in seiner Deutlichkeit nicht einen Einzelfall unter Ihren Werken dar?" – "Es ist das stärkste, mir auch das liebste, aber ein dauernder Mißerfolg."
2 *Zu Graf Öderland.* In: Max Frisch: Gesammelte Werke in zeitlicher Folge (GW). Hrsg. v. Hans Mayer u. Mw. v. Walter Schmitz. Frankfurt 1976; III, 90f.; hier S. 90. Alle Zitate im folgenden nach dieser Ausgabe.
3 Zitiert hier nach GW III, 5–89.

Publikum. Aus dem Repertoire der Bühnen ist sie heute längst verschwunden.

Die Stellungnahmen der Kritik zu Frischs Sorgenkind umfassen ein breites Spektrum von oftmals pauschaler Ablehnung bis hin zum gelegentlichen uneingeschränkten Lob. Zitiert sei einmal Friedrich Dürrenmatt – zu dieser Zeit befaßt mit seiner Komödie *Die Ehe des Herrn Mississippi*, die ein ähnlich gelagertes Problem virtuos vermittelt –, dessen Kritik (der ersten Fassung des *Öderland*) an Deutlichkeit nichts zu wünschen übrig läßt. Für ihn setzt sich das Stück – die Metapher sei erlaubt – insofern zwischen zwei Stühle, als es die beiden Problemfelder, die es aufwirft: das "öffentliche" und das "private" nicht glaubwürdig vereinen kann: "Das kühne Unternehmen ist gescheitert."[4] Deutlicher noch: "Das Theaterstück bleibt im Privaten stecken, es gehört Frisch allein."[5] Ganz anders will Hellmuth Karasek im *Öderland* "Frischs erste[n] wirklich entscheidende[n] Schritt zum Dramatiker des modernen Welttheaters"[6] sehen, Gody Suter in der Genese vom "Ur-Öderland" (der Fassung von 1951) zur Endfassung von 1961 gar eine "Entwicklung zu Klarheit, Ehrlichkeit und Meisterschaft."[7] So uneins sich die Kritik bleibt, so wenig Endgültiges vermochte die – im Hinblick auf Frischtexte beileibe nicht unfruchtbare – Literaturwissenschaft bislang zur Deutung des Stückes beizutragen. Eine umfassende, bedeutende Interpretation der Moritat vom Grafen Öderland liegt bis heute nicht vor.[8] Viele Einzelheiten der Entstehungsgeschichte sind noch unaufgeklärt, von einer Lokalisierung des Stückes im Gesamtgefüge der dramatischen Produktion ganz zu schweigen.

Der vorliegende Beitrag wird im gegebenen Rahmen kaum alle Versäumnisse einer anderweits um Frischs Bühnentexte sehr bemühten Literaturwissenschaft nachholen können. Er wird sich jedoch mit einigen der an dieser Stelle aufgeworfenen Fragen zu befassen haben. Denn jedes Erkenntnisinteresse am *Graf Öderland* legitimiert sich bereits durch die Schlüsselstellung, die der Text im Gesamtwerk einnimmt. Unter dem Aspekt einer quasi-ober-

---

4 F. D.: Eine Vision und ihr dramatisches Schicksal. Zu "Graf Öderland" von Max Frisch. In: Theater-Schriften und Reden. Zürich [2]1969; S. 257–260; hier S. 257. Vgl. ebenfalls den Brief Dürrenmatts an Frisch, den Hans Bänziger wiedergibt in: Frisch und Dürrenmatt. Bern/München [6]1971; S. 241–245.

5 Ibid. S. 260.

6 H. K.: Max Frisch. Velber bei Hannover (= Friedrichs Dramatiker des Welttheaters / dtv 6817) [5]1974; S. 57.

7 Gody Suter: Graf Öderland mit der Axt in der Hand. In: Thomas Beckermann (Hrsg.): Über Max Frisch. Frankfurt (= edition suhrkamp 404) [6]1976; S. 113–115; hier S. 114.

8 Verwiesen sei an dieser Stelle lediglich auf die kurzen aber substanziellen Anmerkungen von Marianne Kesting in: M. K.: Panorama des zeitgenössischen Theaters. Fünfzig literarische Porträts. München 1962; S. 262–268 und das *Öderland*-Kapitel in: Manfred Jurgensen: Max Frisch: Die Dramen. Bern/München [2]1976; S. 31–37.

flächlichen, werkinternen Chronologie gesehen, bedeutet er tatsächlich die Wende des mäßig erfolgreichen Dramatikers der Nachkriegsjahre zur Weltgeltung, zu Bühnenerfolgen wie *Don Juan oder Die Liebe zur Geometrie*, zu *Biedermann und die Brandstifter*, schließlich zum Parabelstück *Andorra* und zu *Biografie: Ein Spiel*. Stücken also, die Frisch in die Weltklasse der modernen Bühnendichtung aufrücken ließen. Und bei näherer Betrachtung nimmt *Graf Öderland* jene Schlüsselstellung im Schaffen des Bühnenautors Frisch ein, die man vergebens in seinen theoretischen Schriften zum Theater gesucht hat: nicht nur als Resumee der früheren Stücke, sondern als die endgültige Absage an die Verknüpfung einer privaten, wenn auch zum Mythos hinüberspielenden Thematik mit der "öffentlichen," politischen Stellungnahme des bürgerlichen Gesellschaftskritikers. Frisch hat sich in diesem Stück in der Verbindung und in der Durchführung beider Komplexe weiter vorgewagt als jemals zuvor auf der Bühne. Das Experiment ist gescheitert, und es bleibt – als Nahtstelle für die weiteren Arbeiten – nicht ohne schwerwiegende Folgen. Um es überspitzt zu sagen: nur über das Verständnis der Moritat vom Grafen Öderland scheint eine adäquate Deutung der folgenden Stücke möglich. Denn im Scheitern dieses Stückes legt sich, paradoxerweise, der Erfolg der späteren Bühnentexte bloß. Und seine Analyse gibt den Blick frei nicht nur auf die inhärente Problematik einer Revolutions-Moritat, sondern auch auf den Bewußtseinsstand ihres Autors und, wichtiger, den Wirkungshintergrund der Zeit, der dieses Scheitern notwendig macht.

Das stoffliche Problem

Betrachtet man die stofflichen Vorstufen, das Rohmaterial des *Öderland*-Stückes, so fallen sogleich mehrere für die Schaffensweise Frischs typische Merkmale ins Auge. Da ist einmal die Heterogenität der Komponenten: hier scheinbare Faktizität eines Splitters aus dem Zeitgeschehen, beiläufig aufgegriffen und notiert, dort die unmittelbare Fiktionalisierung, der Sprung zur "Geschichte." Im *Tagebuch I* – unter der Jahresangabe "1946" – finden sich zwei solche Geschichten, die als motivische Vorstufen des *Graf Öderland* gelten dürfen: einmal das Inserat eines Hellsehers, das die Reflexion über das Schicksal eines verschwundenen Züricher Professors – bezeichnenderweise eines ehemaligen Untersuchungsrichters – auslöst.[9] Die Geschichte, sei sie nun "real" oder bereits fiktionalisiert, wird nicht zu einem Ende geführt. Unklar bleibt, ob der Verschollene tatsächlich einem Unglück oder einem Verbrechen zum Opfer gefallen ist, oder ob er aus eigenem Antrieb verschwand. Schon hier also, im Rohstoff des *Öderland*,

9 GW II, 362.

jene seltsame Unschlüssigkeit des Autors über den Ausgang einer in sich keineswegs schlüssigen Geschichte.

Wichtig in diesem Zusammenhang ist auch der Kontext, in den jene Begebenheit gestellt erscheint. Denn es geht da um die Frage der Zeit, um die existenzielle Erfahrung einer Dimension, die das Bewußtsein nur als Sukzession begreifen kann, und die der Traum erst wieder zu jener Einheit fügt, die ihr von vornherein innewohnt: "Unser Bewußtsein als das brechende Prisma, das unser Leben in ein Nacheinander zerlegt, und der Traum als die andere Linse, die es wieder in sein Urganzes sammelt; der Traum und die Dichtung, die ihm in diesem Sinne nachzukommen sucht —"[10] Bemerkenswert ist nicht nur, daß in der kontextuellen Bestimmung jener ersten "Geschichte" bereits die Grundspannung des Stückes vorweggenommen scheint — jene Bipolarität von Traum und Bewußtsein —, sondern auch die Tatsache, daß Frischs erste theoretische Stellungnahme zu Problemen der Bühne *(Theater ohne Illusion)*, die zwei Jahre später datiert als die Tagebuchnotiz, sich intensiv mit dem Problem der Zeit befaßt: als spielbare und d.h. subjektiv erlebte Zeit.[11]

Noch wichtiger das zweite Bauelement. Unter der Überschrift "Aus der Zeitung" — sie muß in diesem Zusammenhang irreführend wirken: der an Frischs Journalstil geschulte Leser wird erkennen, daß es sich keineswegs um den wörtlichen Abdruck einer Zeitungsnotiz handeln kann[12] — wird die Substanz einer Pressenotiz referiert, die sich um die "ungeheuerliche Tat" eines Kassierers dreht: Der biedere Kleinbürger, der unauffällig bereits "zwei Drittel seines Daseins erledigt" hat, wacht eines Nachts auf, ergreift eine Axt und erschlägt, offenbar unmotiviert, seine ganze Familie.[13] Sieht man einmal ab vom Dingsymbol der Axt, jenem archaischen Kriegsakzessoir primitiver Völker, das in der *Öderland*-Moritat eine so wichtige Funktion gewinnen wird — so liegt schon hier, im engen Raum der Familie, der gleiche Befund vor: ein irrationaler Ausbruch von Gewalttätigkeit, dem keine Spekulation über mögliche Gründe ohne weiteres beikommen kann. "Vielleicht war er ein

10 GW II, 361f.
11 GW II, 332—336. Vgl. 335: "Wirklich nennen wir nicht, was geschieht; sondern wirklich nennen wir, was ich an einem Geschehen erlebe, und dieses Erleben, wie wir wissen, kümmert sich nicht um die Zeit, wie die Uhren sie zeigen: es ist möglich, daß wir ein Geschehen, auch wenn es als solches vergangen ist, immer wieder erleben. Es ist nicht nur möglich, sondern üblich."
12 Zur Formproblematik des Tagebuchs bei Frisch vgl. die grundlegenden Arbeiten von Horst Steinmetz: Max Frisch: Tagebuch, Drama, Roman. Göttingen (= Kleine Vandenhoeck-Reihe 379) 1973 und Rolf Kieser: Max Frisch. Das literarische Tagebuch. Frauenfeld/Stuttgart 1975 bzw. Das Tagebuch als Idee und Struktur im Werke Max Frischs. In: Gerhard P. Knapp (Hrsg.): Max Frisch. Aspekte des Prosawerks. Bern/Frankfurt/Las Vegas 1978; S. 157—171.
13 GW II, 403f.

Trinker." "Vielleicht . . ." "Oder ist es doch eine Unterschlagung, der man erst später einmal auf die Spur kommt." "Hoffen wir es . . ."[14]

Nun ist es aber der Autor selbst, der, als sei ihm eine allein "private," individualpsychologische bzw. -pathologische Erklärung nicht genug, den Kontext der so unschlüssigen (und deshalb vielleicht so alltäglichen) Kassierer-Geschichte unversehens erweitert, ihr gleichsam spielerisch-assoziativ Symbolwert verleiht für ein Stück Geschichte, den aktuellen Zeitbezug: "Warum reden wir so viel über Deutschland?"[15] Es wäre verfehlt, in diesem Zusatz nur die Anmerkung eines gerade von einer Reise durch das zerbombte Deutschland zurückgekehrten schweizer Autors zu sehen, der sich derzeit eben auch als Bestandteil der sogenannten Bewältigungsliteratur versteht — immerhin hatte Frisch im Vorjahr den *Versuch eines Requiems Nun singen sie wieder* uraufgeführt, und zum gleichen Zeitpunkt arbeitete er am Schauspiel *Als der Krieg zu Ende war*, einem, wenn man so will, im ganzen hilflosen Beitrag zur unbewältigten Vergangenheit. Es geht hier um mehr. Das politische bzw. gesellschaftliche Konzept des bürgerlichen Autors der spätvierziger Jahre entfaltet sich in diesen wenigen Zeilen. Und dieses Konzept wird gleichsam ungebrochen in *Graf Öderland* eingehen: denn hier wie dort wird der Ausbruch von Gewalt — und sei es auch als historischer, politischer Befund in der Rückschau auf die Geschehnisse in und um das nationalsozialistische Deutschland — nur am Einzelnen dingfest gemacht. Der ihn umgebenden Gesellschaft gilt erst in zweiter Linie die Aufmerksamkeit des Autors. Zu grunde liegt diesem Verfahren natürlich die Annahme, daß es der Einzelne sei, der eine Gesellschaft macht, nicht vice versa. Gerade hiervon wird im weiteren noch die Rede sein müssen.

Interessant nun der weitere Prozeß der Fiktionalisierung, wie er sich an der Prosaskizze *Der Graf von Öderland*[16] verfolgen läßt. Die wesentlichen Motive der Bühnenbearbeitungen sind hier im großen und ganzen vorweggenommen: Begegnung des "verschollenen Oberrichters" mit dem Mädchen Inge in der Holzfällerhütte [1]; seine unvermittelte (und kaum einsichtige) Verwandlung in den Grafen Öderland [3]; eingeblendet die Szene im verwaisten Arbeitszimmer, die Aufschluß gibt über die Beziehung von Elsa und Dr. Hahn; der Hellseher, der Öderland mit der Axt in der Hand wahrnimmt [4]; das Gelage der Köhler und Taglöhner [5]; die noch unausgefeilte Parallele zum Mörder in der Zelle [2 und 6]; schließlich die Hotelszene, in deren Verlauf Dr. Hahn den Gendarm ruft [7]. Eine Auflösung des Geschehens wird nicht gegeben. Betrachtet man den Kausalnexus der Szenenfolge, so wird — bei aller Brüchigkeit des Gesamtgefüges — eine gewisse Konsequenz deutlich, die dem Bühnenstück trotz oder vielleicht

14 GW II, 403.
15 GW II, 404.
16 GW II, 406–443.

gerade wegen seiner differenzierteren Anlage entgeht. Im Szenarium wird – im Gegensatz zu allen drei Versionen des Stückes[17] – der Schauplatz der Verwandlung des Oberrichters zum Grafen (man beachte die Klassenhierarchie eines überholten Ständestaates, auf die die märchenhafte Anlage der Szenenfolge rekurriert) nicht nur an den Anfang plaziert, sondern auch von vornherein eindeutig einer märchenhaften Ambience zugewiesen: die Hütte des Holzfällers im Wald als locale eines wunderbaren Geschehens. Das verweist eher auf die Welt der Prinzen und Feen als auf eine moderne Industriegesellschaft, in der Oberrichter ihre Funktion ausüben. Der Versuch also, einen gesellschaftlichen Verelendungsprozeß zumindest im Ansatz freizulegen – denn als solchen muß man wohl die Eingangsszenen der drei Bühnenfassungen werten – unterbleibt hier initialiter. Derart gewinnt das Szenarium zunächst an Plausibilität, deren es sich jedoch im weiteren Verlauf teilweise wieder begibt. In der zweiten Szene, die übrigens einen klaren Bruch mit den herkömmlichen Zeitstrukturen bedeutet,[18] finden sich dann Fragmente einer sozialen Motivation des Mordes, die implicite auch auf den Oberrichter übertragen wird. Um mehr als vage Ansätze handelt es sich dabei freilich nicht: "Verstehen Sie, wenn man jeden Morgen hinter einem solchen Schalter steht –"[19] Im gleichen Atemzug jedoch betont der Kassierer, daß er, hätte er nur die Bedeutung *des Geldes* begriffen, sich nicht derart gelangweilt und, so möchte man hinzufügen, den Mord nicht begangen hätte. Es ist also nicht so sehr der Entfremdungsprozeß einer oppressiven, arbeitsteiligen Welt als solcher, der zum Auslöser irrationaler Gewalttätigkeit wird, sondern vielmehr die Verzweiflung, die dem *Mangel an Verständnis* für diese Welt resultiert. Die hier umrissene Motivation – sie ist in der Tat elementar und schon vor dem Hintergrund des Jahres 1946 kaum tragfähig – bleibt festzuhalten für unsere Analyse des Stückes.

Ganz analog argumentiert dann Inge in der dritten Szene: "Es ist traurig hier. Wenn Sie zehn Jahre in dieser Küche sitzen, es ist nicht anders. Es kommt nichts dazu. In einer halben Stunde wissen Sie alles."[20] Das erinnert an den *ennui*, den Lebensekel, der der Untätigkeit entspringt, wie ihn Büchner in seinem Revolutionsdrama *Dantons Tod* und, deutlicher noch – als den Fluch eines toten Lebens der Aristokratie – in seinem Lustspiel *Leonce und Lena* dargestellt hat. Ähnlich auch die Frühexpressionisten, deren Aufbruchsdrängen sich jedoch unmittelbar aus dem Unbehagen am gesellschaftlichen Mißstand, an der Verelendung des Einzelnen in der Frühform der kapitalistischen Massengesellschaft entzündet. Schon Georg Kaiser hat den Vorgang dargestellt: sein Kassierer bricht auf und jagt, nach

---

17 Eine Szenensynopse findet sich in GW III, 840–842.
18 In seiner oben zitierten Auseinandersetzung mit den Stücken Wilders, *Theater ohne Illusion*, wird Frisch diesen Bruch dann theoretisch fundieren.
19 GW II, 414.
20 GW II, 416.

jahrelanger Entfremdung im sinnentleerten Dasein, *Von morgens bis mitternachts* der Chimäre einer Wiedergeburt nach, die auf den Unwert des Geldes gegründet ist: auf den Tauschwert gerade der Gesellschaftsordnung, die der Kassierer hinter sich lassen will. Und natürlich kann die Wandlung nicht gelingen. Kaisers Kassierer geht zugrunde, Sinnbild eines gequälten, fatalen Menschseins, das nicht mehr aus noch ein weiß, eben weil es dem, wovon es sich zerstört sieht, (noch) nichts Glaubwürdiges entgegenzustemmen vermag. –

Was kann nun Frischs Oberrichter dieser verhaßten Welt der Ordnung entgegensetzen? Doch nicht nur die Gewalt, denn die scheint ihm ja zunächst nur ein Mittel, Ausbruch und Ablösung, eine Abrechnung mit dem Verhaßten ins Werk zu setzen: "Im Ernst [. . .] wo käme man hin ohne Axt? Heutzutage! In dieser Welt der Papiere, in dieser Welt der Grenzen und Marken, der Gesetze und Schranken und Steuern –"[21] Jene andere Welt aber, von der er träumt, wird vage umschrieben mit den Metaphern "Leben," "Tag" und "Südsee": "Kurz ist das Leben [. . .] groß ist die Nacht, verflucht ist die Hoffnung auf den Feierabend, heilig ist der Tag, solang die Sonne scheint, und es lebe ein jeder, solang die Sonne scheint, herrlich ist er und frei."[22] Und: "Sie kennen die Südsee nicht? [. . .] Ich finde sie das Schönste, was ich auf Erden gesehen habe . . ."[23] Kein Zweifel: der Oberrichter hat die Südsee nie gesehen, es sei denn im Traum. Und es ist der gleiche Traum eines utopischen, exotischen Inselparadieses, den er später als Staatsanwalt der Bühnenfassungen, in die Formel "Santorin" gießen wird.

Soweit also zum Gegenentwurf des Szenariums zu einer Lebensform, die eigentlich weniger als repressiv begriffen wird, denn als von Grund auf reglementiert, geordnet und damit als tödlich langweilig. Und soviel zunächst zu den Vorstufen des Bühnenstückes. Festzuhalten bleibt der Befund, daß hier Splitter einer umgebenden Realität zum Stoff zusammentreten, denen die Plausibilität der Einbettung in einen nachvollziehbaren Kausal- bzw. Realitätskontext von vornherein weithin entgeht. Die Fiktionalisierung spinnt das Rätsel der Zeitungsnotizen fort, ohne es zu lösen. Im Gegenteil: sie trägt zur weiteren Mystifizierung bei. Märchenhafter Ansatz und zeitgemäßes, der geschichtlichen und zeitgenössisch-gesellschaftlichen Realität entlehntes Beiwerk des Szenariums – das jüdische Auswandererschiff, ein Streik von deutschen Grubenarbeitern und Negerunruhen in den Vereinigten

---

21 GW II, 441.
22 GW II, 438. Zum Themenkomplex der Fluchtmetaphorik vgl. auch den wichtigen Beitrag von Peter Spycher: Nicht-gelebtes und gelebtes Leben in Max Frischs *Bin oder die Reise nach Peking* und *Santa Cruz:* Eine literarisch-psychologische Betrachtung. In diesem Band S. 131–155.
23 GW II, 440.

Staaten[24] – prallen hart und unversöhnlich aufeinander. All die genannten Realitätsfragmente müssen sich notwendig ihrer Verschmelzung mit dem Öderland-Stoff widersetzen und bleiben als (störende) Fremdkörper erhalten. Dem Leser selbst ist es nachgerade unmöglich, einen Funktionszusammenhang zwischen Rassenunruhen in den Vereinigten Staaten und der Axt des Grafen herzustellen, es sei denn, er gäbe sich mit dem einfachen, allzu billigen Analogieschluß zufrieden. Dieser wiederum verfälscht die Tatsachen zur grobschlächtigen Bilderbuchskizze hin, denn in ihren Ursachen haben eben jene genannten Krisenherde wenig gemein mit dem Amoklauf des Grafen, und zu bewältigen wären sie mit der Axt wohl kaum.

Frisch hat die Aktualisierung eines Stoffes gereizt, der sich – bei genauerer Betrachtung – in dieser Form nicht aktualisieren läßt. Das Endergebnis bereits des Szenariums bleibt so notwendig ein Zwitter. Denn das Mysterium hinter der sinnlosen Mordtat des Kassierers und hinter der Verwandlung des gelangweilten Staatsanwalts *mag* letztlich auf die gleichen *gesellschaftlichen* Ursachen verweisen. Da jene aber im Text – wie im Rohstoff – keineswegs dingfest gemacht werden, gleitet dem Autor der Stoff unversehens aus der Hand. Was als Märchen begann, wird zur verschrobenen Individualpathographie. Oder, wenn man so will, zur Räubermoritat. Doch jene hat schon Schiller glaubhafter machen können in seinem Sturm-und-Drang-Drama *Die Räuber* und im *Verbrecher aus verlorener Ehre.* Die Ursachen dort liegen klar auf der Hand: mit seiner Ehre hat der Untäter gleichzeitig seinen Platz in der Gesellschaft eingebüßt. Doch was Schiller interessiert, sind einmal die Gründe und dann der Weg zu ihrer Überwindung. Frisch verharrt in dem Augenblick, wo unvermutet defizientes Verhalten in Gewalt auflodert. Die Auskunft darüber, wie es zu dieser Explosion kommt, bleibt er seinem Leser schuldig.[25]

Die Bühnenfassungen

Die Arbeit am *Graf Öderland* umspannt einen Zeitraum von mehr als zehn Jahren. Der akute zeitgeschichtliche Hintergrund des jeweiligen Entstehungsdatums der drei Fassungen variiert beträchtlich: Fällt die erste noch in den unmittelbaren Nachkriegszeitraum – die Phase der Bewältigungsliteratur, an der Frisch deutlich Anteil hat –, so entsteht die zweite

---

24 Wie ein Nachgedanke ("Warum reden wir so viel über Deutschland," GW II, 404) des Autors lesen sich auch die Radiomeldungen GW II, 442.

25 So vermerkt auch Friedrich Dürrenmatt in dem oben (Anm. 4) genannten Brief an Frisch über die Erstfassung des Stückes: "Es ist ein Augenblick [sc. der Moment, in dem Öderland den Mörder begreift], den keine Kunst darzustellen vermöchte; aber es ließe sich ein Drama Öderland denken, das den Weg zu diesem Augenblick zeigt [. . .]" In: Bänziger: Frisch und Dürrenmatt, S. 242.

Fassung unter dem Zeichen der Verschärfung des kalten Krieges, die dritte schließlich vor dem Aufschwung des westeuropäischen Wirtschaftswunders. Für den Autor Frisch, darüber wird unten noch die Rede sein, stellen diese Jahre Abschnitte der unterschiedlichen dramaturgischen Reflexion und der immer deutlicher sich entäußernden zeitgenössischen Parteinahme dar. Sehr grob gesprochen, ist die erste Version des *Öderland* aus dem Jahre 1951 als die "privateste," dem Mythos noch am stärksten verhaftete anzusprechen, die zweite Überarbeitung von 1956 als die am ehesten auf eine tagespolitische Anwendung abzielende, und die Endfassung des Jahres 1961 als eine — insgesamt nicht geglückte — Synthese beider Stoßrichtungen.[26] In seinem *Werkbericht* aus dem Jahre 1961 gibt Frisch retrospektiv einen Überblick über die jeweilige Autorenintention. Da heißt es einmal zur Gestalt des Grafen:

> Er kommt uns ohne Programm, ohne Vokabeln des Heils, er kommt mit der blanken Axt [...] gewiß, aber nicht in dieser oder jener Ideologie. Das macht ihn zu einer Legende heutzutage, das gibt es ja nicht in Wirklichkeit. Wo denn, in Wirklichkeit, rollt jemals ein Tank nicht im Namen des Heils, sondern einfach so, öderländisch, einfach weil der Mensch, am Leben verhindert, die Gewalt braucht? Das kommt ja nicht vor: das wissen wir alle, die wir Zeitungen lesen und Reden hören. Eine Legende, die der Wahrheit, meine ich manchmal, näher kommt als die Wirklichkeit — das ist alles, was ich darüber sagen möchte.[27]

Aufschlußreich, daß Frisch die Natur der Gestalt als *Legende* apostrophiert, etwas also, das in den Grenzbezirk von Märchen und Sage verweist, allenfalls noch des immerhin teilverbürgten Heiligenlebens. Und daß er im gleichen Atemzug die Brücke schlägt zum Gegenwartsbezug. Zu einer Gegenwart, in der "Tanks" rollen, "im Namen des Heils" oder einer "Ideologie," in der ein Mensch "am Leben verhindert wird" — allgemeiner: einer Gegenwart, die mit "Wirklichkeit" besetzt ist. Hinter dieser Wirklichkeit stünde also, um im Kontext zu bleiben, eine "Wahrheit," von der die Legende des Grafen Öderland ein Stück vermittelt? Der Bezug zur Realität, den der Autor selbst mit dem Begriff der *Legende* von sich weist, wird also auf einer höheren, gleichsam essenzielleren Ebene durch die Hintertür wieder eingebracht.

Gleichwohl will Frisch nichts von einer Aktualisierung mehr wissen. Über die zweite Fassung merkt er an: "Ich rückte das Stück in den aktuellen Vordergrund, wo es im Grunde seines Wesens unverständlich werden

26 Frisch in einem Brief an Siegfried Unseld vom 11. Februar 1961: "[...] obschon ich es vom Direkt-Politischen der zweiten Fassung wie auch vom Privaten der ersten Fassung, die ich beide als begraben betrachte, weggenommen habe in Richtung auf den Spuk, was es in der ersten Skizze war, halte ich es für dieses Spectaculum (politische Stücke) für richtig, richtiger als Andorra." (zitiert nach GW III, 840).
27 GW III, 92.

mußte."[28] Das Schicksal der dritten Bearbeitung schließlich überläßt er, fast möchte man sagen: mit resigniertem Achselzucken, der Aufnahme durch das Publikum:

Ich weiß nicht, wie es sich ausnehmen muß vor einer Aktualität, *die nicht gemeint ist.* Parallelen zur Tageswirklichkeit und widersinnige Torsionen, beides sehe ich wohl. Beides ist nicht gemeint, wie gesagt, *nicht in diesem direkten Sinn,* der sich unwillkürlich, aber *niemand zum Nutzen,* einstellen wird mindestens stellenweise. Ich komme mir jetzt vor wie einer, der einem Freund, während dieser auf dem Operationstisch liegt, eine Legende erzählt. Ob der jetzt zuhören kann? [29]

Die hier wiedergegebene Passage umreißt nicht nur treffend die letztliche Hilflosigkeit des Autors dem eigenen Stoff gegenüber, der peinlich über sich hinausgewachsen ist. Sie charakterisiert auch in seltener Schärfe der Selbstentblößung — sei sie nun beabsichtigt oder nicht: die Frage wird man, wie so oft im Falle Frisch, einmal mehr dahingestellt lassen — die Position der Ohnmacht, die den kritischen Schriftsteller bürgerlicher Provenienz vor dem Hintergrund seiner Zeit prägt. —

Doch nun zum Text. Die Erstfassung von 1951 steht nachhaltig unter dem Einfluß Brechts. Sichtbar wird jener nicht nur in der angelegentlichen Verwendung von Akzessoir der epischen Bühne in Form von Szenentiteln, Lichtreklamen und Jazz-Einlagen — die "Moritat" wird von Frisch während der Proben als störendes Element erkannt und gestrichen —, sondern auch in einer gestischen Anlage auf den Schluß hin. Diese gemahnt natürlich, auch wenn der Begriff der Parabel vom Autor nicht gebraucht wird, an die Lehr- und Parabelstücke Brechts. In einer Anmerkung *Zur Inszenierung* umreißt Frisch die parabolische Finalität der von ihm beabsichtigten Wirkungsstrategie: "[...] der Zuschauer soll die Geschichte erst dann, wenn er sie als Ganzes kennt, mit unserer Wirklichkeit konfrontieren."[30] Auch seine weiteren Angaben verweisen indirekt auf den Realitätsbegriff Brechts, nun aber in deutlicher Abwandlung:

Was das Phantastische anbetrifft: ich denke mir die Darsteller in einem durchaus realistischen Spiel: die Figuren halten diese Welt, die ihnen alltäglich ist, für selbstverständlich und natürlich [...] es soll also keinesfalls auf "Legende" oder "Vision" inszeniert werden. Anders gesagt: Die Figuren bewegen sich in dem Stück, wie wir uns in unserer Welt bewegen, und ist unsere Welt, die wirkliche, minder verrückt? [31]

Diese Intention muß notwendig im Stoff selbst und, deutlicher noch, in seiner Realisierung versanden. Das Stück verklammert die beiden Grundmo-

28 GW III, 93.
29 GW III, 94; Hervorhebungen vom Vf.
30 GW III, 839.
31 Ibid.

tive des Szenariums zu widersprüchlicher Einheit: einmal den privaten Tagtraum des Staatsanwalts, der einer reglementierten Welt der Ordnung die Vision des freien, ungebundenen und ziellosen Daseins entgegensetzt – Santorin. Und auf der anderen Seite das Motiv des revolutionären Aufbruchs der Massen, der politischen Bewegung, die sich – angeregt durch die Spielereien Öderlands mit der Axt – spontan aus dem Nirgendwo erhebt und den Grafen zu ihrem Führer macht.

Dieser motivische Konflikt bzw. die Heterogenität der beiden Haupthandlungsstränge bleibt in allen drei Fassungen grundsätzlich erhalten. Die Motivation des Staatsanwalts der ersten Version ist noch am stärksten den frühen Stücken, vor allem *Santa Cruz,* verpflichtet. In ihrer Mischung aus angewandter Psychologie und märchenhafter, kindlicher Sehnsucht vermag sie den Zuschauer nicht zu überzeugen. Die verwirrenden, alle im Grund auf eine grobschlächtige Gegen-Typisierung hinauslaufenden Beziehungen Öderlands zu den weiblichen Figuren – Hilde, Inge, Iris und Coco ("da ist immer ein Mädchen, ein Gesicht wie das deine, jung, ernst, schüchtern und verwegen zugleich, wartend, gläubig, fordernd") – und zu den männlichen Kontrahenden – Dr. Hahn, dem Innenminister, den Gendarmen ("und da ist immer ein Gendarm, der wissen muß, wie man heißt, wohin man geht, und immer, wenn man gehen will und nichts als gehen, gibt es Stäbe") – verwischen rückwirkend die Konturen des Staatsanwalts bis zur Unkenntlichkeit. Im Gegensatz zu *Bin oder Die Reise nach Peking* oder auch *Santa Cruz,* wo Frisch auch eine märchenhafte Sehnsucht nach einem anderen, nicht gelebten – zu lebenden – Leben Gestalt gewinnen ließ, bleibt die Santorin-Vision dünn und ungreifbar, eben weil ihr Träger sich hoffnungslos verzettelt und von Schauplatz zu Schauplatz weniger begreift von dem, was er eigentlich suchte. Von der Gestalt der Vision wird gleich noch die Rede sein. Das Ende ist bezeichnend: der "Selbstmord aus Verlegenheit des Verfassers."[32] Woher diese Verlegenheit rührt, braucht nach der vorangegangenen Analyse der stofflichen Vorstufen kaum mehr eigens betont zu werden.

Ein Blick auf den letzten Akt – der als eine Art Destillat des gesamten Stückes aufzufassen ist – mag an dieser Stelle genügen:

Die Handlung kehrt in allen drei Fassungen an ihren Ausgangspunkt zurück: zum Zimmer des Staatsanwalts. Der Text von 1951 verkündet in einem kurzen Zwischenvorhang durch eine Lichtschrift: DER GRAF HAT GESIEGT. Der Kommissar stellt sich und damit "die Erfahrung eines Mannes, der fast sechs Jahre lang den Sicherheitsdienst geleitet hat"[33] dem

---

32 GW III, 93.
33 Zitiert wird nach dem leichter zugänglichen Szenenvergleich der Schlüsse in GW III, 843–861. Die erste Fassung ist im ganzen veröffentlicht in der Einzelausgabe Frankfurt/M 1951. Nur der Schluß der zweiten Fassung liegt vor unter dem Titel

Staatsanwalt zur Verfügung. In diesem Augenblick fällt das entscheidende Wort. Der Kommissar ersucht den Staatsanwalt um eine Erklärung für das Volk, dieser ist völlig verblüfft:

Graf	Was, zum Teufel, soll ich denn erklären?
Kommissar	Warum das alles geschehen ist.
Graf	Warum – ?
Kommissar	Vor allem: Wozu.
Graf	Wozu – ?
Kommissar	Das Volk braucht einen Sinn.
[. . .]	
Graf	Ich habe keine Idee.
[. . .]	
Kommissar	Wir müssen erklären, was wir wollen.
Graf	– leben.[34]

Im Nachhinein – man fühlt sich unmittelbar an das Prosaszenarium erinnert – entwirft der Graf in Umrissen das, was man anheischig die ansatzweise Theorie eines entfremdeten Lebens nennen könnte:

> Wenn ich Tag für Tag an diesem Schreibtisch hocke, Mensch, und man hält mir die Gurgel zu, daß ich nicht mehr schnaufen kann – [. . .] und eines Tages halte ich es nicht mehr aus, ich springe den anderen an die Gurgel, damit ich nicht ersticke: Was gibt es da zu erklären? Leben will ich. Wozu eine Idee? Leben will ich![35]

Unvermittelt kommt ihm jetzt die Einsicht: "Das Leben ist ein Spuk, langsam begreife ich es – Wiederholung, das ist es [. . .]" Mit der Einsicht in dieses Problem der Wiederholung – das wie ein roter Faden das Gesamtwerk Frischs durchzieht – spult sich dann die Wiederholung seines eigenen Daseins ab. Hilflos versucht er, Elsa und Dr. Hahn, die Repräsentanten seines früheren Lebens, durch Revolverschüsse zu töten, hilflos muß er zusehen, wie Coco zu Hilde wird. Die Wiederholung hat sich komplettiert, der Kreis sich geschlossen. Aus dem Grafen, dem Gouverneur ist wieder der Staatsanwalt geworden, der sich weigert, aus seinem mörderischen Tagtraum zu erwachen. Der Selbstmord – ("Er ist durchs Fenster gegangen. [. . .] Herr Doktor liegt unten – beim Hundehaus –.") – bleibt ihm so als letzte, lächerliche Geste: als einziger Ausweg aus einem Dilemma, das er selbst nie als solches erkannt hat. Die Konsequenzen seiner Tat sind weit über ihn hinausgewachsen, das "Volk," das der Kommissar so beiläufig erwähnt, wird die Rechnung begleichen müssen: "Man hört wieder Maschinengewehre, lauter als zuvor."[36]

Graf Öderland. X. Bild der zweiten Fassung. In: Jahresring 1956/57. Stuttgart 1957. Die hier zitierte Passage (die Frisch übrigens mit leichter Modifizierung in die zweite Bearbeitung übernimmt) findet sich in GW III, 845.

34 Ibid.
35 GW III, 846.
36 GW III, 851.

Frisch muß den Grundton der gefährlichen Verharmlosung, der das Stück trägt und auf dem es endet, erkannt haben. Mit *Öderland* ist es ihm nicht gelungen, ein Lehrstück noch eine Parabel zu schreiben, und die Verklammerung zweier an sich unvereinbarer Motivkomplexe rächt sich mit einer Wirkungsstrategie, die geradewegs ins Leere stößt. Der Schluß, der die so en passant enfaltete Revolutionsthematik stillschweigend von sich schieben möchte — unter dem Rattern von Maschinengewehrfeuer, versteht sich — und den Staatsanwalt die Flucht durchs Fenster ergreifen läßt, muß notwendig *beide* Themenkreise zum Platzen bringen. Denn weder hat der Zuschauer erfahren, *wer* oder *was* denn dem Grafen Tag für Tag "die Gurgel" zuhielt, noch ob jener tatsächlich beim Fenstersturz sein Santorin endlich gefunden hat — und sei es "beim Hundehaus." Überdies bleibt das Revolutionsgeschehen buchstäblich in der Luft hängen.

Vergleiche drängen sich auf. Man darf annehmen, daß Frisch derzeit nicht nur unter dem Einfluß Brechts gestanden hat, sondern daß vor allem die Stücke *Der aufhaltsame Aufstieg des Arturo Ui* und *Furcht und Elend des Dritten Reiches* bei der Konzeption des *Öderland* Pate gestanden haben.[37] Doch jede auch nur oberflächliche Parallellektüre legt beträchtliche Unterschiede bloß. Dort, wo im *Arturo Ui* die Zeitbezüge nur notdürftig verschleiert sind (man vergleiche den "Dockshilfeskandal" = Dolchstoßlegende, den alten "Dogsborough" = Hindenburg, den "Speicherbrandprozeß" = Reichstagsbrandprozeß, "Ernesto Roma" = Ernst Röhm u.v.a.m.), dort wo Brecht seinem Publikum einen bestechend klaren "Epilog"[38] auf den Weg gibt, dort bleiben die möglichen Zeitbezüge des *Öderland* zu verschwommen, um eine konkrete Ableitung zuzulassen. Einer der Hauptgründe hierfür in der Anlage des Stückes ist natürlich die Darstellung der umgebenden Gesellschaft, die zu elementar und umrißhaft bleibt und den Rezipienten von 1951 nicht zu überzeugen vermag. Um vieles direkter da die Transplantation Brechts, der seinen Arturo Ui aus dem Deutschland der dreißiger Jahre in den durchaus vergleichbaren Kontext des aggressiven Kapitalismus verpflanzt. Auch die 24 Szenen von *Furcht und Elend des Dritten Reiches* enthalten bei all ihrer Holzschnitthaftigkeit eine Fülle von Elementen einer dem Zeitgenossen nur allzugegenwärtigen Realität. Brecht hat in diesem Lehrstück eine stark mimetische Anlage nicht gescheut, eben um den im letzten Bild vollzogenen Schlußappell nahtlos der dargestellten Realität abzuleiten. Nichts von alledem in der Erstfassung des *Öderland*. Der

---

37 In seiner *Rede für Bertolt Brecht* (GW II, 330f.) aus dem Jahre 1948 erwähnt Frisch ausdrücklich das Letztere.

38 "Ihr aber lernet, wie man sieht statt stiert / Und handelt, statt zu reden noch und noch. / So was hätt einmal fast die Welt regiert! / Die Völker wurden seiner Herr, jedoch / Daß keiner uns zu früh da triumphiert — / Der Schoß ist fruchtbar noch, aus dem das kroch!" Nach: Die Stücke von Bertolt Brecht in einem Band. Frankfurt/ M. 1978; S. 728.

Ablösungsprozeß – einmal unterstellt, daß ein solcher intendiert war – ist zu verfestigt, um den Rekurs auf eine erlebte Wirklichkeit noch zuzulassen. –

Gerade hierauf, auf eine mögliche Aktualisierung, zielt nun die Überarbeitung von 1956. Kritisch ist, neben einigen weniger wichtigen Veränderungen,[39] abermals die Schlußszene. Wieder kehrt man zum Ausgangspunkt, dem Arbeitszimmer des Staatsanwalts, zurück. Und schon ganz zu Anfang der Szene versucht der Graf, nachdem er die Revolutionäre in der Kanalisation im Stich gelassen hat, den Tagtraum zu beenden: "Erwachen! – jetzt: rasch! Jetzt: erwachen ... erwachen ... erwachen..."[40] Auch Hildes Feststellung "Jetzt brennt's" kann da nicht helfen. Der Alptraum muß bis zum bitteren Ende weitergeträumt werden. Der Staatsanwalt, zum Verräter an der Erhebung geworden, arrangiert sich mit der alten Regierung, um Ruhe und Ordnung wiederherzustellen. Mit erstaunlichem Zynismus, der umso mehr befremden muß, wenn man Öderlands eigene Ausgangsposition als Opfer dieser "alten" Gesellschaftsordnung bedenkt, macht er sich zum Drahtzieher der Restauration: "Sonst haben wir das Chaos."[41] Kommissar, General und Direktor ("Die Bank und die Industrie sind dabei, und der Vorsehung steht nichts mehr im Weg [...]") können, als sei nichts geschehen, die Arbeit des gewohnten Machtkartells wieder aufnehmen.

Bleibt noch immer das Problem des Staatsanwalts. Der Fenstersturz, vom Autor selbst als Verlegenheitslösung deklariert, kommt nicht mehr in Frage. Was in der zweiten Bearbeitung dann tatsächlich geschieht, hat kaum mehr Überzeugungskraft: Öderland wählt "die Freiheit." Sein Resumee: "Die Ohnmacht der Gewalt, das ist meine Erfahrung, die Lächerlichkeit der Gewalt."[42] Unklar bleibt dabei, ob er von den Posten am Eingang erschossen wird oder ob der Weg in die Freiheit – in *welche* Freiheit nun, beim *zweiten* Aufbruch? – gelingt. Bei oberflächlicher Betrachtung könnte die Moritat in ihrer Frankfurter Fassung tatsächlich als Lehrstück *mit* Lehre wirken.[43] Der Ausbruch des Staatsanwalts aus einem korrupten, verfilzten Ordnungssystem erweist sich als Exempel für die Massen, die sich ihm anschließen. Aus Feigheit, Inkonsequenz oder Opportunismus löst er sich von der Bewegung und verhilft dem alten System – das sich wohl ohnehin behauptet hätte –

---

39 So wird in der Frankfurter Inszenierung Fritz Kortners durchgängig das Liebesgeschehen in den Hintergrund geschoben, der Vorgang der revolutionären Erhebung ansatzweise jedenfalls motiviert. Das Verstehen zwischen Mörder und Staatsanwalt findet bereits in der Eingangsszene statt. Öderland, nun ein Verräter an der Revolution, läßt seine Mitaufständischen im Stich und verliert sich im Ungewissen.

40 GW III, 852.

41 GW III, 856.

42 GW III, 860.

43 So etwa Manfred Jurgensen (Max Frisch. Die Dramen), l.c. S. 35: "In seiner endgültigen Fassung befreit sich Frischs *Öderland* von dem ursprünglich starken Einfluß Bertolt Brechts, der das Stück zu sehr [?] als ein Lehrstück zu formen begann."

zum Sieg. Mit Gewalt wird nun die Ordnung wiederhergestellt, die durch eben die gleiche Gewalt durcheinandergeraten war. Politisch bleibt alles beim alten. Fazit: Gewalt ist kein Mittel, eine radikale Veränderung herbeizuführen, sie ist allein dann opportun, wenn sie der Erhaltung des status quo dient. Die politische Lehre des Stücks bestünde also lediglich in einseitiger Diskreditierung von Gewalt. Man sieht, daß sogar vor dem Wirkungshorizont der fünfziger Jahre und bei einem an den Doktrinen des kalten Krieges geschulten Publikum dem Stück wenig Fortüne beschieden sein mußte. Von Frisch erwartete man mit Recht mehr und besseres. –

Die Anlage der Berliner Bearbeitung von 1961 ist die vergleichsweise klarste. Frisch greift jetzt eindeutig stärker auf das Prosaszenarium zurück. In der Eingangsszene wird der Versuch unternommen, die Motivation des Staatsanwalts zu einer allgemeinen Verbindlichkeit hin zu erweitern:

Hoffnung auf den Feierabend, Hoffnung auf das Wochenende, all diese lebenslängliche Hoffnung auf Ersatz, inbegriffen die jämmerliche Hoffnung auf das Jenseits, vielleicht genügte es schon, wenn man den Millionen angestellter Seelen, die Tag für Tag an ihren Pulten hocken, diese Art von Hoffnung nehmen würde: – groß wäre das Entsetzen, groß die Verwandlung.[44]

Die tatsächliche Verwandlung des Protagonisten zum Grafen in der Hütte im Wald trägt nach wie vor ganz märchenhafte Züge. Wieder ist es Inge, die dem Verblüfften die Axt reicht und die das Stichwort "Graf Öderland" ausspricht. Wie im Märchen fahren beide im Pferdeschlitten davon. Und wie ein Spuk wirkt der weitere Ablauf: die Szene mit dem Hellseher, das grausige Treiben der Köhler im Wald, die Rückblende auf den Mörder aus Langeweile. Aufschluß über den Ausbruch von Unruhen gibt das siebente Bild, als Schnittpunkt des Geschehens wiederum von Bedeutung. Denn wie in den beiden ersten Fassungen erzwingt die Konfrontation im Hotel den Verzicht auf die Santorin-Reise, die Erfüllung der utopischen Vision. Die Spielstruktur verfolgt nun allein das politische Geschehen. Da jenes aber bis dorthin bestenfalls vage präsent war, müssen nun Bruchstücke einer weiter ausgreifenden, gesellschaftlichen Motivation nachgeliefert werden. So hält Öderland dem Widersacher Dr. Hahn, der ihn auf Gesetz und Ordnung verweist, entgegen:

Und wenn es an der Ordnung liegt? Wenn sie nicht lebbar sind, eure Gesetze, sondern tödlich, wenn sie es sind, die uns krank machen?

Und schärfer noch, aber ebensowenig greifbar:

Ich bin in Öderland geboren. Wo der Mensch nicht hingehört, wo er nie gedeiht. Wo man aus Trotz lebt Tag für Tag, nicht aus Freude. Aus Trotz,

44 GW III, 10f.

aus Tugend. Wo man die Schöpfung bekämpfen muß, damit man nicht erfriert und verhungert. Früchte der Arbeit, das sind die einzigen, die es in Öderland gibt.[45]

So antwortet auch der Student, einer der in der Kanalisation gefangenen Parteigänger Öderlands, auf Inges Frage, warum er "dabei" sei: "Es muß etwas geschehen –"[46]

Als Erklärung einer derart schwerwiegenden Entscheidung klingt das hohl und dürftig genug – wenn auch (für ein Publikum der siebziger Jahre) keineswegs unglaubhaft. Noch einmal, im zehnten Bild, wird der Blick frei auf eine mögliche aktual-politische Situation, wenn der Innenminister vor Vertretern der Auslandspresse das erschreckende Gefüge eines total verwalteten Staates umreißt.[47] Über die *Natur* dieses Systems wird nichts gesagt, ebensowenig über die genauen Lebensbedingungen seiner Bürger. Die Anwesenheit des Direktors läßt allerdings keinen Zweifel daran, daß es sich um ein kapitalistisches Staatswesen westlicher Provenienz handelt. Bild elf zeigt das Ende des Mörders, der, als Schuldiger einmal begnadigt, nun quasi versehentlich getötet wird. Gemeint ist dies als eine Art von Analogie zu Öderland, der in der Schlußszene 'unschuldig' schuldig und zum Handlanger des von ihm bekämpften Systems wird. Die Analogie überzeugt wenig. Der verzweifelt aus seinem Traum hinausdrängende Öderland muß erkennen, daß das Geschehen wirklich ist, daß er nun, da er nicht "erwachen" kann, die Macht zu übernehmen hat. Am Ende steht er da, ein grotesker Zauberlehrling – beileibe kein "tragischer Held," wie ihn einige Kritiker sehen wollen –, der sich nicht zu entscheiden vermag, wenn lange schon keine Entscheidung mehr möglich ist. Die Schwäche des Textes offenbart sich indessen wiederum nicht allein an seinem Helden, der – aus Langeweile – eine Büchse der Pandora geöffnet hat und die Resultate nicht wahrhaben will. Sie liegt vor allem darin begründet, daß Frisch keine glaubhaften Alternativen präsentiert, daß er im Schlagwort verharrt.[48] Denn Begriffe wie *Ordnung, Staat, Macht* einerseits und *Freiheit* bzw. *Leben* andererseits wollen plausibel verankert und am realen Befund einer (zumindest denkbaren) Gesellschaft dingfest gemacht sein, um ein zeitgenössisches Publikum noch erreichen zu können.

---

45 GW III, 54 und 55.
46 GW III, 63.
47 GW III, 72.
48 Insofern erscheint die Bewertung Manfred Jurgensens (Max Frisch. Die Dramen, l.c. S. 37) in beiden Punkten als unrichtig, wenn er die Figuren als tragisch, das Stück im eigentlichen Sinne als politisch auffaßt: "Infolgedessen tragen seine Personen unmißverständlich Züge echter Tragik. Wie die griechische Tragödie wenden sich Frischs Schauspiele bewußt an ein gesellschaftliches Publikum. In diesem Sinne handelt es sich bei ihnen auch nicht zuletzt um politische Stücke."

Graf Öderland markiert als letztes der Stücke, das sich mit einer mehr oder weniger eindeutig politischen Problematik befaßt, einen klaren Wendepunkt im Bühnenwerk Max Frischs. Hatten *Als der Krieg zu Ende war* und *Nun singen sie wieder* deutlich Züge der Bewältigungsliteratur getragen — wenn auch einer spezifisch schweizerischen Variante, die den besorgten Nachbarn nicht immer verbergen konnte — und hatte die Farce *Die Chinesische Mauer* die kritische Zeitgenossenschaft des hilflosen Intellektuellen ironisch beleuchtet, so knüpft *Graf Öderland* wohl an das Aufbruchsmotiv früherer Werke an, unternimmt aber zudem den Versuch, es mit einem gesellschaftskritischen oder, wenn man so will, revolutionären Ansatz zu verkoppeln. Der Ausbruch aus der bürgerlichen Ordnung, im Frühwerk zunächst noch ganz im Geiste Thomas Manns, hatte bereits den "Wanderer," den künstlerisch ambitionierten Helden des ersten Prosatexts *Antwort aus der Stille* umgetrieben. (Auch hier vermutet man wohl zu Recht Anklänge an den Expressionisten Georg Kaiser — hatte dieser doch den Protagonisten seines 1919 entstandenen Erlösungsdramas *Hölle Weg Erde* den "Spazierer" genannt.) Was dort sich noch eher als pueriles Nachholbedürfnis einer vermeintlichen Exzeptionalität dartat, verdichtet sich zum glaubhaften Movens in *Bin oder Die Reise nach Peking* und in *Santa Cruz,* dem man, bei aller Sentimentalität, einen gewissen theatralischen Rang auch heute nicht absprechen kann. Öderland, in seiner Flucht aus der verhaßten Rolle, ist natürlich ein blutrünstigerer Vetter Pelegrins. Was sie vereint: daß beide am Ende klein beigeben müssen.

Öderland ist auch verwandt mit Reinhart aus den *Schwierigen;* er könnte als das unausgegorene, legendäre Vorbild Stillers gelten, wäre nicht der *Stiller*-Roman ungleich differenzierter angelegt. Ohne Zweifel ist er ein Gegenbild zu Biedermann und Andri. Noch ist allerdings die Problematik der Rolle weithin irrational angelegt: der Staatsanwalt kann sie kaum artikulieren, geschweige denn bewältigen. Der Ort seiner Sehnsucht bleibt formelhaft, eine vage Vision, nicht viel mehr als ein melodiöses Wort: Santorin. Hierin ist das Stück noch ganz dem früheren Werk verhaftet: Bin muß nach Peking — einem legendären Peking wohlgemerkt — fahren, um seine Sehnsucht zu erfüllen. Jürg Reinhart zieht es nach Griechenland und den ägäischen Inseln. In *Santa Cruz* heißt das Ziel exotischer Träume Hawai[i]. Der "Heutige" erfährt in Peking — abermals natürlich nicht in der Volksrepublik China gelegen — ein groteskes Panoptikum der Weltgeschichte. Für Stiller dann, und hier ist ein scharfer Einschnitt zu sehen, wird die Begegnung mit dem amerikanischen Kontinent zur Erfahrung seiner selbst.[49] Walter Faber

---

49 Vgl. dazu Sigrid Mayer: Die Funktion der Amerikakomponente im Erzählwerk Max Frischs. In: Max Frisch. Aspekte des Prosawerks (oben Anm. 12); S. 205–235.

erblickt eine wunderbare Welt in Habana, der Erzähler des *Gantenbein*-Romans sein exotisches Nirgendwo in Jerusalem, Lila in Peru. Frischs jüngste Erzählung *Montauk* deutet bereits durch ihren Titel an, daß das dort Erzählte in einem zeitlich und räumlich entrückten Bezirk sich abspielt, im modernen locus amoenus eines aus der Zeit gebrochenen Wochenendes der Selbstfindung.[50]

Den Räumen erfüllter und unerfüllbarer Sehnsucht im früheren Werk (diese Aussage gilt nur bedingt für die späteren Texte, denn sowohl Stiller als auch Faber bestehen die Konfrontation mit einer *Realität*, und sei sie der eigenen noch so fremd) eignet, daß sie in jeweils typischer Weise den Stillstand von Zeit signalisieren. In Pelegrins Hawai[i] "da gibt es keinen Winter," und Walter Faber erlebt in Cuba das, was er "Ewigkeit im Augenblick" nennt. Der Gantenbein-Erzähler fühlt sich einmal "wie in Pompeji: alles noch vorhanden, bloß die Zeit ist weg." Kein Zweifel, daß Öderland, wenn er einmal den Ausbruch wagt aus der bürgerlichen Ordnung, ein ähnliches Traumbild vor Augen hat:

> Ich kenne es nur von Bildern: − ein erloschener Krater im Meer, Felsen wie Blut und Kohle, so schwarz, so rot. Und hoch über der rauschenden Brandung: Die Stadt. Hoch über der schäumenden Brandung. Eine Stadt wie aus Kreide, so weiß, so grell, emporgetürmt in den Wind und ins Licht, einsam und frei, trotzig, heiter und kühn, emporgetürmt in einen Himmel ohne Dunst, ohne Dämmerung, ohne Hoffnung auf Jenseits, ringsum das Meer, nichts als die blaue Finsternis des Meeres . . .[51]

Auch Öderland ersehnt also Zeitlosigkeit, das Fernsein von "Hoffnung auf ein andermal" (die hier gleichgesetzt erscheint mit der Vergeblichkeit des Wartens), einen Zustand "ohne Ziel und Zeit," ohne Grenzen, wie ihn, so vordem auch in *Santa Cruz*, das Meer symbolisiert.

Als literarisches Motiv hat der exotische Wunschraum eine lange Tradition. Ihre Anfänge liegen in der Spätrenaissance, dort allerdings wird − man denke an bekanntere Autoren wie Morus, Campanella und Bacon − ihm in der Regel das Konstrukt eines idealen Staatswesens verkoppelt. Das 19. Jahrhundert entfaltet eine reiche Exotismus-Literatur von Alexandre Dumas bis zu Rudyard Kipling und Joseph Conrad. Frisch scheint jedoch eher dem spezifischen, im Ansatz extrem zivilisationsfeindlichen Exotismus der Expressionisten verpflichtet. Die gedanklichen und philosophischen Wurzeln sind bekannt: sie gehen zurück auf Nietzsche, die Erkenntniskritik Vaihingers, Freuds Eskapismustheorie und den Zivilisationspessimismus der Philosophen Oswald Spengler und Ludwig Klages. Auf die Parallelen zu Kaisers *Von morgens bis mitternachts* wurde oben schon verwiesen. Auch

---

50 Hierzu Gerhard P. Knapp: Noch einmal: das Spiel mit der Identität. Zu Max Frischs *Montauk*. In: Max Frisch. Aspekte des Prosawerks (oben Anm. 12); S. 285–307.
51 GW III, 54.

dort ist es die "südliche" Erscheinung der Dame aus Florenz, die den Kassierer zur Unterschlagung und zum fatalen Aufbruch treibt. In Gottfried Benns Einakter *Ithaka* wird am Ende eine analoge Südvision beschworen:

> Ja, wir treten den Norden ein. Schon schwillt der Süden die Hügel hoch. Seele, klaftere die Flügel weit; ja, Seele! Seele! Wir rufen Dionysos und Ithaka! —[52]

Ähnlich, um nur noch ein Beispiel zu zeigen, figuriert der Begriff "Samoa" als utopische Idylle und Gegenprojektion zum Kriegsgeschehen in Reinhard Goerings Drama *Seeschlacht*. Dort nimmt der dritte Matrose das magische Wort in den Tod. Typisch für den Exotismus der zwanziger Jahre ist auch etwa die Piratenromantik des jungen Brecht, der noch nicht zur Dialektik gefunden hat, in der er dann den Widerspruch zwischen gesellschaftskritischem Anspruch und Realität überwinden wird.[53]

Jede Form des Exotismus, daran kann kein Zweifel bestehen, gründet auf dem tiefen Unbehagen in der Realität, in der konkreten, gelebten gesellschaftlichen Wirklichkeit des Alltags. Frischs Gesamtwerk — und das betrifft nicht nur die Bühnenstücke — liefert eine bunte Folge von Variationen eben dieses Themas. Von den frühen Texten allerdings, die, wenn auch meist indirekt, das Unbehagen in der Rolle als ein *gesellschaftlich* bzw. wie in *Als der Krieg zu Ende war, historisch* fundiertes Problem begreifen, verlagert sich später zusehends der Schwerpunkt auf die Darstellung einer *existenziellen* Notsituation: das Fliehen-Wollen aus dem eigenen Lebenslauf, der einmal gelebten Biographie. Schnittpunkt dieser Entwicklung ist die *Öderland*-Moritat. Denn hier sind, im Gegensatz zu den späteren Texten, noch *beide* Komponenten scheinbar gleichberechtigt vertreten. Wenig später dann, schon im nächsten Stück, der Komödie *Don Juan oder Die Liebe zur Geometrie*, fällt Frisch auf die ausschließlich private Rollenproblematik zurück, die, zwar durch Tradition und Konvention begründet, den Protagonisten in eine komische Privat-Hölle verbannt. *Biedermann* und *Andorra*, wenngleich in der Anlage parabolisch, bleiben in ihrer Darstellung der jeweiligen Gesellschaftsstruktur zu vage, um eine klare Umsetzung in die Praxis des Rezipienten zu erlauben.[54] *Biografie: Ein Spiel* stellt schließlich, trotz einiger zeitgenössi-

---

52 Hier zitiert nach: Horst Denkler (Hrsg.): Einakter und kleine Dramen des Expressionismus. Stuttgart (= Reclams UB 8562/64) 1968; S. 100.

53 Ein sehr illustratives Beispiel ist der Text *Bargan läßt es sein. Eine Filibustiergeschichte*. (1921).

54 Vgl. Thorbjörn Lengborn: Schriftsteller und Gesellschaft in der Schweiz. Eine Studie zur Behandlung der Gesellschaftsproblematik bei Zollinger, Frisch und Dürrenmatt. Frankfurt 1972; S. 130: "Mit den Schauspielen *Biedermann und die Brandstifter* (1958) und *Andorra* (1961) hat Frisch die konkreten gesellschaftlichen Probleme verlassen: es handelt sich hier um Gleichnisse oder kaschierte Problematik."

scher Staffage, die letztmögliche Reprivatisierung der Rollenproblematik dar, es sei denn, man wolle den jüngsten dramaturgischen Text, *Triptychon. Drei szenische Bilder* in diese Betrachtung einbeziehen. Was Frisch dort vorführt, ist die unwiderrufliche Petrifizierung der Rolle, wie sie die Toten zeichnet, die Hilflosigkeit der Lebendigen gegenüber der endgültig vertanen Chance, einen Lebenslauf noch über den Styx hinweg zu revidieren: geronnene Schuld, mit der beide gleichermaßen existieren müssen.

Im Öderland-Stoff sind, wie gesagt, beide Seiten der Aufbruchsthematik noch vereint, die politisch-gesellschaftliche und die private. Von den Schwierigkeiten einer glaubhaften Verschmelzung war oben schon die Rede. In der Tat stehen sich beide Problemkreise durch den Spielverlauf hindurch unversöhnlich gegenüber. Der Staatsanwalt rechtfertigt seinen Aufbruch durch eine dürftige, aber immerhin gesellschaftsbezogene Entfremdungstheorie. Anlaß zum Ausbruch wird aber Inge, ganz Sagengestalt und der Irrationalität verhaftet. Sie ist es, die ihm das Beil reicht, Symbol der unreflektierten Gewalt. Öderland will bei alledem nach wie vor nur nach Santorin. Die Entscheidung fällt in der Hotelhalle. Die Szene bildet sozusagen den Wendepunkt des Stückes. Dort wird Öderland klar, daß er zum Haupt einer Bewegung geworden ist, hineingerissen in den Strudel einer 'revolutionären,' zumindest doch einer geschichtlichen Dynamik, die er nicht beabsichtigte. Und dann plötzlich gibt er die Santorin-Vision auf – die ja eine ahistorisch-statische ist, suspendiert in Raum und Zeit –, um sich der Bewegung anzuschließen. Das Motiv des exotischen Wunschraums bleibt auf der Strecke. Die Santorin-Vision wird überlagert durch das politische Geschehen, der Ausbruch nimmt unversehens eine viel ernsthaftere Wendung. Derart erkennt Öderland – erkennt er es wirklich, oder ahnt er es nur? – daß eine einmal in Gang gesetzte Kausalkette nicht aufzuhalten ist, so irrsinnig sie auch sein mag. Sein Ausbruch hat sich nun gleichsam verselbständigt, eine Korrektur ist nicht mehr möglich. Insofern stellt *Graf Öderland,* lange bevor *Biografie* konzipiert wurde, das radikale Gegenbild zu Kürmann auf die Bühne, dem eine Korrektur seines Lebenslaufes – aus ganz anders gelagerten Gründen – ebenfalls nicht möglich ist.

Das Experiment des "totalen," des existenziell *und* gesellschaftlich (in seiner Totalität bei andersartiger Anlage und realistischer Durchführung also einzig glaubhaft) begründeten Aufbruchs kann nicht glücken. Es fehlt, wie gesagt, an der Durchdringung der Lage und an realen Alternativen. Frisch hat es – von seinen Überarbeitungen des gleichen Stoffes einmal abgesehen – nicht wiederholt. Im Gegenteil: in der Folgezeit ist sein Bühnenwerk deutlich abgerückt von eindeutig politischer Thematik. Daß diese ihn keineswegs losließ, zeigen seine Tagebücher ebenso wie die Reden und Essays, in eindrucksvoller Form zuletzt seine Rede zur Verleihung des Friedenspreises des deutschen Buchhandels.[55]

---

55 *Wir hoffen.* Vgl. Max Frisch. Aspekte des Prosawerks (oben Anm. 12); S. 15–23.

In der künstlerischen Vermittlung, die über die genrebedingte Ambivalenz von Journal und Tagebuch um einen (entscheidenden) Schritt hinausgeht, folgt er indessen konsequent dem Weg ins Private, Persönliche, zum Ich. Hervorragende Stationen sind die Roman-Trilogie *Stiller, Homo faber* und *Mein Name sei Gantenbein,* die Bühnentexte *Biografie* und *Triptychon* und die Erzählung *Montauk,* in der der Autor, scheinbar spielerisch, jeden Anspruch der gesellschaftlichen bzw. politischen Wirkung zurücknimmt:

> Politik kümmert mich überhaupt nicht. Verantwortung des Schriftstellers gegenüber der Gesellschaft und das ganze Gerede, die Wahrheit ist, daß ich schreibe, um mich auszudrücken. Ich schreibe für mich. Die Gesellschaft, welche auch immer, ist nicht mein Dienstherr, ich bin nicht ihr Priester oder auch nur Schulmeister. Öffentlichkeit als Partner? Ich finde glaubwürdigere Partner.[56]

Man stellt sich die Frage − sie sei hier am Rande erlaubt −, wohin die weitere schriftstellerische Entwicklung Frischs gehen wird nun, da mit *Montauk*[57] das eigentliche Zentrum des erzählerischen Werks: das Ich[58] und mit *Triptychon* die unwiderrufliche Synthese der Rollendialektik erreicht sind. Die Zukunft wird es weisen. −

Die Zurücknahme

Die Stellung des *Graf Öderland* als Angelpunkt des Bühnenwerks − und in gewisser Weise des Gesamtwerks − steht unstreitbar fest. Nicht nur die oben genannten Texte (sie sind in Großauflage erschienen und figurieren auf den einschlägigen Bestseller-Listen wie im Lehrprogramm von Oberstufe und Universität) verdeutlichen das Abrücken Frischs von einer politischen Thematik zur Genüge. Der Prozeß der Zurücknahme läßt sich werkgeschichtlich noch präziser verfolgen. Da ist zunächst der kleine Prosatext *Schinz,* der im ersten Tagebuch unter dem Titel "Skizze" erscheint.[59] Auch Heinrich

56 GW VI, 635f. Die Passage hat Frisch offenbar keine Ruhe gelassen. Gegenüber der Erstausgabe (Frankfurt/M. 1975) erscheint sie hier in veränderter, erweiterter Form.
57 Hierzu und zur Frage der Ambivalenz der politischen Position vgl. Gerhard P. Knapp (oben Anm. 49), S. 303ff. Zur politischen Position Reinhold Grimm (in Verbindung mit Carolyn Wellauer): Mosaik eines Statikers. In: Max Frisch. Aspekte des Prosawerks (oben Anm. 12), S. 191−204 und Margret Eifler: Max Frisch als Zeitkritiker. Ebd. S. 173−189.
58 Heinz Ludwig Arnold: Darstellung eines Scheiterns. Zu Max Frischs Erzählung "Montauk." In: Text + Kritik 47/48 ([2] 1976) 88−91.
59 GW II, 723−749. Vorher als *Schinz. Skizze.* Mit fünf Zeichnungen von Varlin. St. Gallen (= Die Quadrat-Bücher 7) 1959. Unberührt von der folgenden Betrachtung zu Schinz bleibt der Befund, daß die Erzählung in gewisser Weise auch als gedankliche Vorstufe des *Stiller* gelten kann. Für einen Nachweis im einzelnen vgl. Helmut Naumann: Der Fall Stiller. Antwort auf eine Herausforderung. Zu Max Frischs "Stiller." Lampertheim 1978; S. 97ff.

Gottlieb Schinz, Protagonist der Erzählung, ist Rechtsanwalt, Familienvater und verfestigt in bürgerlicher Existenz. "Eines Sonntagmorgens, es schneit, ist Schinz, wie er das seit Jahren zu tun pflegt, in den Wald gegangen, begleitet von seinem Hund, gesundheitshalber."[60] Dort verirrt er sich, wie Öderland sich offenbar bei der Hütte im Wald verirrt hat.[61] Schinz begegnet einem Fremden, den er als seinen "Geist" auffaßt. Dieser, offensichtlich der Förster des Waldgebiets, erzählt ihm die Geschichte eines Diebstahls. Hier nun bricht das Absurde in die Erzählung ein. Schinz überkommt ein seltsames Wahrheitsbedürfnis,[62] er kann mit seiner Familie nicht mehr sprechen, bricht schließlich ganz aus der bürgerlichen Ordnung aus. Er merkt, "[. . .] daß er sich verwandelt hat, daß das Selbstverständliche, was er zu sagen hat, im Widerspruch steht zu aller Umgebung, in einem endgültigen und unversöhnbaren Widerspruch."[63] Der weitere Verlauf lehnt sich eng an den Öderland-Stoff an: "Der Rest war wie ein böser Traum."[64] Schinz lebt jenseits der Legalität, wird schließlich einer Kafkaesken Gefangennahme und einem Verhör unterzogen. Er "Erwacht, schweißüberströmt" und stellt fest, daß er taub und stumm ist — unfähig, mit seiner Umwelt zu kommunizieren, in der er, offenbar unauffällig, noch sieben Jahre leben wird. Der Zusammenbruch seiner Persönlichkeit verläuft drastisch, "aber für die Außenwelt ohne jede Folge."[65]

Es kann kein Zweifel bestehen, daß Frisch in dieser schon 1949 entstandenen Erzählung den Öderland-Stoff des Prosaszenariums einer ersten Revision unterzogen hat. Dies ist umso bemerkenswerter, da sie scheinbar unabhängig neben seinen späteren Bearbeitungen des Stückes steht. Der Ausbruch aus der gewohnten Ordnung, wie Schinz ihn erfährt, ist gesellschaftlich vollkommen unmotiviert, ja er bleibt sogar — und hier das Paradoxon — individualpsychologisch allein bei den Phänomenen. Ganz offensichtlich ist dies ein parabolischer Text, bei aller Divergenz Kafkas Prosatexten, insbesondere dem *Prozeß* und der *Verwandlung* nicht unähnlich, die allein auf eine induktive Deutung hin angelegt sind. Die Zurücknahme jedoch des Politischen geht so weit, daß der Text seiner eigenen inneren Motivation völlig beraubt erscheint.

60 GW II, 723.
61 "Da hat sich schon manch einer verirrt im Winter, wenn die Wege verschneit sind." (GW III, 24)
62 "Ich habe gelogen, ja ich habe gelogen! Ein Leben lang habe ich gelogen ———" (GW II, 731)
63 GW II, 737.
64 GW II, 738.
65 GW II, 749. Auf die Parallelität zwischen *Schinz* und dem Öderland-Stoff weist auch Jürgen H. Petersen in seiner nach Abschluß des vorliegenden Beitrags erschienenen Frisch-Monographie (Max Frisch. Stuttgart [= Sammlung Metzler 173] 1978; S. 70) hin. Der Leser sei nachdrücklich auf diese sehr gelungene Gesamtdarstellung verwiesen.

Frisch muß diese Schwäche wiederum erkannt haben. Neun Jahre später datiert sein Bühnenstück *Die große Wut des Philipp Hotz. Ein Schwank:* wiederum ein szenischer Text, dem nur bescheidener Publikumserfolg beschieden ist. Verkoppelt mit dem Motiv des Ausbruchs erscheint nun das Thema der Ehe, seit Anbeginn idée fixe des Frischschen Oeuvres. Eine burleske Motivation bietet sich an: Hotz, Dr. phil. und zwangsläufig, so scheint es, Intellektueller, mag sich mit seiner Lage als Hahnrei nicht länger abfinden. Er sperrt seine Frau in einen Schrank und zertrümmert das Mobiliar. Statt der Öderlandschen Axt legt er die Handsäge an: nun nicht mehr an lebende Widersacher, sondern an unbeteiligte Sachwerte.[66] Der Ausbruch selbst bleibt spielerisch-begrenzt, ein Sturm im Wasserglas, ist er doch in seiner schwankhaften Anlage dem ständigen Regulativ der intellektuellen Selbstreflektion unterworfen. Sogar Dorli, die Frau des Hotz, nimmt die ganze Sache nicht ernst: "Es ist geradezu gemein, wie er sich beherrscht!"[67] Nachdem Hotz von der Fremdenlegion zurückgewiesen wurde, kehrt er heim, und das Spiel kann von neuem beginnen. Der Intellektuelle, der sich nun endgültig über das Zwischenstadium des Herrn Biedermann gesundgeschrumpft hat "zur heutige[n] und sozusagen lebendige[n] Schablone," zur impotenten Wut des lässig aber hartnäckig betrogenen Ehemannes, er hat für Frisch endgültig jede Chance der Mitwirkung an einer gesellschaftlichen Veränderung verloren. Er wird sich fortan auf den Mikrokosmos der Ehe, der privaten Daseinsunlust und des höchst privaten Sterbens zu beschränken haben. Hannes Kürmann bestätigt diesen Befund dann endgültig in einer sehr gekonnten Mischung aus ungewollter Komik und der Tragik des Versagens sozusagen auf der ganzen Linie.

An der Durchführung des Schwankes wird klar, daß durch die Gestalt des Philipp Hotz die endgültige Zurücknahme der Öderland-Problematik vollzogen wurde. Aus dem Moment der gefährlichen Verharmlosung, wie die Moritat es in sich trägt, ist jetzt die freimütige absolute Verharmlosung geworden. Jede Möglichkeit einer gesellschaftlichen Ausdeutung ist vorderhand eliminiert, ein nur allzu begrenzter Konflikt, der noch nicht einmal mehr genügend Brisanz besitzt, um die topisch-pubertäre Variante der Fremdenlegion zuzulassen, endgültig verbannt in die Wände des spießbürgerlichen Wohn- bzw. Schlafzimmers. Trug Öderland noch den Kern der verheerenden Frustration am Alltag in sich, war die Begegnung mit ihm zumindest im Spiel noch blutiger Ernst,[68] so wächst Hotz nicht eine Sekunde

---

66 Frisch verwendet das gleiche plot in einer Kurzfassung im *Gantenbein*-Roman. Dort ist es Svoboda, der mit Gewehrschüssen Lilas Wohnungseinrichtung zerstören würde — wenn er könnte. Vgl. GW V, 259–261.

67 GW IV, 436.

68 Zustimmen muß man hier dem Urteil Jurgensens (Max Frisch. Die Dramen, l.c. S. 36): "Beunruhigend wirkt dabei die Tatsache, daß wir die Verzweiflungstat des Mörders zwar verstehen, nicht aber sein Vergreifen an einem unschuldigen Menschen

hinaus über die Rolle des lachhaften Tropfs, die die Burleske ihm zuweist. Einzige und nur dem augenblicklichen Effekt verhaftete Motivation seiner Gewalttätigkeit ist und bleibt die Furcht, Dorli nehme seine Drohungen nicht ernst. Individualpsychologisch betrachtet, retardiert hier die sprunghaft-irrationale Destruktivität des Terroristen (denn ein solcher wäre Öderland, hätten die späten siebziger Jahre nicht glaubhaftere Exempel erlebt) zur Trotzphase eines Dreijährigen. Von einer Ambivalenz der Figur bleibt keine Spur, sogar als Identifikationsangebot der Komödie hat sie sich für ein modernes Publikum als zu schwach erwiesen. Eine potentielle Tiefe – wie sie Öderland durchaus besitzt – in Hotz hineindeuten zu wollen, scheint völlig verfehlt.[69]

Noch einmal greift Frisch den Stoff auf. Gantenbein, beim Thema der Eifersucht angelangt, erinnert sich eines Bäckermeisters, der den Liebhaber seiner Frau angeschossen, sie selbst mit seinem Soldatenmesser verstümmelt hat.[70] Der Nukleus einer Geschichte – denn um mehr handelt es sich nicht – präsentiert sich in traditioneller Kausalität: eine Explosion der Eifersucht, der unmittelbar die Rückkehr zur Rationalität (der Bäckermeister bringt das verletzte Pärchen ins Spital) und mittelbar die gerichtliche Ahndung folgt. Ein offenbar ansonsten harmloser, gutwilliger und durch seine gesellschaftliche Stellung nicht im mindesten entfremdeter Mensch verstößt in äußerster Ratlosigkeit gegen Gesetz und Ordnung. Diese werden dann im Handumdrehen wiederhergestellt: Ordnung muß sein. Aus dem Grafen ist nun, über die Zwischenstadien des taubstummen Anwalts Schinz und des Dr. phil. Hotz, endgültig ein Bäckermeister geworden, von einigermaßen abstoßender Rohheit, wenn auch partiell nachvollziehbar in seinem Verzweiflungsakt. Der große Ausbruch hat sich, über die kleine Wut des möbelzersägenden Hotz, gemausert zum gesellschaftlich belanglosen crime passionel. Der Prozeß einer werkgeschichtlich in mehr als einer Hinsicht aufschlußreichen Zurücknahme ist abgeschlossen.

verzeihen können (vor allem die Wahllosigkeit schockiert), während das vergossene Blut der Opfer Graf Öderlands nicht eigentlich zu fließen scheint." In der Tat liegt hier eine entscheidende Schwäche der Wirkungsstrategie, die Frisch später dann auch entschärft: in *Schinz* geht es nur um einen Fahrraddiebstahl, im *Hotz* um das absolut folgenlose Zertrümmern von Mobiliar. Auch Friedrich Dürrenmatt hatte in seinem Brief an Frisch auf diese Schwäche schon verwiesen: "Frage, wie der Tod auf der Bühne erscheint. Überhaupt nicht, er ist vom Traum verschluckt." (Bänziger, l.c. S. 245)

69 So etwa Hellmuth Karasek (Max Frisch, l.c. S. 79f.): "Und so ist *Die große Wut des Philipp Hotz* nicht nur ein Schwank, sondern auch ein schonungslos sezierendes Unternehmen, das hinter dem Gelächter die komische Tragik einer Figur bloßlegt, die weiß, daß sie eine Rolle spielen muß, die sie nicht spielen kann, und ebenfalls vorausahnt, wie schlecht sie diese Rolle spielen wird."

70 GW V, 111ff.

Doch ein Nachtrag bleibt. Vier Jahre nach der Endfassung des *Graf Öderland* legt Frisch sein Filmskript *Zürich-Transit* vor. Den Stoff entnimmt er abermals dem *Gantenbein*-Roman (vgl. dazu GW V, 248–255). Bei genauer Betrachtung erweist sich das Drehbuch als Variation, besser: als ein Prolegomenon zum *Öderland*-Stoff, nicht notwendig in seiner ursprünglichen Form. Denn hatte jener in all seinen Mutationen im Augenblick des Aufbruchs oder zumindest unmittelbar vorher angesetzt, so schildert das Skript den Weg, der zu diesem Aufbruch führen könnte.

Am Anfang steht ein Wagendiebstahl, der mit einem Unfall endet. Theo Ehrismann, Diplomingenieur und Besitzer des zertrümmerten Porsche, der von einer Flugreise zurückkehrt, findet sich plötzlich in der Situation des vermeintlich Verstorbenen. Ein tödlicher Unfall, das Opfer unkenntlich, die Brücken zur Vergangenheit offenbar zerstört. Ehrismann wird Zeuge seiner eigenen Bestattung und verschwindet dann im Ungewissen: "die nächtliche Straße leer."[71] Irgendwo wird er ein neues Leben anfangen. An der Oberfläche ist der ruhige, rationale Ingenieur Ehrismann kaum mit Öderland vergleichbar. Das Grunderlebnis allerdings, das beide zu so drastischem Kurswechsel in ihrem Lebenslauf veranlaßt, scheint analog. Beide empfinden sich als in ihrer bürgerlichen Existenz hoffnungslos verödet, in lähmender Langeweile versandet. Und beiden kommt der Zufall zu Hilfe. An Stelle der legendären Personifikation Inge ist es nun der viel "glaubhaftere" Autodieb, der, ohne es im mindesten zu beabsichtigen, in das Schicksal Ehrismanns eingreift. Über die eigentlichen Gründe der Verfremdung wird auch im Filmskript wenig gesagt. Beide Texte entspringen damit einer grundsätzlich ähnlichen Bewußtseinslage. Der Fortgang bleibt, wie erwähnt, offen. Ein Flugbillet von Zürich via Rom, Athen und Cairo nach Nairobi ist das einzige Indiz, das darauf hindeutet, daß auch Ehrismann einem exotischen Wunschraum entgegenreist. Ein Santorin, nun präzise lokalisierbar auf dem Flugplan des modernen Jetbetriebs? Frisch läßt die Frage offen. Er kann es sich leisten, denn der anspruchsvolle Film von heute besteht nicht mehr auf konkreten Lösungen. Seit dem Siegeszug des nouveau roman und dessen Folgen hat sogar der Kinobesucher, nolens volens, sich daran gewöhnt, mit der Unbequemlichkeit des "offenen Endes" zu leben.

Die Flucht vor der Ideologie

Werkgeschichtlich betrachtet, leitet *Graf Öderland* also den konsequenten Weg des Autors zu einer Reprivatisierung seiner Themenstellung ein. An diesem Befund verändert auch die 1956 unternommene Aktualisierung der Moritat nichts. Die im allgemeinen bei Publikum und Kritik als "politisch"

---

71 GW V, 452.

aufgefaßten Lehr- bzw. Parabelstücke *Biedermann und die Brandstifter* und *Andorra* liefern, wie gesagt, kein Gegenbeispiel. Das *Lehrstück ohne Lehre* um Herrn Biedermann verharrt gerade durch die Ahistorizität seiner Anlage im allzu Allgemeingültigen: eine politische Erfahrung, über den vagen Denkanstoß hinaus, läßt sich nicht extrahieren.[72] Das *Nachspiel* zu *Biedermann* mit seiner *Faust*-Parodie hebt jeden zeitgenössischen Wirkungsanspruch dann vollends auf. Gleiches gilt für *Andorra*. Das im Ansatz durchaus gesellschaftspolitische Problem des Vorurteils entfaltet sich durch die spezifische Wirkungsstrategie des Parabelstückes nahezu ausschließlich auf einer Rezeptionsebene, auf der sich individualpsychologische und gruppendynamische Faktoren unversöhnlich gegenüberstehen.[73] Eine rationale, die gesellschaftliche Praxis anvisierende Lehre ist nicht beabsichtigt. Vielleicht ist es gerade das — die Verweigerung einer *gesellschaftlichen* Stringenz, die über den Kernpunkt der freien Entscheidung des *Einzelnen* hinausgriffe —, was den spektakulären Publikumserfolg der beiden Stücke ausmacht.[74] Will man jenen in seiner rechten Bedeutung sehen, so hat man sich natürlich auch den Wirkungshorizont der späten fünfziger und frühen sechziger Jahre zu vergegenwärtigen, jener Zeitspanne in der Nachkriegsgeschichte der westeuropäischen Länder, die relativ am wenigsten durch Selbstreflexion getrübt war, in der wachsender Wohlstand fälschlich gleichgesetzt wurde mit einer Gesellschaft, die mit sich selbst im Reinen sei. Hierauf einzugehen ist jedoch nicht der Ort.[75]

Als vorläufigen Abschluß dieser Entwicklung wird man *Biografie: Ein Spiel* anzusehen haben. Obwohl dieser Text eine konkretere Lokalisierung in historischer Zeit besitzt als alle anderen fiktionalen Werke, ausgenommen natürlich *Als der Krieg zu Ende war*, *Wilhelm Tell* und *Montauk*, gewinnt diese keine für den Spielverlauf entscheidende Funktion. Das Geschehen umspannt die Zeit vom 26. Mai 1960 bis zum Jahr 1967, von Rückblenden einmal abgesehen. Elemente der umgebenden Realität werden zur Genüge eingebracht:

---

72 Vgl. die wichtige Deutung von Jiří Stromšík: Biedermann und die Brandstifter. Schwierigkeiten beim Schreiben eines Lehrstücks. In diesem Band S. 275—295.

73 Hierzu vor allem Wolfgang Frühwald und Walter Schmitz: Max Frisch. "Andorra" / "Wilhelm Tell." München/Wien (= Reihe Hanser Literatur-Kommentare 9) 1977; S. 41ff.; 48ff. und passim.

74 *Biedermann* geht über mehr als achtzig deutschsprachige Bühnen und wird in allen europäischen Nachbarländern zum Theatererfolg; *Andorra*, der "wohl größte Nachkriegserfolg des deutschsprachigen Theaters" (Karasek) hat entscheidend dazu beigetragen, Frischs Ruhm als Dramatiker im Ausland zu begründen.

75 Zu *Andorra* vgl. auch Mona Knapp und Gerhard P. Knapp: Max Frisch: Andorra. Frankfurt (= Gedanken und Grundlagen zum Verständnis des Dramas 6071) 1979.

| Registrator | 1963. [. . .] "Präsident Kennedy besucht West-Berlin. |

Oder:

| Registrator | Sommer 1963. [. . .] "Konrad Adenauer erwägt seinen Rücktritt —" |

Oder:

| Registrator | 1965. [. . .] "Start des sovjetischen Raumschiffs WOSCHCHOD II. Leonew verläßt durch eine Luftschleuse das Raumschiff und schwebt als erster Mensch 10 Minuten lang im Weltraum, handgesteuerte Landung nach 17 Erdumkreisungen."[76] |

Kein Zweifel: Hannes Kürmann ist — wie sein Autor — ein gewissenhafter Zeitungsleser. Von irgendwelchen weiterreichenden *Schlüssen* im Gefolge der derart registrierten Zeitgeschehnisse, von einem *Bewußtsein* historischer Kontinuität kann allerdings kaum die Rede sein. Anders gesagt: das Spiel um den Versuch der Revision einer Lebensgeschichte hätte fast in jeder gegebenen Zeit und Gesellschaftsordnung stattfinden können. Mit einer Ausnahme. Kürmann repräsentiert einen Typus, der vielleicht gerade zur Jetztzeit besonders häufig anzutreffen ist: den Vertreter einer zwar aufgeklärten, punktuell keineswegs unkritischen, im Grunde jedoch der geschichtlichen Bedeutung des Zeitgeschehens gegenüber hilflosen Intelligenz. Er selbst — und das gehört abermals zum Typus — durchschaut seine Lage durchaus:

Ich selbst, Non-Konformist, werde einen Aufruf verfassen [. . .], einen ebenso besorgten wie besonnenen Aufruf, den unterzeichnet zu haben eine Ehre ist und der im übrigen, versteht sich, nicht das mindeste bewirkt.[77]

Dies zum Fall Krolevsky. Und zum Fall Kürmann selber führt er folgendes aus:

Ich glaube nicht an den Marxismus-Leninismus. Was natürlich nicht heißt, daß ich die Russische Revolution für ein Unglück halte. Im Gegenteil. Ich glaube nicht an Marxismus-Leninismus als eine Heilslehre auf Ewigkeit. [. . .] Allerdings glaube ich auch nicht an eure christliche Heilslehre vom freien Unternehmertum, dessen Geschichte wir nachgerade kennen. Das noch weniger. [. . .] Die Alternativen, die uns zurzeit aufgezwungen werden, halte ich für überholt, also für verfehlt.[78]

76 GW V, 542, 553 und 556.
77 GW V, 525.
78 GW V, 543.

Kürmann mag in der Sache recht haben. Dennoch ist seine Stellungnahme, die Stellungnahme des Non-Konformisten, der eben niemals handelt und "im übrigen" an "seiner Karriere" arbeitet, in hohem Maße demaskierend. Die Freiheit, die Kürmann meint, ist diejenige, die sich grundsätzlich nicht zur gesellschaftlichen Tat durchringen kann und deshalb gerade – denn es ist die Freiheit eines durchaus sensiblen Non-Konformisten – den Weg wählt zur Internalisierung jedweder Problematik, auch derjenigen, die direkt dem Unbehagen an der umgebenden Gesellschaftsordnung entspringt. Die Faszination der eigenen Biographie, des privaten Spiel-Raums par excellence, verdrängt erfolgreich alle Impulse zum bewußten Handeln nach außen. So ist Hannes Kürmann, um den Kreis unserer werkgeschichtlichen Betrachtung zu schließen, der logische, auf seine Art durchaus rationale, feinfühligere Nachfahr des Grafen Öderland, nunmehr glaubhaft transportiert in die Gegenwart der sechziger Jahre, jeder Gewalttätigkeit wie überhaupt der direkten Aktion abgeneigt und letzten Endes vollkommen hilflos – sogar angesichts des eigenen, durch das Genus 'bürgerlicher Non-Konformist' praedisponierten Lebenslaufs. Wichtig ist vielleicht noch eine weitere kleine Parallele zwischen Öderland und Kürmann: in beiden Fällen wächst die Spielstruktur über die eigentliche Intention des Autors hinaus und wird zu etwas anderem, zur "Bestätigung der Fatalität." Frischs eigener Kommentar zur Uraufführung von *Biografie* beweist es: "Stück aufgeführt [. . .], mit vierfachem Sieg der Bühne [. . .] über den Autor; er bestreitet die Fatalität, die Bühne bestätigt sie – spielend." (GW VI, 103) Mit anderen Worten: der Ausbruch aus einer einmal gegebenen Situation – und sei sie noch so privat: denn auch als solche stellt sie ja noch ein gesellschaftliches Phänomen dar – muß, wenn er keinem Wandel des *Bewußtseins* einhergeht, notwendig in der Fatalität enden. –

Die Entwicklung des schriftstellerischen Werks zur Thematisierung ausschließlich privater Inhalte ist mit *Biografie* und *Montauk*, wenn möglich noch deutlicher mit *Triptychon* besiegelt. Verfolgt man jedoch die theoretischen Stellungnahmen des Autors zur Dramaturgie, zum Zeitgeschehen, untersucht man den werkgeschichtlichen Hintergrund der Tagebücher, so ergibt sich auf den ersten Blick ein sehr anderes Bild. Von der Rede zur Verleihung des Georg-Büchner-Preises (*Emigranten* [1958]) (in der Frisch übrigens seinen Büchner, das sei nur am Rande festgestellt, gründlich mißversteht) über *Öffentlichkeit als Partner* (1958) bis hin zu *Griechenland 1967 (unter anderem) und wir* (1967), der Rede nach der Besetzung der Tschechoslowakei (1968) und schließlich zur Rede zur Verleihung des Friedenspreises des deutschen Buchhandels (*Wir hoffen* [1976]) spannt sich der Bogen einer immer deutlicher ins Tagesgeschehen eingreifenden Parteinahme des Schriftstellers, der seine Funktion als öffentliches Gewissen begreift.

Die Büchner-Preis-Rede aus dem Jahre 1958 fällt in den relativen Entstehungsumkreis der zweiten *Öderland*-Fassung; *Öffentlichkeit als Partner* gleichermaßen. Einige wesentliche Sätze seien zitiert:

> Was aber uns verbindet, ist die geistige Not des einzelnen angesichts solcher Fronten, das Gefühl unsrer Ohnmacht und die Frage, was tun. [. . .] Es ist eine Resignation, aber eine kombattante Resignation, was uns verbindet, ein individuelles Engagement an die Wahrhaftigkeit, der Versuch, Kunst zu machen, die nicht national und nicht international, sondern mehr ist, nämlich ein immer wieder zu leistender Bann gegen die Abstraktion, gegen die Ideologie und ihre tödlichen Fronten, die nicht bekämpft werden können mit dem Todesmut des einzelnen; sie können nur zersetzt werden durch die Arbeit jedes einzelnen an seinem Ort.[79]

Graf Öderland als Ausdruck einer "kombattante[n] Resignation"? Vielleicht. Wie verhält es sich jedoch mit dem emanzipatorischen Auftrag, den der Büchnerpreisträger als Aufgabe des Schriftstellers in unserer Zeit postuliert, der das gedankliche Gefüge von *Öffentlichkeit als Partner* ausmacht? *Graf Öderland* vermag ihn sicherlich nicht zu erfüllen, die späteren Stücke *Biedermann* und *Andorra* wahrscheinlich nur in sehr begrenztem Ausmaß.

In den unmittelbaren Entstehungszeitraum von *Biografie: Ein Spiel* gehört Frischs Stellungnahme zu den Vorgängen in Griechenland, um eine Diktatur, die von der NATO toleriert und von der selbsternannten Schutzherrin aller demokratischen Kräfte, den Vereinigten Staaten von Amerika, aktiv unterstützt wurde. Hier offenbart sich die direkte Stellungnahme des betroffenen Demokraten: Frisch formuliert einen flammenden Aufruf an die Regierung der Schweiz, nicht zu kollaborieren mit der Junta, eine Regierung, die alle Menschenrechte mit Füßen trat, nicht anzuerkennen. Kürmann hätte das Seinige zu sagen über die Wirkung von öffentlichen Aufrufen und Protestkundgebungen . . .[80] Frisch selbst hat offenbar in diesen Tagen seine eigenen resignativen Schlüsse gezogen. In der wichtigen, bislang wenig zur Kenntnis genommenen Schrift *Illusion zweiten Grades* (1967) liest man folgende Angabe zur Rolle des Bühnenautors in unserer Zeit: "Ich bin mir der Ironie bewußt: Um dem Illusions-Theater zu entgehen, nicht um didaktisch zu sein, rettet sich der Stückschreiber in die Parabel; um wiederum dem Didaktischen zu entgehen, das die Parabel impliziert, rettet er sich weiter, wie er meint, und etabliert die Illusion zweiten Grades."[81]

---

79 GW IV, 242f.
80 Vgl. die oben zitierte Stelle aus GW V, 525.
81 GW V, 479.

Die Anspielung auf Brecht (der sich selbst immer wieder den "Stücke-schreiber" hieß) verfängt in diesem Zusammenhang nicht. Denn nichts lag dem "armen B. B." ferner als "dem Didaktischen zu entgehen." Max Frisch spricht hier von sich selbst. Aus der "kombattanten Resignation" ist offenbar die bedingungslose Kapitulation geworden. An Stelle der Didaxe — und sei sie in ihrer allgemeinsten und harmlosesten Form präsentiert wie in *Biedermann* und *Andorra* — die "Illusion zweiten Grades," ein "Dabeisein à fond perdu."[82]

Woher rührt diese Resignation? Doch letztlich aus der endgültigen Einsicht in die Hilflosigkeit des Einzelnen, die Dinge zu verändern, Einfluß zu nehmen auf eine kollektive Entwicklung, und sei es nur in der Didaktik der Schaubühne. Frisch hat — die Behauptung läßt sich am Werk nachweisen — von Anfang an auf die Fähigkeit des Einzelnen vertraut, kollektives Fehlverhalten konstruktiv oder zumindest exemplarisch zu überwinden. Man denke an Agnes Anders, das vielleicht treffendste Beispiel. In *Graf Öderland* widerlegt sich diese Theorie dann durch die Spielstruktur, in *Biedermann* und *Andorra* wird — gerade dadurch, daß das Miese und Unaufgeklärte sich durchsetzt, daß keine es überwindende Dialektik aus den Stücken heraus-weist, wie Brecht das verlangt hätte — ihr Gegenteil auf der Bühne bewiesen. In *Biografie* gilt es von Beginn als erwiesen: der einzelne wird nun illustrativ für das Versagen einer Gruppe — ob der Autor diese "Fatalität" nun intendierte oder nicht. Anders in den Reden, den Tagebüchern. Denn da ist immer wieder — wie in der oben zitierten Stelle der Büchner-Preisrede — die Rede von der Verweigerung des Einzelnen gegenüber der Ideologie. Der Begriff der *Ideologie,* von Frisch übrigens an keiner Stelle näher definiert, dient als Signalterminus, als Sammelbegriff für alles das, was die Freiheit des Einzelnen bedroht: das Reglement sozialistischer Systeme hier, der ideo-logisch verbrämte Monopolkapitalismus westlicher Staaten dort. Noch in seiner Friedenspreisrede verankert Frisch demokratisches Denken gleichsam in der Mitte zwischen beiden ideologischen Lagern:

> Sicher in der Verneinung jeder Art von Diktatur, sowohl einer sogenannten Diktatur des Proletariats als auch einer Diktatur der Besitzenden, die sich freilich nie so nennen wird, bin ich Demokrat, als Demokrat nicht euphorisch. Demokrat ist man in der Hoffnung, daß Herrschaft in rationale Autorität überführt werde.[83]

Die Passage — sie entstammt der jüngsten Stellungnahme Frischs zu ge-sellschaftlichen Fragen — ist illustrativ. In der Tat besteht wenig Anlaß zur Euphorie: staatlich organisierte Herrschaft hat bislang (das wäre ein Novum der Menschheitsgeschichte) niemals das Gewand "rationaler Autorität" getra-

---

82   GW V, 478; vgl. auch GW VI, 77f.
83   *Wir hoffen;* l.c. S. 15–23; hier S. 16.

gen. Sogar im Rahmen utopischer Fiktion ist diese Verbindung selten in vollends überzeugender Form gelungen, und in Platons Gelehrtenrepublik ließe sich auch nicht notwendig menschenwürdiger leben als in Samjatins, Bellamys oder Orwells Schreckensvisionen. Demokraten haben derart, zwischen den Fronten zweier − in ihren Extrempositionen − inhumaner Systeme einen schweren Stand, ob für diesen Zustand nun primär die jeweiligen Ideologien verantwortlich sind oder deren praktische Anwendung. Öderlandsche Amokläufe müssen notwendig (und oftmals peinlich-fatal) scheitern. Ob die Kürmannsche Lösung die richtige sei, mag dahingestellt sein. Was jedoch bleibt, jenseits der totalen Resignation, jenseits der im Grunde vergeblichen Flucht vor der Ideologie in einer Zeit, wo auch sogenanntes 'anti-ideologisches' Denken schon fest verwurzelt ist in einer bestimmten Ideologie, ist die Hoffnung auf ein Dasein ohne Feindbilder, ohne Angst.[84] "Der Glaube an die Möglichkeit des Friedens (und also des Überlebens der Menschen)" ist allerdings nicht nur "ein revolutionärer Glaube."[85] Er verlangt darüber hinaus die tatkräftige Mitarbeit des Einzelnen in einer Welt − so paradox das klingen mag −, in der der Einzelne keine spektakulären Taten mehr verrichten kann. Was er jedoch vermag, und hier nehmen wir den Verfasser der Büchner-Preisrede, der Friedenspreisrede beim Wort, ist die Emanzipation voranzutreiben, *den Glauben aktiv nicht preiszugeben an eine bessere Zukunft,* die, will sie jemals stattfinden, einer *kollektiven Revolution des Bewußtseins* bedarf.

Frisch hat sich, gerade mit *Biografie,* der Einsicht in die Bedingtheit des eigenen Handelns gestellt. Daß diese nicht nur das Theater betrifft, versteht sich:

> Unsere Existenz-Erfahrung: Es geschieht etwas, und etwas anderes, was ebenso möglich wäre, geschieht nicht, und eigentlich liegts nie oder selten an einer einzelnen Handlung oder an einem einzigen Versäumnis, wo wir Entscheidungen treffen, bleibt uns der Verdacht, daß es die Gebärde eines Gesteuerten ist, der nicht weiß, was ihn steuert; es gibt Zwänge, aber es gibt auch Zufälle [. . .] das heißt: was der letzte Akt uns zeigt, ergibt sich nicht zwingend aus einer Peripetie. Aber auch wenn es keine Peripetie gibt: es gibt Geschichte.[86]

Der letzte Satz ist der entscheidende. Zu bedenken ist jedoch, ob der historische Ablauf tatsächlich nur eine Folge von "Zwängen" und "Zufällen" sei, ob Geschichte nicht doch jenseits der sicherlich einschneidenden Konsequenzen für das jeweilige Ich, das Individuum, einem Spiel von Kräften oder einer Planmäßigkeit folgt, die sich zumindest heute nicht anders fassen läßt als in der "Abstraktion," der "Ideologie." Die Welt des Öderland, "Wo man aus Trotz lebt Tag für Tag, nicht aus Freude,"[87] sie existiert hier und

84 Vgl. auch dazu den Text von Frischs Friedenspreisrede, Anm. 83.
85 Ibid. S. 23.
86 *In eigener Sache.* GW V, 581.
87 GW III, 55.

jetzt, für viele zumindest. Und ihre gesellschaftlichen Ursachen wären zu bekämpfen, wollte man sie tatsächlich beseitigen. Die Tragik der "kombattanten Resignation," aus der unversehens, wie im Rahmen dieses Beitrags skizziert, die totale werden kann, die Position der ideologischen Verweigerung entäußert sich in der Schärfe einer Darstellung, die die Symptome sieht, ihre Ursachen aber nicht wahrhaben will.[88] Derart erklärt sich schließlich das Scheitern des Experiments *Öderland* als Ausdruck einer bewußtseinsmäßigen Krise – mag diese nun permanent sein oder nicht. Es legt zudem Zeugnis ab vom Dilemma des Spätgeborenen, des bürgerlichen Autors in einer Welt, in der das Individuum nur selten noch das letzte Wort hat.

88 Vgl. auch Jurgensen l.c. S. 36: "Die Moritat veranschaulicht gleichermaßen und mit aller Eindringlichkeit die aussichtslose Situation des bürgerlichen Rebellen [. . .] Frisch verfolgt jedoch im Gegensatz zu Brecht keine mehr oder minder deutlich festgelegten politischen Ziele. Er wähnt sich nicht im Besitze einer magischen Formel der Weltverbesserung, sondern es genügt ihm darzustellen, was er sieht."

ROLF KIESER und DORIS STARR GUILLOTON

Faustische Elemente in Max Frischs
Don Juan oder Die Liebe zur Geometrie

Die Figur des Don Juan Tenorio tritt bereits 1946 in Max Frischs Farce
Die Chinesische Mauer an die Rampe und erklärt "ad spectatores": "Sie
kennen mich vom Theater – [. . .] Ich komme aus der Hölle der Literatur.
Was hat man mir alles schon angedichtet!"[1]

Don Juan ist in jenem Stück eine von den vielen Spielfiguren, wie
Napoleon, Brutus, Pilatus, Kolumbus, Cleopatra, "Figuren, die unser Hirn
bevölkern." Eben noch hat sich Don Juan mit der Figur der "Inconnue de la
Seine" unterhalten und ihr gestanden, daß er sie beneide, "nicht um die
Größe Ihres Ruhmes, dem der meine, fürchte ich, nicht nachsteht; ich
beneide Sie [. . .] um die Art Ihres Ruhmes! [. . .] Alle Welt bildet sich ein,
mich zu kennen. Zu Unrecht, Mademoiselle, zu Unrecht! Ihnen gegenüber
gibt die Welt es zu, daß sie nichts von Ihnen weiß, nichts als den Namen:
L'Inconnue de la Seine! Wie ich Sie beneide!"[2]

"Wo ist das Land ohne Literatur? " klagt Don Juan, "Das ist es, meine
Damen und Herren, was ich suche: das Paradies. Ich suche das Jungfräuliche."[3]

In einem *Brief an die Darstellerin einer Nebenrolle* zitiert Frisch aus der
Archetypenlehre von Carl Gustav Jung,"[. . .] daß die Psyche die mächtigste
Tatsache in der Menschenwelt sei. Sie ist die Mutter aller menschlichen
Tatsachen, der Kultur und des menschenmordenden Krieges. All dies ist
zunächst psychisch und unsichtbar. Solange es 'bloß' psychisch ist, so ist es
zwar nicht durch die Sinne erfahrbar, aber trotzdem unleugbar wirklich."
Doch "in diesem Sinne," präzisiert Frisch, "sind die Masken des Stücks
überhaupt nicht gemeint. Sie sind einfach da."[4]

Im Kommentar *Nachträgliches zu Don Juan* schreibt Frisch: " 'El
Burlador de Sevilla y Convidado de piedra,' die erste dramatische Gestal-

Die Zitate aus Frischs Werken stammen aus Max Frisch: *Gesammelte Werke in zeitlicher
Folge*. Frankfurt/M. 1976; abgekürzt als GW.

1 GW II, 153.
2 ebd.
3 a.a.O. S. 154.
4 a.a.O. S. 218.

tung, 1627 veröffentlicht und wahrscheinlich zu Unrecht dem glorreichen Tirso de Molina zugeschrieben, beginnt mit einer Szene, die Don Juan in aller Kürze vorstellt: nicht wie er wird, sondern wie er ist und bleibt, bis die Hölle ihn verschlingt. Und so, ohne Vorbereitung und ohne Entwicklung, sehen wir ihn auch in späteren Fassungen, Don Juan ist einfach da, ein Meteor[5] [. . .] Man muß sich fragen, ob nicht jeder Versuch, *Don Juan als einen Werdenden zu entwickeln, nur möglich ist um den Preis, daß es kein wirklicher Don Juan mehr ist, sondern ein Mensch, der (aus diesen oder jenen Gründen) in die Rolle eines Don Juan kommt.*
Ein reflektierter Don Juan also!"[6]

* * *

Ein Don Juan, der aus der Hölle der Literatur kommt, ist der Verdammnis der Wiederholung anheimgefallen.[7] Er ist ein postmythischer Mythos. Dadurch, daß Frisch seinen Don Juan nicht einfach als gegeben annimmt, sondern ihn werden läßt, löst er ihn vom Mythos, indem er diesen kausal auflöst und damit deutet. Durch Frischs Deutung erschließt sich die urtümliche Poesie eines Symbols, das eine Menschheitserfahrung bewußt werden läßt. So dreht sich denn das Spiel folgerichtig weniger um die "Authentizität" des Don Juan im historischen oder traditionellen Sinne, sondern um "Don Juan in uns selber," um unser Bewußtsein von dieser vertrauten Figur, die von Frisch ausdrücklich als *geistig* bezeichnet wird.[8] Der reflektierte Don Juan als Teil unseres Bewußtseins "wird" gemäß der bei Frisch so wohlbekannten Ausgangsformel: "Ich stelle mir vor . . ."

Damit wird dieser Don Juan zu einer Variante des "radikal gleichen Themas," dem Frisch sich verschrieben hat; mit seiner Liebe zur Geometrie ist er ein Verwandter des Homo faber, wie Hertha Franz zu beweisen versucht,[9] aber auch von Kürmann, der ohne "die Frau" leben möchte, von

---

5 Die Metapher vom Meteor im Zusammenhang mit der Wesensart des Don Juan ist verbreitet. Vgl. z.B. die entsprechende Stelle aus Byrons Don Juan:
   "There's not a meteor in the polar sky
   Of such transcendent and more fleeting flight."
6 *Nachträgliches zu Don Juan* in: GW III, 170f.
7 Brigitte Wittmann: Tausendunddrei. In: B. W. (Hrsg.): Don Juan. Darstellung und Deutung. Darmstadt 1976; S. 403: "Als mythologische Struktur fällt das Schema der Wiederholung auf, das bei Freud mit der Latenz der als Wiederholungszwang erscheinenden traumatischen Neurose verglichen wird."
8 Vgl. José Ortega y Gasset: Einführung zu einem Don-Juan-Buch. In: Wittmann, a.a.O. S. 115: "Ja, man kann sogar behaupten, daß er eines der wenigen Grundthemen menschlichen Kunstschaffens darstellt, die zu ersinnen und dem geheiligten Schatz des griechisch-römischen Erbes hinzuzufügen den jüngeren Zeiten gelungen ist."
9 Hertha Franz: Der Intellektuelle in Max Frischs *Don Juan* und *Homo faber*. In: Walter Schmitz (Hrsg.): Über Max Frisch II. Frankfurt/M. 1976; S. 234–244.

Stiller, der nicht Stiller sein möchte und sich schließlich doch in die Vorstellung schicken muß, die seine Zeitgenossen von ihm haben, von Gantenbein und den andern, die "ihre Geschichten wie Kleider" anprobieren, um herauszufinden, "ob es stimmt," Schachspieler sie alle, Intellektuelle sie alle mit dem gleichen Defekt, dem "Anspruch auf eine männliche Geistigkeit, die ein Affront ist, indem sie ganz andere Ziele kennt als die Frau und die Frau von vornherein als Episode einsetzt – mit dem bekannten Ergebnis freilich, daß die Episode schließlich [das ganze] Leben verschlingt."[10]

In diesem Sinne sind alle intellektuellen Helden Frischs Burladores des Lebens, narzistisch, "Parasiten der Schöpfung," "Nur-Männer," ohne Du, zur Liebe unfähig. Sie alle sind sich ihres Rollenzwangs durchaus bewußt: alle sehnen sie sich nach dem "wirklichen" Leben und versuchen auszubrechen, sei es durch vorgetäuschte Blindheit, durch Untertauchen in Amerika oder durch die Abkapselung in einem "männlichen" Refugium wie dem Schachspiel, der Technik oder der Geometrie.

Ein Intellektueller, der "aus diesen oder jenen Gründen in die Rolle eines Don Juan kommt," um diesen Werdegang geht es Frisch.[11] Sein Exposé macht es deutlich:

> Man könnte es sich so denken:
> Wie die meisten von uns, erzogen von der Poesie, geht er als Jüngling davon aus, daß die Liebe, die ihn eines schönen Morgens erfaßt, sich durchaus auf eine Person beziehe, eindeutig, auf Donna Anna, die diese Liebe in ihm ausgelöst hat. Die bloße Ahnung schon, wie groß der Anteil des Gattungshaften daran ist, geschweige denn die blanke Erfahrung, wie vertauschbar der Gegenstand seines jugendlichen Verlangens ist, muß den Jüngling, der dies erst zur Person erwacht ist, gründlich erschrecken und verwirren. Er kommt sich als ein Stück Natur vor, blind, lächerlich, vom Himmel verhöhnt als Geist-Person. Aus dieser Verwunderung heraus kommt sein wildes Bedürfnis, den Himmel zu verhöhnen, herauszufordern durch Spott und Frevel – womit er immerhin einen Himmel voraussetzt. Ein Nihilist?
> Innerhalb einer Gesellschaft von durchschnittlicher Verlogenheit wird nun einmal (wenigstens in unseren Tagen) jeder so genannt, der erfahren will, was stimmt.[12]

Don Juan oder die Liebe zur Geometrie ist ein Stück, das nach den Angaben seines Autors in einem "theatralischen Sevilla" zu einer "Zeit guter Kostüme" spielt. Eine "Comedia de capa y espada" also, nach dem Willen

---

10 *Nachträgliches* . . . a.a.O. S. 168.
11 Vgl. Robert J. Matthews: Theatricality and Deconstruction in Max Frisch's Don Juan. In: Modern Language Notes 87 (1972) S. 752: "Frisch's play is, strictly speaking then, not a Don Juan play, but rather a play about Western man's interaction with the Don Juan tradition in theatre."
12 *Nachträgliches* . . . a.a.O. S. 170.

des Dichters für die Zuschauer durchschaubar. Frischs Stück handelt von einem Mann, der in eine Rolle gerät, deren Beschaffenheit Gemeinwissen ist und der nun versucht, unter Zuhilfenahme eben dieses Gemeinwissens dem Rollenzwang zu entkommen.[13]

Um diese Situation deutlich zu machen, bedient sich der Autor des Kunstgriffs vom Theater auf dem Theater.[14] Dem Zuschauer mit Rollenerwartung soll durch das Aufzeigen zweier Handlungsebenen – die eine bedeutet "Don Juan," die andere (das "Oder" ist als echte Alternative gemeint) "Geometrie" – die Bedeutung des Rollenzwangs deutlich gemacht werden. Es soll gezeigt werden, wie ein Mann, der ohne das Du auszukommen versucht, ausgerechnet in die Rolle einer Figur der Weltliteratur gerät, der der Ruf anhängt, ohne das Du nicht existieren zu können. Beide Ebenen werden getragen von der Erhabenheit einer monomanen Idee. Frisch zeigt uns in der Annäherung der beiden Ebenen den Schritt vom Erhabenen zum Lächerlichen: es geschieht Komödie.

Frischs Ansatz, Don Juan als "Werdenden" zu zeigen, bedeutet vor allem, daß er seinen Helden in die Zeit stellt. Über Frischs Zeitauffassung ist an anderen Orten schon ausführlich gesprochen worden.[15] In diesem Zusammenhang soll lediglich auf die Bedeutung des Begriffs "Vergängnis" hingewiesen werden, der in Frischs Zeitauffassung eine zentrale Rolle einnimmt. Wenn Don Juan vom Autor der Vergängnis preisgegeben wird, wenn er also altert, entzieht er sich vollends dem traditionellen Mythos, indem er diesen ad absurdum führt. Und so entlarvt Frisch auch nachträglich die Höllenfahrt als *literarischen* Kniff der Don-Juan-Autoren, die ihrem Helden Unsterblichkeit sichern, indem sie ihn aus der Vergängnis entlassen.

Hans Gerd Rötzer legt in seinem wichtigen Aufsatz überzeugend dar, daß am Anfang der Don-Juan-Tradition, bei Tirso, Molière und Da Ponte,

---

13 Vgl. Wittmann a.a.O. S. 402: "Es genügt, daß das Publikum hartnäckig und unüberhörbar auf die Umkehrung der Motive ins absolute Gegenteil, und gegebenenfalls ihre Auslöschung hingewiesen wird. Der Erwartungshorizont orientiert sich nicht mehr an Tirso allein; er umfaßt theoretisch den Gesamtkomplex der Don-Juan-Versionen. Tirso kann darin auch in Abwesenheit präsent sein. Hier wirkt so etwas wie eine Eskalation der Parodien, denn Molières *Dom Juan* ist bereits ein Sekundärprodukt, dessen dissonantische Modellbezüge dem Stoffkenner nicht verborgen bleiben."

14 Vgl. Hiltrud Gnüg: Das Ende eines Mythos: Max Frischs *Don Juan oder die Liebe zur Geometrie.* In: Schmitz a.a.O. S. 228: "Frisch setzt sich hier im Medium Theater satirisch mit dem Theater auseinander; er benutzt den dramatischen Modus der Wahrnehmung, um durch ihn gerade den Schein der theatralischen Effekte zu entlarven."

15 Vgl. u.a. Martin Joseph Lange: Zur Dimension der Zeit und des Raumes im Werk Max Frischs. Louisiana State University (= Phil. Diss.) 1973; Gertrud B. Pickar: The Narrative Time Sense in the Dramatic Work of Max Frisch. In: German Life and Letters 28 (1974/75) S. 1–14; ebenso das Kapitel über die "diaristische Zeitauffassung" in: Rolf Kieser: Max Frisch. Das literarische Tagebuch. Frauenfeld/Stuttgart 1975; S. 28ff.

keineswegs der siegreiche Eroberer steht.[16] Die Geschichte wird vielmehr im Hinblick auf das nahende Ende erzählt. Die erfolgreichen Eroberungen sind bereits Erinnerungen.[17] Auf der Bühne gelingen Don Juan keine mehr. Bei Mozarts *Don Giovanni* beginnt der Zuschauer "Zeuge, nicht neuer Siege [. . .], sondern seines Abstiegs und Untergangs zu werden."[18] Doch bedeutet dieser Abstieg in allen drei Fällen keineswegs Versagen des Helden wegen altersbedingtem Verlust seiner männlichen Attraktion, sondern das Schürzen des dramatischen Knotens. Die mißratenen Verführungen Don Juans in den Dramen Tirsos, Molières und Da Pontes — das übersieht Rötzer — sind lediglich Pannen innerhalb einer nichtabreißenden Kette von Erfolgen und, dramaturgisch gesehen, Signale an das Publikum, daß das Maß nun voll sei. Denn der klassische Don Juan muß ja seine gloriose Ruchlosigkeit beibehalten bis zum frivolen Gastmahl mit dem Steinernen Gast, bis zum trotzigen "Nein!", das er ihm entgegenschleudert und mit dem er seine Höllenfahrt besiegelt: "Don Juan ist eine im Präsens existierende, nicht reflektierende Figur, ein mustergültiger Gegensatz zum theologischen Ewigkeitsbezug: Der Gegensatz manifestiert sich im Genuß des Augenblicks, im sinnlichen Verlangen. Dies dürfte die Begründung für den äußeren Handlungsverlauf des Stückes sein", so argumentiert Rötzer.[19] Gerade aus diesen Gründen aber muß Don Juan sein "Nein!" im Vollbesitz seiner Kräfte und seiner Selbstsicherheit ausrufen. Von Resignation angesichts der mißratenen Verführungsversuche kann keine Rede sein.

Frisch trägt dieser Komponente im ersten Teil seiner Komödie Rechnung. Durch den Kunstgriff, daß er Don Juan über seine Conditio reflektieren läßt, unterstellt er ihn der Vergängnis. Während die traditionellen Don-Juan-Figuren jeweils am Ende ihrer Verführerlaufbahnen stehen, führt Frisch seinen Helden ironisch als keuschen Jüngling ein, der seinem Vater Kummer macht gerade deswegen, weil er eine *unterentwickelte* Libido zu besitzen scheint: Er hat mit zwanzig Jahren noch kein Weib berührt; im Bordell, wohin ihn sein verzweifelter Erzeuger schließlich schickt, spielt er

---

16 Hans Gerd Rötzer: Frischs *Don Juan*. Zur Tradition eines Mythos. In: Arcadia 10 (1975) S. 243–259.
17 Vgl. auch Otto Rank: Die Don-Juan-Gestalt. Ein Beitrag zum Verständnis der sozialen Funktion der Dichtkunst. In: Wittmann, a.a.O. S. 32: "[. . .] daß die Handlung eigentlich nichts weniger als einen erfolgreichen Sexualabenteurer, vielmehr einen vom Mißgeschick verfolgten armen Sünder darstellt, den schließlich das seinem Milieu entsprechende Los der christlichen Höllenstrafe erreicht. Die glückliche, genußfrohe Zeit des eigentlichen Don Juan sich auszumalen, bleibt der Phantasie des Zuhörers vorbehalten, die scheinbar nur zu gerne von diesem ihrem natürlichen Vorrecht Gebrauch macht und daneben die Darstellung der tragischen Züge der moralischen Anstalt der Schaubühne überläßt."
18 Alfons Rosenberg: *Don Giovanni*. Mozarts Oper und Don Juans Gestalt. München 1968; S. 252, Anmerkung 3.
19 Rötzer a.a.O. S. 247.

nur Schach. Sein Verführertum beginnt, als er aus standesmäßigen Gründen in eine Ehe mit Donna Anna gezwungen werden soll. Die christliche Ehe ist die von der Gesellschaft institutionalisierte Bindung an *eine* Frau. Frisch streicht diesen Aspekt der gesellschaftlichen Fixierung der Liebe auf einen Partner in der ungewöhnlichen Eheschließungsformel heraus:

PATER DIEGO   [. . .] Erkennet ihr euch von Angesicht zu Angesicht?
                       Donna Anna wird entschleiert.
                       Donna Anna, erkennest du ihn? Antworte.
DONNA ANNA   *schweigt wie versteinert.*
PATER DIEGO   Antworte, Don Juan, erkennest du sie?
DON JUAN   Ja!
PATER DIEGO   Antworte, Don Juan, erkennest du sie?
DON JUAN   Ja . . . allerdings . . . o ja![20]
                       Posaunen.

Die Antwort, die hier von der Gesellschaft gefordert wird, bedeutet die öffentlich bekanntgegebene Fixierung der Liebe auf einen "erkannten" Partner. Sie wird zum "ewigen Bündnis der Ehe," und die Ehegatten müssen geloben, daß "keine andere Liebe je" zeitlebens in ihrem Herzen sein solle. Vor der Ungeheuerlichkeit dieser gesellschaftlichen Anmaßung, die Liebe durch die Institution der Ehe perpetuieren zu wollen, zerbricht Don Juans Unschuld. Gleichzeitig wird er zum Rebellen gegen eben diese Gesellschaft und ihre Institutionen: "Wir wollen sehen, wer von uns beiden, der Himmel oder ich, den andern zum Gespött macht!"[21]

Seine Laufbahn als Verführer, die nun beginnt, ist freilich nicht die eines "libidinösen Wüstlings"[22] (Mayer) im Stile Casanovas. Don Juan, jählings aus dem Paradies der Unschuld verstoßen, versucht eben diese Unschuld, "das Jungfräuliche," wiederzufinden.

* * *

Aus dieser Sicht erschließt sich die Doppelbedeutung des "Erkennens" mit seiner biblischen Komponente. Das Spiel hat begonnen mit dem Maskenfest im Park, dem — zum Bedauern Pater Diegos — durchaus "heidnische" Züge anhaften: Masken verhindern das Erkennen und damit die Fixierung auf ein Bildnis. Für einmal ist der paradiesische Zustand, *die Zeit vor der Erkenntnis,* wieder hergestellt.

Im *Tagebuch 1946—1949* finden wir bekanntlich ein weiteres Beispiel einer eigenwilligen Bibelinterpretation durch den Autor Frisch, wenn er das Bildnisverbot aus den Zehn Geboten in das inzwischen berühmt gewordene

20 GW III, 117f.
21 a.a.O. S. 139.
22 Hans Mayer: Don Juans Höllenfahrt; Don Juan und Faust. In: Wittmann, a.a.O. S. 348.

Leitmotiv seines Gesamtwerkes umdeutet. Dort ist folgendes über die Liebe zu lesen:

> Eben darin besteht ja die Liebe, das Wunderbare an der Liebe, daß sie uns in der Schwebe des Lebendigen hält, in der Bereitschaft, einem Menschen zu folgen in allen seinen möglichen Entfaltungen [. . .] Die Liebe befreit es aus jeglichem Bildnis [. . .] Unsere Meinung, daß wir das andere kennen, ist das Ende der Liebe [. . .][23]

Die Frauen um Don Juan sind − wie übrigens alle Frauen in allen Stücken und Romanen von Frisch − Bezugspunkte einer männlichen Identitätssuche[24] − "Requisiten oder Versatzstücke," wie es Hans Mayer (allerdings in Bezug auf Molières Don-Juan-Drama) boshaft formuliert.[25] Dadurch werden eben die Frauen im Leben des Helden zu Episoden eines über sie hinauszielenden, eines *faustischen* Don Juan, den das Gretchen am Wege in seinem Höhenflug behindert. Doch werden diese Episoden − hier nun im deutlichen Gegensatz zu Goethes Faustdrama − in zunehmendem Maße Lebensinhalt und überwuchern den Blütentraum maskuliner Selbstsuffizienz, genannt Geometrie.

Über die Wahl der Metapher "Geometrie" für diese ewig-männliche Hybris herrschte schon früh Skepsis. Felix Stössinger, einer der ersten Kritiker von Frischs Don-Juan-Stück, formulierte seine Einwände gegen das seiner Meinung nach zu abstrakte Symbol wie folgt:

> Da [. . .] kein Dramatiker die Liebe eines Helden zu einer abstrakten Wissenschaft bühnenwirksam machen kann, erreicht das Oder des Titels (im Gegensatz zu den beiden Oder des Bestraften Bösewichts oder des Steinernen Gastes) keine theatergemäße Realität; die Szene bleibt in bezug auf die Geometrie leer, und wenn wir zuletzt [. . .] erfahren, daß der begabte junge Mann schon die Vierte Dimension spekulativ erdacht hat, so fröstelt die Zuschauer vielleicht vor diesem Gauss, Minowski, Einstein avant la lettre, aber er glaubt es diesem Don Juan nicht, daß er ein durch Erfolge bei Weibern verhinderter Faust oder ein durch faustischen Drang gehemmter Don Juan sei.[26]

Frisch beeilte sich, in einer der Uraufführung folgenden Publikumsdiskussion allfällige Mißverständnisse im Hinblick auf das Symbol "Geometrie" aus dem Weg zu räumen, indem er auf die Zufälligkeit dieser Chiffre hinwies:

> Es ist noch zu früh, es wäre noch lästerlich, aber einmal könnte man eine Komödie mit edlem Ausgang schreiben: 'Don Juan oder die Liebe zu den

23 GW II, 369.
24 Vgl. Albert Camus: *Le Mythe de Sisyphe.* Paris 1957; S. 101: "Don Juan ne pense pas à 'collectionner' les femmes. Il en épuise le nombre et avec elles ses chances de vie. Collectionner, c'est être capable de vivre de son passé. Mais lui refuse le regret, cette autre forme de l'espoir. Il ne sait pas regarder les portraits."
25 Wittmann a.a.O. S. 360.
26 Die Tat, 8. Mai 1953.

Duineser Elegien' – die Geschichte des letzten Don Juan unserer Zeit, der alle Frauen wegschickte, weil sie ihn in der zehnjährigen Wartezeit auf die Elegien störten.[27]

"Geometrie" ist Symbol für den männlich-abstrakten Intellekt und damit für Don Juans Bewußtsein. Von diesem Bewußtsein aus entfaltet sich – vom Dichter aus gesehen – die Komödie Don Juans.

Die Schwierigkeiten des Stücks – und hier zeigt Stössingers Kritik an der Uraufführung eine gewisse Berechtigung – besteht somit im Ausspielen eines privaten Bewußtseins gegen eine theatralisch-vertraute Figur. Frisch löst das Problem, indem er eine Figur mit der anderen deutet. Dabei liegt das Interesse des Dichters beim Verhalten der privaten Figur. Ähnlich wie später in *Biografie* soll gezeigt werden, was nur auf der Bühne möglich ist: die Korrektur einer Lebensgeschichte, die ärgerlicherweise einen ganz anderen Verlauf genommen hat, als es der Träger erhoffte. Indem er den übermächtigen Mythos der literarischen Rolle zu zerstören versucht, meint er seine private Identität zu gewinnen. Der Mythos erweist sich stärker als die privaten Bemühungen. Am Schluß ist Don Juan eine Unperson.[28] Gleichzeitig muß er sich anhören, wie ein gewisser Gabriel Tellez, genannt Tirso de Molina mit seinem *Burlador von Sevilla,* der "tatsächlich" in die Hölle fährt, seine Triumphe feiert:

BISCHOF   Was bleibt dem Theater anderes übrig? Wahrheit läßt sich nicht zeigen, nur erfinden [. . .][29]

Die Parodie, zu der die Liebe zur Geometrie der Anstoß ist, bewegt sich um den Rollenzwang eines sich zu faustischem Erkenntnisdrang bekennenden Nur-Mannes. Beim Studium von Frischs *Gesammelten Werken in zeitlicher Folge* fällt der Hinweis auf, der Autor habe während seines ersten Amerika-Aufenthaltes an einem Roman mit dem provisorischen Titel *Was macht ihr mit der Liebe* gearbeitet. Ende des Jahres begann dann die Arbeit an *Don Juan.* Frisch gab das Romanprojekt zunächst auf. Später wurde daraus *Stiller.*[30] Wenn man die Gleichzeitigkeit der Entstehung von Roman und Drama in Rechnung setzt, werden einige bedeutsame Parallelen deutlich.

"Ich bin nicht Don Juan," so scheint der Dramaheld in Anlehnung an den berühmten Romananfang zu beteuern. Wie Stiller wird ihm nicht geglaubt, auch wenn er mit ungeheuren Anstrengungen sein Anderssein zu beweisen versucht. Wie bei Stiller erfolgt schließlich die Kapitulation und das

27 Die Tat, 18. Mai 1953.
28 Vgl. Peter Gontrum: Max Frisch's *Don Juan:* A New Look at a Traditional Hero. In: Comparative Literature Studies 2 (1965) S. 121: "The character develops if we can call his capitulation development."
29 GW III, 165.
30 GW III, 865. Vgl. in diesem Zusammenhang auch Helmut Pfanner: Stiller und das 'Faustische' bei Max Frisch. In: Orbis litterarum 24 (1969) S. 201–215.

Absinken in resignierende Durchschnittlichkeit. Aber ungleich Stiller trägt Don Juan eben nicht nur ein privates Geheimnis mit sich herum, sondern die ungeheure Last eines literarischen Ruhms.

Der eigentliche dramatische Höhepunkt des Stückes findet sich im vierten Akt. Hier treffen sich die beiden Handlungsebenen: Don Juan inszeniert die Höllenfahrt des berühmten Verführers seines Namens, um die eigene Legende als Mönch, als Mann unter Männern, dem Weib entronnen, überleben zu können. Der Entschluß zu diesem Theatercoup ergibt sich aus der Einsicht, daß der jugendliche Akt der Auflehnung, den Himmel durch einen rebellischen Lebenswandel zu höhnen, nichts eingetragen hat außer einem Ruf, dem er nicht mehr gerecht werden mag — er ist älter geworden und sehnt sich nach Ruhe — und außerdem übersteigen die Kosten seines Lebensstils seine Mittel: Der alternde Playboy ist bankrott. Frisch deutet dieses Motiv als Symbol: "Sein wirtschaftlicher Bankrott, wie besonders Molière ihn betont, steht da für einen ganz anderen, einen totalen Bankrott. Ohne das Weib, dessen Forderungen er nicht anzuerkennen gewillt ist, wäre er selber nicht in der Welt."[31]

Für den Akt der Höllenfahrt bietet Frisch das gesamte Repertoire der traditionellen Begleitfiguren des Don-Juan-Dramas auf. Leporello erscheint zum ersten Mal, spielt seine bekannte Rolle als Halbeingeweihter und nützlicher Idiot und verabschiedet sich im nachfolgenden Intermezzo — von Don Juan um seinen Lohn betrogen — französisch: mit der berühmten Klage des geprellten Sganarell aus Molières *Dom Juan ou le Festin de Pierre:*

Voilà par sa mort un chacun satisfait: Ciel offensé, lois violées, filles séduites, familles déshonorées, parents outragés, femmes mises à mal, maris poussés à bout, tout le monde est content. Il n'y a que moi seul de malheureux, que, après tant d'années de service, n'ai point d'autre récompense que de voir à mes yeux l'impiété de mon maître punie par le plus épouvantable châtiment du monde![32]

An Da Ponte/Mozarts umstrittene Schlußszene erinnert das Aufgebot der verflossenen Geliebten, die die Höllenfahrt bezeugen sollen. Der Auftritt der verschleierten Dame — Miranda — schließlich ist eine deutliche Parodie auf Zorillas Versuch, Don Juan durch eine Frau erlösen zu lassen. Bei Frisch bietet sie ihm die Ehe samt Schloß mit vierundvierzig Zimmern an. Zur Annahme dieses Angebots sieht sich Don Juan schließlich gezwungen, als sich herausstellt, daß der geplante Rückzug ins Kloster unmöglich ist: Hinter der Maske des Bischofs, mit dem Don Juan seinen Handel — Triumph für die Kirche durch die Höllenfahrt des Frevlers gegen Rente und Klosterzelle — abzuschließen sucht, verbirgt sich der gehörnte Don Balthazar Lopez, dessen

---

31 GW II, 171.
32 a.a.O. S. 160.

Eifersucht den spektakulären Abgang des Verführers zu verhindern sucht und der gerade dadurch der Legende zu ihrer Entstehung verhilft.[33]

Hörte Frischs Stück mit der inszenierten Höllenfahrt auf, so bliebe es bei der Farce. Daß es dem Autor aber um mehr als die bloße Parodie geht, beweist der fünfte Akt, der funktional seine genaue Entsprechung im "Nachwort des Staatsanwalts" aus dem *Stiller* findet. Der Abgesang des Helden bedeutet in beiden Fällen die Entlassung in die Gewöhnlichkeit, denn für den Autor lag ja bekanntlich nicht die *vita* des Protagonisten im Zentrum seines Anliegens, sondern die Fragestellung nach der Austauschbarkeit einer Biographie.

Friedrich Dürrenmatt hat für seine Tragikomödien die Formel aufgestellt, eine Geschichte sei dann zu Ende gedacht, wenn sie die schlimmstmögliche Wendung genommen habe. Ähnliches läßt sich über die Komödien Max Frischs sagen. Da Frisch jedoch – im Gegensatz zum Eschatologen Dürrenmatt – völlig auf eine philosophisch-theologische Weltschau verzichtet, drängt sich bei ihm der Vergleich mit dem Schachspiel auf: Don Juan muß am Ende schachmatt gesetzt werden. Nach der selbstinszenierten Höllenfahrt, die er ja als Befreiungsaktion plant, ist er es noch nicht. "Die Dame darf alles," meint Kürmann in *Biografie* sarkastisch, als er Antoinette die Grundregeln des Schachspiels erklärt. Auch Don Juan sieht seine Pläne durch "die Dame" durchkreuzt, die ihn im goldenen Käfig gefangenhält und ihn mit der Ankündigung seiner Vaterschaft endgültig domestiziert. Das "Mahlzeit!" am Ende des Stücks klingt denn auch wie "schachmatt!" Don Juan hat das Spiel verloren. Er ist nicht mehr.

* * *

Nach der Aufführung von *Biografie,* von Frisch als dramatisches Pendant zu *Mein Name sei Gantenbein* konzipiert, gab sich der Autor in einem Interview enttäuscht über den hohen Grad der Schwierigkeit, abstrakte Denkspiele auf der Bühne sichtbar zu machen: "Die Bühne gab mir nicht recht. Die Bühne hat eine viel größere illusionistische Kraft, als ich's haben möchte."[34] Diese Einsicht deutet zweifellos auf eine Schwäche von Frischs dramaturgischem Konzept hin, die sich schon bei früheren Stücken, so auch bei *Don Juan oder die Liebe zur Geometrie* zeigt. Ironischerweise siegt die alte Legende von Don Juan durch die Eindringlichkeit ihrer bekannten Fabel mühelos über den intellektuellen Anti-Helden, indem sie ihn in ihren Bann

33 Vgl. Wittmann, a.a.O. S. 401: "Die Beschäftigung mit der Parodie forderte des öfteren eine Entscheidung über die 'Echtheit' einer Version. Dabei erwies sich auch die negative Umkehrung eines Motivs als gültig. Der der Geometrie zugetane, den Frauen zwar nicht abholde, ihnen aber auch nicht im Übermaß zugeneigte Don Juan Max Frischs *ist* echt."

34 Kieser, a.a.O. S. 140.

schlägt, ohne daß er seine Gegenposition glaubwürdig machen kann. Frisch hat zwar versucht, den intellektuellen Zug an seinem Protagonisten dadurch aufzuwerten, daß er ihm einerseits ein breites Feld für seine Plädoyers einräumt, andererseits die Geschichte des Verführers stark abwertet, beziehungsweise Don Juans Verführertum bloß behauptet. Wir werden nur Zeugen einer einzigen Verführung im zweiten Akt, bei der in der Tat Don Juan der Verführte ist, als ihm die Brautmutter Elvira ihr Schlafzimmer als Fluchtweg anbietet. Wenn im vierten Akt die ehemaligen Geliebten sich fächelnd einfinden und das Fazit ganze dreizehn beträgt (Don Juan deutet allerdings an, es seien noch "einige mehr" vorhanden), so liegt doch die Tatsache klar, daß sich die Buhlerei des Helden – dreizehn Eroberungen in dreizehn Jahren! – auf recht durchschnittliche Maßstäbe reduziert. Aber über dem versuchten *understatement* schwebt trotzdem das magische *mille e tre* des unsterblichen Don Juan.

Auch die erotische Anziehungskraft des Helden wird behauptet: "Sein Ruhm als Verführer (der ihn als Ruhm begleitet, ohne daß er sich mit diesem Ruhm identifiziert) ist ein Mißverständnis seitens der Damen. Don Juan ist ein Intellektueller, wenn auch von gutem Wuchs und ohne alles Brillenhafte. Was ihn unwiderstehlich macht für die Damen von Sevilla, ist durchaus seine Geistigkeit [. . .]"[35]

Schon Brecht hat, bei der Inszenierung von Molières *Dom Juan,* die Attraktivität des Helden von seiner körperlichen Erscheinung getrennt: "Der große Verführer läßt sich nicht zu besonderen erotischen Kunstgriffen herab. Er verführt durch sein Kostüm (und diese Art, es zu tragen), seine Stellung (und die Unverschämtheit, sie zu mißbrauchen), seinen Reichtum (oder seinen Kredit) und seinen Ruf (oder die Sicherheit, die ihm seine Berühmtheit bei sich selbst gewährt). Er tritt auf als sexuelle Großmacht."[36] Brechts sozialem Deutungsversuch ("Geld macht sinnlich") steht Frischs Behauptung gegenüber, Don Juans Anspruch auf eine *exklusiv männliche Geistigkeit* mache ihn für die Damen von Sevilla unwiderstehlich. Intellektueller *male chauvinism* als Geheimnis von Don Juans Verführertum? Frisch mutet der Glaubwürdigkeit seiner Figur viel zu, auch wenn sich nebenbei durch diese Deutung die Passivität des Helden und die geringe Zahl seiner Erfolge klärt. Doch um soziologische, historische oder psychologische Deutung geht es Frisch nicht:

> Verzweifelt über das Unmögliche seiner Existenz, wobei dieses Unmögliche sich nicht als metaphysisches Gewitter, sondern schlechterdings als Langeweile manifestiert, ist es nunmehr Don Juan selbst, der die Legende von seiner Höllenfahrt inszeniert – als Oper, als Schwindel, um zu entkommen, gewiß; als Kunst, die etwas Absolutes nur vorgibt, als

---

35 GW III, 168.
36 Bertolt Brecht: Zu 'Don Juan' von Molière. In: Wittmann, a.a.O. S. 134.

Poesie, gewiß, aber dann erweist es sich, daß diese Legende, womit er die Welt zum Narren hält, nur die Ausdrucksfigur seines tatsächlichen, seines inneren und anders nicht sichtbaren, doch ausweglosen – wirklichen Endes ist.[37]

Indem er die Zuschauer zu Mitwissern seiner Reflexionen macht, verfremdet Frisch die Legende von Don Juan:

Dann allerdings ist sein Medium nicht die Musik – nach Kierkegaard das einzig mögliche Medium für den unmittelbaren Don Juan –, sondern das Theater, das darin besteht, daß Larve und Wesen nicht identisch sind, so daß es zu Verwechslungen kommt, wie in den alten spanischen Mantelstücken und wie überall, wo ein Mensch nicht ist, sondern sich selber sucht.[38]

Frisch stellt also seinen Don Juan in einen deutlichen Gegensatz zu der Vorstellung Kierkegaards, der in ihm "die Inkarnation des Fleisches oder die Beseelung des Fleisches durch den eigenen Geist des Fleisches"[39] sehen will, als einen Don Juan geboren aus dem Geiste der Musik, ohne Mozarts geniale Oper undenkbar.

Wie viele Künstler und Denker vor und nach ihm glaubt Kierkegaard in Don Juan einen geistigen Verwandten von Faust zu erkennen. Doch sieht er – in Verkennung der literarisch-historischen Tradition – den Don Juan als *Vorläufer* von Faust, den er als den "Ausdruck des Dämonischen, das als das vom christlichen Geist ausgeschlossene Geistige bestimmt ist,"[40] verstanden haben will: "Faust und Don Juan sind die Titanen und Giganten des Mittelalters, die sich in der Großartigkeit der Bestrebungen nicht von jenen des Altertums unterscheiden, wohl aber darin, daß sie isoliert dastehen, keine Vereinigung von Kräften bilden, die erst durch die Vereinigung himmelstürmend werden; alle Kraft aber ist in diesem einen Individuum gesammelt."[41]

Auch Frisch bringt Don Juan mit Faust in Verbindung, jedoch nicht als Kontrast-Dämon der Sinnlichkeit im Gegensatz zur Geistigkeit, sondern als Wesensverwandten, als Mit-Intellektuellen, dessen Geheimnis gerade in seiner Nicht-Sinnlichkeit liegt, ja, dem die Sinnlichkeit geradezu als etwas Abstoßendes erscheint: "Liebe, wie Don Juan sie erlebt, muß das Unheimlich-Widerliche der Tropen haben, etwas wie feuchte Sonne über einem Sumpf voll blühender Verwesung, panisch, wie die klebrige Stille voll mörderischer Überfruchtung, die sich selbst auffrißt, voll Schlinggewächs – ein Dickicht, wo man ohne blanke Klinge nicht vorwärtskommt; wo man Angst hat zu

---

37 GW III, 174f.
38 a.a.O. S. 171.
39 Zit. in: Werner Oehlmann: Don Juan. Dichtung und Wirklichkeit. Frankfurt/M./Berlin 1965; S. 194.
40 a.a.O. S. 195.
41 ebd.

verweilen."[42] Das sind die prometheischen Worte eines Walter Faber, der seinen männlichen Geist, seine "Geometrie" der Unvollkommenheit der Natur entgegenhält.

Frischs Don Juan wird von seinem Schöpfer ausdrücklich als Hochstapler bezeichnet, weil er ein Einzelleben führt, das der Paarungsordnung des Schöpfungsplans zuwiderläuft, weil er Unmögliches begehrt und deshalb geliebt wird. *"Ikarus* und *Faust,"* sagt Frisch, "sind ihm verwandter als Casanova."[43]

* * *

Ob nun wirklich eine innere Verwandtschaft zwischen dem Faust- und dem Don-Juan-Mythos bestehe, ist — nicht erst seit Grabbes hochgestochenem Verquickungsversuch — eine alte Streitfrage der Literarhistoriker und Mythenforscher.[44] Margret Dietrich etwa sieht die Verbindung einfach darin, daß "Faust und Don Juan [. . .] Rebellen der christlichen Weltordnung"[45] sind. Das setzt allerdings die traditionelle schematische Polarisierung im Sinne von Kierkegaard voraus, die Scheidung ins "Sinnlich-Dämonische" und ins "Geistig-Dämonische," was nun eben für Frischs *Don Juan* nicht zutrifft. Auch Werner Oehlmann kommt von Kierkegaards Kontrastierung nicht los, auch wenn er die Akzente verschiebt und die Kontrahenden nicht als Dämonen, sondern als "Genies der Sinne und des Geistes" bezeichnet und außerdem nationale Gegensätze betont: "[. . .] der düstere, in Alchimie und Mystik laborierende Sohn des deutschen Nordens und der strahlende, dem Leben in der primitivsten Form des Eros verfallene Held des spanischen Südens, der grübelnde, dem Medium des Wortes verbundene Denker, der sein künstlerisches Abbild in der Dichtung gefunden hat und der unbefangene, im

---

42 GW III, 169.
43 a.a.O. S. 168.
44 Vgl. Elisabeth Frenzel: Don Juan. In: E. F. (Hrsg.): Stoffe der Weltliteratur. Stuttgart 1970; S. 131—136: "Die Vorstellung des Idealsuchers rückte Don Juan in die Nähe des Faust-Stoffes; die Gemeinsamkeit des Verführungsmotivs und des Duell-Motivs erleichterte eine Annäherung, die sich entweder als Verschmelzung (N. Vogt, *Der Färberhof oder die Buchdruckerei in Mainz,* 1809) oder als Konfrontierung der beiden Helden darstellen ließ (Grabbe, *Don Juan und Faust,* Dr. 1829; E. Robin, *Livia,* Dr. 1836; Th. Gautier, *La Comédie de la mort,* Gedicht 1838; P. Menotti del Pichia, *A angustia de Don João,* Gedicht 1928). Grabbe läßt beide im Kampf um die Liebe Annas wetteifern; beide begehen ihretwegen Mord; beider Seelen fallen Mephisto zu. Als konstruktives Element ist auch die Wette aus dem *Prolog im Himmel* auf den Don-Juan-Stoff übertragen worden, so daß auch hierdurch die Erlösung nahegelegt wurde (A. K. Tolstoj, Gedicht 1862; W. Bonsels, Gedicht 1914)."
45 Vorwort zu *Don Juan.* Vollständige Dramentexte von Molina, Molière, Da Ponte, Grabbe, Horvath, Frisch, Anouilh. Theater der Jahrhunderte. Joachim Schondorff (Hrsg.). München/Wien 1967; S. 9.

Gefühl des Augenblicks sich erschöpfende Genießer, dessen Temperament wahr und vollkommen in der Musik widerklingt. Beide sind Menschen von menschlicher Unvollkommenheit im Ungenügen ihrer Handlungen und im tragischen Scheitern an der Unerbittlichkeit der Mächte, die über ihnen stehen; sie gehen in der Auflehnung gegen den christlichen Gott und seine Forderung der gläubigen Demut zugrunde."[46]

Auch Salvador de Madariaga will in Don Juan die Antithese zu Faust sehen in der formelhaften Vereinfachung "Don Juan ist Geschlecht ohne Gehirn; Faust ist Gehirn ohne Geschlecht,"[47] die ja zumindest angesichts der Goetheschen und der Frischschen Interpretationen falsch ist.

Ernst Bloch mit seinem vom Marxismus geprägten Traditionsverständnis sieht im Don-Juan-Bild der bürgerlichen Romantik, das seit Mozart das Leserbewußtsein prägt, den Ausdruck "dionysischer Hybris," einen "Typus des Trotzes" und damit ein Symbol für die individualisierte sexuelle Naturkraft: "Don Juan wird zum glänzendsten Wunschbild, dem Leitbild der Verführung, zur unzweifelhaftesten Machtperson. Als diese gehört er, obgleich ein Mann in Potenz und eben wegen dieser, zum Frauengott Dionysos und zu dem gegen Ehe wie Ordnung rebellisch gewordenen."[48] Aus dem dialektischen Denkansatz bahnt sich auch bei Bloch ein Verständnis für eine Verwandtschaft von Don Juan mit Faust ohne die grundsätzliche Kontrastierung der beiden Figuren, wie sie die bürgerliche Tradition kennt:

> Die Verwandtschaft Don Juans mit Faust trat hervor, des radikalen Liebestriebs hier, des radikalen Erkenntnis- und Erfahrungstriebs dort. Ja beide Leidenschaften bleiben nicht einmal voneinander abgetrennt und so auf ihre Typen verteilt: Faust wird völlig organisch mit dem Gretchenstoff verbunden, und Don Juan zeigt zumindestens in seiner Lenauschen Fassung, als einer tiefen, Erkenntnistrieb. Er sucht hier lediglich die Eine, die Idee des Weibs, und seine empirische Untreue ist höchstens Liebestreue, nämlich gegen das Wesen, an dem er bleiben könnte [...] Darum rast dieser andere Don Juan durch "den Zauberkreis, den unermeßlich weiten, / Von vielfach reizend schönen Weiblichkeiten", wie Faust durch seine Weltkreise fährt: beide auf der Jagd nach dem Augenblick, der nicht Ekel oder Langeweile wird, wenn er betreten ist. Wobei freilich Don Juans Stationen auf dieser Suche sowohl zahlreicher wie eben unabgeschlossener, ja unabschließbarer sind [...] Don Juan wie Faust suchen [...] in maßloser Ausfahrt, den Augenblick, wo endlich Hochzeit sein könnte, endlich hohe Zeit [...][49]

Man wird gestehen müssen, daß der mit Faust dialektisch verbundene Don Juan, so wie Bloch ihn deutet, Frischs Auffassung sehr nahe kommt.

---

46 Oehlmann a.a.O. S. 5.
47 Salvador de Madariaga: Don Juan und der Don Juanismus. In: Wittmann, a.a.O. S.96.
48 Ernst Bloch: Don Giovanni, alle Frauen und die Hochzeit. In: Wittmann, a.a.O. S. 83.
49 a.a.O. S. 89.

Doch gibt die voreilige These, die Frischs Don-Juan-Figur dem Denkanstoß Blochs verpflichten möchte, nichts her. Nach Frischs eigenen Angaben hat der Autor "viel mehr indirekte Einflüsse erfahren als direkte [. . .] Ich schrieb *Don Juan oder die Liebe zur Geometrie,* ohne einen einzigen Vorgänger zu kennen. Die Figur des Don Juan war mir aus allgemeinem Wissen bekannt. Sogar Mozarts Oper hörte ich erst später. Und auch die literarischen Vorbilder, den Don Juan des Tirso de Molina, des Molière, las ich erst nachher."[50]

Hans Mayer weist in einem fulminanten Essay darauf hin, daß die Verbindung von Don Juan und Faust als eine reine Funktion der Wirkungsgeschichte der beiden Mythen am Vorabend der bürgerlichen Revolution erfolgt: mit Mozart. "Mozart aber, dieser bürgerliche Künstler, der seine Oper vom bestraften Wüstling so sehr aus dem Geiste des Sturm und Drang konzipiert hatte, daß *erst von hier aus ein Brückenschlag zum Faust erfolgt,* aber nicht als Affinität von Faustus und Tenorio, sondern von *Goethe* und *Mozart* [. . .]"[51] In der Vor-Mozartschen und Vor-Goetheschen Tradition der angeblichen Antipoden gebe es keine Anhaltspunkte für eine Affinität: "Je mehr man dem Parallelismus des intellektuellen und des libidinösen Wüstlings nachspürt, umso unstimmiger wird die These von ihrer geheimen Zusammenordnung."

Wenn wir nun aber zu Frischs Hinweis zurückkehren, Don Juan, so wie *er ihn sich vorstelle,* sei Ikarus und Faust verwandter als Casanova, so sollten wir die Verbindung Ikarus–Faust nicht übersehen. Frischs intellektueller Don Juan weist über Tirso de Molinas *Burlador* hinaus, ebenso wie Goethes *Faust* die Moritat des alten Volksbuches beiseite schiebt. In beiden Fällen ist der Frevel des Protagonisten nicht mehr christlich, sondern – man vergleiche auch Blochs Hinweis – antikisch-hybrid,[52] der Versuch des Menschen, seine Schwerkraft zu ignorieren. Casanova dagegen bleibt als ganz und gar erdgebundener erotischer Konsument, ohne Sinn für das Höhere, aber auch – wie Frisch ausdrücklich vermerkt – mit der Fähigkeit alt zu werden, die Don Juan verwehrt ist: "[. . .] sein Geist bleibt pueril im Verhältnis zur Schöpfung – darum muß der Vorhang fallen, bevor Don Juan fünfunddreißig

---

50 In: Kuno Raeber: Lieber schreiben als lesen. Eine Unterhaltung mit Max Frisch. In: Das Schönste 8 (6/1962) S. 55. Oscar Mandel in *Don Juan:* A Collection of Plays and Views. 1930–1963. Lincoln University of Nebraska 1963; S. 696, greift wohl zu weit, wenn er hingegen behauptet: "The author has read widely in the literature. He added to the old ballads, to Tirso, to Molière and he is clearly indebted to the Mañara legend, to Rostand, to Shaw [. . .]" – Man darf jedoch annehmen, daß Frisch zumindest mit Molières *Dom Juan* vertraut war, denn er legt Leporello bereits in der Erstfassung die genauen Schlußworte Sganarells in den Mund.

51 Wittmann a.a.O. S. 361.

52 Vgl. Robert J. Matthews, a.a.O. S. 746: "Don Juan becomes a Dionysian god, alienated from man and projected into Hell, but worshipped all the more."

wird, sonst bleibt er nur noch ein peinlicher Narr, gerade insofern er eine geistige Figur ist."[53]

Faust möchte bekanntlich gerne wissen, "was die Welt im Innersten zusammenhält." Bei Frisch lesen wir über Don Juan: "Lebte er in unseren Tagen, würde Don Juan (wie ich ihn sehe) sich wahrscheinlich mit Kernphysik befassen: um zu erfahren, was stimmt."[54] Während sich Faust dem Teufel verschreibt, um zur letzten Erkenntnis vorzustoßen, sähe sich der moderne Atomforscher Don Juan in einem zeitgemäßen Teufelskreis: "[. . .] vor der Wahl: Tod oder Kapitulation – Kapitulation jenes männlichen Geistes, der offenbar, bleibt er selbstherrlich, die Schöpfung in die Luft sprengt, sobald er die technische Möglichkeit dazu hat."[55] Dies alles geht, bei Goethe wie bei Frisch, ganz ohne *christliche* Heilserwartung, und damit werden auch die Höllenfahrten aus der Tradition der Warnliteratur hinfällig. In beiden Fällen sieht sich der Held am Ende "aufgehoben" – im Hegelschen Sinn – durch das Ewig-Weibliche. Bei Goethe geschieht das anmutig-beja-hend, bei Frisch in bärbeißiger Resignation.[56]

Eine weitere Verwandtschaft zwischen Goethes Faust und Frischs Don Juan ergibt sich gewissermaßen aus umgekehrter Stoßrichtung: Wo Faust seinem "verfluchten dumpfen Mauerloch" zu entrinnen versucht und sich – verjüngt – der Verführung widmet, drängt es den Verführer wider Willen – Frischs Don Juan – von "Helenen in jedem Weibe" zurück in die Freiheit der Gelehrtenstube.

Im Gegensatz zu Goethe, der immerhin den dunklen Mächten und der Gottheit – wenn auch in lächelnder Ironie – seinen Tribut zollt, verzichtet Frisch von vornherein auf jegliche transzendentale Dimension, auf Halbdun-kel und Mysterium. Die Welt Don Juans ist das Theater. Dort spielt, das heißt: zeigt er (im Brechtschen Sinn) die Rolle, die ihm auf den Leib geschnitten ist und die – hier beginnt Frischs Interpretation – nicht identisch ist mit seinem eigentlichen Wesen.

Damit befindet sich Don Juan in einer für den Zuschauer einsehbaren Doppelrolle: eine eminent theatralische Situation, die zum Konflikt und damit zum dramatischen Höhepunkt hindrängt.

* * *

53 GW III, 172.
54 a.a.O. S. 173.
55 ebd.
56 Vgl. Frisch in "Nachträgliches zu Don Juan" (GW III, 173): "Hinter jedem Don Juan steht die Langeweile, die nicht gähnt, sondern Possen reißt; die Langeweile eines Geistes, der nach dem Unbedingten dürstet und glaubt erfahren zu haben, daß er es nie zu finden vermag; kurzum, die große Langeweile der Schwermut, dem die Wünsche ersterben, so daß ihm bloß noch der Witz übrigbleibt; ein Don Juan, der keinen Witz hat, würde sich erhängen."

Auch der traditionelle Don Juan spielt bekanntlich eine Doppelrolle, bei der er den Zuschauer zum Mitwisser macht. Es ist die Rolle des Verführers, der eine falsche Identität, falsche Worte und Täuschungen aller Art ausschließlich als Instrumente der Verführung einsetzt. Er kennt im Gegensatz zu Frischs Don Juan kein Identitätsproblem. Seine schillernde Persönlichkeit ist ganz nach außen gewendet, ist Mimikry. In der Eroberung durch Täuschung erfüllt sich sein Leben, und in der absoluten Selbstsicherheit, mit der er seine Berufung auf dieser Welt verfolgt, stellt er sich jenseits von Gut und Böse, ebenso wie Faust. In den beiden ursprünglichen Mythen werden sowohl Don Juan wie Faust zum Ärgernis für die transzendenten Mächte und ihre Vertreter auf Erden, weil sie völlig mit sich selber identisch sind. Damit usurpieren sie das Privileg des Göttlichen, in sich selbst zu ruhen. Ihre Hybris bedroht die göttliche Weltordnung. Deshalb müssen sie spektakulär zugrunde gehen − durch die Höllenfahrt.

Nach Hans Mayer wird an diesem Punkte jede Analogie zwischen Don Juan und Faust fragwürdig: "Die Suche nach der höllischen Verwandtschaft oder Partnerschaft des Don Juan und Faust endet immer wieder, je ernsthafter und genauer sie betrieben wird, ohne Ergebnis. Über den Hinweis auf die zweifache Höllenfahrt und eine vage Analogie der dazu führenden Exzesse kommt die Untersuchung nicht hinaus."[57] Dies trifft natürlich zu, sofern sich der Vergleich der beiden Mythenträger auf deren Motivgeschichte konzentriert und dabei das hybride Rebellentum − die *Ikarus*- Komponente, die Frisch als Grundklang bei beiden Gestalten erkannt hat − gering veranschlagt. Entfällt die Bösewicht-Wertung und die damit verbundene Höllenfahrt, so öffnet sich die Möglichkeit einer modernen philosophischen oder psychologischen Deutung des Protagonisten, was durch die nicht abbrechenden *Don-Juan*-Versuche von Shaw über Horvath, Rostand, Montherlant, Camus, Unamuno bis Anouilh und Härtling dargetan wird.

Frischs Don-Juan-Typus nähert sich demjenigen von Camus' absurdem Helden. Nicht mehr das "Sammeln" ist wichtig, sondern der Ausgangspunkt, die Grundkonstellation des Verführers. Damit tritt der Potenzriese endgültig ab. An seine Stelle tritt der "Donjuanismus"[58] als geistige Verfassung und die Annäherung an eine Geisteshaltung, die unter dem Begriff des "Faustischen" sich ebenfalls von ihrer Trägerfigur gelöst hat. Während also in der deutschen Romantik die Annäherung der *Figuren* Faust und Don Juan auf der Ebene des Übermenschentums erfolgt, zeigt Camus die existentielle Verwandtschaft von zwei Menschheitsträumen. Camus' Don Juan ist ein Sisyphus der Liebe. Er ist, wie Raymond Trousson es im Sinne von Camus formuliert, "die

57 Wittmann a.a.O. S. 349.
58 Vgl. Albert Camus: Le Don Juanisme. In: *Le Mythe de Sisyphe*, a.a.O. S. 152−157.

lebendige, fleischgewordene Hoffnung, der ewig nach Befriedigung schmachtende Mensch. In diesem Sinne ist er faustisch."[59]

In seinem Aufsatz über Camus und den Donjuanismus deutet Raymond Gay-Crosier Überlegungen des französischen Dichters an, die dessen Don-Juan-Konzept in erstaunliche Nähe zu demjenigen von Frisch führen, so zum Beispiel, wenn Camus in seinen Tagebüchern Don Juan als "Faust mit umgekehrten Vorzeichen"[60] bezeichnet: Don Juan verkauft Gott für die Güter des Jenseits seinen Körper. In Camus' *Carnets* lesen wir Sätze, die geradezu aus dem Tagebuch von Frischs Don Juan stammen könnten: "Außer in der Liebe ist die Frau langweilig. Sie weiß nichts. Man muß mit einer leben und schweigen. Oder mit allen schlafen und handeln. Das Wichtigste liegt anderswo."[61] Gay-Crosier spricht von der Gefühlsschwäche von Camus' Helden, "die sie in die Arme der einen Frau treibt und sie im selben Augenblick schon von der nächsten Eroberung zu träumen zwingt. So versucht Don Juan wie alle absurden Helden, sein Schicksal zu lindern, indem er das, was er nicht vereinen kann, vervielfacht."[62]

Die von der Legende gelöste Abstraktion des "Faustischen" zielt auf das Prinzip des *Übermenschen,* diejenige des "Donjuanismus" auf dasjenige des *Übermannes.* Sowohl Camus wie Frisch haben in dieser Abstraktion den Bogen zwischen den beiden Prinzipien geschlagen. Daß in der Abstraktion die Gestalt des Don Juan zeitlos wird, also aus der Geschichte fällt, ist Hans Mayer nicht entgangen: "*Dieser* Don Juan des Albert Camus, gleichzeitig banaler Playboy *und* Weigerer des Rekorddenkens, der nicht Bindung will, aber auch keine Erinnerung, ist in ähnlicher Weise sozial heimatlos in der bürgerlichen Spätzeit, wie der Don Giovanni am Ende des Ancien Régime."[63]

Auch für Frisch steht Don Juan außerhalb der Gesellschaft. Doch ist mit dieser Gesellschaft weder die bürgerliche noch die aristokratische gemeint, sondern die Menschheit schlechthin: "Don Juan ist kein Revolutionär. Sein Widersacher ist die Schöpfung selbst."[64] Im Gegensatz zu Brecht ("Der Glanz des Parasiten interessiert uns weniger als das Parasitäre seines Glanzes.")[65] versteht Frisch Don Juan als "Parasit in der Schöpfung (Don Juan ist immer kinderlos)" und deshalb als unmögliche, als absurde Existenz, "selbst wenn es weit und breit keine nennenswerte Gesellschaft gibt."[66] Bei Brecht lesen wir dagegen: "In einer Gesellschaftsordnung wie dieser gibt es

59 Raymond Trousson: Montherlant und die Don-Juan-Legende. In: Wittmann, a.a.O. S. 219f.
60 Raymond Gay-Crosier: Camus und der Donjuanismus. In: Wittmann, a.a.O. S. 296.
61 a.a.O. S. 302.
62 a.a.O. S. 299.
63 Wittmann, a.a.O. S. 368.
64 GW III, 171.
65 a.a.O. S. 136.
66 GW III, 171.

keine Instanz, die dem Parasiten Einhalt gebieten könnte, als — allenfalls — der Himmel, das heißt die Theatermaschinerie. Wenn der Bühnenboden sich nicht öffnen würde, das glänzende Scheusal zu verschlingen, ginge es ungehindert und unhinderbar weiter über die Erde."[67]

Frisch zeigt, daß auch die Theatermaschinerie nicht genügt. Dem "glänzenden Scheusal" ist nur beizukommen, indem man es ad absurdum führt durch den faustischen Höhenflug und den ikareischen Sturz in die Vergängnis. Für Frisch ist der Parasit Don Juan kein Schädling, sondern "ein Gefährdeter." "Als Parasit [. . .] bleibt ihm früher oder später keine andere Wahl: Tod oder Kapitulation, Tragödie oder Komödie."[68]

Frischs Don Juan wählt die Kapitulation und damit die Komödie.

67 Wittmann a.a.O. S. 137.
68 GW III, 171.

JIŘÍ STROMŠÍK

Biedermann und die Brandstifter.
Schwierigkeiten beim Schreiben eines Lehrstücks

Biedermann und die Brandstifter ist ein Lehrstück ohne Lehre darüber, wie einer an seinem eigenen Untergang mittätig werden kann. Die formal wie inhaltlich paradoxe Anlage des Stücks rechtfertigt mehrere Standpunkte, von welchen aus es interpretiert werden kann.

(1)

Die nächstliegende Deutungsperspektive ist die historisch-inhaltliche: man kann das Stück als ein satirisch verkehrtes Modell der Zerstörung einer Gesellschaftsordnung durch zu spät erkannte Gefahren verstehen, wobei konkrete historische Sachverhalte, auf die dieses Modell anwendbar ist, entweder aufgrund von belegten bzw. vermuteten Absichten des Autors, oder aber unabhängig von seiner ursprünglichen Intention eingesetzt werden können.

Der ursprüngliche Biedermann-Stoff wird häufig als eine Schlüsselgeschichte zu den Ereignissen in der Tschechoslowakei von 1948 interpretiert. Bei Eduard Stäuble z.B. heißt es:

Benesch hat in blinder Vertrauensseligkeit bereits 1946 Gottwald als Ministerpräsident in die Regierung aufgenommen (hat ihm also damals schon gewissermaßen Zutritt in den Estrich gewährt!) [. . .] Dieser kurze Hinweis auf den zeitgeschichtlichen Hintergrund mag genügen. Er macht hinreichend klar, daß Frisch in dieser Burleske unter anderem das Modell eines kalten Staatsstreiches nach bolschewistischem Muster geschaffen hat. Der Umsturz vollzog sich in der Tschechoslowakei genau nach diesem Muster: eine ahnungslose, vertrauensselige bürgerliche Gesellschaft nimmt die bolschewistischen Brandstifter in ihr Haus auf und muß es sich schließlich machtlos gefallen lassen, daß ihr die Eindringlinge das Staatsgebäude überm Kopf anzünden.[1]

---

1 Eduard Stäuble: Max Frisch. Ein Schweizer Dichter der Gegenwart. Amriswil [2] 1960, S. 75. – Ähnlich bei anderen Autoren, z.B.: Hans Bänziger: Frisch und Dürrenmatt. Bern und München [5] 1967, S. 93. John T. Brewer: Max Frischs *Biedermann und die Brandstifter* als Dokument der Enttäuschung eines Autors. In: Walter Schmitz (Hrsg.): Über Max Frisch II. Frankfurt (= edition suhrkamp 852) [2] 1976, S. 282.

Solche Formulierungen kann man nur in einem sehr eingeschränkten Sinne gelten lassen. Sie sind insoweit berechtigt, als die erste, prosaische Aufzeichnung des Biedermann-Stoffes unter dem Titel *Burleske* im *Tagebuch 1946—1949* unmittelbar auf die Notiz über den Umsturz in der Tschechoslowakei folgt und unumstritten einer tiefen Betroffenheit des Autors Ausdruck gibt. Die schon in der *Burleske* enthaltene "Lehre" ist allerdings komplizierter, als daß sie durch einen direkt hergestellten Zusammenhang Benesch—Biedermann oder ähnliche Formeln erfaßt werden könnte. Erstens trifft eine solche Parallele auf den tatsächlichen Verlauf der tschechoslowakischen Ereignisse nicht zu: Benesch hat Gottwald nicht in "blinder Vertrauensseligkeit," sondern aufgrund der regulären Wahlen von 1946, in denen die KPTsch mit 38 % der Stimmen siegte, in die Regierung aufgenommen, und es blieb ihm kaum etwas anderes übrig, wollte er nicht die grundlegenden Spielregeln der Demokratie verletzen. Seine Situation von 1948 war also eher tragisch als "burlesk." Zum anderen wird dieser Vergleich nicht einmal der Biedermann-Geschichte selbst gerecht: Frisch, der die Tschechoslowakei nach dem Kriege zweimal besucht hatte (zuletzt im Januar 1948), war über die Kompliziertheit der damaligen Verhältnisse zweifelsohne gut unterrichtet und wollte in der *Burleske* die tschechoslowakischen Ereignisse nicht *darstellen,* sondern daraus ein zu verallgemeinerndes Fazit ziehen. Sein Anliegen — wollen wir den Biedermann-Stoff von dieser Seite her interpretieren — ist übrigens in der erwähnten *Tagebuch*-Aufzeichnung klar ausgesprochen:

> Umsturz in der Tschechoslowakei [. . .] Dazu die Schadenfreude meiner Bekannten, denen ich die Tschechoslowakei stets als Beispiel einer sozialistischen Demokratie vorgestellt habe; dazu der allgemeine Dünkel: Das wäre bei uns halt nicht möglich. (TB 555)[2]

Die im Biedermann-Stoff enthaltene Problematik betraf also von Anfang an nicht nur das, was "drüben" geschehen war: an den Verwandlungen des Stoffes in der späteren Hörspiel- und Bühnenfassung ist zu erkennen, daß der Autor gerade der "Schadenfreude" der Konservativen daheim und ihrer Tendenz, diese Problematik nach "drüben" zu verlegen, immer deutlicher entgegentreten wollte.

In der Hörspielfassung siedelt er das Geschehen im sowohl schweizerisch als auch allgemeinbürgerlich zu verstehenden Seldwyla an und betont ausdrücklich, daß mit der Hauptfigur "Herr Biedermann in uns selbst"

---

2 Zitate aus Frischs Werken paginiert auch im folgenden Text nach der Ausgabe M. F.: *Gesammelte Werke* in zeitlicher Folge, hrsg. v. Hans Mayer u. Mw. v. Walter Schmitz. Frankfurt (= werkausgabe edition suhrkamp) 1976; *Tagebuch 1946—1949:* II, 2; Hörspiel- und Bühnenfassung des *Biedermann* (samt *Nachspiel* und Anhang): IV, 2; *Mein Name sei Gantenbein:* V, 1.

(299)[3] gemeint sei. In der Bühnenfassung sind direkte Analogien mit einem linken Umsturz noch weiter in den Hintergrund gedrängt (doch nicht ausgeschlossen) und durch unmißverständliche Anspielungen auf den Nationalsozialismus ersetzt; es geht hier nicht nur um Einzelheiten (Eisenring pfeift und singt beim Hantieren mit der Zündschnur Lili Marlen, 361, 366), sondern um eine Neugestaltung der gesamten Handlung, die Karasek als eine Parabel charakterisiert, "in der die Machtergreifung Hitlers treffend eingegangen ist. Die Erfahrung, daß Hitler aus seinen wahren Absichten in 'Mein Kampf' nie einen Hehl gemacht hat, ist hier szenisch faßbar geworden."[4] Diese historische Konkretisierung wurde dann in dem "besonders für deutsche Aufführungen"[5] bestimmten *Nachspiel* noch weiter getrieben: hier wird die parabel- oder modellhafte Anlage der Geschichte zugunsten einer direkten Satire auf das Deutschland des Wirtschaftswunders und der unterbliebenen oder verschleppten "Vergangenheitsbewältigung" aufgegeben. Es handelt sich unumstritten um eine köstliche Satire, wohl eine der trefflichsten, die zu diesem Thema geschrieben wurden, allein *dieses* Thema ist mit dem des Stücks nicht ganz identisch — was der Autor später selbst eingesehen hat (schon in der Ausgabe der *Stücke* von 1962 ließ er das *Nachspiel* nur im Anhang abdrucken).

Die vom Autor direkt oder indirekt legitimierten historischen Konkretisierungen ließen sich freilich auch durch andere, offensichtlich nicht intendierte, ergänzen: Friedrich Luft[6] hat auf die Möglichkeit hingewiesen, das Stück auf das ahnungslose Verhältnis der heutigen Welt zu den Atomwaffen zu beziehen, denen wir "Eintritt in den Estrich" gewähren, ohne recht zu wissen, was daraus werden kann. Heutzutage drängt sich eine Analogie auf, gegen die sich allerdings der Autor höchstwahrscheinlich verwahren würde: die Terroristen der siebziger Jahre als Brandstifter im Hause der defensiven, ihrer selbst nicht mehr sicheren Demokratie.

(2)

Die potentielle Vielheit von mehr oder weniger plausiblen historischen Entsprechungen — von der Weimarer Republik über die Tschechoslowakei von 1948 bis zu der Terrorwelle der siebziger Jahre — liefert selbst einen indirekten Beweis dafür, daß die eigentliche Aussage des Stücks nicht, oder zumindest nicht primär, in seiner Rückführbarkeit auf historische Ereignisse

---

3 Nach Bänziger: Frisch und Dürrenmatt (l.c., S. 96) handle es sich hier um eine Anspielung auf Max Picards Buch *Hitler in uns selbst*. Zürich 1946.
4 Hellmuth Karasek: Frisch. Hannover (= Friedrichs Dramatiker des Welttheaters 17) 1966, S. 73.
5 Max Frisch: Stücke II. Frankfurt 1962, S. 322.
6 Zitiert (ohne Quellenangabe) bei Karasek, l.c., S. 75.

begründet ist. Das Stück stellt nicht nur einen "(un)aufhaltsamen Aufstieg" faktischer oder möglicher Feinde der Demokratie und Humanität dar, sondern vielmehr eine Analyse dieser Begriffe selbst. Sein zentrales Thema (jenes, von dem sich dann das *Nachspiel* entfernt hat) ist kein historischer Einzelfall, sondern das generalisierbare Problem der bürgerlich-demokratischen Ordnung und ihrer Anfälligkeit gegen jeden Terror bzw. jede Diktatur. Es wird jedoch nicht das gesamte System analysiert, sondern sein menschlicher Träger und zugleich sein Produkt, der Bürger. Genauer gesagt: es wird die menschliche Substanz des Bürgers gewogen – und zu leicht befunden. Der Sinn des Ganzen ergibt sich hauptsächlich aus der Gestaltungsweise von Handlung und Figuren, die Form spielt hier eine überaus aktive sinngebende Rolle; auch in dieser Hinsicht kann die Entwicklungsgeschichte des Biedermann-Stoffes aufschlußreich sein:

In der *Burleske* beruht die Motivierung der Katastrophe vornehmlich auf der psychologischen Charakteristik. Der "Held" – hier noch als ein namenloses "Du" angesprochen – will vor allem "Ruhe und Frieden" (556ff.) haben, weicht den Eindringlingen, da er seinen – fadenscheinigen – Anstand, sein zivilisiertes Dekorum nicht verlieren will, "schämt sich" seines Verdachts. Seine Verstrickung in die Schuld wäre hier noch auf Mangel an Charakter, Unlust zu handeln, Unschlüssigkeit zurückzuführen. Die Hintergründigkeit dieser Charakteristik ist zwar stets spürbar, doch wird der wahre Hintergrund nicht benannt, geschweige denn erörtert. Das Böse als Ursache der Katastrophe liegt bei den Brandstiftern, genauer: sie sind *direkt* böse, Biedermann nur *indirekt* – insofern, als er sich dem Bösen ohne Widerstand ausliefert. In der prosaischen Urfassung bleibt also die allgemeinmenschliche Ebene der Parabel aufrechterhalten, in der das Sozialtypische zwar stets und unmißverständlich durchschimmert, ohne jedoch thematisiert zu werden.

Der größere Abstand vom historischen Anlaß (den Ereignissen in der Tschechoslowakei) wirkt sich in der Hörspielfassung so aus, daß sich die Aufmerksamkeit des Autors auf die Reaktionen der Hauptfigur konzentriert, deren sozialtypische Züge schärfer herausgearbeitet und direkt als Voraussetzungen der katastrophalen Wendung bezeichnet werden. Biedermanns Beweggründe im Verhalten gegenüber den Eindringlingen werden ins klare Licht gestellt: es kann keine Rede mehr davon sein, daß er Schmitz aus irgendwelchen humanen Regungen Einlaß gewährt hätte, der einzige Grund lag darin, daß der Brandstifter "sehr groß und sehr kräftig" (280) war, Biedermann dagegen zu feige, ihm Widerstand zu leisten. Durch die Einfügung des Knechtling-Motivs wird dann entlarvt, daß Biedermann kein unschuldiges Opfer ist, sondern selbst dem Bösen angehört: die von ihm stets beschwatzte Menschlichkeit ist nichts als Fassade, hinter der sich lediglich das Fehlen solcher wie jeglicher anderen Qualität verbergen soll. Schon im Hörspiel wird gerade die innere Leere der Hauptfigur, ihr formel- oder marionettenhafter Charakter ausdrücklich hervorgehoben (der "Verfasser"

278

bemerkt im Exposé, Biedermann erinnere ihn schon äußerlich "an die Puppen in den Schaufenstern," 277); im Stück wird dann diese Charakterisierungsweise zur beherrschenden Methode ausgebaut, und es ließe sich sagen, daß gerade Biedermanns Rede- und Verhaltensweisen die entscheidende sinnvermittelnde Rolle im ganzen Stück zukommt. Faßt man die Stilisierung der Bühnenrede genauer ins Auge, so stellt man fest, daß das Einnisten der Brandstifter in Biedermanns Haus szenisch und sprachlich als Ritual des bürgerlichen "Besuchs" erfolgt: weder Biedermann noch seine Frau sind imstande, Schmitz oder Eisenring gegenüber ein offenes, der Situation angemessenes Wort zu sagen, sobald die Eindringlinge den "gesellschaftlichen" Ton anschlagen, das Rollenspiel von Gast und Gastgeber einleiten. Die eingefleischte Automatik des gutbürgerlichen "Benimms" scheint bei Biedermann stärker zu sein als der natürliche Selbsterhaltungstrieb (er spürt die Gefahr sehr wohl, ist also nicht so "blind", wie die meisten Interpretationen behaupten); genauer gesagt: sie ist stark genug, um ihn zu inadäquaten Reaktionen zu verleiten (eine natürliche Angst-Reaktion wäre jedenfalls ein Hilferuf). Er geht auf das Spiel um so leichter ein, weil er schon darauf vorprogrammiert ist, Formelhaftigkeit zwischen sich und die Realität schützend zu stellen. Diese "Schutzvorrichtungen" schützen den Bürger allerdings nur in einer Gesellschaft von seinesgleichen, wo sie für bar genommen werden. Außerhalb seiner eigenen Welt, dort, wo nicht die äußere Rangordnung, der "Stellenwert" des Menschen, sondern der Mensch selbst in die Waagschale geworfen werden soll, führen sie ihn ins Verderben. Diese Paradoxie der bürgerlichen Verhaltensweisen bzw. Automatismen dient nicht nur als Quelle von komischen Effekten, sondern zugleich als Mittel zur Enthüllung von Biedermanns Scheinexistenz, die einen wesentlichen Bestandteil des zentralen Themas des Stücks darstellt. Es ist z.B. kaum ein Zufall, wenn Eisenring — in der *Burleske* noch "viel frecher" (557) als Schmitz — in der Bühnenfassung als ehemaliger Kellner auftritt, das heißt als einer, der über die Umgangsformen der "Herrschaften" genau Bescheid weiß und sie virtuos gegen den Bürger auszuspielen vermag: gerade er steuert die Eroberung des Hauses quasi als ein "Gesellschaftsspiel," bis zu dem grotesken Rollenwechsel in der Szene des "letzten Abendmahls," wo die Gangster wirklich "standesgemäß" zu tafeln wünschen, mit Kandelaber, Damast und Silber.

In der Betonung der bürgerlichen Verhaltensweisen, die die menschliche Substanz der Hauptfigur verdrängen und Biedermann förmlich als leibgewordene Phrase charakterisieren, ist bereits ein Teil von Frischs Antwort auf die Frage nach den Ursachen der Labilität der bürgerlichen Ordnung enthalten. In der Bühnenfassung greift diese Antwort jedoch erheblich weiter, nämlich über das bloß Psychologische oder Charakterologische hinaus (ohne diese Aspekte abzuschwächen): Frisch deckt hier ein Paradoxon der Beziehung Bürger — System auf, jenes nämlich, daß sich diese Beziehung selbst als wesentlicher Faktor menschlicher Verkümmerung, ja Auslöschung der Individualität erweisen kann. Die Erfahrung, um deren Formulierung es ihm hier ging, ließe sich etwa folgendermaßen umschreiben:

Die Struktur der bürgerlichen, wie übrigens jeder modernen durchorganisierten Gesellschaft strebt allseitige Absicherung, Entlastung, Schutz des einzelnen an. Es werden immer mehr Institutionen geschaffen, die die Aktivität des einzelnen stellvertretend übernehmen. Polizei, Gericht, Versicherung, öffentliche Fürsorge (und die Feuerwehr) "entlasten" den Bürger allerdings in einem doppelten Sinne: in dem Maße, wie sie von ihm seine "Last" nehmen, berauben sie ihn seines menschlichen, individuellen "Gewichts," oder aber sie machen es ihm möglich, darauf zu verzichten, indem sie seine individuelle Aktivität, sein Verantwortungsgefühl usw. übernehmen. Der degenerierte Bürger kann dann in der Existenz von Sicherheits- und Schutzeinrichtungen ein Alibi für seine eigene Verantwortungslosigkeit und Handlungsunfähigkeit sehen: Altersheime und Versicherungen (und die Feuerwehr) fungieren dann nicht nur als *Ausdruck* kollektiver Humanität, sondern auch als *Ersatz* individueller Menschenliebe und Hilfsbereitschaft; Gerichte und Polizei sind nicht nur als Verwirklichung der Gerechtigkeit da, sondern auch *damit* der Bürger dem Bürger Wolf sein kann, und dies "legal." Je vollkommener dann diese Institutionen funktionieren, desto leichter kann der einzelne zu einem bloß "Abhängigen" werden, zur Attrappe seiner selbst. Die Gefahr dieser inneren Aushöhlung besteht unter anderem darin, daß in dem Vakuum zwangsläufig nur negative Regungen Platz greifen: Angst vor nackter Gewalt, Schuldgefühl und dessen kompensatorische Kehrseite – Agressivität gegen noch Schwächere, an denen man sich doch noch schadlos halten kann. Der so degenerierte Bürger erlebt und agiert nicht unmittelbar, sondern medial: er schiebt zwischen sich und die Umwelt jene öffentlichen Einrichtungen (wie er sprachlich zwischen sich und die Realität das Medium der Phrase schiebt) –, womit er allerdings dem Sieg der rohen Gewalt wörtlich Vorschub leistet, denn wenn ihm der erste beste Gewalttäter wirklich "auf den Leib rückt," sich hinter seine Schutzvorrichtungen einschleicht, ist der Bürger geliefert.

Dies ist im wesentlichen der Fall Biedermann, und es scheint, daß erst in diesen Zusammenhängen die Paradoxie seines Untergangs als zwingende zu begreifen ist. Individualpsychologische oder moralische Begriffe wie "Blindheit und Beschränktheit,"[7] schlechtes Gewissen, Sentimentalität usw., sind an und für sich treffend, lassen jedoch vieles in der Handlungsführung und Charakteristik der Figuren als bloß zufällig erscheinen. Daß Frisch bei der Endfassung gerade auf Verdeutlichung dieser sozial-analytischen Dimension bewußt hingearbeitet hat, läßt sich an mehreren Textänderungen gegenüber der Hörspielfassung erkennen.

7 Manfred Durzak: Dürrenmatt, Frisch, Weiss. Deutsches Drama der Gegenwart zwischen Kritik und Utopie. Stuttgart ²1973, S. 210.

Die wichtigste Änderung dieser Art stellt die Einführung des Chors der Feuerwehrleute dar: darin wird unter anderem Schmitz' Maxime "Die meisten Leute heutzutage glauben nicht an Gott, sondern an die Feuerwehr" (334) szenisch realisiert. Im Hörspiel folgte der Satz "Die meisten Leute glauben heutzutage an die Feuerwehr" (284) auf die mehrmals – abwechselnd von Schmitz und Biedermann – gestellte Frage "Glauben Sie an Gott? " (279, 283) und bedeutete vor allem eine Relativierung des herkömmlichen Gottes- bzw. Schicksalsglaubens (abgesehen davon, daß er als Vorausdeutung auf die Katastrophe fungierte). Im Stück knüpft die von Schmitz als "Wahrheit" (344) gemeinte Maxime an seine nur im Rahmen des Gast-Gastgeber-Spiels taktisch verwendete Schmeichelei "Herr Biedermann: Sie glauben noch an das Gute in den Menschen und in sich selbst" (344) an und wird so in unmittelbaren Zusammenhang mit dem Thema der unheilbringenden Institutionsgläubigkeit und menschlichen Verkümmerung des Bürgers gestellt. In diese Richtung wird das ganze Geschehen durch weitere, scheinbar unerhebliche Textänderungen gerückt: erst im Stück erscheint in Biedermanns Ablehnung von Knechtlings Bitten der Satz "Und dabei gibt's heutzutage Versicherungen wie noch nie in der Geschichte der Menschheit . . ." (336); Biedermann verweist wiederholt (wie allerdings schon im Hörspiel) auf den Rechtsanwalt und das Gericht (336, 370), statt seinen Gerechtigkeitssinn zu aktivieren. Sein Versagen beim Erkennen der Gefahr, das man im Hörspiel vielleicht noch auf Blindheit oder Selbsttäuschung aus Feigheit – also auf eine individuelle Unzulänglichkeit – hätte zurückführen können, wird im Stück gewissermaßen unter die Gesetzmäßigkeit seiner Depersonalisierung gestellt. Wie im Handeln und Fühlen, so stellt er auch im Denken zwischen sich und die Realität ein Medium – diesmal wörtlich ein "Medium": die vorfabrizierten oder gebrauchsfertigen Meinungen der Presse. Im Kommentar des Chors heißt es dann:

> Der, um zu wissen, was ihm droht,
> Zeitungen liest
> Täglich zum Frühstück entrüstet
> Über ein fernes Ereignis,
> Täglich beliefert mit Deutung,
> Die ihm das eigene Sinnen erspart,
> Täglich erfahrend, was gestern geschah,
> Schwerlich durchschaut er, was eben geschieht
> Unter dem eigenen Dach [. . .] (355f.)

Damit wird ein weiterer Widerspruch von Biedermanns Untergang als etwas Gesetzmäßiges gelöst: er wird zum Mittäter am eigenen Untergang, ohne je echter Mitwisser gewesen zu sein, da er sich stets nur mit einem Ersatzwissen begnügte. Biedermanns Schuld wird im Stück auch deutlicher in sozialen Zusammenhängen gesehen: er selbst eifert (natürlich erst in äußerster Bedrängnis) gegen "Klassenunterschiede" (364, 371), und Eisenring interpretiert diesen Aspekt im Rahmen seiner praktisch-kriminellen

Ethik: "Jeder Bürger ist strafbar, genaugenommen, von einem gewissen Einkommen an." (348) Solche expliziten Urteile sind selbstverständlich sowohl ernst denn auch als Parodie alles Sentenziösen und Lehrhaften im Stück zu nehmen. Biedermanns nur mittelbares Verhältnis zur Realität wird von Anfang an durch häufige Anwendung von Zitaten aus der klassischen Literatur unterstrichen, die hier — wie es bei Frisch üblich ist — als eine Art Ersatzbewußtsein denunziert werden. Schon in der *Burleske* tauchen Goethe-Zitate auf: "ruhest auch du" (559), "edel, hilfreich und gut" (557, im Hörspiel 311). Im Hörspiel führt sich Schmitz mit der Gretchenfrage, ob Biedermann an Gott glaube (279), ein; in beiden ersten Fassungen wird Max Mells *Apostelspiel* und dessen klassisch-tröstende Illusion von der Besserung der Verbrecher durch Begegnung mit Reinheit und Unschuld (558, 300) ironisiert usw. Diese parodistischen Kleinigkeiten sind in der Bühnenfassung fallengelassen worden — zugunsten zweier mit dem zentralen Thema enger verwandter Zitate: sowohl der Biedermann-Jedermann-Ulk (6. Szene) als auch die Parodie des antiken Chors bestärken die Absicht des Autors, das dem Stück zugrundegelegte spezifische Verhältnis Individuum—Gesellschaft von dem klassischen abzuheben. Die klassische Hypothese, daß die objektiv geltenden und dem ganzen Universum obwaltenden Gesetze von Gut und Böse, bzw. das kollektive Wissen darum, sich im Schicksal des einzelnen positiv auswirkten oder für dessen Sinn bestimmend seien, wird in Biedermanns sinnentleertem Handeln und Denken zurückgenommen.

Der Vergleich aller drei Fassungen zeigt, daß Frisch im Laufe der Arbeit am Stoff von der vorwiegend allgemeinmenschlichen und psychologischen Betrachtungsweise der prosaischen Parabel zu einer deutlicheren politisch-sozialen Repräsentanz des Sujets und schärferen analytischen Form vordringt, die ihm eine umfassende, wiewohl von einem Teilaspekt unternommene, Kritik des Bürgertums ermöglicht. Kennzeichnend ist allerdings, daß diese stufenweise Umwandlung künstlerisch dort kulminiert, wo der Autor die psychologischen und sozialtypischen Charakteristika am sichersten in der Waage zu halten vermag, das heißt in der Bühnenfassung, während im *Nachspiel,* wo die Geschichte in eine gezielte historisch-politische Allegorie umgeschmolzen wird und die Figuren nur mehr als Schlüsselfiguren oder Bezugssymbole erscheinen, das eigentliche Stück aufhört und zu einer Art "politischem Kabarett"[8] wird.

(3)

Nimmt man die Sinnwidrigkeit von Biedermanns Handeln wörtlich, d.h. sieht man darin eine direkte Projektion der Weltsicht des Autors und rechnet

8 Hellmuth Karasek: Frisch, l.c. S. 76.

man den Umstand hinzu, daß das Stück in der Blütezeit des europäischen "Theaters des Absurden" entstanden ist, so gerät man leicht in Versuchung, das Stück mit diesem Dramentyp zu vergleichen oder es an dessen Begriffen und Schlagworten zu messen. Es ist bekannt, daß Frischs Verhältnis zum Theater des Absurden sehr distanziert war. Er hob zwar Beckett wiederholt als "einen großen Dichter"[9] hervor, aber schon über Ionesco äußerte er sich klar ablehnend: "Wenn ich Diktator wäre, würde ich nur Ionesco spielen lassen."[10] Es ist heute auch kaum zu bezweifeln, daß z.B. Esslins Versuch, *Biedermann* diesem Dramentyp zuzuordnen und ihm ein "entschlossenes Streben nach der Absurdität"[11] zu bescheinigen, ein Fehlgriff gewesen ist. Trotzdem kann eine Auseinandersetzung mit diesem Problem sowohl für die Bestimmung des *Biedermann* als auch für Frischs ästhetische Position im allgemeinen — vor allem für deren Grenzziehung — aufschlußreich sein. Schon Durzak[12] hat darauf hingewiesen, daß Frischs nachdrückliche und wiederholte Distanzierung von Ionesco möglicherweise als eine Art Verdrängung von Gefahren im Bereich der eigenen Ästhetik zu verstehen wäre. Im Falle des *Biedermann* muß man allerdings nicht unbedingt die allgemeinsten Prinzipien von Frischs Ästhetik in Betracht ziehen, um festzustellen, daß ein Vergleich mit Ionesco nicht ganz nutzlos ist.

In dem Stück finden sich gewisse dramaturgische Elemente, die ein solches Unterfangen durchaus legitimieren. Es ist das vor allem die Handhabung der Sprache, konkret: die auffällige, keineswegs nur der Erzeugung von komischen Effekten dienende Diskrepanz zwischen Wort und Tat bei der Hauptfigur. Wenn Biedermann seine Phrasen von Menschlichkeit und Freundlichkeit drischt und das Gegenteil tut, so handelt es sich hier um etwas anderes als bloß die charakterologisch gezeichnete Heuchelei eines Tartuffe. Der heutige Zuschauer fühlt sich unwillkürlich an Szenen und Figuren aus dem Theater des Absurden erinnert: an Becketts *Godot* zum Beispiel, wo die beiden Hauptfiguren sich im Dialog zum Aufbruch rüsten, in Wirklichkeit sich aber nicht vom Fleck rühren (Schlußszenen der beiden Akte), oder an Ionescos *La Cantatrice chauve* (1950), wo Mme Smith den Feuerwehrmann bittet ". . . enlevez votre casque et asseyez-vous," dieser ihr antwortet "Je veux bien elever mon casque, mais je n'ai pas le temps de m'asseoir," und der Autor die Regieanweisung hinzufügt "Il s'assoit, sans

9 In: Horst Bienek: Werkstattgespräche mit Schriftstellern. München (= dtv 291) 1965, S. 34. – Vgl. auch: M. F.: *Endlich darf man es wieder sagen. Eine Antwort auf Emil Staiger.* (1966). In: M. F.: *Öffentlichkeit als Partner.* Frankfurt (= edition suhrkamp 209), 1967, S. 141.
10 Horst Bienek: l.c., S. 34. Vgl. auch: M. F.: *Der Autor und das Theater* 1964, in: M. F.: *Öffentlichkeit als Partner*, l.c. S. 71f.
11 Martin Esslin: Das Theater des Absurden. Hamburg (= Rowohlts deutsche Enzyklopädie 234/36) 1965, S. 211.
12 Manfred Durzak: l.c., S. 151.

enlever son casque."[13] Es bleibt hier allerdings nicht nur bei einzelnen Gags: Ionesco erhebt die Loslösung des Bühnengeschehens von den Dialogen zur dramaturgischen Methode. In *La Leçon* (1951) läuft eine harmlose, freilich grotesk verzerrte Wortkonstruktion einer Unterrichtsstunde an dem vorgeführten Geschehen konsequent vorbei: dieses wird durch zunehmende pathologische Agression des Lehrers vorangetrieben und gipfelt in der Ermordung der Schülerin. Die Dialoge des ersten Stücks, der *Kahlen Sängerin*, bestehen aus unsinnig zusammengefügten Konversationsfloskeln und Handlungen des bürgerlichen Besuchsrituals, die nicht nur jeglicher kausalen Bindung untereinander, sondern auch jeglicher Beziehung zur Realität bar sind. Die Figuren sind nichts als sprechende Automaten, völlig leer – bis auf eines: auch hier – wie in *La Leçon* – entsteht und steigert sich unter dem sinnentleerten Geschwätz die Aggressivität als einzige "menschliche" Regung. In seinem eigenen Kommentar zur *Kahlen Sängerin*, den er kennzeichnenderweise *La tragédie du langage* (1958) betitelt hat, behauptet Ionesco, die Idee zu diesem Stück habe er von seinem Englisch-Konversationsbuch erhalten: "Toute une partie de la pièce est faite de la mise bout à bout des phrases extraites de mon manuel d'anglais."[14] Was ihn daran interessiert habe, sei vor allem die Tatsache gewesen, daß man Worte nachsprechen könne ("sans tenir compte du 'contenu' de ces mots"),[15] die keinerlei Verhältnis zur Wirklichkeit hätten, und daß man dadurch gleichsam eine autonome, bizarre (absurde) Realität erzeuge. Er sieht dann auch in seinem Erstlingsstück "une oeuvre théâtrale spécifiquement didactique."[16] Die Spezifik dieser Didaxe liegt etwa in folgendem: es geht ihm nicht um einen Lehr*zweck,* sondern um den Lehr*akt* selbst, nicht um Belehrung des Publikums, sondern um Darstellung einer *didaktischen Situation* als Modell, an dem gezeigt werden kann, wie ein Individuum von außen her gebildet, oder aber mißbildet, kurz: manipuliert wird.[17] In den Stücken selbst vermeidet er jede Erörterung oder Bewertung dieser Situation, löst sie vielmehr aus sozialen, historischen, ja überhaupt anthropologischen Zusammenhängen heraus und nimmt die Manipulierbarkeit des Menschen einfach als ästhetische Hypothese hin. In nachträglichen Kommentaren zeigt er sich aber durchaus geneigt, seine Stücke, wenn nicht in konkret-historischen, so

---

13 Eugène Ionesco: *Théâtre I.* Paris 1954, S. 40.
14 Eugène Ionesco: *Notes et contre-notes.* Paris 1966, S. 250.
15 Ibid., S. 249.
16 Ibid., S. 250.
17 Ionesco zeigt allerdings nicht viel mehr als das Ergebnis dieser Depersonalisierung. Den Mechanismus dieses Prozesses legt mit vergleichbaren Mitteln Peter Handke frei, am prägnantesten wohl in *Kaspar* (1967), wo die verkehrte "Menschwerdung" der stummen Figur durch Nachsprechen von Phrasen erfolgt, die – gleichsam wie im modernen Fremdsprachenunterricht – Kaspar von den "Einsagern" beigebracht werden.

doch zumindest in allgemein-sozialen Zusammenhängen verstanden zu
wissen:

Il s'agit, surtout, d'une sorte de petite bourgeoisie universelle, le petit
bourgeois étant l'homme des idées reçues, des slogans, le conformiste de
partout: ce conformisme, bien sûr, *c'est son langage automatique* qui le
révèle. Le texte de *La Cantatrice chauve* ou du manuel pour apprendre
l'anglais [...] me révélait [...] les automatismes du langage, du
comportement des gens, le "parler pour ne rien dire," le parler parce qu'il
n'y a rien à dire de personnel, l'absence de vie intérieure, la mécanique
du quotidien, l'homme baignant dans son milieu social, ne s'en
distinguant plus. Les Smith, les Martin ne savent plus parler, parce qu'ils
ne savent plus penser, ils ne savent plus penser parce qu'ils ne savent plus
s'émouvoir, n'ont plus de passions, ils ne savent plus être, ils peuvent
"devenir" n'importe qui, n'importe quoi, car, n'étant pas, ils ne sont que
les autres, le monde de l'impersonnel, ils sont interchangeables ...[18]

Liest man diesen Selbstkommentar, kann man sich kaum des Eindrucks
erwehren, daß er ohne erhebliche Einschränkungen auch für die Hauptfigur
von Frischs Stück gelten könnte; nimmt man jedoch die gesamte im Stück
dargestellte Realität in Betracht, stellt man grundsätzliche Unterschiede
zwischen Frischs "Lehrstück ohne Lehre" und Ionescos frühen dramatischen
"Unterrichtsstunden ohne Unterricht" fest. Daß die Zerstörung der Sprache
und deren Verwandlung in Nonsens bei Frisch nicht so weit vorangetrieben
wird wie bei den "Absurden," könnte noch für einen graduellen Unterschied
gehalten werden: Biedermanns Phrasen ergeben in ihrer Gesamtheit zwar
eine gewisse "Gesinnung," doch eine solche, die selbst ein Klischee, also der
Wirklichkeit gegenüber genauso steril ist, wie der Nonsens bei Ionesco.
Entscheidend ist etwas anderes: Während bei Ionesco die als etwas "was der
Fall ist" hingenommene Depersonalisierung und Sinnentleerung total, auf
den gesamten Raum des Stücks ausgedehnt ist, stehen der scheinbaren (und
in einem gewissen Sinne vielleicht doch absurden) Existenz Biedermanns die
Brandstifter gegenüber, die auch ohne mögliche historische Entsprechungen
durchaus *real* und *handlungsfähig* sind. (Im Unterschied zum Professor in *La
Leçon* zum Beispiel, der kein echtes Agens ist: er begeht den Mord eigentlich
nicht selbst, sondern er führt ihn aus — als Werkzeug einer Macht oder eines
Gesetzes, das nicht nur ihm, sondern sozusagen dem Stück selbst unbekannt
bleibt.) Die Brandstifter bedienen sich der entarteten Sprache und der
ritualisierten Verhaltensweisen des Bürgers bewußt als Tarnung, sie nehmen
ihn sozusagen "bei der Phrase," um ihn mit seinen eigenen Waffen zu
besiegen. Unter sich, aber in zunehmendem Maße auch mit Biedermann,
reden sie eine klare Sprache. Sie verfügen über alle Dimensionen der Realität,
während der klassische "one dimensional man" Biedermann — da er aus
seiner Perspektive alles für zweckgebundene Phrase hält — nicht imstande ist,

18 Eugène Ionesco: *Notes et contre-notes.* l.c., S. 253.

die Realität in vollem Umfang zu erfassen (so ist auch Eisenrings frecher Witz, die Wahrheit sei die "beste und sicherste Tarnung" [363] zu verstehen). Kennzeichnend ist dabei, daß der Autor die Brandstifter absichtlich nicht als "Gesinnungstäter" auftreten läßt: "Die machen es aus purer Lust!" (388), wie der "Dr.phil." in später Einsicht feststellt; ihre elementare Gewalttätigkeit soll "das Böse" schlechthin darstellen. Den Pol der "echten" Gesinnung, das heißt der positiven Erkenntnis und ethischen Wertung, verkörpert der Chor.

Die Bedeutungsstruktur des Stücks umfaßt sodann drei Hauptkomponenten: Erstens die Aktivität des elementaren Bösen, repräsentiert von den Brandstiftern. Zweitens die nicht nur hypostasierte, sondern in ihrer soziologischen Bedingtheit erkannte Manipulierbarkeit und menschliche Substanzlosigkeit des Bürgers, die ihn zwangsläufig ins Gravitationsfeld des Bösen geraten läßt. Drittens das objektive und ethisch orientierte Bewußtsein, repräsentiert von dem Chor (und teilweise vom "Dr. phil."), der einerseits "real" ist wie die Brandstifter, anderseits handlungsunfähig wie Biedermann, so daß er am Ende lediglich den "nimmerzulöschenden Blödsinn" als "Schicksal" konstatieren muß.

Die im *Biedermann* dargestellte Welt ist also keine absurde Welt ohne Sinn und Moral: im Spannungsfeld zwischen dem Chor und den Brandstiftern gewinnt Biedermanns Untergang doch eine gewisse Gesetzmäßigkeit, die allerdings — der Absicht des Autors gemäß — nichts Schicksalhaftes im herkömmlichen Sinne aufweisen soll. Man könnte hier eher von einer *paradoxen* Welt sprechen — wobei das Wort "paradox" nicht nur im allgemein-philosophischen, sondern weitgehend auch in jenem spezifisch dramentechnischen Sinne zu verstehen ist, den es bei Dürrenmatt besitzt.[19] Der Kern von Dürrenmatts Dramaturgie liegt in einer Umwertung der Schillerschen weltanschaulichen und ästhetischen Kategorien für die Situation der modernen, "unüberschaubar" gewordenen Welt (eine Erfahrung, die Frisch mit Dürrenmatt teilt: "Was ist eine Welt? Ein zusammenfassendes Bewußtsein. Wer aber hat es? " usw., TB 450). In dieser Welt läßt sich kaum mehr das traditionell als Schicksal bezeichnete Gleichgewicht von Gut und Böse — geschweige denn ein automatisches Wirken des Guten — als Axiom voraussetzen (womit jedem didaktisch-moralisierenden Anliegen der Boden entzogen wird):

> Das Schicksal hat die Bühne verlassen, auf der gespielt wird, um hinter den Kulissen zu lauern, außerhalb der gültigen Dramaturgie, im Vordergrund wird alles zum Unfall, die Krankheiten, die Krisen.[20]

---

19 Zusammengefaßt u.a. in *21 Punkte zu den Physikern.* In: F. D.: *Theater-Schriften und Reden.* Zürich 1966, S. 194. — Der generellen Zurücknahme der klassischen Tragödie entspricht in Dürrenmatts spezifischer Auffassung der Komödie eine Umkehrung der Begriffe Schicksal und Kausalität in Zufall und Paradox.

20 *Einleitung zur "Panne".* In: F. D.: *Theater-Schriften und Reden.* l.c., S. 79f.

Will man Dürrenmatts Gedankengang folgen, so kann der heutige Dramaturg, der die Welt als objektive, in sich geschlossene Handlung darzustellen hat, diese Objektivität nur auf einen *negativen* Nachweis der Welt anlegen: der Begriff der Universalität, das heißt der sinnvollen Bindung der Weltteile untereinander, gründet sich nicht mehr auf der Hypothese des allumfassenden Sinnes oder einer positiv wirkenden Gesetzmäßigkeit, sondern lediglich auf der allumfassenden Gefahr der absoluten Katastrophe (es erübrigt sich zu betonen, daß es sich hier um eine "Dramaturgie nach der Bombe" handelt):

> Die Kunst dringt nur noch bis zu den Opfern vor, dringt sie überhaupt zu den Menschen, die Mächtigen erreicht sie nicht mehr [. . .] Sichtbar, Gestalt wird die heutige Welt nur etwa da, wo sie explodiert, in der Atombombe [. . .][21]

Aus dieser Erfahrung, die für ihn den wohl stärksten und nachhaltigsten Schaffensimpuls darstellte, entwickelte Dürrenmatt seine Dramaturgie der "schlimmst-möglichen Wendung,"[22] die im Grunde genommen darin besteht, daß der Dramatiker im Stoff nicht positive, sinnvermittelnde Leitbilder, sondern im Gegenteil jene Wege aufzudecken hat, die zur Katastrophe führen oder führen könnten (was wiederum auch als Moralismus zu deuten wäre, nämlich als ein verhinderter: der Dramaturg etwa als Detektor). Frisch blieb von dieser überwältigenden Erfahrung der Nachkriegsjahre auch nicht unberührt: er begreift sie jedoch vor allem als philosophisch-ethisches Problem *(Die Chinesische Mauer)*, ohne daraus so weitreichende dramaturgische Konsequenzen zu ziehen wie Dürrenmatt. Es ist trotzdem nicht zu übersehen, daß gerade der *Biedermann* eine beträchtliche Annäherung an Dürrenmatts Technik der schlimmst-möglichen Wendung darstellt: die durch keine Ideologie ("Dr. phil.") zu bannende Gewalttätigkeit der Brandstifter als Motor der Handlung, die "verhinderte Lehre," die sich aus der Spannung zwischen dem Chor und den Brandstiftern ergibt, sowie andere Strukturmerkmale laufen letzten Endes auf dasselbe hinaus, was Dürrenmatt im Sinne hat: die Mechanik der Katastrophe als zwingende Bühnenhandlung zu gestalten, wobei stets die Frage offenbleiben muß, inwieweit bzw. ob überhaupt die eventuelle Abwendbarkeit der Katastrophe unter die Zuständigkeit des Dramatikers gehöre. Diese letztere Fragestellung rückt den *Biedermann* allerdings nicht nur in den Umkreis der Dramaturgie Dürrenmatts, sondern auch in den Bereich von Frischs permanenter Auseinandersetzung mit Brecht.

---

21 *Theaterprobleme.* In: F. D.: *Theater-Schriften und Reden.* l.c., S. 120. – Vgl. dazu – freilich ohne technische Konsequenzen – z.B. bei Albert Camus: *Discours de Suède.* Paris 1958, S. 14: "Par définition, il [l'écrivain] ne peut se mettre aujourd'hui au service de ceux qui font l'histoire: il est au service de ceux qui la subissent."
22 *21 Punkte zu den Physikern.* l.c., S. 193.

(4)

Es besteht kein Zweifel darüber, daß Brecht – seine Werke wie seine
Weltanschauung und Persönlichkeit – in Frischs Entwicklung eine bedeutende Rolle spielte (oder spielt): nicht als Vorbild im gängigen Sinne, sondern
vielmehr als permanente Anregung zur Überprüfung und Neuformulierung
der eigenen Position und als Gegenstand einer kritischen Auseinandersetzung, deren einzelne Schlußfolgerungen vielleicht häufiger gegen Brecht
als für ihn ausfallen. Das Biedermann-Stück ist in dieser Hinsicht besonders
aufschlußreich. Dies liegt zum Teil schon in der Entstehungsgeschichte des
Stücks begründet: Frisch selbst betont, daß sowohl das Hörspiel als auch die
Bühnenfassung mehr oder weniger aus äußerem Anlaß, als "Fingerübung"[23]
oder gar als Brotarbeit entstanden sind. Er schrieb also diesmal mit einem
größeren Abstand zum Stoff, was schon an sich seinem Interesse an der
bühnentechnischen Gestaltung mehr Raum freiließ. Darüber hinaus erkannte
er die Biedermann-Geschichte als "radikal undramatisch [. . .] und insofern
eine Musteraufgabe für episches Theater" (456). Er nahm diese Gelegenheit
insoweit wahr, als er die Tragfähigkeit gewisser brechtscher Verfahren – vor
allem der durch einen Chor kommentierten dramatischen Parabel – für seine
Weltsicht und für sein künstlerisches Konzept erprobte. (Damit will jedoch
nicht gesagt werden, daß er eine brechtsche oder antibrechtsche Etude
geschrieben hätte: er schrieb vor allem sein eigenes Stück.)

Das Ergebnis dieser Erprobung kann man zunächst aus der Perspektive
des Untertitels sehen: zwar ein "Lehrstück," doch "ohne Lehre." Man
kommt so meistens zu Feststellungen allgemeiner Art, etwa daß Frisch –
trotz des Untertitels – doch auf eine Lehre hinauswolle, die "allerdings nur
Einsicht in die Situation," aber "keine bestimmte, inhaltlich festgelegte
Deutung der Wirklichkeit"[24] bedeute, bzw. daß das Stück "mindestens als
warnendes Modell"[25] gemeint sei. Solche Feststellungen sind einerseits
richtig, anderseits aber ergänzungsbedürftig. Der für Frischs Position im
allgemeinen aufschlußreiche Zusammenhang zwischen *Biedermann* und dem
brechtschen Theater ist nämlich mit einem Hinweis auf direkte oder weniger
direkte didaktische Tendenz nicht erschöpft. Um dieser Problematik gerecht
zu werden, muß man den Begriff der Didaxe zunächst bei Brecht in einem
breiteren Kontext sehen.

In Brechts gesamtem Schaffen tauchen stets – unter verschiedenen
Chiffren, aber auch unter verschiedenen Wertzeichen – zwei Grunderfahrungen auf: die der "finsteren Zeiten" und die der Wandelbarkeit des Menschen.

23 Horst Bienek: l.c., S. 32.
24 Manfred Durzak: l.c., S. 214.
25 Hellmuth Karasek: l.c., S. 75.

Die "finsteren Zeiten" der beiden Weltkriege, der kapitalistischen Ausbeutung und des Faschismus bestärkten ihn immer wieder in der Überzeugung, daß die erste (oder einzige?) Sicherheit, mit der man rechnen kann und muß, die Präsenz des Bösen sei ("Das ABC heißt: / Man wird mit euch fertig werden."[26]) und daß es vor allem darum gehe, diesem konkreten Bösen entgegenzutreten:

> Zweck unserer Untersuchungen war es, Mittel ausfindig zu machen, welche die betreffenden schwer ertragbaren Zustände beseitigen konnten. Wir sprachen nämlich nicht im Namen der Moral, sondern der Geschädigten.[27]

Die zweite Erfahrung bedeutet für Brecht — wie für manche anderen Autoren des 20. Jahrhunderts — nicht nur einen neuen Themenkreis (Relativierung des Begriffs der Individualität oder aber Abwertung, Manipulierbarkeit des einzelnen), sondern auch die Aufgabe, neue Darstellungsmethoden zu finden, die dieser Problematik Rechnung tragen könnten.

Unter dem Aspekt dieser zwei Grunderfahrungen ist auch Brechts Auffassung des Didaktischen in der Kunst zu verstehen. Für seine Lehrstücke gilt zum Teil das, was hier über Ionescos Theater "spécifiquement didactique"[28] gesagt wurde: es sind nicht nur dramatische Formen, *durch* die jemand belehrt wird, sondern auch dramatische Situationen, die die *Lehrbarkeit* des Menschen voraussetzen, erörtern oder praktisch nutzbar machen. Dieser Gesichtspunkt war in Brechts Entwicklung eigentlich zuerst da und verschwand nie:

> Auch gegen das epische Theater wandten sich viele mit der Behauptung, es sei zu moralisch. Dabei traten beim epischen Theater moralische Erörterungen erst an zweiter Stelle auf. Es wollte weniger moralisieren als studieren.[29]

In der vormarxistischen Phase nahm Brecht die Gefahr der Abwertung, ja Auslöschung der Individualität — also das, was für andere, von Rilke bis Benn, zum tragischen Existenzerlebnis wurde — mit einer burschikos bis

---

26 Bertolt Brecht: *Aus einem Lesebuch für Städtebewohner*, Nr. 8.
27 Bertolt Brecht: *Ist das epische Theater eine "moralische Anstalt"?* In: B. B.: *Gesammelte Werke* in 20 Bänden. Frankfurt (= werkausgabe edition suhrkamp) 1967. Bd. 15, S. 271.
28 Daß — trotz Ionescos gelegentlichen Ausfällen gegen Brecht — zwischen dem absurden Theater und dem frühen Brecht nicht zu übersehende Parallelitäten bestehen (und zwar nicht nur was den partiellen Rückgriff auf den Dadaismus beiderseits betrifft), sei hier wenigstens mit einem Hinweis belegt: beim Lesen von Ionescos drittem Stück *Jacques ou la soumission* (1955) möchte man fast meinen, es handle sich um eine dramatische Ausführung von Brechts Gedicht *Vom Mitmensch (Hauspostille)*. Die Parallelität geht hier stellenweise bis ins Wörtliche hinein: vgl. z.B. den Monolog der Mutter im Exposé von Ionescos Stück: E. I.: *Théâtre I*. l.c., S. 98.
29 Bertolt Brecht: *Ist das epische Theater eine "moralische Anstalt"?* l.c., S. 271.

zynisch herausfordernden Geste hin. Den überzeugendsten Ausdruck dafür fand er (abgesehen von der Lyrik) in der "Ummontierung" des Packers Galy Gay in *Mann ist Mann* — einem "Lehrstück ohne Lehre" wohl im authentischeren Sinn als *Biedermann*. Die marxistischen Studien führten bei ihm nicht zur Aufhebung, sondern zur "Umfunktionierung" dieser Grunderfahrung: er konstatiert weiterhin die "Zertrümmerung der Person," bescheinigt ihr aber eine "neue und eigentliche Unentbehrlichkeit im Ganzen."[30] Bildete in den frühen Stücken und Gedichten die Auslöschung der Individualität die Grundlage einer "Ummontierung" zum Bösen, so stützt sich der in den ersten Lehrstücken um 1930 vorgezeichnete Weg zum Guten fast wörtlich auf dieselbe Auffassung des Menschen: "Ändernd die Welt, verändert euch! / Gebt euch auf! Marschiert!"[31] beschließt der "gelernte Chor" das *Badener Lehrstück vom Einverständnis*, und das Gelingen der revolutionären Aktion in der *Maßnahme* ist nur dann möglich, wenn die Revolutionäre ihre "Gesichter auslöschen."[32] (Daß durch Auslöschung der Gesichter die finsteren Zeiten kaum heller werden, sah Brecht erst unter dem Druck der bitteren Erfahrungen der Exiljahre ein — wie manches seiner besten Gedichte, u.a. *An die Nachgeborenen,* und seine reifsten Stücke bezeugen: am überzeugendsten die zweite, kalifornische Fassung des *Galilei,* wo der Widerruf nicht mehr als kluge, zweckdienliche Selbstverleugnung, sondern als Verbrechen interpretiert wird.) Etwas überspitzt gesagt: Brecht sah um 1930 keine Tragödie darin, *daß* der einzelne manipulierbar ist, sondern erst darin, wenn er *falsch* manipuliert wird. Er glaubte an die Möglichkeit, die objektiv gegebene Wandelbarkeit des Menschen in positive Dynamik umzuwerten. Auf analoge Weise schlug seine frühere ausgeprägte Endzeitstimmung ("Wir wissen, daß wir Vorläufige sind / Und nach uns wird kommen: nichts Nennenswertes."[33]), genauer gesagt: sein historischer Nihilismus in einen — wenigstens scheinbar — felsenfesten historischen Optimismus um. Den Maßstab zur Unterscheidung zwischen falsch und richtig, reaktionär und fortschrittlich und überhaupt zu derart radikaler Umwertung der früheren Erlebnismuster glaubte er in der geschichtlichen und soziologischen Dialektik des Marxismus gefunden zu haben. Darauf steht auch seine Auffassung der didaktischen Literatur: primär war ihm nicht katechetische Vermittlung gewisser *Denkinhalte,* sondern Vermittlung und adäquate künstlerische Gestaltung gewisser *Denkmethoden,* konkret die Einübung im Begreifen sozialer und geschichtlicher Relativität jedes Einzelfalls. Diese Relativität war bei ihm freilich in der Situation der "schwer

---

30 *Notizen über Individuum und Masse.* In: B. B.: *Gesammelte Werke.* l.c., Bd. 20, S. 61.
31 Bertolt Brecht: *Gesammelte Werke.* l.c., Bd. 2, S. 612.
32 Ibid., S. 636.
33 Gedicht *Vom armen B. B. (Hauspostille).*

ertragbaren Zustände" stets durch das Postulat überwindbar, jene Zustände seien durch die vom Marxismus vorgezeichnete nächste Geschichtsphase des Kommunismus abzulösen.

(5)

Soll nun Frischs Position gegenüber derjenigen Brechts in vollem Umfang erfaßt werden, darf man diese nicht auf die erwähnte katechetische Didaxe reduzieren, die für Frisch selbstverständlich unannehmbar war. Es gilt vielmehr, Brechts grundsätzlich historisch-soziologische Denkweise, insbesondere ihre Anwendung auf die Erfahrung der relativierten Individualität, in Betracht zu ziehen. Auch bei Frisch bilden Motive und Probleme von entfremdeter Existenz, Transfiguration, Persönlichkeitsspaltung, Doppelgängertum usw. Konstanten des Lebenswerkes, und es ist anzunehmen, daß er sich darin teilweise von Brechts Werk anregen ließ (obwohl hierfür auch andere mögliche Inspirationsquellen – neben Pirandello v.a. Georg Kaiser und andere Expressionisten – in Erwägung zu ziehen wären), doch ist von vornherein klar, daß er in diesen Motiven etwas anderes sucht als Brecht: seine Weltsicht ist der brechtschen in mancher Hinsicht direkt entgegengesetzt.

Die Brecht-Faszination ist bei Frisch wohl vor allem darauf zurückzuführen, daß er in ihm eine – wie auch immer im einzelnen zu bewertende – Verkörperung der politischen Kunst erblickte, also das, was bei ihm selbst stets ein offenes Problem bleibt. Frisch ist gewiß ein eminent politischer, im wahren Sinne des Wortes engagierter Mensch. Genauso wahr ist aber, daß seine Domäne als Künstler nie konkrete Räume der Geschichte oder der sozialen Strukturen waren, sondern das menschliche Ich, genauer gesagt: das Invariable der Gattung Mensch, das sich dialektisch in unendlich vielen individuellen Varianten äußert und – unabhängig von Zeiten oder gesellschaftlicher Rangordnung – im wesentlichen immer gleichbleibt. Seine Probleme sind kaum in hegelschen oder marxistischen Kategorien faßbar und gehören eher jener Linie der "bekenntnishaften" Philosophie an, die von Montaigne und Pascal über Kierkegaard zur Existenzphilosophie führt. Er ist sich dieser Widersprüchlichkeit selbst bewußt, wie – unter vielen anderen Äußerungen – seine Variation auf Brechts Gedanken über die "Zeiten, wo ein Gespräch über Bäume fast ein Verbrechen ist"[34] bezeugt, die, ohne sichtbaren Anlaß, mitten im Text des *Gantenbein* auftaucht:

34 Gedicht *An die Nachgeborenen (Svendborger Gedichte).* – Oder handelt es sich um eine – vielleicht erst während der Drucklegung des Romans nachgetragene – Reaktion auf Sartres Äußerungen "En face d'un enfant qui meurt, La Nausée ne fait pas poids." bzw. "Que signifie la littérature dans un monde qui a faim?" (Interview in 'Le Monde' vom 18.4.1964)?

Manchmal scheint auch mir, daß jedes Buch, so es sich nicht befaßt mit der Verhinderung des Kriegs, mit der Schaffung einer besseren Gesellschaft und so weiter, sinnlos ist, müßig, unverantwortlich, langweilig, nicht wert, daß man es liest, unstatthaft. Es ist nicht die Zeit für Ich-Geschichten. Und doch vollzieht sich das menschliche Leben oder verfehlt sich am einzelnen Ich, nirgends sonst. (68)

Für diese zwei Neigungen fand er als Schriftsteller eine überaus glückliche Synthese in der tagebuchartigen Form seiner Prosawerke, der Tagebücher wie der Romane. In den Stücken scheint das Ergebnis nicht so eindeutig zu sein: die genuin auf ein Subjekt bezogene Perspektive fügt sich nicht problemlos der an sich objektivierenden dramatischen Gattung (zumindest der traditionellen). Man könnte auch so sagen: seine politische Teilnahme verlockt, ja drängt ihn stets zum Theater als "politische Anstalt" (und zur Auseinandersetzung mit dem Phänomen Brecht), während seine Weltsicht und künstlerische Veranlagung ihm diesen Weg schwer machen. Diese Schwierigkeit versuchte er in einzelnen Phasen seines dramatischen Oeuvre auf verschiedene Weisen zu bewältigen: In den frühen Stücken äußert sich die spürbare Gegenwart eines zentralen Ich in einer starken Lyrisierung des Bühnengeschehens, bis zu dem Grad, da einzelne Protagonisten als verschiedene Projektionen (Doppelgänger z.B.) einer "Überfigur" und der Konflikt als ihr innerer Widerspruch erscheinen. In der Methode der Episierung (er lernte sie übrigens nicht nur bei Brecht, sondern auch bei Thornton Wilder und anderen) fand er nicht zuletzt die Möglichkeit, dieses "aufdringliche" Ich zum Kommentator umzufunktionieren. Daß dies — wie die Verwendung anderer V-Effekte brechtscher oder anderer Provenienz — nicht unbedingt zu einer historisch-soziologischen Objektivierung der Handlung führen mußte, bezeugt schon die dramatische Funktion des Heutigen in der *Chinesischen Mauer,* und vor allem die Handhabung des Doppelgänger-Motivs in *Graf Öderland,* das zum Teil vergleichbar ist mit Brechts *Der gute Mensch von Sezuan:* hier ist aber die Spaltung der Hauptfigur in Shui Ta und Shen Te von konkret bezeichneten gesellschaftlichen Verhältnissen verursacht, und die Hypothese des Autors läuft darauf hin, daß durch Aufhebung dieser äußeren Zwänge die Einheit wiederhergestellt werden könne. In Frischs Stück ist dagegen die Spaltung des zentralen Ich in Öderland und Staatsanwalt primär in der existentiellen Problematik der (dramatisch nicht realisierten) "Überfigur" verwurzelt und erst sekundär durch gesellschaftliche Umstände provoziert: diese Spaltung hat keine historische Dimension und kann auch durch keine Änderung der Gesellschaft behoben werden. Kennzeichnend ist, daß Dürrenmatt — der der "objektiven" Dramatik Brechts in dieser Hinsicht weit näher steht als Frisch — gerade diesen Aspekt des *Öderland,* bei allem Lob für den Stoff, anficht: "Das Theaterstück jedoch bleibt im Privaten stecken, es gehört Frisch allein."[35]

35 Friedrich Dürrenmatt: *Eine Vision und ihr dramatisches Schicksal. Zu "Graf*

Biedermann stellt in der Reihe von Frischs Bühnenwerken den (neben *Andorra*) wohl äußersten Vorstoß zu jener "objektiven" Dramatik dar, die Brecht oder Dürrenmatt vertreten. Nicht nur die Form, sondern auch die Problemstellung ließe sich zum Teil in Brechts Begriffen ausdrücken: Biedermanns Persönlichkeitsverlust liegt in den Zwängen und den Gegebenheiten begründet, die aus der Struktur der bürgerlichen Gesellschaft hervorgehen, es wird die Lehrbarkeit oder Unbelehrbarkeit des Menschen an einer lediglich aus sich selbst sich entwickelnden Handlung erörtert, die der wissende Chor als warnendes Beispiel zu kommentieren versucht usw. Der immer anpassungsfähige und -willige Biedermann, der eigentlich nie er selbst ist, stellt das genaue Gegenteil zu den meisten Protagonisten Frischs dar, die sich gerade durch den Mut zur Suche nach ihrer wahren Identität auszeichnen. Sind diese bereit, ihre bürgerliche Existenz jederzeit aufs Spiel zu setzen, um sich keine Festlegung auf bloß eine Möglichkeit der Selbstrealisierung, keine "Definition" (hier wörtlich verstanden, als das Endgültige) von außen her aufzwingen zu lassen, so scheint Biedermann keinen anderen Wunsch zu haben, als jede existentielle Dynamik auszuschließen. Eben darum aber verfällt er dem Tode: "Der die Verwandlungen scheut / Mehr als das Unheil, / Was kann er tun / Wider das Unheil?" (360) Die Biedermann-Figur bestätigt, sozusagen im Negativ, Frischs Überzeugung, daß alles echt Humane und Lebendige stets dynamisch, wandelbar ist – wobei diese Dynamik aus keinem "élan vital," sondern aus dem Erkenntnisdrang hervorgeht. Darüber hinaus wird hier die unheilbringende Tendenz zur maskenhaften Erstarrung in einer fest umrissenen, selbständigen Figur vorgestellt, während sie sonst bei Frisch meistens als subjektive Gefahr des zentralen Ich gegenwärtig ist – eine Gefahr, vor der seine Helden stets fliehen zu müssen glauben. Insoweit liegt also die Biedermann-Geschichte den warnenden oder lehrhaften Parabeln Brechts nicht so fern. Die grundsätzliche Unterschiedlichkeit beider Positionen zeigt sich aber in der Funktion des kommentierenden, Einsicht vermittelnden Faktors, des Chors: Der Chor im *Biedermann* ist einerseits Sprecher der wissenden, moralisch gesunden Polis, sozusagen der "gelernte Chor" im brechtschen Sinne, und in dieser Eigenschaft versucht er, das Unheil abzuwenden. Anderseits aber hat ihn der Autor gerade als eine jener Institutionen (Feuerwehr) vorgestellt, die dem Persönlichkeitsverlust Biedermanns Vorschub leisten können. Mit anderen Worten: der gelernte Chor, diese Verkörperung höherer Erkenntnis, wird als indirekt Mitschuldiger denunziert. Keine Theorie, keine noch so schärfere Einsicht in den Gang der Geschichte kann das Unheil abwenden, wo es an Individualität, an menschlicher Substanz fehlt – wohlgemerkt:

Öderland" von Max Frisch (1951). In: F. D.: *Theater-Schriften und Reden.* l.c., S. 260.

einerlei, aus welchen Gründen oder für welche Ziele diese Substanz verlorengegangen ist oder freiwillig aufgegeben wurde.

Das Prinzip der Dynamik als Voraussetzung wirklich menschlicher Existenz muß bei Frisch – anders als bei Brecht – immer aus freier Wahl, aus dem Individuum selbst hervorgehen, und nur solange der Mut zur Wahl aufrechterhalten bleibt, lebt der Mensch als Mensch. Auch Brecht – wie schon gesagt – verstand die Notwendigkeit der Festlegung auf ein zukunftweisendes Konzept dialektisch: als Festlegung auf eine das Bestehende immer von neuem aufhebende Position, und er glaubte, diese Vorläufigkeit ästhetisch bewältigen zu können, indem er das Gestaltete permanent – durch V-Effekte und das Kommentierende überhaupt – zu relativieren versuchte. Obwohl Frisch in mehreren Stücken, im *Biedermann* am konsequentesten, dieselben Techniken verwendete, blieb in ihm stets eine gewisse Skepsis gegenüber der Wirksamkeit dieser Art Verfremdung wach. Seine Skepsis betrifft allerdings etwas Grundsätzlicheres als den mehr oder weniger relativen Standpunkt des Verfassers: sie bezieht sich vielmehr auf *jede* Formgebung, und insoweit bleibt seine Ästhetik paradox. Jede Gestaltung ist für ihn als lebensfeindliche Festlegung (und jeder Kommentar dazu als Definition) verdächtig, indem sie ein Stück Leben aus *seiner* Zeit hebt und zum geschichtlichen Phänomen objektiviert. Die größte Angst Frischs als Künstler scheint darin zu bestehen, daß die Kunst dem Leben immer hinterherhinkt, oder umgekehrt, daß das Leben dem formenden Künstler stets davonzulaufen droht. Strebt Brecht durch Offenheit und Interpretierbarkeit der Form eine Kunst an, die neue Perspektiven für das Leben erschließt – und so ihre Schuld der Wissenschaft gegenüber verringert –, so verfolgt Frisch durch analoges Formstreben eher eine Verringerung der ewigen Schuld der Kunst gegenüber dem Leben. In diesem Sinne sind auch seine Ausführungen über Brecht in der Rede *Der Autor und das Theater* (1964) zu verstehen:

> Unser Spiel, verstanden als Antwort auf die Unabbildbarkeit der Welt, ändert diese Welt noch nicht, aber unser Verhältnis zu ihr [. . .] es ist eine Selbstbehauptung des Menschen gegen die Geschichtlichkeit.[36]

Die Aufgabe der Kunst liege folglich nicht im Begreifen des Geschichtsganges und dessen Hinnahme zwecks praktischer Ausnutzung, sondern in ihrer Eigenschaft als permanenter Versuch des Menschen, sich außerhalb des objektiven Zeitflusses zu stellen und sich auf sich selbst zu besinnen. Für Brecht ist die Kunst das, was den Menschen vorwärtsbringt, für Frisch das, was den Menschen zu sich selbst bringt.

Von diesem prinzipiell ahistorischen Standpunkt aus lassen sich kaum allgemeingültige Lehren erteilen, und darin liegt auch die Ursache der

---

36 In: M. F.: *Öffentlichkeit als Partner.* l.c., S. 79.

verhinderten Lehre des *Biedermann:* obwohl hier der Autor die Struktur der brechtschen Parabel ziemlich konsequent beibehalten hat, läßt sich aus dem Stück kein anderes Fazit ziehen als der alte Spruch "Mensch, werde wesentlich!" Was allerdings keine Lehre im Sinne einer Lösung der dargestellten Situation ist, sondern höchstens eine Mahnung zu jeweils individuellen Lösungsversuchen.

(6)

Die in *Biedermann und die Brandstifter* (und teilweise noch in *Andorra*) vorgenommene Umfunktionierung der Parabel konnte Frisch — wie er später rückblickend feststellt — auf die Dauer nicht befriedigen, er fühlte Unbehagen an der Form selbst:

> Die Parabel hat doch immanent etwas Didaktisches; sie will etwas zeigen, oder die Form drängt dazu, und ich habe festgestellt, daß die Form mich z.T. zwingt zu einer Aussage, zu einer Message, die mir gar nicht so sehr am Herzen liegt. Ich wollte etwas darstellen und nicht etwas diktieren, oder belehren.[37]

Dieses Unbehagen führte ihn im Laufe der sechziger Jahre zur "Suche nach einer Dramaturgie, die eben die Zufälligkeit akzentuiert [...]: eine Dramaturgie des Unglaubens; eine Dramatik der Permutation — vielleicht..."[38] die er in seiner *Schillerpreis-Rede* (1965) ankündigte und in *Biografie: Ein Spiel* (1967) zum erstenmal realisierte.

---

37 Interview in Die Weltwoche, 19.4.1978, S. 29.
38 In: M. F.: *Öffentlichkeit als Partner.* l.c., S. 99.

ARMIN ARNOLD

Woyzeck in Andorra: Max Frisch und Georg Büchner

(1)

Die Parabel "Der andorranische Jude" erschien zuerst 1946 als Teil des Aufsatzes *Du sollst dir kein Bildnis machen* in den 'Schweizer Annalen' (Nr. 3, S. 11–16), darauf im *Tagebuch mit Marion* (Zürich 1947). Auf Anregung Peter Suhrkamps, den Frisch am 25. November 1947 in Frankfurt traf, führte dieser das Tagebuch fort. Nachdem Martin Hürlimann vom Atlantis-Verlag kein Interesse an einer Veröffentlichung des erweiterten Tagebuchs gezeigt hatte, erschien Frischs *Tagebuch 1946–1949* im September 1950 im Suhrkamp Verlag. Das *Tagebuch mit Marion* nimmt in der Ausgabe von 1950 umfangmäßig etwa die ersten drei Achtel ein; dabei ist der Text von 1947 um einige Seiten gekürzt worden. Die der Schere zum Opfer gefallenen Abschnitte sind in Band II der *Gesammelten Werke in zeitlicher Folge* zusammengestellt.[1] An der Parabel wurde nichts geändert.

Frischs Tagebücher setzen sich aus überlegt und sorgsam geordneten Mosaiksteinen zusammen. Das gilt auch schon fürs *Tagebuch mit Marion*. In welchen Kontext ist "Der andorranische Jude" eingeordnet? Im April 1946 reiste Frisch ins kriegszerstörte Deutschland – zuerst nach München, das in Ruinen lag. Seine Skizze über München ist – im letzten Satz des Eintrags – am Tag vor Ostern datiert. "Ostern" – ein christliches Fest, ein Fest der erfüllten Hoffnung und der Liebe. An das Wort "Ostern" schließt Frisch den Aufsatz *Du sollst dir kein Bildnis machen* an; er ist einer der wichtigen Schlüssel zum Verständnis seines Werks. In diesem Aufsatz verbindet der Autor das christliche Hauptgebot und das zweite der zehn Gebote von Moses: "Du sollst dir kein Bildnis noch irgendein Gleichnis machen, weder von dem, was oben im Himmel, noch von dem, was unten auf Erden, noch von dem, was im Wasser unter der Erde ist." (2. Moses, 20,4) Man kann dieses Gebot so interpretieren, daß der Mensch keine "Abbilder" machen soll

---

1 Max Frisch: *Gesammelte Werke in zeitlicher Folge;* hrsg. von Hans Mayer unter Mitwirkung von Walter Schmitz. Frankfurt a.M. 1976; 6 Bde.; hier Bd. 2, S. 770–776. Von jetzt an im Text in Klammern zitiert als GW.

(z.B. Statuen); im Zusammenhang mit dem ersten und dritten Gebot betrachtet, ist es aber durchaus legitim, das zweite Gebot so auszulegen: Gott will nicht, daß sich der Mensch eine klarumrissene Vorstellung von Gott (und von Gott im Menschen) formt. Gott will vom Menschen geliebt werden; Liebe ist aber nur möglich, wenn der Liebende bereit ist, dem Objekt seiner Liebe

> zu folgen in allen seinen möglichen Entfaltungen. Wir wissen, daß jeder Mensch, wenn man ihn liebt, sich wie verwandelt fühlt, wie entfaltet, und daß auch dem Liebenden sich alles entfaltet, das Nächste, das lange Bekannte. Vieles sieht er wie zum ersten Male. Die Liebe befreit aus jeglichem Bildnis. Das ist das Erregende, das Abenteuerliche, das eigentlich Spannende, daß wir mit den Menschen, die wir lieben, nicht fertigwerden: weil wir sie lieben; solang wir sie lieben. (GW II, 369)

Gott will geliebt, aber nicht "gekannt" werden, denn: "Unsere Meinung, daß wir das andere kennen, ist das Ende der Liebe [. . .]" (GW II, 369). Deshalb verlangt Gott vom Menschen, daß dieser sich von ihm kein Bildnis mache. Frisch ist sich bewußt, daß Ursache und Wirkung variieren können: vielleicht nämlich geht zuerst die Liebe zu Ende — und als Folge davon ist man nachher nicht mehr bereit, "auf weitere Verwandlungen" (GW II, 370) des andern einzugehen. So oder anders: "Man macht sich ein Bildnis. Das ist das Lieblose, der Verrat." (GW II, 370) Und die Folge davon für den Mitmenschen: Indem man sich eine starre Meinung von ihm formt, treibt man den andern dazu, tatsächlich so zu werden, wie man es von ihm erwartet.

Sich von einer *Gattung* von Menschen ein Bildnis zu machen — das führt zu Rassismus. Es versteht sich, daß Frisch auch daran dachte, als er den Aufsatz schrieb, aber er verschob die Illustration dieser Dimension seiner Theorie auf den übernächsten Tagebucheintrag. Zwischen *Du sollst dir kein Bildnis machen* und "Der andorranische Jude" schob er einen "Traum" von nur 17 Zeilen ein — betitelt: "Zwischen Nürnberg und Würzburg." Thema: Frisch reist weiterhin in Deutschland; der Zug fährt an zerstörten Bahnhöfen vorbei. Frisch träumt von der Schweiz — einen Schreckenstraum; der Boden seiner Heimat zerbröckelt ihm unter den Füßen. Und auf diesen Traum folgt die ebenso schreckliche Geschichte des andorranischen Juden.

Trotz der Vorbemerkung zum späteren Bühnenstück ("Das Andorra dieses Stücks hat nichts zu tun mit dem wirklichen Kleinstaat dieses Namens, gemeint ist auch nicht ein andrer wirklicher Kleinstaat; Andorra ist der Name für ein Modell") und trotz des "Herzogs von Andorra" (GW II, 771) ist klar, daß Andorra hypothetisch auch die Schweiz bedeutet. Schon der Tagebucheintrag "Zwischen Nürnberg und Würzburg" deutet darauf hin. Wir lesen ferner im *Tagebuch 1946–1949*, daß Andorra ein "kleines Land" ist; das Volk ist "ebenso mißtrauisch wie ehrgeizig, mißtrauisch gegen alles, was aus den eignen Tälern kommt" (GW II, 352). Man trinkt "Kirsch" (GW II, 366), und die von Frisch erwähnten andorranischen Persönlichkeiten (Pedro,

Cesario) sind als namhafte Schweizer identifizierbar. Im Stück tragen die meisten Personen dann rätoromanische Namen. Im Gespräch mit Heinz Ludwig Arnold im November 1974 gab Frisch auch ohne weiteres zu, daß mit Andorra die Schweiz gemeint war — aber "hypothetisch: Wie hättet ihr euch verhalten? [. . .] Hier, in der Schweiz, waren die Leute sehr schockiert; sie wußten, wo Andorra liegt."[2] Es wäre bei alledem unsinnig, die Geschichte vom andorranischen Juden so zu interpretieren, als ob Frisch sagen wollte, auch in der Schweiz hätte man die Juden umgebracht, wenn es dort welche gegeben hätte (es gab sie!), und wenn von Deutschland aus Druck ausgeübt worden wäre (Druck wurde ausgeübt!).

An die Parabel vom andorranischen Juden, welche das vorangehende Gebot "Du sollst dir kein Bildnis machen" illustriert, schließt sich im *Tagebuch 1946–1949* ein Text über das zerstörte Frankfurt und die am Bahnhof lagernden Flüchtlingsmassen an ("Frankfurt, Mai 1946"). Der Text verweist auf das, was nach dem Krieg, nach den Bombardierungen, aber auch nach den Ereignissen in der Parabel als Hoffnung bleibt: eine neue und anders denkende Generation von Menschen — Menschen, die jetzt noch im Kindesalter stehen, Kinder, die Frisch im Moment von einer Bank aus bei ihren Spielen betrachtet.

(2)

In den Anmerkungen zum Stück *Andorra* (in GW IV, 578f.) liest man, daß Frisch im Mai 1958 begonnen habe, die Parabel zu dramatisieren. Er war damals in Ibiza — "mit welcher Gegend die weißen kahlen Kulissen zusammenhängen sollen."[3] Peter Suhrkamp plante eine Neuausgabe des *Tagebuch 1946–1949*, und Frisch sah — ebenfalls im Mai 1958 auf Ibiza — den Text des Tagebuchs gründlich durch.[4] Es versteht sich, daß ihm dabei die Parabel vom andorranischen Juden, die er auch sonst bei Dichterlesungen vorzutragen pflegte, einmal mehr unter die Augen kam. Jetzt plötzlich entdeckte er, daß "das ein großer Stoff ist, so groß, daß er mir Angst machte, Lust und Angst zugleich — vor allem aber, nachdem ich mich inzwischen aus

---

2 Heinz Ludwig Arnold: Gespräche mit Schriftstellern. München 1975; S. 37. Das Gespräch wurde zwischen dem 24. und 27. November 1974 geführt.

3 Hans Bänziger: Frisch und Dürrenmatt. Bern und München [2]1962; S. 109.

4 Wolfgang Frühwald/Walter Schmitz: Max Frisch "Andorra," "Wilhelm Tell"; Materialien, Kommentare. München/Wien 1977; S. 123. Frühwald und Schmitz kennen Briefe von Frisch an Peter Suhrkamp vom 3.6. und 16.6.1958, in denen Frisch diese Durchsicht des *Tagebuch 1946–1949* erwähnt. Der vorgesehene, von Günther Busch herausgegebene Materialienband zu *Andorra* soll Auszüge aus der Korrespondenz zwischen Frisch und dem Suhrkamp Verlag enthalten. Zu diesem Zeitpunkt (Juli 1978) liegt dieser Band leider noch nicht vor. (Aber vgl. jetzt Anm. 30).

meinen bisherigen Versuchen kennengelernt hatte, sah ich, daß dieser Stoff *mein* Stoff ist."[5]

Das Drama *Andorra* sollte ursprünglich in der Spielzeit 1958/59 zur Zwanzig-Jahr-Feier der "Neuen Schauspiel A. G." in Zürich aufgeführt werden. Die erste Fassung des Stücks wurde aber erst im Frühling 1959 abgeschlossen; sie hieß "Zeit für Andorra." Frisch ließ das Manuskript liegen und beschäftigte sich zwischenhinein mit dem *Gantenbein*-Roman. Darauf schrieb er – jedenfalls im Herbst und Winter 1959 – eine zweite und eine dritte Fassung. Wieder legte Frisch das Stück beiseite und beschäftigte sich mit anderen Manuskripten. Im Herbst 1960 nahm er *Andorra* zum dritten Mal vor und fertigte eine vierte Version an. Diese schickte er – betitelt "Modell Andorra" – im Dezember 1960 an Siegfried Unseld. Im Januar 1961 wurde der endgültige Titel festgelegt. Während der Proben für die Uraufführung am 2. November 1961 in Zürich wurde der Text weiter geändert; die Buchausgabe, welche eine nochmalige Bearbeitung des Textes der Zürcher Uraufführung darstellt, ist also gewissermaßen eine sechste Version. Wolfgang Frühwald und Walter Schmitz haben die Zürcher Fassung und die spätere Druckfassung verglichen und Unterschiede in sieben Hauptpunkten festgestellt. Uns werden besonders die zwei Änderungen interessieren, die Andri und Barblin betreffen: "Die Barblin der Druckfassung ist heißblütiger, auch ungeduldiger und schroffer als die der Erstfassung. Einerseits wirkt so eher glaubhaft, daß sie sich Peider hingibt, andererseits scheint Andri noch stärker isoliert." Im elften Bild sei die Verzweiflung über Barblins Verlust, "die ans Hysterische grenzt," betont worden.[6] Wir wollen auch festhalten, daß wir mit Sicherheit wissen, daß Frisch mit der Dramatisierung der Parabel vom andorranischen Juden nicht vor Mai 1958 begonnen hat – was für unser nächstes Argument von Wichtigkeit ist.

1958 erhielt Max Frisch den Georg-Büchner-Preis, der seit 1951 "durch die Deutsche Akademie für Sprache und Dichtung (in Verbindung mit dem Hessischen Staatsministerium und dem Magistrat der Stadt Darmstadt)"[7] verliehen wird. Die Preisträger bedankten sich zuerst in Ansprachen von fünf

5 Horst Bienek: Werkstattgespräche mit Schriftstellern. München 1965; S. 32.
6 W. Frühwald/W. Schmitz, op.cit., S. 18. Dort (S. 123) wird auch das Gespräch mit Gody Suter (in der 'Weltwoche' vom 3.11.1961) zitiert, in welchem Frisch eine etwas andere Entstehungsgeschichte von *Andorra* gibt als im früheren Gespräch mit H. Bienek, wo von fünf Fassungen die Rede war. Bienek sprach mit Frisch Ende Mai 1961 in Rom; zu jenem Zeitpunkt soll die *fünfte* Version von *Andorra* bereits von 21 Bühnen angenommen worden sein (H. Bienek, op.cit., S. 32). In den eher flüchtig hergestellten GW lesen wir, es habe fünf nichterhaltene Vorfassungen gegeben (GW IV, 578f.), und auf der Rückseite des Titels wird die Entstehungszeit des Stücks irrtümlicherweise als "1957/61" angegeben.
7 Der Büchner-Preis. Die Reden der Preisträger 1950–1962. Heidelberg/Darmstadt 1963; S. VIII.

bis zehn Minuten (Gottfried Benn, 1951; Ernst Kreuder, 1953). Mit Martin Kessel (1954) wurden die Ansprachen länger. Kessel und Marie Luise Kaschnitz (1955) begannen als erste damit, sich in ihren Reden mit Büchner zu beschäftigen. Bei Karl Krolow (1956) lesen wir dann:

> Es wurde üblich und liegt nahe, sich in der Stunde der Verleihung des Georg-Büchner-Preises mit der Erscheinung, dem Andenken dessen für ein kleines auseinanderzusetzen, der dieser literarischen Dekoration nicht nur ihren Namen, sondern vor allem ihren Sinn, ihre Tendenz — wenn ich so sagen darf — gab, der Pate stand hier in einer Stadt, einem Lande, in der er lebte, dessen Sohn er war.[8]

Krolow sprach etwa dreißig Minuten, Kästner (1957) noch länger, und Frisch schlug 1958 alle bisherigen Rekorde: 14 Druckseiten — oder über 40 Minuten. Seine Ansprache ist eine kluge Analyse der Persönlichkeit, der Zeit und Werke Büchners und setzt eine sorgfältige Lektüre der Büchnerschen Texte voraus. Das setzt wieder voraus, daß man Frisch Monate zum voraus mitgeteilt haben muß, daß man ihm den Büchner-Preis verleihen werde. Frischs Büchner-Rede wurde am 8. November 1958 in Darmstadt gehalten und darauf unter verschiedenen Titeln immer wieder gedruckt.[9]

Ob Frischs Beschäftigung mit Büchner im Jahre 1958 die Dramatisierung der Skizze "Der andorranische Jude" erst angeregt, oder ob das Studium Büchners dem entstehenden Drama *Andorra* seine Richtung gegeben hat, bleibe offen. Gewiß ist, daß das Wiederlesen von *Woyzeck* nicht ohne Folgen für die Entstehung der letzten Fassung von *Andorra* geblieben ist. Zumindest die Figuren der Barblin und des Soldaten sind aus *Woyzeck* transponiert.

(3)

In seiner Büchner-Rede sagte es Frisch selbst: "Bezüge zu Georg Büchner, zu Hessens großem Sohn, sind für einen Zürcher auf der Straße zu finden." (GW IV, 229) Am Hauptbahnhof Zürich besteigt man die Strassenbahn

---

8 Ibid., S. 35.
9 Der Text der Rede erschien am 14. November 1958 als *Das Engagement des Schriftstellers heute* in der 'Frankfurter Allgemeinen Zeitung' und noch im gleichen Jahr als *Emigranten* in der von Kurt Hirschfeld und Peter Löffler herausgegebenen Festschrift: Schauspielhaus Zürich 1938/39—1958/59. Beiträge zum zwanzigjährigen Bestehen der Neuen Schauspiel AG. (Genossenschaftsdruckerei Zürich). Der Text erschien ferner in: Jahrbuch der Deutschen Akademie für Sprache und Dichtung in Darmstadt (1958); Club Voltaire. Jahrbuch für kritische Aufklärung I; hrsg. von Gerhard Szczesny (München 1963) und im Band: Der Büchner-Preis (Siehe Anm. 7). Als "Büchner-Rede" ging der Vortrag 1967 in Frischs Aufsatzsammlung *Öffentlichkeit als Partner* und 1976 als *Emigranten* in GW, IV ein. In den GW fehlen 14 Zeilen, die 1958 noch die Rede eingeleitet hatten, ohne daß das — wie in den GW sonst üblich — im Anmerkungsteil angeführt wäre.

(Linie 10) und fährt die Universitätsstraße hinauf zur Station Rigi-Viertel. Dort wechselt man in die Standseilbahn und fährt zur Germania-Straße hoch. Von dort führt der Geißbergweg in fünf Minuten zur Freudenberg-Straße, und da liegt linkerhand, in einem kleinen Park mit drei Bäumen, drei Bänken und einem Papierkorb, von einer Eisenhecke umfaßt, Büchners zweites Grab (das erste hatte sich von 1837 bis 1875 auf dem Krautgartenfriedhof befunden). Auf dem Gedenkstein liest man:

> Zum Gedächtnis an den Dichter von "Dantons Tod" Georg Büchner. Geb. zu Darmstadt 17. Oct. 1813. Gest. als Docent an der Universität Zürich 19. Febr. 1837.
> Ein unvollendet Lied sinkt er ins Grab
> Der Verse schönsten nimmt er mit hinab.
>
> Herwegh.

Frisch kannte diesen Platz schon als Kind. Als Student lernte er auch Büchners ehemalige Wohnung an der Spiegelgasse kennen. Die verschiedenen Gedenktafeln an dieser Zürcher Altstadtgasse hängen heute anders als früher. Man hat herausgefunden, daß Lenin nicht in der Spiegelgasse Nr. 9, sondern Nr. 14 gewohnt hatte. Büchner wohnte und starb im Hause Nr. 12, wo jetzt eine zweite Tafel darauf hinweist, daß auch Ulrich Zehnder, Bürgermeister und Förderer des Medizinalwesens von 1822 bis 1852 (also auch zur Zeit Büchners) hier gewohnt hatte. Goethe besuchte Lavater an der Spiegelgasse 11; und gegenüber der Nr. 4 weist neuestens ein Schildchen darauf hin, daß sich das Dadaisten-Cabaret Voltaire dort befunden hatte.

Während Frisch schon in jungen Jahren wußte, wer Büchner war und was dieser geschrieben hatte, war es die Lektüre von 1958, die auf *Andorra* wirkte. Frisch benützte die von Fritz Bergemann besorgte Gesamtausgabe, die auch Wilhelm Büchners Brief an Karl Emil Franzos und den Bericht über die Büchner-Feier von 1875 aus dem Winterthurer 'Landboten' enthält, die Frisch in seiner Rede zitiert. Von Büchners Werken beeindruckte ihn *Woyzeck* am meisten. In seiner Rede vergleicht Frisch Büchner und Lenin: "Der eine hinterläßt *Woyzeck,* der andere hinterläßt die Sowjetunion." (GW IV, 229) Wie Lenin ist Büchner ein politischer Mensch: "Er ist es in der Agitation, in der Kapitulation, in der Vision des *Woyzeck*-Fragmentes [...]" (GW IV, 230). "Weder *Danton* noch *Woyzeck* sind Tendenzstücke; dennoch wüßten wir, wo Büchner steht, auch ohne den *Hessischen Landboten* [...]" (GW IV, 233). Büchner ist — nach Frisch — auch ein Verzweifelter; einen Ausweg erblickt er nicht. Wer um 1837 in Deutschland handeln will, muß verrückt sein. Aber Woyzecks Hauptmann spürt es: die kommende Revolution, das Rasiermesser am Hals, das Hohle im Boden — "Geheuer ist uns nicht." (GW IV, 235)

Frisch fühlt eine gewisse Affinität zu Büchner; er bewundert ihn: "[...] welch eine Tat hat dieser selbe Georg Büchner vollbracht, indem er eine einzelne Kreatur, Woyzeck mit Namen, so dargestellt hat, daß wir sie unter

302

keiner heutigen oder künftigen Ideologie je vergessen können!" (GW IV, 242) Auch Frisch strebt danach:

> Die Wahrhaftigkeit der Darstellung, und wäre es nur eine übliche oder ausgefallene Ehe, was da zur Darstellung gelangt, oder die ungeheuerliche Deformation des Menschen, der von Staats wegen hat töten müssen, eines Soldaten also — gleichviel, wo Wahrhaftigkeit geleistet wird, sie wird uns immer einsam machen, aber sie ist das einzige, was wir entgegenstellen können: Bilder, nichts als Bilder und immer wieder Bilder, verzweifelte, unverzweifelte, Bilder der Kreatur, solange sie lebt. (GW IV, 242)

Wahrhaftigkeit in der Darstellung — von der Ehedarstellung in *Stiller* und in andern Werken bis hin zur annähernden Selbstentblößung in den letzten Tagebüchern — ist Frischs Hauptanliegen geblieben. Was die Deformation des Soldaten betrifft: man kann an *Andorra* denken, ein anderes "Bild," das den Menschen warnend "entgegengestellt" wird. *Andorra*, wie *Woyzeck*, entstand aus einem Geist der "kombattanten Resignation," aus einem "individuellen Engagement an die Wahrhaftigkeit." *Woyzeck* und *Andorra* sind "nicht national und nicht international" — es sind "Bilder" "gegen die Abstraktion, gegen die Ideologie und ihre tödlichen Fronten, die nicht bekämpft werden können mit dem Todesmut des einzelnen; sie können nur zersetzt werden durch die Arbeit jedes einzelnen an seinem Ort." (GW IV, 242f.)[10]

(4)

In einer Notiz aus dem Jahre 1976 zählt Frisch diejenigen Autoren auf, die ihn besonders beeinflußt haben:

> Die Schriftsteller, die einen nachhaltigen Einfluß haben, einen Einfluß auch auf die Thematik, wie Georg Büchner, Gottfried Keller, Robert Walser, Franz Kafka, August Strindberg, Leo Tolstoi u.a., habe ich zwar gründlich gelesen, aber während der Arbeit aus dem Bewußtsein verdrängt, um Spielraum zu haben. Übrigens bin ich nie ein starker Leser gewesen und auch keiner geworden, als ich die Architektur, meine Entschuldigung dafür, aufgegeben habe. Als Gymnasiast, der Dramen schreiben will, habe ich bei Henrik Ibsen nachgesehen, wie man das macht, und später bei Rainer Maria Rilke, wie man Prosa schreibt; meine Bewunderung für *Die Aufzeichnungen des Malte Laurids Brigge* war

---

10 In seiner Interpretation von *Andorra* vergleicht Wolfgang Hegele Frischs Drama mit *Woyzeck* und weist darauf hin — indem er Frisch paraphrasiert —, daß in beiden Dramen "jeweils eine Ideologie auf künstlerische Weise zersetzt" werde. W. Hegele: Max Frisch 'Andorra.' Der Deutschunterricht 20 (1968) S. 35–50. Wiederabgedruckt in: Über Max Frisch; hrsg. von Thomas Beckermann. Frankfurt a.M. 1971; S. 172–191; hier S. 178.

allerdings größer als ihr Einfluß. Artig zur Schule gegangen bin ich erst bei Brecht, was mit der persönlichen Begegnung zu tun hatte.[11]

Bedeutsam ist, daß Frisch Büchner an erster Stelle nennt.

In seiner Büchner-Preis-Rede von 1957 wies Erich Kästner darauf hin, daß sowohl Gerhart Hauptmann als auch Frank Wedekind Büchners Grab in Zürich besucht hatten; für beide habe *Woyzeck* ein entscheidendes Erlebnis bedeutet. In diesem Drama wurzeln – so meint Kästner – "sowohl der psychologische Realismus, als auch der völlig entgegengesetzte, der groteske Stil."[12] Frisch hat in beiden Stilen geschrieben – im psychologisch-realistischen und im grotesken. *Biedermann und die Brandstifter* und *Die große Wut des Philipp Hotz* würden in die zweite, die meisten andern Werke in die erste Kategorie fallen.

Die Kritiker haben nicht bis zum Erscheinen von *Andorra* gewartet, um Frisch und Büchner miteinander in Verbindung zu bringen. Als 1954 *Stiller* erschien, stach einigen der letzte Satz des Romans ins Auge ("Stiller blieb in Glion und lebte allein."); sie fühlten sich an Büchners Novelle *Lenz* erinnert, die endet: "So lebte er hin . . ." Stiller und Lenz scheinen zuletzt beide "kein Verlangen" mehr zu fühlen; das Dasein ist ihnen zur "Last" geworden.[13] Daß eine einzelne Person am Ende einer Erzählung melancholisch zurückbleibt – das ist seit Stifter, Storm und Rosegger zu einem literarischen Klischee geworden; daß Frisch aber wirklich an *Lenz* dachte, ist erwiesen, seit er am 13. Juli 1977 in einem Gespräch mit Walter Schmitz sagte: "Das ist einer der Lieblingssätze immer gewesen;" der Schlußsatz weise auf Stillers "Verdämmern" hin.[14]

Während also zumindest ein Satz in *Stiller* sich an *Lenz* anlehnt, während Eiserrings "Schmitz, schmatze nicht!" (in der Hörspiel- und der Dramenversion des *Biedermann*) an Leonces Kommentar über Valerios Art zu essen ("Das schmatzt!") erinnert, während Frisch 1964 in seiner Rede auf der Frankfurter Dramaturgentagung aus *Dantons Tod* zitiert,[15] ist es doch nur das Drama *Andorra,* das als ganzes unter Büchners Einfluß steht – *Andorra,* bei dem *Woyzeck* Pate gestanden hat.

11 Max Frisch: *Spuren meiner Nicht-Lektüre.* In: Materialien zu Frisch 'Stiller'; hrsg. von Walter Schmitz. Frankfurt a.M. 1978; Bd. 1, S. 342.

12 Der Büchner-Preis, S. 59.

13 Georg Büchner: *Werke und Briefe.* München 1965; S. 84. Von jetzt an im Text in Klammern zitiert als GB. Zu Büchner, speziell zu *Woyzeck,* siehe Gerhard P. Knapp: Georg Büchner. Stuttgart (= Sammlung Metzler 159) 1977; S. 89–104.

14 Walter Schmitz: Zur Entstehung von Max Frischs Roman 'Stiller.' In: Materialien zu Max Frisch 'Stiller', Bd. 1, S. 34. Zu den Kritikern, die den Schlußsatz von *Stiller* mit Büchner in Zusammenhang brachten, gehören Horst Steinmetz, Rolf Kieser, Hans Mayer und Wolfgang Frühwald. Siehe ihre Beiträge in diesem Materialienband.

15 Max Frisch: *Der Autor und das Theater.* GW V, 339–354; hier S. 353.

Wenn in der *Andorra*-Kritik von Einflüssen die Rede ist, tauchen drei Namen auf: Büchner, Brecht und Ibsen. Brechts Rolle beschränkt sich auf die Form. Im Gespräch mit Heinz Ludwig Arnold bemerkt Frisch, *Biedermann* und *Andorra* stünden "rein stilistisch" unter Brechts Einfluß; in *Biedermann* sei es der Chor, in *Andorra* die Tatsache, daß die Protagonisten hervortreten und — statt Songs — "Statements" von sich gäben, die im "brechtischen Sinne" der Verfremdung gemeint seien.[16] An Ibsen fühlten sich einige Kritiker besonders nach der Aufführung im "National Theatre" in London (ab Ende Januar 1964) erinnert. Am 2. Februar las man im *Observer:* "[. . .] Frisch has chosen to plunge his hero into a tortuous family life which is pure post-Ibsen."[17] In der 'Stuttgarter Zeitung' vom 6.2.1964 besprach Gertrud Mander die selbe Aufführung. Sie meint, die drei Ebenen des Stücks mit den Namen Brecht, Ibsen und Büchner umschreiben zu können, wobei der Ibsensche Aspekt "in der Gestalt des Lehrervaters mit seinem quälenden Schuldgefühl gegenüber Sohn, Mätresse und Allgemeinheit" zum Ausdruck komme.[18]

Tatsächlich erinnern einige Aspekte der Thematik an Ibsens *Gespenster.* Andri und Barblin sind in der gleichen Situation wie Osvald und Regine: sie lieben sich, möchten heiraten, vernehmen aber dann, daß sie den gleichen Vater haben. Frau Alving ist in einer ähnlichen Situation wie der Lehrer — sie hat zu lange gelogen. Pastor Manders ist so uneinsichtig wie Pater Benedikt, und Ibsens Tischler Engstrand steht an Schlechtigkeit Peider und dem Wirt nicht nach. Man könnte auch eine Parallele zu Ibsens *Die Wildente* ziehen, nur daß Ibsen die "Lebenslüge" verteidigt und den Wahrheitsfanatiker Gregers Werle verdammt, während Frisch die gegenteilige Haltung einnimmt. Andri geht wegen der Lüge des Lehrers zu Grunde; Hedwig stirbt, weil Gregers Werle die Wahrheit sagt.[19]

Bleibt Büchner, auf dessen Spuren in *Andorra* wir genauer eingehen wollen. In der Parabel von 1946 werden die Andorraner nur als Kollektiv erwähnt — es wird zwischen ihnen nur insofern differenziert, als es auch Andorraner "eines freieren und fortschrittlicheren Geistes" gibt. Wenn Frisch die Parabel dramatisieren wollte, mußte er — notgedrungen — zumindest *eine* weitere Hauptperson neben Andri einführen. War einmal die Parallele "junger Mann" (in der Parabel; Andri im Drama) = Woyzeck gezogen, dann drängten sich Figuren wie Barblin (Marie) und der Soldat (der

16 Heinz Ludwig Arnold, op.cit., S. 26f.
17 Zitiert in Hans Bänziger: Zwischen Protest und Traditionsbewußtsein. Arbeiten zum Werk und zur gesellschaftlichen Stellung Max Frischs. Bern und München 1975; S. 87.
18 Dokumente zu Max Frisch 'Andorra', bearbeitet von Peter C. Plett. Stuttgart 1972; S. 45f.
19 W. Frühwald, W. Schmitz, op.cit., weisen auf Ibsens Spuren in *Andorra* hin. Siehe besonders S. 47 und 54.

Tambourmajor) wie von selbst auf. Frisch hat dieses Dreigespann von Personen bewußt und überlegt aus *Woyzeck* transponiert und adaptiert. Damit kein Zweifel über die Ahnenschaft dieser Figuren bestehen kann, legt Frisch ihnen einzelne unzweideutig an Büchner erinnernde Passagen in den Mund.

Schon Andris Name erinnert an Woyzecks Freund Andres — und natürlich an Andorra; Andri, den die Andorraner für einen Juden halten, ist schon dem Namen nach eher ein Andorraner als sie. In der Charakterisierung Andris durch die Andorraner übernimmt Frisch jedes schon in der Parabel erwähnte Detail (Mangel an Gemüt, Verhältnis zum Geld, Schärfe des Intellekts, Unfähigkeit zur Vaterlandsliebe, Mangel an Takt — alles natürlich nur "angeblich"). Andri hat — als Person — einiges mit Woyzeck gemeinsam. Beide sind introvertiert, Grübler, und beide geraten in ähnliche Situationen; die Menschen und das Schicksal spielen ihnen auf ähnliche Weise mit. Beide sind keine "Kerle," beide verlieren ihre Geliebte an einen physisch Überlegenen; beide unterliegen im Zweikampf gegen ihren Konkurrenten, und beide werden von ihrem Nebenbuhler in Gegenwart der Geliebten weggeschickt. Woyzeck und Andri brechen unter dem (wirklichen oder angeblichen) Treuebruch der Geliebten zusammen; im Grunde treibt der Treuebruch beide in den Tod. (Anders Hjalmar Ekdal in *Die Wildente:* er hat keinen soliden Charakter und braucht deshalb nicht zu sterben!)

Auch Marie und Barblin stehen sich nahe. Marie ist zwar alles andere als eine Jungfrau; sie hat ein Kind und ist ein vollblütiges, sinnliches, leicht verführbares Weib. Sie hat ein Gewissen und wäre Franz gerne treu; sie weiß, daß er ein anständigerer Mensch ist als sie. Sie weiß auch, daß er sich ihretwegen auf der Erbsendiät befindet, was ihn einen Teil seiner Vitalität kostet; sie hätte also doppelten Grund, ihm treu zu bleiben. Aber wenn sie das Gewissen plagen will, dann sagt sie: "Ach! was Welt! Geht doch alles zum Teufel, Mann und Weib!" (GB 119) Und wenn der Tambourmajor sie in die Arme nimmt, ist der Widerstand kurz; schon nach Sekunden sagt sie: "Meinetwegen! Es is alles eins!" (GB 121) Während sich Marie gegen den Tambourmajor kaum gewehrt hat, weist sie nachher Franz scharf zurück: "Rühr mich an, Franz!" (GB 123) Ähnlich Barblin: Andri muß glauben, daß sie den Soldaten widerstandslos in die Kammer gelassen hat, während sie ihn, Andri, im elften Bild zurückweist. Die fatalistischen Worte, die Marie dem Tambourmajor gegenüber gebraucht hat, paraphrasiert jetzt Andri: "Wenn schon! Es ist ja alles schon geschehen . . ." und " 's ist einerlei." (GW IV, 539)

Die Persönlichkeit Barblins ist weniger festgelegt als diejenige Maries. Man hat die Möglichkeit, Barblin in vielen Variationen darzustellen: sie kann — wie bei der Zürcher Uraufführung — eine naive Jungfrau sein, die Andri liebt und den Soldaten in der Kammer so erfolgreich abweist, daß er schließlich völlig frustriert und ohne sein Ziel erreicht zu haben wieder an der Türe ihres Zimmers erscheint.[20] Gerade weil aber die meisten deutschen Regisseure Barblin mit Marie identifizierten, ließen sie Barblin als eher sinnliches Wesen auftreten. Schon im ersten Bild der nach der Zürcher Uraufführung veränderten Buchversion spricht Barblin – ohne zu erröten – mit dem Soldaten in einem Ton, der alles andere als fein klingt. Im zweiten Bild versucht sie, Andri zu verführen, und im vierten droht sie dem Lehrer, sie werde zu den Soldaten gehen, wenn sie Andri nicht heiraten dürfe. In den meisten deutschen Aufführungen blieb der Zuschauer nicht darüber im Zweifel, daß der Soldat in Barblins Kammer zu seinem Ziel gekommen war. Meistens mußte er Gewalt anwenden; gelegentlich aber zog ihn Barblin selbst ins Zimmer hinein, sei es aus Heißblütigkeit oder aus Trotz dem Vater gegenüber.[21] Daß Frisch – nach der Zürcher Uraufführung – Barblin Marie weiter angenähert hat, steht fest. Daß diese aber Peider gegenüber die Initiative ergreifen sollte, ist wohl kaum Frischs Absicht gewesen.

Noch näher als Barblin und Marie stehen sich Büchners Tambourmajor und Frischs Soldat Peider, der gelegentlich eine Trommel trägt. Beide sind physisch "Kerle" – wobei bei Büchner der Tambourmajor selbst, bei Frisch Andri das Wort in den Mund nimmt. In beiden Fällen sind gemeint: kräftige, große Männer, die Frauen sinnlich anziehen. Interessanterweise war auch der Lehrer Can früher ein solcher Mann; der Doktor sagt von ihm: "Er war ein Kerl. [. . .] Ein Teufelskerl. Die Damen waren scharf auf ihn –" (GW IV, 488f.). Frisch vergleicht Can also mit Peider – und mit gutem Grund. Während der Tambourmajor bei Büchner eine beschränkte Funktion hat (er zieht Marie sinnlich an, verführt sie und besiegt Woyzeck im Kampf), ist Peiders Rolle bei Frisch vielseitiger. Statt Barblin zu verführen, vergewaltigt er sie. Statt Andri im fairen Zweikampf zu besiegen, treten er und seine Kumpane ihn mit Stiefeln. Peiders geistiger Horizont ist der von Büchners "Aff": "geht aufrecht, hat Rock und Hosen, hat ein' Säbel! Der Aff ist Soldat; 's ist noch nit viel, unterste Stuf von menschliche Geschlecht." (GB 117) Als Peider Andri vor Barblins Zimmer konfrontiert, fällt diesem auf, daß Peider "Brusthaar wie ein Affe" hat (GW IV, 537). Peider redet in Klischees, die er selbst nicht versteht; aus Phantasiemangel weiß er nicht, was Mitgefühl bedeutet. Er ist – in der Tat – eine abgerichtete Bestie, die für alles mißbraucht werden kann.

Als viertes Paar sind die beiden Doktoren zu vergleichen; Woyzeck und Andri werden auf ähnlich groteske und unmenschliche Weise untersucht; für die Doktoren haben sie beide den Gefühlswert von Versuchskaninchen.

20 In den "Notizen von den Proben" will Frisch den Soldaten so dargestellt sehen, daß er als ein Einbrecher erscheint, "der nicht zu seinem Ziel gekommen ist, gerade deswegen bösartig." (GW IV, 565)
21 In der Düsseldorfer Aufführung "zog Barblin den Soldaten zu sich herein" (Dokumente zu Max Frisch 'Andorra', S. 32). Zu ihrer Hingabe aus Trotz und/oder Heißblütigkeit siehe Rolf Eckart: Max Frisch. Andorra. München 1965; S. 40.

Betrachten wir noch einige andere Textstellen bei Frisch, die an *Woyzeck* erinnern. Sowohl Büchner als auch Frisch haben – im Zusammenhang mit ihren männlichen Helden – sprachliche Entlehnungen aus denjenigen Teilen der Evangelien vorgenommen, die Christi Leidensweg schildern. Bei beiden hört man auch – im Zusammenhang mit Barblin und Marie – ein gelegentliches Echo aus *Faust:* parodistisch in *Woyzeck* (als Marie sich mit den Ohrringen im Spiegel betrachtet), tragisch bei Frisch, wenn Barblin zum Schluß den Verstand verliert.

Hans Magnus Enzensberger fiel der "balladeske Ton" auf, "der zu Beginn des Stückes angeschlagen ist und wie ein Echo aus Lenz und Büchner klingt [. . .]."[22] *Woyzeck* und *Andorra* sind in der Tat verkappte Moritaten – alles andere als Tragödien im klassischen Sinn; wie auf dem Jahrmarkt erblicken wir Bild nach Bild, und das Milieu ist zwischen Proletariat und spießiger Mittelklasse angesiedelt. In beiden Stücken werden grob-sinnliche Lieder gesungen. Schon auf der ersten Seite des ersten Bilds von *Andorra* ertönt ein Echo aus Büchner, wenn der Soldat sagt: "Von Ringlein seh ich aber nichts." (GW IV, 463) Bei Büchner: "Ein Ohrringlein; hab's gefunden." (GB 119) Als Woyzeck sein mündliches Testament aufstellt, vermacht er Andres "ein Ringlein" (GB 129). Im ersten Bild von *Andorra* zieht ein Gewitter herauf – es herrscht "eine heiße Stille. Die Mücken spüren's auch." (GW IV, 467) Als Woyzeck zusieht, wie Marie und der Tambourmajor – in Hitze geraten – zusammen tanzen, meditiert er über die viehische Unzucht des Menschen: "Tut's am hellen Tag, tut's einem auf den Händen wie die Mücken!" (GB 125)

Wie man im "Wirtshaus" das Blut an Woyzeck entdeckt, ruft dieser aus: "Bin ich ein Mörder? Was gafft ihr? Guckt euch selbst an!" (GB 132) Im ersten Bild von *Andorra* sagt der Lehrer: "Ich werde dieses Volk vor seinen Spiegel zwingen [. . .]" (GW IV, 469), und im zwölften Bild ruft Andri den Andorranern zu: "Geht heim vor euren Spiegel und ekelt euch." (GW IV, 557) Der Doktor entschließt sich: "Nein, Woyzeck, ich ärgre mich nicht; Ärger ist ungesund, ist unwissenschaftlich. [. . .] Behüte, wer wird sich über einen Menschen ärgern, ein' Menschen!" (GB 119f.) In *Andorra* sagt der Wirt: "Man soll sich nicht ärgern über die eignen Landsleute, das geht auf die Nieren und ändert die Landsleute gar nicht." (GW IV, 469) (Gegen Ende des ersten Akts der *Gespenster* rät Frau Alving ihrem Sohn, der anderswo als "Grübler" bezeichnet wird: "Du sollst Dich nicht aufregen, Osvald, es tut Dir nicht gut.") Woyzeck ist in Gedanken versunken, und der Hauptmann sagt zu ihm: "[. . .] du denkst zuviel, das zehrt; du siehst immer so verhetzt aus." (GB 114) Als Barblin Andri im zweiten Bild verführen will, entschuldigt

---

22 Hans Magnus Enzensberger: Über Andorra. In: Programmheft des Zürcher Schauspielhauses (1961/62) S. 4–7. Abgedruckt in: Max Frisch – Beiträge zu einer Wirkungsgeschichte; hrsg. von Albrecht Schau. Freiburg 1971; S. 274f.

dieser seine Passivität mit: "[. . .] ich denke." Einige Sekunden später sagt Barblin: "Andri, du denkst zuviel!" (GW IV, 478) Und im siebten Bild wirft der Pater Andri vor: "[. . .] Andri, du hast etwas Gehetztes." (GW IV, 505)

(5)

Einzelne Spuren von *Woyzeck* in *Andorra* haben einige Kritiker schon bei der Uraufführung entdeckt. Henning Rischbieter fragte rhetorisch: Wo haben wir "den knappen bündigen Tonfall, geformte Volkssprache" schon gehört?

> Das Muster [. . .] heißt *"Woyzeck."* Um Andri stehen Pater und Soldat, wie um jenen Hauptmann und Tambourmajor. Barblin ist die jüngere Schwester Maries. Auch der Doktor aus BÜCHNERS Stück ist da: die *"gebildete"* Dummheit, die Borniertheit, die sich selbst beschwatzt. Nicht nur in der Figurenkonstellation korrespondieren die Stücke, auch im Sprachgestus manchmal, in der Knappheit, in der nie unsinnlichen Gedanklichkeit.[23]

In einem andern Aufsatz über die (vom gedruckten Text noch abweichende) Zürcher Uraufführung vermerkt Rischbieter, daß für die Figur der Barblin "alle Anklänge von Woyzecks Marie genommen" waren. "Barblin war hier ganz Mädchen, naiv, nur für Andri fühlend, ungefährdet durch ihre eigene Sinnlichkeit. So bemerkenswert das dargestellt war, so sehr blieb unverständlich, weshalb sie den Soldaten in ihrer Kammer duldet."[24] Hier mag der neuralgische Punkt des Stücks liegen: in *Woyzeck* ist der Charakter Maries eindeutig festgelegt. Frisch hingegen läßt ihn an dieser Stelle offen: einenteils soll der Soldat als Vergewaltiger erscheinen, andernteils soll aber Marie bei der Vergewaltigung nicht schreien (oder nicht schreien können).[25] Andri, der ruhig vor der Tür seiner Geliebten schläft, während der Soldat

---

23 Henning Rischbieter: 'Andorra' von Max Frisch in Zürich uraufgeführt. In: Theater heute 2 (12/1961) S. 5f. Abgedruckt in: Max Frisch – Beiträge zu einer Wirkungsgeschichte; S. 286–289. Dieser Aufsatz Rischbieters erscheint auch in: Über Max Frisch II; hrsg. von Walter Schmitz. Frankfurt a.M. 1976; S. 294–298. Ebenso in: Materialien zu Max Frischs 'Andorra'; vgl. Anm. 30.

24 Henning Rischbieter: Der Kritiker über die Aufführung. In: Theater heute 2 (12/1961) S. 10. Abgedruckt in: Max Frisch – Beiträge zu einer Wirkungsgeschichte, S. 290–292.

25 Siehe Max Frisch: *Notizen von den Proben,* GW IV, 562–571; hier 563–565. Vergleiche dazu: Hellmuth Karasek: Max Frisch. Velber bei Hannover 1966; S. 88; Manfred Durzak: Dürrenmatt, Frisch, Weiss. Deutsches Drama der Gegenwart zwischen Kritik und Utopie. Stuttgart 1972; S. 226f.

über ihn hinwegsteigt, die Tür von innen abschließt und Barblin mehr oder weniger Gewalt antut, gerät dabei in ein nicht minder unglaubhaftes Licht.[26]

Nach den Theaterkritikern haben auch die Literaturwissenschaftler auf die Parallelen zwischen *Woyzeck* und *Andorra* hingewiesen, zuerst Hans Bänziger, zuletzt Wolfgang Frühwald und Walter Schmitz.[27] In seiner Studie zur Wirkungsgeschichte des Büchnerschen Werks widmet Dietmar Goltschnigg Max Frisch zwei Seiten. Er geht von einem Zitat aus *Dantons Tod* aus, das Frisch 1958 in seiner Büchner-Rede verwendet hatte: "Geht einmal euren Phrasen nach bis zum Punkt, wo sie verkörpert werden." (GW IV, 236) Beide, Büchner und Frisch, stellten Woyzeck und Andri einer "verderbten, in Phrasen erstarrten Gesellschaft" gegenüber. Goltschnigg bezeichnet *Andorra* als "antisemitische Variante" des *Woyzeck*-Themas; die erste der zwei Textparallelen, die ihm aufgefallen sind, regt ihn zu einem Vergleich des Hauptmanns in *Woyzeck* mit dem Pater in *Andorra* an, die beide bei ihren Klienten nur die "Symptome," "nicht ihre Ursache" registrieren. Nach einem Hinweis auf die ähnliche "Sprachgebung" schließt Goltschnigg, indem er die verschiedene Stoßrichtung der Dramen hervorhebt:

> Verglichen mit Büchners vordergründiger, zeitlos gültiger sozialkritischer Stoßkraft gegen die Polarisierung von Arm und Reich wirkt Frisch zeitbedingter, weil er das Spiel der gesellschaftlichen Mächte den Erfahrungen der jüngsten Geschichte anpaßte.[28]

Unsere Absicht war es, das Echo Büchners im Werk Max Frischs — besonders in *Andorra* nachzuweisen, nicht etwa, die Persönlichkeiten und das Denken beider Autoren ausführlich zu vergleichen, so interessant ein solches Unternehmen auch sein könnte. Büchner war — in Zürich — ein "Emigrant." Frisch verärgerte seine Landsleute — unter anderem — auch dadurch, daß er ihnen zu verstehen gab, anderswo lasse sich gerade so gut leben wie in der Schweiz — und: gerade in der Schweiz komme er sich gelegentlich als eine Art innerer Emigrant vor. Karl Schmid meinte deshalb: "Andri, der als Fremder gilt, obwohl er tatsächlich Andorraner ist, ist das

---

26 Viele Besprechungen der frühen Aufführungen von *Andorra* in der Schweiz, Deutschland und Italien sind zusammengestellt in: Dokumente zu Max Frisch 'Andorra' (Siehe Anm. 18) und in: Materialien zu Max Frischs 'Andorra'; vgl. Anm. 30.

27 H. Bänziger: Frisch und Dürrenmatt, S. 115f.; W. Frühwald/W. Schmitz, op.cit., S. 49f. und 58f. Ich selbst hielt im Herbst 1963 einen Vortrag an den Goethe-Instituten von Montreal und Toronto: 'Georg Büchner, 19th Century Expressionist,' in dem ich dem Einfluß Büchners auf Brecht, Georg Kaiser, Frisch und Arthur Adamov nachgegangen bin.

28 Dietmar Goltschnigg: Rezeptions- und Wirkungsgeschichte Georg Büchners. Kronberg/Ts. (= Monographien Literaturwissenschaft 22) 1975; S. 295–297.

genaue Spiegelbild und ironische Gegenstück zu Stiller-Frisch, der als 'Andorraner' gilt, aber es nicht sein will."[29]

Die Gemeinsamkeit beider Autoren liegt aber eher darin, daß sie beide auch Menschen der Technik und der Wissenschaft sind: der erste Naturforscher, der zweite Architekt. Beide haben in ihren jeweiligen Disziplinen Vorzügliches geleistet; als Autoren – und das bedeutet in beiden Fällen: als Kritiker ihrer Zeit und ihrer Umwelt – drücken sich beide klar und präzis aus. Büchner und Frisch äußern mutig und kompromißlos ihre Meinung und nehmen es in Kauf, daß einzelne sie dafür in ihrer Heimat hassen, verleumden und verfolgen. Gemeinsam ist ihnen letztlich auch eine gewisse Resignation: die Erkenntnis, daß von ihren Zeitgenossen kaum eine Verbesserung der gesellschaftlichen Verhältnisse zu erwarten ist.[30]

29 Karl Schmid: 'Andorra' und die Entscheidung. In: Unbehagen im Kleinstaat. Zürich/Stuttgart 1963. Abgedruckt in: Über Max Frisch, S. 147–171; hier S. 153. Hans Bänziger meint, Frisch habe sich 1958 in Zürich als " 'Jude' unter Andorranern" empfunden (Frisch und Dürrenmatt, S. 105). Ganz negativ urteilt über *Andorra* Eduard Stäuble in: Max Frisch. St. Gallen [4]1971; S. 210ff.
30 Nach Abschluß dieses Aufsatzes erschien endlich der seit langem angekündigte Band: Materialien zu Max Frischs 'Andorra'. Frankfurt (= edition suhrkamp 653) 1978; hrsg. von Ernst Wendt und Walter Schmitz, nicht – wie angekündigt – von Günther Busch (vgl. Anm. 4). Der Band enthält Auszüge aus Briefen von Frisch, ebenso Antworten Frischs auf Fragen von Wendt und Auszüge aus Gesprächen Frischs mit Schmitz und anderen, dazu einen Textvergleich, Rezensionen der Ur- und späterer Aufführungen und kritische Aufsätze zu *Andorra*.
Was Frischs Verhältnis zu Büchner betrifft, enthält der Band nichts, was an der vorliegenden Arbeit etwas ändern könnte. Ergänzend aber ist hinzuweisen auf die kurzen *Andorra–Woyzeck*-Vergleiche von Karl August Horst (S. 111–112, aus "Andorra mit anderen Augen," Merkur 16 [1962]), von Walter Schmitz (S. 145), von Joachim Kaiser (S. 178, aus der Besprechung der Uraufführung in der Süddeutschen Zeitung, 4.11.1961) und von Albert Schulze-Vellinghausen (S. 200, aus der Rezension der Erstaufführung in Düsseldorf, FAZ, 21.1.1962).

GERD ALFRED PETERMANN

Max Frisch und die Psychologie.
Kritische Anmerkungen zu Interpretationen
von *Andorra*

(1)

Max Frischs *Andorra* ist bislang sein erfolgreichstes Stück geblieben. Nicht nur was die unmittelbare Verbreitung in Aufführungen und Buchpublikationen angeht,[1] sondern auch in der literaturkritischen und germanistischen Rezeption. Dies schlägt sich nicht nur in der Vielfalt, sondern auch in der ungewöhnlichen Variationsbreite und Divergenz germanistischer Deutungen nieder, deren sich kaum ein anderes Stück eines lebenden Autors freuen kann. Die divergierenden und sich oft widersprechenden Deutungen haben ihre Ursache nicht allein in den unterschiedlichen Positionen und Weltanschauungen der Interpreten,[2] sondern in der inhaltlichen wie formalen Widersprüchlichkeit des Stückes selbst.

Die Kluft zwischen stofflichem Vorwurf, der in der konkreten historischen Faktizität wie in der Auseinandersetzung mit ihr in einer spezifischen Etappe der Nachkriegsgeschichte wurzelt, und der theatralischen Verarbeitung verleiht dieser Vieldeutigkeit Berechtigung wie Logik — im Gegen wie im Für der Interpretationen. Nicht in dem Sinne, daß sich daraus ergäbe, auf die nachfolgenden Generationen zu warten, so daß diese ein Urteil abgeben könnten (das selber dann aus der Epoche jener begreifbar wäre) — womit wohl nichts weniger gesagt werden soll, als daß literarhistorische Annäherung an einen Text selbst historisch ist[3] und jede zeitgenössische Kritik sich somit

---

1 Vgl. Buchhändler-Vereinigung (Hrsg.): Verzeichnis lieferbarer Titel (VLB) 1976/77. Frankfurt/Main 1976; S. 1290. Auflagenhöhe als Einzelveröffentlichung: 345 000 (Stand 1970). Zum Vergleich: *Biedermann* 267 000; *Biografie* 48 000; *Öderland* 63 000.
2 Während etwa Manfred Jurgensen (Max Frisch. Die Dramen. Bern ²1976) in *Andorra* ein um die Identitätsfrage kreisendes Künstlerstück sieht, in dem der Gegensatz zwischen dramatischem und epischem Theater harmonisch aufgehoben sei, bezieht demgegenüber Manfred Durzak (Dürrenmatt, Frisch, Weiss. Deutsches Drama zwischen Kritik und Utopie. Stuttgart 1972) eine kritische Position, die u.a. in der ästhetischen Unverbindlichkeit die Ursache für den Erfolg des Stückes sieht.
3 Vgl. Peter Pütz: Max Frischs *Andorra* — ein Modell der Mißverständnisse. In: Text und Kritik 47/48 (1975) S. 37–43; hier: S. 38.

in ihrer Historizität relativiert. Sondern in dem Sinne, daß im Gegen die Schwächen und Mängel als der überwiegende Befund des Stückes gesehen werden, während im Für eher der Rettungsversuch überwiegt, der sich gleichermaßen aus seiner Widersprüchlichkeit ableitet und aus ihr zu verstehen ist. Wenn es in den nachfolgenden kritischen Anmerkungen gerade um diesen letztgenannten Deutungsansatz geht, so einmal, weil er wohl die größte Verbreitung erlangen dürfte oder schon besitzt.[4] Zum anderen, weil an ihm sich die Widersprüchlichkeit immanent erweisen müßte, aus deren Negation er als Versuch der Rettung hervorgegangen ist. Die vorliegenden Anmerkungen verstehen sich so als Kritik jener Interpretation wie als Kritik des Werkes selbst.

(2)

Die isolierende Verengung auf das Modell Andorra, das im 16. Jahrhundert ebenso angesiedelt sein könnte wie in einem unterentwickelten Gebiet Europas in diesem Jahrhundert, war als Vorarbeit für Max Frisch überhaupt erst die Voraussetzung der *dramatischen* Behandlung des Stoffes. Dies wird mit dem Verlust der Möglichkeit erkauft, den historischen Stoff lehrhaft darzustellen: das beabsichtigte Episch-Parabolische gerät unter der Hand zum Dramatischen. Selbst noch die verdinglichten Verhältnisse in Andorra reichen dramatisch konstitutiv in den zwischenmenschlichen Bezug und äußern sich im Dialog. Die Dialoge sind denn auch keineswegs oberflächlich verhakten Monologen gewichen, wie Schmitz annimmt,[5] rühren nicht von einem evidenten epischen Ich her, sondern aus der Situation des Spiels, in der versucht wird, die Thematik dramatisch konsequent zu formulieren.

Im Prinzip aber entzieht sich der Stoff der dramatischen Behandlung. Der Intention des Stückes, das konkret-historische Geschehen der antisemitischen Verfolgungen (im aktuellen Kontext der Nicht-Bewältigung entwickelt[6]) darzustellen, läuft ihre dramaturgische Begründung aus der zwischenmenschlichen Situation des Modell-Andorra zuwider. Der Stoff wäre adäquat nur episch zu behandeln, im gestaltenden Bezug des epischen Subjekts auf die objektiven Verhältnisse der Geschichte.

Von hier erklärt sich die Widersprüchlichkeit und das Gekünstelte, die das Stück kennzeichnen — bei aller Aufbietung kunstvoller Mittel, bis hin zur Sprache, die im Gegensatz etwa zu Hauptmanns *Webern* eine geglückte

---

4 Meist verknüpft mit der verständlichen Absicht eines Verlages, der seinem Autor die größtmögliche Propaganda sichert.

5 Walter Schmitz: Neun Thesen zu *Andorra*. In: Ernst Wendt und Walter Schmitz (Hrsg.): Materialien zu Max Frischs *Andorra*. Frankfurt/Main (= edition suhrkamp 653) 1978; S. 143—159; hier: S. 156.

6 Vgl. Pütz l.c. S. 42

dichterische Verarbeitung mundartlicher Eigenheiten aufweist. Diese Mittel mögen dazu beigetragen haben, den Erfolg *Andorras* zu begründen, sie vermögen jedoch nicht, über die formalen wie inhaltlichen Schwächen hinwegzutäuschen.

Das Modell, das das Drama ermöglicht, indem es eine Reduktion (aus der Perspektive der historischen Faktizität und damit des Begründungszusammenhanges des Stückes) auf eine Gruppe, einen relativ geschlossenen örtlichen Zusammenhang – Cans Haus und der Platz als die beiden äußeren Pole, zwischen ihnen nur noch die Tischlerei und die Sakristei – und eine einheitliche Gegenwartsfolge vornimmt, begibt sich in einen doppelten Widerspruch. Es riegelt sich gegen die Geschichte ab, da die Faktoren, die eigentlich bestimmend für die entfremdete, vorurteilshafte Situation und das Geschehen in Andorra sind, in der dramaturgischen Vermittlung eliminiert sind. Die Fabel bewegt sich auf der Ebene von Oberflächenphänomenen.[7] Das antisemitische Vorurteil ist im Stück nicht motiviert, seine Motivierung stünde der dramatischen Entfaltung der Thematik im Wege. Es wird in Aktion gezeigt (etwa in der Stuhl-Szene im 3. Bild), im simplen und vordergründigen Stil des fabula docet. Diese Schwäche, die zudem verstärkt wird durch die der Thematik innewohnende Tendenz, über sich hinauszuweisen, wird aufgefangen mit einer stückinternen Ersatzmotivation. Das vorurteilsbehaftete Verhalten ist immer schon entlarvt durch das Pseudojudentum Andris:

ANDRI   Wieso bin ich feig?

SOLDAT   Weil du Jud bist.[8]

WIRT   [. . .] Natürlich hab ich geglaubt, was alle geglaubt haben
           damals. [. . .] Ein Judenkind. [. . .][9]

Die dramatische Entwicklung der Thematik anhand von Oberflächenphänomenen, der scheinhafte zwischenmenschliche Bezug in der dramatischen Antithetik streben zu einer Lösung, die tatsächlich bereits in der Figur Andris angelegt ist. Die Bühnenfigur Andris weist aber noch einen anderen Zug auf, der dieser Lösung entgegensteht. Sie soll modellhaft für abertausende Juden stehen, so wie die anderen Bühnenfiguren für ein Kollektiv stehen. Mit dem Festhalten am Modellhaften soll zurückgewonnen werden, was zuvor in der dramatischen Funktionalisierung der Fabel vom andorranischen Juden verlorengegangen ist: die geschichtlichen Verhältnisse

---

7 Vgl. hierzu Marianne Biedermann: Das politische Theater von Max Frisch. Lampertheim (= Theater unserer Zeit 13) 1974; S. 88f.

8 Max Frisch: *Andorra*. Stück in zwölf Bildern. Frankfurt/Main (= suhrkamp taschenbuch 277) 1975 (im Folgenden als *Andorra* zitiert): S. 22.

9 ibid. S. 24.

in ihrer realen Bewegung, denen der Spiegel vorgehalten werden sollte. Andris Schicksal ist Beispiel, mit dem die Perspektive auf das jüdische Schicksal eröffnet werden soll. So wie Modell-Andorra insgesamt den Raum aufzeigen soll, in dem sich dieses Schicksal erfüllt. Die demonstrative Funktion, das Schicksal Andris wie auch Andorra als pars pro toto, wird jedoch von der Einzigartigkeit dieses Schicksals selbst, wie es die Fabel entwickelt, entwertet. Durch sie kann es nicht für das Schicksal der Juden stehen, das sie im Naziterror erlitten.

Die Modellelemente erscheinen umgebogen und der dramatischen Fabel, die sie motivierend versorgen, untergeordnet. Damit wird aber auch der Bruch im Stück evident, wenn Andri im 9. Bild sein Bekenntnis zum Judentum deklamiert (der Lehrersohn, der Tischler werden wollte und sich nun zum Ahasver aufschwingt!). Das Drama, das nicht zur Parabel werden konnte, da es sich bestenfalls symbolhaft und als Ganzes auf die Wirklichkeit bezog, setzt sich nun auf die historische Faktizität verweisend fort. Der epische Stoff treibt erneut die Episierung hervor, die von der dramatischen Antithetik bloß verdeckt war. Die nachfolgenden Schlußszenen werden möglich, indem Andri in eine Entschlußsituation versetzt wird: er entschließt sich für die Wahrheit, die seine bisherige Existenz bestimmt hat. Bei allem Artifiziellen dieser Situation — auch sie erreicht nicht, daß die Bühnenfigur Andris nun als pars pro toto verstanden werden könnte. Es liegt auf der Hand, daß das Bedeutete, soweit es sich auf das jüdische Schicksal beziehen soll, verfehlt wird, da Andri sich wohl kaum in der Lage befand, sich existentiell für oder gegen die Wahrheit seiner Existenz zu entscheiden und die Konsequenzen daraus zu tragen.

Die Aussagetendenz, der Versuch, der 'Privat'-Fabel den Schein historischer Bewältigung zu verleihen, zeigt sich auch im Verlauf der Spannung, in der die Naht zu den anmontierten Schlußszenen sichtbar wird. Was in der Exposition zur dramatischen Fabel gegeben wurde, wird in seiner Konsequenz nicht ausgetragen. Denn sie würde hinführen zur Auflösung in der Aufklärung der Lüge Cans oder im Verschwinden Andris (im 6. Bild spricht er von seiner Absicht, Andorra zu verlassen; und noch im 9. Bild, nach der Affäre Peiders mit Barblin, hält er zunächst an ihr fest) — oder aber in der Zuspitzung und Lösung des Konflikts mit den Andorranern. Diese Möglichkeiten der Auflösung sind bereits mit der Vereinsamung und Isolierung Andris unterhöhlt, der Zusammenstoß — bezeichnenderweise mit dem Pater — erfolgt abstrakt und intellektualisiert. Ebenso wie sich die Negation des Vorurteils in der Gestalt des *Pseudo*juden, die sich als Parabelelement durchs Stück zieht, durch sein Bekenntnis zum Judentum aufhebt, verpufft die Spannung, die sich aus der dramatischen Fabel ergab. Diese Wendung ist mehr als unglaubwürdig. In ihr wird im Kern der Gegensatz zu den Andorranern überbrückt, indem der Versuch unternommen wird, das Begrenzte der dramatischen Fabel (vom Stoff her betrachtet) vollends zu überwinden und ins Allgemein-Menschliche vorzustoßen. So bedarf es der visionären Vorwegnahme der Besetzung durch die "Schwarzen," um den Fortgang der Handlung auf dieses Gleis zu schieben und zu sichern.

Diese Wendung mußte sich zwangsläufig vom Stoff her ergeben. Wollte das Stück ihm gerecht werden, mußte der Fabel die Begrenztheit entwunden werden, in der ihre dramatische Behandlung allgemein wie auch konkret als vertrackt-verworrene Geschichte des Pseudojuden Andri den Stoff manövriert hatte. In ihr wurden schon von Anfang an die Zeichen für diese Wende gesetzt. Kurz nach Beginn des 1. Bildes heißt es:

BARBLIN   Ist's wahr, Hochwürden, was die Leute sagen?
               Sie werden uns überfallen, die Schwarzen da drüben [. . .]
PATER   Wer sagt das?
BARBLIN   Peider, der Soldat.[10]

Ähnlich dann in den Zeugenstatements (ab dem 2. Bild), die auf die Katastrophe am Schluß sich beziehen und die so neben der stofflichen Bewältigung zugleich die Ganzheit des Werkes gegen die dramaturgische Disparatheit sichern sollen.

Neben der dramatischen Fabel wird bereits ein zweiter Erwartungshorizont auf die Katastrophe hin geschaffen und motiviert, ab der Wende im 9. Bild wird dieser dann von der Prophetie und Angst Andris und der auf die Katastrophe hin orientierten Handlung ausgefüllt. Das parallel zur dramatischen Fabel der vorangegangenen Bilder und ihres Spannungsmoments bereits antizipierte zweite Spannungsmoment kommt nun zur Entfaltung und treibt das Geschehen der Katastrophe zu: die "Schwarzen" marschieren ein, um des Juden habhaft zu werden und um ihn am Pfahl zu exekutieren. Um dann wieder abzuziehen! Die Andorraner fügen sich (Can wird vom Soldaten Peider gefügig gemacht), bleiben passiv, und mit Hilfe Peiders, der nun Handlangerdienste für die "Schwarzen" verrichtet, wird Andri ergriffen und als Andorraner, Nicht-Jude und Halb-"Schwarzer" und zugleich als Jude aus Konfession seinem Schicksal zugeführt.

Im 9. Bild, dem Knotenpunkt des Stückes, springt die Relativierung der Figuren auf eine verinnerlichte Gesetzmäßigkeit ins Auge, deren Ausdruck an der Oberfläche das vorurteilhafte Verhalten ist. Am Bekenntnis Andris wird die Entsprechung dieser innerlichen Gesetze und des äußeren Verlaufs der folgenden Ereignisse sichtbar, die dann nur noch bestätigt zu werden braucht. Es ist zugleich die Affirmation dieser Gesetze und ihrer Allgegenwart, die es nicht erlaubt, den bescheidenen "Entwurf" Andris in ihr zu beheimaten, da er ihrer Absolutheit widerspräche. Einzig der gescheiterte Rebell Can widersetzt sich dieser Affirmation und wird zu ihr gezwungen. Er tut dies allerdings aus anderen Motiven: mit seiner Geschichte vom geretteten Judenkind hob er nicht nur sich, sondern auch Andri über die

10 ibid. S. 10.

andorranische Wirklichkeit. Aber auch für sie gab es eine Rolle im System Andorras, eine Rolle, die ihn nun mit ihren Konsequenzen einholt.

Gleichzeitig mit der Relativierung auf einen Hintergrund, der — wie es schien — von der dramatischen Fabel bloß verdeckt war, wird der Bezug des Stückes auf den Epiker deutlich. Indem der Blick von der Miniatur Modell-Andorras auf den historisierenden, sie umgebenden Raum gerichtet wird, wird aufgehoben, was vorher noch als Widerspruch zwischen Thematik und dramatischer Verarbeitung hatte erscheinen müssen. Die doppelte Gegenwart der Bühne (die erzählende Gegenwart der Statements und die vergegenwärtigte der Szenen) spiegelt genauso die aktuelle Gegenwart des Hier und Heute, wie sie Vergangenheit und Zukunft spiegelt. Sie ist Ausschnitt aus einem Kontinuum, in dem die Menschen wie die Bühnenfiguren nach einer gegebenen Partitur ihre Rollen spielen. Es existiert kein Außerhalb dieses Kontinuums — die starren, ontologischen Strukturen sind im Innern des Menschen und seinem sozialen Zusammenleben versenkt. Der letzte metaphysische Schimmer ist an diesem Knotenpunkt erloschen. In *diesem Sinne* stehen die Figuren als pars pro toto: das Stück als Facette der unwandelbaren Realität, als *Modell.* Keine soziologische Konstellation, die sich zur Wirklichkeit erweitern ließe, wie Karasek meint,[11] sondern auf entscheidende Züge verdichtetes Ausschnittbild der Realität, mit dem diese erschlossen wird.

In diesem Sinne auch wurde im Vorangehenden schon einschränkend von scheinhaftem zwischenmenschlichem Bezug und dem Schein der historischen Bewältigung gesprochen. Denn in der sichtbaren Position des Epikers sind die Widersprüche beseitigt, die sich auf den ersten Blick auftaten. Während die Motivik und die epische Klammer der Zeugenstatements für den Zusammenhalt der auseinanderstrebenden Teile des dramatischen Körpers sorgen, bewirkt die ontologische Sicht der Realität, mit der die Gesetze des Innern und des Sozialen zusammenfallen, den inhaltlichen Zusammenhalt.

Dabei darf allerdings der schillernde Charakter dieser Klammer nicht übersehen werden. Häufig wurde von der Forschung ins Spiel gebracht, daß gerade sie ein Strukturmittel des Epischen Theaters Brechts sei, das von Frisch in *Andorra* angewandt wurde, um das Publikum zur analytischen Arbeit einzuladen.[12] Es stimmt zwar, daß die Zeugenstatements das Stück als *episches* Mittel umgreifen, aber wohl kaum im Sinne des Epischen Theaters

---

11 Hellmuth Karasek: Max Frisch. Velber (= Friedrichs Dramatiker des Welttheaters 17) [5]1974; S. 81.
12 Vgl. z.B. Pütz l.c. S. 42 und Adelheid Weise: Untersuchungen zur Thematik und Struktur der Dramen von Max Frisch. Göppingen (= Göppinger Arbeiten zur Germanistik 7) 1972; S. 162. A. Weise geht sogar so weit, festzustellen, daß Max Frisch alle (!) Strukturmittel des epischen Theaters dazu verwende, seine eigene Wahrheitssuche zu der des Publikums zu machen.

Brechts. Denn offensichtlich tragen sie nicht dazu bei, die kritische Distanz herzustellen, die den Raum für die analytische Arbeit (bezogen auf den gesellschaftlichen 'Unterbau' des Stückes) schafft. Im Gegenteil, sie unterstreichen und intensivieren die dramatische Zielstrebigkeit des Stückes, tragen zum Ausfüllen der Bühne durch das Geschehen bei, anstatt Raum zu schaffen zum Verweilen und Prüfen des Vorgeführten.

Wenn auch zunächst der Eindruck entstehen mag, daß das Stück erinnernd-illustrativ aus der Perspektive der Zeugen an der Rampe in Szene gesetzt wird, so zeigt sich doch, daß die Szenen nicht aus ihrer Perspektive zusammengesetzt sind. Die Statements stehen im Kontrast zur Szene. Sie tragen subjektiven Charakter, während dem gegenüber die Szenen für das Publikum objektiven, dokumentarischen Charakters sind. Das ist insofern von Bedeutung, als die Statements nicht Teil eines Gerüsts der thematischen Objektivierung des Bühnengeschehens sind. Dies wäre in einer Gerichtsszene gegeben, in der das subjektive Statement im Zuge der Wahrheitsfindung beurteilt würde. Die thematische Objektivierung ist vom *Zuschauer* vorzunehmen. Er wird in die Rolle des Beurteilenden, des Richters versetzt, der die "Aussagen" der Zeugen an der Rampe mit dem kontrastiert sieht, was auf der Szene dokumentiert wird. Er verfolgt das Geschehen und seine subjektive Spiegelung, die beteuernden Rechtfertigungen an der Rampe. Er betreibt so Schritt für Schritt Wahrheitsfindung. Der Zeuge tritt aus dem Bühnenraum, in dem er Subjekt (und später Objekt der "Schwarzen") ist und wird zum Objekt des Zuschauers, der die Situation des Gerichts *imaginiert,*[13] an dessen Richtertisch er sitzt.

Dies ist zweifellos ein Vorgang, in dem sich der Epiker offenbart, der diese Konstellation herstellt. Aber aus zwei Gründen ist er nicht episch im Brechtschen Sinne. Der kumulative Spannungseffekt, der aus der Gegenläufigkeit von Statements und Szenen erwächst, sorgt nicht für kritische Distanz des Zuschauers zum Stück, sondern läßt die Statements in den Sog des Bühnengeschehens geraten, damit aber auch den Zuschauer, der das ganze Stück als Gerichtssituation imaginativ vollzieht. Der also nicht in die nötige Distanz zur Beurteilung und Wertung versetzt, sondern illudierend einbezogen wird. Dies gemahnt eher an das Verfahren eines Kriminalstückes als an kritische Vergangenheitsbewältigung. Dabei ist es im Grunde unerheblich, ob die Statements an der Rampe ad spectatores abgegeben werden[14] oder nicht. Nicht nur, daß in beiden Fällen der Zuschauer als Zuschauer

---

13 Bei der Zürcher Uraufführung begannen die Zeugenstatements noch mit "Hohes Gericht," außerdem war ursprünglich eine feste Zeugenschranke vorgesehen. Vgl. Max Frisch: Notizen zu den Proben. In: Materialien zu Max Frischs *Andorra* (vgl. Anm. 5); S. 51. Und ferner im selben Band: Collage I: Mühe mit *Andorra*. Zur Entstehungsgeschichte des Stückes. S. 31.
14 Vgl. Pütz l.c. S. 42. Es ist zu vermuten, daß die direkte Anrede des Publikums als "Hohes Gericht" unbeabsichtigt komisch wirkte.

angesprochen wird. Der Zuschauer betreibt aktiv die Wahrheitsfindung – ganz im Rahmen des Stückes allerdings – und sein "Urteil" mag die Feststellung sein, daß sich eigentlich nichts in den Köpfen der Zeugen getan hat, seit "damals." Was sich hätte tun sollen und warum die Zeugen, die ja keine Angeklagten sind, von Schuld sprechen, bleibt im Dunkel.

Andorra ein weiteres Lehrstück ohne Lehre also? Die Feststellung von Peter Pütz, daß das Stück Nichtbewältigung zeigen wolle, ließe sich ganz in diesem Sinne zynisch auslegen. Denn das Stück dürfte eher jenem Genre der Bewältigungsliteratur verhaftet geblieben sein, das treffend mit dem Terminus des 'hilflosen Antifaschismus' belegt wurde. Mehr noch: das, was spielerisch Geschichte hätte bedeuten müssen, ist im "Modell" um seine Bestimmtheit gekommen und hat sich in unbestimmter Ausweitung selber aufgehoben. Und das, was als Negation der Zustände in Modell-Andorra hätte verstanden werden können, die Bühnenfigur des Lehrers Can, ist zur grausigen Karikatur auf einen gescheiterten Lokalrebellen und Intellektuellen herabgekommen. Ein Wrack, dessen Ideen und Vorstellungen an der Intransigenz der andorranischen Realität abgeprallt sind und sich in sich selbst verschlissen haben. Er, dessen Rolle um die Lüge gerankt ist, mit der er seine aufklärerische Position in Andorra hatte verbessern wollen, steht mit seinem Schicksal als Menetekel: als Denunziation aller Versuche, die wirkliche Welt so zu gestalten, daß dies, was ihr in Andorra vorgehalten ist, beendet wird. Nicht die neue Utopie einer besseren Zukunft wird präsentiert,[15] sondern ein Zustand, der im Grunde keine Gegenwart kennt, weil er immer schon bestand und bestehen wird – schwarze Prophetie.

(3)

Hans Wysling und Peter Pütz legten 1975 Arbeiten vor, in denen sie skizzierend und kritisch wertend den Stand der *Andorra*-Forschung zusammenfaßten.[16] In Wyslings Arbeit wird der Versuch unternommen, die verschiedenen, divergierenden Deutungsansätze zur Synthese zu bringen. Er kommt dabei zu dem erstaunlichen Ergebnis, daß Frisch in *Andorra* nicht weniger als fünf verschiedene Dramentypen durcheinander- und ineinander-

---

15 Vgl. Wolfgang Frühwald und Walter Schmitz: Max Frisch. Andorra/Wilhelm Tell. Materialien, Kommentare. München/Wien (= Reihe Hanser Literatur-Kommentare 9) 1977; S. 45.

16 Hans Wysling: Dramaturgische Probleme in Frischs *Andorra* und Dürrenmatts *Besuch der alten Dame*. In: Leonard Forster und Hans-Gert Roloff (Hrsg.): Akten des V. Internationalen Germanisten-Kongresses Cambridge 1975. Bern/Frankfurt am Main 1976; S. 425–431. Nachdruck in: Materialien zu Max Frischs *Andorra* (vgl. Anm. 5); S. 133–142 (zu Max Frisch: S. 133–136; zusammenfassend zu Frisch/Dürrenmatt: S. 139–141). Zu Pütz vgl. Anm. 3.

laufen lasse. Zu dieser Analyse gelangt er, indem er jeweils einige formale und inhaltliche Elemente des Stückes anführt, von deren Vorhandensein er auf verschiedene Dramentypen schließt. Diese wiederum entsprechen fünf verschiedenen Instanzen, die von Frisch angerufen werden und seine verschiedenen Ansätze zur Weltdeutung zeigen. Da sich keine der Instanzen aber konsequent durchzusetzen vermöge, komme es zum dramaturgischen Synkretismus.

Bei näherer Prüfung der Beispiele dieser Arbeit ergibt sich jedoch ein anderes Bild. So stellt er etwa fest, daß mit dem Auftreten der Senora im 8. Bild wie in Ibsens *analytischen Dramen* die Vergangenheit hereingeholt werde. Die Vergangenheit, oder besser das vergangene *Ereignis,* steht in *Andorra* jedoch in einem *funktionalen* Zusammenhang zum gegenwärtigen Geschehen auf der Bühne, in dessen Mittelpunkt Andri steht. Nicht in einem *analytischen* Zusammenhang wie bei Ibsen, bei dem die Gegenwart nur den Anstoß gibt, um die Vergangenheit selbst heraufzubeschwören, um deren Darstellung es dann geht. Das vergangene Ereignis (Can hat seinen Sohn Andri als angenommenes Judenkind ausgegeben) ist in seinen Konsequenzen voll vergegenwärtigt. Dies zeigt sich an der sich wandelnden Reaktion der Andorraner auf Andri als vermeintlichen Juden und an der Liebesgeschichte zwischen Andri und Barblin, seiner Halbschwester. Das vergangene Ereignis erfährt in der Gegenwart eine neue Dimension in dem sich steigernden Antisemitismus der Andorraner, mit der Heiratsabsicht von Andri und Barblin und im drohenden Einmarsch der "Schwarzen." Dies bringt Can in eine Situation, in der er zur Entscheidung gezwungen ist. Diese neue Dimension ist es, die thematisiert wird, und nicht die analytische Vergegenwärtigung der Vergangenheit. Auch in der Vordergrundszene vor dem 9. Bild, in der Can mit der Senora — Andris Mutter — konfrontiert ist, geschieht dies nicht. Der Abstand zu dem zwanzig Jahre zurückliegenden Ereignis ist im Geschehen, in das die Senora hineintritt, völlig aufgehoben. Sie selbst muß mitansehen, wie ihr Sohn verprügelt und verletzt wird. Ihre Frage an Can — "Warum hast du diese Lüge in die Welt gesetzt? " — rührt aus dieser gegenwärtigen Situation der Mißhandlung und Einkreisung Andris und ist keine "ibsensche Frage." Und Can zehrt nicht in sich versunken von der Lebenslüge. Seine Lüge ist zur Wahrheit geworden, die ihn real umgibt.

Auch an den übrigen Schlußfolgerungen ließe sich zeigen, wie prekär die Gleichsetzung von Elementen des Stücks mit bestimmten Dramentypen ist. So etwa, wenn der Pfahl, von dem Can im 1. Bild spricht, "wie in der *griechischen Tragödie"* Orakelcharakter annimmt. Allerdings trete der von der Dramaturgie der antiken Tragödie geforderte Durchbruch des Numinosen nicht ein! Oder, wenn aus epischen Elementen (= Brecht!) im Stück das Anrufen der Instanz der Gesetze der Ökonomie und Soziologie gefolgert wird. Die fragwürdige Methode des Heraustrennens einzelner Elemente aus der Ganzheit des Werkes und ihre isolierte Betrachtung muß fragwürdige

Ergebnisse zeitigen. Das Kurzschließen dieser Elemente mit Dramentypen, Drameninstanzen und Instanzenpluralismus der Welt Max Frischs, über den er sich nicht mehr im klaren sei, vermögen denn auch kaum zu überzeugen.

Der Aufsatz von Peter Pütz ist der Versuch der Umpolung der germanistischen Auseinandersetzung mit *Andorra* von der Problematik der Bewältigung der nazistischen Vergangenheit auf die der Nichtbewältigung. Mit diesem Versuch sollte der Blick freigemacht werden für einen Hauptaspekt des Stückes: das antisemitische Vorurteil als *Beispiel* für Charakter und Ausmaß des Vorurteils überhaupt. Ein "Anfängerkurs in der Beschäftigung mit dem Phänomen Vorurteil" also, kein "Antiantisemitismus"-Stück.[17] Damit wurde *Andorra* aus dem Schußfeld der Kritik gerückt, die die bewältigende Verarbeitung des historischen Vorwurfs in Thematik, Form und Aussage des Stückes an der historischen Faktizität mißt.

Exemplarisch hierfür dürfte Durzaks kritische Auseinandersetzung mit dem Stück stehen,[18] in der plausibel die thematischen Diskrepanzen vor dem Hintergrund der nazistischen Judenverfolgungen herausgearbeitet werden. Diese Kritik übersieht allerdings, daß die historische Faktizität von ihrer phänomenologischen Seite her lediglich der Ausgangspunkt eines interpretierenden Vorgangs ist, der zum Stück hin führt. In diesem Vorgang wurden die realen historischen Ereignisse entkonkretisiert, ihnen ihr Materialcharakter genommen. Eine Deutung wie die Durzaks mag diesen Vorgang wiederherstellen, läuft aber Gefahr, das Spezifische der Fiktion aus dem Auge zu verlieren. Bei *Andorra* besteht das Spezifische ja gerade darin, daß dort in den Vorurteilsstrukturen Zusammenhänge aufgezeigt werden, die zwar im nationalsozialistischen Antisemitismus und seinen Folgen ihren konkreten Ausdruck fanden, mit ihnen aber nicht identisch sind. Denn diese Strukturen sind zur überzeitlichen Gegenwart stilisiert. Dies brachte Helmut Krapp 1962 bereits zustimmend zum Ausdruck, als er sagte: "Antisemitismus also nicht als bezeugtes Faktum, als das er austauschbar wäre [!], sondern als Metapher: das scheint die Voraussetzung dafür zu sein, daß seine Darstellung mit künstlerischen Mitteln möglich wird, ohne auf ein bloßes Zitat der empirischen Wirklichkeit hinauszulaufen."[19]

Noch die bittere Einschätzung Durzaks, daß *Andorra* einen Akt der Gewissensbereinigung in modellhafter Allgemeinheit vorführe,[20] krankt an dem benannten Mangel. Das Ergebnis der Interpretation historischer Realität, die sich zum Stück nur noch illustrierend verhält, läßt keinen Raum für die Begründung moralischer oder historischer Schuld, deren Darstellung

---

17 Vgl. die Einschätzung der Rezeption im Nachwort von Walter Schmitz zu: Über Max Frisch II. Frankfurt/Main (= edition suhrkamp 852); S. 537–559; hier: S. 551.

18 Durzak l.c. S. 219–230.

19 Helmut Krapp: Das Gleichnis vom verfälschten Leben. In: Über Max Frisch II (vgl. Anm. 17); S. 301 (Nachdruck eines Artikels von 1962).

20 Durzak l.c. S. 221.

überhaupt erst Gewissen affizieren könnte. Wenn von Gewissensbereinigung überhaupt die Rede sein kann, dann deshalb nur, weil das Stück als Ganzes letztlich Geschichte entzeitlicht und damit die Möglichkeit der Schuldbegründung *entfernt*. Auch im Determinismus, der den ersten Fabelstrang zusammenschließt, ist diese Möglichkeit verneint. Und die Schuldbeschwichtigung an der Rampe, die ihren vollen Sinn erst in der Schlußszene erfährt, hinterläßt dann nachträglich eher den Eindruck ironischer Zwiespältigkeit.[21] Und noch in der vehementen Fürsprache fürs Stück, etwa in den Deutungen von Frühwald und Frühwald/Schmitz, wird Schuld in Schuldrelationen "im lebendigen Raum des menschlichen Miteinander" überführt und paralysiert. Wobei Schuld zudem nicht ethisch, sondern im Kern erkenntnistheoretisch abgeleitet wird.[22] Hinzu kommt, daß mit der Thematisierung des Bühnengeschehens in den Zeugenstatements das Publikum ins Richteramt gedrängt wird. Die Gewissenbereinigung als Effekt also bereits dramaturgisch verankert wäre — wenn es um sie ginge.

In der kritischen Abrechnung mit der Kritik an *Andorra* läßt Pütz das Vorurteil in den Mittelpunkt der Beschäftigung mit dem Stück rücken. Die (sozio-)psychologische Deutung auf der Basis des Vorurteils ist der gemeinsame Nenner dieser Arbeit und des umfassenden Deutungsversuches von Frühwald und Schmitz. Allerdings bleibt Pütz mit seinem psychologischen Ansatz zurückhaltender und hält am Zeitstück fest. Die Lehre, die er in *Andorra* ausgedrückt sieht, besteht im Aufzeigen der Gefahr, die im Fortbestehen gesellschaftlichen Rollenzwanges weiterschwelt. In seiner Warnung, daß sich das Drama "um der Zukunft willen verbittet [. . .], nur als ein Stück Vergangenheit betrachtet zu werden,"[23] impliziert er den möglichen, bewußten Eingriff, der diesen Zustand beseitigt. Damit erliegt er einer doppelten Gefahr. Nicht nur, daß der deutsche Faschismus geschichtsklitternd und verharmlosend auf zwanghaftes, vom Vorurteil geprägtes Rollenverhalten reduziert wird. Er widerspricht auch der gerade noch von ihm festgestellten Überzeitlichkeit und Unabänderlichkeit, die das Stück meint in dem, was es darstellt.

Bereits 1966 hatte Frühwald in seiner Deutungsskizze eine psychologisch orientierte Untersuchung vorgelegt, die sich vor allem auf den psychologischen Kern der Vorurteilsproblematik konzentrierte. Das Neue dieser Untersuchung bestand darin, daß sie von zwei Deutungsschichten ausging.

---

21 Die Inszenierung von Peter Palitzsch in Stuttgart versuchte gerade diesem Eindruck entgegenzuwirken. Vgl. Winfried Wild: *Andorra,* als Lehrstück mißverstanden. In: Materialien zu Max Frischs *Andorra* (vgl. Anm. 5); S. 214–218; hier S. 217.

22 Wolfgang Frühwald: Wo ist Andorra? Zu einem poetischen Modell Max Frischs. In: Über Max Frisch II (vgl. Anm. 17); S. 305–313; hier S. 312. Zur Problematik der Ableitung der Schuld vgl. Abschn. 4 des vorliegenden Beitrages.

23 Pütz l.c. S. 43.

Während die erste Deutungsschicht die Schuld der Andorraner ins Zentrum rückt, wird in der zweiten die Kernproblematik des Stückes gesehen, die es aus der Bewältigungsliteratur der fünfziger Jahre als "einem zur Kolportage erstarrenden Themenkreis" ausbrechen lasse. Das Bildnis des Juden, das Andri zu seinem Leben mache, sei sein Eingriff in das Leben des Vaters und der Andorraner. Andri zwinge die Mörder in die Auswegslosigkeit ihrer Schuld. Vielleicht hätten die Andorraner in Wahrheit nicht gewollt, daß Andri ihnen die Möglichkeit der Wahl entziehe: dies sei die paradoxe Schuld des Verratenen an der Schuld der Verräter und sei der tragische Konflikt der Tragödie *Andorra*.[24] Die Mörder tragen nicht die Alleinschuld, auch der Ermordete ist an seiner Ermordung schuldig, indem er das "Bildnis des Juden" annimmt. Damit aber heben sich Vorurteil ("Bildnis") der Verfolger und das Vorurteil des Verfolgten in dieser Konsequenz in ihrem Antagonismus auf.

Von hier ist es nicht weit zu dem Schritt, der das Stück im Äther der Zeitlosigkeit beheimatet. Hatte Krapp schon davon gesprochen, daß die Hinrichtung Andris das Gericht über Andorra sei, in dem wir alle leben, mit all unseren tödlichen Vorurteilen, so präzisiert Frühwald diesen Gedanken: "Wenn aber in diesem Stück nicht in Einzelfällen zu denken ist, wenn es nicht um die Schuld des Einzelnen oder einer Gruppe von Menschen geht, sondern ausschließlich um Schuldrelationen, [. . .] dann ist *Andorra* nicht allein, wie die Kritik annahm, [. . .] Zeitmodell, sondern auf dem Umweg über das Modell einer historisch fixierbaren Zeit, Modell der Wirklichkeit. *Andorra* heißt das Stück, denn auch Andri ist Andorraner von Geburt und Gesinnung. 'Andorra' aber, das sind wir, das ist diese unsere Welt."[25]

Im Ansatz Frühwalds scheinen in der Psychologie die geeigneten Kategorien für eine Deutung des Modells Andorra bereitzuliegen. Dieser Ansatz wird im späteren Band von Frühwald und Schmitz ausgebaut und um die Problematik des "Bewußtseinstheaters" ergänzt. Dieser Schritt scheint seine Berechtigung in der Notwendigkeit zu erfahren, die Integrität und Koheränz des Stückes im Thematischen und Dramatischen herzustellen.[26] Das Konzept des "Bewußtseinstheaters" beseitigt den Gegensatz, der im Bruch zwischen der dramatischen Fabel und ihrer kaum plausiblen Koinzidenz mit dem objektiven, äußerlichen Ereignis (von der dramatischen Fabel her gesehen) der Besetzung und Judenverfolgung zum Ausdruck kommt. Das Implausible dieser Koinzidenz wird durch die lückenlose Kontinuität der Handlung deutlich, die den ersten Fabelstrang auszeichnet. Diese Kontinuität der Handlung stellt zwar die Einheit der Zeit und des Ortes her, korreliert

---

24 Frühwald l.c. S. 308 und S. 311.
25 ibid. S. 312.
26 Vgl. Frühwald/Schmitz l.c. S. 81. Dort heißt es: "[. . .] in der Perspektive der Sozialpsychologie jedenfalls [!] ist das Modell stimmig."

aber nicht mit der Thematik. Es bedarf keines Hinweises, daß die Entwicklung vom "existentiellen Entwurf" Andris bis zur Judenschauszene in dieser Raffung unglaubwürdig erscheint. Mit der Raffung wird sozusagen der epische Stoff um den Preis der Plausibilität dramatisch getrimmt. In dem Moment jedoch, in dem die Schlußszenen als Spiel von veräußerlichten Bewußtseinsinhalten aufgefaßt werden, ergibt sich ein schlüssiger thematisch-zeitlicher Zusammenhang mit dem Vorangegangenen. Die terroristischen Elemente des Bewußtseins der Andorraner treten in Erscheinung und zeigen sowohl den Determinismus der Andorraner als auch die Konsequenzen dieser Bewußtseinsinhalte.

Der Überzeugungskraft dieser Konzeption – dem Kernstück des "Bewußtseinstheaters" – fehlt nur eines: die im Stück begründete Evidenz. So wie dies etwa in Strindbergs *Damaskus*-Trilogie ("Ich weiß nicht, ob es ein anderer ist oder ich selbst," heißt es am Anfang) oder in Arthur Millers *Der Tod des Handlungsreisenden* (Verwirrung des Dialogs durch die erinnerte Anwesenheit eines Dritten und das Gespräch des Erinnernden mit ihm) der Fall ist. Die Besatzer werden von allen Bühnenfiguren wahrgenommen, ihre Faktizität im Spiel durch nichts untergraben. Und in den Zeugenstatements wird direkt oder indirekt auf sie Bezug genommen. Die handfesten Hinweise auf den andorranischen Nachbarn, die "Schwarzen" und die von ihnen ausgehende Invasionsgefahr, sprechen ebenso gegen diese Auffassung, wie das Erscheinen der Senora, die zu Beginn des 9. Bildes sagt:

Ich muß. Ich bin eine von drüben, du hörst es, wie ich sie verdrieße. Eine Schwarze! So nennen sie uns hier, ich weiß [. . .][27]

Folgerichtig müßte auch sie, die Mutter Andris (!), als Bewußtseinsinhalt zu verstehen sein. Auch der Parabel vom geretteten Judenkind wäre der Boden entzogen. Und Passagen wie zum Beispiel die folgenden ergäben keinen Sinn:

PATER   [. . .] Haben sich hierzulande nicht alle entrüstet über die Schwarzen da drüben, als sie es trieben wie beim Kindermord zu Bethlehem, und Kleider gesammelt für die Flüchtlinge damals? [28]

WIRT   [. . .] Ein Judenkind, das unser Lehrer gerettet habe von den Schwarzen da drüben, so hats immer geheißen [. . .][29]

Die Worte des Wirts werden nicht in der Szene gesprochen, sondern sind Teil seines Zeugenstatements an der Rampe!

27 *Andorra,* S. 79.
28 ibid. S. 10.
29 ibid. S. 24.

Auch die Schlußfolgerung, die aus Frischs Anmerkung zu den Kostümen der "Schwarzen" gezogen wird,[30] vermag nicht einzuleuchten. Konkreten Anklängen hätte die Fiktionalität der Fabel (überflüssig zu betonen, daß *Andorra* kein Dokumentarstück ist) und die intendierte Allgemeinheit der Aussage entgegengestanden. Auch die im Anschluß hieran von Frühwald und Schmitz angeführte Stummheit der "Schwarzen" und das von ihnen befohlene Verhüllen der Gesichter mit schwarzen Tüchern dürfte die abstrahierende und stilisierende dramaturgische Umsetzung konkreter Reminiszenzen sein, für die das Gleiche gilt, wie für die Kostüme der "Schwarzen." Schließlich wurden gerade an dieser Stilisierung oft genug die Einwände einer Kritik festgemacht, die von der Bewältigungsproblematik ausging. Diese dramaturgische Umsetzung läßt die Andorraner und "Schwarzen" in ein Verhältnis treten, das den *Eindruck* des Ausgeliefertseins, der Ohnmacht und des Numinosen zum Äußersten steigert.

Der Versuch von Frühwald und Schmitz, die thematische und dramatische Disparatheit des Stückes in der Deutung aufzuheben, wobei formale "Fragilität" durchaus zugestanden wird,[31] ist ebenso problematisch wie die Relativierung der Aussage des Stückes auf den Zuschauer. Hier hilft der wirkungsästhetische Kunstgriff des Rekurses auf einen imaginären Rezipienten aus. In jenem werde evoziert, was das Stück selbst nicht bietet.[32] Dem ontologischen Determinismus im angemessenen Kostüm der psychologischen Deutung tritt ein Zuschauer gegenüber, der die unverwirklichten Möglichkeiten erkennt, die doch im Stück verborgen antizipiert sein müssen, und sich damit den Weg zu neuen Zielen und zukünftigen Erfahrungen eröffnet. Das heißt aber, daß dem Rezipienten ein Ort außerhalb des im Stück abgebildeten zugewiesen wird. Der metaphysische Ort also, an dem der Autor die dargestellten Zusammenhänge durchschaute und hilflos im Stück bekannte.

Die wirkungsästhetische Absicherung zeitigt in ihrer Einengung auf die kurze Wegstrecke zwischen Werk und Rezipient und dem so begründeten

---

30 Vgl. Frühwald/Schmitz l.c. S. 51, die sich in diesem Zusammenhang auf die Autorität des Autors Frisch berufen: "Wer an dieser Absicht des Autors noch zweifelt, dem gibt Max Frisch selbst noch einen kostüm-symbolischen Hinweis [. . .]" Ein Hinweis Frischs wie der folgende dürfte zeigen, warum *er* solche Anklänge vermieden wissen wollte: "Ich meine nicht die SS — nicht weil ich sie schonen oder die Verbrechen verharmlosen wollte [. . .] aber was in *Andorra* geschieht, das könnte sich überall ereignen, wenn die Voraussetzungen gegeben sind. So sind die exekutierenden Soldaten denn auch anonym, ohne Sprache. Sie sind nicht nur ein Teil der NS-Vergangenheit." (zitiert nach: *Collage II:* Enttäuschte Hoffnung?) Über Absicht, Dramaturgie und Wirkung von *Andorra*. In: Materialien zu Max Frischs *Andorra* (vgl. Anm. 5); S. 54. Die Liste ließe sich weiter fortsetzen. Vgl. in derselben Zusammenstellung von Äußerungen und Briefstellen: S. 59f., S. 60ff.
31 Vgl. Walter Schmitz: Neun Thesen zu *Andorra*, l.c. S. 146.
32 Vgl. Frühwald/Schmitz l.c. S. 73.

totalen Relativismus zudem den vorteilhaften Effekt, jede Kritik am Stück präventiv abwehren zu können. Durzaks massiver wie durchdachter Einwand der ästhetischen Unverbindlichkeit beispielsweise wird lakonisch mit dem Hinweis ins Abseits befördert, daß beim jetzigen Stand der wirkungsgeschichtlichen Forschung ein solch abschließendes Urteil nicht gefällt werden könne.[33]

(4)

Der Ansatz der psychologisierenden Deutung des Stückes in Frühwalds Aufsatz wurde später im Band von Frühwald/Schmitz zum Rahmen ausgebaut, der sich von der Darstellung des "Bewußtseinstheaters,"[34] der Psychoanalyse als Literatur zur Verkündung einer neuen Utopie erstreckt. Es soll damit einem Mangel Abhilfe geschaffen werden, der noch bei Wyslings zusammenfassender Deutungsskizze zutage trat, nämlich daß diese paradigmatisch Positionen von Forschung und Kritik spiegele, die gegen die raffinierte Literarisierung der Psychoanalyse und gegen die konsequente Weiterentwicklung des "Bewußtseinstheaters" unempfindlich geblieben seien.[35] Dabei fühle sich Max Frisch, wie die Verfasser berichten, durchaus der Aufklärungstradition Deutschlands und der Schweiz verpflichtet, auch wenn er Lessings Lösung der Vorurteils-Problematik im *Nathan* nicht akzeptiere.[36] Dies deshalb nicht, weil für den "spät Geborenen" die Geschichte eine vernichtende Antwort auf Lessings Toleranz-Modell gegeben habe. Sie fordere damit von einer neuen, sich als *aufklärerisch* verstehenden Literatur andere Erklärungen, eine *neue Utopie*.[37]

Diese Weiterentwicklung des "Bewußtseinstheaters" ist nach Frühwald/Schmitz in zweifacher Hinsicht zu sehen. Einmal in der Fortführung und Differenzierung des Brechtschen Schemas des "Bewußtseinstheaters,"[38] wobei es allerdings nicht um die politische Schule des Schauspielers ("lernend zu lehren")[39] und die Dialektik als Erkenntnisprinzip gehe, sondern um die "theatrale Anregung," die Stilistik, die von Brecht entliehen und in diesem Stück angewandt werde. Doch auch jenes Erkenntnisprinzip scheint sich unter der Hand als psychologische Anregung zu entpuppen. Denn das Bewußtsein — bei Brecht in "Segmenten eines Bewußtseins," bei Frisch in "typischen Bewußtseinshaltungen gegeneinandergesetzt"[40] — wird

33 ibid. S. 81.
34 ibid. S. 48—56 (Abschnitt über das "Bewußtseinstheater").
35 ibid. S. 45.
36 ibid.
37 ibid.
38 ibid., S. 53. Auf S. 52 heißt es bereits, daß Brechts *Maßnahme* "die letzte, vielleicht sogar entscheidende Quelle für das Bewußtseinstheater des Max Frisch" sei.
39 ibid. S. 53.
40 ibid.

auf derselben, nämlich ausschließlich psychischen Ebene befindlich begriffen. Damit kann schlicht festgestellt werden, daß Frisch das Personal *Andorras* bewußtseinsmäßig so differenziert habe, daß das stilistische Prinzip wechselseitiger Spiegelung auch hier erkennbar werde.[41]

Zum anderen ist die Weiterentwicklung des "Bewußtseinstheaters," an dessen Konstitution gleichermaßen "psychologische und theatrale Anregungen" beteiligt sind,[42] im Hinblick auf Frischs dramatische Produktion selbst zu sehen. Die "Bewußtseinsreise" als leitendes Thema auch seines erzählenden Werkes[43] erhellt nicht nur, was es mit der "Bewußtseinsszene" auf sich hat, sondern darüber hinaus auch den *Begriff* des Bewußtseins, der hier gemeint ist. In einer solchen "Entdeckungsreise" wird die Höhle des Bewußtseins entdeckt und hinabgestiegen ins individuelle und kollektive Unbewußte.[44] In *Andorra* sei dann die dramaturgische Funktion einer solchen "Bewußtseinsreise" erfolgreich in der "Bewußtseinsszene" erprobt: "Bildnisse und Vorurteile [lösen sich] aus dem Bewußtsein der Andorraner und materialisieren sich in den schwarzen Mördern;" und "sie sind stumm, weil sie keine eigenständigen Bühnenfiguren, sondern bloße Bewußtseinsinhalte sind."[45] Um dies zu verdeutlichen, wollte Frisch bei der Uniform der Schwarzen jeden Anklang an die Uniformen der Vergangenheit vermieden wissen, da ihr Symbolname an die Symbolfarbe der urschweizerischen Meistererzählung Jeremias Gotthelfs erinnern solle, in der es um die Symbolisierung der im Menschen und seiner Natur angelegten satanischen Möglichkeiten gehe.[46] Allerdings werde in der dramaturgischen Umsetzung von Bildern und Begriffen in *Andorra* "nicht das Satanische dem Alltäglichen gegenübergestellt," wie bei Gotthelf, "sondern die Dämonie in der Banalität zur Erscheinung gebracht."[47]

Hier stellt sich die Frage nach der Wechselbeziehung zwischen der Bewußtseinskonfiguration in der "Bewußtseinsszene" zu den anderen Szenen und den die das Stück umgreifenden Zeugenstatements an der Rampe. Im Verständnis dieser Konzeption ließe sich daraus schließen, daß das ganze Stück letztlich durch den Dualismus von eigenständigen und nicht-eigenständigen Bühnenfiguren (bloßen Bewußtseinsinhalten) geprägt wird. Und damit zugleich durch die Vorurteile der eigenständigen Bühnenfiguren und durch ihre letztendliche Konsequenz, die Tat (von materialisierten Bewußtseinsinhalten begangen!) — Fortführung ihres Rollenverhaltens als illusionäre

---

41 ibid. S. 54.
42 ibid.
43 ibid. S. 50.
44 ibid. S. 51. Frühwald/Schmitz ziehen hier das "Höhlengleichnis" aus Frischs Roman *Stiller* heran.
45 ibid.
46 ibid. S. 50f.
47 ibid. S. 51.

Verdeutlichung. Die mit den eigenständigen Bühnenfiguren (durch Sprache konstituiert und charakterisiert),[48] dargestellten Vorurteile manifestieren sich im Wort, in der Phrase als dem Gefäß ihrer Vorurteile, so wie sie selbst Gefäß des Vorurteils seien.[49]

Dieser Dualismus läßt sich als in der übergreifenden Konstruktion der Zeugenstatements strukturiert verstehen, die im Stück eine ständig wirksame Gegenbewegung hervorruft. Die Aussagen der Zeugen verweisen vom zweiten Bild an auf den Schlußteil des Stückes, die "Bewußtseinsszene." Die "Bewußtseinsszene" aber verweist nach vorn, motiviert die Statements der Zeugen und führt zum vorgezogenen Hinterfragen des Handlungsablaufs, da sie Vergangenes vergegenwärtigt, das sich – für den Zuschauer – noch gar nicht abgespielt hat. Derart wird auch die Zuspitzung auf das Problem der Konsequenz erreicht. Eigentlich ist schon alles geschehen, das Ganze wird nochmals szenisch aufgerollt, diesmal vor den Augen des Zuschauers und der Andorraner. Sie waren vorher ausgeschlossen und partizipieren nun im Gericht, als Mitschuldige wie als Zeugen involviert.

In der Ausrichtung auf die "Bewußtseinsszene," wie sie die antizipierenden Zeugenstatements bewirken, entsteht so ein Spannungsmoment, das sich durch das ganze Stück bewegt und im Höhepunkt am Schluß aufgehoben wird. Die aufklärerische Tendenz erweist sich in der Konfrontation eines durch das Stück näher bestimmten Verhaltens mit seinen Konsequenzen und ist integraler dramaturgischer Bestandteil des Szenarios. Die jeweiligen Zeugen, als Schuldige per Distanz reflektierend, blicken individuell und in summa – wie die Zuschauer auch – in die "Höhle des Bewußtseins" (in die sich die Bühne durch die erwähnte Konstruktion verwandelt), womit die "vierte Wand" sich hinter den Zuschauer schiebt. Die Schuldigen – Zeugen wie Zuschauer – unternehmen eine "Bewußtseinsreise," blicken von Szene zu Szene in der "Bewußtseinshöhle" umher. –

Mit dieser Interpolation könnte das Stück als frappante dramatische Konzeption verstanden werden.[50] Aber wie ist die Reise beschaffen, die die

48 ibid. S. 50.
49 Auf die Fragwürdigkeit der Auffassung von der literarischen Konzeption der objektiven Welt durch Sprache kann hier nicht eingegangen werden. Sie läuft auf die Negierung des Abbildcharakters der sprachlichen Zeichen hinaus. Auch nicht darauf, daß der Anspruch des Modells auf aktuelle Gültigkeit von den "sprachlichen Hauptquellen des Textes," nämlich der Bibel, Büchner und Brecht hergeleitet wird. Daß die Verfasser – und hier folgen sie Frisch – Merciers Worte in *Dantons Tod* als die Ansicht Büchners ausgeben, spricht für sich (vgl. S. 59 und S. 50). Vgl. auch Heinz Kamnitzer: Die große Kapitulation. In: Das Testament des letzten Bürgers. Essays und Polemiken. Berlin/Weimar 1973; S. 233–242.
50 Auf Aufbau und Struktur und ihr Verhältnis zum Inhalt des Stückes wird von Frühwald/Schmitz nur beiläufig eingegangen, obwohl doch der Band laut Vorspann als Musterkommentar für den Literaturunterricht an Schulen und Hochschulen gedacht sein soll.

Zeugen vor den Schranken eines imaginären Gerichts antreten? "Tatort und Tat sind ihm unbewußt gegenwärtig; er tritt vor den Spiegel seines Gewissens, aus der Dämmerung des Unterbewußtseins in das helle Licht seines Schuldbewußtseins."[51] Zur nachträglichen Überraschung des involvierten (aber doch wohl zu Passivität und Schweigen verurteilten) Zuschauers reproduzieren die Verantwortlichen ihr Rollenverhalten ungehindert.[52] Es fragt sich hier, was helles Licht des Bewußtseins oder gar Schuldbewußtsein bedeutet. Scheint es doch so, daß bestenfalls eine "schwache Laterne"[53] leuchtet, stellen sie doch ihre Schuld in Frage, relativieren sie und schaffen sie aus der Welt. Die eingeblendeten Zeugenaussagen, die nach Frühwald/ Schmitz das Stück zum Gleichnis gegenwärtigen Bewußtseins wandeln,[54] seien bloßer Reflex der Nichtbewältigung. In diesem Hinweis ist das Verhältnis des Zuschauers zum Stück, deutlicher noch: die ihm zugewiesene Rolle innerhalb des Wirkungshorizonts klar thematisiert. In dem bewußt angelegten Widerspruch zwischen aufklärerischer Tendenz und evidenter Nichtbewältigung der Vergegenwärtigung des Geschehens (der eingeschobenen Zeugenstatements) öffnet das Stück dem Rezipienten eine gleichsam abgelöste, für sich stehende Vollzugsebene. Der Zuschauer (Zeuge/Andorraner) wird auf allein dieser Ebene angesprochen, die aufklärerische Tendenz vollends zu ihm verschoben. Er wird damit aber auch notwendig zum Parteigänger des Widerspruchs zwischen dramaturgisch verankerter Aufklärungstendenz und der Stoßrichtung des Stückes, in dem die Antizipation einer veränderten, besseren Zukunft nicht angelegt ist, da es Wirklichkeit zeigt, wie sie *ist*. Das Überprüfen von Realität am "Entwurf einer imaginierten Welt"[55] bleibt somit in sich selbst befangen, da die Imagination aus Realität selber sich konstituiert, deren Geschichtlichkeit und Vergänglichkeit, damit aber auch deren Veränderbarkeit verneint wird. Denn das Stück erzähle in der Geschichte der Andorraner die *stereotype* Geschichte menschlichen Bewußtseins.[56] Auch die Konfiguration von "Bewußtseinsinhalten" in der "Bewußtseinsszene" ist ja nicht als fiktive, drohende Möglichkeit, sondern im Entwurf einer imaginativen Welt aus der Faktizität der Wirklichkeit als dem Wirkungsfeld "satanischer" psychischer Kräfte abstrahiert, modellhaft deren Abbild.

Dem Zuschauer wird so in "produktiver Einbeziehung" aufgebürdet, was an der Rampe nicht vorgeführt wird und auch nicht vorgeführt werden will: er soll in einer Art Bewußtseinsschau das Licht seines Intellekts über die

---

51 Frühwald/Schmitz l.c. S. 48.
52 ibid. S. 29.
53 ibid. S. 51.
54 ibid. S. 29.
55 ibid. S. 72.
56 ibid. S. 73.

Bühne und damit über das, was die "Bewußtseinswelten bevölkert,"[57] strahlen lassen. Er verwandelt sich zum Analytiker, gar Psychoanalytiker, wenn er aufklärerischen Gewinn davontragen will. So ist es nur folgerichtig, wenn Frühwald/Schmitz feststellen, daß der Gedanke der Veränderbarkeit, aus dem Stück entfernt, im Zuschauer durch dessen Einbeziehung erwacht.[58] Das ganze Stück stelle so das alltägliche Verhalten des Zuschauers infrage und evoziere über die stumme Frage nach der Veränderung individuellen Bewußtseins die Frage nach der Veränderbarkeit der Welt.[59]

So war es, so ist es – wird es immer so sein? Diese "stumme Frage" wird an das individuelle Bewußtsein des Zuschauenden gerichtet. Ein Bewußtsein, das sich verändern soll, weil es die Wirklichkeit so nicht sah, wie sie ist und wie sie sich in Modell-Andorra spiegelt. Sie wird an ihn herangetragen als ethischer Appell, als Begehren nach Toleranz. Diese Frage ist an das Stück und seine Interpreten zurückzugeben: ist auf dem vorgeführten Fundament der Psychologismen – der totalen Fixierung der handelnden Personen auf *eine*, das heißt *ihre* Rolle als Zustand unserer Realität[60] – ein Gebäude der Toleranz zu errichten? Wie sieht der *ethische* Rahmen aus, den das Stück umreißt und von dem aus sich für den Zuschauer die Perspektive auf eine neue Toleranz eröffnet, von der angeblich die Zeit Lessings nicht einmal zu träumen wagte?[61] Oder ist es nicht vielmehr so, daß der Hinweis auf jene Form-Inhalt-Dichotomie, die den Appell einer neuen Toleranz enthalte und aus der sich das überdimensionierte Toleranzbegehren ergebe, sich als das verlegene Bekenntnis der Aporie erweist, das die Verfasser ablegen, um wenigstens so, im formalen "gattungs-poetischen Perspektivismus"[62] mit dem Befund der formalen Heterogenität auf die Aufklärung des anonymen Zuschauers spekulieren zu können? Klägliche Karikatur von Aufklärung also?

Ist im Bandabschnitt 'Bildnis und Vorurteil in existentieller Sicht' unter Verweis auf die rigorose Anwendung der "Bildnistheorie" noch davon die Rede, daß sich die Schwierigkeit, ethische Richtlinien und existentielle Grundbefindlichkeit miteinander zu versöhnen verschärfe und daß *Stiller, Homo faber* und *Andorra* dieses Problem umkreisen und verschiedene Lösungen testen,[63] so wird später zu dieser Problematik nichts berichtet, was über diese Feststellung hinausginge. Dies ist umso bedauerlicher, als einerseits dort festgestellt wird, daß konsequent angewandt die Bildnistheorie sich selbst aufhebe und darüberhinaus die Forderung, nicht dem Bildnis zu

---

57 ibid.
58 ibid.
59 ibid.
60 ibid. S. 68.
61 ibid.
62 ibid.
63 ibid. S. 39.

verfall, der Liebe den Alltag entziehe und sie zur zeitfreien Harmonie reduziere, die sich gegen die Wirklichkeit nicht behaupten könne.[64] Andererseits ermögliche Frisch durch das Ausnehmen der Liebe von der *"Sünde* des Bildnis-Machens" die ethische Wertung, womit die Erkenntnistheorie sich in eine Morallehre verwandele, deren erster und einziger Imperativ 'Du sollst dir kein Bildnis machen!' laute. Denn: "Jedes Bildnis schädigt den Menschen in seiner Freiheit."[65]

Das Problem der "Versöhnung" wird umgangen mit dem Hinweis, daß gegenüber dem existentialistischen Glauben an die Möglichkeit der Wahl und damit an die letzte Freiheit des Subjekts Frisch die Macht gesellschaftlichen Zwangs behaupte.[66] Wenn hierin ein Ergebnis der Auseinandersetzung Frischs mit dem Existentialismus besteht (in *Andorra* werde das Fehlen einer Soziallehre problematisiert[67]), so hebt diese Soziallehre, die den Determinismus gesellschaftlichen Zwangs beinhaltet, die Existenz-Ontologie aus den Angeln. Die "reine Subjektivität" wird nicht nur eingeschränkt,[68] sie wird aufgehoben, der Mensch *gesellschaftlich-sozial* festgelegt.

So sind denn die Voraussetzungen des existentiellen Mit-Seins durch die "heillose Situation in *Andorra"* − Modell unserer Wirklichkeit − durchbrochen und zerstört, einer Wirklichkeit, an der auch die Idylle des individuellen Lebensentwurfs Andris scheitert. Dieser Zustand wird als nicht vorübergehend bestimmt, da das Drama "Organon der Geschichte," der stereotypen Geschichte menschlichen Bewußtseins zugleich sei.[69] Wie dies möglich sei, lehre nicht mehr Sartres Existenz-Ontologie, sondern die Sozialpsychologie.[70] Die Sozialpsychologie als Soziallehre erklärt die "heillose Situation" in Andorra, wobei gerade diese Erklärung die Existenz-Ontologie als naiv-idealistische Konstruktion ad absurdum führt.

Der *gesellschaftliche* Zwang in seiner individuellen und sozialen Dimension ist als *psychischer* bestimmt, bei dessen faktenmäßiger Erfassung die "Affinität" von Max Frischs "Bildnistheorie" zur Stereotypenlehre hilfreich zur Seite springt.[71] Mit Hilfe dieser "Affinität" machen Frühwald/Schmitz in

---

64 ibid.
65 ibid.
66 ibid. S. 41.
67 ibid. S. 136, Anm. 27.
68 ibid. S. 37.
69 ibid. S. 41 und S. 73.
70 ibid. S. 41.
71 ibid. S. 43. *Andorra* behandelt ja nicht den Mechanismus des Vorurteils in Hinblick auf seine individuelle Entstehung, sondern in seiner sozialen Wirksamkeit. So ist es auch zu verstehen, wenn Frühwald schon in seinem Aufsatz vom Vorurteil des Antisemitismus als tradiert und lebend spricht. Also von seinem psychologisch erklärten Vorhandensein ausgeht und nicht von der spezifisch historischen, äußerst unterschiedlichen Entstehung. Von hier ist es nicht weit zu der prekären, ahistorischen Feststellung, daß die Juden von der Realität *ihres* "Bildes" durch alle Zeiten und Länder gejagt werden (vgl. S. 61).

ihrer Interpretation die Gleichung Bildnis — Vorurteil — Rolle (+ Rollenverhalten + Rollensprache) — Schuld auf, deren Elemente austauschbar sind und die denselben, psychologisch erklärten Kern haben. Aber es ist nicht nur so, daß die modellhaft gespiegelte Wirklichkeit, "der Zustand unserer Realität," psychologisch erklärt wird, sie wird *deterministisch* erklärt und dargestellt. Die Gesetzlichkeit des Bildnisses, des Vorurteils, der Rolle — in der zeitlichen Dimension als "stereotype Geschichte des Bewußtseins" begriffen, in das "dämonische" Kräfte ihre Hälse hineinrecken — ist eine naturhafte Gesetzlichkeit, die keinem Wandel unterworfen ist. Dieses primär gesetzte psychische Naturgesetz setzt die "ethische Wertung" außer Kraft, die "Morallehre" erstirbt in seiner Fatalität. Schuld des Einzelnen oder von Gruppen, in "Schuldverflechtung," der "Interdependenz der Stereotype, die unsere Bewußtseinswelten bevölkern"[72] schon verflüchtigt, könnte nur begründet werden, würde die *totale* Fixierung in der Rolle nicht bestehen. Sondern könnten diese und ihr Gesetz als historisch-konkrete, damit vergängliche und veränderbare sichtbar gemacht werden — im Kontext der objektiven Wechselbeziehungen des Menschen einer spezifischen gesellschaftlichen Formation.

Frischs "moralischer Imperativ," den Zeugenstatements als dünnes Gewand noch umgehängt, steht so auf tönernen Füßen. Sie sind zwar aus ihrem *Zeitbezug* (dem "Umweg über das Modell einer historisch fixierbaren Zeit") heraus verständlich. Aber wie konnten die "Zeugen" das vergegenwärtigte Geschehen der Vergangenheit bewältigen, wenn sein Ablauf als allgegenwärtiger und überzeitlicher "Mechanismus des Vorurteils" unbewußt, automatisch-reflektorisch vor sich ging? Es ist im Prinzip ein widerspruchsfreier Prozeß, in dem der verändernde Eingriff des Menschen, die Lehre also, die es zu ziehen gilt, keinen Platz hat. Die "Realitätselemente," die unter dem Mikroskop des Modells angeblich in ihrer Verzerrung *erkennbar* werden, sodaß der Gedanke der Veränderbarkeit aus dem Stück herausgenommen und dem Zuschauer überantwortet werden konnte,[73] werden eben in ihrer Verzerrung, ihrer "Befremdlichkeit," *nicht* nach ihrer beherrschbaren Seite hin vorgestellt, sodaß sie aus *bekannten* zu *erkannten* werden könnten.[74] Der Zuschauer wird so "in eine fatalistische Stimmung dem vorgeführten Schicksal gegenüber gebracht."[75] Und der Rekurs auf den Zuschauer — dessen Beschaffenheit von Frühwald/Schmitz ohnehin im Amorphen belassen wird — erweist sich als eine in das Pathos der Aufklärung eingetauchte hilflose Geste.

72 ibid. S. 73.
73 ibid. S. 72f.
74 Vgl. Bertolt Brecht: Schriften zum Theater. Hrsg. v. S. Unseld. Frankfurt/Main;
    S. 178.
75 ibid., Bd. V, S. 323.

Der Höhenflug des "Menschheitsdramas" endet derart im seelischen Naturalismus, mit einigen brechtschen Formalien garniert. Führte er doch letzten Endes in die Agonie bürgerlichen Theaters – nicht zu einer "neuen Utopie" –, zur bedeutsamen Koinzidenz von Weltanschauung und Struktur. Sollte denn die vorgeführte säkularisierte Sündenlehre mehr sein als ein aufklärerisch-verzagtes Lamento über das Wolfsgesetz des entfremdenden Bildnisses, aus dem der Zuschauer/Leser betäubt und erleichtert entlassen wird? Stehen sie, die "spät Geborenen," doch in der ungebrochenen, naturgegebenen Genealogie von Kain und Abel (die "Personen wechseln, die Ereignisse kehren wieder"[76]), und Auschwitz war eine überdimensionierte, unausweichliche Neuinszenierung der Tradition jenes alttestamentarischen Brudermordes.

(5)

Auf den ersten Blick scheint sich *Andorra* thematisch wie inhaltlich einzufügen in die Phase der Herausbildung einer Literatur, die Ende der fünfziger und Anfang der sechziger Jahre die Entwicklung hin zum 'Wirtschaftswunder' und zur 'nivellierten Mittelstandsgesellschaft' in den Kategorien der Rollentheorie gesellschaftskritisch zu verarbeiten suchte. Thematisch war der erneute Versuch literarischer Bewältigung der national-sozialistischen Vergangenheit verknüpft mit dem Unbehagen und der Kritik am aktuellen Zustand – die Bewältigungsproblematik als Infragestellung des Bestehenden und seiner verdrängten Voraussetzungen. Und inhaltlich war das Bild der Gesellschaft charakterisiert als System von aufeinander abgestimmten Rollen, die im entfremdenden und entfremdeten Diktat des gesellschaftlichen Rollenspiels zwanghaft ablaufen.

Die Modellgesellschaft Andorra und der dort herrschende Rollenzwang, die den einzelnen wie das Kollektiv in seinem Verhalten prägen,[77] ließen sich so bei oberflächlicher Betrachtung der Konstituenten des Modells einordnen in ein weltanschauliches Syndrom jener Jahre, das über die Literatur hinausreicht, in der affirmativen Theorie der Sozialforschung seinen kohärenten Ausdruck fand[78] und sich noch bis in die aufkeimende Studentenbewegung verfolgen läßt, die sich vornahm, die verhärteten und manipulativen Rollenstrukturen der Gesellschaft aufzubrechen.

Die rollentheoretischen Implikationen dieses Syndroms erlaubten es, die Fortexistenz der alten Klassengesellschaft zu negieren, gleichzeitig aber die offenbare Herrschaftsstruktur der bestehenden Verhältnisse als "nivellierte

---

76 Frühwald/Schmitz l.c. S. 62.
77 Vgl. auch Pütz l.c. S. 39f. und S. 43.
78 Vgl. beispielsweise die Aufsatzsammlung von Helmut Schelsky: Auf der Suche nach Wirklichkeit. Düsseldorf/Köln 1965.

Mittelstandsgesellschaft" zu bejahen. Eine Herrschaft allerdings, die nun lediglich noch als Attribut verschiedener, durch Sachzwänge hervorgerufener und aufeinander wirkender Rollenfunktionen begriffen wurde.

In Frischs *Andorra* scheint der Befund dahingehend modifiziert, daß diese Rollenmechanik von der Vergangenheit in die Gegenwart perpetuiert erscheint,[79] die terroristische Dimension der Gesellschaft im Räderwerk der Rollen kontinuierlich und universell fortbesteht. Dem entspräche, daß die Figuren des Stückes vorübergehend ihre *dramaturgische* Rolle verlassen, in dem aber, was sie sagen, demonstrieren, daß sie ihre *soziale* Rolle nicht eingebüßt haben.[80]

Bei näherer Prüfung des Modells und seiner Konstituentien ergibt sich jedoch ein anderes Bild. Es ist nicht das Bild, das unter dem Mikroskop des Modells Realitätselemente einer gnadenlosen Welt in ihrer Verzerrung erkennbar werden läßt,[81] sondern ein Dorf, ein Potemkinsches Dorf, dessen Zweidimensionalität aus dem Gerippe eines Sozialgefüges collagiert ist. Die Berufe im Vordergrund des Handlungsgeschehens — Tischler, Soldat, Lehrer, Wirt, Pfarrer und Arzt, um die wichtigsten zu nennen — sind nur umrißhaft in ihrer idyllisch-beschränkten Subsistenz gezeichnet. Diese Zeichnung verzichtet auf jede gesellschaftliche Tiefenperspektive, die allein das soziale Verhalten der Figuren verstehbar präsentieren könnte. Die Verkettung des Verhaltens im Modell Andorra bewegt sich auf dem Geleis der Rollen linear fort und versteht sich fraglos aus sich selbst heraus. Diese naive Existenz der sozialen Rollen und ihrer Mechanik gibt nur einen brüchigen Begründungszusammenhang für die einzelnen Etappen des Geschehens ab. So wie die Rollen der übrigen Andorraner an sich bestehen, so besteht auch Rolle und Bildnis des Juden, das ja offensichtlich so verschiedene Berufe und Personen verbindet und in das Andri doch dann mühelos hineinschlüpft, an sich. Auch wenn (außer vielleicht der verkrachten Existenz des Arztes) offensichtlich keiner der vorgeführten Andorraner überhaupt eine direkte Begegnung mit Juden aufweisen kann. Jeder empirische Bezugspunkt, sowohl in bezug auf das Sozialverhalten der Figuren als auch für eine "negative" Rollenfixierung, ist somit der Imagination und der Initiative des Rezipienten zugespielt.

Die andeutenden soziologischen Verweise, die auch Pütz in diesem Zusammenhang gibt, indem er etwa von gesellschaftlichen Faktoren spricht, die das Subjekt in seinem Verhalten prägen,[82] sind in der Tat von außen herangetragen und verdeutlichen eher noch den Mangel des Stückes. Nämlich das Modell einer Gesellschaft darstellen zu wollen, deren Komponenten derart verdünnt sind, daß der Entstehungs- und Begründungszusammenhang

---

79 Vgl. Pütz l.c. S. 41f.
80 ibid.
81 Frühwald/Schmitz l.c. S. 72f.
82 Pütz l.c. S. 39.

dessen, was sich in ihm abspielt, nicht einmal erahnbar wird.[83] Auch das kurzzeitige Abweichen Andris von der Linearität der Handlung vermag daran nichts zu ändern. Sein in der "Rollendistanz" skizziertes Klischee vom "einfachen Leben" — zum existentiellen Entwurf stilisiert und erhöht, der bereits in der Literatur des Expressionismus zum Scheitern verurteilt war — wird ins Rollenklischee des todesmystisch-trotzigen Juden überführt.

Ist es also das Gemeinsame von Frischs *Andorra* und anderen literarischen Werken dieser Zeit,[84] daß die in ihnen gestalteten Menschen scheinbar ihre wirklichen Verhältnisse abstreifen, daß lediglich die sichtbaren Auswirkungen dieser Verhältnisse auf die Beziehungen der Menschen untereinander als Realität gesehen werden, so darf dies doch nicht einen fundamentalen Unterschied übersehen lassen, der Frisch aus diesem Kontext ausnimmt. Wenn mit der Rollenmetaphorik gesellschaftlicher Schein als Ersatz für die Wirklichkeit genommen wird, so besitzt der literarisch verarbeitete Schein jedoch noch in jener Literatur seinen Verweischarakter auf die Realität. Nicht so bei Frisch. Der Verweischarakter des Modells und seiner Typen mag vom Zuschauer hergestellt werden (kraft der Allgemeinheit des Vorgestellten, des Nirgendwann und Nirgendwo), geht dem Stück selbst aber ab. Die Rollenfunktionen sind nicht Attribut von Sachzwängen einer Gesellschaft, auf die das Modell verweist, sondern sie wollen zeitlose, universelle Gesetze bezeichnen und ermöglichen so die metaphysische Anbindung des Stückes.

Der Raum der andorranischen Gesellschaft, von den Typen des Dramas topisch abgesteckt, besitzt keine konkrete zeitliche und örtliche Dimension. Der konkret-historische Zeitbezug ist notwendige Implikation, bestenfalls noch kontingente Verkörperung jener Gesetze. Marianne Biedermann widerspricht sich denn auch, wenn sie anfangs feststellt, daß die Figuren mit ihren gesellschaftlichen Gruppenmerkmalen einen wesentlichen Zug moderner Industriegesellschaften widerspiegeln, dann aber bemängelt, daß eher eine Verwandtschaft zu Staaten (!) des 19. Jahrhunderts bestehe und es unmöglich sei, das Modell historisch und geographisch genau einzuordnen.[85] Noch die bescheidenen Hinweise auf moderne Technik, die eher als Anachronismen erscheinen (das Orchestrion etwa), konturieren eher eine rückwärtsgewandte Idyllik, als daß sie halbwegs glaubhaft für eine moderne Industriegesellschaft stehen könnten.

Das Aperçu Frischs, "das Stück ist nicht eine allegorische Illustration der Geschichte, sondern greift hinter die Geschichte"[86] bezeichnet sehr treffend

---

83 Vgl. Karasek l.c. S. 83. Ebenso M. Biedermann l.c. S. 88–90.
84 Etwa Gerd Gaisers *Schlußball,* Alfred Anderschs *Die Rote,* Erich Nossacks *Helios GmbH* und Martin Walsers *Halbzeit* können hier als Beispiele gesehen werden.
85 M. Biedermann: Politisches Theater oder radikale Verinnerlichung. In: Text und Kritik 47/48 (1975) S. 44–57; hier S. 51.
86 Zitiert bei Frühwald/Schmitz l.c. S. 19.

den Sachverhalt. So scheint denn dem Stück, das jede reale, konkret-historische Dimension entbehrt, einzig der psychologische Deutungsansatz beizukommen: der bewußten Zweidimensionalität der Parabel wird die Metaphysik als dritte Dimension angetragen, deren Perspektive die Psychologie hinter dem geschlossenen Vorhang der Geschichte absteckt.

Max Frisch nannte das Andorra des Stückes ein Modell – nicht das Stück selbst:

> Das Andorra *dieses Stückes* hat nichts zu tun mit dem wirklichen Kleinstaat dieses Namens, gemeint ist auch nicht ein andrer wirklicher Kleinstaat; Andorra ist der *Name* für ein Modell.

Trotz dieser eindeutigen Feststellung des Autors[87] folgen Frühwald/ Schmitz der gewollten Abgrenzung von den Parabeln Brechts, die eine Weiterentwicklung der Parabel zum "Modell" konstruiert.[88] Sie gehen, wie Hans Wysling, unausgesprochen von einer starren Formentypologie aus, mit deren Hilfe sich zwar aus dem so hypostasierten Widerspruch zwischen Form und Inhalt ein Perspektivismus der Form mechanisch trennend feststellen läßt, wo aber doch die Werkanalyse den integralen Zusammenhang zwischen beiden zu prüfen hätte. So kann es nicht verwundern, wenn selbst noch ihre Bestimmung des "Modells" als Wirklichkeits- und Erkenntnismodell[89] sich keineswegs in Widerspruch zu der von Brechts Parabel, ja zum Drama überhaupt befindet.

Auch wenn Frisch es vermieden hat, das Stück *Modell Andorra* zu nennen, weil Modell "ein Modewort des Literaturgeredes" werden würde,[90] so hat das spätere Mißverständnis doch eine relative Berechtigung. Soll doch trotz einer gewissen *formalen,* oberflächlichen Verwandtschaft mit Brecht, der bewußten Übernahme stilistischer Elemente,[91] der *inhaltliche* Unterschied in der Gestaltung des Stückes und die qualitative Differenz in der Aussage hervorgehoben werden. Auch dann noch, wenn Frischs *Andorra* (wie die anderen Parabeln) durchaus keinen neuen Typus des Dramas der Nachkriegsepoche darstellen. Die Hauptseite des Unterschieds zu Brechts Parabeln ist denn auch zunächst *inhaltlich* zu bestimmen: trotz der Übernahme von formalen Mitteln und Techniken, trotz stilistischer Verwandtschaft ist ihre Anwendung und Wirkungsweise der der Brechtschen

87 *Andorra,* S. 4 (Hervorh. v. Verf.). Vgl. dagegen Frühwald/Schmitz l.c. S. 19f. (hier Frischs Äußerungen selbst in ihrem Kontrast zu den Ausführungen von Frühwald/ Schmitz). Vgl. außerdem Max Frisch: Anmerkungen zu *Andorra.* In Materialien zu Max Frischs *Andorra* (vgl. Anm. 5); S. 41 (Der Name).
88 Vgl. Karasek l.c. S. 81.
89 Frühwald/Schmitz l.c. S. 72f.
90 Brief Max Frischs an S. Unseld v. 27.1.60. Abgedruckt in: Materialien zu Max Frischs *Andorra* (vgl. Anm. 5); S. 27.
91 Vgl. dazu auch die Ausführungen Frischs in: Materialien zu Max Frischs *Andorra* (vgl. Anm. 5); S. 64.

Parabel qualitativ entgegengesetzt. Die Weltanschauung, die Metaphysik Frischs, die im *Werkganzen* des Stückes Gestalt annimmt, fordert ihren Ausdruck im Formalen, ohne allerdings eine neue Form zu begründen, wie dies Frühwald/Schmitz annehmen. – Formal betrachtet scheinen die Zeugenstatements etwa ein verfremdendes, nichtillusionistisches Strukturelement des Stückes zu sein, das die Nichtidentität von Stück und Wirklichkeit und das Modellhaft-Parabolische akzentuiert hervortreten läßt. Damit wäre dem Stück die Möglichkeit gegeben, sich als theatralisches Geschehen vorzuführen. Womit der Zuschauer instand gesetzt würde, der Aufführung distanziert und wertend gegenüberzutreten, die Illusion über das, was sich in den Szenen abspielt, aufzuheben und so die Wertung für *bewußtes* Verhalten in der Realität zu erschließen. Hatte Brecht bei der Anwendung von Verfremdungs-Effekten etwa die Veränderbarkeit des Menschen selbst im Auge, so wies er doch auch darauf hin, daß sie auch dazu dienen können, die unerklärliche Seite der Dinge und ihre Unbeherrschbarkeit zu zeigen.[92]

So besehen ist es kein Zufall, daß Frisch in der letzten Fassung von *Andorra* die Gerichtsszenen entschärft (die Andorraner treten nun nur noch als Zeugen auf) und die Zeugenstatements abgedreht vom Publikum abgeben läßt. Er kommt auf diese Weise dem Widerspruch zwischen Effekt und Vermitteltem zuvor: daß in den Bildern selbst die Passivität und die ausdeterminierte Stellung des Menschen in der andorranischen Modellgesellschaft gezeigt wird, während in diesem Strukturelement die Aufforderung zu kritischer Distanz und zum Erkennen vermeidbarer Ursachen dem gegenübergestellt worden wäre. Des nicht-illusionistischen Effekts bar, ist dieses Mittel nun imstande, die Illusion des Zuschauers zu verstärken, ihn dem Bühnengeschehen suggestiv preiszugeben.

Die durch die Zeugenstatements erzeugte Gegenläufigkeit, die sich steigernden Spannungsmomente, aus der sich der Rezipient nicht lösen soll, zerren ihn zwar auf die Bühne,[93] aber eben durch das "Schlüsselloch." So bleibt das Hinterfragen des Bühnengeschehens und seines Bedeutungsgehalts in ihm verfangen. Und noch das Pfahlsymbol (ursprünglich als chorisches Element vorgesehen[94]), das visionär eingeführt wird und von der dramaturgischen Funktion her unergründliches und fatalistisch determiniertes Sein der andorranischen Gesellschaft fühlbar macht, trägt dazu bei, dem Zuschauer die Sicht der Dinge aufzudrängen, die sich hinter der "vierten Wand" abspielen, die nur scheinbar und auf den ersten Blick beseitigt war.

Die Furcht von Frühwald/Schmitz, aber auch anderer Interpreten, daß Frischs *Andorra* in allzu großer Nähe zu Brecht und seinem epischen Theater

92 Bertolt Brecht *Schriften zum Theater* 3. 1933–1947. Frankfurt/M. 1963; S. 188f.
93 Vgl. Pütz l.c. S. 42.
94 Max Frisch: Notizen von den Proben. In Materialien zu Max Frischs *Andorra* (Vgl. Anm. 5); S. 43–53; hier S. 47f.

gesehen werden könnte, dürfte unbegründet sein. Trotz der eingestandenen formalen Verpflichtung *Brecht* gegenüber vermag das Stück nicht dem Schicksal zu entgehen, als Ganzes zum plakativen Weihespiel zu gerinnen. So transportiert es den Rezipienten aus seiner eigenen Wirklichkeit, dispensiert ihn der Aufgabe einer konkreten Anwendung – und stößt letztlich ins Leere.

RICHARD THIEBERGER

Andorra — nur ein Modell?

Zu jedem Werk gibt es zumindest drei verschiedene Zugänge. Man kann versuchen, es in seinem Entstehungsprozeß zu erfassen, indem man den Autor unter die Lupe nimmt, seine Epoche, die Einflüsse, unter denen er stand und die Absichten, die er etwa verfolgte. Ebenso aufschlußreich ist es, von der Wirkung auszugehen, den Leser, den Hörer, das Publikum bei der Aufnahme des Werks zu beobachten (Rezeptionsforschung). Die Ergebnisse sind hier natürlich zeit-, ort-, und milieubedingt. Die dritte Methode besteht darin, den Text — unabhängig von seiner Herkunft und Bestimmung — zu untersuchen, sich jede Rückschau auf die Konzeption und jede Vorschau auf die Rezeption des Werks zu untersagen (werkimmanente Interpretation).

Bei Texten, die sich ausdrücklich als *Modell* darbieten,[1] empfiehlt es sich, diesen ihren Modellcharakter durch eine solche nur auf den Text beschränkte Betrachtung vorhand zu überprüfen. Versuchen wir also, uns zunächst auf den Mars zu begeben, wo man mit Begriffen wie "Andorra" oder "Jud" a priori nichts anfangen kann. Ihr Inhalt muß sich aus dem Stück ergeben. Auf der Grundlage dieser von ihrem Wirklichkeitshintergrund sozusagen "abgelösten" Betrachtung werden wir dann versuchen, Frischs *Modell*stück in den weiteren Kontext der Literatur seiner Zeit vergleichend einzuordnen und zu Ansätzen einer neuen Deutung vorzustoßen.

* * *

Die Handlung spielt sich in einem nicht näher bestimmten Land ab. Sein Name sei Andorra. Seine Bewohner haben eine Vorliebe für die weiße Farbe. Sie "weißeln das Haus ihrer Väter" vom Aufgehen des Vorhangs an und befürchten einen Überfall ihrer mächtigen, übermächtigen Nachbarn, die sie einfach "die Schwarzen da drüben" nennen, die "neidisch sind auf unsre

---

1 Frischs Vorbemerkung lautet bekanntlich: "Das Andorra dieses Stücks hat nichts zu tun mit dem wirklichen Kleinstaat dieses Namens, gemeint ist auch nicht ein andrer wirklicher Kleinstaat; Andorra ist der Name für ein Modell." (S. 200) Dieses und alle weitern Zitate aus *Andorra* nach Max Frisch: *Stücke* Bd. II; Frankfurt/M. 1969.

weißen Häuser."[2] Der bösen Nachbarn schwarze Panzer und Fallschirme sind für die Andorranerin Barblin ein wahrer Alpdruck. Die meisten Bewohner dieses kleinen Landes haben eine hohe Meinung von sich. Sie führen ihre exemplarischen Eigenschaften stets im Mund und scheuen vor keinem Eigenlob zurück. Jeder findet eine seinem Beruf angemessene Charakteristik. Für den Wirt sind sie "gemütliche Leut,"[3] die "ein altes und heiliges Gastrecht" hochhalten.[4] Für den Soldaten sind sie "nicht feig" und haben "keine Angst."[5] Der Tischler proklamiert: "hierzuland wird in andorranischer Eiche gearbeitet," unbeschadet des Umstands, daß der Stuhl, auf den sich seine Worte beziehen, aus Buchenholz ist.[6] Am buntesten treibt es in dieser Andorra-Anhimmelung (die man "Andorrerei" nennen könnte) der Doktor. Er, der Vielgereiste, behauptet, "jedes Kind in der Welt" wisse, daß Andorra "ein Hort des Friedens und der Freiheit und der Menschenrechte" sei.[7] An anderer Stelle erklärt er: "Der Andorraner ist nüchtern und schlicht [...], macht keine Bücklinge,"[8] oder: "Andorra ist ein kleines Land, aber ein freies Land. Wo gibt's das noch? Kein Vaterland in der Welt hat einen schöneren Namen, und kein Volk auf Erden ist so frei."[9] So ist seiner Ansicht nach auch kein Überfall der Schwarzen zu befürchten, "das ganze Weltgewissen" würde Andorra verteidigen: "Ein Volk wie wir, das sich aufs Weltgewissen berufen kann wie kein anderes Volk, ein Volk ohne Schuld."[10] So gipfelt sein Glaubensbekenntnis schließlich in dem sinnlosen Satz: "Andorra bleibt andorranisch."[11] Sein Gegenspieler, der Lehrer, sagt von ihm zutreffend, daß "er keinen Satz bilden kann ohne Heimat und Andorra."[12] Völlig grotesk wird diese Andorra-Sucht des Doktors, wenn er seinem Patienten und Versuchskaninchen einen Löffel in den Hals hält und dabei aus dem üblichen A-Sagen ein Andorra-Sagen macht, wobei der Vokal der ersten Silbe auf seinen Befehl mit zunehmender Lautstärke sich immer weiterdehnt.[13] Und wenn der Untersuchte, Andri mit Namen, mit dem Löffel des Doktors im Hals sein letztes und längstes "Andorra!" gesprochen

2 S. 203.
3 S. 208.
4 S. 257.
5 S. 214.
6 S. 224.
7 S. 256.
8 S. 230.
9 S. 231.
10 S. 258.
11 S. 291.
12 S. 235.
13 S. 229–231. Der Einfluß G. Büchners (Woyzeck) wird hier besonders deutlich. Vgl. dazu Dietmar Goltschnigg: Rezeptions- und Wirkungsgeschichte Georg Büchners. Kronberg/Ts 1975; S. 295–97, sowie den Beitrag Armin Arnolds im vorliegenden Band S. 297–311.

hat (die Länge wird typographisch durch 23 "a" gekennzeichnet – gegen 10, 7 und 4 die vorhergehenden Male), so fühlt sich der patriotische Mediziner zu folgender Bemerkung veranlaßt: "So ist's gut, mein Freund, so muß es tönen, daß jeder Jud in den Boden versinkt, wenn er den Namen unseres Vaterlands hört."[14]

"Jud" – das ist für uns, die wir keinerlei Vorkenntnisse besitzen, nach "Andorra" das zweite unbekannte Wort, das bald zum Schlüsselwort und Hauptthema dieses Theaterstücks wird. Im Lande Andorra gibt es ein Individuum der Kategorie "Jud." Allein der Doktor, von einem langen Aufenthalt im Ausland zurückgekehrt, weiß nichts davon. Und da er diese Spezies nicht gerade zu lieben scheint, macht er am falschen Platz diese antisemitische Bemerkung. Auf Andris erstaunte Frage beginnt er den "Jud" als Ehrgeizling und Besserwisser zu schildern. Erst Andris Adoptivmutter klärt ihn auf: "Andri ist Jud."[15] Vorläufig weiß sie es nämlich selbst nicht besser. Für den Wirt ist einer, der geldgierig ist, "wie der Jud."[16] Und so dekretiert auch der Soldat: "So'n Jud denkt alleweil nur ans Geld."[17] Außerdem behauptet er, Andri sei feig und gibt auf dessen erstaunte Frage die jeder Logik entbehrende Antwort: "Weil du Jud bist."[18] Der Pater drückt sich etwas schonungsvoller aus, kann aber nicht umhin, ihm zu sagen: "Andri, du hast etwas Gehetztes."[19] Außerdem erfahren wir, daß, falls die Schwarzen wirklich über die Grenze kommen, "jeder, der Jud ist, auf der Stelle geholt" wird.[20] Dagegen wird nach der erfolgten Invasion sofort verlautbart: "Kein Andorraner hat etwas zu fürchten."[21] Wer ein "Jud" ist, wird von einem sogenannten Judenschauer festgestellt: "Der hat den Blick. [...] Der riecht's. Der sieht's am bloßen Gang, wenn einer über den Platz geht. Der sieht's an den Füßen."[22] In der sehr eindrucksvollen Groteske des zwölften Bilds wird eine solche Judenschau vorgenommen, in deren Verlauf Andri schließlich ausgemustert, abgeführt und umgebracht wird.

Als Marsbewohner wissen wir nicht, was "ein Jud" ist. Aber wir stellen fest, daß es sich um ein Anders-Sein handelt (weshalb der Held denn wohl auch *Andri* heißt). Anders-Sein ist kein leichtes Los. Hier setzt Max Frischs soziologische Studie ein. Wie verhält sich die Gemeinschaft zu dem Anders-Gearteten? [23] Die Andorraner hatten die Verfolgung und Vertilgung

---

14 S. 231.
15 S. 232.
16 S. 208.
17 S. 213.
18 S. 214.
19 S. 249.
20 S. 205.
21 S. 279.
22 S. 293.
23 Verschiedene deutsche Dialekte verfügen über kräftige Ausdrücke, um den Unwill-
kommenen zu kennzeichnen: in Schwaben ist er der Roaagschmeckte = Reinge-

der Juden beim schwarzen Nachbarn entrüstet kritisiert. So war der Lehrer auf die Idee gekommen, das uneheliche Kind, das er von einer "Schwarzen" hatte, als jüdisches Flüchtlingskind auszugeben, zu adoptieren und so gewissermaßen als Wohltäter dazustehen, der ein ganz klein wenig von dem wieder gutmachte, was die bösen Nachbarn verbrochen hatten. In dieser Rolle fühlte er sich − besonders seiner Frau gegenüber − sicherlich wohler als in der des "außerehelichen" Vaters. Hier spielt die Oberflächenhandlung mit Groschen-Roman-Format hinein.[24]

Die Frau des Lehrers schöpft durch diesen Trick keinen Verdacht, aber er selbst verstrickt sich in die Lüge, die ihm später beim Einmarsch der Schwarzen zum Verhängnis werden wird. Das tiefere Problem des Stücks liegt jedoch in der Identität des Helden und in seinem und seiner Umgebung Verhalten zu dieser Identität: Urteil und Vorurteil, Eingriff der Außenwelt in die Innenwelt des Einzelnen. "Wir müssen uns selbst annehmen," sagt der Pater,[25] und gerade das will ihm Andri nicht zum zweiten Mal abnehmen, wenn der Geistliche ihm das erst eingeredete Judentum nun wieder ausreden will: "Andri − du bis kein Jud."[26] "Wie viele Wahrheiten habt ihr? ", fragt er ihn. Sein Standpunkt ist endgültig: "Euch habe ich ausgeglaubt."[27]

Natürlich wird hier die kategorische Einordnung eines Individuums in eine Gruppe ebenso energisch ad absurdum geführt wie die globale Verurteilung (Vervorurteilung!) irgend einer Gruppe. Dazu brauchen wir gar nicht unsere eigene Kenntnis der jüngsten Geschichte zu bemühen. Auch wer gar nicht weiß, was "ein Jud" ist, kann hier sehen, wozu ungerechte und unverschuldete Verfolgung führt. Je nach Zeit und Land kann für "Jud" in der Phantasie des Zuschauers eine andere Kategorie eingesetzt werden. Das Wort "Jud" wäre also durchaus durch ein anderes − mit weniger konkretem Inhalt − ersetzbar gewesen. Denn "der Zuschauer soll daran erinnert bleiben, daß ein Modell gezeigt wird, wie auf dem Theater eigentlich immer."[28] Das Modell kann sogar anonym gezeigt werden, wie es z.B. die Expressionisten mit Vorliebe taten.

* * *

schmeckte, in Bayern der Zuagroaste = Zugereiste, im Elsaß der Hergeloffene = Hergelaufene.

24 Dergleichen Stilelemente sind wohl zur Kennzeichnung des moralischen Niveaus der Protagonisten notwendig. Die ungenügende Motivierung (um nicht zu sagen: die Unstimmigkeiten in Andris 'unordentlicher' Geburt) ist mehrfach hervorgehoben worden, so auch von Hellmuth Karasek: Frisch. Velber bei Hannover (= Friedrichs Dramatiker des Welttheaters 17) ²1968; S. 82.

25 S. 252. Vgl. dazu Jean Murat: Max Frisch et le théâtre. In: Hommage à Maurice Marache. Paris 1972; S. 351−364. Weitere Literatur in: Max Frisch. Aspekte des Prosawerks (Anm. 65); S. 342−345.

26 S. 272.

27 S. 273. Die Neubildung "ausgeglaubt" ist Ausdruck der Erregung Andris.

28 S. 347.

In Arthur Adamovs gegen den Antisemitismus gerichtetem Stück *Alle gegen Alle*[29] fällt das Wort "Jude" überhaupt nicht. Die Verfolgten werden hier euphemistisch "Flüchtlinge" genannt. Ähnlich wie in *Andorra* wird ihnen eine physische Eigentümlichkeit zugeschrieben: dem Volksglauben nach hinken sie. Noch vor Aufgehen des Vorhangs hört man eine Rundfunkmeldung, am Stadtrand seien an verschiedenen Stellen von Flüchtlingen die Schaufenster eingeschlagen worden. Durch Arbeitslosigkeit spitzt sich die innenpolitische Lage zu. Die Regierung ergreift gewisse, vorläufig noch "milde" Maßnahmen gegen die Flüchtlinge.[30] Doch ist die Hauptfigur, der (hinkende) Flüchtling davon (noch) nicht betroffen. Denn — wie man ihm beruhigend versichert hat — es gibt Flüchtlinge und Flüchtlinge.[31] Er hat es verstanden, sich an seiner amtlichen Arbeitsstelle unentbehrlich zu machen. Die erste Szene, eine Straßenszene, führt den von der Menge gehetzten hinkenden Zenno mit seinem spätern Gegenspieler Jean zusammen, der ihn der Meute nicht verrät. Doch die Münzen, die ihm Zenno dafür, von Dank überströmend, geben will, läßt er voll Verachtung fallen: "Genier dich nur nicht! Klaub's auf! Na, worauf wartest du?"[32] In diesen Worten äußert sich die Verachtung Jeans für die allbekannte Geldgier der Flüchtlinge. (Genauso verhält sich der Soldat in *Andorra,* wenn er Andri das Geld aus der Hand schlägt und lacht: "So'n Jud denkt alleweil nur ans Geld."[33]) Jean hat Zenno wohl diesmal aus seiner peinlichen Lage geholfen, aber er macht kein Hehl daraus, daß er diese hinkenden Flüchtlinge nicht mag. Er wird arbeitslos und zum bedeutendsten Agitator der Antiflüchtlingsbewegung. Wir sehen auch hier von der sentimentalen Intrige ab, in deren Verlauf Zenno und Jean zu Rivalen um die Gunst desselben Mädchens werden. Durch Vermittlung von deren Mutter hat Zenno Gelegenheit, sich Jean erkenntlich zu erweisen. Der Zufall wollte es, daß diese Mutter, in ihrer "Anti"-Einstellung noch radikaler als ihr Sohn, ein Gebrechen hat: sie hinkt besonders stark. Andrerseits treten in diesem Stück auch Flüchtlinge auf, die nicht hinken. Nur Zennos Hinken entspricht den Erwartungen der Klischee-Gläubigen. Auch Adamov sucht das Vorurteil des Rassen- oder Gruppenhasses ad absurdum zu führen. Max Frisch hat ein einziges Exempel in den Mittelpunkt seiner Handlung gestellt: Andri, der kein Jude ist, wird als solcher betrachtet und behandelt, und hält überdies schließlich selbst daran fest. In *Alle gegen Alle* hinkt einer der Flüchtlinge tatsächlich, so wie es den Vorstellungen der "Antis" entspricht, die andern aber nicht. Außerdem

29 Uraufführung am Théâtre de l'Oeuvre, 14.4.1953.
30 Arthur Adamov: *Théâtre I.* Paris 1953; (S. 153). Alle Seitenangaben nach dieser Ausgabe.
31 S. 157.
32 S. 149. In diesen Worten äußert sich die Verachtung Jeans für die allbekannte Geldgier der Flüchtlinge.
33 S. 213.

hinkt noch dazu eine Frau, die nicht zu den Flüchtlingen gehört und sie übrigens alle zum Teufel wünscht: "Wenn man sie alle umgebracht haben wird, wird es endlich Arbeit für die armen Leute geben [. . .]."[34] Gerade ihr Hinken bringt die Mutter des Jean, sobald sich das Blatt gewendet hat, auf den Gedanken, sich und ihren Sohn als "Flüchtlinge" zu tarnen. Im zweiten Teil des Stücks ist nämlich ein Regierungswechsel eingetreten und Jean muß sich jetzt verstecken. Dem Rat seiner Mutter folgend, spielt er nun selbst den Hinkenden. Das ist eine Art Alibi und erinnert an die rabiaten Judenverfolger, die nach dem Zusammenbruch des Nationalsozialismus um teures Geld Identitätskarten mit dem Judenstempel erwarben. Trotz den neuen, flüchtlingsfreundlichen Vorschriften hat sich die Stimmung im Volk kaum geändert, und Jean erfährt als Hinkender die gleichen Demütigungen, die er vorher den andern bereitete. Er wächst dabei so sehr in seine neue Rolle hinein, daß er, als sich der politische Wind neuerdings wendet und sich ihm wieder Aufstiegsmöglichkeiten bieten, sich nicht mehr zu seiner wahren Identität bekennen will und als Hinkender gemeinsam mit Zenno von radikalen Freischärlern erschossen wird. Wie Andri hat er sich an sein angenommenes Schicksal so sehr gewöhnt, daß er es ablehnt, sich von ihm freizumachen.

Ein wesentlicher Unterschied besteht freilich darin, daß bei Max Frisch ein Kind in dem Glauben aufwächst, Jude zu sein, und sich das dann einfach nicht mehr ausreden läßt, während Adamovs Judenjäger Jean sich von seiner Mutter dazu überreden läßt, diese Rolle zu spielen, um das eigene Leben zu retten. Gemeinsam ist beiden bloß, daß sie durch das Verhalten der andern ihnen gegenüber zu dem gemacht werden, was sie ursprünglich nicht waren. Damit ist das Geschwätz vom "Blut", von Rasse und Rassenmerkmalen als unsinnig entlarvt.

Anderer Natur ist der wohlüberlegte Entschluß von Hochhuths Pater Riccardo im *Stellvertreter,* Judenstern und jüdisches Schicksal zu tragen. Auch er wird das mit seinem Leben bezahlen. Der Papst-Kritiker Riccardo will durch sein eigenes Verhalten das der Kirche korrigieren. Sein Glaube und sein Gott schreiben ihm vor, wie er zu handeln hat. Gemeinsam ist allen dreien der Opfertod: für Andri eine Selbstverständlichkeit, weil er aus seiner Haut nun einmal nicht mehr heraus kann (auch dann nicht, wenn er wollte: "das fühlt man," sagt er [S. 272] zum Pfarrer), zum Teil aber vielleicht auch Sühne für die Schuld seines Vaters.[35] Dagegen hat Jean ein schwerbelastetes eigenes Schuldkonto, so daß sein Tod als Hinkender etwas Versöhnliches an sich hat.

Kontrapunktisch dazu verhält sich die Reaktion des Kindes Nelly in Christa Wolfs *Kindheitsmuster.*[36] Nelly hat nie etwas von Juden gehört. Da

---

34 S. 155.
35 S. 280.
36 Berlin/Weimar 1976; S. 185f.

sieht sie Tante Trudchen eines Tages weinen und hört Mutter dazu sagen: "Irgen ein Schweinehund verbreitet hinter deinem Rücken das Gerücht, du bist Jüdin!" Und alles nur, weil Tante Trudchen schwarzes Haar, eine leicht gebogene Nase und ein feines Profil hat. Da kann Nelly nur tief unglücklich in die Küche flüchten und ihrer Mutter, als diese sie dort aufstöbert, zurufen: "Ich will keine Jüdin sein!" Christa Wolf hat in dieser in ihren Roman eingebauten Anekdote dasselbe Thema behandelt, gewissermaßen von der andern Seite her gesehen. Nelly ist ein Anti-Andri, zumindest ihrer äußeren Haltung nach.

Schwankmäßig abgewandelt taucht das Motiv in Fritz Hochwälders satirischer Komödie *Der Himbeerpflücker* auf. Ein Jude wird in einem ländlichen Gasthof im Nachkriegs-Österreich für einen heimlich zurückkehrenden Nazi-Bonzen gehalten und sogar erkannt ("Die Erscheinung, der Ton [. . .] — unverkennbar").[37] Die ganze Komödie dreht sich um diese Verwechslung und um die "Treue" der Dorfbewohner, die in dem Machthaber von gestern auch schon einen einflußreichen Mann von morgen wittern. Die Einheimischen benehmen sich so eigennützig und charakterlos wie in *Andorra* oder in Dürrenmatts *Besuch der alten Dame*. Doch liegt das Tragische — die achttausend Opfer des Ortsgruppenleiters — beim *Himbeerpflücker* in der Vergangenheit und das Mißverständnis löst sich fast in Wohlgefallen auf, z.T. auch deshalb, weil der Jude es ablehnt (obwohl ihm viel Geld angeboten wird), die Rolle des Massenmörders auch nur einen Tag lang zu spielen. Er reagiert also wie Andri und Jean, indem er die jüdische Identität vorzieht, die allerdings bei ihm die echte ist. Erst nach der Demaskierung behauptet der Schuldirektor: "Die Visage ist mir sofort verdächtig vorgekommen: Krummnase, Schädelform, Haaransatz — alles weist eindeutig auf einen Angehörigen der semitischen Fremdrasse hin, die unserm Volk allezeit zum Verderben gereichte."[38] Das ist im Stil und im Ungeist des Biologie-Unterrichts der Nazi-Zeit gesagt, doch zu spät, um glaubhaft zu wirken.

Wenn Hochwälders Komödie auch — unbeschadet einzelner der Aktualität entnommener Handlungselemente — erfunden ist, so fällt ihre Realitätsbezogenheit in Szenenführung und Sprachbehandlung sofort auf. Dennoch kann man auch hierin ein Modell sehen, allerdings nur "wie auf dem Theater eigentlich immer" (mit Max Frisch zu sprechen). Der Modell-Charakter von *Andorra* wird erst deutlich, wenn wir die Realität zum Vergleich heranziehen und so versuchen, uns über den Entstehungsprozeß klar zu werden.

* * *

37 Fritz Hochwälder: *Dramen II.* Graz 1975; S. 223.
38 S. 67.

In seinem Tagebuch, wo es sich nicht um dichterische Transposition handelt, berichtet Max Frisch von einem Deutschen, der zu Kriegsende in Zivil über die italienische Grenze in die Schweiz kommt. In einer Illustrierten sieht er da

> Bilder von Warschau, schreckliche. Der Mann war sehr betroffen, schob die Zeitung weg und versuchte zu schweigen; erst nach einer Weile, als ich es nicht mehr erwartete, sagte er: "Wenn eure Zeitungen solche Bilder bringen, wundert es mich nicht, daß man uns haßt." Dazu fiel mir nichts ein. "Das glaube ich nicht", sagte er versöhnlicher: "das machen Deutsche nicht. Ich bin selber bei der Wehrmacht gewesen – Nein!" sagte er mit einem enschiedenen Kopfschütteln und mit dem Ton eines Menschen, der allein zuständig ist: "Wie sie die Juden umgelegt haben damals in Riga und später in Rußland, das habe ich selber gesehen – aber das, nein, das glaube ich nicht! Unmenschen sind wir nicht."[39]

Diese Einstellung von Deutschen den Greueltaten gegenüber wollte Max Frisch anprangern, deren nachträgliche Verniedlichung, indem man sie zu Greuel*propaganda* degradierte. Nicht nur Deutsche reagierten so, sondern auch Neutrale mit Nazi-Sympathien und vor allem, aus opportunistischen Gründen, Einwohner der von Hitler besetzten Gebiete.[40] Hier zeigt es sich nun, daß das Land Andorra, so typisch das Verhalten seiner Bürger ist, keinem realen Land entspricht. Einerseits ist es ein kleines Land, das mächtige, gefürchtete, judenmörderische Nachbarn hat. Wenn diese die "Schwarzen" genannt werden, so läßt die Farbe eher an die italienischen Schwarzhemden als an die braunen Nationalsozialisten denken. Andrerseits war der Antisemitismus kein charakteristischer Aspekt des italienischen Faschismus. Somit ist schon der Nachbar realiter nicht zu bestimmen und muß als Modell angesehen werden. Um jedes Mißverständnis in dieser Hinsicht auszuschließen, bestimmt der Autor ausdrücklich: "Bei der Uniform der Schwarzen ist jeder Anklang an die Uniform der Vergangenheit zu vermeiden."[41] In ähnlicher Weise hat Fritz Hochwälder sein Drei-Personen-Stück *Der Flüchtling* in einem Dreiländereck angesetzt, das irgendwie an das Deutschland Hitlers grenzt, ohne daß man Näheres darüber erfährt. Um das Modell Andorra aus seinem kontinental-europäischen Zusammenhang zu reißen, führt Max Frisch als Landeswährung das Pfund ein: "50 Pfund" Lehrgeld verlangt der Tischler vom Lehrer[42] und "ein ganzes Pfund für drei

39 Max Frisch: *Tagebuch 1946–1949*. Frankfurt/M. 1964; S. 416. Alle Zitate aus dem *Tagebuch* nach dieser Ausgabe.
40 Nach Hellmuth Karasek (a.a.O., S. 84f., s. Anm. 24) "stellt *Andorra* die unbequeme Frage, was geschehen wäre, wenn die Deutschen in die Schweiz einmarschiert wären – und es stellt sie hinsichtlich des Verhaltens gegenüber den Juden."
41 S. 346.
42 S. 206.

Bestellungen" bietet er Andri an, wenn er bei ihm Verkäufer werden will."[43] Dagegen scheint das Land der "Schwarzen" spanisch zur Muttersprache zu haben, da die von dort kommende Besucherin, des Lehrers frühere Geliebte und Andris Mutter, als "die Senora" bezeichnet wird.[44] Es ist überflüssig, unsere Geographiekenntnisse zu bemühen, um jenes Land ausfindig zu machen, das spanischsprechende Nachbarn hat und seine Währung in Pfund ausdrückt. Daß Andorra ein kleines Land ist, erfahren wir indirekt auch durch die Mitteilung, alle Andorraner seien Schmuggler.[45] Alle Andorraner müssen wir somit als Grenzbewohner betrachten, als Bürger eines Staates der, obwohl er eigene Soldaten besitzt, nicht viel größer sein dürfte als die Reiche Popo und Pipi in Büchners *Leonce und Lena*. Man braucht sich also nicht zu wundern, daß der vielgereiste Doktor Leute getroffen hat, "die keine Ahnung haben, wo Andorra liegt."[46] Andorra, ein kleines Land mit mächtigen Nachbarn, das natürlich nicht Andorra ist, weist auch wieder gewisse Analogien mit der Schweiz auf, mit der man es selbstverständlich auch nicht identifizieren darf. Max Frisch hat bei manchen seiner Landsleute eine Tendenz zur Duldung der Nazi-Untaten, zur Indifferenz, zur egoistischen Meinungslosigkeit festgestellt. Darauf stößt man in seinen Schriften auf Schritt und Tritt. Im Andorraner wird auch der Schweizer − oder doch ein bestimmtes Verhalten einiger Schweizer − dargestellt: "jedes Kind in der Welt weiß, daß Andorra ein Hort [. . .] des Friedens, der Freiheit und der Menschenrechte" ist, und es gibt kein Volk, "das in der ganzen Welt so beliebt ist wie wir."[47] Das glauben von sich die Schweizer, allenfalls noch die Österreicher, gewiß nicht die Deutschen. Auch von den (wirklichen) Andorranern ist das nicht bekannt. Der Nationalstolz der Erdenbürger in Max Frischs Andorra ist aus verschiedenen realen Vorbildern zusammengesetzt. Das bereits erwähnte Bild von der andorranischen Eiche ist dem Vorstellungsbereich des deutschen Patrioten entnommen, dem der Tischler übrigens im selben Satz und in echt deutschem Antisemitismus "eure Zedern vom Libanon" entgegenhält.[48] Dagegen ist das treuherzige Selbstlob der Andorraner als "gemütliche Leut" eher Wiener Art.[49] Wie gefährlich und gemein man sich unter der Maske der Gemütlichkeit verhalten kann, hat Qualtinger in seinem *Herrn Karl* schonungslos dargestellt. Dürrenmatts Güllener sind diesem verwandte "Modelle."[50]

43 S. 226.
44 S. 259−69.
45 S. 234.
46 S. 256.
47 S. 256.
48 S. 227.
49 S. 208.
50 Vgl. dazu Klaus Haberkamm: Die alte Dame in Andorra. Zwei Schweizer Parabeln des nationalsozialistischen Antisemitismus. In: Gegenwartsliteratur und Drittes Reich; hrsg. von Hans Wagener. Stuttgart 1977; S. 95−110.

So sind die Andorraner in ihrer Gesamtheit ein Modell für die verschiedenen Spielarten jenes egoistischen und feigen Antisemitismus, der es später nie gewesen sein will. Das erhellt vor allem aus den "Vordergrund" überschriebenen Szenen, die die zeitlich distanzierte Einstellung der einzelnen Protagonisten zeigen. Im Grund ist jeder, wie der Doktor, stolz darauf, das gewesen zu sein, "was ich heute noch bin."[51] Das ist zugleich eine Satire auf die Verhältnisse im spätern (nach-nationalsozialistischen) Deutschland, wo so mancher in Amt und Würden blieb, wenn er sich auch zur Nazi-Zeit nicht gerade sehr würdig benommen hatte. Amtsarzt bleibt Amtsarzt, treuherzig wie eh und je: "ein Andorraner sagt, was er denkt."[52] Mit solchen Argumenten befinden wir uns weniger im neutralen oder besetzten Ausland als im Kernland des NS-Regimes.

Man hat oft darauf hingewiesen, daß das Handlungsgerüst von *Andorra* bereits in der zweieinhalb Seiten des ersten *Tagebuchs* umfassenden Geschichte *Der andorranische Jude* enthalten ist.[53] Doch ist dieses Gleichnis vom andorranischen Juden keineswegs ein willkürlich in das *Tagebuch* aufgenommener Fremdkörper, sondern in einen andorranischen Rahmen eingebettet, der auf den ersten Seiten gegeben ist. Das *Tagebuch* beginnt mit einer Strassenszene: ein "junger Mensch [. . .] kein Bettler, wie es scheint," zeigt auf der Strasse Marionetten.[54] Die zweite Szene, "Marion und die Marionetten" überschrieben, berichtet zunächst ganz unvermittelt von Andorra:

> Andorra ist ein kleines Land, sogar ein sehr kleines Land, und schon darum ist das Volk, das darin lebt, ein sonderbares Volk, ebenso mißtrauisch wie ehrgeizig, mißtrauisch gegen alles, was aus den eignen Tälern kommt. Ein Andorraner, der Geist hat und daher weiß, wie sehr klein sein Land ist, hat immer die Angst, eine lebenslängliche Angst, daß er die Maßstäbe verliere. Eine begreifliche Angst, eine löbliche Angst, eine tapfere Angst.[55]

Von daher ist es verständlich, daß Hans Bänziger Frischs Rede bei der Entgegennahme des Zürcher Literaturpreises 1958 dahingehend interpretiert, daß sich der Dichter als Jude unter Andorranern empfunden hätte.[56]

Eine nähere Untersuchung der Eigennamen – die meisten sind, auf ausdrücklichen Wunsch des Autors, auf der letzten Silbe zu betonen: Barblin, Andri, Prader, Ferrer, Fedri[57] – ergibt, daß diese für jeden Deutsch-

51 S. 289. Man vergleiche damit *Die Ermittlung* von Peter Weiss, besonders das Verhalten der Angeklagten. Peter Weiss: *Dramen II*. Frankfurt/M. 1968; S. 7–199.
52 Ibid.
53 S. 35–37.
54 S. 11.
55 S. 12.
56 Hans Bänziger: Frisch und Dürrenmatt. Bern 1960; S. 101.
57 S. 346.

Schweizer als rätoromanisch kenntlich sind, so daß das kleine, "sehr kleine" Land zum Kleinstland Graubünden zusammenschrumpft.[58] Obwohl es dort eine Ortschaft namens Andeer gibt, wird niemand ernstlich auf den Gedanken kommen, *Andorra* in Graubünden anzusiedeln. Es ist und bleibt ein Modellfall, so wie die Andorraner — Dürrenmatts Güllenern vergleichbar — dem Zuschauer spiegelbildhaft das Verhalten der eigennützigen Gesellschaft gegen den von ihr nicht aufgenommenen Einzelgänger vorführen: hier die Andorraner — da der Jude. Wie verhält es sich nun mit dem Realitätsbezug des Juden in Max Frischs Drama?

* * *

Zunächst ist festzustellen, daß in den zwölf Bildern des Stücks *Andorra* kein einziger Jude auftritt. Alle "Merkmale" oder Verhaltensweisen, die man an Andri als vermeintlichem Juden wahrnehmen will, sind Klischees entnommen, die von Antisemiten in Umlauf gebracht werden, um die Juden zu diskreditieren. Andri hat keine jüdischen Eltern oder Großeltern, er hat keine jüdische Erziehung genossen und nie einen Juden gesehen. Jüdische Umgebung, jüdisches Millieu konnten auf ihn keinen Einfluß ausüben. Woher sollte er jüdische Eigenschaften geerbt oder angenommen haben?

Sein Judentum ist ihm aufgeschwätzt worden. Auf den Rückzieher des Paters: "[. . .] von Jud kann nicht die Rede sein" antwortet der von den andern zum Juden gestempelte Andri einfach: " 's war aber viel die Red davon . . ."[59] Man hat ihm eingeredet, daß er "anders" sei:

"Man hat mir gesagt, wie meinesgleichen sich bewege, nämlich so und so, und ich bin vor den Spiegel getreten fast jeden Abend. Sie haben recht: Ich bewege mich so und so. Ich kann nicht anders. Und ich habe geachtet darauf, ob's wahr ist, daß ich alleweil denke ans Geld, wenn die Andorraner mich beobachten und denken, jetzt denke ich ans Geld, und sie haben abermals recht: Ich denke alleweil ans Geld. Es ist so. Und ich habe kein Gemüt, ich hab's versucht, aber vergeblich: Ich habe kein Gemüt, sondern Angst. Und man hat mir gesagt, meinesgleichen ist feig. Auch darauf habe ich geachtet. Viele sind feig, aber ich weiß es, wenn ich feig bin. Ich wollte es nicht wahrhaben, was sie mir sagten, aber es ist so [. . .]"[60]

58 Den Nachweis dieser Etymologien hat Armand Nivelles Lütticher Schüler Jean Quenon erbracht, in seiner Abhandlung: Anthroponimie et caractérisation dans le théâtre de Max Frisch. Revue des langues vivantes 39 (1973) S. 526—537 und 40 (1974) S. 25—40, bes. S. 34f. Zu *Andorra* vgl. auch Quenons Buch: Die Filiation des dramatischen Figuren bei Max Frisch. Paris 1975; S. 100—106.

59 S. 85f.

60 S. 60. — Wie J. Quenon richtig bemerkt (a.a.O. Anm. 58, S. 102), läßt sich Sartres Definition des Juden auf Andri anwenden: "Le Juif est un homme que les autres

351

Von den sogenannten "Rassenmerkmalen", die der Antisemitismus immer wieder kolportiert, um die Juden lächerlich und hassenswert zu machen, wird in diesem Stück nichts erwähnt. Wenn Andri solche aufwiese, so wäre das ja auch reiner Zufall. Nicht biologische, sondern soziologische Kennzeichen treten in Erscheinung. Diese treffen auch auf andere Kategorien von Parias zu und verleihen *Andorra* eine allgemeinere Gültigkeit. Hat nicht jeder Ausgeschlossene, Verfolgte "etwas Gehetztes?"[61] Auch das scheinbar körperliche Merkmal, das der "Judenschauer" am Schluß des Stücks als Kriterium zur Ausmusterung des "Juden" Andri wählt, ist aus mehreren soziologischen Faktoren zusammengesetzt. Die Überprüfung der nackten Füße zur Ermittlung, wer Jude sei, ist einerseits ein auf der Bühne notwendiger Ersatz für die von den Nazis in Zweifelsfällen durchgeführte, nicht darstellbare Kontrolle der Zirkumzision,[62] dann aber auch, wie Stäuble wohl richtig vermutet,[63] eine Erinnerung daran, daß man Juden häufig nachsagte, sie hätten Plattfüße. Drittens aber — und damit kommen wir in die Nähe des symbolischen Hinkens im Drama Adamovs — handelt es sich wohl auch um den unsichern Gang von Menschen, die an das Verfolgtwerden gewöhnt sind. So wird ja auch einer "der's nicht ist," zunächst verdächtigt, Jude zu sein: "Der sieht nur so aus, weil er Angst hat."[64] In dieser Hinsicht wird *Andorra* auch psychologisch zu einem Modell-Fall. Gilt der "Jude" hier als Modell des Verfolgten, Verleumdeten, Diskriminierten, so zeigt andrerseits Andri so wenig 'jüdische' Eigenheiten, daß sein Judentum — auch wenn wir nicht wüßten, daß es auf einer Lüge beruht — kaum glaubwürdig erscheint. Andri ist ein Zufallsjude, zum Juden gestempelt durch die — auf Feigheit gegründete — Lüge des Vaters, durch Egoismus und Bequemlichkeit, Konformismus und Eigenliebe der Andorraner (den Pater nicht ausgeschlossen!) und schließlich durch seinen eigenen Entschluß.

* * *

Liegt in dieser Unerbittlichkeit, mit der Andri an seinem als falsch erwiesenen Judentum festhält, nicht ein gewisser Heroismus? In seiner

---

tiennent pour juif." Man kann den Rassismus nicht kategorischer ablehnen. Es besteht aber eine gewisse Logik darin, daß man das, wozu einen die andern gemacht haben, dann auch endgültig bleibt.

61 S. 60: "Du hast etwas Gehetztes" — S. 84: "Ich hab so etwas Gehetztes [. . .]"
62 In Andris Fall wäre eine solche Kontrolle natürlich negativ ausgefallen.
63 "[. . .] dann kommt der 'Judenschauer' und mustert die nackten Füße der Leute. Er sucht nach Juden und tut dies offenbar — klar wird das im Stück nicht — auf Grund der Plattfüße; denn der Volksmund sagt vom Juden, er sei plattfüßig." (Eduard Stäuble: Max Frisch. St. Gallen ³1967; S. 214f.)
64 S. 119. Der Soldat fügt erklärend hinzu: "Der sieht nämlich ganz anders aus, wenn er lustig ist."

Frankfurter Rede vom 19. September 1976 hat Max Frisch gesagt, wie sehr ihn die "Genesis der Feindbilder" fasziniert hat, die "Projektion der eignen Widersprüche auf einen Sündenbock."[65] Die Widersprüchlichkeit der Andorraner liegt darin, daß sie ihr Feindbild polarisieren: einerseits sind es die gefürchteten und moralisch mißachteten Schwarzen, die bösen Nachbarn, andrerseits aber schaffen sie sich in dem Schema vom andersgearteten Andri ein Alibi: die Schwarzen sind so stark, daß man über ein großtuerisches Geschwätz hinaus gegen sie nichts zu unternehmen wagt. Heldenmut war für die Andorraner nie kennzeichnend. Den Übermächtigen aber den vermeintlichen Juden auszuliefern und ihn eines Verbrechens zu zeihen, von dem man sehr wohl weiß, daß nicht er es begangen hat, dazu sind alle bereit. So läßt sich sehr wohl behaupten: "Andri, der vermeintliche Jude, ist für die Andorraner die Verkörperung des Fremden."[66] Die Erzfeinde dieses alleinstehenden Fremden sind auf paradoxe Weise die zur bedrohlichen Masse verdichteten schwarzen Fremden.

Scheitert aber Andri letzten Endes daran, daß er von dem Bildnis, das von ihm entstand und das er schließlich selbst annahm, nicht mehr loskommt? Läßt sich das Frischsche Schema vom starren Bildnis, das zum Verhängnis wird, sofern es nicht von der Liebe besiegt wird,[67] auch auf Andri anwenden? Hätte er, nachdem er die beiden ersten Phasen seiner Identitätssuche durchlaufen hat[68] – zunächst Auflehnung gegen das Bildnis durch den Versuch einer Anpassung (Fußballmannschaft, Tischlergewerbe), dann Annahme seines als authentisch betrachteten Andersseins –, nun auch noch sein Nicht-anders-sein annehmen sollen? Hätte er sein vom Vater frei erfundenes, vom Pater und den andern feige aufgeschwätztes Judentum nun wieder ablegen, sich häuten und erneuern sollen? Ist Andri vorstellbar als glücklich von seinem Pariatum Befreiter? Aus Lüge, Verleumdung und Ausweglosigkeit auftauchend, wäre er nun endlich von seinem Alptraum erlöst?

Das tragische Ende wäre auch so nicht mehr aufzuhalten. Doch müßten dann auch die Andorraner Farbe bekennen: entweder sie nehmen den Andri wieder als Gleichgearteten auf oder sie schenken den Erklärungen des Lehrers keinen Glauben. Da die Schwarzen wohl keinen Pardon geben,

65 Diese Rede, betitelt *Wir hoffen,* gehalten anläßlich der Verleihung des Friedenspreises des Deutschen Buchhandels an Max Frisch, ist abgedruckt in: Max Frisch. Aspekte des Prosawerks; hrsg. von Gerhard P. Knapp. Bern 1978. Unser Zitat: S. 17.
66 Adelheid Weise: Untersuchungen zur Thematik und Struktur der Dramen von Max Frisch. Göppingen 1970; S. 96.
67 Vgl. dazu *Stiller,* S. 89 der Taschenbuchausgabe: "[. . .] daß es ein Zeichen der Nicht-Liebe sei, also Sünde, sich von seinem Nächsten oder überhaupt von einem Menschen ein fertiges Bildnis zu machen, zu sagen: So und so bist du, und fertig!"
68 Cf. Ad. Weise, op.cit. S. 98.

würden die Andorraner untergehen, falls sie sich für die Solidarität mit Andri entschlössen. Feige und egoistisch, wie sie sind, würden sie ihn auch gegen ihr besseres Wissen nicht annehmen und lieber sich selbst zu retten suchen. Der Vater und der Pater würden dann wohl ein abweichendes Verhalten an den Tag legen.

Zu solchen Alternativen kommt es natürlich nicht. Denn Andri ist weit entfernt von jedem Versuch, seinen Kopf aus der Schlinge zu ziehen. Nicht der Verlust seiner Liebe[69] scheint mir für sein Verhalten ausschlaggebend zu sein. Er kann einfach unter solchen Menschen nicht weiter leben. Und sein Festhalten an seinem ihm aufgenötigten Judentum ist nicht nur Halsstarrigkeit, sondern auch eine Art von Rache an den Andorranern. Man kann Adelheid Weise nicht unbedingt beipflichten, wenn sie in Abrede stellt, daß Andri "zur Freiheit in der Selbstverantwortung" gelange.[70] Er kann seinem Schicksal nicht mehr entgehen. Er wird seine für den Verfolgten typische Angst nicht los und zieht so die Verfolger wie ein Magnet an: "Sie merken's, wo die Angst ist."[71] Er will aber auch, daß aus all diesen Lügen die letzte Konsequenz gezogen werde: "Es ist schon zuviel gelogen worden." Durch sein starres Festhalten am falschen Bildnis erhöht er die auf den Andorranern lastende Schuld. Vor dem Tribunal der Nachwelt (und des Publikums) stehen sie kaum mehr als Mitläufer, eher als Hauptschuldige da. Nur der Pater bekennt es, in seiner "Vordergrund"-Szene.[72]

Durch seine Unnachgiebigkeit treibt Andri die Dinge auf die Spitze. Auf allen, auch auf dem Pater, liegt nun die volle Last. Einem Selbstmörder vergleichbar, lehnt Andri jeden Versuch ab, seinem Schicksal zu entrinnen. Er beruft sich nicht auf sein "arisches" Blut. Ihm würde das als ein Verrat erscheinen. Ist diese standhafte Treue zu seiner in der zweiten Phase seiner Identitätssuche erworbenen Persönlichkeit nicht heroisch zu nennen? Der Antigone des Jean Anouilh vergleichbar, kehrt Andri einer Welt den Rücken, die es nicht verdient, daß man um sie kämpfe.

So gesehen, scheint *Andorra* sich dem Konzept der Tragödie zu nähern und den aktuellen Implikationen zu entwachsen. Wir können dieses an politischen und soziologischen Aspekten so reiche Theaterstück[73] auch von

---

69 Ibid. S. 99.
70 Ibid. S. 100.
71 S. 100.
72 S. 65: "Auch ich bin schuldig geworden."
73 Fast ein halbes Jahrhundert nach den Nazi-Greueln, auf die *Andorra* unzweideutig anspielt, gewährt uns die Tagespresse immer wieder Einblick in Fälle und Verhaltensweisen, die erschreckend an die Andorraner erinnern. Daß immer wieder an Naziverbrechen wesentlich Mitbeteiligte, die ungeschoren davongekommen sind, sich im Brustton der Überzeugung als unbetroffen bezeichnen, ist ein Skandal, den Max Frisch ins Rampenlicht rücken wollte. Das steht außer Zweifel. Aber darin erschöpft sich die Wirkung des Stückes *Andorra* nicht.

allen konkreten Modellen unabhängig auf uns wirken lassen.[74] Das abschließende Bild, in dem die irre Barblin — den großen Vorbildern tragischer Heldinnen, die dem Wahnsinn anheimfallen, vergleichbar — Andris Schuhe wie eine Reliquie unserm Gedächtnis einprägt, weist in diese Richtung.

74 So kommt auch Marianne Biedermann in ihrem Buch: Das politische Theater von Max Frisch (Lampertheim 1974) zu dem Schluß, *Andorra* sei nicht "als politisches Theater im engeren zeitgenössischen Sinn [. . .] zu betrachten." (S. 160)

ZORAN KONSTANTINOVIĆ

Das diarische Ich im Bühnenwerk.
Biografie: Ein Spiel

Sowohl Thematik und Problematik als auch die Technik von Frischs
Biografie: Ein Spiel haben seit dem Erscheinen dieses Stückes im Jahre 1967
immer wieder besondere Aufmerksamkeit hervorgerufen. Auch Frisch selbst
fühlte sich gerade durch dieses Werk veranlaßt, ausführlicher auf die Frage
des Variantentheaters und der Dramaturgie der Permutation oder des Zufalls
einzugehen,[1] andererseits bot es Dürrenmatt gleichfalls Anregung und
Gelegenheit, über den Zufall als philosophisches Problem nachzudenken und
verbunden damit die Dramatik der Möglichkeit zu erörtern.[2] Gibt es letztlich
und kann es überhaupt so etwas geben wie Zufall? Den allerneuesten Beitrag
zur Analyse dieses Stückes mit einem begrüßenswerten informativen Rückblick auf die bisherigen Erwähnungen und Behandlungen seiner Fragestellun-
gen[3] dürfte wohl die Studie von H. Bänziger darstellen, die von einem in der
Biografie benutzten Zitat ausgeht und aus diesem heraus erneut in vollem
Maße ein für Frisch so charakteristisches Spannungsverhältnis aufwirft: Wenn
uns nämlich die volle Freiheit der Wahl gegeben ist, warum und woher dann
jenes ständig wiederkehrende Bedürfnis, das Gegenteil des Wirklichen für
möglich zu halten und als nichtgenutzte Möglichkeit zu überdenken?[4] Oder,
mit anderen Worten und resignierend zwar, jedoch unmittelbar auf die Frage
jeder und jeglicher Biografie zugespitzt: Mein Leben — könnte es überhaupt
anders aussehen, denn: zurückversetzt in einen Augenblick der Entscheidung,
würde ich nicht doch wieder so handeln, wie ich gehandelt habe? Bänzigers
Ausführungen lassen erkennen, daß er dieses Problem des Überdenken-
wollens möglicher Varianten im Leben bei Kürmann, dem Protagonisten

---

1 Vgl. *Dramaturgisches.* Ein Briefwechsel mit Walter Höllerer. Berlin 1969.
2 Friedrich Dürrenmatt: Gedanken zum Theater. Zürich 1970.
3 Hierzu die Arbeiten von M. Durzak, M. Jurgensen, W. Pache, P. Wapnewski u.a.,
   verzeichnet in: Mona Knapp: Kommentierte Arbeitsbibliographie zu Max Frisch; in:
   Gerhard P. Knapp (Hrsg.): Max Frisch. Aspekte des Prosawerks. Bern/Frankfurt/Las
   Vegas 1978; S. 309–351.
4 Hans Bänziger: Ab posse ad esse valet . . . Zu einem Zitat im Spiel "Biografie." In:
   Manfred Jurgensen (Hrsg.): Frisch. Kritik — Thesen — Analysen. Bern/München
   (= Queensland Studies in German Language and Literature 6) [1977]); S. 11–25.

dieses Stückes, im Sinne der Unterscheidung Kierkegaards zwischen der Kategorie des Ethischen, des Ästhetischen und des Intellektuellen erörtert wissen möchte. Jedoch gerade dadurch, daß Frisch die Handlung der *Biografie* bewußt in den genau abgegrenzten Zeitabschnitt von sieben Jahren stellt, die für die Position der Intellektuellen in der Entwicklung der Gesellschaft von ganz besonderer Bedeutung waren, scheint mir in diesem Falle vor allem die dritte der hier erwähnten Kategorien des Überlegens wert. Denn aus Kürmann spricht zweifellos der Intellektuelle, der die Möglichkeiten einer zeitentsprechenden Entscheidung zu überdenken hatte, sich auch entschied und dabei wahrscheinlich glaubte, sich frei entschieden zu haben. Diese These und zugleich der Versuch, sie am engeren Kontext des Stückes wie an seinem weiteren Entstehungshorizont zu erhärten, stecken den Rahmen der Betrachtungen unseres kleinen Beitrages ab.

* * *

Genau betrachtet bedeutet Frischs Stück in seiner Gesamtkonzeption keine Beweisführung, sondern eine rückführende Einengung zu dem Motto, das ihm vorausgeschickt wird. Dort findet man nämlich folgenden Gedanken Werschinins aus Tschechows *Drei Schwestern* angeführt: "Ich denke häufig; wie man das Leben noch einmal beginnen könnte, und zwar bei voller Erkenntnis? Wie, wenn das eine Leben, das man schon durchlebt hat, sozusagen ein erster Entwurf war, zu dem das zweite die Reinschrift bilden wird! Ein jeder von uns würde dann, so meine ich, bemüht sein, vor allem sich nicht selber zu wiederholen, zumindest würde er für sich selbst eine andere Lebensweise schaffen, er würde für sich eine solche Wohnung mit Blumen nehmen, mit einer Menge Licht . . . Ich habe eine Frau und zwei Mädchen, und meine Frau ist oft krank, und es gibt so viele Dinge, so vieles . . . je nun, wenn ich mein Leben von neuem beginnen sollte, so würde ich nicht heiraten . . . Nein, nein." Frischs Antwort auf die hier aufgeworfene Frage steht jedoch von allem Anfang an fest. Sie ließe sich in dem Sinne formulieren, daß man für sich selbst keine andere Lebensweise schaffen könnte, auch keine solche Wohnung mit Blumen nehmen würde, mit einer Menge Licht, denn das Leben ist nicht austauschbar, und wir könnten es immer nur von neuem wiederholen.

In diesem Sinne ist wohl auch Frischs Hinweis auf die Unterscheidung von Arbeitslicht und Spiellicht zu verstehen. Er selbst sagt dazu: "Der Wechsel von Spiellicht und Arbeitslicht bedeutet nicht Wechsel von Illusion und Realität; sondern das Spiellicht zeigt an, daß jetzt eine Variante probiert wird, eine Variante zur Realität, die nie auf der Bühne erscheint. Insofern bleibt das Stück immer Probe. Wenn Kürmann aus einer Szene tritt, so nicht als Schauspieler, sondern als Kürmann, und es kann sogar sein, daß er dann glaubhafter erscheint; keine Szene nämlich paßt ihm so, daß sie nicht auch anders sein könnte."[5] Nun aber folgt der entscheidende Satz: "Nur er [Kürmann] kann nicht anders sein."[6] Wenn Kürmann jedoch nicht anders sein kann, was nützt es ihm dann, daß immerhin jede Szene anders sein könnte? Diese Frage läßt sich nicht umgehen. Bei Frisch lautet der nächste Satz: "Ich habe es als Komödie gemeint." Worin beruht aber in diesem Fall das Komische? Darin vielleicht, daß es anders sein könnte, wir selbst aber so sind, wie wir sind, weil wir nicht anders sein können?

Jedenfalls spielt die erste Szene bei Arbeitslicht. Kürmann, Mitte der vierzig, feiert am Abend des 26. Mai 1960 seine Berufung zum Professor. Es ist inzwischen zwei Uhr über Mitternacht, alle Gäste haben sich schon verabschiedet, nur Antoinette, 29, Übersetzerin von Beruf, die sich mit dem Gedanken trägt, einen kleinen Verlag zu gründen, ist noch geblieben: "Eigentlich wollte ich nur noch einmal Ihre alte Spieluhr hören. Spieluhren faszinieren mich [...]"[7] Sie trinken noch gemeinsam, spielen Schach, dann verspürt Antoinette ein leichtes Unwohlsein und muß sich auf die Couch legen. Ist ihr wirklich unwohl oder täuscht sie es nur vor? Darüber kann man nachdenken, doch keine sichere Antwort finden, denn es gehört zur Psyche der Frau, daß sie gerade die überraschendsten Zufälle am genauesten plant. Kürmann heiratet Antoinette. Sie ist an jenem Abend, obwohl zum ersten Mal in seinem Haus und ihm bis dahin unbekannt, Teil seiner Biografie geworden. Wäre es nun möglich, Antoinette nachträglich aus Kürmanns Biografie wegzudenken? Schon allein deswegen, weil er überhaupt nicht wollte, daß sie Teil seiner Biografie würde? Hätte er sich anders verhalten können? Aufmerksam und behilflich, ihr aber gleich einen Wagen bestellen oder sie zu ihrem Wagen geleiten können? Gefährlich wäre zweifellos noch die gemeinsame Fahrt im Aufzug gewesen: "Wenn Sie jetzt keinen Fehler mehr machen, jetzt im Lift, so haben Sie's erreicht: — Biografie ohne Antoinette,"[8] vermerkt der Registrator. Dieser Registrator, der das Spiel leitet, vertritt nach Frischs Bühnenanweisungen keine metaphysische Instanz: "Er spricht aus, was Kürmann selber weiß oder wissen könnte. Kein Conférencier; er wendet sich nie ans Publikum, sondern assistiert Kürmann, indem er ihn objektiviert. Wenn der Registrator (übrigens wird er nie mit diesem Titel oder mit einem andern angesprochen) eine Instanz vertritt, so ist es die Instanz des Theaters, das gestattet, was die Wirklichkeit nicht gestattet: zu wiederholen, zu probieren, zu ändern. Er hat somit eine gewisse Güte."[9] Jedoch gerade weil er ausspricht, was Kürmann selber weiß oder

---

5 *Biografie: Ein Spiel* bzw. *Anmerkungen zu Biografie,* hier zitiert nach der Ausgabe: Max Frisch: Gesammelte Werke in zeitlicher Folge (GW); hrsg. v. Hans Mayer u. Mw. v. Walter Schmitz. Frankfurt 1976; V, 2, S. 579f.
6 Ibid. S. 580.
7 S. 485.
8 S. 499.
9 S. 579.

wissen könnte, hätte es wohl auch nichts genützt, wenn er sich vollkommen anders verhalten hätte, "unbefangener, intellektueller, geistreicher." Sieben Jahre später, an Krebs erkrankt, kann Kürmann daher nur die Frage stellen, ob er — noch sieben Jahre — hätte frei bleiben können.

* * *

Es scheint also nicht weit herzusein mit unserer Biografie. Denn nicht wir schreiben die Biografie, sondern mit der Zeit und aus der Zeit heraus besitzt man unweigerlich — auch ohne eigenes Zutun — eine Biografie. Viel wichtiger in der Erstellung einer Biografie ist somit die Zeit. Jedoch die Zeit einzufangen und als eingefangene darzustellen ist ein vorwiegendes Anliegen des Tagebuchs. Auch in *Biografie: Ein Spiel* blättert der Registrator somit in einem Dossier, die Jahre hindurch die einzelnen Varianten von Möglichkeiten verfolgend.

Auf den tagebuchartigen Charakter auch jener Werke von Max Frisch, die dieser Autor nicht unmittelbar als Tagebuch bezeichnet, wurde schon des öfteren hingewiesen. Man glaubte feststellen zu können, daß diesem Charakter auch die Darstellung des Ich in allen Werken Frischs in der Art einer Tagebuch-Fiktion entspricht. Dieses diarische Ich tritt jedesmal mit dem Leser in einen Dialog ein. Daß der gleiche Befund auch auf das Bühnenstück *Biografie: Ein Spiel* zutrifft, scheint erstmals Manfred Jurgensen aufgefallen zu sein: "Der Leser als das andere Ich. Darin inbegriffen liegt der formale Mustercharakter aller Werke Max Frischs. Die austauschbare Erfahrung: hier im fiktionalen Selbstgespräch findet sie statt. In solchem Sinne handelt es sich bei Frisch stets um Tagebuch-Fiktionen. Der musterhaft auswechselbare Eigendialog wird auf der Bühne sinnlich verwirklicht; die dialoghafte Dramatisierung des Ich gehört zum Wesen des Tagebuchs [. . .] Im (bislang) letzten Drama *Biografie: Ein Spiel* (1967) wird die Scheinwelt eines Ich-Theaters im Rollendialog entlarvt; eine individuelle Biografie kann nur als spielhafte Eigenproduktion, als ästhetisches Phänomen mithin entworfen werden. Hier (wie anderswo, vor allem im Roman *Stiller* [1954]) hat Kierkegaards Ästhetiker (aus *Entweder-Oder*) Pate gestanden. Kein Zufall also, daß auch der Dramatiker Frisch mit einem biografischen Eigendialog seine Laufbahn, zumindest vorläufig, beschlossen hat. (Bei seinen anderen Schauspielen handelt es sich um nachbrechtische Lehrstücke und dramatische Muster, die ihren Sinn erst aus der Austauschbarkeit der Erfahrung und damit aus dem Dialog mit dem Publikum erhalten. Das gleiche trifft auf die Kriegsstücke zu, die man bislang allzu historisch interpretiert haben dürfte.)"[10]

10 M. J.: "Die Erfindung eines Lesers": Max Frischs Tagebücher. In: Frisch. Kritik — Thesen — Analysen, a.a.O. S. 167–179; hier S. 167f.

Inzwischen ist, 1978, zwar noch das *Triptychon – drei szenische Bilder* erschienen, aber auch dieser Text ändert nichts an der Validität dieser Annahme. Er zeigt darüber hinaus insofern Verwandtschaft mit *Biografie,* indem hier gleichfalls völlig ohne Aufregung die Frage über das Leben, über unser Leben gestellt wird, und in diesem Sinne ist das *Triptychon* sogar die Fortsetzung der *Biografie.* "Warum leben die Leute nicht? ", fragt im *Triptychon* ein junger Mann im Totenreich und wirft damit die Kernfrage dieser – vermeintlichen – Todeslitanei auf: "Haben sie gelebt? "[11] Also nicht mehr die Frage nach den austauschbaren Möglichkeiten des Lebens, sondern nach der Wahrhaftigkeit des Lebens, nach jener Variante, die wir als *Wirklichkeit* auffassen. Auch im *Triptychon* übrigens Sätze und Gedanken, die wir in ähnlicher Form schon in der *Biografie* antreffen: "Du willst, daß ich dich brauche, das hältst du für deine Liebe," oder: "Wir haben die Zärtlichkeit nicht mißbraucht, um uns voneinander zu verstecken."

Das Ich als Tagebuch-Fiktion jedenfalls auch in der *Biografie,* obwohl Frisch in seinen Anweisungen meint: "Das Dossier, das er [der Registrator] benutzt, ist nicht ein Tagebuch, das Kürmann einmal geschrieben hat, auch nicht ein Dossier, wie eine Behörde es anlegt," jedoch "dieses Dossier gibt es, ob geschrieben oder nicht, im Bewußtsein von Kürmann: die Summe dessen, was Geschichte geworden ist, seine Geschichte, die er nicht als die einzigmögliche anerkennt."[12] Anwesend ist demnach jenes diarische Ich, in dem Ich-Fiktion und Zeitbewußtsein aufeinandertreffen und mit dem Leser oder Zuschauer in einen Dialog treten. Frisch ist diesbezüglich meiner Meinung nach zu einer wesentlichen Erkenntnis gelangt. Er sieht die Zeit als ein "Zaubermittel, das unser Wesen auseinanderzieht und sichtbar macht, indem sie das Leben, das eine Allgegenwart alles Möglichen ist, in ein Nacheinander zerlegt" und unser Bewußtsein "als das brechende Prisma, das unser Leben in ein Nacheinander zerlegt,"[13] während er die Dichtung, das fiktionale Ich, als "die andere Linse" begreift, die das Leben "wieder in sein Urganzes sammelt."

Versuchen wir nun, Kürmanns diarisches Ich wieder in seine beiden Komponenten zu zerlegen, eben in die Fiktion und in das Zeitbewußtsein. Was bedeutet also hier 'Fiktion'? Gemeint sind Erfahrungen, die wohl immer gültig sein dürften, die außer der Zeit stehen und aus denen der Autor Aspekte zum Aufbau seiner Gestalt wählt. Es ist der immer folgenschwere Fehler, der einem unterläuft, wenn man eine Frau an "beiden Händen faßt." Es ist der Glaube, daß man ohne eine bestimmte Frau "nicht leben kann," das Versprechen, "sie auf den Händen zu tragen," das Sich-Begnügen mit dem Glück: "Sie ist glücklich." "Und das genügt ihr." Es ist das Wissen, daß

11 Max Frisch: Triptychon. Drei szenische Bilder. Frankfurt 1978. Alle Zitate nach dieser Ausgabe.
12 GW V, 2, S. 579.
13 So im ersten *Tagebuch.*

man eine Frau mißbraucht, um eine andere zu vergessen, und die Frau den Mann mißbraucht, um ein Kind zu haben. Daß es keine Freude der Erwartung mehr gibt, "wenn die Geheimnisse verbraucht sind." Es sind die immer gleichen, einfach stereotypen Eifersuchtsszenen: "Wollen Sie's wissen? Sie haben dann die Gewißheit sehr schlecht ertragen: [. . .] Sie haben gebrüllt. Zuerst haben Sie eine Tasse zerschmettert, dann gebrüllt. Übrigens nur kurz, dann wurden Sie feierlich. Als Antoinette, ihrerseits die Gelassenheit in Person, Sie aufmerksam machte, daß Sie sich benehmen wie ein Spießbürger, fiel die Ohrfeige, die Sie selbst verblüffte: eine links, und da Antoinette es nicht glauben wollte, zwei rechts. Ferner haben Sie, um Antoinette nicht anzublicken, mit der Faust auf das Spinett geschlagen, dabei fielen unter anderem die folgenden Wörter [. . .]"[14] Oder es bleibt die Wahl der Variante: "in der ersten Fassung hat sie nicht geweint. Weil sie gebrüllt haben, Herr Kürmann, in der ersten Fassung. Jetzt weint sie: es können nie beide Teile eines Paares zugleich überlegen sein. Diesmal sind Sie's."[15] In beiden Varianten jedoch die gleichen Begleiterscheinungen: Das Überprüfen durch Anrufe übers Telefon, das nachstöberische Öffnen der Briefe. Darüber hinaus die umfassende Variante, daß man nach allem, was geschehen ist und man an Bitterem erlebt hat, doch verzeiht. Jedenfalls: das so oft gegebene Versprechen: "Wenn sich zwischen uns etwas ändert, dann sag ich's dir," scheint eines der am seltesten eingelösten Versprechen zu sein.

* * *

Aber all das kann man erleben, und es bleibt letztlich doch nur ein unbedeutender Teil unserer Biografie. Von einer Frau betrogen zu werden, wirkt gelegentlich wie ein nützliches Erziehungsmittel. Daher scheinen auch alle Variationen letzten Endes unbedeutend, und für solche Fälle dürfte Kürmann sogar recht haben, wenn er meint: "Biografie! Ich weigere mich zu glauben, daß unsere Biografie, meine oder irgendeine, nicht anders aussehen könnte. Vollkommen anders. Ich brauche mich nur ein einziges Mal anders zu verhalten —"[16] Es ist aber nur eine völlig vordergründige Biografie, die Kürmann und die wir alle vor Augen haben, jener bescheidene Teil des Lebens, den wir selber vielleicht zu gestalten vermögen.

Unsere wahre Biografie jedoch entsteht aus der Auseinandersetzung mit der Zeit, sie wird bestimmt durch Namen und Kräfte, die diese Zeit formen. "Was halten Sie von Wittgenstein?", fragt Kürmann Antoinette und läßt damit erkennen, daß er am 26. Mai 1960 nicht der einzige ist, der Wittgenstein als den bedeutendsten Philosophen des zwanzigsten Jahrhun-

14 GW V, 2, S. 548.
15 Ibid. S. 550.
16 S. 502.

derts überhaupt betrachtet und die Grenzen der Welt in den Grenzen der Sprache erblickt. Diese Biografie wird ferner bestimmt durch die Tatsache, daß Antoinette bei Adorno promoviert hat und Adorno ins Französische übersetzt. Bei Adorno zu promovieren bedeutet aber sicherlich auch den Versuch, der Tendenz seines beharrlichen Denkens zu folgen und den Repressionen des gesellschaftlichen Zwangszusammenhanges entlang den Entstellungen des objektiven Geistes nachzuspüren. Rückblickend läßt diese Biografie letztlich auch erkennen, daß man in den Jahren von 1960 bis 1967 mit einer jungen Dame über Hegel, Schönberg, Kierkegaard und Beckett sprechen konnte.

Die unmittelbaren Erwähnungen äußerer politischer Geschehnisse sind im Zusammenhang mit dieser Biografie allerdings sehr dürftig und bilden auch trotz der kurzen Notiz über das erste freie Schweben eines Menschen im Weltraum keinen vergleichbar einprägsamen Hintergrund zu den Anhaltspunkten der geistigen Auseinandersetzung jener Jahre: "1963 [. . .] Präsident Kennedy besucht West-Berlin. / Erdbeben in Libyen. / Fidel Castro als erster Ausländer zum Held der Sovjetunion ernannt. [. . .] Sommer 1963 [. . .] Konrad Adenauer erwägt seinen Rücktritt. [. . .] 1964 [. . .] Chruschtschow ist abgesetzt. / Der Mord an Präsident Kennedy in Dallas, Texas, bleibt ungeklärt. / Die Bundeswehr erreicht das von der NATO gestellte Ziel von 12 Divisionen. [. . .] 1965 [. . .] Start des sowjetischen Raumschiffs WOSCH-CHOD II, Leonew verläßt durch eine Luftschleuse das Raumschiff und schwebt als erster Mensch 10 Minuten lang im Weltraum, handgesteuerte Landung nach 17 Erdumkreisungen. [. . .] 1967 [. . .] Militär-Diktatur in Griechenland. —"[17]

Für die Generation, der Kürmann angehört, scheint es kennzeichnend zu sein, daß ihr historisches Bewußtsein viel stärker Erinnerungen ausgesetzt ist, die Jahrzehnte zurückliegen. "September 1939: Hitler-Deutschland überfällt Polen, Kriegserklärung von England und Frankreich [. . .] Stalin-Rußland überfällt ebenfalls Polen, Frühling 1940: Hitler-Deutschland überfällt Holland [. . .]"[18] Es ist kaum anzunehmen, daß das diarische Ich dieser Generation, solange noch einer aus ihren Reihen lebt, diese Erlebnisse überwinden wird.

Aber vertiefen wir uns etwas eingehender in die Ereignisse der Jahre von 1960 bis 1967, um die Situation des Intellektuellen Kürmann nachvollziehen zu können. "Das Ende des Krieges brachte keinen Frieden." Die Welt ist in zwei Teile gespalten und keiner der beiden Teile traut dem anderen. "Spannungen zwischen Cuba und USA." Die amerikanische Flotte fährt sowjetischen Schiffen entgegen, die gefährliches Kriegsmaterial nach Cuba bringen sollen. Es sind Augenblicke einer unerhört dramatischen Konfronta-

17 S. 542, 553, 556, 568.
18 S. 508.

tion. Im letzten Augenblick ändern die sowjetischen Schiffe den Kurs und drehen ab. Der globale Friede ist in diesen Jahren nur dank der ungeheuren Bedrohung durch die Atomwaffe erhalten geblieben. Jedoch zu keinem Zeitpunkt war es ein Friede ohne Angst, ohne die ständige Präsenz des Schreckens. Beide Systeme gingen dabei durch Phasen der Krise hindurch. Im Osten führte die Professionalisierung der Ideologie, ihre Bürokratisierung und Erstarrung zu ernsthaften Problemen. Im Westen herrschte zwar noch die Überflußgesellschaft, ein Begriff, der bedeutete, daß ein großer Teil des industriellen und technischen Potentials auf den täglichen Gebrauch ausgerichtet war, und daß man erwartete, daß sich der Lebensstandard auch weiterhin ständig verbessern werde. Trotzdem war schon die Sorge spürbar, ob die westlichen Industriegesellschaften sich wirklich so weiterentwickeln könnten. Diese Sorge kam vor allem in der amerikanischen "Jugendbewegung" zum Ausdruck, und man behauptet, am Beginn hätte das Gedicht "Howl" von Allen Ginsberg gestanden. Es habe die Bewegung der Beatniks, der Blumenkinder und der Hippies eingeleitet. Diese Unruhe der Jugend wird zahlreiche Opfer auf den amerikanischen Universitäten fordern, den Kampf um die Bürgerrechte in den Südstaaten entfachen, Studentenunruhen auf Thailand, in Korea und Japan auslösen, die Olympiade in Mexiko in Gefahr bringen und vor allem Paris seinen allerheißesten Sommer bescheren. Millionen junger Menschen beginnen in diesen Jahren mit Drogen zu experimentieren und neue Formen des sexuellen Erlebnisses zu suchen.

Mit etwas Verspätung, dafür aber mit vielleicht noch mehr Heftigkeit hat diese Bewegung auch Europa erfaßt. Kürmann spricht von der "Ohnmacht der Intelligenz," die sich nun aufbäumt zur antiautoritären Intellektuellenbewegung. Bis dahin waren es nur "Unterschriften für, Unterschriften gegen." Nun aber steht die Opposition der Studenten gegen die Ordinarienuniversität und gegen die Studienbedingungen in einem direkten Zusammenhang zur Kritik an der amerikanischen Politik in Vietnam, an der Notstandsgesetzgebung der Bundesregierung, an der Pressekonzentration und der Manipulation mit der öffentlichen Meinung, an der offiziellen Unterstützung von Diktaturen in Südeuropa und Persien. Diese Kritik wird in Demonstrationen, sit-ins und Aktionen vorgetragen, die sich von der parlamentarischen Parteienvertretung drastisch absetzen.

Jedoch von allen Kämpfen um eine bessere Gesellschaftsordnung hat wohl die geringste Aussicht jener, der die Begeisterung der Jugend als Modell für eine Neuordnung der Gesellschaft verwirklichen möchte. Denn Jugend als solche ist vergänglich, und eine Emanzipation im vorgegebenen Rahmen jeder Gesellschaftsordnung unterscheidet sich von Grund auf von der totalen Emanzipation, die bestimmte Kräfte vollständig von der Gesellschaft lösen möchte.

Dieser jugendliche Affront gegen Wohlstand, Leistungszwang und Entfremdung wird unter anderem auf den Einfluß der Ideen von Adorno, Marcuse, Horkheimer und Habermas zurückgeführt, wobei zweifellos auch

Ansichten von Erikson, Fromm und Reich mitgewirkt haben müssen. Die Intellektuellen sahen sich in die Rolle der Sinnproduzenten und Sinnvermittler gedrängt. In dieser Funktion treten nicht nur Journalisten, Sozialwissenschaftler, insbesondere Soziologen und Sozialpsychologen (Mitscherlich) auf, sondern auch die Schriftsteller Böll, Grass, Walser und Lenz — um nur einige zu nennen. Alle sind beeindruckt durch die Ausbreitung der Kritischen Theorie, überhaupt fasziniert vom Vorgang der Theoriebildung. Diese Theorie ist eigentlich eine Theorie des Spätkapitalismus, die einerseits die kritischen Impulse der von Marx herkommenden Gesellschaftstheorien bewahrt, andererseits aber auch die Ergebnisse moderner sozialwissenschaftlicher — vor allem systemtheoretischer — Überlegungen aufnimmt und sie in einer Theorie des kommunikativen Handelns miteinander verbindet. Ein wichtiger Katalysator in dieser Entwicklung ist sicherlich das voraussetzungslose wissenschaftliche Denken, die Abwendung von der dogmatischen marxistischen Wissenschaft und Hinwendung zu Forschungsmethoden, die man als wertfrei bezeichnen könnte. Zahlreich sind die Anregungen zur Überwindung stalinistischen Denkens und zur Erneuerung eines zeitgenössischen Marxismus. Die Sowjetgesellschaft wird nicht mehr als Übergangsgesellschaft anerkannt, denn sie befindet sich weder auf dem Weg zum Sozialismus und Kommunismus noch auf dem Rückweg zum Geist der Revolution von 1917, noch auf dem zum Kapitalismus, sondern man empfindet sie als eine Gesellschaft sui generis, die mit Hilfe der marxistischen Kategorien kaum angemessen erfaßt werden kann. In wessen Händen sind denn die Produktionsmittel? So ist das Denken dieser Jahre zum großen Teil marxistisch inspiriert, gekennzeichnet durch das Suchen der Sozialwissenschaften nach dem politökonomischen Ansatz und ausgerichtet auf das Projekt eines marxistischen Humanismus. Von allen Vertretern der Frankfurter Schule entwickelt Habermas auf das entschiedenste und in differenziertester Weise die Theorie, daß der Intellektuelle vor allem Kritik an der Gesellschaft zu üben habe — und nicht der Arbeiter.

Jedoch auch in dieser Intensität intellektuellen Suchens gibt es für den Intellektuellen Kürmann nur zwei Möglichkeiten zu wählen und für den Schriftsteller Frisch damit zwei Aspekte, sein diarisches Ich näher zu bestimmen. Bei Spiellicht spricht Kürmann von der "Quittung dafür, daß unsereiner nie gehandelt hat"[19] und bei Arbeitslicht erklärt er: "Ich glaube nicht an Marxismus-Leninismus. Was natürlich nicht heißt, daß ich die Russische Revolution für ein Unglück halte. Im Gegenteil. Ich glaube nicht an Marxismus-Leninismus als eine Heilslehre auf Ewigkeit. Das wollte ich sagen. Allerdings glaube ich auch nicht an eure christliche Heilslehre vom freien Unternehmertum, dessen Geschichte wir nachgerade kennen."[20] In

19 S. 525.
20 S. 543.

beiden Fällen hält dieser Kürmann die Alternativen, die einer Gesellschaftsordnung von der jeweiligen Ideologie aufgezwungen werden, für verfehlt:
"Da sie uns aber aufgezwungen werden, bin ich, solange ich im Westen lebe,
Mitglied der Kommunistischen Partei. Ich wähle die Unfreiheit, die nicht
bloß den freien Unternehmern zugute kommt. Ich bekenne, daß ich die
UdSSR nicht für das Paradies halte. Sonst würde ich dahin fahren. Aber ich
bestreite dem Westen jedes Recht auf einen Kreuzzug . . ."[21] Jedoch dieser
und ein solcher Kürmann unterliegt in den Jahren 1960 bis 1967 einem
Hornacher, nun Rektor magnificus, der 1941 seine Unterschrift für den
Faschismus gegeben hat. Er ist auch dem kommunistischen Dogmatiker
Krolevsky nicht gewachsen, der überhaupt nicht daran denkt, bloß seine
Biografie zu verändern, sondern der die Welt verändern möchte.

Letztlich scheint dieses diarische Ich festgelegt im Schlüsselsatz: "[. . .]
ich weiß es: ich bin in Ihren Augen, was man zurzeit einen Non-Konformisten nennt, ein Intellektueller, der die herrschende Klasse durchschaut und
zwar ziemlich genau, jedenfalls mit Entsetzen oder mindestens mit Ekel [. . .]
Ab und zu unterzeichne ich einen Aufruf, eine Kundgebung für oder gegen:
Proteste zugunsten meines Gewissens, solange Gewissen nocht gestattet ist,
und im übrigen arbeitet der Non-Konformist an seiner Karriere."[22] In einem
besonderen Falle sogar: "Ich selbst, Non-Konformist, werde einen Aufruf
verfassen: 'Bestürzt über die jüngsten Ereignisse an unsrer Universität,' einen
ebenso besorgten wie besonnenen Aufruf, den unterzeichnet zu haben eine
Ehre ist und der im übrigen, versteht sich, nicht das mindeste bewirkt."[23]

Ich glaube, es kann für das Verständnis von Frischs *Biografie* nicht
unwichtig sein, daß Kürmann vom Fach Verhaltensforscher und Krolevsky
Kybernetiker ist. Im weiteren auch, daß sowohl Kürmann als auch Krolevsky
ihr Verhältnis zum Marxismus zu bestimmen versuchen. Andererseits mußte
sich auch der Marxismus in diesen Jahren sowohl in seinem Verhältnis zur
Kybernetik als auch zur Verhaltungsforschung festlegen, denn beide Wissen-
schaften standen zunächst in einem erkenntnistheoretischen Widerspruch zur
marxistischen Weltanschauung. Steffen Werner[24] schildert den Widerstand in
den sozialistischen Ländern gegen die Kybernetik. Sie wurde vorerst als
"Pseudotheorie der Obskuranten" bezeichnet, die "ganz und gar von
Feindschaft gegen das Volk und die Wissenschaft durchtränkt sei." Dann
jedoch kam der völlige Umschwung, und Marx wurde vor allem in der DDR
(Klaus) zum ersten Kybernetiker umfunktioniert. Gerade in diesen Jahren
werden sogar Bestrebungen offenbar, den Marxismus-Leninismus zu 'kyber-
netisieren.' Später aber wird die Kybernetik wieder in die Gelehrtenstuben

---

21 S. 543f.
22 S. 520f.
23 S. 525.
24 Steffen Werner: Kybernetik statt Marx. Berlin 1977; S. 23.

zurückverbannt und erneut auf die Diktatur des Proletariats anstelle sozialistischer Menschengemeinschaft, auf "komplexe Rationalisierung" anstelle neuer "ökonomischer Systeme der Planung und Leitung" hingewiesen. Nachdem die Diskussion mit der Kybernetik und über die Kybernetik in dieser Weise verlaufen war, begann sich zu diesem Zeitpunkt eine neue, weitaus gefährlichere ideologische Gefahrenstelle abzuzeichnen: die moderne Biologie mit der von ihr entwickelten Verhaltensforschung. Diese setzte nun Rationalismus und modernen Positivismus in Frage, deren Lehre: als sinnlose Gebilde des Zufalls oder der Laune zu verwerfen, was sich in vielen Beispielen als Grundlage unserer eigentlichen Denkfähigkeit beweisen ließe. Erneut die Behauptung: der Mensch ist nicht Herr seines Schicksals und wird es nie sein. Im Gegenteil – der Fortschritt seiner eigenen Vernunft führt ihn ins Unbekannte. Die Verhaltungsforschung bedeutete einen Angriff auf die Soziobiologie, die nur die genetischen und vernunftmäßigen Faktoren in der menschlichen Entwicklung zuläßt, die kulturellen Werte jedoch, die für viele wesentlicher sind, geringschätzt. Kultur ist nach Auffassung der Verhaltensforschung weder naturbedingt noch künstlich entstanden, sondern Überlieferung gelernter Richtlinien (der Sprache, der Moral, des Rechts), die nie erfunden wurden und deren Funktion die Menschen oft gar nicht begreifen. So läßt sich die gesellschaftlich-wirtschaftliche Entwicklung mit einem großen Strom vergleichen, der sich ständig wandelnden Umständen anzupassen hat. Der Mensch jedoch ist und war überhaupt nicht intelligent genug, die besten seiner "Einrichtungen" zu konstruieren, sondern er ist einfach in sie hineingestolpert. Günstige moralische Traditionen mehr noch als intellektuelle Fähigkeiten haben Fortschritt in der Vergangenheit ermöglicht und werden ihn auch in Zukunft zulassen. Die traditionelle Verhaltensforschung betrachtet es als Marxsche Illusion, in einer Gesellschaft freier Einzelmenschen eine Güterverteilung nach Gerechtigkeitsprinzipien vornehmen zu können und durch zentrale Lenkung eine Arbeitsteilung zu schaffen. Als noch gefährlicher sieht sie den Egalitarismus an, da es ein tragischer Scherz der Geschichte wäre, wenn der Mensch selbst, dessen Fortschritt auf der außerordentlichen Vielheit seiner Talente beruht, diesem durch die Auferlegung eines egalitären Zwangssystems ein Ende setzen würde.

* * *

Am 2. Juni 1967. Kürmann liegt in der Klinik und niemand spricht aus, woran er leidet – "Niemand sagt, was es ist" –, wird in Berlin der Student Benno Ohnesorg von einem Polizisten – noch dazu von hinten – erschossen. "Was ist in einem Jahr? ", möchte Kürmann wissen. "Wollen Sie das wissen? ", antwortet der Registrator mit der Gegenfrage. "Was ist in einem Jahr? "[25] Kürmann wird dieses nächste Jahr, das Jahr 1968, nicht mehr

---

25 GW V, 2, S. 568.

erleben, er wird es nicht ändern können und hätte es auch niemals ändern können. Es wird ein turbulentes Jahr werden. Sowjetpanzer rollen in Prag ein, die Anschläge auf Martin Luther King und Robert Kennedy lösen ein breites Gefühl der Unsicherheit aus, Richard Nixons Wahlsieg über Hubert Humphrey erscheint als ein Lichtblick zur Ordnung, und der Papst glaubt, sich mit der Enzyklika "Humanae vitae" autoritativ in die Geburtenregelung einmischen zu müssen. Doch es sind in erster Linie die Studentenunruhen in den Metropolen der Welt — von Warschau bis Rom, von Berlin bis Chicago, welche bei der Erwähnung des Jahres 1968 aus unserer Erinnerung hervortreten. Da war zunächst das Attentat auf Rudi Dutschke, den prominentesten Kopf der Studentenbewegung in Berlin. Am Gründonnerstag wurde er von einem jungen Mann, der seine politische Heimat im rechtsextremistischen Milieu besaß, auf offener Strasse niedergeschossen und lebensgefährlich verletzt. Die spontane Folge waren die Osterunruhen in ganz Westdeutschland und in Berlin. Dramatischer war jedoch, was als "Pariser Mai" in die Geschichte einging. Mehr als einen Monat lang — in der Pariser Avenue Kléber hatten die amerikanisch-vietnamesischen Friedenskontakte eben erst begonnen — stand das politische Schicksal Frankreichs auf der Kippe. Anders als in den übrigen Unruhezentren der westlichen Welt hatten sich Arbeiter und Intelligenz in Frankreich für kurze Zeit verbündet. Der Generalstreik und die Straßenschlachten ließen eine Ahnung davon aufkommen, wie "Revolutionen" im heutigen Westeuropa aussehen könnten.

Es war dieses Jahr ein Wendepunkt in der historischen Entwicklung, und wir können heute nur zurückblicken auf die Geschehnisse von 1968 und auf Kürmann, der fragte, wie dieses Jahr aussehen wird. Die Lage hat sich seither entscheidend verändert und das gleiche betrifft jede mögliche gesellschaftliche Standortbestimmung des Intellektuellen. Die Überflußgesellschaft — gibt es die heute noch? Drei große Gefahren bedrohen die weitere wirtschaftliche Entwicklung der westlichen Länder: Rückgang des Wachstums, Arbeitslosigkeit und Inflation. Zwar können die gegenwärtigen Krisenerscheinungen nicht mit der Weltwirtschaftskrise der dreißiger Jahre verglichen werden, aber Millionen Menschen stehen arbeitslos außerhalb des Produktionsprozesses, und das Gespenst der "technologischen Arbeitslosigkeit" verbreitet Furcht und Schrecken. Durch Rationalisierung schwinden allein in der Bundesrepublik jährlich über eine Million Arbeitsplätze, und dieser Prozeß wird sich in Zukunft noch beschleunigen. Nicht von der Philosophie erwarten wir nun die Antwort auf die Fragen der Zukunft, sondern von den Wirtschaftsexperten. Diese Fragen können wohl nur durch eine entsprechende Einkommensverteilung und eine adäquate Beteiligung der Arbeitnehmer an den Kapitalerträgen sowie durch eine dem Produktivitätsfortschritt angemessene Arbeitszeitverkürzung oder Teilzeitarbeit gelöst werden, und zwar in der Form, daß alle an den Früchten des technischen Fortschritts partizipieren.

Die moralische und politische Krise des kapitalistischen Systems, die 1968 ihren vorläufigen Höhepunkt erreichte, wurde inzwischen aus dem Bewußtsein der Öffentlichkeit durch den Ausblick auf die ökonomischen Krisenerscheinungen verdrängt. Überbevölkerung, Rohstoffmangel, Wandel durch Elektronik- und Computereinsatz und so manches andere scheinen der Theorie der Neuen Linken entglitten zu sein. Denn die Neue Linke kam von den Universitäten her, und auch Kürmann ist ein Mann der Universität. So hat die Frankfurter Schule heute nicht mehr viel zu sagen. Adorno lebt nicht mehr, Marcuse und Habermas haben sich von der Wirkung ihrer Ideen distanziert, Schelsky, Sontheimer und andere Autoren ergehen sich nun in systematischer Kritik an den Kritikern. Am radikalsten gibt sich die Kritik der aufbegehrenden "Nouvelle Philosophie." Seit der Phase des Existentialismus der Jahre der unmittelbaren Nachkriegszeit dürfte es keine so explosive "moraltheologische" Debatte mehr gegeben haben. Im Vordergrund steht wieder der Glaube an die Selbstverantwortung des Menschen.

Adam Schaff definiert den Intellektuellen als Schöpfer in der breiteren Klasse der Geistesarbeiter. Er ist der Komponist, der Dichter, der Schriftsteller, der Wissenschaftler, der neue Theorien aufstellt. Er muß dabei fortwährend dem auftretenden gesellschaftlichen Übel gegenüber seine kritische Einstellung bewahren, vor allem im Rahmen seiner eigenen Gesellschaft. Kürmann hat mit dem Kürmannschen Reflex einen Begriff bestimmt, "der, wie es heißt, aus der Verhaltensforschung nicht mehr wegzudenken ist."[26] Er hat sich unterschiedlich engagiert in den einzelnen Varianten der *Biografie*. Hat er jedoch deswegen eine Biografie? Aus seinem diarischen Ich heraus antwortet Frisch: "Glauben Sie [. . .], daß die Biografie, die ein Individuum nun einmal hat, verbindlich ist, Ausdruck einer Zwangsläufigkeit, oder aber: ich könnte je nach Zufall auch eine ziemlich andere Biografie haben, und die man eines Tages hat, diese unsere Biografie mit allen Daten, die einem zum Hals heraus hängen, sie braucht nicht einmal die wahrscheinlichste zu sein: sie ist nur eine mögliche, eine von vielen, die ebenso möglich wären unter denselben gesellschaftlichen und geschichtlichen Bedingungen und mit derselben Anlage der Person. Was also kann, so gesehen, eine Biografie überhaupt besagen? Sie verstehen: ob eine bessere oder schlechtere Biografie, darum geht es nicht. Ich weigere mich nur, daß wir allem, was einmal geschehen ist [. . .] und somit unwiderruflich – einen Sinn unterstellen, der ihm nicht zukommt."[27]

26 Ibid. S. 502.
27 S. 521f.

SIGRID MAYER

Biografie: Ein Spiel:
Stiller und/oder Gantenbein auf der Bühne?

So wie Stiller sich selber zu entfliehen versuchte, Don Juan nicht Don Juan sein wollte, ein Staatsanwalt sich in den Grafen Öderland mit der Axt verwandelte, um als Oberbürokrat zu enden, Philipp Hotz trotz seiner großen Wut seiner Ehe doch nicht entging [. . .] Und die gleiche Angst vor der Wiederholung bei Kürmann wie bei Stiller. Lesern macht es ja Spaß, solche Parallelen zu ziehen: aber verdecken sie nicht gerade das Neue? [1]

Nicht nur den anspruchsloseren Lesern von Frischs Werk macht es Spaß, solche Parallelen zu ziehen, auch ein großer Teil der wissenschaftlichen Frisch-Forschung erschöpft sich in dem Versuch, gemeinsame Genreperspektiven, Themen, Aussagen in den Romanen, Stücken, und Tagebüchern des Autors nachzuweisen oder auch sein gesamtes Oeuvre auf einen gemeinsamen Nenner zu bringen.[2] Wenige Beispiele mögen diese vorwiegend synthetische Frisch-Kritik illustrieren. So etwa die Beobachtung, daß eine Grenzlinie zwischen Tagebuch und Werk sich kaum noch ziehen lasse,[3] die dann durch die Feststellung erweitert wird: "Sie läßt sich überhaupt nicht ziehen."[4] Darüber noch hinausgehend wurde behauptet: "Frisch hätte sich seine Stücke und Romane sparen können."[5] Eine vergleichende Untersuchung der Stücke *Biedermann*, *Andorra* und *Biografie* gelangt zu dem Urteil, daß sich hinsichtlich der sozialen Orientierung kein Unterschied zwischen den "Parabeln" und dem unter dem Zeichen einer neuen Dramaturgie entstande-

1 Dieter E. Zimmer: Noch einmal anfangen können. Ein Gespräch mit Max Frisch. Die Zeit Nr. 51, 22. Dezember 1967.

2 Cf. das aus der Schweizer Herkunft abgeleitete Problem der "Haft;" von Karl Schmid: "Andorra" und die Entscheidung. In: Thomas Beckermann (Hrsg.): Über Max Frisch. Frankfurt (= edition suhrkamp 404) 1971; S. 147–171.

3 Jürgen Schröder: Spiel mit dem Lebenslauf. Das Drama Max Frischs. In: G. Neumann, J. Schröder, M. Karnick: Dürrenmatt, Frisch, Weiss. Drei Entwürfe zum Drama der Gegenwart. München 1965; S. 61–113; hier S. 63.

4 Horst Steinmetz: Max Frisch: Tagebuch, Drama, Roman. Göttingen (= Kleine Vandenhoeck-Reihe 379S) 1973; S. 8.

5 Heinz F. Schafroth: Bruchstücke einer grossen Fiktion. Über Max Frischs Tagebücher. Text + Kritik 47/48 (Oktober 1975) S. 58–68; hier S. 59.

nen letzten Bühnenstück feststellen lasse.[6] Vor allem aber vom Thematischen her gilt *Biografie: Ein Spiel* als rasch erkennbare Selbstwiederholung (des Autors) der Selbstwiederholungen in den Romanen *Stiller* und *Mein Name sei Gantenbein.*[7] Eine gewisse thematische Einheit in seinem Werk wird auch vom Autor selbst bestätigt durch den gelegentlichen Hinweis auf "mein Thema."[8] (Allerdings erklärte Frisch gleichzeitig, daß er sich mit seinem "Warenzeichen," dem Identitätsproblem, nicht identisch fühle.) Neuerdings wurde diese Art vergleichender Frisch-Forschung in der quasi-endgültigen Bezeichnung seines Werkes als "Mosaik eines Statikers"[9] auf die provokatorische Spitze getrieben. Auf die Auswahl oder gar Reihenfolge komme es bei Frisch nicht an, so heißt es dort,[10] und weiter:

> Sein Frühwerk *Als der Krieg zu Ende war* könnte ebensogut die Mitte seiner Dramenproduktion wie deren (vorläufigen) Abschluß markieren. Man könnte, anders gesagt, dieses ausgesprochene Zeitstück mit der zeitlosen Komödie *Don Juan* oder dem Spiel mit der Zeit *Biografie* ohne viel Mühe vertauschen. Und natürlich trifft derlei auf die erzählenden Schriften nicht minder zu. Worin unterscheiden sich, aufs Ganze gesehen, *Mein Name sei Gantenbein* und *Homo faber* von *Stiller,* ja selbst vom Erstlingsroman *Die Schwierigen?* Oder worin weicht das zweite Tagebuch — man mache die Probe — unter diesem Aspekt vom ersten ab? Was wir eingangs teils ahnten, teils argwöhnten, hat sich auf Schritt und Tritt bestätigt. Es herrscht in Frischs Entwicklung, trotz der scheinbaren Komplexität seines Schaffens bzw. der Widersprüche bei dessen Deutung, eine eigentümliche Stagnation oder Beharrung im Wandel.

Frischs Antwort darauf, ob und inwiefern solche summarischen Urteile über sein Werk gerade das Neue verdecken, findet sich im Anschluß an die eingangs zitierte Frage:

> Das ist nicht meine Sorge. Das Neue? Es würde mir schon genügen, wenn das Neue in einem reineren Gelingen bestünde [...] Aber Sie haben recht: es gibt Leute, sehr gescheite Leute, die sofort Parallelen sehen, Parallelen zu ihren alten Erkenntnissen, und die es dem Schriftsteller verargen, daß sie infolgedessen nichts Neues finden können bei aller Treue zu ihren alten Erkenntnissen.[11]

6 Marianne Biedermann: Politisches Theater oder radikale Verinnerlichung? Text + Kritik 47/48 (Oktober 1975) S. 44–57.
7 Brigitte L. Bradley: Max Frisch's *Biografie: Ein Spiel.* German Quarterly 44 (1971) S. 208–226; hier S. 208. Deutsche Übersetzung in: Walter Schmitz (Hrsg.): Über Max Frisch II. Frankfurt (= edition suhrkamp 852) 1976; S. 345–367.
8 Dieter E. Zimmer: Ein Gespräch mit Max Frisch. Die Zeit Nr. 51, 22. Dez. 1967.
9 Reinhold Grimm in Verbindung mit Carolyn Wellauer: Max Frisch. Mosaik eines Statikers. In: Hans Wagener (Hrsg.): Zeitkritische Romane des 20. Jahrhunderts. Stuttgart 1975; S. 276–300. (Vgl. auch in: Gerhard P. Knapp [Hrsg.]: Max Frisch. Aspekte des Prosawerks. Bern/Frankfurt/Las Vegas 1978; S. 191–204.)
10 Ebenda S. 291.
11 Dieter E. Zimmer: Ein Gespräch mit Max Frisch. Die Zeit Nr. 51, 22. Dez. 1967.

Angenommen also und einmal zugegeben, daß in dem Bühnenstück *Biografie* ähnliche Fragen aufgeworfen werden wie die, mit denen der Frisch-Leser schon aus den Romanen vertraut war — nämlich die Fragen nach der zwangsläufigen Wiederholung bzw. Beliebigkeit jeder Geschichte —, so läßt sich dennoch nachweisen, daß und inwiefern das Bühnenstück "ein reineres Gelingen" darstellt, indem es nicht durch die Einmaligkeit des Themas, sondern durch die andersartige Form der Fragestellung über den Aussagenbereich der Romane hinausführt.

1. Das Moment der Wiederholung und die zeitlichen Perspektiven

Im Roman *Stiller* ist das Moment der Wiederholung durchaus zweideutig. Es wird einerseits gefürchtet und bekämpft, andererseits gesucht. Subjektiv, d.h. im Hinblick auf die eigene Vergangenheit und die innere Entwicklung, die sich im Lauf dieser Vergangenheit im Ich-Erzähler vollzogen hat, wird die Wiederholung gefürchtet und radikal abgelehnt. Objektiv, d.h. im Hinblick auf Gegenwart und Zukunft und etwa die Gestaltung eines völlig neuen Verhältnisses zu Julika wird die Wiederholung bejaht, denn ein Neuanfang mit derselben Frau, mit der vormals eine neunjährige Ehe gescheitert ist, wird für möglich und wünschenswert gehalten. Stiller geht von der Voraussetzung aus, daß in dem Maße, in dem er selbst ein anderer geworden ist, sich auch sein Verhältnis zu Julika anders gestalten müsse. Also versucht er um jeden Preis, das was er für seine neue Identität hält, auch äußerlich durchzusetzen.

Man weiß, daß seine Voraussetzung sich als unrichtig erweist: daß seine Hoffnung auf eine glücklichere Ehe mit derselben Frau sich nicht erfüllt. Dies kann theoretisch auf verschiedenartige Ursachen zurückgeführt werden. Z.B.: Stiller hat sich selbst nicht wirklich geändert. Oder: Julika hat sich geändert, Stiller setzt aber dieselbe Julika voraus. Oder: Julika kann den veränderten Stiller nicht mehr annehmen. Sie will ihn so, wie er vor seiner Amerikaerfahrung war. In jedem Fall ist jedoch die stattgefundene oder nichtstattgefundene Veränderung durch die Zeit bedingt, die unwiederruflich fortgeschritten ist. Furcht vor oder Wunsch nach Wiederholung beruhen daher beide letztlich auf einem Mißverhältnis zur unwiederholbaren Zeit. Da sich für Stiller ein Teil des vergangenen Zeitraums durch die Konfrontation mit einer anderen geographischen und kulturellen Sphäre erfüllt hat, versucht er diese andere Welterfahrung auf seine frühere zu übertragen und so die beiden Welten gleichsam zu koppeln, von denen sein neues Selbstgefühl bedingt ist. Dieser Versuch zeichnet sich in den Tagebucheintragungen derart ab, daß das eigentlich chronologische *Nacheinander* verschiedener Lebensabschnitte in ein *Nebeneinander,* d.h. in Gleichzeitigkeit von Vergangenheitseindrücken, laufender Gegenwartsschilderung und Zukunftserwartung überführt wird.

Aber trotz dieser Mehrsträngigkeit der Zeitdimension bleibt im Roman ein nachweislich[12] chronologisch-sukzessiver Vorgang bestehen: die Zeit der Untersuchungshaft (rund ein Jahr) bekommt Eigenwert, Erfahrungswert. Es erweist sich als unmöglich, zweimal in denselben Fluß zu tauchen. Der Versuch bereits wird zur Fiktion, und Stiller selbst muß sich am Ende schweigend der Strömung hingeben, die er nicht aufhalten konnte. Zeit als Bedingung epischer Fiktion läßt zwar Umbildung, aber keine eigentliche "Wandlung" zu.

Im Roman *Gantenbein* ändert sich diese Situation durch die Verwendung lediglich vorgestellter Fragmente von Lebensgeschichten. Da in der Anlage zu diesem Roman die Wirklichkeit als solche aus dem Erzählten völlig ausgeschieden wurde – die Person des eigentlichen Ich-Erzählers erscheint als weißer Fleck umrissen von den ihm möglichen Fiktionen[13] –, so ist auch die "wirkliche" Zeit zum Stillstand gebracht. Der Stillstandspunkt der Zeit, zu dem die ausprobierten bzw. "anprobierten" Geschichten immer wieder zurückkehren, findet bildlichen Ausdruck in der dreimal wiederkehrenden Szene einer verlassenen Wohnung.[14] Auch als "Zeuge" des eigentlichen Geschehens bezeichnet (G 486), stellt diese verlassene Wohnung den engsten Berührungspunkt mit der "nackten Erfahrung" dar, die es in Geschichten einzukleiden gilt. Die hinter der verlassenen Wohnung sich verbergende Erfahrung einer Trennung ist die unabänderliche Konstante in diesem Roman, die dafür sorgt, daß die Zeit aufgehoben ist: "Hier ist es wie in Pompeji: alles noch vorhanden, bloß die Zeit ist weg" (G 27). Daß das Spiel mit Varianten, wie es "Gantenbein" betreibt, im Grunde anti-episch sei – eigentlich Theater – wurde vom Autor selbst festgestellt.[15] *Gantenbein* kommt daher dem Bühnenstück *Biografie* insofern näher, als die auseinanderstrebende Bewegung erfundener Lebensgeschichten immer wieder zum selben Zeitpunkt zurückkehrt. Dennoch bleibt in diesem Werk der epische Bestandteil des Geschichtenerzählens erhalten mit einem objektiven Anspruch auf Erzähler- und Zuhörerzeit.

Durch den Prozeß der Eliminierung mehr oder weniger "passender" Geschichten wird dann in der Erfindung der Gantenbeingestalt eine zwar täuschende aber versöhnliche Verkleidung der traumatischen Erfahrung gefunden: die Blindenrolle. Am Ende des Romans spricht einer, der sich durch verschiedene Verkleidungen hindurch zum neuen Sehen und Gesehenwerden gehäutet hat und auch die Blindenbrille schließlich ablegen konnte:

---

12 Cf. Ulrich Weisstein: *Stiller:* Die Suche nach der Identität. In: Über Max Frisch II. A.a.O., S. 245–265; hier S. 262.

13 Cf. Horst Steinmetz: Max Frisch. A.a.O., S. 76.

14 Max Frisch: *Mein Name sei Gantenbein.* Frankfurt (46.-65. Tsd.) 1964; S. 25f., 308f., 487. (Alle Zitatnachweise aus dieser Ausgabe werden in Zukunft dem Text neben der Abkürzung G in Klammern beigefügt.)

15 Dieter E. Zimmer: Ein Gespräch mit Max Frisch. Die Zeit Nr. 51, 22. Dez. 1967.

"Leben gefällt mir." Das war für Anatol Stiller nicht möglich gewesen, der für die Geschichten seiner Erfahrung noch objektiven Zeit- und Wirklichkeitsanspruch erhoben hatte und daher den entstehenden Zwiespalt zwischen der jeweils erforderlichen Rolle und seiner inneren Entwicklung in einer peinlichen und langwierigen Auseinandersetzung austragen mußte.

Während Stiller vergeblich versucht hatte, seine Erfahrung und seine gesellschaftliche Rolle zu integrieren, während im Gantenbeinroman die Erfahrung zwar unangetastet blieb, aber durch die Rolle überwunden wurde, soll in *Biografie* eine Erfahrung als solche rückgängig gemacht werden, d.h. die gescheiterte Ehe mit Antoinette soll völlig ausgelöscht werden. Die zu diesem Zweck inszenierte Wiederholung strategischer Lebensmomente beruht hier gleichfalls auf einem (angenommenen) Stillstand der Zeit. Ähnlich wie in *Gantenbein* wird eine hypothetische Konjunktivsituation zur demonstrierten Wirklichkeit: "Wenn ich noch einmal anfangen könnte." Und ähnlich wie dort, gibt es einen Zeitpunkt, zu dem die Handlung mehrfach zurückkehrt. Statt des Endes eines Verhältnisses ist es hier jedoch die erste Begegnung. Im Unterschied zu den unerschöpflich sich erzeugenden und fortspinnenden Fiktionen des Romans gelingt es jedoch im Bühnenstück zunächst nicht, eine wesentliche Änderung im Profil der "Biografie" zu erreichen. Dabei liegt der technische Grund, der für den Kürmannschen Wahlzwang verantwortlich ist, zum Teil in den Gegebenheiten der Bühne. Denn angenommen, es wäre dem Protagonisten gelungen, Antoinette anläßlich der ersten Begegnung bei einer Feier im Jahre 1960 ohne weitere Verwicklung nach Hause zu schicken, so hätte seine "Biografie" fürs erste gewiß einen anderen Verlauf genommen und sich eine Zeitlang auf ihrer anderen Bahn fortspinnen können, ohne daß weitere Möglichkeiten − seien sie nun Konsequenzen anderen Verhaltens oder des Zufalls − ins Spiel gekommen wären. Es ist also klar, daß auf der Bühne gerade die Vielfalt der anderen Möglichkeiten in jedem Fall auf Andeutungen beschränkt bleiben muß, die bestenfalls in den Bereich der subjektiven Vorstellung des Zuschauers verweisen können. Wie Frisch selbst feststellen mußte, ist die hypothetische Grundhaltung ("Ich stelle mir vor") in der Erzählung leichter zu sichern − und "Erschütterung unserer Gläubigkeit durch Reflexion [. . .] ist fast nicht zu erzielen."[16] Trotz aller Bemühungen, die Bühne in etwas anderes umzudichten als "die Bretter, die die Welt bedeuten," bleibt sie also der Realität insofern verbunden, als sie bewirkt, daß das einmal Dargestellte in der Vorstellung über das noch Mögliche siegt. In diesem Sinne bestätigt die

16 Max Frisch: *Dramaturgisches.* Ein Briefwechsel mit Walter Höllerer. Berlin (= LCB-Editionen 15) 1969; S. 32.

Bühnenwirkung der *Biografie* genau die Aussage Krolevskys im Spiel: "Ab posse ad esse valet, ab esse ad posse non valet."[17]

Daß diese recht pragmatische Feststellung sich noch im Kunstraum der Bühne zu bestätigen scheint, hängt zum Teil damit zusammen, daß sogar das reine Bühnen*spiel* existentiellen Zeitverhältnissen unterworfen bleibt, indem es, anders als die Zeitstruktur der Romane, auf einen gradlinigen und durchaus begrenzten Ablauf von Vorstellungszeit angewiesen bleibt.

Da es Kürmann nicht gelungen ist, eine wesentliche Änderung im Verlauf der ersten Begegnung mit Antoinette zu erzielen, werden in der Folge Änderungen der "Biografie" vor und nach diesem Zeitpunkt (26. Mai 1960) angestrebt, die entsprechend jeweils dem ersten oder zweiten Teil der Bühnenhandlung zugeordnet sind. In bezug auf die tatsächlich vorgestellten Zeitdimensionen stellt diese Einteilung jedoch eine Vereinfachung dar. Denn im letzten Teil des Spiels geht die Bühnenhandlung über den Zeitpunkt der ursprünglichen Aussage "Wenn ich noch einmal anfangen könnte" hinaus und verläßt damit den konkreten Bereich der *Wiederholungs*möglichkeit. Noch nicht dagewesene, lediglich potentiell bedingte Situationen treten ein. Die zeitliche Perspektive wird in die Zukunft hinübergespielt. Und erst aus der praktischen Erkenntnis, welches Potential in dieser Zukunft verborgen liegt, gelingt die einschneidende Veränderung, die zu einer "Biografie ohne Antoinette" führt. (Hier steht nicht zur Debatte, ob Antoinette oder Kürmann die Veränderung herbeiführen konnte: sie geschieht von der Zukunftsperspektive her mit dem vollen Einverständnis beider Partner). Das Moment der Wiederholung nimmt also im letzten Teil des Spiels eine neue Bedeutung an. Denn die Tatsache, daß sich Kürmann mit der Frage an den Registrator wendet: "Was ist in einem Jahr? " und die Antwort erhält: "Wollen Sie das wissen? " (B 98) beweist ja, daß auch hier etwas "wiederholt" wird, was bereits im Dossier verzeichnet ist. Zu diesem Zeitpunkt kann das Leben offenbar nur noch das unvermeidlich Gewordene einholen — "wiederholen," wenn man so will. In Hinsicht auf die Zukunft berührt sich daher das Element der Wiederholung eindeutig mit der Frage nach dem Schicksal, und es wird sich zeigen, daß sowohl der eine wie der andere Begriff der Hypothese von "der Beliebigkeit jeder Geschichte" grundsätzlich den Weg verbaut.

Durch die Miteinbeziehung des Schicksals und des zeitlichen Spielraums der Zukunft geht die Reichweite der Fragestellung oder "Recherche" in *Biografie* über die Romane *Stiller* und *Gantenbein* hinaus. Denn in beiden Romanen ging es eindeutig um eine "Bewältigung der Vergangenheit." Diese wurde in *Stiller* als Integrierung eines neugefundenen Selbstbewußtseins in

---

17 Max Frisch: *Biografie: Ein Spiel.* Frankfurt (1.–20. Tsd.) 1967; S. 49. (Alle Zitatnachweise aus dieser Ausgabe werden in Zukunft dem Text neben der Abkürzung B in Klammern beigefügt.)

einen von einer alten Rolle überschatteten Lebenslauf angestrebt, wobei der zukünftige Verlauf dieses Lebens durchaus offen blieb. In *Gantenbein* wird die Vergangenheit durch die Wahl einer passenden Verkleidung bzw. Geschichte verabschiedet, um am Ende einen neuen Ausblick ("Leben gefällt mir") zu ermöglichen. Erst in *Biografie* wird das Leben als Ganzes übersehbar, denn zu einer "Biografie" gehört auch per definitionem ein Abschluß. (In dieser Beziehung weist das Bühnenstück eine ähnliche Konstruktion auf wie der Bericht *Homo faber.*) So zeigt sich zunächst, daß zur Beantwortung der Frage: "Was würden Sie anders machen in Ihrem Leben?" diese Übersicht über ein abgeschlossenes Ganzes gehört, die nur angesichts einer unmittelbaren Todesgewißheit möglich ist.

Die Tatsache, daß eine Biographie erst dann vorliegt, wenn das Leben mehr oder weniger abgeschlossen ist, daß sie jedoch im *Spiel* von ihrem Träger selbst — gleichsam aus dem Leben heraus — revidiert werden soll, führt zu einigen unauflöslichen Widersprüchen. Die Kritik ist teilweise auf die Schwierigkeit eingegangen, die entsteht, wenn *Biografie* als konsequentes Denkspiel aufgefaßt wird.[18] Angesichts der Todesgewißheit zu einem ganz bestimmten Zeitpunkt und gewisser unwiderruflicher Entscheidungen, die sich verselbständigt haben (Kinder, die einmal da sind), lassen sich mit der Zeit in einer Biographie bestenfalls noch Korrekturen anbringen, aber keine grundsätzlichen Varianten mehr ausführen.[19] Kürmanns Schwierigkeiten beim Versuch, seine Biographie zu ändern, gehen also auch daraus hervor, daß er einerseits *en situation* handeln soll, andererseits durch die Erfahrung der früheren Handlung ein anderes Bewußtsein dieser Situation geformt hat. Der Vorwurf des Registrators: "Sie verhalten sich nicht zur Gegenwart, sondern zu einer Erinnerung. Das ist es. Sie meinen die Zukunft schon zu kennen durch ihre Erfahrung" (B 17) ist insofern ungerecht, als er die Grundvoraussetzung des Spiels: "Wenn ich noch einmal anfangen könnte, wüßte ich genau, was ich anders machen würde" übersieht. Klaus Matthias hat auf diese Inkonsequenz hingewiesen: "Zur Gegenwart könnte sich Kürmann nur verhalten, wenn ihm nicht vom Dossier seine Vergangenheit vorgehalten würde mit dem Anspruch, sie als neu und ungelebt zu bewältigen. [. . .] Die Wiederholung des Grundmodells verstößt gegen ein Lebensprinzip und ist in sich unmöglich. —"[20] Das Spiel mit der Zeit ist also gleichzeitig das Spiel mit einer Bewußtseinsdimension, die sich lediglich aus

18 Klaus Matthias: Die Dramen von Max Frisch. Strukturen und Aussagen. In: Über Max Frisch II. A.a.O., S. 75–124; hier S. 115f.
19 Ein metaphorischer Hinweis auf diesen Umstand findet sich im Verlauf des Spiels, als Kürmann auf die Frage der verreisenden Antoinette: "Was machst du?" antwortet: "– Korrekturen . . ." (B 83) Vgl. hierzu eine ähnliche Beobachtung von Manfred Jurgensen (Max Frisch: Die Romane. Bern 1972: S. 177) in bezug auf das "Geschichtenmachen" in *Stiller* und *Gantenbein.*
20 Die Dramen von Max Frisch. Strukturen und Aussagen. A.a.O., S. 116.

der persönlichen Erinnerung konstituiert. Wird dieses subjektive Verhältnis zur Zeit dem grellen Rampenlicht und der unbarmherzig registrierenden Aufsicht einer Theaterinstanz ausgesetzt, so muß die Diskrepanz zwischen dem individuellen Bewußtseinsspiegel und dem mechanischen Zurückdrehen des Kalenders notwendig zu komisch-tragischen Widersprüchen führen.

2. Das Rollenspiel

Das jeweils neue und "reinere" Gelingen in den sukzessiven erzählerischen und dramatischen Produktionen Max Frischs wird kaum dadurch ersichtlich, daß man das Ganze unter einigen programmatischen Gesichtspunkten, die bereits im *Tagebuch 1946–1949* oder in den *Werkstattgesprächen*[21] entwickelt wurden – etwa die Motive vom Bildnis oder von der Rolle – zusammenfaßt. Ebensowenig genügt auf der formalen Ebene der Nachweis der Tagebuchform als stets sich gleichbleibender Geste der Rollenwahl des Autors,[22] um den experimentellen Neuansätzen im Roman *Gantenbein* oder dem Bühnenspiel *Biografie* gerecht zu werden. Geht man beispielsweise vom Begriff der "Rolle" aus, so zeigt sich, daß dieser in Hinsicht auf die Romane und das *Spiel* jeweils in einer völlig andersartigen Bedeutung und Funktion zu verstehen ist, wenn er überhaupt relevant bleiben soll.

Was gleich in der ersten Aufzeichnung Stillers als Rolle bezeichnet wird: "Denn ohne Whisky, ich hab's ja erfahren, bin ich nicht ich selbst, sondern neige dazu, allen möglichen guten Einflüssen zu erliegen und eine Rolle zu spielen, die ihnen so passen möchte, aber nichts mit mir zu tun hat"[23] – ist ein Festgelegtwerden durch die andern, der Zwang, dem Bildnis zu entsprechen, das sich die andern gemacht haben: "Rückkehr in eine abgelegte und überwundene Existenz,"[24] die in der Folge (St 39) auch als Versuchung zur Flucht vor der eigenen Wirklichkeit aufgefaßt wird. Diese Bewertung der Rolle ändert sich jedoch in dem Maße, in dem Stiller bei dem Versuch, sein Leben niederzuschreiben, einsieht, daß er, um nicht die eine Rolle spielen zu müssen, eine andere annehmen und nachweisen muß. Seine panische Angst vor der Rolle als solcher läßt nach; die Geschichten aus seiner anderen Existenz klingen weniger weit hergeholt, bis er endlich in der Auseinandersetzung mit sich selbst die Möglichkeit eines bedingten Rollenspiels erwägt:

21 Horst Bieneck (Hrsg.): Werkstattgespräche mit Schriftstellern. München 1965; S. 23–37.
22 Jürgen Schröder: Spiel mit dem Lebenslauf. A.a.O., S. 66.
23 *Stiller.* Frankfurt (= Fischer Bücherei Lizenzausgabe) 1965; S. 9. (Alle Zitatnachweise aus dieser Ausgabe werden in Zukunft dem Text neben der Abkürzung St in Klammern beigefügt.)
24 Cf. Horst Steinmetz: Max Frisch, A.a.O., S. 41.

"Man müßte imstande sein, ohne Trotz durch ihre Verwechslung hindurchzugehen, eine Rolle spielend, ohne daß ich mich selber je damit verwechsle." (St 83) Der Wechsel der Pronomina vom unpersönlichen "man" zum persönlichen "ich" in demselben Satz unterstreicht den noch bestehenden Zwiespalt zwischen der kollektiven Forderung nach Konformität und dem persönlichen Streben nach Individualität. Noch unter Stillers Feder schreitet die Entwicklung und Veränderung des Rollenbegriffs bis zu dem Punkt fort, wo er sich fragt: "Kann man schreiben, ohne eine Rolle zu spielen?" Und die Antwort muß lauten: "Nicht in der Rolle, wohl aber in der unbewußten Entscheidung, welche Art von Rolle ich mir zuschreibe, liegt meine Wirklichkeit." (St 249)

Diese schwer erkämpfte Einsicht Stillers, die nur aufgrund einer langwierigen Entwicklung zustande kommen konnte, ließe sich nun ihrerseits als programmatischer Ausgangspunkt für die Funktion der Rolle im Gantenbeinroman ansehen. Allerdings müßte dann das Wort "unbewußt" vor dem Begriff "Entscheidung" gestrichen werden, denn der Versuch in *Mein Name sei Gantenbein,* sich eine Rolle zu-zuschreiben ist geradezu ein "Kunststück" an Bewußtmachung und Rationalisierung des existentiellen Rollenverhängnisses.[25] Gleichzeitig geht aus den oft metaphorischen Anspielungen auf den Rollenbegriff ("Hoffentlich falle ich nie aus der Rolle" [G 159]) hervor, wie sich dieser im Vergleich zu dem früheren Roman verschoben hat. In *Gantenbein* ist die Rolle nicht mehr das von andern Vor-Geschriebene, sondern buchstäblich das sich selbst Zu-Geschriebene: Keine Zwangsjacke, sondern eine freigewählte "Geschichte," die mit derselben Umsicht, Eitelkeit und Selbstbespiegelung ausgesucht wird, mit der man Kleider wählt. "Rolle" bedeutet hier nicht mehr eine mit der Zeit erstarrte Verhaltensform, sondern geradezu das Stichwort für Veränderbarkeit und Nicht-Festgelegtsein. Sie wird auch nicht länger als Flucht vor der eigenen Wirklichkeit aufgefaßt, sondern dient als ein Mittel, diese Wirklichkeit einzukreisen. Die Rollenfunktion kommt hier dem theatralischen Begriff der Rolle als des Uneigentlichen, Auswechselbaren, Schauspielerischen näher, dessen menschliche Substanz letztlich ein Fragezeichen bleibt. In diesem Zusammenhang könnte auch die oft zitierte Schlußgeschichte von der Leiche, die es beinah erreicht hätte, "abzuschwimmen ohne Geschichte" (G 496), so aufgefaßt werden, daß nur noch eine Leiche keine Geschichten mehr hervorbringen könnte. Die Abwesenheit von Geschichten und ihrer Realisierung im Rollenspiel wäre dann gleichbedeutend mit dem Tod.

Schon aus dieser Entwicklung des Rollenbegriffes geht hervor, daß es durchaus auf die Reihenfolge ankommt, in der Frischs Werke entstanden

---

25 Dies wird in der geduldigen Analyse des Romans von Manfred Jurgensen (Max Frisch: Die Romane. A.a.O., S. 177–230) wenigstens teilweise entwirrt.

sind.[26] Denn ohne die in *Stiller* entwickelten Einsichten hätte es kaum zum konjunktivischen *Gantenbein* kommen können, und umgekehrt ist die Bekanntschaft mit *Stiller* zum eigentlichen Verständnis von *Gantenbein* fast unerläßlich. Während dort die Enderlin-Erfindung gerade daran scheitert, daß sie keine (bewußte) Rolle spielen kann, wird als Gegenbeispiel die Geschichte von dem Botschafter erzählt, der "das Größere" wählt: "die Rolle." (G 183) Dies ist die konsequente Durchführung der Stillerschen Einsicht: "Man müßte imstande sein, ohne Trotz durch ihre Verwechslung hindurchzugehen [. . .]."

Durch das bewußt ausgeführte experimentelle Spiel mit der Rolle gestalten sich in *Gantenbein* die "Geschichten einer Erfahrung" häufig zur Szene,[27] und aufgrund dieser Tendenz wird der Rollenbegriff schließlich dorthin zurückversetzt, wo er ursprünglich herkommt: auf die Bühne. Das Resultat ist im Vergleich mit dem Vorhergegangenen überraschend: Für Kürmann ergibt sich eine fast rätselhafte und irritierende Verhaltenskonstanz, er scheint außerstande, von seiner Rolle im Sinne des Vor-Geschriebenen — also vom Dossier — entscheidend abzuweichen. Obwohl ihm die unerhörte Gelegenheit gegeben ist, frei nach Gutdünken zu improvisieren, zeigt er sich dabei so phantasie- und einfallslos, daß seine Hilflosigkeit komisch wirkt. Ähnlich wie Enderlin kann Kürmann offenbar keine bewußte Rolle spielen, sein Name steht im ironischen Gegensatz zu seinem Wesen: "Nur er kann nicht anders sein."[28]

Es fragt sich, inwieweit diese neue und irgendwie verblüffende Entwicklung, daß die alte Verhaltensweise gerade auf der Bühne zur einzigmöglichen gefriert, die im Grunde also kaum noch als "Rolle" qualifizierbar bleibt, aus dem Übergang von der Romanform in die Form des Bühnenspiels zu erklären ist.

3. Vom "Ich stelle mir vor" zum "Ich stelle euch vor"

Auf den ersten Blick scheint das Titelwort "Biografie" wiederum eine epische Komponente der Darstellung zu betonen. Tatsächlich deutet jedoch diese Bezeichnung auf eine Verkürzung und Veräußerlichung des erzählerischen Elements und des Geschichten-Begriffes hin. Bereits die entschlackte

---

26 Cf. die oben zitierte Ansicht von Reinhold Grimm in Verbindung mit Carolyn Wellauer, Anm. 10.
27 Cf. Manfred Jurgensen: Max Frisch. Die Romane. A.a.O., bes. S. 211–220.
28 Max Frisch: Anmerkungen zu *Biografie: Ein Spiel*. A.a.O., S. 111. Diese Beobachtung trifft nicht nur auf den Namen "Kürmann" zu, dessen inhärente Bedeutung von der Forschung genügend betont wurde. Auch Antoinettes Nachname "Stein" ist aufschlußreich, u.a. im ironischen Gegensatz zur Leichtigkeit und Biegsamkeit ihrer Verhaltensweise.

und modernisierte Schreibweise des Titelwortes deutet an, daß hier eine Lebensgeschichte auf einen Formbegriff reduziert wird, der sich lediglich auf die nachweisbaren äußeren Fakten beschränkt, "mit allen Daten, die einem zum Hals heraushängen." (B 49) Der Ausdruck "Biografie" soll also kaum eine innere Entwicklung bezeichnen, sondern er soll als Aktenbegriff gelten, als Dokument äußerer Erscheinungsmerkmale, vergleichbar einem Ausweis, der die nachprüfbaren Kennzeichen, Ziffern und Daten einer Person angibt und aufgrund dieser Information als unerläßlicher Identifizierungsbeweis gilt. Ohne einen solchen Personalausweis ist der Mensch im Rahmen gesellschaftlicher Transaktionen der verwalteten Welt nicht-existent. Er wird zum Niemand, zur Null. Denn offensichtlich genügt es nicht, daß einer von sich selbst sagt: "Ich bin So-und-so," oder auch: "Ich bin nicht So-und-so" (cf. Stiller), und schon gar nicht: "Mein Name sei So-und-so," sondern er muß gleichsam erst zur dritten Person werden, d.h. ein anderer muß von ihm sagen: "Er ist So-und-so," ehe er auf eine gesellschaftliche Existenz Anspruch erheben kann. Um sich als Individuum auszuweisen, bedarf es daher der Bestätigung durch Zeugen, und diese Zeugenhandlung kann nicht aus dem Vorgang des "Ich stelle mir vor" heraus erzielt werden, sie bedarf vielmehr der "Vorstellung" im konkreten und gesellschaftlichen Rahmen der Bühne.

Der Anspruch des "Spiels" *Biografie* — das nicht zuletzt auch als Gesellschaftsspiel aufzufassen ist — besteht nun darin, daß der äußerlich registrierbare Vorgang, der sich in der Biographie einer Person niederschlägt, zum gegebenen Zeitpunkt durch äußere Einwirkungen wie Zufall und Verhaltenswahl ausgelöst wird und daher "machbar" und veränderbar sein muß. Warum sollten sich also die biographischen Personalien nicht auch anders zusammenstellen und von Zeugen bestätigen lassen?

Der Versuch, seine biographischen Personalien auszuwechseln, wurde in der Tat schon von Stiller unternommen. Dabei fehlte es ihm aber gerade an den entscheidenden Zeugen für seine andere Lebensgeschichte: "Es ist schwer, allein und ohne Zeugen zu wissen, was man in einsamer Stunde glaubt erfahren zu haben, schwer ein Wissen zu tragen, das ich nimmer beweisen oder auch nur sagen kann." (St 251f.) Als es nach der einjährigen Untersuchungshaft und dem Versuch, *ohne* die entsprechenden Zeugen der andere zu bleiben, endlich zum eigentlichen Verhör, d.h. zur "Schlußverhandlung mit Urteilsspruch" (St 286) kommt, muß Stiller verstummen. Weder er selbst beschreibt seinen Auftritt vor Gericht, noch wird dieser vom Staatsanwalt referiert. Lediglich das abgeschlossene "Urteil" wird mitgeteilt. Ohne Zeugen bzw. unter ausschließlich einseitiger Zeugenschaft ließ sich die "Variante" nicht glaubwürdig etablieren. Im Bühnenspiel *Biografie* wird der an der Bruchstelle des Romans ausgelassene "Prozeß" für "die andere Möglichkeit" nachgeholt.

Da es sich bei einer Biographie um eine mehr oder weniger abgeschlossene Datensammlung in chronologischer Reihenfolge handelt, läßt sich ihr

Konzept als Schema einer bürgerlichen Existenz auf die notorisch vereinfachte Formel bringen: Er wurde geboren, nahm ein Weib und starb. Dabei zeigt sich, daß weder der erste noch der letzte Punkt dieses Schemas wesentlich zu ändern ist, aber immerhin der mittlere. Hier setzt das dem Stück vorausgestellte Motto an, indem es die nächstbeste biographische Veränderung mit der Geste komödienhafter Ahnungslosigkeit entwirft: "Je nun, wenn ich mein Leben von neuem beginnen sollte, so würde ich nicht heiraten ... Nein, nein." "Biografie ohne Antoinette" heißt das Ziel, das sich der Spieler Kürmann gesteckt hat (B 24). Die peinliche Erfahrung einer siebenjährigen Ehe soll beseitigt werden, ohne daß eine spezifische Ersatzhandlung angestrebt wird. Für den Spieler soll es lediglich darauf ankommen, diese biographische Änderung vor Augenzeugen durchzuführen, um sie dann durch den Registrator auch schriftlich verbuchen zu lassen. Der Registrator fungiert also nicht nur als Referent der Kürmannschen Vergangenheit. Als Verwalter seines Dossiers repräsentiert er gleichzeitig die Zeugen im Zuschauerraum, die die im Spiel erreichten biographischen Veränderungen zu beglaubigen haben. Warum aber verhält sich dieser Registrator nicht völlig zurückhaltend und waltet schweigend seines Beobachter- und Schreiberamtes? Warum mischt er sich mit unerwünschten Änderungsvorschlägen und kritischen Anmerkungen zu Kürmanns Aufführung beständig in die Spielhandlung ein?

Die Rolle des Registrators in diesem Stück ist umstritten, vermutlich weil sie trotz ihrer scheinbaren Eindeutigkeit mehrfache Funktionen zuläßt und in sich vereinigt. Walter Höllerer[29] ist der Figur besonders abgeneigt und bezeichnet sie als "eine Art allzu theaterpraktisch verwendeter Gewissenswurm." Er sieht im Registrator einen "Haupthinderungsgrund, daß [das] Möglichkeitstheater ins freie Spiel kommt." Der Registrator könne Kürmann mit seinen Möglichkeits-Angeboten weder für eine reale Veränderung noch für seine Einsicht recht viel nützen. Er diene dem Zuschauer gegenüber zu sehr als Zaunpfahl, dem Autor zu sehr als Krückstock. Damit wird gesagt, daß die vom Registrator ausgehenden Änderungsvorschläge, die in der Regel nicht befolgt werden, dem Zuschauer gegenüber als Hinweis darauf dienen sollen, daß es andere Möglichkeiten gebe, ohne daß diese sämtlich in konkreter Form auf der Bühne durchgespielt werden müssen. Auch Manfred Durzak[30] kommt zu dem Ergebnis, der Registrator lasse sich "gewissermaßen als die Verkörperung der Dramaturgie des Zufalls auffassen." Gleichzeitig bezeichnet er ihn aber auch − unter Hinweis auf Frischs Anmerkungen zum Stück − als "Personifikation von Kürmanns umfassendem Bewußtsein." Und in dieser Funktion, als wahrnehmende Komponente des Kürmannschen

29 Max Frisch: *Dramaturgisches.* Ein Briefwechsel mit Walter Höllerer. A.a.O., S. 22f.
30 Manfred Durzak: Dürrenmatt, Frisch, Weiss. Deutsches Drama der Gegenwart zwischen Kritik und Utopie. Stuttgart 1972; S. 235.

Selbst,[31] als Spielart der Tagebuchform[32] oder als "die Außenansicht der Innenansicht von Kürmann"[33] wird die Figur auch von andern meist eingeschätzt, d.h. sie wird mit den bereits vorliegenden Form- und Denkkategorien in Frischs Werk auf einen Nenner gebracht. Frisch selbst hat sich hauptsächlich darauf beschränkt zu notieren, was der Registrator *nicht* ist[34] und hat ihm als "Instanz des Theaters" einen weiten Spielraum gelassen. Wenn der Autor von ihm sagt: "Er weiß, was Kürmann, wäre er nicht gerade als Handelnder befangen, auch wissen könnte,"[35] so erstreckt sich dieses Wissen allerdings in zweierlei Richtung. Einerseits weiß der Registrator – mit dem Dossier vor sich – um die Fakten der tatsächlichen Biographie Kürmanns. Andererseits weiß er aus seiner Beobachterperspektive auf der Bühne, was auch die Zuschauer sehen können: daß Kürmann sich diesen Fakten gegenüber nicht besonders änderungstüchtig verhält. Auch die Zuschauer können sich ja andere Verhaltensmöglichkeiten vorstellen, sie brauchen dazu kaum die "Zaunpfahlwinke" des Registrators. Es bedarf jedoch seiner Rolle bzw. seiner Stimme, um diese anderen Möglichkeiten zu objektivieren, während der "im Handeln befangene" Spieler mit nachtwandlerischer Sicherheit denselben Weg geht, den er gerade vermeiden wollte.

Man hat der Variantenkonzeption des Autors gelegentlich die Frage entgegengehalten: "Varianten von was?"[36] oder auch den Einspruch erhoben: "Die Konstante in den Varianten [wird] nur dann sichtbar, wenn man weiß, wovon sie Varianten sind."[37] Dieser Einwand setzt jedoch einen Realwert der Person voraus, den der Autor gerade nicht für gegeben hält. Die Suche nach einem solchen Realwert war das notorische Anliegen des Erzähler-Ichs im Roman *Gantenbein,* und zwar ausdrücklich ohne Vergleichsmöglichkeit zu einer gegebenen Größe. Diese Größe sollte vielmehr erst durch das Approximationsverfahren des "mehr oder weniger Passenden" ermittelt werden. Das Variantenspiel im Bühnenstück unterscheidet sich nun insofern von dem Roman, als dort – dank der Beschränkung auf nachweisbare biographische Fakten – eine Vergleichsbasis in Form des vom Registrator verwalteten Dossiers gegeben ist. Fast jede Bühnenhandlung Kürmanns wird durch die Dossier-Referenzen des Registrators zur tatsächlichen Biographie des Handelnden in Beziehung gesetzt. Erst aus diesem auch dem Publikum vermittelten Wissen um die Vergleichsbasis rechtfertigen sich

31 Jürgen Schröder: Spiel mit dem Lebenslauf. A.a.O., S. 89.
32 Horst Steinmetz: Max Frisch. A.a.O., S. 8.
33 Heinrich Geisser: Die Entstehung von Max Frischs Dramaturgie der Permutation. Bern/Stuttgart (= Sprache und Dichtung. N.F. 21) 1973; S. 79.
34 Anmerkungen zu *Biografie: Ein Spiel.* A.a.O., S. 111.
35 Max Frisch: *Dramaturgisches.* A.a.O., S. 27.
36 Ebenda, S. 15.
37 Horst Steinmetz: Max Frisch. A.a.O., S. 82.

etwa die zahlreichen Komparative in der vom Registrator vorgelegten Übersicht über Kürmanns Aufführung sowie auch das im Namen der Zuschauer verwendete "wir":

> Auch wir, offen gestanden, haben natürlich etwas anderes erwartet von einem Mann, der die Möglichkeit hat, noch einmal anzufangen: etwas Kühneres – [...] – nichts Großartiges vielleicht, aber etwas anderes, was Sie nicht schon einmal gelebt haben. Zumindest etwas anderes. [...] – stattdessen: Dieselbe Wohnung. Dieselbe Geschichte mit Antoinette. Nur ohne Ohrfeige. Das haben Sie geändert. Ferner sind Sie in die Partei eingetreten, ohne deswegen ein andrer zu werden. Was sonst? Und sie halten einigermaßen Diät. Das ist alles, was Sie geändert haben, und dazu diese ganze Veranstaltung! (B 90–92)

Der Registrator drückt hier eine ähnliche Irritation und Unzufriedenheit darüber aus, "daß das Möglichkeitstheater nicht ins freie Spiel kommt,"[38] wie das kritische Publikum. Wie die meisten Interpreten der *Biografie* kommt auch er nicht umhin, nach einer psychologisierenden Erklärung dafür zu suchen, warum Kürmanns Verhalten "jedesmal dieselbe Geschichte" (B 17) herbeiführt. Dabei ist es durchaus möglich, daß seine Einwände und Erklärungsversuche ebensowenig zutreffen wie manche andere. Denn auch er verkörpert nicht nur eine "Kunstfigur,"[39] sondern zugleich die Rolle des besserwissenden Beifahrers, sodaß sein Urteil keineswegs als letztlich maßgebend gelten kann.[40] Auf jeden Fall entsteht durch den Umstand, daß der Registrator neben seinen übrigen Funktionen zugleich auch dem kritischen Zuschauer das Wort spricht, eine Art Spiel-im-Spiel-Struktur. Das innere Spiel zeigt Kürmann im vergeblichen Bemühen, seinem unglücklichen Verhältnis zu Antoinette eine andere Wendung zu geben. Das äußere Spiel zeigt den Registrator als kritischen Zuschauer, der die "Aufführung" des Spielers bewertet, begutachtet, während er sie mit der bekannten Rolle, dem Dossier, vergleicht. Obwohl in bezug auf Frischs Bühnenwerk die Ansicht vertreten wurde, daß der Autor von dem Mittel des Spiels im Spiel so gut wie keinen Gebrauch macht, "und dort, wo er es getan zu haben meint, nämlich in *Biografie* [...] sein eigenes Drama" mißversteht,[41] zeigt sich hier, daß gerade durch den Zuschaueraspekt des Registrators eine Spiel-im-Spiel-

---

38 Cf. oben, die Äußerung Walter Höllerers, Anm. 29.

39 Dieter E. Zimmer: [Zur Uraufführung] in Zürich ... Die Zeit Nr. 6, 13. Februar 1968.

40 Manfred Jurgensen (*Biografie: Ein Spiel* – Szene als Zitat. In: Max Frisch. Die Dramen. Bern/München ²1976; S. 117–129; bes. S. 121, 122, 126) neigt dazu, die Aussagen des Registrators als absolute Richtschnur zur Interpretation des Dramas herbeizuziehen, ohne zu berücksichtigen, daß diese Aussagen vor allem das dialogische Gegengewicht zu Kürmanns Möglichkeitenvorstellung abgeben und insofern der Fehlbarkeit ihrer einseitigen Position unterliegen und sich, wie oben gezeigt, als anfechtbar erweisen.

41 Horst Steinmetz: Max Frisch. A.a.O., S. 73.

Struktur, also ein doppelter Bühnenrahmen und damit eine zusätzliche Entfernung vom traditionellen "Illusionstheater" gewährleistet wird.[42]

4. Arbeitslicht und Spiellicht

Was mit dem Spiel-Begriff im Titel des Stückes eigentlich gemeint ist, geht vielleicht am deutlichsten aus dem Wechselverhältnis von "Spiellicht" und "Arbeitslicht" hervor. Offenbar wurden diese Bezeichnungen in Anlehnung an die alte Dichotomie gewählt, die davon ausgeht, daß sich die Bereiche von "Arbeit" und "Spiel" gegenseitig ausschließen und sich eben dadurch definieren: Arbeit ist kein Spiel – Spiel ist keine Arbeit. Arbeit setzt Ernst, Reife und Verantwortung voraus – sie wird ja auch bezahlt – Spiel ist frei und umsonst und steht nur Kindern zu und solchen, die sich den Spaß leisten können. In diesem Sinne wird auch das Katzenspiel aufgefaßt, in das Kürmann und Antoinette in der ersten Szene von *Biografie* verfallen, und das mit der Bemerkung abbricht: "Spaß beiseite." (B 13) Nach dem folgenden leitmotivischen Satz: "Löschen Sie wenigstens das Licht" hat Kürmann sozusagen das erste match in seinem Variantenspiel mit Antoinette verloren. Das Neonlicht am Pult des Registrators zeigt an, daß dies soeben verbucht wird und dem Spieler ein neuer Einsatz gestattet. Wenn das Arbeitslicht endlich wieder aufleuchtet und den Blick auf die gesamte Bühne freigibt, hat Kürmann drei Variationsversuche der ersten Begegnung mit Antoinette verloren und "will nicht weiter." (B 26) Bei Arbeitslicht wird – übrigens von Antoinette – der Sinn des Spiels "es mußte nicht sein" bestätigt, und die Spielregeln (konstante "Wertigkeit" der Intelligenz) werden geklärt, ehe nach "Lichtwechsel" weitere Varianten folgen. Dies ist die längste Unterbrechung durch "Arbeitslicht" im Spiel. Bei den übrigen sechs Gelegenheiten, wenn das Arbeitslicht die ganze Bühne erhellt, werden lediglich Kulissen umgeräumt, oder die *Möglichkeit* einer Szenerieveränderung wird angedeutet. Nur einmal findet noch ein kurzer Dialog bei Arbeitslicht statt. Es ist dort, wo Krolevsky sich verabschiedet, nachdem Kürmann seinen Eintritt in die kommunistische Partei – die einzige streng biographische Veränderung, die ihm gelingt – durch seine Unterschrift im Dossier besiegelt hat.

Der Hinweis auf "Arbeitslicht", dem meistens die Bemerkung folgt, "man sieht wieder die ganze Bühne," hebt also vor allem den *Spiel*charakter

---

42 Um diese doppelte Spiel- und Rahmenstruktur zu betonen, hat Harry Buckwitz in der Frankfurter Erstaufführung des Stückes vermutlich dem Registrator seinen Platz am Regiepult "ganz vorn an der Rampe" zugewiesen. Cf. Hans Heinz Holz: Max Frisch – engagiert und privat. In: Thomas Beckermann (Hrsg.): Über Max Frisch. A.a.O., S. 235–273; hier S. 255.

des Geschehens hervor. Das Arbeitslicht, indem es den Blick auf die gesamte Bühne freigibt, erinnert daran: Auf dieser Bühne wird gespielt. Nicht ein Leben, sondern Möglichkeiten eines Lebens werden hier vorgestellt. Die eigentliche Gedankenarbeit, d.h. also die Entscheidungen über Wahl, Durchführung oder Nichtdurchführung von möglichen Varianten, findet jedoch im Wechsel zwischen "Spiellicht" und "Neonlicht" statt. Die Unterbrechungen des Spiels durch das Neonlicht des Registrators zeigen, daß "Spiel gestattet [. . .], daß sich eine Handlung unterbrechen läßt [. . .] und erst weiterläuft, wenn wir ihre Ursache und ihre möglichen Folgen begriffen haben."[43] Dies geschieht meist durch einen Vergleich mit dem Dossier, das Erwägen einer anderen Verhaltensmöglichkeit, eine Kritik an Kürmanns Handlung oder auch das Notieren von einschneidenden Veränderungen. Etwa dort, wo die Diätanweisungen für den leberkranken Kürmann in allen Einzelheiten registriert werden (B. 57f.). In dem Maße, in dem der Registrator mehr und mehr in das Spielgeschehen eingreift, nimmt auch die Überblendung des Spiellichts durch das Neonlicht zu, sodaß ein gutes Drittel des Gesamtdialogs bei Neonlicht stattfindet.

Hans Heinz Holz[44] hat in den Beleuchtungsanweisungen und ihrer verschiedenartigen Bühnenrealisierung bei den vier Uraufführungen mit Recht die "Essenz des Stückes" gesehen, nämlich den Versuch des Autors, "die ontologische Differenz von Wirklichkeit und Möglichkeit auf der Bühne auszuspielen." Wie sich jedoch an der Wechselbeziehung von Arbeitslicht und Spiellicht bzw. Neonlicht gezeigt hat, kommt es hier nicht ausschließlich auf die Differenzierung dieser Seinsbereiche an, sondern zugleich auf ihre Dialektik. Denn bekanntlich ist es nicht so, wie es die alte Auffassung von "Arbeit" versus "Spiel" wahrhaben will, daß sich diese Tätigkeitsbereiche gegenseitig ausschließen, sondern Kinder wie Schauspieler arbeiten ebenso beim Spiel, wie Mathematiker und andere spielen, wenn sie arbeiten. Auch an Kürmann wird die Forderung gestellt, einerseits zwanglos zu spielen – d.h. Handlung und Dialog zu improvisieren und die Bühne als Experimentierraum für sein Leben aufzufassen –, andererseits aber dieses Handeln, das sich so automatisch abzuspielen scheint wie die Walze einer Spieluhr, zu reflektieren und Einsichten und Konsequenzen daraus zu ziehen. Während jedoch der Übergang oder auch der Überschneidungseffekt von Arbeitslicht und Spiellicht bühnentechnisch leicht zu bewerkstelligen ist, lassen sich die Bereiche von spontaner Handlung und Reflexion, von Möglichkeits- und Wirklichkeitsbewußtsein weniger leicht differenzieren bzw. integrieren. Das Ergebnis ist die unvollkommene Leistung des Protagonisten auf beiden Ebenen. Kürmann gelingt es nicht, oder nur mit großer Schwierigkeit, seine

---

43 Max Frisch: *Dramaturgisches.* A.a.O., S. 17. Cf. auch: Max Frisch: *Tagebuch 1966–1971.* Frankfurt (81.–90. Tsd.) 1973; S. 89.
44 Max Frisch – engagiert und privat. A.a.O., S. 251f.

reflektierte Wahl (z.B. "Biografie ohne Antoinette") mit seiner spontanen Aktion oder Reaktion der Frau gegenüber in Einklang zu bringen.

Daß Kürmanns Stärke vor allem auf seiten der Reflexion liegt, (also eher im Prozeß des "Ich stelle mir vor" als in demjenigen des "Ich stelle euch vor") zeigt sich zunächst an der konjunktivischen Voraussetzung des Spiels: "– er hat gesagt: Wenn er noch einmal anfangen könnte, dann wüßte er genau [. . .]" (B 7) Auch in den Gesprächen mit dem Registrator ist er dank seines vorwiegend reflektierenden Bewußtseins den zur Debatte stehenden Möglichkeiten oft schon um einen Schritt voraus. So etwa in dem Gespräch über die Vor- und Nachteile verschiedener Wohnungen:

Registrator:	Wenn Sie's nicht aushalten, warum wählen Sie nicht eine andere Wohnung?
Kürmann:	Und was ist dort?
Registrator:	Es wird sich zeigen.
Kürmann:	Eine Motorsäge vielleicht.
Registrator:	Möglich.
Kürmann:	Oder die Eisenbahn. Oder Glockengeläute. Oder die Ausflugschneise vom Flughafen – Man hört ein perfides Geräusch
Registrator:	Das wäre die Motorsäge.
Kürmann:	Hören Sie auf! (B 46)

Das hier angedeutete Möglichkeitsmuster ergibt eine Art Metapher, die Kürmanns grundsätzliche Situation in nuce abbildet. Man hat sein Dilemma auch folgendermaßen beschrieben: "[. . .] ein Mann, der in der Gefängniszelle seines Ichs [. . .] ungeduldig auf und ab geht; und der letztlich nicht ausbricht, weil ihm klar wird, daß er nicht in die Freiheit, nämlich zu unerhörten Möglichkeiten seiner selbst gelangen würde, sondern nur in die Gefängniszelle nebenan."[45] Der Unterschied zu Stiller besteht darin, daß dieser in der Tat ausgebrochen ist. Gerade sein temporäres "Ausbrechen" hat das Gefängnisbewußtsein nach sich gezogen und verschärft. Er kann die "Gefängniszelle seines Ich" schließlich annehmen, weil er sich einmal wirklich den Wüsten und Oasen anderer Kontinente ausgesetzt hat und sich diese andere Welt auch in seiner Zelle noch jederzeit vor Augen führen kann. Es heißt an den diesbezüglichen Stellen in Stillers Aufzeichnungen (St 22ff.) immer "ich sehe" und nicht etwa "ich stelle mir vor," während Gantenbeins Erzähler diesen Ausdruck erst auf der letzten Seite des Romans verwendet. Es ist auch Stiller, der schreibt: "Man muß es gesehen haben, um es sich vorstellen zu können, aber mit Augen gesehen, nicht bloß mit Urteil." (St. 238) Kürmann dagegen erlebt die meisten anderen Möglichkeiten vorwiegend reflektiv, aktualisiert nur insofern es das Bühnenspiel mit anderen gestattet. Der Kürmannsche Erkenntnisprozeß ist also abstrakter

45 Dieter E. Zimmer: [Zur Uraufführung] In Zürich . . . Die Zeit, 13. Febr. 1968.

und ökonomischer als derjenige Stillers und dabei konkreter und ökonomischer als derjenige Gantenbeins.

Aufgrund seiner Überlegenheit im Bereich der Reflexion beziehen sich die wesentlichen Einsichten, die Kürmann aus dem alternierenden Spiel- und Arbeitsvorgang zu gewinnen hat, gerade auf die unerklärliche und unüberwindliche Hartnäckigkeit seiner Emotionen. Als er den vollen Kreis seiner vergangenen Biographie vom "Wenn er noch einmal anfangen könnte" (B 7) bis zum: "Hier haben Sie gesagt, wenn Sie noch einmal anfangen könnten" (B 90) nachvollzogen hat, kommt er in Übereinstimmung mit dem Registrator zu dem ganz einfachen Resultat: "– ich liebe sie." (B 92) Nun ist zwar betont worden, daß es sich bei Kürmanns Gefühlen Antoinette und überhaupt den Frauen gegenüber nicht um Liebe im eigentlichen Sinne handelt, sondern eher um eine Art von Abhängigkeit.[46] Das ist jedoch hier nicht maßgebend, da das Geständnis von "Liebe" ganz einfach ein Pseudonym für jede Art von nicht-rationalisierbarer und daher fataler Emotion darstellt. So ist es auch konsequent, daß der "Liebende" unmittelbar nach diesem Geständnis nicht etwa sich selbst erschießt, sondern wie zum Ausgleich für die früher unterbliebene Ohrfeige fünf Schüsse auf Antoinette abfeuert, bis sie nicht länger anzunehmen scheint, er "träume das" nur (B 93), sondern tatsächlich und konkret zusammenbricht.

In vergleichbarer Weise hatte sich schon früher herausgestellt, warum es Kürmann nicht möglich war, seiner unglücklichen ersten Ehe wenigstens im Spiel noch in letzter Minute zu entgehen. Denn obwohl er dies damit rechtfertigt, daß man "ein Kind, das einmal da ist, nicht aus der Welt denken kann" (B 38), geht die Weigerung, sich den Sohn wegzudenken, letztlich auf die Feststellung des Registrators zurück: "Sie lieben ihn." (B 38) Auch hier wäre anzuführen, daß es sich um eine vieldeutige emotionelle Beziehung handelt. Denn wie sich bei einer weiteren Begegnung mit Thomas zeigt, kennt dieser noch keinerlei Zwiespalt zwischen einer möglichen und tatsächlichen "Biografie." Für ihn gibt es nur eins: "Ich lebe nun einmal so" (B 86), und gerade diese unreflektierte Selbst-Sicherheit des Jüngeren führt einen Wutausbruch Kürmanns herbei.

Die getrennten und praktisch nicht zu vereinbarenden Bereiche von "Arbeitslicht" und "Spiellicht," Reflexion und Aktion, sind also nicht von vornherein gegeben. Sie wachsen sich aus in dem Maße, in dem sich eine "Biografie" erst auswächst und verhärtet, bis sie ihrem Inhaber wie eine fremde und rein äußerliche Schale anzuhaften scheint.

Die aus dem Bühnenstück gewonnene Dialektik von "Arbeitslicht" und "Spiellicht" auf die Romane zurück zu übertragen, erweist sich jedoch als praktisch unmöglich. Denn gerade weil die in Stillers Untersuchungshaft geschriebenen Journale seine Realität ebenso handelnd vorstellen wie

---

46 Brigitte L. Bradley: Max Frisch's *Biografie: Ein Spiel.* A.a.O., S. 218 und 222.

denkend reflektieren, sieht man dort gleichsam immer "die ganze Bühne."
Im Roman *Gantenbein* dagegen herrscht fast ausschließlich "Spiellicht." Nur
durch diese Beleuchtungskonstanz gestaltet sich dort das Variantenspiel mit
scheinbarer Überzeugungskraft. Aber erst aus der unmittelbaren Gegenüberstellung und gegenseitigen Beeinflussung der Bereiche von Reflexion und
Aktion, von projizierter und tatsächlicher Möglichkeit auf der Bühne geht
hervor, daß die angestrebte Gleichwertigkeit von Wirklichkeit und Möglichkeit und damit die Freiheit von äußerer oder innerer Bestimmung eine
Utopie bleibt, die sich dank ihrer Unmöglichkeit bestenfalls als Komödie
verantworten kann.[47]

Q. "Did you take the plea [of guilty] by yourself, or did the demons force you?"
A. "I took the plea, but that is what they wanted."
TIME: 26. Juni 1978

5. Fatalität, Kausalität, Zufall

Hannes Kürmann wirkt komisch, weil er sich unwillkürlich beständig
selbst widerlegt. Seine theoretischen Voraussetzungen für eine veränderbare
Biographie, "wenn er noch einmal anfangen könnte," erscheinen ebenso
logisch wie einfach: "Ich brauche mich nur ein einziges Mal anders zu
verhalten − [. . .] − ganz zu schweigen vom Zufall!" (B 28) Doch bei allem
redlichen Bemühen gelingt es ihm scheinbar nicht, diese Überlegung in die
Tat umzusetzen, sodaß am Ende die Zuschauer "der biederen Einsicht
[applaudieren]: wir können ja doch an unserer Biographie eigentlich nichts
ändern."[48]
In seiner Unbelehrbarkeit erreicht jedoch der "komische Held" gelegentlich den spielerischen Anschein tragischer Größe. Dort nämlich, wo er noch
angesichts einer lebenslänglichen Gefängnisstrafe für den Mord an Antoinette
sich weigert, der Versuchung nachzugeben, in all dem Geschehenen "einen
Sinn" zu sehen: so und nicht anders habe es kommen müssen. Kürmann
bleibt, auch dort wo es für ihn recht unbequem wird, bei seinem "es mußte
nicht sein." (B 95) Das heißt, daß er sich auch in bezug auf die völlig
ungeplante und unvorhergesehene Tat dieses Mordes volle Entscheidungsfreiheit zuspricht und damit die Verantwortung für sein Handeln übernimmt.
Diese Einstellung erlaubt ihm keine Versöhnung mit seiner Schuld durch
"glauben," sondern nur den unheilbaren Zustand der Verzweiflung: "Ich
habe ein Leben vernichtet − ihr Leben − was heißt da noch Wahl? − sie ist
tot − tot, und ich wähle: glauben oder nicht glauben. (Er lacht:) Reue! was

---

47 Cf. Beda Allemann: Die Struktur der Komödie bei Max Frisch. In: Thomas
    Beckermann (Hrsg.): Über Max Frisch. A.a.O., S. 261−273; hier S. 272.
48 Max Frisch: *Dramaturgisches.* A.a.O., S. 28.

Ihr unter Reue versteht —" (B 95) Wenn diese Variante dank ihres Spielcharakters nicht rückgängig zu machen wäre, so verlöre das ganze Stück seine komische Färbung. Kürmann hätte nur noch die Wahl, "sich an seine Schuld zu gewöhnen" (cf. B 43), oder daran zugrunde zu gehen. Im Vergleich zu Gantenbein, der sich jeweils aus einer Rolle in die andere flüchtete und schließlich die Blindenrolle vorzog, wird der Protagonist auf der Bühne zu größerer Ehrlichkeit gezwungen. Er muß sich hier praktisch zur Äußerung des Erzählers im Gantenbeinroman bekennen: "Ich möchte nicht das Ich sein, das meine Geschichten erlebt." (G 101)

Liegt es nun aber an der spielerischen Zurücknahme der Variante des Mordes, die, obwohl ungeplant, sich aus dem Vorhergegangenen durchaus folgerichtig ergab, daß trotz der dramaturgischen Gegenposition des Autors gegen das "Theater der Fügung" die "Biografie" Kürmanns den Eindruck der Unabänderlichkeit hervorruft? Der Autor selbst verzeichnet folgende Beobachtung: "Durch dieses stete Anspielen von Varianten, von Möglichkeiten anderen Verhaltens, die dann doch nicht verwirklicht werden, erscheint die Sukzessivität dessen, was schließlich stattfindet, noch zwingender —"[49] Daraus ergibt sich aber nur die alte Frage, warum es nicht bei der Variante bleiben konnte, warum nicht doch das andere stattfand. Im Licht der Mordepisode müßte die Antwort lauten: weil die Alternativproben ergaben, daß Kürmanns tatsächliche Biographie die einzig erträgliche, d.h. lebensmögliche für ihn war, sodaß sie sich in gewissem Sinne als die beste aller möglichen Biographien für ihn erwies. Das führt dann allerdings zur Frage nach der grundsätzlichen Ausgangsposition: Wurde von Kürmann in erster Linie eine *andere* Biographie angestrebt, eine die anders wäre um jeden Preis, oder ging es darum, eine andere aber erträgliche, d.h. für ihn lebensmögliche Biographie zu entwerfen? In seinem Gespräch mit Krolevsky (B 49) sagt Kürmann eindeutig: "Sie verstehen: ob eine bessere oder schlechtere Biografie, darum geht es nicht." Dieser Satz ist auch so aufgefaßt worden, als teile er genau das Gegenteil mit: "His very protestations to the contrary suggest that a different version means to him an improved one."[50] Zieht man jedoch die bereits oben zitierten Äußerungen des Registrators hinzu: "Auch wir[...] haben natürlich etwas anderes erwartet [...] Zumindest etwas anderes" (B 91), so scheint doch das "andere um jeden Preis" auf dem Spiele zu stehen. Das hieße aber dann "anders" auch um den Preis von Leben und Tod, und in diesem Zusammenhang würden Alternativen auftauchen, wie sie in Sartres Spiel *Les jeux sont faits* durchgeführt wurden.[51] Nun setzt eine "Biographie" jedoch an erster Stelle "Leben" bzw. "Lebensmöglichkeit" voraus, sodaß ihrer Variationsbreite eine untere Grenze gesetzt ist. Da

---

49 Ebenda.
50 Brigitte L. Bradley: Max Frisch's *Biografie: Ein Spiel.* A.a.O., S. 214.
51 Jean-Paul Sartre: *Les Jeux sont faits.* Paris 1968.

Kürmann sich als Selbstmordkandidat aber ohnehin an dieser Grenze bewegt, die er nicht überschreiten kann, will er überhaupt mit seiner Biographie spielen, so müßte für ihn eine *andere* notwendig eine *bessere* Biographie bedeuten. *Für ihn* wäre jedoch eine "bessere Biografie" nur denkbar im Sinne eines Nichtscheiterns oder völligen Ausschließens seiner Ehe mit Antoinette, was er offensichtlich nicht erzwingen kann. Denn es ist letzten Endes der von ihm so hoffnungsvoll beschworene Zufall, der ihm eine Frau zugespielt hat, die bereit ist, lediglich aus Bequemlichkeit eine Ehe mit ihm einzugehen, ähnlich wie er selbst seinerzeit Katrin geheiratet hatte, um eine andere zu vergessen. Indem Kürmann noch im Spiel versucht, Liebe zu erzwingen, wo sie nicht möglich ist — also eine andere Verhaltensweise auch für eine andere Person zu erzielen —, geht er nicht nur über die "Spielregeln," sondern auch über den Rahmen seiner persönlichen Entscheidungsfreiheit hinaus. Die einzige Entscheidung, die ihm tatsächlich offensteht, ist (analog zur Wahl wie er sich schließlich dazu verhalten will, daß er verloren ist [B 105]), wie er sich dazu verhält, daß er das Spiel mit Antoinette verloren hat. Gleichermaßen hat er auch hinsichtlich seiner "Biografie" lediglich eine Verhaltenswahl: "Nicht die Biografie des Herrn Kürmann, die banal ist, sondern sein Verhältnis zu der Tatsache, daß man mit der Zeit unweigerlich eine Biografie hat, ist das Thema des Stückes."[52] Zwar steht dem Protagonisten frei, seine "Biografie" zu verkürzen (etwa durch Selbstmord), oder den Tod geduldig abzuwarten; er kann ihr einen "Sinn" unterstellen oder finden, daß sie "nichts besagt" (cf. B 49) — "glauben oder nicht glauben" — und er kann schließlich reflektierend und probend damit spielen, vorausgesetzt, daß er bereit ist, dabei sein Leben sowie das Leben anderer "aufs Spiel" zu setzen. Als Verhaltensforscher muß Kürmann jedoch einsehen, daß es kein Verhalten *an sich* gibt, sondern daß er sich jeweils nur *zu* etwas verhalten kann, sodaß es immer zugleich um ein "Verhältnis" geht.

Als Kürmann versucht, eine andere Kausalverknüpfung in der Abwicklung seiner Biographie zu verursachen, indem er der KP beitritt, hat er ein gradliniges Ziel im Auge: Als Mitglied der KP wird er nicht zum Professor ernannt werden, dadurch wird es nicht zu der Feier und der Begegnung mit Antoinette kommen, und die Ehe mit ihr wird unterbleiben. Die Dominosteine dieser folgerichtig aufgebauten Kausalkette fallen jedoch anders. Die objektive Wirkung seiner Unterschrift für die KP setzt sich nicht gradlinig fort, sondern auf Umwegen. Er wird zunächst dennoch Professor und heiratet Antoinette. Erst danach erfolgt seine Entlassung aus dem Amt. Inzwischen löst jedoch seine Mitgliedschaft in der KP eine subjektive, d.h. auf ihn selbst zurücklaufende Wirkung aus. Denn vom Augenblick seiner Unterschrift an "erwartet ihn der Arzt." Dies wird bühnentechnisch

52 Max Frisch: Anmerkungen zu *Biografie: Ein Spiel.* A.a.O., S. 111.

demonstriert, als sich Krolevsky bei Arbeitslicht von ihm verabschiedet, weil Bühnenarbeiter einen weißen Sessel und Instrumentenwagen in den Vordergrund rollen (B 54). Diese Gleichzeitigkeit wie auch diejenige in der folgenden Szene, wo eine Hausdurchsuchung bei Kürmann stattfindet, *während* der Arzt ihn untersucht, hat offensichtlich gezielte Bedeutung. Die betont enge zeitliche Verknüpfung dieser Ereignisse auf der Bühne soll auch auf eine kausale Verknüpfung der scheinbar unzusammenhängenden Vorgänge hinweisen. Während "die grauen Herren" bei ihrer Hausdurchsuchung nichts finden, sodaß es lediglich beim "Verdacht bleibt" (B 56), findet auch der Arzt nichts als eine leichte Leberschwellung. Also verordnet er eine ausführliche Diät und: "Was vor allem wichtig ist: keine Aufregung [. . .], keinerlei Aufregung . . ." (B 58). Jemandem "keinerlei Aufregung" zu verordnen, dessen Karriere oder Ehe soeben aufs Spiel gesetzt wurde, ist natürlich ebenso komisch wie unrealistisch, und so geht es dann, trotz Diät, mit Kürmanns Gesundheit bergab in dem Maße wie es mit seiner Karriere und Ehe bergab geht.

Es wäre müßig, entwirren zu wollen, was hier Ursache und was Wirkung ist. Doch spricht einiges dafür, daß Kürmanns Krebstod mit seinem Eintritt in die KP – also der forcierten einzigen Änderung in seiner "Biografie" – in einem unterschwellig ursächlichen Zusammenhang steht. Noch in der Schlußvariante, in der die Ehe mit Antoinette völlig beseitigt wird, bleibt ja der Eintritt in die KP im Dezember 1959 bestehen, und erst im Mai 1960 wird Kürmann ."frei – noch sieben Jahre . . ." (B 110).[53] Da die eindeutige Diagnose von Kürmanns Krankheit erst jenseits des Zeitpunktes vom September 1966, also noch in der Zukunft liegt, verwischen sich hinsichtlich seines Krebstodes die Dimensionen von Möglichkeit und Aktualität. Daraus erklärt sich, daß auch in den verschiedenen Erstaufführungen des Stückes die Aussicht auf Kürmanns Tod verschiedenartig inszeniert wurde. Während er in der Münchener Aufführung als leise sprechender, "von Anfang an vom Magenkrebs [. . .] und von der Angst vor dem 'langsamen Verrecken' " gezeichneter Professor auftrat,[54] wurde bei der Düsseldorfer Aufführung sein Krebstod eher als Möglichkeit aufgefaßt: "Da beugen sich einmal die Krankenbesucher, auf den vom Tode gezeichneten einredend, über das Bett, das mit dem Kopfende zum Parkett steht – so, als läge er darin. Er ist nicht da. Ein zweitesmal steht Kürmann daneben und beobachtet Gestikulation und Reden der Besucher, die die Illusion erwecken sollen, als sei er da."[55]

53 Antoinettes retrospektive Warnung (B 44), ihr Mann solle bereits 1959 zum Arzt gehen, wäre dann so zu erklären, daß zu diesem Zeitpunkt sein Magenübel tatsächlich noch eine Bagatelle war, eine Prädisposition, die erst durch die zusätzlichen "Aufregungen" zur unheilbaren Krankheit führte.
54 Rudolf Walter Leonhard: [Uraufführung] . . . und in München. Die Zeit, Nr. 6, 13. Febr. 1968.
55 René Drommert: [Uraufführung] . . . in Düsseldorf. Die Zeit, 13. Febr. 1968.

Sollte Kürmanns frühzeitiger Tod (mit fünfzig Jahren) mit der einzigen nicht zurückgenommenen Variante seiner Biographie zusammenhängen, so hätte er mit dieser Verhaltensänderung jedenfalls eine Verkürzung dieser "Biografie" erreicht.

* * *

Das Spekulieren mit Ursache und Wirkung, der Versuch also, einen Kausalnexus herzustellen, wird nicht zuletzt durch die zahlreichen und genauen Datenangaben herausgefordert, von denen der Text *Biografie* ebenso durchsetzt ist wie Kürmanns Bewußtsein. Dennoch ist das Spiel so angelegt, daß jeglicher Versuch, mit Hilfe dieser Daten Kürmanns Leben einer Fügung zu unterstellen, sei es nun auf der Ebene äußerer Einwirkung oder unbewußt-innerer Reaktionen, brüchig bleiben muß.[56] Damit erweist sich die Beobachtung Walter Höllerers, daß das Variantentheater nur in "Abhängigkeit von der alten Fügung" denkbar ist,[57] als nur bedingt richtig. Denn es handelt sich in *Biografie* nicht, wie Höllerer meint, um eine "parasitäre Form" zum Theater der Fügung, sondern um eine dialektische Weiterentwicklung desselben, also um eine gleichwertige Gegenposition, welche die Vorstellung einer "Fügung" eben dadurch zu zerstören sucht, daß sie sie lediglich vorspiegelt.

Das für eine Biographie unerläßliche Datengerüst, welches im Spiel überdies mit einer Art "Weltchronik"[58] jüngster politischer Ereignisse einhergeht, weist auf den grundsätzlich historischen Charakter dieses Bühnenwerks hin. Nicht zufällig hat der Autor in seinen verschiedenen Kommentaren zu dem Stück stets die gleichen dramaturgischen Bedingungen für "Biografie oder Weltgeschichte" postuliert.[59] In seinem Briefwechsel mit

---

56 Auch der Versuch, Kürmanns Gesamtverhalten psychologisch auf die zufällige Wurfbahn jenes Schneeballs zurückzuführen, die seinem Schulkameraden Rotz ein Auge kostete (cf. Brigitte L. Bradley: Max Frisch's *Biografie: Ein Spiel;* a.a.O., S. 208–226) erweist sich als unzureichend, da er beispielsweise davon ausgeht, daß Kürmanns Unterhaltung mit Krolevsky seine Lebensphilosophie des Jahres 1959 ausdrückt, die seinen späteren Auffassungen widerspreche (cf. S. 213 und 216). Tatsächlich wird dieses auf das Jahr 1959 *zurück* datierte Gespräch jedoch aus der Erfahrungsperspektive von 1966 geführt; d.h. es handelt sich ausdrücklich *nicht* mehr um das ursprüngliche Gespräch, sondern um eine Variante desselben. – Darüber hinaus ist dieser Versuch einer "psychologischen Fügung" des Kürmannschen Dilemmas insofern einseitig, als er den Frauen in seinem Leben, zumal Antoinette, eine Integrität zuschreibt, die sie nicht besitzen.
57 Max Frisch: *Dramaturgisches.* A.a.O., S. 22.
58 Ebenda S. 29.
59 Cf. Max Frisch: *Schillerpreisrede.* In: Max Frisch: *Öffentlichkeit als Partner.* Frankfurt (= edition suhrkamp 209) [4]1972; S. 90–99; hier S. 98. Auch: Max Frisch: *Tagebuch 1966–1971.* A.a.O., S. 87. Auch: Die Zeit, 22. Dez. 1967. Auch: *Dramaturgisches,* S. 9.

Höllerer gesteht Frisch, daß das " 'Biografie'-Stück" als Vorübung für ein Variantenspiel an einem "Kollektiv" gemeint war und deutet an, warum ein solches Möglichkeitstheater über die Darstellbarkeit auf der Bühne hinausgehen würde.[60] Es ist erstaunlich, daß trotz dieser deutlich parallelen Denkansätze: "Biografie oder Weltgeschichte," die kritische Rezeption des Stückes sich fast ausschließlich unter dem Schlagwort der "Reprivatisierung" vollzog. Zwar bemerkte Hans Schwab-Felisch[61] die Möglichkeit, daß "dieses Gedankenspiel einer Wiederholung (und damit, implicite, einer Veränderung) eine situationsgerechte Faszination auf ein Publikum ausübt, das undeutlich ahnt, wie willkommen ihm die Chance einer solchen Wiederholung (und Veränderung) der vergangenen zwanzig Jahre wäre, obschon es insgeheim weiß, daß es sich, wie Kürmann, kaum anders verhalten würde, als es sich verhalten hat." Aber auch dieser Kritiker neigt dann vor allem dazu, "das Scheitern der intendierten 'Dramaturgie der Permutation' [...] in eine gewisse Beziehung zu setzen mit dem fruchtlosen und frustrierenden Aufstand gegen Verfestigungen jedweder Art, der sich defensiv ins Private zurückzieht."

Daß die gedanklichen Konsequenzen, die sich unmittelbar aus der *Biografie* ergeben, mindestens einen empfindlichen Nerv gesellschaftlicher Gegenwartsproblematik berühren, zeigt die kritische Kontroverse um die Frage, ob Veränderung beim Einzelnen oder bei der Umwelt zu beginnen hat. Während Hans Heinz Holz anläßlich des Geschehens in *Biografie* zu dem Ergebnis kommt: "Wir verändern unser Leben, wenn wir die Welt verändern,"[62] erschien Friedrich Torbergs Rezension der Uraufführung des Stückes unter dem Titel: "Das Leben ändern, nicht die Welt."[63] Ohne daß hier auf diese unterschiedlichen Auffassungen eingegangen werden soll, mögen sie immerhin dazu dienen, die Unhaltbarkeit der Behauptung aufzudecken: "*Biografie* ist Gantenbeins Roman auf der Bühne."[64] Denn mit den unterschiedlichen Begriffsfeldern, die im Sprachgebrauch das Wort "Geschichte" umgeben, lassen sich auch einige Unterschiede zwischen den Romanen und dem Bühnenstück aufklären, die das Verhältnis von Individuum und Gesellschaft betreffen.

60 Max Frisch: *Dramaturgisches.* A.a.O., S. 31.
61 Hans Schwab-Felisch: Die erfolgreiche "Biografie." In: Albrecht Schau (Hrsg.): Max Frisch – Beiträge zur Wirkungsgeschichte. Freiburg (= Materialien zur deutschen Literatur 2) 1971; S. 306–309; hier S. 308.
62 Hans Heinz Holz: Max Frisch – engagiert und privat. A.a.O., S. 259.
63 Friedrich Torberg: Das Leben ändern, nicht die Welt. Uraufführung der "Biografie" von Max Frisch in Zürich – Regie: Leopold Lindtberg. In: Albrecht Schau (Hrsg.): Max Frisch – Beiträge zur Wirkungsgeschichte. A.a.O., S. 310–313.
64 N. Lorenzo: Uraufführung des Spiels "Biografie" von Max Frisch in Zürich. Schweizer Monatshefte 47 (1967/68) S. 1195–1198; hier S. 1195.

Von Stiller wurde zunächst verlangt, daß er als "Wahrheit" über sich selbst eine Art Biographie liefern sollte:

> Und wenn ich mich bloß anständig an die Tatsachen halte, meint mein Verteidiger, haben wir ja die Wahrheit schon im Gehege, sozusagen mit Händen zu greifen. [. . .] Und unter Tatsachen, glaube ich, versteht mein Verteidiger insbesondere Ortsnamen, Daten, die man nachprüfen kann, beispielsweise Angaben über Beruf oder sonstiges Einkommen, Dauer von Aufenthalten, Anzahl der Kinder, Anzahl der Scheidungen, Konfession usw. (St 16)

Stattdessen lieferte der Untersuchungshäftling "wahre Geschichten;" z.B. die Geschichte vom Apotheker Isidor (St 33), oder auch die Geschichte von James Larkin White, dem jungen Cowboy, der die Carlsbad Caverns in New Mexico entdeckte (St 130). Da sich die "Wahrheit" der biographischen Geschichte mit der "Wahrheit" der erzählten Geschichten nicht ohne weiteres auf den gleichen "Namen" bringen läßt, beruht auf dieser Diskrepanz des Geschichten-Begriffes ein wesentlicher Aspekt der Stillerschen Existenzkrise. Denn obwohl seine "Geschichten" keinen Anspruch auf biographische Faktizität erheben können, bleiben sie doch "wahre Geschichten," da sie auf das zeitlich und räumlich zu belegende Erlebnis einer anderen Welt zurückgehen. Anders verhält es sich mit den frei erfundenen Geschichten im Roman *Gantenbein,* die erst im Nachhinein der unbewältigten Erfahrung einer Trennung angepaßt werden. Auf die Frage: "Aber was ist wirklich geschehen in dieser Zeit und an den Orten, wo Sie gewesen sind?" (G 486) kann der anonyme Ich-Erzähler nur die Augen schließen und schweigen. Der nach innen gerichtete Blick des "Ich stelle mir vor" eröffnet zwar einen weiten Bereich von möglichen Erfindungen, er bildet jedoch keine Basis für die Veränderung biographisch oder historisch verbürgten Geschehens. Ein solches Geschehen läßt sich nur angesichts von Zeugen, also auf der Bühne bei gleichen äußeren Gegebenheiten aber unter anderen Möglichkeitsvorzeichen rekonstruieren. So erklärt sich, warum gerade das biographische Datengerüst dafür sorgt, daß Gantenbeins Variantenspiel auf der Bühne eine "geschichtliche"[65] Verbindlichkeit erlangt, die trotz des Komödiencharakters der *Biografie* die klassischen Fragen nach Willkür oder äußerer Bestimmung auf den Plan ruft. Fragen, die in dieser unausweichlichen Form in Frischs Werk vorher kaum herausgefordert wurden, auch nicht in dem Bericht vom *Homo faber.*[66]

---

65 Cf. Manfred Jurgensen: Max Frisch. Die Dramen. A.a.O., S. 118: "Geschichtlich Erlebtes und Geformtes wird durch Geschichten wiedergegeben, die sich geschichtlich nicht zu verwirklichen vermochten."
66 Cf. hierzu Max Frischs Äußerung (*Dramaturgisches,* a.a.O., S. 28): "Fügung wird glaubhaft in dem Grad, als sie bestritten wird; das war die bewußte Methode im "Homo faber"-Roman, dort mit der gewollten Wirkung, wogegen das Stück ja eine andere Wirkung will, genau die gegenteilige."

Die Bestimmung von außen (Notwendigkeit, Schicksal) kann im traditionellen Drama als der Wille höherer Mächte, Naturordnung, psychologische Determination oder Determination durch soziale Faktoren auftreten. Dagegen geht der Autor der *Biografie* von dem Versuch aus, den "blanken Zufall" auf der Bühne zu zeigen, ohne ihm einen anderen Sinn zu unterstellen als eben den Nicht-Sinn des zufälligen Geschehens. Erst in dem Maße, in dem der Zufall als solcher auch auf der Bühne überzeugen könnte, wäre dann die Frage nach der "Beliebigkeit jeder Geschichte" gesichert, das einmal Geschehene würde durch die gleichwertige Möglichkeit des Nicht-Geschehenen aufgewogen. Als "Element der Beliebigkeit" hatte der Zufall zwar auch schon das Variantenspiel des Gantenbeinromans beherrscht,[67] aber doch so, daß der imaginierende Erzähler die Fäden der Zufallsrichtung stets in der Hand behielt. Erst als absolute, gleichsam von der Imagination des "Ich" abgenabelte dritte Person auf der Bühne ist die Versuchsgestalt dem Zufall völlig preisgegeben.

Die Schwierigkeiten, "Beliebigkeit eines Handlungsverlaufs [...] dramaturgisch zu installieren — und zwar so, daß der Zufall [...] plausibel wird, ohne dabei als Signal himmlischer Vorsehung zu erscheinen"[68] liegen darin, daß einerseits "das Gespielte einen Hang zum Sinn hat, den das Gelebte nicht hat"[69] — d.h. daß man einem auf der Bühne eintretenden Zufall sofort einen Sinn zu unterstellen geneigt ist: vermutlich im Bewußtsein, daß das Bühnenstück ja wirklich von einem "Macher" herrührt. Daß andererseits das uneingeschränkte Vorherrschen sinnloser Zufälle zunächst zu einer Art "absurden Theaters" und schließlich "auf eine unverbindliche und amorphe Improvisation"[70] hinauslaufen müßte. Um diesen Grenzsituationen des Zufalls auf der Bühne zu entgehen, hat der Autor ihn in den angenommenen Voraussetzungen für Kürmanns Spiel mit dem Faktor der Verhaltenswahl gekoppelt: "Ich brauche mich nur ein einziges Mal anders zu verhalten — [...] — ganz zu schweigen vom Zufall!" (B 28) Hier sind die beiden Spannungspole von "Freiheit und Notwendigkeit" in ihrer zeitgenössisch-modernen Fassung präsent. Aufschlußreich an Kürmanns Voraussetzung ist jedoch der hoffnungsvolle Ton, mit dem er den Zufall miteinbezieht. Der Zufall, wenn nichts anderes, wird schon dafür sorgen, daß andere (und implicite bessere?) Möglichkeiten ins Spiel kommen. Kürmann verläßt sich also teilweise auf sein "Spielglück." Er rekonstruiert nicht ausschließlich eine Schachpartie, sondern er schickt sich zu einem Strategiespiel an, bei dem auch die Würfel eingesetzt werden. Dabei rechnet er offenbar damit, daß ihm gerade der blinde Zufall seine Entscheidungen erleichtern und teilweise abnehmen wird, nur um später einsehen zu müssen, daß ihm der Zufall genau

67 Max Frisch: *Dramaturgisches.* A.a.O., S. 13.
68 Ebenda S. 11f.
69 Ebenda S. 9.
70 Cf. Beda Allemann. Die Struktur der Komödie bei Max Frisch. A.a.O., S. 268.

so wenig abnimmt wie etwa das Schicksal. Vielmehr wird seine Verhaltenswahl gerade dadurch herausgefordert, daß er nun zu einer Stellungnahme
eben dem sinnlosen Zufall gegenüber gezwungen wird. Ironischerweise
besteht die Schwierigkeit, die sich bei Kürmanns Begegnungen mit dem
Zufall ergibt, gerade darin, den "blanken Zufall" als solchen zu erkennen.
Denn dank seiner blinden Neutralität verhält sich der Zufall wie die
mathematische Unbekannte X. Sobald man sie in eine Gleichung mit
anderen, angeblich bekannten Faktoren einsetzt und entsprechend manipuliert, nimmt sie einen ganz bestimmten Wert an. Durch die faktische
Umgebung, in der er auftritt, verliert der Zufall wie ein Spiegel in der
gegenständlichen Welt seinen neutralen Leer-Wert und gebärdet sich als
"Fatum," das von dem Betroffenen zumindest als persönliches Glück oder
Unglück, wenn nicht als höherer oder tieferer "Sinn" aufgefaßt wird.

Daran liegt es denn auch, daß in Kürmanns Variantenbiografie der Zufall
als solcher wenig Anerkennung findet. Das augenfälligste Beispiel für seine
Manipulation findet sich zu Beginn des zweiten Teils, als die Möglichkeit
auftaucht, daß Antoinettes Wagen bei der Ausfahrt aus dem Parkplatz vor
der Kürmannschen Wohnung vom Anhänger eines Lastwagens gestreift wird,
was für die Fahrerin einige Schnittwunden zur Folge hat. Hier wäre
theoretisch der Zufall im Reinformat erkennbar. Tatsächlich dient er jedoch
nur dazu, die von Kürmann bereits gefällte Entscheidung scheinbar zu
rechtfertigen: "Zum Glück haben wir registriert: Frühstück gemeinsam."
(B 69) Wie um diese Nicht-Anerkennung des Zufalls zu betonen, erscheinen
bei "Arbeitslicht" im Hintergrund der Bühne Sanitäter mit einer Tragbahre,
bis ihnen der Registrator mitteilt, daß es bei der ersten Fassung bleibt. Die
Vermeidung dieses zufälligen Unfalls wird hier ausdrücklich als "Glück"
aufgefaßt. Kürmanns sofortige Befürchtung: "Tot? " deutet an, daß er sich
zur Rechtfertigung seiner emotionell gesteuerten wiederholten Fehlhandlung
die Folgen dieses Unfalls so extrem wie möglich vorstellt − und also nicht
gewillt ist, die reine Zufälligkeit der anderen Möglichkeit als solche
einzuschätzen. Vielmehr unterstellt er ihr den Sinn einer Art "Schuld" auf
seiner Seite, die er vermeidet, wenn er so handelt, wie er ohnehin handeln
wollte.

Auch in den anderen Fällen, wo der Zufall eine Rolle spielt − sei es nun
im Ablauf der ursprünglichen oder der variierten "Biografie" − zeigt sich,
daß der Zufall allein keineswegs ausschlaggebend ist, sondern daß genau das
zutrifft, was der Rektor im Spiel bezüglich der Entdeckung des Kürmannschen Reflexes erklärt: "Nicht der Zufall entdeckt, sondern der Menschengeist, der am Zufall erkennt." (B 43) Wie von Brigitte Bradley bereits
bemerkt wurde,[71] erweist sich dieser Satz als ironisch, da sich ja der
Kürmannsche Reflex später als wissenschaftlich unhaltbar herausstellt. Die

71 Brigitte L. Bradley: Max Frisch's *Biografie: Ein Spiel* A.a.O., S. 214.

Ironie dieser Sentenz geht jedoch weit über die unmittelbare Situation hinaus. Denn der "Menschengeist, der am Zufall erkennt," beraubt diesen gerade seiner Gratuität, er schafft eine Welt, in der es keinen reinen Zufall mehr gibt, in der alles erklärbar und irgendwie "sinnvoll" wird, sodaß gerade aus den zufälligen Situationen dem Menschen die schwierigste Verantwortung erwächst. Ein Beispiel dafür ist die Rettung der jüdischen Flüchtlinge durch Kürmann. Gewiß ist richtig, daß es "purer Zufall" war, daß er "grad an diesem Bahnhof war in diesem Augenblick." (B 40) Aber dieser Zufall allein hätte der Familie noch nicht das Leben gerettet. Erst Kürmanns vorbildliches Verhalten in der zufallsbedingten Situation — das er auch dem Zufall in die Schuhe schiebt — brachte das zustande. Andererseits wurde bei der durch Kürmann ermöglichten Flucht der Familie der alte Mann noch von der Wache erschossen. Wäre auch weiterhin vom Zufall die Rede, wenn die Schüsse der Wache auch die andern erreicht hätten?

Auch die Variante des Mordes an Antoinette enthält ein Zufallselement, nämlich den Revolver, den Kürmann zur Zeit ihres Auftritts noch in der Hand hält, weil er sich kurz zuvor das Leben nehmen wollte. In der Bühnenanweisung heißt es: "Und da er grad den Revolver zur Hand hat und da ihm der Wortwechsel verleidet ist, zielt er auf Antoinette." (B 92) Dennoch kann Kürmann später die ironische Frage des Registrators, ob es "zufällig" geschehen sei (B 95), ebenso wenig bejahen, wie er der Episode einen "Sinn" als Schicksal oder Vorsehung unterstellen kann. Vielmehr übernimmt er hier — im Gegensatz zur Rettung der Flüchtlinge — die volle persönliche Verantwortung für sein aus dem Zufall erwachsenes Verhalten. Diese Beispiele scheinen zu zeigen, daß dort, wo der Zufall die "schlimmstmögliche Wendung"[72] herbeizuführen hilft, er häufig als persönliche Schuld oder auch als Schicksal ausgelegt wird. Dort ist es die menschliche "Entscheidung, die schlichterdings in Schicksal mündet," obwohl sich dieses Schicksal aus zufälligen Handlungen summiert hat.[73] Dort aber, wo der Zufall eine unerwartet günstige Wendung einleitet, wird er als "glücklicher Zufall" anerkannt. Kein Wunder also, daß dem Begriff ein völlig einseitiger Hoffnungston anhaftet, da der unglückliche Zufall selten als solcher verstanden wird, weil der "Menschengeist" daran einen "Sinn," ein "Schicksal" oder auch eine persönliche Schuld "erkennt." Aufgrund dieser Tendenz, den "blanken Zufall" negativ oder positiv aufzuladen, kann auch der rätselhafte Ausspruch Kürmanns anläßlich des Selbstmordes seiner ersten Frau: "Ich habe mich an meine Schuld gewöhnt" (B 43) so verstanden werden, daß er besagt: Ich habe mich daran gewöhnt, es als meine Schuld aufzufassen, wenn eine unglückliche Wendung der Dinge als Folge meiner zufälligen Handlungen eintritt.

---

72 Cf. Friedrich Dürrenmatt: 21 Punkte zu den Physikern. In: *Die Physiker.* Zürich 1962; S. 77.
73 Cf. Max Frisch: *Tagebuch 1966–1971.* A.a.O., S. 87.

Als Kürmann in die kommunistische Partei eintritt, erwartet er, daß seine Entscheidung "schlichterdings in Schicksal mündet." Ein Zufall sorgt dafür, daß dies nicht bzw. auf andere Weise geschieht. Dennoch ist es leicht, diesen Zufall dahingehend auszulegen, daß Kürmanns Begegnung mit Antoinette eben ihrerseits "schicksalhaft" war, daß es einfach dazu kommen mußte, und daraus dann die Konsequenz zu ziehen: "Wir können ja doch an unserer Biographie eigentlich nichts ändern." Erst die "radikale Annulierung durch den Schluß"[74] beweist, daß dies keineswegs der Fall ist. Antoinettes Fähigkeit, angesichts des auch für sie schließlich unbequemen Verlaufs von Kürmanns "Biografie" eine andere Variante zu wählen, beweist nicht etwa ihre Überlegenheit als Frau,[75] sondern lediglich, daß es "keine Handlung und keine Unterlassung [gibt], die für die Zukunft nicht Varianten zuließe."[76]

Es ist jedoch aufschlußreich, daß gerade dieses "glückliche Ende" der *Biografie* weder ihre Kritiker noch den konsternierten Kürmann selbst recht zu überzeugen vermag. Zwar wird dieses Ende durch den in sieben Jahren bevorstehenden Tod Kürmanns überschattet. Doch bedeutet dies nicht eine "bessere" Alternative als etwa den Selbstmord im Jahre 1960 oder auch eine lebenslängliche Gefängnisstrafe? Die *Möglichkeit* von Kürmanns durch den Tod begrenzter "Freiheit" ist offensichtlich schwieriger anzunehmen als die unveränderbare Fatalität seiner "Biografie," die sich als Resultat der Bühnenhandlung bei den Zuschauern durchgesetzt hat.

Der Autor selbst gelangte anläßlich der Erstaufführungen des Stückes zu dem folgenden Ergebnis: "Stück aufgeführt [. . .] mit vierfachem Sieg der Bühne [. . .] über den Autor; er bestreitet die Fatalität, die Bühne bestätigt sie — spielend."[77] Dieses Urteil, das sich mit den Autorbeobachtungen während der Arbeit an dem Stück trifft,[78] ist jedoch keineswegs zwingend. Was die Bühne "spielend bestätigt," ist vor allem, daß es in bezug auf "Biographie oder Weltgeschichte" leichter ist, mit einer Schuld, einem Schicksalsablauf oder einem "Glauben" zu leben, als mit dem "blanken Zufall" bzw. dem Zweifel. Dank des "Menschengeistes, der am Zufall erkennt" lassen sich die Schwächen unserer Welt nicht nur deutlich bezeichnen: sie werden auch manipulierbar. —

74 Max Frisch: *Dramaturgisches.* A.a.O., S. 28.
75 Cf. die kritische Gegenposition bei Hedwig Lutz-Odermatt: Zum Ehe-Modell in Max Frischs Stück "Biografie: Ein Spiel". Schweizer Rundschau 67 (3/1968) S. 184–85.
76 Max Frisch: *Öffentlichkeit als Partner.* A.a.O., S. 97.
77 Max Frisch: *Tagebuch 1966–1971.* A.a.O., S. 111.
78 Cf. Max Frisch: *Dramaturgisches.* A.a.O., S. 28: "Ich war bei der Arbeit konsterniert: Das wird ja genau, was ich nicht wahrhaben will, ein Schicksalslauf!" Cf. auch: Die Zeit, Nr. 52, 22. Dez. 1967.

Max Frisch hat dem Theaterpublikum mit *Biografie: Ein Spiel* einen Bewußtseinsspiegel vorgehalten, in welchem nicht mehr und nicht weniger zu erkennen ist, als "was wir erkennen *möchten* im Theater, *unsere* Existenz-Erfahrung."[79]

79 Max Frisch: *Öffentlichkeit als Partner.* A.a.O., S. 96f. (Hervorhebung der Verf.)

WALTER SCHMITZ

Zu Max Frisch: *Triptychon. Drei szenische Bilder* (1978)

I

Der Mensch soll um der Güte und Liebe willen dem Tode keine Herrschaft einräumen über seine Gedanken.

Thomas Mann: *Der Zauberberg*

Fast möchte man dieses Motto als einen sarkastischen Kommentar lesen zur literaturkritischen Aufnahme von Max Frischs jüngstem Werk *Triptychon*, denn in der Tat zeigte sich kaum ein Rezensent geneigt, diesen drei szenischen Bildern, als deren Thema man doch den Tod zu vermuten hatte, irgendeine Herrschaft einzuräumen über seine Gedanken, aus Gründen freilich, die erst genauer festzustellen wären. Zunächst der spärliche Befund:

Triptychon. Drei szenische Bilder wurde ausgeliefert zu Anfang des April 1978. In diesem Monat wurde das Stück insgesamt sechsmal besprochen, davon zweimal in überregionalen deutschen Blättern (Der Spiegel, Die Zeit), einmal im Hörfunk, schließlich von drei schweizerischen Zeitungen, darunter die Neue Zürcher Zeitung; eingerechnet ist das lange Gespräch Max Frischs mit Peter Rüedi, das die Zürcher Weltwoche veröffentlicht hatte. In den beiden folgenden Monaten erschienen 19 weitere kritische Beiträge, wobei drei Doppeldrucke (Kraft, Linsmayer, Rüedi) und eine Neuformulierung (Karasek) mitgezählt sind. Von diesen fünfundzwanzig Rezeptionszeugnissen stammen allein zehn, also 40 %, aus der Schweiz, während in der Bundesrepublik sogar eine der großen, überregionalen Zeitungen überhaupt nicht auf das Erscheinen des neuen Buches von Max Frisch reagiert hat.[1] Etwas euphemistisch könnte man von einer zögernden Aufnahme des *Triptychon* durch die Presse sprechen: ein Ergebnis, das – gerade auch im Blick auf die frühere Rezeptionsgeschichte von Frischs Werk – überrascht, zumal sich die Verkehrungen und Seitenwechsel jetzt inhaltlich fortsetzen. Während Frischs frühere Veröffentlichungen stets heftige Debatten auszulösen pflegten (selbst ein bald unangefochtener Welterfolg wie der Roman *Stiller*,[2] selbst die anscheinend private, autobiographische Erzählung

---

1 In der Frankfurter Allgemeinen Zeitung erschien keine Besprechung des *Triptychon*.
2 Vgl. H. Karmasin/W. Schmitz/M. Wünsch: Kritiker und Leser: Eine empirische Untersuchung zur *Stiller*-Rezeption. Mb-*Stiller;* S. 493–537.

Montauk[3]), zeichnet sich das Echo auf den Text mit dem sakralen Titel *Triptychon* durch einhellige, einmütige, aber äußerst verhaltene Zustimmung aus. Keine der Kritiken bringt Einwände gegen den "dreiflügligen bühnenszenischen 'Buch-Altar' "[4] vor (obschon die drei deutschen Rezensenten: Iden, Kaiser und Michaelis an den Qualitäten des Bühnenstücks zu zweifeln scheinen), aber die Überzahl meidet desgleichen beinahe verlegen die entschiedene Zustimmung, wobei die trotzdem lobenden restlichen Zeugnisse (v.a. Helbling, Kuhn) mehrheitlich aus der Schweiz stammen. Auch dies ein Novum in der Wirkungsgeschichte Frischs.[5] Einige mögliche Gründe für solch unvermutete Sachverhalte lassen sich aus den Kritiken selbst ablesen.

Man kann sich bei der Lektüre dieser Dokumente schwer des Eindrucks erwehren, der jeweilige Verfasser fühle sich unzuständig: Vorerst in einem ganz äußerlichen Sinn, denn was nun vorliegt, ist ein Theaterstück, das von Anfang an für die Bühnen gesperrt ist, mithin im arbeitsteiligen Betrieb großer Zeitungen keine rechte Aufgabe für die Buch-, aber ebensowenig für die Theaterkritik. "All-round"-Kritiker, die man früher etwas abschätzig "Großkritiker" nannte, wurden inzwischen eher rar und konnten sich offenkundig mit einem solchen Zwischending auch nicht recht befreunden; denn zumeist nimmt Frischs Entscheidung, sich diesen "ganzen Marktrummel" um eine Uraufführung vorläufig zu ersparen, breiten Raum ein.[6] Das Wesentliche dazu hatte zwar Frisch im Gespräch mit Peter Rüedi gesagt, und weitere, kühne Mutmaßungen, ob das Stück denn überhaupt *bühnenwirksam* sei, "müssen Hypothesen bleiben, bis der Autor einem Regisseur die szenische Realisierung seines Textes anvertraut."[7] Die Frage jedoch, warum es keine Uraufführung gebe, und wie sie, falls es sie gäbe, wohl ausfiele, beschäftigte nun die Kritik stärker, als es vielleicht solche Uraufführung selbst vermocht hätte. Im Grunde aber ist es keineswegs verwunderlich, daß Frisch, dessen sämtliche Stücke ja sich erst als zweifelnde Zurücknahme von Theaterstücken äußerst gefährdet verwirklichen (Karl August Horst nannte *Andorra* einmal schlichtweg die "Antistrophe des eigentlichen Dramas"[8]), daß dieser Autor, den immer neu die lebenszerstörenden Bildnis-Festlegungen durch die Bühne schockiert hatten,[9] jenes *Triptychon* dem Theater vorläufig nicht anvertrauen wollte: erscheinen doch bereits in der Spielvor-

---

3 Vgl. die Debatte zwischen Günter Blöcker u. Hans Schwab-Felisch. Merkur 29 (1975) S. 1179–1183.
4 Reutlinger General-Anzeiger v. 9.6.1978.
5 Vgl. Karmasin et al. S. 526; W. Frühwald/W. Schmitz: Max Frisch. *Andorra/Wilhelm Tell.* München 1977; S. 76 und 108–112.
6 Besonders bei Iden, Kaiser u. Karasek.
7 Schultz; während Iden u. Kaiser Bedenken gegen die theatralische Qualität des Stückes vorbringen, loben Kuhn und Linsmayer das *Triptychon* auch als Spielvorlage.
8 K. A. H.: *Andorra* mit anderen Augen; Mb-*Andorra* S. 110.
9 Vgl. z.B.: Notizen von den Proben. GW IV, 569f.–GW VI, 93.

lage die immanenten tödlichen Bühnengesetze endgültig vollstreckt, die Gefährdung nochmals gesteigert. —

Doch mag gerade das Todesthema dieses Werkes solche Ausflucht ins Organisatorische nahegelegt haben, welche als Alibi es der Kritik nicht allein erlaubte, auf jede angriffige Wertung zu verzichten, sondern auch die Analyse und Einordnung des Stückes erst einmal aufzuschieben. Man begnügte sich mit knappen Nacherzählungen des Inhalts und fügte dem allenfalls einige aus dem Kontext gelöste "Kernsätze"[10] bei, die Frisch durch sein "Sprachrohr," die Clochard-Figur, habe verkünden lassen. Offenbar verführt die aphoristische Präzision von Frischs "verkürzter," exoterischer Schreibweise weniger zum "hartnäckigen Lesen"[11] denn zum beifälligen Zitat, wobei ein leises Unbehagen mitschwingt: man zitiert hier "Altersstil" und "Altersweisheit" und versäumt auch nicht den Hinweis, der Schriftsteller zähle siebenundsechzig Jahre und sein Thema gehe ihn wohl an. Respektvoll gebrochen setzt sich insgeheim doch wieder jenes längst überfällige Vorurteil vom privatistischen, stets mit sich selbst befaßten Lebenshilfe-Autor durch, so daß Gerd Haedecke nun auch offenherzig die Vorbilder — Sartre und Wilder — beschwören kann, "Stücke, die in den frühen fünfziger Jahren von sich reden machten," als eben die erwähnte Publikumserwartung sich formierte. Und Haedeckes urteilende Folgerung ist wohl ebenfalls symptomatisch für ein — so könnte man es nennen — wirkungsgeschichtliches Klischee:

Die Stimmung jener Zeit kehrt in Frischs *Triptychon* wieder. Und diese Wiederkehr hat etwas fatal Beklemmendes, wie jede Wiederkehr von Abgelebtem. Das also bleibt?

Tatsächlich mag sich die eigentümliche Reflexionsscheu der Kritik damit erklären, daß man einerseits zwar die unsentimentale Behandlung der großen unbeantwortbaren Existenzfrage durch den berühmten Schriftsteller ehrerbietig-pflichtbewußt vermerkte, andererseits jedoch dieses nach der sogenannten "Tendenzwende" aufdringlich aktuell gewordenen Themas schon überdrüssig war und bei einem als "didaktisch verschrieenen" Autor[12] obendrein einen naiven Rückfall in die existentialistischen fünfziger Jahre befürchtete. Dann erstaunt die ungewöhnliche Vielzahl von tautologischen Querverbindungen, welche zwischen diesem und, als ob die Zeit innegehalten hätte, Frischs früheren Werken gezogen werden,[13] kaum noch. Wie nützlich indessen der Blick zurück auf die bisherigen Entwicklungslinien in Frischs Schaffen ist als methodologisches Prinzip, belegt ansatzweise Joachim

10 Vgl. die Besprechung in der Frankfurter Neuen Presse: "Es gibt drei Kernsätze in diesem Triptychon."
11 Dies, so vermutet Schultz, sei die berechtigte Hoffnung des Autors.
12 So Max Frischs ironische Selbsteinschätzung in einem Brief.
13 Vorwiegend zu *Nun singen sie wieder, Biografie* und *Montauk;* vgl. Anm. 48.

Kaisers Besprechung — freilich wäre eben nicht nach dem Immer-Gleichen, vielmehr nach dem gesetzmäßigen Wandel zu fahnden.

II

Jenseits steht immer der Tod allgegenwärtig.
Albin Zollinger: *Haus des Lebens*

Alle Werke Max Frischs handeln von Todesfällen, von Morden und Selbstmorden. Ob Jürg Reinhart nun die Geliebte, Inge, von qualvoller Krankheit "erlöst," ob die Versuche des neuen Erlösers, Stiller, letztlich den Tod seiner Ehefrau Julika verursachen (so daß sich dem wohlmeindenden Staatsanwalt "das ungeheure Gefühl, Stiller hätte sie von Anfang an nur als Tote gesehen," aufdrängt und ihn das "tiefe [. . .] Bewußtsein [von Stillers] Versündigung" überfällt[14]), oder ob Hannes Kürmann, der Protagonist des Spiels *Biografie* sich krebskrank schließlich bloß zu der Tatsache noch zu verhalten hat, daß er verloren ist. *"Homo faber"* ist ein Todesstück," und sogar während einer offiziösen Ansprache "bei Anlaß einer Diplomfeier" erklärte der Festredner Frisch unvermittelt: "Wovon ich noch sprechen wollte: Selbstmord. Ich habe selbst oft an Selbstmord gedacht" – ein für die zuhörenden jungen Lehrer doch wohl etwas kühner Themenwechsel. Der Tod demnach als durchgängiges Thema des Lebenswerkes?

Überraschend genug handelt keiner dieser Texte vom Tod selbst, vom Sterben-Müssen im allgemeinen, sie berichten vielmehr, wie es dazu kam im besonderen, und schon bald treten metaphorische Gleichungen in Kraft, die den Tod nicht allein als tatsächliches Resultat des beschriebenen Verlaufs ansehen, sondern ihn bereits zum Ergebnis des Schreibens und Beschreibens selbst machen. Peter Handkes Satz: "Schreiben ist erst einmal ein tötender Vorgang"[15] gilt schon für die Literatur des Max Frisch, in der das eigentlich Gesagte vom "uneigentlich" Gemeinten nicht zu trennen ist, sich Innenwelt und Außenwelt endlos ineinander spiegeln, metaphorische Redeweisen beim Wort genommen zur Handlung gerinnen. "Geht einmal euren Phrasen nach bis zu dem Punkt, wo sie verkörpert werden" – das versteht sich nicht nur als ein Bekenntnis des sprachkritischen Autors Frisch zu Georg Büchner,[16] sondern dies ist vor allem die produktive Formel seiner Einbildungskraft. Die Rede vom Tod in Frischs Werk verweist stets zurück auf ein anderes: das mörderische Bildnis als Sprache. Und wenn unablässig die gefährdete eheliche Beziehung zwischen Mann und Frau geschildert wird, ist dies Anlaß und Sinnbild solcher Thematik.

---

14 GW III, 779; folgende Zitate: Gespr. m. Rüedi; *Rede für junge Lehrer.* GW IV, 212.
15 Manfred Durzak: Gespräche über den Roman. Frankfurt (= suhrkamp taschenbuch 318) 1976. S. 321.
16 Das Zitat aus *Dantons Tod* führt Frisch in seiner *Büchnerpreis-Rede* an (GW IV, 236).

Der erste "noch allzu jugendliche Roman" gibt geradezu das ständig ironisch umspielte, heimliche Anliegen des späteren Werkes preis und gesteht freimütig die tödliche "Schuld an der Frau," um diese Verschuldung zu rechtfertigen.[17] Jürg Reinharts, des ersten der poetischen Doppelgänger Frischs, (oberflächlich als Euthanasie verbrämter:) Mord an Inge, die zu begehren er nicht wagte, läßt ihn zum Mann reifen:

> Und erst, wenn ich mir [...] [den Sinn meines Lebens] bewiesen habe [...] durch eine männliche Tat [...], dann werde ich diese [lähmende Angst] besiegt haben [...], als man seine Reife durch die Frau suchte, zugleich wissend, daß man sie in der Frau nicht finden kann.[18]

Der Mord als sublimierte Erotik gestaltet noch das Verhältnis zwischen Stiller und Julika und bietet offensichtlich den Frisch-Figuren jene letzte Möglichkeit, miteinander in Kontakt zu treten, die in der Literatur der sogenannten "Neuen Sensibilität" dann selbstverständlich und alltäglich anmutet: "Erst wenn sie tot wäre, würde ich wieder etwas für sie fühlen können," weiß der Ehemann, der die "wahre Empfindung," das starke "Ich-Gefühl" vermißt.[19] Der Mord(versuch) als letzte partnerschaftliche Kommunikationsform, die noch Identität sichert, vermag die Verständigung mit dem eigenen Ich ebenfalls zu fördern, da er die störenden, widerspenstigen Kräfte in diesem Rollenbündel vernichtet. Die Tötung des Ehepartners oder ähnlicher Innenfiguren (von Teilprojektionen des Selbst also)[20] radikalisiert sich zur Auslöschung der gesamten Person. Für Jürg Reinhart, nun schwieriger Held des inversen Künstler- und Bildungsromans *J'adore ce qui me brûle,* verlagerte sich die von der Frau nicht beantwortbare Frage, wer ihn "bezeuge," auf die analoge Frage: Wer hat mich gezeugt? − nach der bei Frisch üblichen Innen/Außen-Dialektik. Die Antwort kommt einem Schuldspruch gleich, denn Reinhart erfährt, daß er zum "Abfall" des Lebens gehört:

17 Vgl. dazu in diesem Band S. 476, Anm. 62.
18 GW I, 305. − Rolf Tarot hat die Rolle der Frau in solcher Begegnung mit dem Du, die "nicht um ihrer selbst willen gesucht wird, sondern um durch die Begegnung und in der Begegnung der Öde und Leere des Daseins zu entfliehen" (S. 29) in Anlehnung an Kierkegaards Analyse der ästhetischen Existenz in *Entweder/Oder* als "Inzitament" richtig bestimmt (vgl. S. 45).
19 Zitat aus: Peter Handke. *Die Stunde der wahren Empfindung.* Frankfurt 1975; S. 11f. − Eine Vielzahl weiterer Belege ließen sich anführen, z.B. die Mordthematik im *Kurzen Brief zum langen Abschied,* oder die Schlußszene von Gerhard Roths Stück *Sehnsucht.*
20 Sehr deutlich dieser "partiale Selbstmord" in *Antwort aus der Stille,* wo der totgeglaubte Balz Leuthold von seiner Bewährungsfahrt in die tödliche Bergwelt zwar zurückkehrt, aber die erhaltene "Antwort" mit einer abgefrorenen Hand zu bezahlen hat. − Marianne Wünsch hat diesen "Mythos der Autochthonie" im *Stiller* sorgfältig analysiert.

Unsereiner dient ihm, indem er [. . .] das Halbe nicht vermehrt; indem er sich selber wegnimmt, sobald er mit sich selbst im Reinen ist. [. . .] man muß untergehen können, um in Wahrheit geboren zu werden. Das ist die Taufe.

Und "wenige Jahre später," im Herbst, der Jahreszeit der Vergängnis und der Lebensfülle, hatte Reinhart das Urteil vollzogen und der aufbegehrend-schwierige, verirrte Künstler war in den Strom des "großen Lebens" wieder eingetaucht: Selbstmord als extreme Form der Selbsterlösung.

Ein kurzer Hinweis auf den literarhistorischen Zusammenhang ist unumgänglich. Schon in einem der frühen Feuilletons Frischs läßt die unbefangene Selbstanrede: "Wir Claudios" aufhorchen,[21] und rückblickend erklärte der Autor, er habe bei Rainer Maria Rilke nachgesehen, "wie man Prosa schreibt; meine Bewunderung für die *Aufzeichnungen des Malte Laurids Brigge* war allerdings größer als ihr Einfluß" (Mb-*Stiller* S. 342). – In die Kunstwelt des "törichten" Ästheten Claudio, die Hofmannsthals lyrisches Drama *Der Tor und der Tod* in wahrhaft "erlesenen" Worten beschwört,[22] bricht der Tod ein als Bote des ungelebten Lebens, als Rächer für das verschmähte Leben, als Richter über den schönen Schein. Denn "Leben" hat für den jungen Hofmannsthal "immer noch eine zweite Bedeutung, neben der vitalen eine moralische. Es handelt sich nicht nur um das Leben, das man 'hat' [. . .], sondern auch um das Leben, das man führt."[23] Und im letzteren hatte sich Claudio verfehlt und es an tote, prunkende Kunstdinge verraten und veräußert. Der Tod indessen, welcher ihn besucht, ist nicht – wie in der christlichen Vorstellung – "der Sünde Sold," sondern er stammt aus der "Sippe des Dionysos" (GLD S. 209), ein "Mysterientod": "ein symbolischer Tod wird zum Schlüssel des wahren Lebens," da lediglich das falsche, vereinzelte Bewußtsein, welches sich außerhalb des Lebens gestellt hatte und deshalb den Tod überhaupt fürchten

21 In: *Gedichte und Märchen. "Pfeil im Wappen" von Richard Billinger*. Neue Zürcher Zeitung v. 18.12.1932.
22 Tarot deutet Claudios Rollensprache als Ausdruck seines "sensitiven Dilettantismus," vgl. S. 110–113.
23 Alewyn S. 71 (zur entsprechenden Mythisierung des "Lebens" im *Stiller* vgl. Wünsch S. 568–578). – Vorlage und Anregung für Hofmannsthal war u.a. Ibsens *Wenn wir Toten erwachen* (vgl. H.'s Essay: *Die Menschen in Ibsens Dramen*), Frisch genau wie Hofmannsthals Kurzdrama bekannt. Tarot weist darüber hinaus auf Kierkegaards *Entweder/Oder* und Schopenhauers *Die Welt als Wille und Vorstellung* als weitere geistesgeschichtliche Quellen hin und beobachtet eine "Wechselbeziehung zwischen Daseinsform und dichterischer Struktur," wie sie uns auch im *Stiller* noch beschäftigen wird. Vgl. schließlich Seeba zur Ästhetizismuskritik, die sich bei Frisch zur Absage an das reproduzierte, fiktionalisierte Leben schlechthin generalisiert, wobei die "hermeneutische" Funktion des Ästhetizismus weiterhin in Kraft bleibt als kreatives Prinzip. Zur Stellung der Musik in diesem Problemfeld vgl. Werner, z.B. S. 632 – Sigle GLD: H. v. H.: Gedichte und lyrische Dramen. Frankfurt [3] 1964.

lernte, ausgelöscht wird. "Dies also ist hier der Tod: Name und Gleichnis des unbewußten Lebens. Und dies ist das Sterben: ein Gleichnis der Verwandlung und neuen Geburt," des Gewinns von "Wirklichkeit."[24] Dieser Gedanke, das "Ganze" — vitalistisch gesprochen: das "schöne, starke Leben" — verwirkliche sich erst in der Einheit von "Tod" und "Leben", ist in der Dichtung der Jahrhundertwende Allgemeingut, trotz der jeweilig besonderen Prägung bei einzelnen Autoren. So schreibt Rainer Maria Rilke noch in einem langen Brief an die Gräfin Sizzo vom 6. Januar 1923:

[...] wie der Mond, so hat gewiß auch das Leben eine uns dauernd abgewandte Seite, die *nicht* sein Gegen-Teil ist, sondern seine Ergänzung zur Vollkommenheit, zur Vollzähligkeit, zu der wirklichen heilen und vollen Sphäre und Kugel des Seins.

Gerade Rilke hatte den Tod aus seiner dionysischen Anonymität gehoben und erst geahnt, dann immer klarer verstanden, "daß man den Tod *in* sich hatte wie die Frucht den Kern."[25] Desgleichen stellte Georg Simmel in dem Essay von 1910: *Zur Metaphysik des Todes,* den Tod dar als ständig waltendes Formprinzip des Lebens, diesem "von vornherein und von innen her [...] verbunden":

[...] in jedem einzelnen Momente des Lebens *sind* wir solche, die sterben werden, und er wäre anders, wenn dies nicht unsere mitgegebene in ihm wirksame Bestimmung wäre. So wenig wir in dem Augenblick unserer Geburt schon da sind, fortwährend vielmehr irgend etwas von uns geboren wird, so wenig sterben wir erst in unserem letzten Augenblick.[26]

Erst der Tod löst und befreit die dauernden, überzeitlichen Inhalte vom Leben und steigert sie in die Unvergänglichkeit des Zeitlosen.

Damit aber tritt der Tod in das Spannungsfeld zwischen Kunst und Leben, das sich im Werk des jungen Hofmannsthal aufbaut wie in Thomas Manns frühen Novellen, und er verharrt ambivalent zwischen diesen beiden Endpunkten eines Kontinuums. Während er, etwa noch in Frischs *J'adore*-Roman, auf die Seite des "großen Lebens" gehört als dessen krönende Vollendung, ist er doch der Kunst als Form auch feindselig verschwistert,[27]

24 Zitate: Alewyn S. 77; Tarot S. 93.
25 R. M. R.: Sämtliche Werke. Sechster Band. Frankfurt 1966; S. 715 *(Malte);* vgl. dort S. 715–720 über den "eigenen Tod" des Kammerherrn Christoph Detlev Brigge. Voriges Zitat: R. M. R.: Die Briefe an die Gräfin Sizzo. 1921–1926. Frankfurt 1950; S. 37. — Zur Todesvorstellung des frühen und mittleren Rilke vgl. Rehm, Orpheus; S. 572–621.
26 G. S.: Brücke und Tür. Hrsg. v. Michael Landmann. Stuttgart 1957; S. 30 u. S. 31. Vgl. auch Bollnow, bes. S. 113–120.
27 In Heinrich Manns Novelle *Pippo Spano* versäumt der Literat Mario Malvolto gar die entscheidende Tat, den gemeinsamen Selbstmord mit der Geliebten, um ihn zu beschreiben.

obgleich er das am Leben zehrende Ästhetentum des Narziß zerbricht. Denn den Auftritt des Todes kündigt in Hofmannsthals lyrischem Drama ein dunkler, warmer Geigenton an, und er selbst erscheint als ein Symbol für die ersehnte, dionysische, "magische" Kunst jenseits der Sprache, welche die noch unversöhnlichen Gegensätze eint.[28] Die hier in eine zeitliche Abfolge mit dem Tod als Katalysator zwischen den beiden Stadien aufgefächerte Zweideutigkeit des Kunstbegriffs erträgt der Vortrag von 1907 über den *Dichter und diese Zeit* als objektiv vorhandenes Paradox, denn dort wendet Hofmannsthal befremdend die bildhafte Konfiguration der Alexiuslegende aus den *Gesta Romanorum* auf das moderne Dichterschicksal an und erkennt in dem poetisch Schaffenden jenen Lebendig-Toten wieder, von dem die alte Fabel berichtete, einen, der nur als scheinbar Gestorbener das Leben ganz und tief erfaßt. Der lebensuntüchtige Künstler nimmt dies Schicksal auf sich als Dienst am Leben, welches ihm das konturierende Selbstbewußtsein verdankt.[29] Dann, in Rilkes Spätwerk, erscheint der Tod vollends als poetologische Metapher für jenen Raum, der das "Ganzsein" der künstlerischen Figur vollzählig macht und allererst ermöglicht,[30] eine Entwicklung freilich, die ihren Ausgang von der Kunst des Fin de Siècle weit hinter sich läßt (ohne ihn zu vergessen), und vor allem eine poetologische Gleichung aufstellt, gegen die Max Frisch nicht erst im *Triptychon* streitet, indem er sie übernimmt und in Kunstform umsetzt.

Denn die literarische Überlieferung und Vorgestalt seiner Themen, welcher sich das Frühwerk naiv angereiht hatte, wurde Frisch zunehmend bewußt und als "tödliche" Gefährdung seines Schaffens empfunden. "Man sagt, was nicht das Leben ist," bekennt das *Tagebuch 1946–1949:* "Man sagt es um des Lebens willen" (GW II, 379). Zu dem, was nicht das Leben ist, gehören eben die unbedacht nachgeahmten Vor-Bilder aus der literarischen Tradition, der Dichtung der Jahrhundertwende insbesondere. Die

---

28 Im "etwas parodistischen Meisterstil" (Th. M.: *Betrachtungen eines Unpolitischen.* Frankfurt 1956; S. 82) der Erzählung *Tod in Venedig* (1913), von Frisch als Quelle zum *Homo faber* genutzt, hatte Thomas Mann das Tändeln der Kunst mit dem Tode so überzeugend dargestellt, daß man aus diesem Text lange die programmatische Überwindung des Ästhetizismus durch dionysischen Rausch herauslesen wollte und erst spät einsah, daß dieser "Tod" nur die letzte Stufe des europäischen Ästhetizismus darstellt (vgl. Wanner); der Thomas Mannsche "Hermes psychopompos," der trügerische Kunst- und Totengott, gehört noch zu den "wesentlichen" ambivalenten Metaphern des *Gantenbein*-Romans (vgl. Gockel) und der Erzählung *Montauk.*

29 Der Antagonismus zwischen Kunst und Leben ist also, ähnlich wie bei Thomas Mann, nur scheinbar; die präsupponierende, asymmetrische Erkenntnisstruktur (vgl. Rehm, Orpheus; S. 401–403; bes. Wünsch S. 547–556) setzt sich noch in Frischs Werk fort, vgl. Anm. 31.

30 Vgl. Rehm, Orpheus und Allemann S. 193–203. Der Tod also nicht mehr als formende Grenze im Gehalt wie im *Malte*, sondern als Symbol der Form.

erste Station auf der Reise der Worte zu ihrer Wahrheit ist die Ironie,[31] das parodierende Stil- und Handlungszitat als Zurücknahme des Zitierten. Die Wege zum wirklichen Leben, Töten und Abtötung – die Selbstfindung und das Selbstgericht –, verlaufen jetzt in den Bahnen einer immanenten Poetik und werden vom Titelhelden im Roman *Stiller* nacheinander beschritten, der ja zunächst glaubte, mit sich identisch geworden zu sein, als er sein störendes Doppelgänger-Ich umgebracht und sich aus diesem Selbstmord neu als White geboren hatte.[32] Nachdem White verurteilt wurde, Stiller zu sein, annektiert er die Rolle eines Erlösers seiner Gattin Julika und beschleunigt so deren Tod. Auch Walter Fabers Weg zu sich selbst führt über den Tod seiner Geliebten, die zugleich seine Tochter war und damit – in der Chiffrensprache des Frischschen Werkes[33] – die Garantie für die Zukunft, ein Versprechen auf die noch uneingelösten Möglichkeiten seines Lebens. Für Faber sprengt der Tod keineswegs die Pforte zum "großen Leben" und der völlige Zusammenbruch schenkt ihm nur die bittere Einsicht in seine Verschuldung, ohne ihm den "erlösenden" Durchbruch zu gönnen. Denn wie auch Stiller vertraute sich Faber bei seiner Selbsterforschung dem tödlichen Medium der Kunst an und sucht schreibend das "wirkliche Leben" in der Erinnerung. Geschriebene Geschichten münden bei Frisch stets in einen belanglosen, entwendeten Tod, denn Schreiben heißt eine Rolle spielen, sich einem tödlichen, unwahren Bildnis (das ist: das Lieblose, der Verrat) ausliefern, wie Stiller die Rollen des "Abenteurers" und des "Erlösers" annimmt: beides Metaphern der dichterischen Existenz seit der Jahrhundertwende. Doch widersinnig genug gewähren einzig die mörderischen Schreib-Bilder noch einen Rest von Selbsterfahrung, obschon die gültige Einsicht für Stiller und für Faber dann einerlei ist: daß nur das Inauthentische sich noch unverfälscht und authentisch behauptet, daß man auf ein wesensfremdes Bild tödlich festgelegt ist, daß das wahre, innere Ich nur noch in seinem Verlust zu entdecken sei. So erscheinen die beschriebenen Tode uneigentlich als Metaphern der tödlichen Kunstübung, der Repetition und Reproduktion des unechten Daseins, während der "wirkliche Tod," wenn er in diesem Werk vorkäme, das wahre Leben besiegelte. Die Schlußszene des *Gantenbein-*

---

31 Vgl. GW IV, 240. – Generell zu Frischs Poetik den ausgezeichneten Essay von Jürgen Schröder (z.B. S. 47f.); hier im besonderen Karl Schmids Notiz: – "[...] das Teufelspakt-Motiv in Frisch, das Columbus-Motiv: – über den Teufel zu Gott – über das unbewußte zu den Ideen – nach Westen fahren, um in den fernsten Osten zu kommen. Das ist die Exegese des Paradoxes." (Unbehagen im Kleinstaat. Zürich ³1977; S. 297f.): "asymmetrische Erkenntnis" aus dem Gegenteil.

32 Vgl. Gunda Lusser-Mertelsmann: Die Höhlengeschichte als symbolische Darstellung der Wiedergeburt. Mb-*Stiller;* S. 165–172. Ich beziehe mich im folgenden auf meine früheren Arbeiten zu *Stiller* und *Homo faber.*

33 Vgl. *J'adore.* GW I, 597–599; *Santa Cruz.* GW II, 75.

Romans deutet dies an.[34] In ihrer Ambivalenz bezeugt indessen auch sie jene paradoxe Verschränkung in der Handlungsallegorie der früheren Romane und Dramen. Denn mögen Julikas Ermordung, Fabers Sterben oder Andris Hinrichtung auch sinnbildhaft für poetologische Sachverhalte stehen, so schmälert dies ihre Symbolwirklichkeit und -verbindlichkeit im Text keinesfalls. Vorschnelle Reduktionen verbieten sich: das Gericht über Stiller, Faber und die Andorraner ist unwiderruflich und streng. Und wenn sich Gottlieb Biedermann schließlich in der Hölle der Literatur wiederfindet, dann doch erst, nachdem real die ganze Stadt verbrannt ist. –

Das Todesmotiv im Werk Max Frischs prägt sich also in doppeldeutiger Einheit als Metapher des Schreibens und als beschriebenes Faktum aus. *Biografie: Ein Spiel* präsentiert diese beiden Aspekte modellhaft im theatralischen Nacheinander: die tödliche Repetition von Kürmanns Lebensproben wird angehalten (und verbindlich) im lapidaren klinischen Befund, der auf Krebs lautet; ein biologisches Faktum, vorläufig jeder "Dramaturgie der Permutation" entzogen: "Was keine Varianten mehr zuläßt, ist der Tod."[35]

III

> numquam viventes, numquam mortui, sed sine fine morientes.
>
> Augustinus: *De Civitate Dei.*

Als Schranke vor dem verheißenen ewigen Leben erfährt das Christentum den Tod, verschuldet durch den adamitischen Sündenfall: "Der Tod ist der Sünde Sold," der abzugelten ist, ehe man in die Seligkeit Gottes eingeht.[36] Seit dem Zerbröckeln der festgefügten christlichen Weltanschauung gilt der Tod weniger als Anfang des jenseitigen, denn als Grenze des diesseitigen Daseins. Statt des Lebens nach dem Tode beschäftigt das Leben hin zum Tode, wenn Montaigne etwa erklärt: "Philosophieren heißt sterben lernen." So denkt man also um des Lebens willen über den Tod nach, da jenes Wissen, "daß der Tod letztlich die Wahrheit über unser Leben ist," auffordert zum intensiveren Erleben:

Diese Vorstellung von einer Ewigkeit des Gewesenen, die unser Dasein nicht entwertet, sondern Dasein als das erkannte oder verkannte Wunder

---

34 Zur Interpretation vgl. Gockel. Aus dem vorigen erklärt sich auch das "diaristische Aufhörprinzip," das Rolf Kieser (z.B. S. 61) analysiert; der Autor wird seiner Helden müde, wenn sich ihre Fähigkeit, Erfahrungen zu machen, erschöpft.

35 Vgl. den für Frischs "Variantenpoetik" in *Gantenbein* und *Biografie* wichtigen Text: *Ich schreibe für Leser.* GW V, 331.

36 Vgl. Rehm, Todesgedanke; S. 20–33 u. 138–146.

versteht, versucht Max Frisch in seinem neuen Werk anschaubar zu machen.[37]

Nicht, wie in der zweiten Hälfte der siebziger Jahre wieder üblich,[38] eine Sterbelehre wird angeboten, wie auch der Tod keineswegs als Sterben, als Übergang zwischen "Vorher" und "Nachher" erforscht wird, wie sonst wohl in der neueren Dichtung,[39] sondern im *Triptychon* geht es Frisch um den "Tod als Mystifikation" (wie es Roger, Lars Gustafsson zitierend, ausdrückt), die zu einer Stellungnahme dem Tödlichen gegenüber herausfordert. Man muß wohl sagen: *Max Frisch psychologisiert den Tod.* Wer vielleicht eine Metaphysik des Todes erwartet hatte, findet Probebedingungen formuliert, die im Bühnenspiel den Tod als Verhaltensweise von Lebenden sichtbar werden lassen: "Man ist nicht plötzlich tot," heißt es (S. 61) und – mit einem Satz aus Diderot: "La mort est successive." (S. 43) Es mutet wie ein später Nachklang der Weltanschauung des *Stundenbuch*-Dichters an, wenn von einem heimlich innen wachsenden Tod die Rede ist, aber Rilkes andächtige Sprache taugt nicht für den Clochard, der in Frischs Totenreich die Rolle des zynisch-einsichtigen Conferenciers spielt, und muß drastischen Bildern weichen:

Ich fraß zuviel, davon wurde sie so schwer, die Leiche in mir, und wenn ich fastete, wurde sie mager, aber ich wußte schon, daß ich sie nie wieder loswerde, die Leiche in mir. (S. 61)

Einen wirklichen, "eigenen, gut ausgearbeiteten" Tod wie im *Malte* oder (als unerreichbares Ziel) noch im *Stiller,* vermag sich im *Triptychon* niemand vorzustellen. Denn das reale Totsein drängt nur zu einer Frage: "Haben sie gelebt? " (S. 49) und – ratloser noch: "Warum leben die Leute nicht? " Eine Frage, welche jene tiefe, wechselseitige Durchdringung von Tod und Leben zwar noch wahrhaben muß, aber nicht länger gutheißen will. Die Phänomenologie des Tödlichen als Lebensprägung umfaßt für diese "szenischen Bilder" vier hervorstechende Merkmale: Erinnerung, Wiederholung als

---

37 Zitat von Max Frischs Klappentext zum *Triptychon;* vgl. schon in der *Chinesischen Mauer* (GW II, 207) die Schilderung des Lebens als kosmische Ausnahme.

38 Vgl. die Angaben bei Imbach. Auf Grund von Gesprächen mit Max Frisch nenne ich folgende Titel: Werner Fuchs: Todesbilder in der modernen Gesellschaft. Frankfurt 1973; Paul Ludwig Landsberg: Die Erfahrung des Todes. Frankfurt 1973; Philippe Ariés: Studien zur Geschichte des Todes im Abendland. München 1976; Johann Christoph Hampe: Sterben ist doch ganz anders. Stuttgart 1975. E. Kübler-Ross: Interview mit Sterbenden. Gütersloh [6]1977. Dolf Sternberger: Über den Tod. Schriften I. Frankfurt 1977. – Über das Quellenkundliche hinaus ist wichtig: Lars Gustafsson: Utopien. München 1970.

39 Z.B.: Hans Erich Nossack: *Nekyia. Bericht eines Überlebenden* (1947) und Hermann Kasack: *Die Stadt hinter dem Strom* (1949). Unbeschadet motivischer Anklänge möchte ich wegen der bei Nossack und Kasack vorherrschenden Deutschland-symbolik keinerlei literarhistorische Nähe zum *Triptychon* postulieren.

Rollenzwang, Gesprächszerfall, Endgültigkeit: Vorboten des Todes, die noch im *Triptychon* jenen Satz rechtfertigen, der als Leitmotiv Strindbergs *Traumspiel* durchzog: "ES IST SCHADE UM DIE MENSCHEN." (S. 79)

Erinnerung und Erfahrung drehen für Walter Faber die Zeit zurück,[40] heben die Vergängnis auf und lassen den Zufall, auf den er vertraut, ihm zum Schicksal werden. Indem er das Gewesene und "Übliche" sich stets als gewohntes Weltbild gegenwärtig hält, verstrickt er sich immer tiefer in seine Verblendung, bis ihm schließlich die eigene Vergangenheit mythisch-fremd gegenübertritt und er, ein zweiter Ödipus, den Erinyen verfällt, die freilich sein eigenes Verhalten schuf – denn die mythischen Mächte im *Homo faber* sind Innenprojektionen. – "Wann werden die Erinyen mich packen?" fragt sich (GW VI, 634) der Erzähler namens Max,[41] den die Begegnung mit einer jungen Frau und das gemeinsam mit ihr verbrachte Wochenende auf der Halbinsel *Montauk* bloß zu autobiographischen Erinnerungen veranlaßt hatten, welche jene "dünne Gegenwart" fast aufzehrten. Die im Rückblick, also in kunstvoller Schachtelung der Erinnerungsperspektiven arrangierte Geschichte dieses Wochenendes erweist die antike Mnemosyne als ein für den neuzeitlichen Autor paradoxes Kunstprinzip: einesteils gefährdet sie die Offenheit und grenzenlose Freiheit des Lebens in der Fülle seiner Möglichkeiten, andererseits erlaubt sie allein dem Verfasser, sich selbst beschreibend auszukundschaften: "Ich mache Erfahrungen nur noch, wenn ich schreibe." (GW VI, 624) Am Widerstand, der das Lebendige bedroht, bewährt sich dieses, noch indem es der Gefahr erliegt. Die Erinnerung an die Lebensgeschichte – das "Bildnis" in seiner zeitlichen Erstreckung – erzeugt ja lediglich eine neue Geschichte, wenn auch eine "schöne." Ein unauflöslicher Widerspruch jedenfalls, der im *Stiller* und im *Homo faber* bereits struktur- und stilbildend war, dort aber ironisch gebrochen, statt wie in *Montauk* gelassen hingenommen. Im *Triptychon* nun ist die Erinnerung völlig autonom geworden und hat sich als "Erfahrung" ein für allemal etabliert. Erfahrungen werden überflüssig, wo die Erfahrung herrscht: Das Karusell der Geschichten steht still, die Toten sind nicht mehr neugierig und lernen nichts hinzu (vgl. S. 31). Ewig wiederholen sie, was sie früher sagten und taten.

Denn die Erinnerung vollstreckt sich als *Wiederholung*. Kürmann, jener Protagonist des Spiels *Biografie*, der seinem Namen so wenig Ehre macht, hat die Wahl, alles "anders zu machen in seinem Leben." Er nämlich weigerte sich,

> zu glauben, daß unsere Biografie, meine oder irgendeine, nicht anders aussehen könnte. Vollkommen anders. Ich brauche mich nur ein einziges Mal anders zu verhalten – (GW V, 503)

---

40 Vgl. GW IV, 78 und 80; außerdem die Hinweise bei Schmitz S. 137f.
41 Zum Folgenden vgl.: vom Hofe.

Genau dies mißlingt ihm, weil ihn jede neue Situation an eine ähnliche alte erinnert und seine Reaktionen sich dann trotz allen guten Willens an der stereotypen Formel ausrichten: "Ich kenne das." Allein das Faktum, daß er eine Biographie hat, veranlaßt Kürmann, sie zu wiederholen.

> Sie verhalten sich nicht zur Gegenwart, sondern zu einer Erinnerung. Das ist es. Sie meinen die Zukunft schon zu kennen durch ihre Erfahrung. Darum wird es jedesmal dieselbe Geschichte. (GW V, 492)

So tadelt der Registrator. Indessen ist er, als "Instanz der Bühne," zugleich auch derjenige, der diesen Kreislauf der Wiederholung[42] allererst ermöglicht, da sein Dossier die Summe der Erinnerung Kürmanns enthält und zur Verfügung stellt. – Konstanz der Anlage und der freiwillig-unbewußte Verzicht auf die existentielle Wahlfreiheit verursachen jenen Verlust der Fähigkeit sich zu wandeln, welcher die Welt zur Hölle macht. In *Huis clos* stellte Jean Paul Sartre die umgekehrte Gleichung auf: die drei Gestorbenen, die man in einen kleinbürgerlichen "Salon im Second-Empire-Stil" einschloß, sind in den ehernen Kausalzusammenhang des An-Sich-Seins zurückgesunken. Die Toten ändern sich nicht, sie bleiben in ihrem Raum, aus dem die Zeit als Dimension der menschlichen Existenz ausgesperrt ist, immer die, die sie als Lebende waren und werden sich gegenseitig zur Hölle. Die "Erinnerung" in *Huis clos* ist freilich weniger durch die Faktizität von Gedächtnisinhalten denn formal bestimmt, d.h. Estelle, Ines und Garcin wissen noch von der existentiellen Möglichkeit des Fürsich, obgleich sie die Chance, diese zu verwirklichen, unwiderruflich vertan haben. Die Erinnerung als Sehnsucht im Zustand des Verlustes ist das Gesetz von Sartres "Hölle."[43] Im Totenreich des *Triptychon* herrscht die reine Faktizität des Gewesenen und die Sehnsucht erscheint gedämpft zu überdrüssiger Melancholie.[44] Die Toten

> wandeln in der Ewigkeit des Vergangenen und lecken an ihren dummen Geschichten, bis sie aufgeleckt sind. (S. 43)

Und: "Langsam verleiden die Toten sich selbst." (S. 83) Der Alte erklärt das Verschwinden der Sehnsucht und der Zeit als das eigentliche Gesetz dieser Welt am Styx:

---

42 Vgl. Biemel. – Weitere Belege aus der Literatur der siebziger Jahre: Botho Strauß: *Die Widmung;* Gert Jonke: *Schule der Geläufigkeit.* – Wichtig Kierkegaards (*Die Wiederholung,* 1843) Unterscheidung zwischen der falschen, mechanischen Repetition und der echten, sublimiert gereiften (künstlerischen) Wiederholung.

43 Dies im Grunde schon die *Stiller*-Problematik, ebenso die des *Homo faber,* aus der sich die Tagebuchform beider Romane erklärt. Anders als Kierkegaard unterscheidet Frisch zwar "Repetition" und "Wiederholung," leugnet aber jeden Wertunterschied: beide enden tödlich.

44 Zur Sehnsuchtsmotivik im Frühwerk vgl. u.a. den Aufsatz *Kunst der Erwartung* von 1941 (GW I, 189–196).

Das ist der Unterschied [. . .] Hier gibt's keine Erwartung mehr, auch keine Furcht, keine Zukunft, und das ist's, warum alles in allem so nichtig erscheint, wenn es zu Ende ist ein für allemal. (S. 80)

Das *Spiel* (1963) Samuel Becketts hatte bereits Wiederholungszwang, Erinnerung und Beziehungslosigkeit, die unsere analysierende Darstellung notgedrungen trennt, verknüpft und zu Sprechgesetzen gemacht. Drei in Urnen beigesetzte Personen versuchen nach diesen Spiel-Regeln ihre verflossene gemeinsame Geschichte zu berichten, ohne mehr als Bruchstücke zum nicht mehr faßbaren Ganzen beizusteuern.[45] Die Fixierung auf das Schon-früher-Getane wird mit der psychologisch zu deutenden Übermacht des Gedächtnisses freilich nur unzureichend erklärt, denn zu der Erinnerung gehört ergänzend das gesellschaftliche Korrelat: die Rolle — und der *Rollenzwang*.[46] Dieser erst verursacht die Mythisierung jener. Indem "White" gegen die gesellschaftliche Rolle "Stiller" aufbegehrte, verfiel er ihr erst recht in der Negation, so daß er sie zuletzt als seine Identität annehmen mußte. Und gerade die "blinde" Erfüllung der Technikerrolle hatte Walter Faber der Macht der Erinnerung erliegen lassen und ihn in die Perversion seiner Lebenswiederholung geführt. Wie die Figuren des Maskenreigens in der *Chinesischen Mauer* (Neuf. 1955) spielen die Abgeschiedenen im *Triptychon* die "Rolle ihres Lebens" zitierend weiter, denn ihr Leben war in der Rolle aufgegangen.[47] Nur die Täuschungen der Erwartung entfallen jetzt.

Damit hat sich Frischs Vision vom Jenseits, die sein eng an Thornton Wilders *Our Town* angelehnter "Versuch eines Requiems" *Nun singen sie wieder* (1945) in Szene gesetzt hatte, genau ins Gegenteil verkehrt.[48] Die Grundstruktur der rituellen Handlung von *Our Town* (und desgleichen von *Nun singen sie wieder*) ist ja das Fortschreiten allgemein menschlicher Erfahrung — Geburt und Heranwachsen, Liebe, Heirat und Tod. Diese Ereignisse sind einzigartig im Leben des Individuums, sie bilden das Grundmuster jeden Lebens. Das Muster ist damit sowohl linear (für den Einzelnen) als auch zyklisch (für die Gemeinschaft). Doch der Versuch, die ganz gewöhnliche Alltagserfahrung in eine dauernde mythisch-belangvolle Gegenwart einzubringen, scheitert wenigstens teilweise, denn die einzige Perspektive, aus der sich das Alltägliche mit universaler Bedeutung erfüllt, ist die des nostalgischen Rückblicks. Die Abgeschiedenen von Grover's Corner in

45 Vgl. dazu Robinson, vor allem S. 294—297.
46 Sartre erweiterte seine Analyse aus *Huis Clos* entsprechend im Film: *Les jeux sont faits.*
47 Vgl. S. 49; besonders deutlich die Bühnenmetaphorik in *Die Chinesische Mauer* und *Don Juan oder Die Liebe zur Geometrie*. Zur "hermeneutischen Funktion," d.i. dem Brückenschlag zwischen ästhetischer und gesellschaftlicher Problematik, vgl. Seeba.
48 Vgl. Anm. 13; Michaelis spricht lediglich von zunehmender Skepsis. — Zu *Our Town* vgl. Porter S. 200—224.

der "großen Ruhe" des Friedhofs auf dem Berg[49] wissen vom kosmischen Einklang des ganzen Daseins, ohne daß sie ihren noch lebenden Mitbürgern, welche davon "nicht sehr viel verstehen," ihr Wissen mitzuteilen vermöchten. Erst den Toten erschließt sich die wahre "Rolle ihres Lebens." So auch in Frischs Requiem. Nach ihrer "Heimkehr" (GW II, 113, 120) müssen die Gestorbenen "von vorne beginnen" und in den naturbedingten Kreislauf des Daseins einschwingen, "das einfache Leben":

> Ich glaube, wir sind alle da, bis wir das Leben kennenlernen, das wir zusammen hätten führen können. Solange sind wir da. Das ist die Reue, unsere Verdammnis, unsere Erlösung. (GW II, 123)

Die Hinterbliebenen indessen kümmert die späte Einsicht der Toten wenig:

> [. . .] sie machen aus unserem Tod, was ihnen gefällt, was ihnen nützt. Sie nehmen die Worte aus unserem Leben, sie machen ein Vermächtnis daraus, wie sie es nennen, und lassen uns nicht reifer werden, als sie selber sind. (GW II, 135)

Die Toten lernen die Liebe, welche weiß, daß sie umsonst ist,[50] so daß im Jenseits sich die finden und versöhnen, die im Diesseits durch Vorurteil, Haß und Rollenzwang voneinander getrennt waren. – Im *Triptychon* hingegen bleiben die Abgeschiedenen an die Konstellationen des früheren Lebens gebunden und sind nicht erlöst, sondern gebannt im um sich selbst kreisenden Stillstand von Zeit. Frisch zerbricht also die bei Wilder und dem eigenen frühen Stück mühsam bewahrte sich ergänzende Einheit der beiden Zeitformen; ihm kommt es einzig auf die an das Individuum gebundene lineare Zeit an (nicht als Uhrenzeit freilich, sondern als Vergängnis). Eine immergleiche sinnhafte Ordnung der Schöpfung gewährt den Menschen wenig Trost, weshalb das *Triptychon* auf die stillen, rührenden Bilder einer heilen Natur verzichtet ("Es ist schon wieder April."). Die Liebesbeziehungen ebenfalls bleiben so heillos gestört, wie sie bereits im Leben waren, und die Kindschaftsverhältnisse erstarren in fast grotesker Rollendeklamation.[51]

Auch führt man im Bühnen-Jenseits immer erneut die alten Gespräche:

49 Vgl. die auch Frisch bekannte Quelle Wilders: Edgar Lee Masters: *Spoon River Anthology* (1915). Wichtig Northrop Frye: Analyse der Literaturkritik. Stuttgart 1964, mit der Beschreibung des Danteschen Purgatorio als des Punktes, "an dem die nicht umgesetzte apokalyptische Welt und das zyklische Reich der Natur miteinander in Einklang kommen" (S. 206) – typisch für die Orte resignierter Melancholie bei Wilder und Frisch.

50 Vgl. *Bin oder Die Reise nach Peking* (mit weiteren Rilke-Anleihen, z.B. S. 617), wo (GW I, 621) bereits die Situation S. 65f. angelegt ist, vgl. noch S. 81.

51 Nur einige Belege, um die typologische Spannweite, die alle aus Frischs früherem Werk bekannten Konstellationen umfaßt, auszumessen: Die Frau als Beleg für Männertheorie (S. 69 u. bes. S. 39 mit der ironischen Reminiszenz an feministische Literatur, vgl. *J'adore*, GW I, 478–480; u: Verena Stefan: *Häutungen*. München 1975; S. 3f.); Ordnung als das Gegenteil von Liebe (ähnlich in der Ehe des Advokaten

Wir sagen uns, was wir schon einmal gesagt haben. Langsam weiß man es [. . .]: es kommt nichts mehr dazu. (S. 72)

Das geistreiche, gar amüsante Totengespräch, welches von Lukian bis George Bernhard Shaw[52] die dichterische Verwertbarkeit des Hades garantierte, wird schon im Ansatz erstickt, da die dialogische Form — eigentlich Erfüllung des liebenden Miteinander — trügt und (nicht bloß im 2. Bild) lediglich ein Mosaik von kunstvoll verhakten Monologen vorliegt. Eine Anlage früherer Dramen Frischs, die insgeheim alle vom Nicht-Zustande-Kommen des "dramatischen," sich mit der Handlung deckenden und in ihr aufgehenden Dialogs handelten, erfüllt sich hier.[53] Sogar der scheinbare Spielleiter und "Conferencier," der Clochard, ist nicht ausgenommen, denn obschon er als einziger das Bedürfnis hat, die Situation zu kommentieren (man denkt an Thersites, den Seher, der nach Homer auch im Hades ein gewisses Bewußtsein bewahren darf) — letzten Endes bleibt auch die zutreffende Erkenntnis steril, solange sie den richtig erkannten Gesetzen selbst unterliegt. Der Clochard, ehemaliger Schauspieler, beschreibt seine Rolle als Zyniker in seiner Rollensprache. Der *Gesprächszerfall* ist total.

Die soweit angeführten Eigentümlichkeiten — Erinnerung, Rollenzwang und Wiederholung, Gesprächsverlust — definieren tatsächlich eine "Krankheit zum Tode" im strengen Sinne Kierkegaards, die zum Tod führt und nie endet;[54] "wir leben endgültig" lautet der Kehrsatz zu jener beängstigenden Ahnung, die das *Triptychon* theatralisiert: Der Tod ist unwiderruflich. Des Lazarus Auferstehung, für Kierkegaard erbauliche Gewähr der Ewigkeit in Christo, findet nur noch als Zitat statt, und der sie verkündigt, hat "kein Amt mehr" (vgl. S. 15f., 71). Als das österliche TE DEUM *von einer Schallplatte*[55] ertönt, "bleiben alle Figuren reglos" (S. 59).

---

mit Agnes in Strindbergs *Traumspiel*), vgl. S. 44—46; weibliche Liebe als Narzißmus (mit wörtlichen Anklängen an Rilkes Aufsatz: *Die Bücher einer Liebenden.* a.a.O. S. 1016—1020), vgl. S. 94: verkehrte Kindschaftsverhältnisse, vgl. S. 36, 81 u. 108.

52 Vgl. Shaws Zwischenspiel zu *Man and Superman*, dessen sarkastischen Werttausch zwischen Himmel und Hölle der Autor des *Biedermann-Nachspiels* noch nachvollziehen konnte.

53 In meinen: Neun Thesen zu *Andorra* habe ich dies nachzuweisen versucht (vgl. Mb-*Andorra*). Insbesondere die Technik, richtige Inhalte durch Rollensprechen zu relativieren, wird dort schon in der Zeugenaussage des Paters verwendet.

54 Vgl. S. Kierkegaard: Werkausgabe 1. Düsseldorf 1971; bes. S. 401f.: zur Auferstehung des Lazarus S. 393—395.

55 Mechanische Tonwiedergabe symbolisiert bei Frisch allemal die Mechanik der Wiederholung, so die Polonaise in der *Chinesischen Mauer*, Spieluhr und Ballettprobe in *Biografie*, das Orchestrion in *Andorra;* ähnlich die Fotografie, vgl. S. 81 u. in meinem *Homo faber*-Kommentar S. 66f. — Zur Ostern/Erlöser-Thematik im *Stiller* vgl. meine Studie.

Max Frisch hat, was wir hier als Merkmale einer Todeswelt statisch herauspräparierten, in "drei szenischen Bildern" entwickelt.[56] Er nennt sie *Triptychon,* eine Titelgebung, die, obschon der Autor bekanntlich genaue Gattungsbezeichnungen liebt, doch überrascht. Schließlich gilt das Dreitafelbild – "Triptychon" – als der Idealtypus des christlichen Altarbildes:

Die strenge Symmetrie des [...] Kultbildes entsprach der natürlichen Neigung, den Hauptakzent in das [subordinierende] Zentrum zu legen und die Mittelachse zu festigen durch das Gleichgewicht der seitlichen Teile.[57]

Auch nach dem Zerfall des christlich geordneten Weltbildes verlangt dieses Format die angemessene Gestaltung, prägt das Gestaltete und umkleidet derart als Pathosformel sonst profane Inhalte mit erborgter sakraler Weihe.

Den inneren Zusammenhalt der Teile sichern in Frischs *Triptychon* die Korrespondenzen, leitmotivischen Wiederaufnahmen und Wiederholungen (zugleich formale Spiegelungen des Gehalts), und vor allem die gestalterische Technik der Zurücknahme als Setzung. Denn die zuletzt gültige Geschichte, welche das anscheinend statische *Triptychon* darlegt, handelt vom Verlust der vielen Geschichten – deshalb darf das Personal wechseln, ohne daß die Entwicklung der Aussage darunter leidet. – Den puren Inhalt der einzelnen Bilder, "die nicht Stationen einer dramatischen Handlung sind, sondern drei szenische Aspekte zum Thema geben" (wie der Autor[58] etwas vordergründig behauptet), hat Max Frisch selbst referiert:

Das Erste: unsere gesellschaftliche Verlegenheit beim Ableben eines Menschen. – Das Zweite: Die Toten unter sich, ihre langsam versiegenden Gespräche am Styx, wo es die Ewigkeit des Gewesenen, aber keine Erwartung gibt. – Das Dritte: der Lebende in der unlösbaren Beziehung zum toten Partner, der, was immer der Lebende tue, nicht umzudenken vermag.

Das erste Bild beobachtet – im Anschluß an eine Szene des *Zürich Transit*-Films – die erzwungene Feierlichkeit einer Beerdigungsgesellschaft

---

56 Zur Entstehungsgeschichte vgl. Gespr. m. Rüedi; außerdem Frischs Mitteilung: "Die ersten Entwürfe zum mittleren Teil gehen auf das Jahr 1976 zurück, dabei war dieser mittlere Teil als das ganze Stück gedacht, zuerst einmal unter dem Titel 'Ostern am Styx', in dem auch noch die Figur des Hermes vorgekommen ist. Im Frühjahr 1977 ist der dritte Teil entstanden, vorerst unter dem Titel 'Place des Pyramides,' erst danach die Idee eines dreiteiligen Stückes. Der erste Teil, der nicht mehr ist als eine Introduktion, ist zuletzt geschrieben worden, und zwar im Herbst 1977."

57 Lankheit S. 11; auf die anregenden Hinweise zur Todes- und Kunstthematik in neueren Triptycha (z.B. von Max Beckmann), sei hier nur verwiesen.

58 In einem Brief v. 1.8.1978, außerdem im Klappentext. Solche Feststellungen verdecken leicht, daß gerade das Fehlen der dramatischen Handlung zum Kern der Thematik gehört.

und die regenerierende Kraft des Banal-Oberflächlichen: "Das Leben geht weiter." Doch zugleich fächert dieser "erste Teil, der nicht mehr ist als eine Introduktion" erstmals die facettenreiche Thematik auf, welche in den folgenden beiden Szenen entfaltet wird: die Auflösung des Gesprächs,[59] die Verwandlung des Toten in eine Gedächtnisfigur, die den Lebenden ausgeliefert ist und dennoch starrsinnig recht behält,[60] die tiefe Verstörung der zweisamen Lebensgemeinschaft.[61] Und zwischen Roger und Francine bahnt sich eine Liebesgeschichte an, die vom mittleren Bild auffällig ausgespart wird. *Triptychon* berichtet nicht von einer jetzt sich ereignenden, zusammenhängenden Geschichte, sondern montiert in kunstvoller Reminiszenzenkombination die verwickelten, ineinander verflochtenen vergangenen Lebensgeschichten, die alle in den Tod mündeten: Biographie im Rückblick. Die Rekonstruktion des Lebenslaufes nach Kunst- und Bühnengesetzen lag ja schon im artistischen Kalkül des Stücks *Biografie*, obwohl der Verfasser dort noch vor den Konsequenzen des *Triptychon* zurückschreckte, sich – nach seinen eigenen Worten (vgl. GW VI, 103) – erst von der Bühne davon überzeugen lassen mußte, daß die rückgewandte Perspektive Freiheit und Wahl ausschließt. Im Lauf des "Spiels" wandelte sich die Szene zur Todesszenerie: das *Triptychon* setzt hier ein. Die vielfältigen Möglichkeiten des Lebendigen, welche nach dem ersten Bild die Neugierde des Zuschauers reizen mögen, werden lediglich angedeutet, gleichsam achtlos, und gewinnen keine Wirklichkeit. Statt dessen biegt das mittlere Bild als subordinierendes Zentrum des "Triptychons" jenes christliche Pathos des Lebens um zur eindringlichen Demonstration des Absterbens, indem es die oben beschriebene Phänomenologie des Tödlichen etabliert. Statt Freiheit triumphiert die Erinnerung, statt Liebe herrscht der Verzicht und die ordentliche Rolle, die sich noch die Sehnsucht nach Befreiung aneignet.[62] Die Statik des Mittel- und Hauptteils fängt also jene gespannte Ambivalenz des ersten Bildes auf – Max Frisch bemerkt (in einem Brief an den Verfasser vom 1.8.1978), er habe absichtlich seine Thematik nicht im Titel angezeigt –, indem eine sich anbahnende biographische Sukzession ersetzt wird durch die rückblickende Überprüfung der Voraussetzungen und Rahmenbedingungen für eine Lebensgeschichte. Das Resultat ist negativ. Das dritte Bild bestätigt den Befund, indem es ihn am Einzelfall erprobt: Roger und Francine (für dieses Stück

---

59 Ein konstantes Thema, vgl. *Jürg Reinhart:* "Jetzt ist sie weg," denkt die Mutter der toten Inge, "und mit ihr auch ihre Stimme, und mit ihrer Stimme auch ihr Schweigen. Das ist seltsam, daß sogar ein Schweigen aufhören kann. Einfach aufhören und mitsterben. Ich wußte nicht, daß soviel Leere möglich ist." (GW I, 372f.)

60 Vgl. S. 89 als ergänzendes Gegenbeispiel.

61 Vgl. Anm. 51; daneben die Zerstörung der Freundschaft, vgl. S. 74–77 (dazu die Geschichte mit W. in *Montauk*), und Barak.

62 Vgl. die Beispiele Anm. 51.

wieder interessant, nachdem ihre Liebe endete). Jetzt erst, im Erinnerungs-
dialog ohne Partner,[63] wird von der Hoffnung der Liebe berichtet, von der
momentanen Einheit des Gespaltenen, der "Erfindung des Paares" – doch
nur, um desto eindringlicher zu beklagen, daß die Chance vergeben ist. Frisch
erklärt:

> Es ist eigentlich das Orpheus-und-Euridike-Motiv, ohne daß darauf
> angespielt wird. Er will sie aus dem Totenreich holen. Er schaut aber
> zurück, und das bewirkt, daß sie im Totenreich bleibt und daß er
> zugrunde geht. (Gespr. m. Rüedi)

Roger ist freilich eine Inversfigur des Orpheus. Denn er sucht Francine,
die er im Leben verließ, nur aus Lebensschwäche. Er kann nicht leben, und
das heißt: Roger kann nicht lieben.

> Du hast nie jemand geliebt, dazu bist du nicht imstande, Roger, und du
> wirst auch nie jemand lieben.[64]

Das ist die Situation noch aller männlichen Frisch-"Helden," doch
bestürzt die neue Wendung. Stets opferte sich bisher "die Frau" der
männlichen Selbstsuche, und die Selbstmorde von Männern waren versuchte
Selbsterlösungen: Im *Triptychon* folgt auf die Schuld das Todesurteil und
die Vollstreckung. Weil der Mann immer die Frau lediglich als Anlaß der
Ich-Gewißheit und Vervollständigung seiner Identität verstanden hatte,
verwirkt er mit dem Entzug dieses "Inzitaments" sein Lebensrecht: "Sie
sieht zu, wie er ohne Hast den entsicherten Revolver an die Schläfe hält."
(S. 115) Was in der Literatur der Jahrhundertwende (und beim frühen
Frisch) als Ästhetizismusproblem und -kritik begann,[65] weitet sich hier zum
fatalen Ergebnis der gesellschaftlich-fixierten Mann-Frau-Konstellation, vor
der die Losung, "die Welt um[zu]denken, inbegriffen ihre Toten" (S. 106),
ohnmächtig versagt. Vollends klärt die sorgfältig vorbereitete letzte Szenenanweisung – "man hört wieder den Verkehrslärm, der jetzt sehr stark ist" –,
daß wir einem Gericht beiwohnen. Denn ähnlich lautet der letzte Satz von
Franz Kafkas Erzählung *Das Urteil*, die – strukturell vergleichbar – um
Liebesentzug und im familiären Rollenspiel verschränkte Schuldpotenzierung
kreist: "In diesem Augenblick ging über die Brücke ein geradezu unendlicher
Verkehr."[66]

---

63 Vgl. die *Skizze eines Unglücks*, wo der Part der toten "Geliebten" durch
Auslassungspunkte markiert ist; der Mann "Viktor" blieb tatsächlich Sieger; Marlies
sehnt sich wie Katrin nach einer unfraulichen Frauenrolle, vgl. GW VI, 204–225;
siehe Pulver S. 31–34.
64 S. 101, 103 u. 115. Die metaphorische Gleichung Lieben/Leben gilt in Frischs
gesamtem Werk.
65 S.o., bes. Anm. 18.
66 Franz Kafka: Sämtliche Erzählungen. Hrsg. v. Paul Raabe. Frankfurt 1970; S. 32.

Mehrfach stellten wir fest, daß Entwicklungslinien, die sich im früheren Werk Frischs abzeichneten, nun an ihr immanentes Ziel gelangen, und wir konnten die poetischen Gesetze des *Triptychon* erklären im Vergleich mit den Strukturprinzipien der vorhergehenden Dramen und Romane. Dies verweist auf eine poetologische Bedeutungsschicht des *Triptychon,* und in der Tat kommentieren diese szenischen Bilder (wie das gesamte Spätwerk Frischs seit dem *Dienstbüchlein*) die künstlerischen Gepflogenheiten seiner früheren Schaffensphasen. Die ästhetisch-psychologischen Regeln, nach denen das Totenreich sich ordnet, entsprechen exakt dem, was Frisch stets für Eigentümlichkeiten des Schreibens hielt und als solche darstellte: der rollenhafte Wiederholungszwang, die Erinnerungsperspektive des Schreibenden, der Zerfall der Verständigungssprache. Von den auseinander hervorgehenden, sich überlagernden Gegensatzpaaren: Tod − Leben, Bildnis − Liebe, Erinnerung − Entwurf, Zitat − Variante, bewahrt das *Triptychon* nur die tödlichen Positionen, im Gehalt wie in der Form, in der wir ein umfassendes *Zitat des Vergangenen* erkennen. Der Tod als poetologische Metapher, welche jedoch nicht wie bei Rilke die künstlerische Vollzähligkeit des Seins bedeutet, sondern den endgültigen Verlust des Lebensstiftenden in der Artistik:

> Zu den Begriffen, die ich mit Vorliebe brauche, ohne genauer zu wissen, was sie eigentlich bedeuten [. . .]. gehört auch der Begriff des Theatralischen

hebt ein Eintrag im *Tagebuch 1946−1949* an (GW II, 570−576), der schließlich, nachdem die Shakespeare-Szene "Hamlet mit dem Schädel des Yorick" als Musterbeispiel dieses Theatralischen angeführt wurde, eine definitorische Formel anbietet, deren Zweischenkligkeit sie an die schon genannten Gegensatzpaare anschließt: "Wahrnehmung und Imagination" (GW II, 571). Der Clochard rezitiert eben diese Szene aus *Hamlet* im mittleren Bild des *Triptychon,* wobei das Widerspiel von "Wahrnehmung" und "Imagination," welches sich in der Eingangsszene zaghaft ankündigte, aufgehoben ist im Zitat. Das Wahrgenommene ist die mit sich selbst identische Sprache, wiederholte Sprache, die, so fixiert, den Raum der Imagination ("Neugierde" und "Erwartung") nicht mehr zu umschreiben vermag. Während sonst das Sprechen die Handlung nicht sowohl bestimmte, als auch von ihr widerlegt wurde − Wahrnehmung *und* Imagination eben − und derart eine Perspektive öffnete, die auf Freiheit hoffen ließ, gerinnen die aus dem vorigen Werk bekannten Handlungskeime nun zum Zitat und werden in einer Sprache, welche die Präzision des Aphorismus aufweist,[67] bloß als Erfahrungssätze über Vergangenes angeführt. Auch die Liebe wird in

---

67 Vgl. GW II, 448f.; außerdem die jüngere Stellungnahme Frischs zur Verknappung seines Stils bei Kieser S. 38f.

die Erinnerung eingeschlossen, wobei die Chiffren für das hoffnungsvoll Ungebundene (die Ballonfahrt Katrins mit dem alten Proll) und für unangepaßte Sehnsucht (die Lust, etwas zu "essen, was es auf der Welt nicht gibt"), Erfindungen des Verfassers und nicht Reminiszenzen an früher Geschriebenes, die höchst bewußte Zitierkunst bei der Beschreibung des Alltäglich-Gewohnten nochmals unterstreichen. Jenes "Umdenken," den Dingen neue Namen geben, das durch die paradiesische "Erfindung des Paares" in die Geschichte eingeholt wurde und das der Dichter Max Frisch stets retten wollte, um die getrennten Hälften des Männlichen und des Weiblichen ("Wahrnehmung und Imagination") abermals zu versöhnen, dauert nicht an und versinkt in Frischs jüngstem Stück in der Erinnerung. Das *Triptychon* endet nicht zufällig mit einem Selbstmord, der ein weiteres Paar im Totenreich "vereint." Wenn die Ehe jemals eine Metapher für Frischs Schaffen, für den erstrebten Einklang von bedeutendem Wort und gemeintem Gegenstand, von erprobter Autorrolle und imaginiertem Leser, sein durfte,[68] dann ist das Ende des Verhältnisses zwischen Roger und Francine, der Selbstmord des Orpheus, die geeignete Metapher für dieses Stück.

Das *Triptychon* schließt mit dem Eingeständnis des Ruins der Kunst und des Privaten. Aber es bricht nicht ab. Frisch versucht in diesem Stück die erschreckende Dominanz des Tödlichen zu erklären, und die Art dieser Erklärung ist neu in seinem Werk.[69] Zwar hatte schon das *Tagebuch 1966–1971* die persönliche Erfahrung des Alterns und das öffentliche Engagement für einen demokratischen Sozialismus eigenartig verklammert, derart daß die existentielle Beunruhigung zur Ursache wurde für eine heilsame, sich und anderen abverlangte, mutige "Unsicherheit" im politischen Urteil. Dem "Kältetod" in "unserer Gesellschaft" korrespondiert nun im *Triptychon* die Erstarrung der offiziellen Politik in Dogmatik:

> Als du einmal in Moskau gewesen bist – du hast erzählt: Lenin im Mausoleum, es sei dir auf der Stelle übel geworden, sein kluger Kopf, der seit fünfzig Jahren keine Erkenntnisse mehr hat ... Das ist es: wir leben mit Toten, und die denken nicht um. (S. 110)

Kaum verwunderlich, daß die "öffentlichen Tode" überwiegen, die mannigfach ausgeprägten Todesarten, welche von der Gesellschaft verschuldet wurden oder wenigstens symptomatisch sind für die herrschende Ordnung.[70] Selbst der Totenfluß Styx ist erst wahrhaft "tot," "seit das

---

68 Vgl. Schröder u. Jurgensen.
69 Vgl. GW V, 23, 68, 508, 556 u.ö. zur Kluft zwischen Privatem und Öffentlichem. Zum Folgenden: Pulver.
70 Durch Gewalt kamen um: Xaver, der Pilot, Jonas, der Sträfling, der Bankbeamte. Der Polizist und der Sträfling übten Gewalt aus (vgl. S. 78). Die Freundschaft zwischen Proll und Luchsinger scheiterte am Antikommunismus des Kalten Krieges, Katrins Rollenprobleme sind Schwierigkeiten einer Frau" in unserer Gesellschaft" (S. 43). Zu

Carosseriewerk gebaut worden ist." Obschon die einzelnen Figuren im *Triptychon* mehr oder weniger deutlich in ein gesellschaftliches System eingeordnet sind, der Alte und Jonas als politisch bewußte Personen, ebenso der junge Spanier Carlos, der Schweizer Wehrpflichtige Xaver, haben die Toten selbst nichts zu ihrer Todesart zu sagen, und Jonas' Ansicht etwa steht wie andere im ironischen Reigen der Schlußzitate:

> Die Revolution kommt. Das ist einer Minderheit bewußt, die Mehrheit bestätigt es durch ihre Angst. Die Revolution, die kommen wird, macht uns unsterblich, auch wenn wir sie nicht erleben —[71]

Der Spanische Bürgerkrieg jedoch, für die Schriftstellergeneration, der Max Frisch angehört, das Symbol eines großen historischen Prozesses, der die gerechte Solidarität der Intellektuellen einmal, wenn auch nur für kurze Zeit, verwirklichte, verleiht dem Tod keinen Sinn im nachhinein, ist aber auch nicht, wie im *Stiller,* bloßer Anlaß für persönliche Sorgen um Identität und Versagen.

Vielmehr liegt die Annahme nahe — und sie ist eine Vermutung, die erst Frischs künftige Texte erhärten oder widerlegen können —, daß jenes Selbstgericht im *Triptychon* auf die engagierte Anteilnahme des Lesers weder verzichten kann noch will und, obschon mancher ein konkretes Programm vermissen mag,[72] Teil einer umfassenderen Wirkungsstrategie ist: Verurteilt wird der Grundton unbedingter Lebensgläubigkeit einer Zivilisation, die in der Totenwelt ihr übersteigert-wahres Abbild erkennen muß. "Warum leben die Menschen nicht?" Auch dieser Satz steht in Frischs *Triptychon* — als Zitat. Die Trauer in seinem jüngsten Stück kennt noch ihre Utopie, aber besser denn je erkennt sie die aus dem menschlichen Miteinander erwachsenden Hindernisse auf dem Weg zu ihrer Erfüllung.

Literaturangaben

I. Besprechungen zu:
Max Frisch, *Triptychon. Drei szenische Bilder*

[Anonym]: Der Tod als Wahrheit über unser Leben. Der Bund (Bern) v. 3.6.1978. [= Linsmayer].
[Anonym]: Hier gibt's keine Erwartung mehr. Max Frischs Lesedrama *Triptychon* handelt vom Tod. Frankfurter Neue Presse v. 7.7.1978. [Autor: Rainer Hartmann].
[Anonym]: *Triptychon.* Reutlinger General-Anzeiger v. 9.6.1978.

erwähnen auch der Einfluß der Politik auf den Lebensplan Stefans. Joachim Kaiser notiert den hier gemeinten Sachverhalt, verzichtet freilich auf weitere Diskussion.
71 S. 83; vgl. den Schluß der *Chinesischen Mauer.*
72 So Jean Villain in seiner Rezension.

[Anonym]: Weise von Liebe und Tod. Der Spiegel v. 10.4.1978. [Autor: H. Karasek].
[Anonym]: Zu intim für die Bühne. Das *Triptychon* von Max Frisch. Solothurner Zeitung v. 14.6.1978. [= Kraft].
Barak, Jon: Max Frisch Interviewed. The New York Times Book Review v. 19.3.1978.
Beckmann, Heinz: Das endgültige Leben. Max Frischs szenische Bilder für Tote und Leser. Rheinischer Merkur v. 21.5.1978.
Bock, Hans Bertram: Der Rest ist Bitterkeit. Max Frischs neues Theaterstück *Triptychon* – Drei szenische Bilder aus dem Totenreich als Buch. Nürnberger Nachrichten v. 8./9.7.1978.
Burri, Peter: Frisch: Auch die Toten "lecken an ihren dummen Geschichten . . .". Basler Zeitung v. 3.5.1978.
Haedecke, Gerd: Max Frisch *Triptychon*. Südwestfunk, Sendung v. 15.4.1978.
Helbling, Hanno: Aneinander vorbei. *Triptychon* von Max Frisch. Neue Zürcher Zeitung v. 7.4.1978.
Holzer, Konrad: Nicht nur fürs Regal. Österreichischer Rundfunk (Wien), Sendung v. 6.6.1978.
Iden, Peter: Gespräche am Totenfluß. Max Frischs neues Theaterstück *Triptychon* – als Buch. Frankfurter Rundschau v. 6.5.1978.
Imbach, Josef: Der Totentanz der Lebenden. Zu Max Frischs neuem, aber noch keiner Bühne zur Verfügung gestellten Stück *Triptychon*. Vaterland (Luzern) v. 20.5.1978.
Kaiser, Joachim: Stiller im Totenreich: Lähmende ewige Wiederkehr. Max Frischs *Triptychon – Drei szenische Bilder*. Süddeutsche Zeitung v. 2.5.1978.
Karasek, Hellmuth: Liebe und Tod – Szenen vom Tod der Liebe. Nach zehn Jahren Max Frischs neues Stück *Triptychon*. Theater heute 19 (6/1978) S. 52–55.
Kehle, Andrea: *Triptychon* und wie lebt man mit dem Leben danach. Drei Szenen von Max Frisch. Der Report v. 13.7.1978.
Kraft, Martin: "Es geschieht nichts, was nicht schon geschehen ist." Zum *Triptychon* von Max Frisch. Der Landbote (Winterthur) v. 17.6.1978. Auch verbreitet in: Schweizer Feuilleton-Dienst v. 23.5.1978.
Kuhn, Christoph: So könnte es sein – das Nicht-mehr-Sein. Tages-Anzeiger (Zürich) v. 13.4.1978.
Linsmayer, Charles: Der Tod als Wahrheit über unser Leben. Weder Resignation noch Pessimismus. Zu Max Frischs neuem Stück *Triptychon*. Badener Tagblatt v. 8.7.1978.
Michaelis, Rolf: Nun singt er wieder. Max Frisch: *Triptychon*. Drei Szenen – Nicht für die Bühne? Die Zeit v. 28.4.1978.
Rüedi, Peter: Abschied von der Biografie. Peter Rüedi sprach mit Max Frisch über dessen neues Stück *Triptychon* und sein Verhältnis zum Theater. Die Weltwoche (Zürich) v. 19.4.1978. Nachdruck: Deutsche Zeitung v. 21.4.1978.
Rühle, Arnd: "Mit den früheren Theaterstücken war ich in einer Sackgasse". Der neue Max Frisch: szenische Lese-Bilder. Münchner Merkur v. 17.5.1978.
Schultz, Uwe: Grenzgespräche. Zu den drei "szenischen Bildern" *Triptychon* von Max Frisch. Hessischer Rundfunk (Das Buch der Woche), Sendung v. 9.7.1978.
Villain, Jean: Orpheus im Hades 77. Max Frisch: *Triptychon*. Vorwärts (Basel) v. 6.4.1978.

II. Arbeiten zu Frischs früherem Werk

Ich verwende die unten S. 498 genannten Abkürzungen.
Gockel, Heinz: Max Frisch. *Gantenbein*. Das offen-artistische Erzählen. Bonn (= Abhandlungen zur Kunst-, Musik- und Literaturwissenschaft 211) 1976.

Jurgensen, Manfred: "Die Erfindung eines Lesers": Max Frischs Tagebücher. In: M. J. (Hrsg.): Frisch. Kritik – Thesen – Analysen. Bern 1977; S. 167–179.

Kieser, Rolf: Max Frisch. Das literarische Tagebuch. Frauenfeld 1975.

Pulver, Elsbeth: Mut zur Unsicherheit. Zu Max Frischs Tagebuch 1966–1971. In: Jurgensen (Hrsg.); S. 27–54.

Schmitz, Walter: Max Frisch. Homo faber. Materialien, Kommentar. München (= Reihe Hanser 214) 1977.

– Die Wirklichkeit der Literatur: Über den Roman Stiller von Max Frisch. Mb-Stiller; S. 11–25.

Schröder, Jürgen: Spiel mit dem Lebenslauf. Das Drama Max Frischs. ÜMF II; S. 29–74.

vom Hofe, Gerhard: Zauber ohne Zukunft. Zur autobiographischen Korrektur in Max Frischs Erzählung Montauk. Euphorion 70 (1976) S. 374–397.

Wünsch, Marianne: Stiller: Versuch einer strukturalen Lektüre. Mb-Stiller; S. 541–593.

III. Sonstige Sekundärliteratur

Alewyn, Richard: Über Hugo von Hofmannsthal. Göttingen [4] 1967.

Allemann, Beda: Zeit und Figur beim späten Rilke. Ein Beitrag zur Poetik des modernen Gedichtes. Pfullingen 1961.

Biemel, Walter: Zum Problem der Wiederholung in der Kunst der Gegenwart. In: Hein Röttges et al. (Hrsg.): Sprache und Begriff. Festschrift für Bruno Liebrucks. Meisenheim 1974; S. 269–291.

Bollnow, Otto Friedrich: Die Lebensphilosophie. Berlin (= Verständliche Wissenschaft 70) 1958.

Kabel, Rainer: Orpheus in der deutschen Dichtung der Gegenwart. Kiel (= Phil. Diss.) 1965.

Lankheit, Klaus: Das Triptychon als Pathosformel. Heidelberg 1959.

Porter, Thomas E.: Myth and Modern American Drama. Detroit 1969.

Rehm, Walther: Der Todesgedanke in der deutschen Dichtung vom Mittelalter bis zur Romantik. Halle/S. 1928.

– Orpheus. Der Dichter und die Toten. Selbstdeutung und Totenkult bei Novalis – Hölderlin – Rilke. Düsseldorf 1950.

Robinson, Michael: The Long Sonata of the Dead. A Study of Samuel Beckett. London 1969.

Seeba, Hinrich C.: Kritik des ästhetischen Menschen. Hermeneutik und Moral in Hofmannsthals Der Tor und der Tod. Bad Homburg 1970.

Tarot, Rolf: Hugo von Hofmannsthal. Daseinsformen und dichterische Struktur. Tübingen 1970.

Wanner, Hans: Individualität, Identität und Rolle. Das frühe Werk Heinrich Manns und Thomas Manns Erzählungen Gladius Dei und Der Tod in Venedig. München (= Tuduv-Studien 5) 1976.

Werner, Renate: "Cultur der Oberfläche." Anmerkungen zur Rezeption der Artisten-Metaphysik im frühen Werk Heinrich und Thomas Manns. In: Roger Bauer et al. (Hrsg.): Fin de Siècle. Frankfurt 1977; S. 609–641.

Zehm, Günter Albrecht: Jean-Paul Sartre. Velber (= Friedrichs Dramatiker des Welttheaters 8) [2] 1973.

ALEXANDER VON BORMANN

Theater als Existenz-Erfahrung?
Die Wende von Max Frisch zum christlichen Laienspiel

Die Rückkehr von Max Frisch zur Bühne bedeutet für diese nicht unmittelbar einen Gewinn: die Schwierigkeiten, die der Autor mit dem Theater hatte und hat, haben sich, scheint es, eher verstärkt, statt daß sie sich gelöst hätten. Sie sind weitgehend der prekären ideologischen Situation des Schweizers Max Frisch zuzuschreiben, eine fortschrittliche Position als dezidiert bürgerliche vertreten zu wollen. Das paßte in die Nachkriegszeit recht gut, als es darum ging, dem (bürgerlichen) Faschismus nicht-korrumpierte (bürgerliche) Denkformen gegenüberzustellen und das ästhetische Gebot der Stunde, einen konsequenten Realismus, durch 'tiefer' und 'weiter' reichende Techniken zu entmächtigen. Der (äußerst wirkungsvolle) Beitrag von Max Frisch zu dieser (während des Kalten Krieges auch ins Bewußtsein eindringenden) Konstellation ist im Entschärfen von Gegenformen gelegen. Gerade fürs Theater hatten sich die Fronten schon recht früh geklärt, und seit den zwanziger Jahren war die ideologische Bedeutung der Formen gut gewußt, wenn auch nicht (wie aus der antifaschistischen Dramatik ersichtlich) konsequent eingesetzt. Das "Lehrstück ohne Lehre" von Frisch führt den Brechtschen Ansatz ins Allgemein-Menschliche, sprich: Absurde hinüber, wo alle konkreten Bezüge verdampfen und das geschichtliche Thema zu einer kurzschlüssigen Parabel entstellt wird (*Biedermann und die Brandstifter / Philipp Hotz*, 1948/1953/1958). Die mutige Entscheidung, das Parabelstück als "historisches Drama" vorzustellen (*Als der Krieg zu Ende war,* 1947/48), um gegen Vorurteile und Schablonen anzugehen, wird doch wieder um ihre Essenz gebracht mit der (nur ansatzweise ironisch eingesetzten) Dramaturgie des Dreiecksverhältnisses. Die "Moritat" *Graf Öderland* stirbt nicht nur an der Angst vor dem Thema (die Skizze im *Tagebuch* ist ein großer Wurf), sondern schließlich vor allem an dem unzeitigen Versuch, Brecht einzuholen — was eine deutliche Verschränkung von politischer und ästhetischer Reflexion erfordert hätte. Der Versuch, in *Biografie: Ein Spiel* (1966/67) die "Dramaturgie der Fügung, der Peripetie" aufzubrechen, ist als Spiel, als Komödie gemeint, mit der zentralen These: "Das Gespielte hat einen Hang zum Sinn, den das Gelebte nicht hat."[1]

1 Max Frisch: *Gesammelte Werke in zeitlicher Folge.* Werkausgabe edition suhrkamp. Frankfurt 1976 (wa), Bd. 10, S. 582. ('In eigener Sache,' 1968).

425

In solchen Äußerungen zeigt Frisch ein Problembewußtsein, das seine Stücke nie ganz einholen. Vielleicht muß man das Stück *Biografie* ausnehmen, in dem Frisch für sein Grundthema ein treffendes dramaturgisches Muster findet. Das Spiel wird von der Überlegung fundiert, daß "das Gelebte" grundsätzlich frei, nicht sinn-befangen sei: "Was Sie wählen können, ist Ihr eigenes Verhalten," sagt der Registrator,[2] und Kürmann meint: "Ich weigere mich zu glauben, daß unsere Biografie, meine oder irgendeine, nicht anders aussehen könnte."[3] Das Theater "gestattet, was die Wirklichkeit nicht gestattet: zu wiederholen, zu probieren, zu ändern."[4] Es entwickelt eine Gegenwelt, die nicht weniger wirklich ist: "eine Variante zur Realität, die nie auf der Bühne erscheint." Wichtig ist der Hinweis Frischs in den Anmerkungen zu *Biografie:* "Der Registrator, der das Spiel leitet, vertritt keine metaphysische Instanz. Er spricht aus, was Kürmann selber weiß oder wissen könnte." So wird der Gegensatz zwischen Gespieltem und Gelebtem relativiert und schließlich deren Bedeutung fast umkehrbar: das Gelebte gewinnt, in der spielerischen Wiederholung, einen Hang zum Sinn, der es, gegen die ursprüngliche Intention und gegen bewußtes Wissen, festzulegen sucht — die Gegenmöglichkeiten erscheinen dann eher trotzig. In diesem dramaturgischen Konzept birgt sich eine Einsicht, die der Autor früh schon ausgesprochen hat, am 6.10.1946 im *Brief an die Darstellerin einer Nebenrolle* der Farce *Die Chinesische Mauer:*

> Dabei war die Geschichte so einfach, nichts anderes als die Erfahrung, die jedermann macht: daß wir ein Wunschleben haben, das uns begleitet, ein Angstleben, und daß eben dieses Leben, das wir nur ersehnen und erfürchten, aber nicht äußerlich leben, unser täglicher Gegenspieler ist.[5]

Dies ist die "einfache" Grunderfahrung, die der Dialektik von Spiel und Leben in *Biografie* zugrundeliegt, die aber auch in den anderen Werken, vor allem im Erzählwerk, auftaucht. Hans Mayer versuchte, diesen Zusammenhang als *Wiederholung* zu beschreiben, wobei er von *Stiller* ausgeht: "Leben als Wiederholung, folglich als Einordnung in das Klischee. Leben wohl auch als Wiederholung vorgeprägter Literatur."[6] Als Thema gewinnt Mayer daraus: "Leben und Literatur im Zeitalter der Reproduktion," und er kann sich auf eine zentrale Aussage in dem Roman *Stiller* berufen. Doch für die Deutung des eben beschriebenen Ansatzes scheint mir das schon zu abstrakt, auch wenn die (von Frisch immerhin nahegelegte) Anweisung, Frisch mithilfe von Kierkegaard zu deuten, so begründet werden kann.

---

2 wa 10, S. 490.
3 ebd., S. 502.
4 ebd., S. 579; dort auch die folgenden Zitate.
5 wa 3, S. 217.
6 Hans Mayer: Max Frischs Romane. In: Max Frisch. Aspekte des Prosawerks. Hrsg. von Gerhard P. Knapp. Bern (= Studien zum Werk Max Frischs 1) 1978; S. 54ff.

In der kleinen Notiz *In eigener Sache* zum Stück *Biografie* (1968) fragt Frisch der Langweiligkeit des Theaters ("nicht nur des eigenen") nach, und er deckt (unvermerkt?) einen der Hauptgründe, wie ich meine, für sein eigenes Manko als Stückeschreiber auf:

> Eine Fabel, die den Eindruck zu erwecken sich bemüht, daß sie nur so und nicht anders habe verlaufen können, befriedigt zwar eine Dramaturgie, die uns als Erbe formal belastet: eine Dramaturgie der Fügung, eine Dramaturgie der Peripetie. Nun gibt es aber nichts Langweiligeres als die Befriedigung dramaturgischer Postulate; wir kennen sie nämlich im voraus, verstehen sie auch als verbindliche Spielregeln eines Glaubens, den wir verloren haben, und was wir statt dessen erkennen möchten im Theater, unsere Existenz-Erfahrung, genau das verhindern sie.[7]

Daraus kann man die Tendenz ableiten, sich (und die Zuschauer) vor der Langeweile zu bewahren, indem mit den dramaturgischen Postulaten gespielt wird, die verbindlichen Spielregeln nicht eingehalten werden. Es ist dann vielleicht unfair, das Frisch als Fehler vorzurechnen. Und doch finde ich es berechtigt: in Einzelanalysen ließe sich zeigen, daß Frischs Spiel mit den (bedeutungshaltigen) Formen und entsprechend mit der (konditionierten) Zuschauererwartung weitgehend an der Oberfläche bleibt – daß es die Intention, zu unserer Existenz-Erfahrung vorzudringen, nicht einlösen kann. "Unsere Existenz-Erfahrung" wird von Frisch (im Kontext des *Biografie*-Spiels) folgendermaßen angedeutet: "Es geschieht etwas, und etwas anderes, was ebenso möglich wäre, geschieht nicht . . ."[8] Diese Umschreibung führt zurück auf die 22 Jahre zuvor gegebene von der 'einfachen' (doppelten) Grunderfahrung von zwei Geschichten, zweierlei Leben, zweierlei Spiel. Von hier aus ließen sich die Beschreibungs- und Analysemodelle aus der Identitätsproblematik (Psychologie/Psychoanalyse/Sozialisationsforschung/Sozialphilosophie) anwenden, wie es Gerhard P. Knapp "noch einmal" getan hat. Die Einblenden im Erzählwerk weist er als fragmentarisches Strukturprinzip auf, das den "Charakter eines subjektiven Erlebnisvorgangs" erhalte, und die Kunstfigur Max (in *Montauk*) wird als "ein Gegenentwurf" auf die "Identität der Realfigur Max Frisch" bezogen.[9] Das Gegeneinander und die (postulierbare) Vertauschbarkeit von Kunstfigur und Realfigur, fiktivem und realem (biographischem, 'diarischem') Ich weist wiederum auf jene Existenzerfahrung zurück, die Frisch festhält und die man mithilfe der Identitätsthematik leicht zudecken kann: Frischs eindrucksvolle Formulierung richtet sich, meine ich, gerade gegen die Identitätsideologie als Erziehungsvorgabe, als einer überständigen Kategorie, die von unserer Erfahrung widerlegt wird, diese nicht deckt, höchstens abdeckt, als Sinter eines bürgerlichen Humanis-

---

7 wa 10, S. 581.
8 ebd.
9 Gerhard P. Knapp: Noch einmal: Das Spiel mit der Identität. Zu Max Frischs *Montauk*. In: Max Frisch. Aspekte des Prosawerks (vgl. Anm. 6); S. 285ff. (291, 307)

mus, dem die Realität kaum mehr entspricht. Das ist die in Frischs Reden und Bekundungen manifeste Intention, die seine gesellschaftskritische Position fundiert. Ästhetisch gelingt es ihm nur ansatzweise, seine Grunderfahrung durchzuhalten: sie ist tendenziell bis prinzipiell anti-bürgerlich (das Versprechen einer möglichen Identität mit sich selber gehörte zu den politischen und ideologischen Grundlagen des Bürgertums); doch Frisch denkt sein humanistisches Engagement nicht auf seine historischen Bedingungen und Perspektiven hin durch, bleibt bei den 'bürgerlichen' Kunstmitteln und verkürzt so sein Grundthema, das oft kaum noch in der tragenden Intention wahrnehmbar ist. Dieser hermeneutischen Schwierigkeit begegnen die Widersprüche, die Verkehrungen und Splitterungen in den Werken, vor allem auch das Spiel mit den tradierten Formen (als eingeschliffenen Verarbeitungstechniken von Erfahrung). Doch Hinweise bleiben hilflos, zumal wenn der Autor die verschiedensten übereinanderstapelt und sein *Theater der Existenz-Erfahrung* die disparatesten Bundesgenossen suchen läßt. (Es ist nicht leicht, Ionesco, Brecht und Claudel zu vereinen).

* * *

Im neuesten Stück von Frisch, *Triptychon,* 1976/77 geschrieben und 1978 publiziert, treten die Schwierigkeiten des Stückeschreibers besonders deutlich hervor. Das von M. Durzak nachgewiesene Bauprinzip der 'Wiederholung als Struktur' bestimmt auch die 'drei szenischen Bilder.' Durzak hatte als neue Konstellation in *Biografie,* als Unterschied zu den früheren Dramen die Rücknahme der utopischen Perspektive beschrieben: "Selbstverwirklichung des Ichs in der Liebe und sinnloser Kreislauf der Geschichte – diese Konstellation wird in *Biografie* aufgegeben. Der sinnlose Kreislauf der Geschichte nimmt die private Existenz Kürmanns nicht aus: Er ist ihm selbst unterworfen."[10] Diesen Ansatz führt Frisch im *Triptychon* weiter, mit der mutmaßlichen Erwartung, nun dem Theater der Existenz-Erfahrung näher zu kommen. "Daß der Tod letztlich die Wahrheit über unser Leben ist" (15)[11] – so ließe sich der Ausgangspunkt dieser Szenen andeuten. Der junge Roger, der auch das Stichwort für die Darstellung des Jenseits gibt, als "der Ewigkeit des Gewesenen," (14) zieht die Konsequenz: "Es gilt, was wir leben. Ich meine: die einzelnen Ereignisse unseres Lebens, jedes an seinem Platz in der Zeit, verändern sich nicht. Das ist ihre Ewigkeit." (15) So ist die Wiederholung der *Biografie*-Struktur gedeckt. Zugleich wird der Abstand zu Beckett deutlich: Frisch fällt auf den "existentialistischen Konformismus,

---

10 Manfred Durzak: Dürrenmatt, Frisch, Weiss. Deutsches Drama der Gegenwart zwischen Kritik und Utopie. Stuttgart 1972; S. 241.
11 Die Zahlen in Klammern geben die Seitenzahlen der Textausgabe an. Max Frisch: *Triptychon. Drei szenische Bilder.* Frankfurt 1978.

man solle sein, was man ist,"[12] zurück, und das *Triptychon* ließe sich auch als Versuch lesen, das *Endspiel* zurückzunehmen. Nicht mehr soll die Gleichsetzung von Tod und Leben auf deren Ununterscheidbarkeit verweisen, als Andeutung einer Regression, die sich nicht mehr einholen läßt. Sondern der Tod soll zur Erkenntnis des Lebens führen, in jenem glatten Sinne, daß von ihm aus wahrnehmbar werde, daß wir nur dieses haben.

Um diese seine Altersweisheit nun ein wenig aufzuschmücken und zugleich abzuschatten, greift Frisch zur Form des christlichen Laienspiels, wie es in der Nachkriegszeit sehr verbreitet war. Dessen vornehmster Grundzug ist das Einspielen auf die Gefühlslage der Zuschauer in semi-modernistischer Form (vergleichbar dem Semi-Modernismus der neuchristlichen bildenden Kunst, vor allem in Holzschnitten und Glasfenstern): die christlichen Glaubensüberzeugungen werden in diesen Spielen stets vorausgesetzt, aber angerufen werden sie in schnoddrigem Stil, der nun die Lebensnähe und Zeitgemäßheit verbürgen muß. Der christliche Schlager und die katholische Bild-Zeitung stehen in dieser Linie. Die Schnoddrigkeit fängt die Bedenken von unsicher gewordenen Zuschauern ein und ab: die Gegenhaltung wird zugestanden, aber nur stilistisch, nicht inhaltlich. Da geht alles nach trauter Weise auf: die im 'Schlafwagen' geträumt haben, erwachen zur rechten Zeit (durch Zutun einiger Engel freilich); und die ihre Alltagswirklichkeit für die einzig reelle hielten, reiben sich die Augen, als der Himmel (ihnen) plötzlich aufgeht. Nach der mittelalterlichen Tradition ist Drastik dabei erwünscht, eben weil sie die Botschaft transportabler macht.

Frisch spielt mit diesem Schema, indem er die Akzente, die vorausgesetzten Erwartungshaltungen zu Tod und Leben so verkehrt, wie das christliche Laienspiel die zum Wirklichkeitsgehalt von Hier und Dort. Der Tod ist als das Selbstverständliche vorgestellt, und die Schnoddrigkeit, die ein weiteres (mittelschichtliches?) Publikum offensichtlich beeindruckt (beeindrucken soll?), ist nun an die Möglichkeit der (toten) Personen gebunden, das Jenseits-der-Erfahrung beiläufig als das Gewöhnliche auszusagen und dem Augenschein des Zuschauers immer wieder mal einen Nasenstüber geben zu können. Die Toten kokettieren schließlich geradezu pathetisch mit ihrem Totsein, was ausdrücken soll, daß der Tod keine zusätzliche, keine eigene Dimension hinzubringt. Der Clochard (im 2. Bild):

> Ich strecke meine Mütze nicht mehr hin – die Toten betteln nicht. Sie fluchen nicht einmal. Sie pinkeln nicht, die Toten, sie saufen nicht und fressen nicht; sie prügeln nicht, die Toten, sie ficken nicht – sie wandeln in der Ewigkeit des Vergangenen und lecken an ihren dummen Geschichten, bis sie aufgeleckt sind. (43)

Damit ist auch schon die Haupteinsicht der Personen angesprochen, die wir vermutlich als Existenz-Erfahrung auszulegen gehalten sind: daß das Jenseits

---

12 Theodor W. Adorno: Versuch, das Endspiel zu verstehen. In: Ders.: Noten zur Literatur II. Frankfurt 1961; S. 188.

alle Heilserwartungen als vergeblich denunziert; daß der Tod keine zusätzliche Würde mitteilt, vielmehr das Leben ihn miternähren muß; daß der Tod die endgültige Schranke bedeutet – zum Leben gehört die beglückende Zuversicht, alles umdenken zu können (aus der Kraft der Liebe, vgl. S. 106), jetzt heißt es: "Wir leben mit Toten, und die denken nicht um" (110). Man könnte die pessimistische Tendenz, die schon das Spiel *Biografie* bestimmt, hier weitergeführt sehen. Der Tod, den dort die Hauptperson noch sieben Jahre vor sich hatte, ist nun Gegenwart geworden. Der Wiederholung des Lebens ist nun auch noch der experimentelle Gestus abgestreift, dieser ist perspektiveloser Repetition gewichen – vermittelt wird nichts mehr. Nun ist dies, für sich genommen, keine trostlose Botschaft, sondern könnte auch ein Bekenntnis zum Leben sein. Wenn Matthias Claudius etwa "des Lebens Schöne . . . mit Not vereint" sieht *(Trinklied)* und Trug, Tränen, Wahn und Qual für ihn zum Leben gehören *(Der Mensch)*, heißt dieses doch nicht nichtig (wie im Barock): der Tod hat keine Zukunft – "Denn legt er sich zu seinen Vätern nieder, und er kömmt nimmer wieder" *(Der Mensch)*. Und in Gottfried Kellers *Abendlied* etwa gehen Leib und Seele gemeinsam unter, was zum neuerlichen Carpe-diem-Motto führt. So sind eben die drei Bilder von Frisch durchzugehen, mit der Frage nach ihrer thematischen Tendenz.

Das *erste Bild* zeigt Matthis Proll als Toten im weißen Schaukelstuhl, unsichtbar für die Trauergäste, deren zumeist stereotype Redeweisen als banal ausgestellt werden. Zur These "es gilt, was wir leben" (15), steht die demonstrative Belanglosigkeit der Lebenden in gewissem Widerspruch. Das Bild fungiert als Exposition, die meisten Personen tauchen wieder auf. Dazu zeigt Prolls Schweigen (besonders angesichts der 'Witwenklage' S. 17ff.) an, daß er allem entwachsen ist. Und die Lehrbuch-Weisheit, daß der Held anfangs nur über seine Wirkungen, indirekt, Gestalt gewinnen solle, ist hier konsequent ausgeführt.

Das *zweite Bild* ist das Kernstück des *Triptychon*. Es spielt, nun ganz im Totenreich, die Formel von der Ewigkeit des Gewesenen breit durch. Katrin: "Es geschieht nichts, was nicht schon geschehen ist [. . .] Es kommt nichts dazu, was ich nicht schon erfahren habe" (31). Und in den end- und perspektivelosen Gesprächen begreift sie, "daß wir uns nur noch wiederholen" (40). Wenn Kind und Vater Ball spielen, so eben "wie Mama sie gefilmt hat." Clochard: "Die spielen nicht Ball, Herr Pastor, sie haben Ball gespielt, und was gewesen ist, das läßt sich nicht verändern, und das ist die Ewigkeit." (81) Das Schlußwort dieses Bildes ist denn auch: "Die Ewigkeit ist banal." (84) Die Darstellung ist es freilich (vordergründig) nicht, sie wird es erst auf Dauer. Denn Frisch hat nun die Aufgabe/Chance, denunzierend die sich totlaufende Kommunikation zu zeigen. Doch geht er entschieden über diesen absurdistischen Ansatz hinaus, wird 'positiv.' Die Aufgabe ist ja formal sehr delikat: Gespräche vorzuführen, die nur dem Zuschauer etwas sagen, aber nichts mehr den Spielpersonen, aus den Bruchstücken der Erinnerung etwas Zusammenhängendes zu exponieren, wobei jegliche erweiternde Kommunikation "in der Ewigkeit des Vergangenen" sozusagen gegen die Spielregel ist. Ab und zu, wenn der Dialog zu mitteilsam zu werden droht, flickt der Autor ein "Das sagtest du" oder "So hast du gesagt" dazwischen, um das Formschema erinnerlich zu machen. Die Mitteilsamkeit der Figuren läuft auf diese Weise leer, freilich sind sie so sehr miteinander verflochten, daß dem Zuschauer immer mehr Lichter aufgehen. Damit das funktioniert, leistet sich Frisch auch einige Inkonsequenzen: der Pastor fragt jedem seinen eigenen Tod ab, und die darauf folgenden Erzählungen sind unentbehrlich, damit das Mosaik ganz wird. Der Bewußtseinsstand von Matthis Proll, aber auch der weiblichen Zentralfigur Katrin liegt deutlich über dem der Mitspielenden: sie haben die Besonderheit ihres gegenwärtigen Zustandes erkannt, und das Aneinandervorbeireden wird in ihrem Umkreis oft nur noch abstrakt (gestisch) festgehalten.

Das *dritte Bild* führt zwei Figuren aus dem ersten wieder vor: Roger und Francine. Sie ist tot, er vergegenwärtigt sich die als Spiel wiederhergestellte Abschiedsszene. Entsprechend ist's ein großer Monolog, in den ihre Bemerkungen mit dem Stichwort "So hast du gesagt" eingeblendet werden. Die Exposition ist simpel, ihm ist sie sozusagen nicht gestorben: "Wenn ich heute über Chile lese, so weiß ich, was Francine dazu denkt." (91) Nun hat Frisch vielleicht Angst, daß die Szene ins Spukhafte geraten könnte; so wird fein säuberlich alles erklärt. Roger fliegt plötzlich nach Paris und probiert die "irre Zuversicht: Es könnte ja sein, daß nichts vergangen ist, und wir treffen uns in dieser Allee, du und ich! . . ." Er realisiert es sich (und dem Zuschauer): "Das ist es, was ich treibe: Ich rede mit einer Toten." (99) Danach wird die Redeweise anders — das vergegenwärtigende Du wechselt mit der distanzierenden Namensnennung ab, der (verdeckte) Monolog wird fast zum Bericht, bis er durch Francines großes Bekenntnis zur Kraft des Umdenkens unterbrochen wird. Roger trägt noch die Trennung nach, und das Motto ist sozusagen die andere Sicht, die der Tod des Partners freigegeben hat: "Wenn ein Gedächtnis plötzlich allein auf der Welt ist — das wird nochmals eine Geschichte, Francine, eine andere." (108) Was die Szene abbildet — er kann sich nicht von ihr lösen, noch nach Jahren nicht —, zeigt der Schluß noch in (angedeuteter) Handlung: Roger erschießt sich.

Der Schluß des *dritten Bildes,* und damit des Stücks, ließe sich sehr folgerichtig an die Aussage von *Biografie* anschließen. (Die tote) Francine hält Roger vor: "Du hast nie jemand geliebt, dazu bist du nicht imstande, Roger, und du wirst auch nie jemand lieben." Nach einer Pause akzeptiert Roger das sozusagen mit den abschließenden Worten: "Das also bleibt." Es ist eher der Respekt vor dem Autor Max Frisch, der uns diese melodramatische Sentenz nicht als Aussage des Stücks hinnehmen läßt. Die muß man vielmehr durch die Darstellungsform hindurch aufsuchen. Frischs Text (Spiel) ist wie ein Puzzle, dessen Komposition dem Leser (Zuschauer) anvertraut ist, der aus dieser Tätigkeit dann den Sinn des Stücks sich gewinnt.

Die Figuren selbst sind alle fragmentarisch: ihr Leben, damit ihr Bewußtsein, ist abgebrochen. Dem entspricht die dramatische Technik, sie ihre Bruchstücke (die sich *ihnen* nicht runden) ewig wiederholen zu lassen: den Tankwart seine väterlichen Ermahnungen und sorglichen Fehlberechnungen, den Pedanten Klas seine kleinlichen Vorhaltungen, den Pastor seine Fragen und hilflosen Vertröstungen, Proll und Katrin ihre Liebesillusionen und -enttäuschungen, den Sträfling, den Clochard und viele andere ihre verbitternden Erfahrungen. Diese abbrevionistische Technik hat zahlreiche kritische Pointen für sich. Deutlich wird, wie nicht endende Verhinderungen "das" Leben formen, daß es kaum einem (Proll allenfalls ansatzweise) gestattet ist/wird, sein Leben als in sich schlüssigen, progressiven Erfahrungs- und Wirkungszusammenhang zu gestalten. So zeigt sich die Identitätsproblematik am Grunde, und Frischs Stück hätte sich in der kritischen Ausstellung dieser Fragmente ein bedeutungsvolles Thema gewinnen können. So kommen elf türkische Gastarbeiter im Spiel-Jenseits vor, weil der Bauherr "am Gerüst gespart hat, so daß es eingestürzt ist." (38) Der junge Mann Xaver ist mit neun seiner Kameraden im Militärdienst umgekommen, durch eine Lawine, vor der die Einheimischen gewarnt haben, in die sie ihr Hauptmann (der zurückblieb) aber regelrecht hineinkommandiert hat, "zwecks Übung im Gehorsam." (48) Der Sträfling hatte einen Unfall in der Sägerei des Gefängnisses, "und der Doktor wollte segeln" − so bekam er eine Spritze, an der er starb (51). Usw.

Doch nicht für diese Abbrüche interessiert Frisch den Leser/Zuschauer, allenfalls in einem sportlichen Sinne. Auf die Zusammenfügung der Puzzle-Fragmente kommt es an. Fast alle Personen stehen in Beziehungen miteinander, die sie selbst nicht übersehen und die dem Rezipienten nur langsam deutlich werden. Auf S. 65 enthüllt der Sträfling sein Verbrechen, nachdem er auf S. 51 als Opfer dargestellt wurde. Dabei wird auch deutlich, wie er in das Prollsche Jenseits kommt: er hat bei einem Banküberfall den Jungen Mann erschossen, der mit Prolls Tochter Ilse verlobt war. Der 'Mann mit Querflöte,' auch als 'Nachbar' eingeführt, ist jugendlich noch an Krebs gestorben; er war Polizist, beiläufig erwähnt er einen Einsatz: Ordnung muß sein und einen Schießbefehl habe man gehabt − "plötzlich geht alles so drunter und drüber, daß man froh ist um Befehle . . ." (78) Deutlich wird, er hat geschossen. In der vorhergehenden Szene erzählt der Revolutionär Jonas, mit dem Katrin eine Weile zusammengelebt hatte, wie er umkam: "Sie haben in die Menge geschossen." (77) In dieser Weise fügen sich die Schicksale zusammen. Vom Zuschauer werden Kombinatorik und Kompositionsfreude erwartet, um diese 'Dramaturgie des Zufalls' als Spiel aufzunehmen.

Klaus-Detlev Müller hat gerade über den Zufall im Roman gehandelt und dieses allem Realismus widersprechende Darstellungsprinzip doch auch für diesen wieder (z.T.) gerechtfertigt, "weil das Zufällige in seinen verschiedenen Erscheinungsweisen das Wesen des Wirklichen in umfassenderer Weise sichtbar macht, ohne es in seinem eigentlichen Gehalt zu verändern."[13] Doch gilt das als Hinweis für Keller; für die dezidiert moderne Literatur sei kennzeichnend, daß "der Sinnanspruch der Fiktion und der tektonischen Komposition" zurückgenommen sei – wo alles zufällig werde (das Zufällige als zentrales Moment der Wirklichkeitserfahrung), habe der Zufall als kompositorisches Element ausgespielt. Müller findet nun Frisch nicht in diesem Sinne modern, sondern eher konservativ, repräsentativ für eine moderne Verwendung des Zufalls, die dies Urteil begründet. Er analysiert den Roman *Homo faber* (1963) als ein ganz auf seinen aufschlüsselbaren Sinn hin konzipiertes Modell, worin der Zufall handlungsentscheidend wird, was auch romanimmanent schon reflektiert werde:

> Diese durchkomponierte Sinnhaftigkeit setzt eine doppelbödige Kausalität voraus, die nur über den Zufall unwahrscheinlicher Wiederbegegnungen zu erzwingen ist. Das wiederum wäre zu gewollt, wenn nicht der Zufall selbst thematisiert würde: er wird hier zur Erlebnisform des Schicksalhaften, wo Schicksal selbst geleugnet wird.[14]

In diesem Sinne setzt Frisch auch in diesem späten Stück den Zufall ein. Die eigentümliche Leere, die von den Personen des *Triptychon* ausgeht, rührt aus ihrer Gebundenheit an das Leben (und die gewohnten Abläufe) her, aus der für diese vorgeführte Bewußtseinsform konstituierenden Unmöglichkeit, über die faßliche Wirklichkeit hinauszudenken. Das ist, folgt man den Äußerungen Frischs (z.B. der *Schillerpreis-Rede*), als Absicht zu nehmen. Ausdrücklich suchte Frisch nach einer Dramaturgie, die alle "Unterstellung eines Sinns" vermeiden hilft – die Akzentuierung der Zufälligkeit sollte die Sinnlosigkeit als Grundverfassung unseres Daseins erfahrbar machen.[15] Wird das im *Triptychon* auch den Personen als Erfahrung zugeschrieben, so greift die Dramaturgie des Stücks eben doch deutlich hierüber hinaus und desavouiert diesen Ansatz. Es ließe sich selbst von einer Kehrtwendung des Autors sprechen.

Ulrich Profitlich hat anläßlich der Zufallsbehandlung bei Lenz eine Interpretation vorgeschlagen, die man auch für das *Triptychon* versuchen muß:

> Was durch die Unwahrscheinlichkeit der Zufälle deutlich gemacht wird, ist die Unwahrscheinlichkeit des Ausgangs selbst, die Fragwürdigkeit eines Schlusses, dessen ohnehin fadenscheinige Harmonie nur durch Häufung extravagantester Wendungen zu erzielen war. Mittelbar weist sie

13 Klaus-Detlev Müller: Der Zufall im Roman. Anmerkungen zur erzähltechnischen Bedeutung der Kontingenz. In: GRM 28 (1978) S. 277.
14 ebd., S. 279.
15 Vgl. dazu Ulrich Profitlich: Der Zufall als Problem der Dramaturgie. In: Literaturwissenschaft und Geschichtsphilosophie. Festschrift für Wilhelm Emrich. Hrsg. von H. Arntzen u.a. Berlin 1975; S. 176f.

so auf die Bedingungen, die ein solches Aufgebot an Theatercoups nötig machen, auf eine Gesellschaftsordnung, in der der gute Ausgang dem Glück überlassen bleibt. Der ästhetische Makel dieses demonstrativ klischeehaften Zufallsschlusses erinnert an einen Makel der Realität.[16]

Für das altersweise Spiel von Frisch läßt sich diese Interpretation kaum übernehmen. Zwar tritt der Makel der Realität in den fragmentarischen Lebensläufen deutlich genug ins Bild, aber die Harmonie wird ja eben nicht als fadenscheinige her- und ausgestellt, sondern der ganzen (suchenden) Anstrengung des Zuschauers überantwortet. Auch ergibt die vielfältige Beziehung der Lebensläufe aufeinander und auf den Haupthelden Proll nicht eine (sich selbst kritisierende) Harmonie, sondern nur einen mittelbaren, hintersinnigen Sinn, der formal bleibt, als Erlebnisform des Schicksalhaften vielleicht aufzufassen wäre, auf jeden Fall freilich die Aussage des Spiels über die Darstellung des Kontingenten hinaushebt.

Jürgen H. Petersen hat in seiner so informativen wie umsichtig-selbständigen Frisch-Darstellung das *Triptychon* als Gegenbeispiel der (in *Biografie* versuchten) Dramatik der Permutation aufgefaßt und als Thema "den Tod als Inbegriff der Unveränderbarkeit" akzentuiert.[17] Petersen entwickelt im folgenden vor allem anhand der Motive den Zusammenhang des *Triptychon* mit dem übrigen Werk Frischs und erläutert die Themenwahl auch als ästhetische Einsicht: als Absage an die Schwierigkeiten (bis Unmöglichkeit), ein Variantentheater, ein Drama der Permutation zu schaffen. Unkorrigierbarkeit als Thema führe zur Neuentdeckung des Szenischen.[18] Doch der Deutung Petersen möchte ich widersprechen. Er erläutert dieses Stück aus der Begegnung Frischs mit dem Werk Samuel Becketts; wie der Verfasser von *Warten auf Godot, Endspiel, Glückliche Tage* stelle Frisch hier "den Menschen in seiner Nichtigkeit und Daseinsleere, Hoffnungslosigkeit und Langeweile" dar.[19] Das ist einmal überzogen (die wiederholten Erlebnisse und Erfahrungen sind nicht bloß leer und langweilig), geht zum andern an dem Ergänzungsprinzip vorbei, auf das Frisch sein Mosaik hin ausgerichtet hat. Die Idee der Ganzheit, der Geschlossenheit verbreitet ihren (freilich kaum tröstenden) Schein über die Bruchstücke, die sich zunehmend aneinander fügen lassen. So verliert das Kontingente seine Anstößigkeit, die Realität ihren Makel. Frisch wird zum Prediger, das Theater der Existenzerfahrung verkommt, wie gesagt, zum pseudo-christlichen Laienspiel.

Das hat auch weitgehend die Tonlage geliefert, einen nur gering differenzierenden kostbaren Sprechstil, der Rührung vor allem durch die Komposition ergeben soll. Nachdem Xaver durch seine Frage den Zuschauer

---

16 ebd., S. 173f.
17 Jürgen H. Petersen: Max Frisch. Stuttgart (= Sammlung Metzler 173) 1978; S. 174.
18 ebd., S. 176f.
19 ebd., S. 181.

darüber aufgeklärt hat, daß Katrin durch Selbstmord mit Schlaftabletten umgekommen ist, rezitiert der Clochard (ehemals Schauspieler) die entsprechenden *Hamlet*-Verse:

"Nichts weiter! und zu wissen, daß ein Schlaf
Das Herzweh und die tausend Stöße endet,
Die unsres Fleisches Erbteil – 's ist ein Ziel,
Auf's Innigste zu wünschen. Sterben – schlafen – [. . .] usw. (73)

Der nichts-begreifende Pastor muß herumlaufen und voll Freude verkünden: "Der Pilot hat sein Kind gefunden!" (75, 81) So kann der Zuschauer sich gruselnd an dieser Verkehrung weiden, daß hier im Hades Wiederfinden doch lebensmäßig Verlieren heißt, was weder Pilot noch Pastor begreifen. – Nachdem herauskommt, daß Jonas erschossen worden ist (77), und zwar vom Querflöte übenden Polizisten (78), darf der Clochard (79) Strindberg zitieren, mit der nicht eben geheimnisvollen Sentenz: "Es IST SCHADE UM DIE MENSCHEN. Strindberg. ES IST SCHADE UM DIE MENSCHEN." Solche Beispiele zeigen, wie bieder ernsthaft Frisch sein Thema angeht und wie banal seine Fügungen bleiben, auch wenn sich alle möglichen Interpretationskünste daran anschließen können.

So könnte man die Ausführungen über den Zufall von K. D. Müller aufnehmen, die durchkomponierte Sinnlosigkeit als Sinnhaftigkeit deutend – mit dem Hinweis auf die doppelbödige Handlungsführung, die Enträtselung der unbegriffenen Lebensschicksale vor dem Zuschauer des Jenseits-Spieles. Der absolute Stillstand im Jenseits (z.B.: "Hier lernst du niemand kennen, den du nicht schon kennst," [81]) verweist zugleich kritisch zurück auf die stümperhafte Lebenseinrichtung bzw. auf die Zwänge, denen sich der Einzelne überliefert sieht. Man kann dazu Jacques Lacans These von der Dominanz des Signifikanten über das Subjekt anführen.[20] Das ist nicht unplausibel, weil die Form der WiederHolung der Gegenwart in die Ewigkeit des Gewesenen jene Dialoge und Sprechversuche sind, die schon früher vielfach fehlliefen, das Gemeinte nicht erreichten. Franz Hebel entwickelt diesen Zusammenhang gebildeter und weist auf die Weltbildtheorien der Sprache hin, welche die sich durchhaltende Dominanz von Kultur- und Gesellschaftsformen angemessen auslegen.[21] So findet schon W. v. Humboldt "in jeder Sprache eine eigentümliche Weltansicht" gelegen und macht den doppelten Schluß: "Wie gering eigentlich die Kraft des Einzelnen gegen die Macht der Sprache ist" und zugleich: "Erst im Individuum erhält die Sprache ihre letzte Bestimmtheit." Die Folgerung daraus: "Alles Verstehen ist daher

---

20 Jacques Lacan: Schriften 1. Ausgew. und hrsg. von Norbert Haas. Frankfurt (= stw 137) 1975; bes. S. 7–60 (Das Seminar über E. A. Poes 'Der entwendete Brief') und S. 71ff.
21 Vgl. Franz Hebel (Hrsg.): Die Namen der Dinge und die Bedeutung der Wörter. Frankfurt 1977.

immer zugleich ein Nicht-Verstehen, alle Übereinstimmung in Gedanken und Gefühlen zugleich ein Auseinandergehen."[22]

Nimmt man dies gutwillig als Frischs Thema an, wobei sich das Interesse des Autors für die Identitätsproblematik mit anführen läßt, so reichte das Stück deutlich über halbbedeutsame Altersweisheit hinaus. Das erste Bild (der tote Proll hört sich die Meinungen über ihn an, einschließlich der nicht sehr kompetenten von seiner Frau) wie das dritte Bild (die tote Francine ist so gegenwärtig in Roger, daß sie sein Leben=seinen Tod bestimmt) könnten dazu Anhalt geben. Der entscheidende Mittelteil versucht freilich, um die Identifikationsfigur des alten Proll eine Enthüllungsgeschichte aufzubauen, die dem Zuschauer die These, daß der Tod nichts aufhebt, nur alles fixiert, versüßen soll. Daß das Puzzlespiel der Figuren und ihrer fragmentarischen Lebensläufe (für den Zuschauer) aufgeht, läßt uns nicht an einer Existenz-Erfahrung teilhaben, sondern nur am ideologischen Abhub einer solchen, die längst vergangen ist.

---

22 Vgl. ebd., S. 80/83 (Wilhelm v. Humboldt: Über die Verschiedenheit des menschlichen Sprachbaues. In: Ders: Werke Bd. III; Darmstadt 1963, S. 426ff.).

GERHARD P. KNAPP

"Daß wir uns nur noch wiederholen."
Jean-Paul Sartre und Max Frisch:
Notizen zur literarischen Tradition

Mit über zehn Jahren Abstand zu *Biografie: Ein Spiel* erschien Max Frischs neuester Bühnentext *Triptychon. Drei szenische Bilder* im Frühjahr 1978. Nach Maßgabe des Klappentexts entstand der Text in den Jahren 1976 und 1977.[1] Zunächst — so erfuhr man aus dem Umkreis des Autors — sollte er *Styx* heißen. Eine Aufführung auf der Bühne scheint bis auf weiteres nicht vorgesehen, offenbar hat Frisch das Stück zuvorderst auf eine Rezeption ausschließlich durch den Leser angelegt. Der Autor ist sich, das weiß man umso deutlicher seit seiner jüngsten Standortbestimmung,[2] der Grenzen und Möglichkeiten der Bühne zusehends schärfer bewußt geworden. Die Aufnahme des neuen Bühnen-Lesetexts durch die Kritik gibt sich bislang eher verhalten, stellenweise ostentativ lauwarm. Man erschöpft sich im Nachweis von Parallelitäten zum früheren Werk, insbesondere zu *Nun singen sie wieder,* und man spekuliert über die mögliche Bühnenwirksamkeit des *Triptychon.*[3] Als konkreter Befund — darin scheint sich die Kritik weitgehend einig — läßt sich vorläufig festhalten, daß Frisch in den *szenischen Bildern* wie eh und je zum Aphorismus tendiert, daß der Text "Kernsätze" enthält, "Sätze im Gedächtnis, mit denen Max Frisch zum Nachdenken zwingt."[4] Alles in allem ist dies eine dürftige Reaktion auf den seit langem erwarteten Bühnentext des Autors von *Biedermann, Andorra* und der *Biografie,* seltsam detachiert in ihrer Enttäuschung darüber einerseits, daß ein Premièren-Spektakel nicht in bälde zu erwarten sei, am Tatbestand andererseits, daß die Konturen einer ganz neuen Dramaturgie, wie man sie von Frisch hätte erwarten müssen nach

---

1 *Triptychon. Drei szenische Bilder.* Frankfurt 1978.
2 Vgl. sein Gespräch mit Peter Rüedi (Abschied von der Biografie) in: Die Weltwoche (Zürich) vom 19.4.1978. Der Zeitpunkt des Interviews deckt sich fast auf den Tag mit dem Datum der Auslieferung des *Triptychon.*
3 Beispielhaft etwa: Rolf Michaelis: Nun singt er wieder. Max Frisch: "Triptychon." Die Zeit vom 28.4.1978. Ähnlich auch Joachim Kaiser: Stiller im Totenreich. Lähmende ewige Wiederkehr [. . .]. Süddeutsche Zeitung vom 2.5.1978 und Hanno Helbling: Aneinander vorbei [. . .]. Neue Zürcher Zeitung vom 7.4.1978. Eine vollständige Aufstellung der kritischen Beiträge bei Walter Schmitz: Zu Max Frisch *Triptychon. Drei szenische Bilder* (1978); in diesem Band S. 401–424.
4 So etwa Michaelis l.c.

seiner jüngsten und derart radikalen Selbstbesinnung, sich am Gefüge der *szenischen Bilder* keineswegs mühelos freilegen.

Nicht jedoch die Frage des möglichen szenischen Potentials des *Triptychon* soll uns an dieser Stelle interessieren. An der *Bühnen*wirksamkeit von Frisch-Stücken dürfte, wenn man einmal absieht von den wenigen eindeutigen Fehlläufern im dramatischen Schaffen, kaum mehr Zweifel bestehen. Auch *Triptychon* wird, unter den Händen eines versierten Dramaturgen, zur gegebenen Zeit in dieser Hinsicht sein Publikum nicht enttäuschen. Allein die relative atmosphärische Dichte vor allem des zweiten und dritten Bildes sprechen dafür. Auch der makabre Humor des Eingangsbildes – den man übrigens schon in ähnlicher Konfiguration kennt aus *Mein Name sei Gantenbein* und dem Filmskript *Zürich-Transit* – liefert die notwendige Garantie für eine gelungene Inszenierung. Ebenfalls soll die Einordnung des neuen Texts in das Gefüge des bisherigen Gesamtwerks die vorliegende Betrachtung nur am Rande beschäftigen.[5] Auf der Hand liegt ohnehin, daß Frischs Dramaturgie der Permutation[6] in diesem Bühnentext ihren absoluten Endpunkt erreicht hat: "Was keine Variante mehr zuläßt, ist der Tod."[7] Eine Revision des Lebenslaufs, und sei es auch nur im hilflosen, letztlich dessen Praemeditation affirmierenden Versuch, findet nun – sogar in spielerischer Anlage – nicht mehr statt. In gewissem Sinne also stellt *Triptychon* nicht nur den Endpunkt einer dramaturgischen bzw. thematischen Entwicklungsreihe dar, die ihren Anfang nahm mit *Graf Öderland,* die hinführt über Don Juan und Anatol Stiller zum Dasein im reinen Potentialis, wie es der Erzähler des *Gantenbein*-Romans ausprobiert. Sondern die *szenischen Bilder* manifestieren sich zugleich als deren endgültige Zurücknahme.

Wichtiger indessen als die Bedeutung dieses jüngsten Bühnentexts für die bisherige Werkgenese[8] scheint uns an dieser Stelle ein Blick auf die literarische Tradition. *Triptychon* als eine eindringliche Darstellung der Welt der Toten ist, wie man weiß, keineswegs ohne mehr oder weniger bedeutende literarische Vorbilder. Die Nachbarschaft dieses Texts – wie auch schon des zweiten Bühnenstückes *Nun singen sie wieder* – zu Thornton Wilders *Our*

---

5 Hierzu der Beitrag von Walter Schmitz (oben Anm. 3); passim.
6 Vgl. etwa Manfred Jurgensen: Max Frisch. Die Dramen. Bern/München [2] 1976; passim oder Jürgen H. Petersen: Frischs dramaturgische Konzeptionen; in diesem Band S. 27–58.
7 Dieses Zitat aus den sehr aufschlußreichen Anmerkungen *Ich schreibe für Leser. Antworten auf vorgestellte Fragen* [zu *Gantenbein* und *Biografie*], GW V, 323–334. Vgl. auch unten Anm. 27.
8 Hierzu jetzt die gute Darstellung von Jürgen H. Petersen: Max Frisch. Stuttgart (= Sammlung Metzler 173) 1978; S. 174ff.

Town braucht nicht eigens betont zu werden.[9] Strindberg wird im Text selbst zitiert, die Namen von Hans Henny Jahnn, von Borchert, Nossack, Hermann Kasack oder gar von Christa Wolf drängen sich auf. Als meisterhafte Vorbilder im Stofflichen bieten sich unmittelbar Sartres Drama *Huis clos* und deutlicher noch, sein Drehbuch *Les jeux sont faits* an. Beide Texte vermitteln das Konstrukt einer Welt der Verstorbenen, den Einblick in den Hades, in dem sich, einmal abgesehen von der Umkehr der Vorzeichen menschlichen Daseins, die Verflechtungen und Verfilzungen dieses Daseins ungebrochen erhalten haben. Sartres Unterwelt-Szenarios haben sich seit ihrer jeweiligen Entstehung einer breiten Rezeption erfreut. Sie stellen – und dies die Grundthese der vorliegenden Notizen – eine direkte Vorlage für *Triptychon. Drei szenische Bilder* dar.

* * *

Huis clos, in der hier zitierten deutschen Übersetzung unter dem Titel *Bei geschlossenen Türen*,[10] ist 1944 entstanden. Als äußerer Hintergrund für die Entstehung des Stückes ist die Erschütterung Frankreichs durch die Folgen des verlorenen Krieges zu sehen: das Zerbrechen eines vordem starken nationalen Selbstverständnisses, das die Nation im Gefolge des wirtschaftlichen Niedergangs und der vierjährigen Spaltung zwischen dem Regime in Vichy und der Exilregierung de Gaulles zutiefst demoralisierte. Frankreich, auch wenn es nominell zu den Gewinnern des Weltkriegs zählte, erreichte in den Jahren um das Kriegsende wirtschaftlich, gesellschaftlich und moralisch einen nie dagewesenen Tiefpunkt. Weder schien ein Neuanfang auf den Trümmern des Alten denkbar, noch zeichneten sich irgendwelche formativen Kräfte einer Neustrukturierung ab. Der Existentialismus Sartres und seiner Zeitgenossen – nach der Befreiung wurden in rascher Folge, neben *Huis clos*, eine Reihe ähnlich gelagerter avantgardistischer Stücke uraufgeführt[11] – stößt derart in ein gesellschaftliches und historisches Vakuum, das er durch das Angebot eines geschlossenen philosophischen Systems zu füllen sucht. Auf seinen Einfluß und seine prägende Bedeutung für gerade die junge Intelligenz der Zeit braucht an dieser Stelle nicht weiter hingewiesen zu werden. Sartre, der "Führer der Seelen,"[12] propagiert eine

---

9 Überhaupt kann der Einfluß Wilders auf Frisch kaum hoch genug eingeschätzt werden. Hierzu der Beitrag von Manfred Durzak: Max Frisch und Thornton Wilder. Der vierte Akt von *The Skin of Our Teeth.* In: Manfred Jurgensen (Hrsg.): Frisch. Kritik – Thesen – Analysen. Bern/München [1977]; S. 97–120. Vgl. auch die Rezension dieses Sammelbandes von Gerhard P. Knapp; in: The German Quarterly 51 (1978) S. 257f.

10 In: Jean-Paul Sartre: *Dramen.* Reinbek b. Hamburg 1949ff.; S. 67–98.

11 Etwa Anouilhs *Antigone* (1944), Camus' *Caligula* (1945), Simone de Beauvoirs *Les bouches inutiles* (1945) und Clavels *Les Incendiaires* (1947).

12 Gaëtan Picon: Panorama de la Nouvelle Littérature Française. Paris 1960.

primär affektiv angesiedelte Rückwendung auf das eigene Ich, eine Flucht, wenn man so will, aus der gemeinsamen Misere des zutiefst gestörten Miteinander einer gesellschaftlich und historisch definierten Lage, in die Grenzen und Möglichkeiten des Individuellen. Die Konsequenzen für seine Dramaturgie sind hinlänglich bekannt. Wohl bedient sie sich einer geradezu klassizistischen Form, in deren Zentrum noch immer das Individuum steht, dessen Austauschmöglichkeiten noch immer determiniert sind durch eine ungebrochene Validität von Sprache und hält derart an traditionellen Formelementen fest: dies sicherlich ein Zugeständnis und eine notwendige Bastion gegenüber der realen chaotischen Situation. Das zwischenmenschliche Element indessen erscheint in seinen Texten als ein von vornherein fragwürdiges, und von der plausiblen Einbettung des gegebenen Konflikts in ein glaubhaftes gesellschaftliches System kann letztlich nicht mehr die Rede sein.[13] Auch Texte, die konkret ein Revolutionsgeschehen oder politische Aktionen darstellen – man denke an *Les mains sales* oder auch *Les jeux sont faits* –, fragen in der Regel (noch) nicht nach den gesellschaftlichen Voraussetzungen oder den Zielen dieser Revolution. Im Zentrum steht immer das Ich: gedrängt zu einer Entscheidung, die es zerstören wird – oder unfähig zu entscheiden und derart zum Scheitern verdammt.

Auch Sartres *Bei geschlossenen Türen* geht es um die mögliche Veränderung eines einmal gelebten Lebens, allerdings, wie der Titel bereits anzeigt, um den vergeblichen Versuch einer solchen Revision. So sagt Garcin fast beschwörend: "Ich bringe mein Leben in Ordnung,"[14] Ines hingegen stellt lakonisch fest: "Mein Leben ist in Ordnung. Völlig in Ordnung. Drüben hat es sich von selbst geordnet, ich brauche mich darum nicht zu sorgen."[15] Der für den Appell des Dramas entscheidende Satz fällt schon früh, in seinem fünften Auftritt. Da heißt es von Ines: "Wenn nur jeder von uns den Mut hätte, zu sagen . . ."[16] Charakteristisch die Aposiopese. Denn *was* zu sagen, bleibt offen. Gemeint ist natürlich die Wahrheit, die "wahren Gründe" für eine Entscheidung, deren Eruierung jedoch beschwerlich und schmerzhaft ist.[17] Die unausweichliche Schlußfolgerung des Stückes macht dann die Einsicht aus, daß das einmal Geschehene um keinen Preis rückgängig zu

---

13 Vgl. etwa Peter Szondi: Theorie des modernen Dramas (1880–1950). Frankfurt/M. (= edition suhrkamp 27) [8] 1971; S. 102f.: "Indem das Mitmensch-Sein als Existential problematisch wird, wird auch das dramatische Formprinzip, der zwischenmenschliche Bezug, in Frage gestellt. Die Inversion ist aber zugleich die Rettung des dramatischen Stils. Der zwischenmenschliche Bezug ist als Thematik zwar fragwürdig, dank der Enge des verschlossenen 'Salons' aber formal unproblematisch."
14 *Bei geschlossenen Türen*, S. 75.
15 Ibid.
16 Ibid., S. 77.
17 Vgl. l.c. S. 92: "Garcin: Ich fälle keine Entscheidung. / Estelle: Du mußt dich doch daran erinnern; du dürftest doch Gründe dafür gehabt haben, daß du so und nicht anders gehandelt hast. / [. . .] Garcin: Sind es die wahren Gründe? "

machen ist, daß es eine Neufassung des Lebens nach dem Tode nicht geben kann. Die Zentralstelle des Stückes bildet die Auseinandersetzung zwischen Garcin und Ines gegen Ende des fünften Auftritts:

Ines: [. . .] Nur die Taten entscheiden über das ‚was man gewollt hat.
Garcin: Ich bin zu früh gestorben. Man hat mir keine Zeit gelassen,
            m e i n e Taten zu tun.
Ines: Man stirbt immer zu früh – oder zu spät. Aber das Leben ist
            nun einmal da zu Ende; der Strich ist gezogen, es gilt,
            die Rechnung abzuschließen. Du bist, was dein Leben ist.[18]

Die Didaxe Sartres tritt klar zutage. Indem er eine Inversion der dramatischen Mittel des Naturalismus vornimmt und den Konflikt der Zwischenmenschlichkeit in ein Dasein 'danach' verlegt – auch Strindberg hat dieses Arrangement bereits gebraucht –[19], verdeutlicht er dessen Auswegslosigkeit in einer anderen Dimension. Es gibt, so könnte man die Lehre des Stückes paraphrasieren, nur *ein* Hier und Jetzt, nur *eine* Chance zur entscheidenden Tat. Anlaß zur Hoffnung auf eine transzendentale Versöhnung besteht nicht. Sofern eine Transzendenz des Teufelskreises von Verfangensein und Hörigkeit möglich wäre – und Sartre führt diese Möglichkeit aus in seinen philosophischen Schriften –, so läge sie allein beim leidenden, beim überwindenden Ich.

Sartre greift die gleiche Thematik in dem drei Jahre später entstandenen Skript *Les jeux sont faits* auf. Obwohl man es bei diesem Text mit der Vorlage für einen sehr erfolgreichen Film zu tun hat, so steht von vornherein fest, daß auch hier eine konkrete Lehre in einen im übrigen nichts weniger als trivialen Handlungsaufbau eingeflossen ist: "Es gibt kein belletristisches Werk Sartres, das nicht einer Demonstration von Thesen des Philosophen zu dienen hätte."[20] Auch hier geht es um eine Dialektik von Unwahrhaftigkeit – Sartre nennt sie "mauvaise foi" –, bedingt durch die Furcht vor der Freiheit, und der Möglichkeit, Verantwortung und das heißt: Freiheit zu übernehmen.[21] Man geht nicht fehl, die Tendenz gerade dieser beiden Texte

---

18 l.c., S. 96.
19 Gerade das hier von Sartre formulierte Motiv der Immerpräsenz des einmal Getanen, Erlebten verweist natürlich nicht nur auf Strindberg –, sondern direkt auf Frisch, besonders auf den Frisch der *Tagebücher,* des *Homo faber,* des *Stiller,* ebenso und vielleicht in noch schmerzhafterer Deutlichkeit auf *Montauk.* Es versteht sich, daß Einflüsse der französischen "avantgarde," insbesondere von Giraudoux und Claudel, hier bei Frisch gleichermaßen wirksam wurden.
20 Hans Mayer: Anmerkungen zu Sartre. Pfullingen 1972; S. 26.
21 Vgl. dazu in Sartres Hauptwerk *Das Sein und das Nichts* (Reinbek b. Hamburg 1962ff.) etwa die Seiten 101ff., 355f., 696f. Sartre modifiziert diesen Begriff der Verantwortung später zum Zwischenmenschlichen, fast Gesellschaftlichen hin in: *Ist der Existentialismus ein Humanismus?* (Drei Essays. Frankfurt [= Ullstein-Bücher 304] [2]1968); S. 13: "So bin ich für mich selbst und für alle verantwortlich, und ich

als eine moralistische zu bezeichnen. Eine Konvergenz der Position des philosophischen Moralisten mit einer historisch bzw. gesellschaftlich irgendwie konkretisierbaren Anwendung findet dabei nicht statt. Sartres literarische Produktion ist und bleibt geprägt durch den Riß, der zwischen Theorem und Praxis klafft. Diese Tatsache ändert nichts an ihrem — fast — durchgängig hohen künstlerischen Anspruch, der sie befähigt, als engagierte Literatur einzig und für sich dazustehen, auch wenn ihr Engagement im Zirkelschluß der jeweils einzigartigen Konfiguration von Figur und Entscheidung verpufft. Eine Ausnahme des Sartreschen Gesamtwerks bildet, im Hinblick auf seine ästhetische Tragfähigkeit, das Filmskript. Seine Handlung läßt sich leicht in drei Sätzen zusammenraffen: Eve Charlier, von ihrem Mann um der Schwester und des Geldes willen beseitigt, begegnet im Hades Pierre Dumaine, dem Führer einer revolutionären Verschwörung, der von einem seiner Kameraden (aus unpolitischen Motiven) erschossen wurde. Eine Liebesbeziehung entspinnt sich, und ein freundliches Reglement der Unterweltbehörden gestattet ihnen, temporär auf die Erde zurückzukehren: Voraussetzung für die endgültige Rückkehr zu den Lebenden ist der Beweis ihrer Fähigkeit, sich "innerhalb von vierundzwanzig Stunden [. . .] in vollem Vertrauen und mit allen Kräften zu lieben."[22] Der Versuch schlägt fehl, denn beide Wiedergänger sind nach wie vor zu stark den jeweiligen Verpflichtungen — hier das Geschick von Eves Schwester, da der Verlauf der Verschwörung — verhaftet: beide müssen in die Unterwelt zurück, weder erfüllt sich ihre Bestimmung, noch können sie in den Lauf der Dinge wirksam eingreifen.

Es ist hier nicht der Ort für einen eingehenden Nachweis der trivialen Anlage des Skripts. Der Verweis mag genügen, daß das plot in seiner Banalität fraglos die rechten Ingredienzien des Kassenschlagers enthält (ein Teil Sentimentalität, ein gut Teil Spannung, daneben das vage Kombattanzverhältnis von Großbourgeoisie und revoltierender Arbeiterschaft), daß es jedoch an keiner Stelle zur substanziellen oder auch nur zur glaubhaften Darstellung des existenzialphilosophischen Problems vordringt. Auch im Sprachlichen bleibt Sartre, gewollt oder nicht, durchweg dem Klischee verhaftet. Daran ändert auch eine gewisse platte Situationskomik nichts. Die Höhepunkte des Skripts, Stellen also, an denen ein wesentlicher Austausch stattzufinden hätte, versanden hoffnungslos in sentimentaler Banalität: "Meine Seele würde ich geben, wenn ich einen Augenblick leben und mit Dir tanzen könnte" — "Deine Seele?" — "Es ist ja alles, was wir noch

---

schaffe ein bestimmtes Bild des Menschen, den ich wähle; indem ich mich wähle, ich wähle den Menschen."
22 Zitiert nach der deutschen Übersetzung *Das Spiel ist aus.* Reinbek b. Hamburg 1952ff.; S. 75.

besitzen."[23] Nüchtern betrachtet, hat man es hier mit einer Schnulze zu tun. Denn Sartres Intention – man mag wohl davon ausgehen, daß er ein volkstümliches Stück schaffen wollte – verkehrt sich in ihr Gegenteil: nicht die "Eingängigkeit" eines Texts für ein breites Publikum befindet über seinen Effekt, sondern letzten Endes doch ein Netzwerk von "Bestimmtheiten," das der Rezipient zu verwerten vermag. Unter dem Aspekt seiner Wirkung mag man das Ganze wohl als "Lehrstück" ansehen, wenn man sich der Tatsache bewußt bleibt, daß hier eine höchst sinnfällige, durchaus naheliegende Konsequenz am exotischen Exempel vorgespielt wird: das Pferd, dem man den Durst nicht absprechen kann, wird sozusagen an den Haaren zum Brunnen geschleift. Allein die Schlußszene, deren plattes Pathos auf der Leinwand peinlich, im gedruckten Text nachgerade dümmlich wirkt, spricht für sich: "Einen Augenblick bleiben sie voreinander stehen. Sie sind verlegen, und in ihren Stimmen liegt der Klang einer traurigen, höflichen Gleichgültigkeit."[24] usw. – Unsere skizzenhafte Betrachtung der Sartretexte ergibt den bedenkenswerten Befund, daß Literatur – hier im weiteren Sinne auch auf die Medien von Bühne und Film übertragen – aus dem Bewußtsein einer gesellschaftlichen Notlage entsteht, daß sie ganz konkret dem Bedürfnis einer weltanschaulichen Krise abzuhelfen versucht. Daß andererseits diese Literatur sich außerstande sieht, auch da, wo sie eine breite Massenwirkung zu erzielen vermag, ihre Appellstruktur über die Statuierung des ohnehin Gewußten hinaus zur gesellschaftlichen Praxis zu konkretisieren.

* * *

Nun wäre es billig, die geistige Nachbarschaft von Frischs *Triptychon* zu den Texten Sartres an der Gegenüberstellung entsprechender Passagen aufweisen zu wollen und bei diesem Nachweis zu verharren. Wir wollen darauf verzichten. Doch folgt man den sprachlichen Integrationspunkten der *drei szenischen Bilder* – Frisch tendiert hier stärker denn je zuvor zum Aphorismus –, so werden gedankliche Parallelitäten unmittelbar evident: Der Tod, sagt Roger bereits am Anfang des Stückes, sei "die Ewigkeit des Gewesenen." Und: "Der Tod als Mystifikation, das ist das andere. Ich sage ja nicht, daß sie inhaltlos sei. Aber eine Mystifikation. [...] die Mystifikation besteht darin, daß der Tod letztlich die Wahrheit über unser Leben ist: Wir leben endgültig."[25] Gerade um die Demaskierung jener "Mystifikation" geht es ja Sartre, wenn er Pierre im Hades mit einem Greis argumentieren läßt und nahezu den gleichen Wortlaut gebraucht wie in der oben zitierten Schlüsselstelle von *Huis clos:* "'Immer verpfuscht man sein Leben, wenn man stirbt.'

---

23 l.c., S. 71.
24 l.c., S. 148.
25 *Triptychon,* S. 14 bzw. 15.

'Ja, wenn man zu früh stirbt' [. . .] 'Man stirbt immer zu früh [. . .] oder zu spät.' "[26] Im zweiten Bild des *Triptychon* heißt es dann, in Abwandlung einer Feststellung des Erzähler-Ichs aus *Montauk* und in der Paraphrase eines Grundgedankens des Gesamtwerks: "Es geschieht nichts, was nicht schon geschehen ist [. . .]"[27] Noch definitiver dann aus dem Munde des Conférencier-Clochards: "[. . .] und was gewesen ist, das läßt sich nicht verändern, und das ist die Ewigkeit."[28] Sartre drückt den gleichen Sachverhalt ungleich banaler aus, wenn er Eve feststellen läßt: "Ach, es ist gemein, [. . .] gemein, daß man nichts machen kann."[29] Dies also der Grundgedanke einer unverrückbaren Dauerhaftigkeit des Gewesenen, der die drei Texte scheinbar nahtlos verbindet. Einer Dauerhaftigkeit, die vom Diesseits in den Orkus reicht, an der alle Revisionsversuche nicht zu rütteln vermögen. In philosophischer Terminologie bedeutet dies nichts anderes, als daß auf dem Kontinuum der vergehenden Zeit sich das Einmalige der Tat ansiedle. Bei Frisch werden die Bezüge komplexer, und hier modifiziert er Sartres Existenzphilosophie beträchtlich, denn neben dem einmalig Geschehenen, das nachwirkend bleibt, läuft gleichsam parallel, aber nur scheinbar gleichbedeutend, die Kette der möglichen Reproduzierbarkeiten ab: zwar homolog und zweifellos ornamental, in ihrem Mangel an lebender Substanz jedoch fatal.

Interessant, auf welche Weise in den verschiedenen Texten dieser Nachweis einer Irreversibilität des Geschehenen ins Werk gesetzt wird. Sartre vertraut in *Huis clos* auf die Bühnenwirksamkeit des geschlossenen Raums. Sein Höllenszenarium ist nichts anderes als eine verkehrte (und buchstäblich "wärmere"[30]) Form des traditionellen Insel- bzw. Turm-Topos. Eine Außenwelt existiert nur mehr als private Reminiszenz. Da einmal die Tür

---

26 *Das Spiel ist aus*, S. 47.
27 Vgl. *Montauk*, GW VI, 655: "Im übrigen geschieht nichts, was nicht schon geschehen ist." Natürlich ist der Kontext hier ein grundsätzlich anderer, und Frisch spielt auf die Wiederholbarkeit jeder Handlung an. Zu *Montauk* vgl. auch Verf.: Noch einmal: Das Spiel mit der Identität. Zu Max Frischs *Montauk;* in: Gerhard P. Knapp (Hrsg.): Max Frisch. Aspekte des Prosawerks. Bern/Frankfurt/Las Vegas 1978; S. 285—307. Unnötig zu betonen, daß dieser Gedanke das Werk Frischs wie ein roter Faden durchzieht. So vgl. *Die Schwierigen*, GW I, 599: "Es gibt keinen Anfang, kein Ende. Alles wiederholt sich, nichts kehrt uns wieder [. . .]" etc.
28 *Triptychon*, S. 81. Vgl. auch *Tagebuch II*, GW VI, 75: "Der einzige Vorfall, der keine Variante mehr zuläßt, ist der Tod." Auch in Frischs Schillerpreis-Rede (GW V, 367) findet sich der nahezu identische Satz: "Der einzige Vorfall, der keine Variante mehr zuläßt, ist bekanntlich der Tod." (Das "bekanntlich" indiziert hier offenbar das Selbstzitat . . .) Da Frisch in dieser Rede seine "Dramaturgie der Permutation" theoretisch begründete, darf man davon ausgehen, daß *Triptychon* die praktische Zurücknahme dieser Dramaturgie darstellt.
29 *Das Spiel ist aus*, S. 39.
30 Als es Garcin gelingt, die Tür zu öffnen, vermerkt Ines: "Es ist zehnmal so heiß, seit sie offen ist." (S. 95)

zum Leben hinter den Akteuren ins Schloß gefallen ist, bleibt dessen weiterer Fortgang für sie ohne Belang. Wie im *Inferno* Dantes ist der historische Verlauf gleichsam suspendiert, und der homerische Achill büßt seinen Zorn in alle Ewigkeit, wenn auch Troja längst versunken ist und realiter die Reformation vor der Tür der Weltgeschichte steht. In *Les jeux sont faits* wird die dynamischere und kinematographisch ungleich wirksamere Überblende von der Welt der Lebenden zur Schattenwelt verwendet. Das quasi-reale Geschehen der Welt der Lebenden entwickelt sich fort, ohne daß die Toten Einfluß auf es zu nehmen vermöchten. Als Durchgangsstation dient der "Laden" in der Rue Laguénésie. Beide Bereiche verschmelzen optisch mehrfach. Aber da sollte man sich durch die Ingredienzien nicht täuschen lassen: weder der Salon des Milizsekretärs André Charlier noch der Schuppen der Verschwörer besitzen im Rahmen des Skripts eine weiterreichende Funktion als diejenige der Legitimation bzw. Motivation für die Aktionen Eves und Pierres. Bei allem szenischen Aufwand bleibt ihr Potential zu gering, um über den Rahmen der jeweiligen − individuellen − Alternativsituation hinauszuweisen. Derart, und gerade durch jene mangelnde Tragfähigkeit des Gesamtbaus, verkümmert dann die Alternative zur plakativen Rhetorik, zur Farce. Reduziert man sie auf ihre Grundelemente − Revolution *oder* Liebe bzw. Liebe *allein* auf Kosten der Preisgabe der Schwester −, so wird die triviale Anlage des Texts allzu klar. Von einer emanzipatorischen Wirkung kann hier in der Tat nicht die Rede sein.

Frisch verfährt differenzierter. Die triadische Gliederung seiner *szenischen Bilder* verrät eine Art der inhärenten Dialektik. Nicht nur verzichtet er von vornherein auf den Anspruch, Realität in irgendeiner Form darzustellen. Im Gegenteil: auch die Ausstattung seiner Bühne gemahnt, nicht ohne eine gewisse Melodramatik, an absurdistische Stücke.[31] Darüber hinaus folgen die drei *Bilder* in der Zeichnung verschiedener Schauplätze und Zusammenhänge einem steigernden Prinzip. Im ersten Bild wird der Zuschauer der Welt der Lebenden konfrontiert; der Verstorbene wohnt seinem eigenen Leichenschmaus stumm und tatenlos bei. Er entzieht sich jedem Verständigungsversuch von Seiten der Witwe. Das zweite Bild zeigt in geschickter Umkehr die Toten unter sich. Katrin zieht die Quintessenz der Situation: "Es ist grauenvoll, die Toten lernen nichts dazu."[32] Und der Clochard − dies eine seltsame Mischung aus epischer Figur und Beckett-

---

31 *Triptychon*, S. 9: "Glockengeläute von einer Friedhofskapelle. Dann Stille und Licht: ein weißer Schaukelsessel, der leer steht. Sonst nichts. Die Bühne ist schwarz, ausgenommen eine helle Grundfläche in der Größe eines Wohnzimmers. Es kommen die Witwe, ungefähr sechzig, und der erste Trauergast." Petersen (vgl. oben Anm. 8, S. 181) möchte in diesem Stück "deutliche Spuren" Becketts erkennen. Dies trifft wohl zu auf gewisse szenische Elemente, aber darüber hinaus liegen keine Gemeinsamkeiten vor, sicherlich nicht im Inhaltlichen.

32 l.c., S. 35.

schem Landstreicher – drückt den gleichen Sachverhalt deftiger aus: "[. . .] sie wandeln in der Ewigkeit des Vergangenen und lecken an ihren dummen Geschichten, bis sie aufgeleckt sind."[33] Der posthume Versuch, das einmal Gewesene zu verändern, wie Xaver ihn unternimmt, muß notwendig scheitern. Auch von Revolution ist die Rede, und Frisch läßt schließlich einen jungen Gefallenen des spanischen Bürgerkriegs auftreten: wie man weiß, eines seiner Lieblingsmotive. Im ganzen bleibt die Versammlung indessen deutlich exklusiv. Für die Toten von Auschwitz und Stalingrad, von Korea und Vietnam ist kein Platz im Frischschen Hades. Sie müssen sich anderswo – und sicherlich in gedrängteren Verhältnissen – mit der Sinnlosigkeit ihres Sterbens auseinandersetzen. –

Im dritten Bild schließlich erleben wir die Synthese der inhärenten Dialektik: den Versuch eines Austauschs zwischen Lebenden und Toten. Die außerordentlich geschickte Dialogführung läßt Reminiszenz und Akutes unmittelbar ineinander übergehen. Der Clochard ist nun, da seine Rolle ausgespielt ist, verstummt. Allein Roger und Francine stehen im Blickpunkt: der Lebende, der verzweifelt sich bemüht, die im Leben zerbrochene Beziehung zu der Toten wiederzufinden:

Nein, Francine – sag was du damals nicht gesagt hast. Was du später gedacht hast. Was du heute sagen würdest. Was uns von unsrer Geschichte erlöst, Francine![34]

Und die Tote, die nicht lassen kann von dem, was sie erfahren hatte. Eine Erlösung findet nicht statt. Die "Geschichte," einmal gelebt, ist nicht umzuschreiben. Am Ende zerbröselt der Dialog, die Sprache stagniert und dreht sich, mit Hilfe der immer präsenten Pausen, gleichsam um sich selbst. Seltsam platt der letzte Satz Francines: "Du hast nie jemand geliebt, dazu bist du nicht imstande, Roger, und du wirst auch nie jemand lieben."[35] Roger tötet sich durch einen Pistolenschuß – man denkt an Pirandello – und besiegelt damit die Unmöglichkeit eines Dialogs mit der für immer petrifizierten Vergangenheit.

* * *

Niemand wird daran zweifeln, daß auch dieser Bühnentext Max Frischs gekonntes Theater darstellt. Auch Sartres Stücke sind und waren, das ist bekannt, höchst bühnenwirksam. Im Gegensatz zu jenen allerdings, wo eine klar umrissene Didaxe im Zentrum steht, schwebt der Ausgang des

33 Ibid., S. 43.
34 Ibid., S. 111.
35 Ibid., S. 114.

Triptychon gleichsam im luftleeren Raum. Betrachtet man die Wirkungsstrategie der *drei szenischen Bilder,* so sieht man sich einem seltsamen eklektischen Kombinat gegenübergestellt. Da ist einmal der Clochard, der fast als epische Präsenz verstanden werden könnte – hätte er irgend etwas Bedenkenswertes zu sagen. Da sind die verschiedenen Paare und Gruppierungen: nicht notwendig als plausible Identifikationsangebote angelegt, andererseits auch keineswegs Figuranten eines Verfremdungsvorgangs. Wie immer bei Frisch, und vielleicht stärker denn je, senkt sich die Waagschale zugunsten der Identifikation des Rezipienten mit der Figur. Insbesondere Roger und Francine erscheinen im hilflosen Festgefahrensein der jeweiligen Position einem zeitgenössischen Publikum geradezu "auf den Leib" geschrieben. Nichts jedoch im Text deutet hin auf die einzig mögliche Überwindung des Impasse, der tödlichen Erstarrung im "Ich": die sich selbst entäußernde Hinwendung zum "Wir." – Die Potenz des Stückes liegt eindeutig im Atmosphärischen – nicht in seiner gedanklichen Stoßrichtung. Sowohl das Akzessoir als auch die situative Gruppierung bestätigt diesen Befund, vom gregorianischen *Te Deum* des zweiten Bildes ganz zu schweigen. Im ganzen, und hier besteht der Titel des Stückes zu Recht, haftet ihm die Starre und Unbewegtheit eines fast zeitlosen Tableaus an. Eine Wiederholung des impressionistischen bzw. symbolistischen drâme statique also? Nicht notwendig. Denn es fehlt dem *Triptychon,* so sehr es auch im Gestischen bestechen mag, an der inhärenten Brisanz gedanklicher Bewegung. Im Gegensatz zu den Texten Sartres – bei aller ästhetischen Fragwürdigkeit, die das Skript zeichnet – ermangelt das Stück den inneren Kern einer Mitteilung, ob sich diese nun parabolisch *(Huis clos)* oder simpel-exemplarisch *(Les jeux sont faits)* eröffne, ob sie ihren Rezipienten bereichere oder nicht.

Das bedeutet nicht, daß man das *Triptychon* nicht als Parabel lesen könne, als "Lehrstück ohne Lehre." Doch auch hier wird man auf beträchtliche Schwierigkeiten stoßen. Samuel Beckett und seine Glaubensgenossen der absurdistischen Bühne haben eine moderne Parabelform geschaffen, eine gleichsam "invertierte" Parabel, deren parabolischer Kern eben darin besteht, daß es keine zweite Wirklichkeit gibt hinter der dargestellten Realität des Theaters.[36] Doch Frisch ist kein Autor der absurdistischen Bühne. Und das Stück enthält, wie wir bereits dargelegt haben, gewisse konkrete Feststellungen im Hinblick auf Leben und Tod, seien diese nun verbindlich oder nicht. Eine weitere Abstraktion bzw. eine gedankliche Inversion dieser Mitteilungen scheint wenig ergiebig, es sei denn,

36 Hierzu etwa die Beiträge von Konrad Schoell und Günther Anders in: Materialien zu Samuel Becketts 'Warten auf Godot.' Frankfurt (= suhrkamp taschenbuch 104) 1973ff.; S. 7–30 bzw. 31–48. Ebenso vgl. die Einführung von Mona Knapp/Gerhard P. Knapp: Samuel Beckett. Warten auf Godot. Frankfurt/Berlin/München (= Grundlagen und Gedanken zum Verständnis des Dramas 6081) 1978; S. 51ff.

man wäre in der Lage, Xavers verzeifelter rhetorischer Frage "Warum leben die Leute nicht? "[37] eine weittragende Bedeutung abzugewinnen.

Triptychon ist ein durchaus unzeitgemäßter Text. Hier befindet er sich in der gedanklichen Nachbarschaft von *Montauk,* der jüngsten Erzählung Frischs. Als Endpunkt und Zurücknahme der Dramaturgie der Permutation scheint er auch das vorläufige Erlöschen der vielbeschworenen kritisch-engagierten "Zeitgenossenschaft" seines Autors zu signalisieren. Nichts deutet hier auf die Möglichkeit gesellschaftlicher Parteinahme hin, nichts auf die Anwesenheit einer als problematisch empfundenen historischen Situation — läßt man einmal die verzweifelten Beteuerungen Jonas' im zweiten Bild außer acht:

> Die Revolution kommt. Das ist einer Minderheit bewußt, die Mehrheit bestätigt es durch ihre Angst. Die Revolution, die kommen wird, macht uns unsterblich, auch wenn wir sie nicht erleben —[38]

Im Gegensatz zu den Stücken Sartres, die zur Zeit ihrer Entstehung durchaus den *Versuch* einer Bewältigung der allgemeinen Krisenlage darstellten, die immerhin seinerzeit sich auf das Vorhandensein eines allzu bereitwilligen Erwartungshorizonts verlassen konnten, wird Frischs *Triptychon* bei all seiner möglichen Bühnenwirksamkeit es schwer haben, ein Publikum zu finden. Ein bürgerliches Mysterienspiel über die Permanenz des Todes: hat man dies nicht schon, und eindrucksvoller weil eben seiner Zeit gemäßer, erlebt? Hat man sich nicht längst mit Strindberg, Wilder, Pirandello, mit Sartre und — viel wichtiger — mit Becketts *Endgame* auseinandergesetzt? Frischs Beitrag zu diesem Thema umspannt nicht viel mehr als die durchaus neuartige dialektische Durchführung und, natürlich, das eine oder andere Ingrediens aus der gelebten Gegenwart, letzteres ohne jede dramaturgische Funktionalität allerdings.

Man könnte — ohne deshalb der ungebührlichen Spekulation über die Autorenpsyche geziehen zu werden — vermuten, daß dieser Text Ausdruck der Resignation seines Autors, der persönlichen Depression sei. Als Beitrag zu der Auseinandersetzung Frischs mit der Problematik des Alterns und des Todes,[39] wie sie sich vor allem im zweiten *Tagebuch,* deutlich aber auch in *Montauk* niederschlägt, hat er sicherlich seinen werkgeschichtlichen Stellen-

---

37 l.c., S. 48.
38 l.c., S. 83. Um welche "Revolution" es sich hier handelt, ist wahrscheinlich Jonas selbst nicht klar. Frisch verläßt sich, wie häufig, auf die Assoziativkraft seines Rezipienten, wenn er Katrin (S. 81) von "Bakunin und wie sie alle heißen" sprechen läßt.
39 Vgl. Armin Arnold: Näher mein Ich zu Dir: Die Problematik des Alterns, des Sterbens und des Todes bei Max Frisch. In: Aspekte des Prosawerks (vgl. oben Anm. 26); S. 249—265.

wert. Als der Versuch der Weiterführung einer literarischen Tradition wirkt er im Vergleich mit Sartres *Huis clos* blaß und wenig überzeugend; verglichen mit dem Filmskript Sartres natürlich ästhetisch weitaus anheischiger, im ganzen aber doch disproportional zur Situation von Bühne und Publikum gegen Ende des zwanzigsten Jahrhunderts. Zu hoffen steht, daß *Triptychon,* dem wir in Anbetracht aller dramaturgischen Reize nicht viel mehr bescheinigen können als eben den Status einer düsteren literarischen Reminiszenz, den Weg weist zur Neuorientierung seines Autors. Denn weder ist die Bühne endgültig tot als moralische und das muß heißen: als gesellschaftliche Anstalt, noch − so hoffen wir − hat Max Frisch mit ihr abgeschlossen.

Frisch-Bilder.
Linien und Skizzen der Forschung

0. Ein Bericht über die Frisch-Forschung, wie sie sich im Jahre 1978 präsentiert, kommt um die äußerst heikle Aufgabe, auszuwählen und entschieden wertende Akzente zu setzen, nicht herum. Heikel ist die Aufgabe vor allem deshalb, weil der Berichterstatter sich nicht auf das — mehr oder minder — objektiv-anonyme Verdikt einer langdauernden Forschungsgeschichte berufen kann, und auch da, wo er lobt, ein ganz bestimmtes Frisch-Bild (jedenfalls sein eigenes) favorisiert. Meine Vorliebe für poetologische und literarhistorische Arbeiten und das Unbehagen, welches (unbegriffene) Weltanschaulichkeit, ob "politisch" oder "allgemein menschlich" verbrämt, bei mir auslöst, verpflichteten, wenn dieser Bericht nicht zu einer Generalabrechnung geraten sollte, zur Suche nach einer Erklärung für das Phänomen, daß beide Typen germanistischer Arbeit in der Frisch-Forschung vertreten sind — und daß jedem sein Verdienst um die Erhellung dieses Werkes zugestanden werden muß. Desgleichen sollte die fortschreitende Entwicklung der literarturwissenschaftlichen Beschäftigung mit Frischs Werk herausgearbeitet und, um "dem deutenden Leser ein geebnetes Vorfeld des Gewußten und Erkannten übersichtlich zu vermitteln" (Knapp S. 9), nachdrücklich betont werden. Diese Überlegungen haben die Argumentationsweise und die Gliederung dieses Berichts bestimmt, die sich in der schwierigen Mitte zwischen historischer Würdigung und sachlich-systematischer Beurteilung zu halten versuchen. —

Ich beginne mit Hinweisen zum prekären Verhältnis, das im Feld der Gegenwartsliteratur zwischen Literaturwissenschaft und Literaturkritik herrscht (Beispiel: Zürcher Literaturstreit) [1.], und mache auf die objektiven Schwierigkeiten (Hilfsmittel) [1.1.] und die von jüngeren Rezeptionsstudien entdeckten soziopsychologischen Hemmungen [1.2.] aufmerksam, die eine wissenschaftliche Würdigung des Schaffens jedes zeitgenössischen Autors erschweren. Eine typologische Phasenfolge, wonach literarhistorisch-formbezogene Analysen die den literaturkritischen Denkformen stärker verpflichteten frühen Beiträge zur Frisch-Forschung allmählich verdrängen, wird am Beispiel der *Homo-faber*-Forschung ausführlich erläutert [2.] und der Ertrag jener ersten existentiell getönten Phase für eine, auf den Kierkegaard-Einfluß [3.1.] und die nachgerade berüchtigte "Bildnisthematik" [3.2.] fixierte *Stiller*-Deutung referiert [3.]. Jenes Vokabular der Lebenshilfe beherrschte zunächst auch das Gespräch über die "Lehrstücke" *Biedermann* und *Andorra* [4.; 4.1., 4.2.], wurde zur fatalen Hypothek, als es darum ging, den politischen

451

"Wert" und die spezifische "parabolische" Dramaturgie Frischs gegen Brechts Kunstlehre abzugrenzen [4.3.], und erscheint aufgehoben in einigen jüngeren Arbeiten, die Frischs artistische Raffinesse eher zu würdigen wissen – ein Gewinn, welchen wir den poetologischen (meist von Frischs *Tagebuch 1946–1949* ausgehenden) Studien von Jürgen Schröder, Rolf Kieser, Manfred Jurgensen u.a. verdanken. Über diese wird im Mittelteil des vorliegenden Forschungsüberblicks berichtet [5.], wobei den Themen "Sprache" [5.3.], "Zeit, Geschichte, Möglichkeit" [5.4.] und "imaginierte Leserrolle" [5.5.] eigene Unterabteilungen gewidmet sind. Nachträge, Ergänzungen und Präzisierungen am Beispiel bietet die Forschung zu *Gantenbein* [6.1.] und *Biografie* [6.2.], während man in der Zitierkunst von *Montauk* schon eine weiterführende Zurücknahme der vorigen Variantenpoetik beobachten konnte [7.]. Frischs Technik des ironisch-parodierenden Zitats balanciere bereits die sonst allzu aufdringliche Identitäts- und Selbstwahlproblematik seiner früheren Werke [8.], eine Einsicht, die vorwiegend in der neueren Forschung zur *Chinesischen Mauer* [8.1.] zu *Don Juan, Graf Öderland* und abermals *Stiller* fruchtbar wurde; und nicht erst im *Wilhelm Tell für die Schule* glückt die politische Nutzung der poetologischen Formel [8.2.]. Grund genug, die Frage nach dem eigentümlichen gesellschaftlichen Engagement des Künstlers Max Frisch nochmals (und unvoreingenommen) aufzugreifen [9.], nach seiner Stellung zur Schweiz als Heimat [9.1.] und nach den Phasen seiner Anteilnahme am "Öffentlichen" [9.2.]. Die Lücken und Unzulänglichkeiten in den mannigfachen Antworten, die auf solche und andere Fragen bisher angeboten wurden, weisen der künftigen Forschung methodisch und sachlich die Richtung [10.].

1. Max Frischs bisherige Texte – es handelte sich um einen Seeroman und eine Bergerzählung, das Tagebuch aus dem Grenzdienst des Autors, dazu den Roman eines verunglückten Bildungsweges – hatte man freundlich begrüßt, wie es die heimische Presse einem jungen, begabten Schweizer-Dichter schuldete, und auch pflichtbewußt gefördert. Mit einem überwältigenden Erfolg konnte im Grunde niemand rechnen, als der Zürcher Atlantis Verlag dann 1944 *Bin oder Die Reise nach Peking* vorlegte, eine anscheinend nur wenig zeitgemäße "Träumerei in Prosa." Den frappierenden Durchbruch gibt es in Frischs Schriftstellerlaufbahn tatsächlich nicht.[1] Dennoch – von heute aus gesehen: gerade seit diesem romantischen Bericht von den Reisen seiner Sehnsucht billigt man ihm den inzwischen kaum noch bestrittenen Rang eines ernstzunehmenden modernen Autors zu. Peter Bichsel berichtet, wie sehr damals, als die Schweiz sich notgedrungen vom restlichen Europa

---

1 Vgl.: Gespräch mit Max Frisch. In: Heinz Ludwig Arnold (Hrsg.): Gespräche mit Schriftstellern. München (= Beck'sche Schwarze Reihe 134) 1975; S. 33. – Zum Frühwerk bis 1944 existiert nur Manfred Jurgensens Studie, welche die "eigendialogischen, reflektiven und theatralischen Wesensmerkmale" (S. 26) genau beschreibt, sich jedoch bedauerlicherweise auf die Textauswahl von GW einschränkt.

abgekapselt hatte, jene grenzüberschreitende, alle beklemmenden Tages-
fragen und Ansprüche des Alltags zurücklassende Erzählung ihre jüngeren
Leser begeisterte: Als uns Primo Randazzo *Bin* befahl —

Als wir mit Primo zusammen *Bin* lasen, da war das kein Verdacht,
sondern die absolute Gewißheit, daß es hier um Veränderung geht, um
Aufbruch. Wir haben das ganz und gar politisch verstanden. Es war
unsere Chance. Unsere Chance, von da wegzukommen, wo wir immer
noch sind. [. . .]
Ja, so war es: Primo Randazzo und wir haben ihn persönlich genommen.
So persönlich wie die Welt. Wäre aus uns eine Generation geworden, er
wäre der Autor dieser Jugend gewesen.

Unter den nicht sehr zahlreichen Besprechungen fand sich indes die
eindringliche Würdigung, die Hans Mayer, damals Emigrant in Zürich, in der
von Max Rychner betreuten Literaturbeilage des Zürcher Blattes 'Die Tat'
veröffentlicht hatte (Mayer S. 67–69). Die 'Schweizer Monatshefte' druck-
ten ebenfalls einen knappen lobenden Beitrag, mit dem ein Literaturwissenschaftler an der Universität Zürich, Emil Staiger, diese "ungemein duftende,
träumerisch gleitende Poesie," "romantische Musik," den Lesern der
Zeitschrift empfahl.[2] Ein Zusammentreffen, das überrascht; doch es ist
symptomatisch. Beide Namen stehen für nicht lange einträchtige Positionen;
deren Rolle und Einfluß in Literaturwissenschaft und literarischem Leben
seit 1945 sind bekannt genug,[3] so daß uns hier nur der Gegensatz im
Verhältnis zur zeitgenössischen deutschen Dichtung beschäftigen soll. Hans
Mayer hatte stets für die innere Einheit von Literaturwissenschaft und
Literaturkritik nicht allein plädiert, sondern in seinen Veröffentlichungen
solche Übereinkunft auch vorgeführt. Die Gegenwartsliteratur gehörte
selbstverständlich zum Arbeitsfeld des Germanisten, der auch Wertungen
nicht scheuen, sondern vernünftig begründen sollte. Emil Staiger dagegen
zählt zu den prominenten Vertretern einer Literaturwissenschaft, die zur
Gegenwartsliteratur allenfalls ein negativ gebrochenes Verhältnis hatte und
hat. Diese gilt als Domäne einer unwissenschaftlich verfahrenden Literatur-

---

2 E. S.: *Bin oder Die Reise nach Peking.* Schweizer Monatshefte 25 (1945)
S. 316–317. — Vgl. noch: Hans Schumacher: Zu Max Frischs *Bin oder Die Reise
nach Peking.* In: ÜMF II; S. 178–182 [Zuerst: Neue Schweizer Rundschau N.F. 13
(1945/46) S. 317–320], ein Essay, der die wichtigsten Rezeptionsmotive vereint.
Später wurde die Erzählung nur noch von Manfred Jurgensen (S. 30–45) u. Linda
Stine (S. 38–43) gründlich behandelt; Jurgensen verfolgt als "zentrales Anliegen der
Erzählung: die Darstellung des Prozesses einer individuellen Selbstverwirklichung im
Verhältnis zur Zeit" (S. 32), ein Traum, den allenfalls das Kind wahrmache (S. 44).
So auch Stine S. 43, die "Bin" als Leserolle des Erzähler-Ichs, welches sich auf der
Reise nach seinem Du befindet, deutet.
3 Vgl.: Manfred Jurgensen: Deutsche Literaturtheorie der Gegenwart. Georg Lukács —
Hans Mayer — Emil Staiger — Fritz Strich. Bern (= Uni-Taschenbücher 215) 1973.

kritik.[4] Im sogenannten "Zürcher Literaturstreit" (1967) formulierte Staiger nachträglich einige polemische Werturteile, die solch bereitwilliger Arbeitsteilung schon früher zugrunde liegen mochten.[5] Die unmoralische, von innen her "zerstörte" Gegenwartsliteratur könne vor der reinen Größe der vergangenen nicht bestehen; das Schwinden, ja Verschwinden sittlicher und dichterischer Werte wird unablässig befürchtet und bedauert in fast allen Stellungnahmen, die etablierte Germanisten zum Werk Frischs vom Anfang der fünfziger bis Ende der sechziger Jahre abgaben. Max Frischs öffentlicher Einspruch gegen Staigers Thesen verwundert 1967 daher nicht, denn diese hatten ihre eigene Gültigkeit schon überlebt.[6] Der "Zürcher Literaturstreit" markiert eben nicht den Beginn eines Bewußtseinswandels, sondern ist Bestandsaufnahme eines nahezu abgeschlossenen Prozesses. Wenn daher die langandauernde und hitzige Debatte sich für uns heute wie ein Unisono des Widerspruchs gegen Staiger ausnimmt, beweist dieser Eindruck lediglich, wie verspätet und plötzlich damals eine schon weit fortgeschrittene Entfremdung zwischen Literaturwissenschaft und literarischem Leben öffentlich wurde, und er darf uns keineswegs verführen zu einer voreiligen Parteinahme, die von der forschungsgeschichtlichen Erklärung dispensierte. Denn obwohl kaum jemand heute noch öffentlich Staigers Thesen beipflichten wird, vermochten bloße Lippenbekenntnisse zur Gegenwartsliteratur die sachlichen Schwierigkeiten einer wissenschaftlichen Beschäftigung mit ihr bislang nicht auszuräumen. Nachdem nun seit etwa 1970 das Bild der Fachforschung von Frischs Arbeiten sich ständig verbessert (ein Fortschritt, den die unbefangenere angelsächsische Germanistik, vor allem mit Hans Bänzigers und Ulrich Weissteins Monographien, eingeleitet hatte und dem sich die

---

4 So: W. Kohlschmidt u. W. Mohr: Literarische Kritik. In: Reallexikon der deutschen Literaturgeschichte. Berlin ²1965; S. 63f. Ebenso: Günter Hess: Die Vergangenheit der Gegenwartsliteratur. Anmerkungen zum letzten Kapitel deutscher Literaturgeschichten um 1900. In: Walter Müller-Seidel et al. (Hrsg.): Historizität in Sprach- und Literaturwissenschaft. München 1974; S. 181—204.

5 Vgl. als Dokumentation: Walter Höllerer (Hrsg.): Der Zürcher Literaturstreit. Sprache im technischen Zeitalter 22 (1967) u. die Analysen: 26 (1968). Der Staigerschen Position geneigt: Erwin Jaeckle: Der Zürcher Literaturschock. Bericht. München 1968. Ausgewogen: Kenneth S. Whitton: The "Zürcher Literaturstreit." German Life and Letters 27 (1973/74) S. 142—150.

6 Vgl. die Dokumente bei Höllerer; weiter den Bericht im Vorwort (S. 8) von Manfred Jurgensens Frisch-Festschrift; sogar die verständnisvolle Interpretation von Werner Kohlschmidt: Selbstrechenschaft und Schuldbewußtsein im Menschenbild der Gegenwartsdichtung. Mb-*Stiller* S. 180—194, vermag im *Stiller* nur die "Kümmerform einer großen Tradition" zu erblicken (bezeichnend auch die existentiell getönte Themenformulierung, vgl. E. Endres, FAZ v. 20.8.1977), und Max Wehrli: Gegenwartsdichtung der deutschen Schweiz. In: Deutsche Literatur in unserer Zeit. Göttingen 1959; S. 105—124, vermißt "gültige Symbolik" und "objektive Einsicht" (S. 118) bei Frisch. Vgl. noch Stauffacher u. Schmid. — Zu Frischs poetischer Reaktion im *Stiller* vgl. Frühwald S. 267f.

deutschsprachige zögernd anschließt), geraten diese Schwierigkeiten, welche die eher stiefmütterliche Behandlung nicht allein der Werke Frischs zweifellos mitverschuldeten, überhaupt erst deutlich ins Blickfeld.

Wir können ein pragmatisches Problemfeld von einem methodologischen abgrenzen. Einmal geht es grundsätzlich darum, die literaturwissenschaftliche Arbeit zu lösen von den suggestiven Deutungsvorgaben der Literaturkritik, jetzt, nachdem die einstige Arbeitsteilung weitgehend abgeschafft wurde, ohne deren Gewinne einzubüßen, die eine also in der anderen kontrolliert aufzuheben. Doch zuerst einmal müßte die Materialbasis, ohne die solche methodische Anstrengungen leerlaufen, halbwegs sicher und überschaubar sein. Zu den unausweichlichen Hindernissen, wie sie die Arbeit über ein noch nicht abgeschlossenes Werk, von dem wichtige Teile (wie Briefe u.ä.) unzugänglich sind, stets in Kauf nimmt, treten organisatorische Mißlichkeiten. Doch sind gerade für eine sorgfältige Beschäftigung mit den Werken Frischs die philologischen Voraussetzungen im ganzen so günstig wie bei kaum einem anderen Autor der deutschen Gegenwartsliteratur. Nicht zuletzt ist das der Initiative des Suhrkamp-Verlags, der Frischs Œuvre seit 1950 betreut, zu danken.

1.1. Die sechsbändige Dünndruckausgabe: *Gesammelte Werke in zeitlicher Folge* erschien gleichzeitig mit einer zwölfbändigen, text- und seitengleichen Taschenbuch-Werkausgabe im Frühjahr 1976. Hans Mayer zeichnete als Hauptherausgeber. Diese von Frisch gebilligte und mitgestaltete Auswahl bietet seine sämtlichen Dramen (jeweils, wie alle übrigen Arbeiten, in der Endfassung, was zu einigen unvermeidbaren Ungereimtheiten in der chronologischen Anordnung führte), das erzählerische Werk, ausgenommen die 1937 erschienene Erzählung *Antwort aus der Stille,* von den davor fast verschollenen Feuilletons, die Max Frisch zwischen 1931 und 1939 für die Neue Zürcher Zeitung schrieb, etwa die Hälfte. Bei den übrigen publizistischen Schriften, beispielsweise dem wenig bekannten Komplex von schweiz- und architekturkritischen Veröffentlichungen aus den fünfziger Jahren, verzichtet die Ausgabe nur auf wenige Texte, die der Autor als belanglos verworfen hatte. Zwei wichtige Manuskripte, das Libretto einer "Oper ohne Sänger" um den Gott Hermes – ursprünglich ein Teil des Romans *Mein Name sei Gantenbein ,* (vgl. GW V, 585) –, sowie das Hörspiel *Eine Lanze für die Freiheit* (1954), eine "Versetzung" (N. Frye) des Don Quijote-Mythos in die moderne Schweiz, blieben unauffindbar und sind vermutlich verloren.

Die Mängel des Unternehmens, das von der Kritik im allgemeinen als verdienstvoll begrüßt wurde,[7] darf man gleichwohl nicht verschweigen: die

---

7 Vgl. die Besprechungen von: Jürgen Petersen. ZfdPh 96 (1977) S. 619–623 und Peter Wapnewski. Deutsche Zeitung v. 2.7. 1976.

ebenso berechtigte wie entschiedene Furcht, allzuviel editorische Akribie könne das falsche Bild "Frisch als Klassiker" erzeugen und konservieren, zwang besonders im Anmerkungsteil zu Abstrichen, die der Philologe bedauern muß. So sucht man Hinweise auf Motivparallelen zwischen einzelnen Werken und quellenkundliche Aufschlüsselungen meist vergebens, ebenso Einzelerläuterungen (mundartlicher Ausdrücke etwa), literarhistorische Hinweise und ähnliches, was man im Kommentar einer Leseausgabe sonst erwartet. Sogar Textvarianten und frühere Fassungen konnten nur in Ausnahmefällen *(Chinesische Mauer, Tagebuch 1946—1949, Graf Öderland)* mitgeteilt werden.

Eine Reihe von Materialienbänden, die seit 1978 ebenfalls im Suhrkamp-Verlag erscheinen, sah der Editionsplan freilich von Anfang an vor. Diese füllen einige der genannten Lücken und sollen darüber hinaus den wissenschaftlichen Zugang zu Frischs Werken erleichtern und weitere Beschäftigung fördern. Bereits der erste, 1971 von Thomas Beckermann herausgegebene Band (Über Max Frisch [I]) vereint, wenn auch ohne erkennbare Gliederung, einen Großteil jener frühen Arbeiten, die das "Frisch-Bild" lange bestimmten (u.a. von Dürrenmatt, Heißenbüttel, Kaiser, Mayer, Schmid). Der vom Verfasser 1976 zusammengestellte Fortsetzungsband kann, ergänzend, zu Frischs wichtigeren Arbeiten jeweils mindestens einen Beitrag, außerdem poetologische Studien (von Adolf Muschg, Jürgen Schröder, Christa Wolf) bieten. An Materialienbänden zu einzelnen Werken liegt bisher: Materialien zu *Stiller,* in zwei Teilen vor, außerdem die Sammlungen zu *Andorra* und *Biedermann und die Brandstifter.* Geplant sind weitere Bände zu: *Don Juan oder die Liebe zur Geometrie/Graf Öderland, Nun singen sie wieder/Die Chinesische Mauer, Homo faber;* sie werden in der genannten Reihenfolge erscheinen. Von diesen enthalten vor allem die Bände über *Don Juan, Biedermann* und *Andorra* unveröffentlichtes (oder doch schwer zugängliches) Material (Vorfassungen, Briefauszüge). Schon früher erschienene Deutungsversuche macht auch der voluminöse, von Albrecht Schau 1971 edierte Band: Max Frisch — Beiträge zur Wirkungsgeschichte, bequem zugänglich, obschon die Ordnung nach dem Verfasseralphabet recht merkwürdig anmutet. Eine Sammlung von elf Originalbeiträgen stellt Manfred Jurgensens Festschrift zu Frischs 65. Geburtstag dar, wobei die Themenwahl, welche Frischs späteres Werk und zwar dessen politische Aspekte bevorzugt, vermutlich die gegenwärtigen Forschungsinteressen recht genau spiegelt[8] — eine Vermutung, die von den Beiträgen zum 'Text und Kritik'-Heft über Max Frisch noch bekräftigt wird. Der jüngst von Gerhard P. Knapp sorgfältig betreute Sammelband: Max Frisch. Aspekte des Prosawerks verschafft mit 13 Originalbeiträgen (und 2 Nachdrucken) nicht allein eine Fülle sachkundiger Information, sondern ebensoviel produktive Anregung. Die gründ-

---

8 Sicherlich zu hart die Kritik von Kurt Kahl. FAZ v. 24.12.1977.

lich kommentierte Auswahlbibliographie (S. 309–351) von Mona Knapp rundet das Spektrum ab. Die maßgebliche Frisch-Bibliographie (vollständige Primär- und wissenschaftliche Sekundärliteratur, Auswahl der Literaturkritik) enthält ÜMF II (dort S. 535–567 auch eine erste Forschungsübersicht). Ergänzend sind immer noch die Literaturlisten von Jürgen Petersen (in ÜMF I bis 1976), Thomas Beckermann (in TuK) und Elly Wilbert-Collins (A Bibliography of four Contemporary German-Swiss Authors: Friedrich Dürrenmatt, Max Frisch, Robert Walser, Albin Zollinger. Bern 1967 [manchmal unzuverlässig]) heranzuziehen, außerdem die kommentierten Spezialbibliographien in den einzelnen Materialienbänden und zur Primärliteratur (Vorab- u. Nachdrucke) die gründliche Erfassung durch Daniel de Vin.

1.2. Die früher schon umfangreiche Frisch-Sekundärliteratur wächst inzwischen — und zwar nicht allein im Bereich der literarischen Kritik — beängstigend an, so daß über die kritische bibliographische Sichtung hinaus allmählich auch empirische Rezeptionsstudien zu einem Desiderat der Frisch-Forschung werden. Letztere fehlen fast völlig, obschon Hans Bänziger mehrmals reiches Material vorlegte,[9] und Manfred Durzaks *Andorra*-Kapitel zumindest eine phänomenologische Skizze zur Wirkung dieses Stückes versuchte (S. 219–221), die in meinem etwas polemischen Nachwort zum Materialienband *Andorra* ergänzt und vielleicht auch richtiggestellt wird. Im Hanser-Kommentarband zu *Andorra* und *Wilhelm Tell für die Schule* findet man einen knappen Abriß zu Aufnahme und Wirkung dieser Texte (S. 74–82; 108–112). Den Aufwand einer gründlichen empirischen Untersuchung mußten Wolfgang Frühwald und ich uns in diesem Rahmen freilich versagen. Eine solche, von Helene Karmasin, Marianne Wünsch und mir durchgeführte Enquete enthält dann der *Stiller*-Materialienband. Danach begrenzt die meist nur inhaltlich aufgefaßte Textbedeutung lediglich die von mehr oder minder komplexen sozio-psychologischen Mechanismen gesteuerte Sinnerzeugung im Akt des Lesens — und dies gilt für die mit inhaltsanalytischer Methodik nachgewiesenen Deutungsraster, welche den Zwängen der institutionalisierten Gattung "literarische Kritik" gehorchen,[10] ebenso wie für die mittels einer Fragebogenaktion erschlossenen "spontanen" Reaktionsschemata naiver Leser. In: Le spectateur au théâtre.

---

9 In den Anmerkungen zu seiner Monographie, sowie den beiden Kapiteln: Andorra und die Welt (S. 76–93), *Tagebuch II* und die Presse (S. 94–107) seiner Aufsatzsammlung.

10 Weitreichend die These S. 525: "Das Feuilleton als Institution stellt sich genau die Aufgabe, die der Kritiker für sich als Person zu lösen versucht: die Irritation durch Kunst nicht zum Dissonanzproblem werden zu lassen." – Und die Folgerung S. 528: "Gerade an die gängigen Denkmuster, die das Werk erschüttern will, appelliert die Kritik." Von anderen Voraussetzungen her ähnliche Ergebnisse bei Schneider, z.B. S. 103.

Recherche d'une methode sociologique d'après *M. Biedermann et les incendiaires* erzielten Raymond Ravar und Paul Anrieu den unseren weitgehend analoge Ergebnisse: Es gelingt diesem "Lehrstück ohne Lehre" offenbar nicht, seine politisch-pädagogischen Absichten durchzusetzen gegen das Publikumsverlangen nach schwankhafter Komik. Die literarische Kritik neigte, gerade angesichts des *Biedermann,* dazu, sich weltanschaulich festzulegen, voreilig und entsprechend kontrovers (hierzu vgl. Mb. *Biedermann* S. 13). Pointiert ideologiekritisch deckte Peter Schneider "Mängel der gegenwärtigen Literaturkritik" (zum Roman: *Mein Name sei Gantenbein*) auf.[11] Seine subtile, nicht "empirische," sondern "hermeneutische" Analyse weist in "Aufbau und Sprache" der behandelten Kritiken drei aufdringliche Mängel nach: inneren Widerspruch, falsche Zwangsläufigkeit und Unentschiedenheit (vgl. S. 113). Schneider folgert, in diesen — trotz allem wertungsfreudigen — Kritiken ließe der Standpunkt des Urteilenden sich deshalb so schwer ausmachen, weil hier des Kritikers "subjektiver Begriff am Gegenstand als Begriff des Gegenstandes" scheinobjektiv durchgesetzt wurde (Nemec S. 442), und er fordert deshalb den Übergang von einer Werk- zu einer Gesellschaftsästhetik.

1.2.1. Auch wenn man diesen Schluß nicht mitvollziehen mag, stellt sich die Frage nach dem richtigen Verhältnis zwischen literarischer Kritik und Literaturwissenschaft doch drängend und verschärft durch den Sachkern von Schneiders Befund. Denn es läßt sich nun eine zunächst verborgene Gleichartigkeit jener sich in Zürich entrüstet befehdenden Ansichten beobachten, die in ihrer grundsätzlichen Überschätzung der subjektiven Weltanschauung des Urteilenden gegen den Anspruch und die Rechte des Objekts doch einig waren.[12] Von Anfang der fünfziger bis Ende der sechziger Jahre sah die deutsche literarische Kritik ihre Aufgabe darin, das jeweils neue, beunruhigende Werk vertraut erscheinen zu lassen, indem sie das Ungewohnte an bekannte Erwartungen und Erfahrungen, literarische wie umwelt-

---

11 An prominenten Beispielen; den *Gantenbein*-Kritiken von: Reinhart Baumgart, Hans Mayer, Helmut Heißenbüttel, Günter Blöcker, Marcel Reich-Ranicki.

12 Die Frage bleibt auf der pragmatischen Ebene. Eine systematische Bestimmung dieses Verhältnisses wird hier weder angestrebt, noch wäre sie für unsere forschungsgeschichtliche Aufgabe dienlich. Als Literaturkritik wird beschrieben, was als Literaturkritik galt; bei der Entscheidung halfen die Kriterien: Hauptarbeitsfeld des Verfassers, Erscheinungsort, Erscheinungsdatum, Eigenarten des Beitrags (Länge, Leserbezug, explizite oder implizite Argumentation, wertende Haltung usw.). Weiteres bei: Friedrich Nemec: Tendenzen der Literaturkritik seit 1945. In: Rudolf Radler (Hrsg.): Die deutschsprachige Sachliteratur. München (= Kindlers Literaturgeschichte der Gegenwart) 1978; S. 429–457; Heinz Ludwig Arnold: Über die Vergangenheit der alten und die Notwendigkeit einer neuen Literaturkritik. In: H. L. A.: "Brauchen wir noch die Literatur?" Düsseldorf 1972; S. 26–40; Walter Höllerer: Zur literarischen Kritik in Deutschland. Sprache im techn. Zeitalter 1 (1961) S. 153–164.

liche, anschloß und anglich, Literatur mithin in eine durch die "Autorität" des Kritikers garantierte "Epochenerwarung" einfügte.[13] Im allgemeinen entspricht dieser mindestens eine der vielen Bedeutungsschichten des Dichtwerks, welche man dann im gleichen Maße bevorzugte, wie die übrigen vernachlässigt wurden. Der Gehalt von Frischs Romanen und Dramen – vom Ehethema bis zum Identitätsproblem – lud freilich zu solch partikulärer, stark von Identifikationsbedürfnissen geprägter Erkenntnis ein. Häufig avanciert in dieser unbewußt angenommenen "Ästhetik der Nachahmung," die Artistik gegen bare Realität und Botschaften des Autors einwechselt, eine Personenperspektive dann zum Autorkommentar. Der erste starke Eindruck verselbständigt und generalisiert sich im versöhnlichen Diskurs zwischen Kritiker und Leser, so daß die notwendige Frage nach den Bedingungen des Werkes, gesellschaftlichen und literarischen, überflüssig scheint und abgeblendet wird. Vor allem die Begriffe "Schuld," "Tragik" und "Mythos" wirken hier als Katalysator für das Verschwinden der Zeit in dem Kunst-Raum, wo manche Kritik sich gerne ansiedelte. Langsam bildet sich während solcher Aneignung eines Oeuvres die sog. "Autorerwartung" heraus, die Max Frischs recht bald als "Schweizer Moralisten" identifizierte, da ja – nach Walter Höllerers ironischer Kategorienbildung – der "echte Anliegen-Typ," welcher sich mit dem Werk als Beleg moralischer Normen befaßt, dies Frisch-Bild prägte (vgl. Ernst Wendts Einleitung zum Mb-*Andorra*).

Die frühesten Studien mit wissenschaftlichem Anspruch übernahmen vom literaturkritischen Essay das Interesse am Einzelwerk, vermitteln jedoch meist jenen existentiell getönten Deutungsansatz mit gründlichen Strukturuntersuchungen, während die trotz allem nützlichen Vergleiche mit dem Werk anderer Autoren eher typologisch ausfielen und vom Schatz literarischer Allgemeinbildung zehren. Die Monographien von Hans Bänziger und Ulrich Weisstein fassen die Ergebnisse dieser Richtung gültig zusammen, Weisstein entschiedener interpretierend, während Bänzigers Arbeit ihre bisher kaum übertroffene Materialfülle immer wieder auf Frischs Lebensproblem: "Die Schweiz als Heimat" bezieht. –

Einige Arbeiten seit Ende der sechziger Jahre akzeptieren noch den von der Literaturkritik erst geschaffenen Erwartungshorizont, um Frischs Werk, dem sie Privatismus und perspektivelose Entwicklungsscheu vorwarfen, streng zu tadeln, obschon die Kritik doch eher jenen falschen Erwartungshorizont traf, ihn so von innen her zerstörend. Bevorzugtes Forschungsobjekt war Frischs "politisches Theater," dem eine fast epigonale Abhängigkeit von Bertolt Brechts Schaffen nachgesagt wurde. Die einflußreichste Monographie, bezeichnenderweise auf die Dramen eingeschränkt, hatte

---

13 Die Termini "Autorerwartung" und "Epochenerwartung" führt ein: Karl Robert Mandelkow: Probleme der Wirkungsgeschichte. Jahrbuch für Internationale Germanistik 2 (1/1970) S. 71–84.

Manfred Durzak vorgelegt,[14] dessen scharfe Kritik an der herkömmlichen
Identitäts- und Ehethematik eine Neubesinnung provozieren mußte. Jürgen
Schröders poetologischer Essay, desgleichen Manfred Jurgensens programmatisch textnahe, poetologische Bezüge dennoch nicht ausklammernde
Interpretationen hatten diese bereits eingeleitet und seitdem setzte sich, vom
Spätwerk und den Tagebüchern ausgehend, eine Forschungsrichtung durch,
die genaue Formanalysen mit literarhistorischer Interpretation verbindet, so
daß die existentielle Grundschicht von Frischs Werken weder voreilig als
einzig wesenhaft gefeiert, noch unduldsam geleugnet wird, sondern als Anlaß
von Frischs Ironie und metaphorischer Fluchtpunkt sich enthüllt. Eine
entsprechende Darstellung des Gesamtwerks fehlt vorläufig, und weiterführende sozial-historische Arbeiten liegen – soweit ich sehe – noch nicht vor.[15]

2. Beispielhaft läßt sich die eben skizzierte Reihe: Nachfolge, Ablösung und
Aufhebung (wenn wir die Phasen wachsender Selbständigkeit der literaturwissenschaftlichen Bemühung einmal so vereinfacht benennen wollen) in der
Aufnahme des *Homo faber*-Romans verfolgen. Weil außerdem bei diesem
Nachfolgetext des *Stiller* eine ganze Anzahl schon erprobter Antworten nur
auf kritische Fragen wartete, um sich als wiederkehrende Rezeptionsmotive
zu etablieren, verdient das Beispiel, daß wir es etwas genauer ausführen.[16]

2.1. Vor dem *Homo faber* hatte Max Frisch außer seinem Roman *Stiller*
sechs Theaterstücke veröffentlicht, die ihn über den deutschen Sprachraum
hinaus bekannt gemacht hatten. Man wußte also, was von diesem Autor zu
erwarten war. Zunächst Konstanz der Themen: "Das Problem bleibt stets das
gleiche, die Situationen verändern sich nicht." Wie die Thematik sich selbst
gleich bleibt, so sind auch Autor und Werk identisch.[17] Die Klischees, mit

---

14 Klaus L. Berghan überbietet in seiner Besprechung, Basis 4 (1973) S. 278–283,
    Durzaks kritischen Ansatz, wenn er diesem seinerseits "mangelnden historischen
    Sinn" vorwirft. Indessen folgt der gerügte "Verzicht" auf "historische Detailfülle"
    notwendig aus der Forschungssituation. Dies zugestanden, klingen Durzaks pauschale
    Thesen über Frischs politische Enthaltsamkeit doch etwas apodiktisch. Vgl. Anm. 48,
    50, 52.
15 Vgl. unten S. 495. – Hinzuweisen bleibt auf drei didaktische Arbeiten, die ihrem
    wissenschaftlichen Anspruch gerecht werden: Franz Josef Hüning: Pluralistische
    Textanalyse als kooperative Unterrichtsform. Dargestellt am Beispiel von Max Frischs
    Andorra, 1. Bild. Mb-*Andorra* S. 261–276. [Zuerst: Der Deutschunterricht 25
    (1973)]. – Elisabeth Bauer: Max Frischs *Stiller*. Vorschläge zur Erarbeitung im
    Unterricht. Mb-*Stiller* S. 619–643. – Eduard Schaefer: Don Juan in der Schule.
    Literaturdidaktische Überlegungen zu Max Frischs Komödie. In: E. S. (Hrsg.):
    Lerngegenstand: Literatur. Lili, Beih. 5. Göttingen 1977; S. 59–71.
16 Die folgenden verkürzten Formulierungen raffen das Ergebnis einer "content-
    analysis" (vgl.: Gernot Wersig: Inhaltsanalyse. Berlin 1968) der in meinem *Homo
    faber*-Kommentar S. 152f. verzeichneten Kritiken, also eines nahezu vollständigen
    Korpus. Ich gebe jeweils nur einen oder zwei typische Belege.
17 Zitat: Walter Jens. Die Zeit v. 9.1.1958. – Werner Weber. Neue Zürcher Zeitung v.
    26.10.1957.

denen — unterschiedslos — Max Frisch und seine Werke bedacht wurden, lagen 1958 schon parat: Wir haben es mit einem wichtigen, jedenfalls beachtenswerten, weil zeitkritischen und ehrlichen Autor zu tun,[18] dem man um dieser guten Eigenschaften willen gelegentliche Rückfälle in die Kolportage nachsehen muß.[19]

Die zeitkritische Grundhaltung eines moralistischen Autors läßt auch von seinem *Homo faber* die Antwort auf brennende Gegenwartsfragen erhoffen, und die Hoffnung wird nicht getäuscht. Die massive Epochenerwartung richtet sich einseitig am kulturpublizistisch wiederbelebten Vorbild der antiken Tragödie aus: Unbehagen an der Technik und "Hunger nach dem Mythos" (Th. Ziolkowski) verdrängten abweichende Ansätze ins Ephemere. Da kaum eine Kritik sich mit der künstlerischen Form befaßte, erschienen die vom Autor bloß als Stoff benutzten Klischees — das Repertoire im Sinne Wolfgang Isers (Der Akt des Lesens. München 1976) — als die eigentliche Aussage des Romans: Eine Abrechnung mit der Technik und dem kalten Intellekt, die Rehabilitierung des Mythos und der Seele — das waren die Leitgedanken vieler Rezensionen.[20] Jene Zeitkritik, die man von Frisch erwartete, fand sich in Fabers Absage an den "American Way of Life;" der "Faber," der umgetriebene Mensch der Neuzeit, lernte nach dieser Auffassung von Hanna, die den Kontakt zur Tiefendimension menschlichen Seins noch nicht verloren hatte, die traditionell humanen Werte neu schätzen[21] und mit ihm der gleichgesinnte Leser. Diese "Tragödie des technischen Zeitalters" sollte nämlich nach dem Willen der Literaturkritik bei ihm eine Katharsis bewirken.[22] Epochenerwartung und Wertung verschränken sich unauflöslich. So moniert z.B. Friedrich Sieburg die "kokette und gesprächige Selbstdarstellung des Ingenieurs" und Hans Daiber schließt kurz und bündig: "Ist dieses Buch auch kein Kunstwerk, so ist es doch ein großes Kunststück."[23] Die Kritik urteilt über den Protagonisten, nicht über den Roman. Weder die Möglichkeit, Faber sei nicht identisch mit der Rolle jenes Technikers, wurde erwogen, noch kamen Zweifel auf, ob die mythische Kunst-Gegenwelt nicht auch zum Unheil beitrage. Vielmehr triumphierten im Gespräch über das Werk die Wertungen, die Stoff des Werkes waren.

Die Literaturwissenschaft wich der Wertungsfrage aus und hatte vielleicht deshalb keinen Anlaß, die vorgegebenen Deutungsmuster zu revidieren. Meist

18 Friedrich Sieburg. FAZ v. 26.10.1957. — Georg Hensel. Darmstädter Echo v. 6.12.1957.
19 Jost Nolte. Die Welt (Essen) v. 26.10.1957.
20 Konrad Farner. Die Weltbühne 1958. — Karl Silex. Bücherkommentare v. 20.11.1957. — Wilhelm Westecker. Christ und Welt v. 5.12.1957.
21 Karlheinz Kramberg. Süddeutsche Zeitung v. 19.10.1957. — Albert Hauser. Aargauer Volksblatt v. 1.2.1958.
22 Nolte, Westecker, Weber.
23 Deutsche Zeitung (Stuttgart) v. 6.11.1957.

weitete man lediglich die Inhaltsbezüge aus, stufte den platten Gegensatz zwischen Technik und Schicksal hoch zum Widerstreit von Ratio und Geist,[24] verbreiterte freilich auch die Materialbasis. Im Strukturprinzip der Reise ergänzt sich das Sinnspektrum des Romans um die Raumsym폴ik,[25] wie ja auch Fabers Lebensgestaltung typisch amerikanisch-zivilisatorische Züge aufweist, mit denen die alteuropäische Kultur kontrastiert. Sein Verhältnis zur Natur chiffriert nur eine tiefere Störung der Vitalsphäre, seiner Einstellung zum Leben und zu den Menschen, aber auch zu Alter und Tod, so daß er vor der Aufgabe, sein Leben vom Tode her als "Gestalt in der Zeit" zu gewinnen, schuldhaft versagt.[26] Die meisten Interpreten ließen diese Ansicht Hannas als Autorkommentar gelten und damit auch Hannas Prämisse, wonach Faber *wesensmäßig* ein Techniker ist.[27] Unter dieser Voraussetzung handelt der Roman von der Rache eines immer noch mythisch gedachten Absoluten, des Schicksals, am homo faber. Den Preis zahlt Walter Faber mit seinem verpfuschten Leben. Kurz zuvor, auf Cuba, ahnt der Todgezeichnete freilich noch jenes rauschhafte "wirkliche Leben," das er versäumt hatte, und dieses Schlüsselerlebnis wandelt den Verstockten und läßt ihn zuletzt seine Schuld einsehen.[28] Günther Bicknese vertrat sogar die Ansicht, mit der Cuba-Episode gestalte Frisch eine Utopie des künftigen Friedens: Amerika (Faber) habe abgewirtschaftet, Europa (Hanna) sich verbraucht, jetzt sei die Reihe an den farbigen Völkern der Dritten Welt, mit ihrer unverbrauchten Lebenskraft die Erde zu erneuern.[29] Solch ein flach vitalistisches Deutungsschema wurde anscheinend aus der Forschung zur Literatur der Jahrhundertwende übertragen[30] und stempelte Frisch zwangs-

---

24 So etwa Hans Geulen. Ähnlich auch Jurgensen S. 101–176. Die kursorische Erwähnung hier wird diesen Arbeiten nicht gerecht, vgl. beispielsweise zu Geulen die sehr positive, zutreffende Rez. v. H. Regensteiner. MLR 61 (1966) S. 734f. Hier geht es um die "Standardinterpretation" der (populären) Gesamtdarstellungen, Überblicksartikel, Literaturgeschichten. Soweit mir bekannt, bleiben solche Arbeiten zu Frisch im großen und ganzen auf dem existentiell-moralistischen Argumentationsniveau. Eine Besprechung hier erübrigt sich deshalb.

25 Vgl. Gerd Hillen: Reisemotive in den Romanen von Max Frisch. Wirkendes Wort 19 (1969) S. 126–133. – Schmitz S. 24f.

26 Vgl. (bes. zum Antiamerikanismus): Ursula Roisch: Max Frischs Auffassung vom Einfluß der Technik auf den Menschen – nachgewiesen am Roman *Homo faber*. ÜMF I; S. 84–109 [Zuerst: Weimarer Beiträge 13 (1967)]. – Weiter die ausgezeichnete Studie von Gerhard Kaiser: Max Frischs *Homo faber*. ÜMF II; S. 266–280 [Zuerst: Schweizer Monatshefte 38 (1958/59)]. – Geulen S. 64.

27 Vgl. Jurgensen S. 163f., 168. – Ferdinand van Ingen: Max Frischs *Homo faber* zwischen Technik und Mythologie. Amsterdamer Beiträge zur neueren Germanistik 2 (1973) S. 63–81.

28 Laut Kaiser S. 273f.; Geulen S. 75–82; Michael Butler: Zum Problem der Exzentrizität in den Romanen Max Frischs. TuK S. 13–26; in der späteren Monographie S. 97 hingegen betont Butler die "Unwirklichkeit" der Cuba-Szene.

29 Zur Rolle Amerikas in Frischs *Homo faber*. German Quarterly 42 (1969) S. 52–64.

30 Z.B. aus der Thomas-Mann-Forschung; vgl. Schmitz S. 55.

läufig zum Epigonen, ein Vorwurf, den Reinhold Grimm und Carolyn Wellauer[31] pointiert vorbrachten: "Max Frischs bürgerliche Romanhelden sind" in dieser Sicht, die konkret gesellschaftsverändernde Ansätze sucht, aber den eingeübten Blickwinkel selbst nicht ändert, bloß "Heimkehrer ins einfache Leben." (S. 295)

Obwohl bereits Hans Geulen, dann Ferdinand van Ingen und Michael Butler eine Neubewertung der "mythischen" Substanz als mythologisches "Spielelement" vorschlugen,[32] setzte solche Abwandlung keineswegs ein Paradigma außer Kraft, welches für Einzelstudien noch einen durchaus brauchbaren Rahmen abgab. So geht Klaus Haberkamm sorgfältig der "Verkehrsmittel"-Symbolik[33] im *Homo faber* nach, identifiziert Marcel, der das Lied vom "petite navire," dem Lebensschiff, singt, als eine Hermesgestalt, hält aber trotzdem, wie sogar van Ingen, an dem überlieferten unausgewogenen Zweischichtenmodell, wonach das mythische Substrat mit der technischen Verirrung abrechnet, fest. Zwei Aspekte des Romans bleiben so unerklärlich: die souveräne Zitatmontage und die wahre "Rolle der Hanna Piper."

2.2. Gerhard Friedrich zeigte – eine Anregung Gerhard Kaisers aufnehmend (S. 277f.) –, daß Schuld im *Homo faber* keineswegs einseitig zudiktiert wird. Vielmehr verschulde jede der beiden Hauptpersonen die Schuld der anderen: eine offenbar typische Verschränkung, da sie auch im *Stiller* und *Andorra* vorkommt.[34] Obwohl Hanna und Faber sich ihre Verfehlungen noch gestehen, bleibt die späte Einsicht steril, ohne lebensgestaltende Kraft. Auch die Nachprüfung der literarischen Tradition, das Kernstück meines *Homo faber*-Kommentars, mündet in ein Symmetriepostulat für diesen Roman: die gleichwertigen antagonistischen Bereiche des Nur-Männlichen/ Nur-Weiblichen (ebenso: Nur-Technik/Nur-Mythos, Nur-Amerika/Nur-Europa) entpuppen sich als je tödliches Rollenbild, dem Sabeth, das Kind

---

31 Vgl. unten 4.2. – Ebenso kurzsichtig behandelt im ablenkenden Vergleich mit Döblins *Berlin Alexanderplatz* Gisbert Ter-Nedden (S. 170–173) den *Hf:* Allegorie und Geschichte. Zeit- und Sozialkritik als Formproblem des deutschen Romans der Gegenwart. In: Wolfgang Kuttenkeuler (Hrsg.): Poesie und Politik. Stuttgart (= Sprache und Literatur 73) 1973; S. 155–183.

32 Noch zögernd Geulen S. 96–98; dann van Ingen S. 74, Butler S. 117–120. Sehr treffend Pütz S. 129: "Der Mythos erscheint nicht als Ausweg aus der Mathematik, sondern ist deren perfektes Ergebnis" – beide Resultat des Rollenlebens.

33 Zum Lebensschiff vgl. Max Gassmann: Max Frisch. Leitmotive der Jugend. Zürich (= Phil. Diss.) 1966; bes. S. 52–54. Zum Motivkomplex "Jugend, Aufbruch, Sehnsucht": Markus Werner. Bilder des Endgültigen, Entwürfe des Möglichen. Zum Werk von Max Frisch. Bern (= Europäische Hochschulschriften I, 111) 1975. – Eine genaue Darstellung fehlt noch. – Zum Gegenbild, dem Auto, vgl.: Charles H. Helmetag: Das Bild des Autos in Max Frischs *Stiller*. Mb-*Stiller* S. 286–297 [Zuerst: Germanic Review 47 (1972)].

34 Vgl. Frühwald, z.B. S. 258f.; Frühwald/Schmitz S. 68–72 und meinen *Andorra*-Aufsatz.

(d.h. bei Frisch: die Zukunft) zum Opfer fällt (die hier gedoppelte Mörder-Opfer-Konfiguration ist ebenfalls Frisch-typisch).[35] Während seines Cuba-Aufenthalts wandelt sich Faber nicht, sondern verfällt aus blinder Rationalität dem ebenfalls einseitigen Regress in vorrationale "Lebens"-Verherrlichung (Frisch ironisiert hier seine eigene frühere Sehnsuchtsmetaphorik), während die Mitte zwischen diesen Extremen weiterhin leer bleibt: eine "Diabolie des Gegensätzlichen" (S. 129), welche Peter Pütz' glänzende Studie über das "Plötzliche" und das "Übliche" im *Homo faber* bis in die mikrostrukturellen Feinheiten des Erzählens verfolgt. Das gezielte Traditionszitat schließlich belegt die Rollenhaftigkeit der Existenz, da Hannas und Fabers Welt-Bild kunstvoll aus den seit Nietzsche geläufigen Floskeln moderner Weltanschauung montiert ist, und zwar aus den jeweiligen Argumenten gegen die Sache, welche der Protagonist verfechten möchte. In Frischs artistischem Kalkül ist das tödliche Scheitern dieser erstarrten Entwürfe – sofern der Leser das Spiel des Autors mit seinen Geschöpfen durchschaut[36] – längst vorprogrammiert. Zugleich schert der Roman aus der geschlossenen Traditionskette aus und reflektiert den Prozeß der Traditionsbildung selbst, so daß die Literatur Frischs als vernichtende Bestandsaufnahme eines literarisierten Bewußtseins erscheint. Das feuilletonistische Verfahren, unter dem lebensweltlichen Horizont der Epochenerwartung das Werk zu verstehen, bringt also wichtige Teilergebnisse, greift aber notwendig zu kurz, wo seine eigenen kulturellen Prämissen nicht mehr Grenze, sondern Gegenstand der literarischen Erkundung sind.

3. Gerade das überdeutliche Bekenntnis zur kulturgeschichtlichen Verwandtschaft verwies die *Stiller*-Deutung lange auf den existentiellen Gehalt dieses Komplementärromans[37] zum *Homo faber*. Das allzu plakative Kierkegaard-Motto, welches Frisch seinem Buch als "Lesehilfe" vorangestellt hatte, schlägt sogleich das Thema der Selbstwahl und Befreiung des Selbst an, müßte also stutzig machen.

3.1. Hans Mayers These: "Das Motto des Romans nämlich [...] gibt keineswegs den Schlüssel ab für das Romangeschehen und sollte durchaus nicht als Kommentar des Autors zu seinem Buch betrachtet werden," fand jedoch vorerst wenig Beifall und viel Widerspruch.[38] Philipp Manger etwa urteilt in seiner Studie über: Kierkegaard in Max Frischs Roman *Stiller,* recht lapidar: "Es scheint etwas unsinnig, daß ein Romancier für sein Buch ein Motto wählen sollte, das dessen Inhalt genau entgegengesetzt ist." (S. 221)

---

35 Erster Hinweis bei: Hans Rudolf Hilty: Tabu *Andorra.* Mb-*Andorra* S. 119. Zuerst: DU 22 (5/1962).
36 Zur These vom "Leser als Mitspieler" im *Stiller* vgl. Wünsch S. 591–593, Frühwald S. 258, 262 u. 267, schließlich meine Einführung zum Mb-*Stiller*, bes. S. 22. Vgl. 5.5.
37 Vgl. Mayer S. 38, Schmitz S. 89. – Siehe auch Anm. 46.
38 Kritik z.B. bei Weisstein; gründlich: Stemmler S. 48–51, 59f.

Freilich ist nicht stets der Autor auch sein bester Interpret. — In Mangers bestechend klarer Nachzeichnung entfaltet der Roman *Stiller* in wechselnder Beleuchtung das Leben Stillers und durchmißt dabei die ersten beiden von Kierkegaards *Drei Stadien auf des Lebens Weg,* das ästhetische und das ethische. Jenes erste wird durch Frischs, von Mary E. Cock[39] genauer bestimmte "characteristic 'dual' narrative technique" (S. 825) eingefangen, die bis zum kategorischen "Entweder/Oder" der Wahl zwischen Selbstmord und Selbstannahme führt, wobei Stillers "verzweifelte" Aufzeichnungen die Wahl-Möglichkeit zurückholen und er bei der Wiederholung das Richtige, sein Selbst, wählt, als Erzähler folglich verstummt. Den scheinbaren Formbruch zwischen den beiden Teilen des Buches rechtfertigt der Inhalt. Ebenso konsequent bricht das Buch ab, bevor Julikas Tod, die zweite große Krise im Leben des Bildhauers, dann Stiller ins tief einsame religiöse Stadium stößt, und "läßt uns mit einer Frage zurück" (S. 236). Wolfgang Stemmlers umfangreiche Dissertation ergänzt Mangers etwas schematische Deutungskategorien noch um den Kierkegaardschen Begriff des paradoxen "Diesseitswunders" für jene unabdingbare freie Wahl eines gebundenen Selbst, die der "Engel" verlangt. Die Vorliebe der Interpreten für eine bestimmte Figurenperspektive, in diesem Fall Rolfs, des Staatsanwalts, zweifellos attraktives Erklärungsangebot,[40] das Unbehagen an der "leeren Mitte," die hier mit dem Engel besetzt wird (vgl. Stauffacher S. 59), begegneten uns schon in der Forschung zum *Homo faber*-Roman als Erbe der Literaturkritik. Der Verweis auf Kierkegaard ist denn auch eher typologisch gemeint als literarhistorisch ausgeführt. Die innere Nähe von Frischs Existenzerfahrung — deren "geheimnisvolles Zentrum" (Stemmler S. 21) das Verbot, sich ein "Bildnis" zu machen sei — zu Kierkegaards Philosophie rechtfertigt den Vergleich und verwischt die Grenzen zu solchen Arbeiten, in denen mit geringem Abstand zu Frischs früher, romantisch-moralistischer Weltanschauung die schwierige Erlebnislage der Romanfiguren nachempfunden wird. Monika Wintsch-Spiess (S. 93) hatte betont, daß gerade "die Forderung an den einzelnen [. . .] eine feststellbare Identität vorzuweisen [. . .] das Problem der Identität" ausmacht. Eine

> festgelegte und somit falsche Interpretation seiner selbst durch die Umwelt führt für Stiller dazu, daß der lebendige und das heißt gleichzeitig der gewandelte und sich wandelnde Mensch fremd und beziehungslos einem erstarrten Bildnis gegenübersteht, in das er gewaltsam zurückverwandelt werden soll, und daß er verzweifelt um seine neue lebendige Wirklichkeit kämpft —

---

39 Ähnlich im *Homo faber,* vgl. Schmitz S. 25—30. — Leider verfolgt M. Cock: The presentation of personality in the novels of Max Frisch and Uwe Johnson. Oxford (= Phil. Diss.) 1975, diesen Ansatz nicht weiter. Vgl. Anm. 64, 71 u. 56.

40 Vgl.: Michael Butler: Rolf: Die Zweideutigkeit der Ordnung. Mb.-*Stiller* S. 195—200 [Zuerst: Butler S. 82—87].

In den Worten des *Stiller*-Mottos aus *Entweder/Oder* (GW III, 361):

−: indem die Leidenschaft der Freiheit in ihm erwacht [. . .] wählt er
sich selbst und kämpft um diesen Besitz als um seine Seligkeit, und das
ist seine Seligkeit.

Wenn man eine "Lehre" der Denkbewegung des ersten *Tagebuchs*
abpreßt, wird das Resultat dem Vergleich mit philosophischen Vorbildern
kaum standhalten. Die Brüchigkeit der "Bildnistheorie," mit der letztlich
nichts anderes als männliche "Flucht vor sich selbst" kaschiert werde,[41] läßt
sich leicht beweisen, wie auch der

fundamentale Widerspruch im non-fiktiven Werk Frischs zwischen
einerseits existentialistisch-ethisch klingenden Postulationen, die den
Einzelnen zur persönlichen Entscheidung und Verantwortlichkeit auffordern, und [. . .] Formulierungen, die eine moralische Unverbindlichkeit
apologieren,

vor dem Ernst der Kierkegaardschen Wahrheitssuche nicht bestehen kann.[42]
Joergen Kjaer hat daher mit Recht die sonst unterstellte, fraglose Verknüpfung von Selbstannahme und Bildnisverweigerung attackiert:

Die augenfällige Pervertierung des existentiellen Gehalts der Bildnispro-
blematik, die darin besteht, daß die Problematik hauptsächlich von seiten
des Opfers [z.B. Stillers] dargestellt wird und daß nur ausnahmsweise und
am Rande die Verantwortung des Opfers erwähnt wird, [entlarvt] die
Bildnislehre als apologetisches Manöver, das das eigene moralische
Versagen entschuldigen

und einen "primären ästhetischen Immoralismus (einer Romantik der
Lebenspotenz und des euphorischen Erlebnisses)"[43] decken soll.
3.2. Tatsächlich galten die verstreuten Gedanken über "Liebe" und
"Bildnis," die Max Frisch in einigen Tagebucheinträgen und in den
Anmerkungen zu "Als der Krieg zu Ende war" vorgetragen hatte,[44] als
probater Schlüssel für die meisten von Frischs Werken aus der *Tagebuch-*

---

41 Marie-Luise Ehrhardt: Auf der Suche nach Identität oder die Gartenlaube für
    Männer. Eine Bemerkung zum Werk von Max Frisch. In: Hermann Horn (Hrsg.):
    Entscheidung und Solidarität. Festschrift für Johannes Harder. Wuppertal 1973;
    S. 201–204.
42 So der katholische Kritiker Paul Konrad Kurz: Identität und Gesellschaft. Die Welt
    des Max Frisch. In: P. K. K.: Über moderne Literatur II. Frankfurt 1969;
    S. 132–189. − Differenzierter: Joergen Kjaer. Zitate aus dem Selbstreferat im
    Mb-*Stiller* S. 658f.
43 Vgl. die sorgfältige Analyse des "Lebens" im *Stiller* bei Wünsch S. 568–578, die
    Kjaers These durchaus bestätigt; dazu den Hinweis auf das ironisch aufgehobene
    vitalistische Erbe in meiner Einführung zum Mb-*Stiller*. − Material bei Gassmann u.
    Werner.
44 Vgl. die Zusammenstellung im Mb-*Andorra* S. 69–71.

dominierten Schaffensperiode, also von *Santa Cruz* bis *Andorra*. Unter "Bildnis" ist ein starrer, unveränderlicher, "liebloser" Entwurf zu verstehen, der sich die lebendige Erfahrung unterwirft und so nicht allein die Mitmenschen entwürdigt, indem ihnen die Möglichkeit und das Recht zu Wahl und Wandlung nicht zugebilligt werden, sondern die Nächsten auch prägt: Bildnis ist Fixierung für die Zukunft.[45] Die entsprechenden Formulierungen des *Tagebuchs* wurden im fiktionalen Werk zweimal, im *Stiller* (von Julika) und in *Andorra* (vom Pater) zitiert. Da sie auf die soziologische Rollentheorie und Stereotypenlehre, sowie auf historische Querverbindungen zur Existenzphilosophie deutlich verweist,[46] verspricht die "Bildnislehre," wenn man sie diesem weiteren Kontext eingeordnet und genauer gefaßt hat, einerseits wertvolle Anregungen für die Suche nach einem methodischen Ansatz, andererseits bietet sie, weil Gestaltungsprinzipien des fiktionalen Werkes sich hier mit Leitsätzen des essayistischen überblenden (vgl. Richter S. 57 u. Anm. 59: Seeba), poetologischen Untersuchungen einen günstigen Einstieg.

4. Weil die Geschichte vom *Andorranischen Juden*[47] im *Tagebuch 1946–1949* zum Komplex der "Bildnis"-Einträge gehörte, vermutete man, das Stück *Andorra* sehe eine Ursache des antisemitischen Massenmords im lieblos-tödlichen Vorurteil, dem Bildnis, das sich "Andorraner" vom Juden schufen. Da jedoch die beiden "Parabeln" *Andorra* und *Biedermann und die Brandstifter* das "politische Theater des Max Frisch" ausmachen, versuchte die Forschung aufzuzeigen, wie Frisch das Öffentliche in seinem Werk auf das Private beziehe und die beiden recht und schlecht versöhne.[48]

---

45 Eine zusammenhängende Darstellung fehlt; vgl. vorläufig Teil I von Werners Veröffentlichung und (bis zum *Stiller*): Derrick Barlow: "Ordnung" and "das wirkliche Leben" in the works of Max Frisch. GLL 19 (1965/66) S. 52–60.

46 Vgl. die Skizze von William G. Cunliffe: Existentialistische Elemente in Frischs Werken. ÜMF II; S. 158–171 [Zuerst: Monatshefte 62 (1970)] sowie, mit stärkerer Betonung des Kierkegaard-Einflusses, seinen Essay: Die Kunst, ohne Geschichte abzuschwimmen. Existentialistisches Strukturprinzip in *Stiller, Homo faber* und *Mein Name sei Gantenbein*. In: Knapp (Hrsg.); S. 103–122. Gründlicher: Peter Ruppert: Existential Themes in the Plays of Max Frisch. University of Iowa (= Phil. Diss.) 1972. Vgl. Anm. 68. – Zur Stellung zwischen Ex. phil. u. Soz. ps. vgl. bes. Frühwald/Schmitz S. 37–45; außerdem: Jautrite Milija Salins: Zur Wirklichkeitsdarstellung in Max Frischs Werken. Rutgers, The State University (= Phil. Diss.) 1968.

47 Vgl.: Albrecht Schau: Modell und Skizze als Darbietungsformen der Frischschen Dichtung dargestellt an *Der andorranische Jude*. In: Studies in Swiss Literature. Brisbane 1971; S. 107–122.

48 Vgl. kritisch zum Rezeptionsverlauf: meine Nachbemerkung im Mb-*Andorra*. – Zum Thema "politisches Theater" kenntnisreicher als die spezielle Frischforschung, daher weniger einseitig: Ismayr, Geiger u. Rotermund (über *Nun singen sie wieder*, methodische Anleihen bei A. u. M. Mitscherlich: Die Unfähigkeit zu trauern). Vgl.

4.1. Zunächst hielt man die Versöhnung für geglückt, da Politisches im konkreten Lebenslauf exemplarisch zutage trete. So müsse sich Andri, der vermeintliche Jude, dessen Recht auf "Ichwerdung" durch die antisemitische Verblendung seiner Landsleute durchkreuzt werde, schließlich dem Diktat des Bildnisses beugen:

> Der Teufelsmechanismus des Massenwahns läßt ihn die Wahrheit über seine bürgerliche Identität verfehlen, und dennoch kommt er mehr als alle anderen zu sich selbst. (Hegele S. 183)

Die innige Selbstwahl als Jude rettet Andri jene Freiheit, die sich tragisch verwirklicht. Der interpretatorische Dreischritt: Verunsicherung des Selbst ("Identitätsproblem") − Gefährdung durch Fremdbestimmung ("Bildnislehre") − tragische Rettung (die Wahrheit, das Absolute blitzt im Scheitern des Helden auf) strukturierte ja schon die *Homo faber* −, weniger hervorstechend sogar die *Stiller*-Deutung. Allerdings sieht man *Andorra* insgesamt "doch mehr auf die politisch-gesellschaftliche als auf die metaphysische Sinngebung hin angelegt." (Hegele S. 190) Gesellschaftliche Katastrophen spiegeln sich modellhaft im Geschick des Einzelnen, existentielle Wegweiser lenken den Lauf der Geschichte. Die Forschung zu *Biedermann und die Brandstifter,* von Frisch ja als "Fingerübung" vor *Andorra* bezeichnet, ermißt die Reichweite solcher Thesen.

4.2. Eduard Stäubles Gesamtdarstellung des Frischschen Werkes, die 1957 als erster derartiger Versuch veröffentlicht wurde und ihre Herkunft aus dem Feuilleton nicht verleugnet, nennt die Heimat Biedermanns schlicht eine "Welt der verlorenen Identität." Adelheid Weise hatte dann versucht, den Begründungszusammenhang zwischen gesellschaftlicher Verdinglichung (B. als Eigentümer) und individueller Entfremdung (B. als Lügner) aufzudecken und dabei Werner Webers klugen Hinweis auf die "verlorene Identität von Wort und Welt" aufgegriffen.[49] Die Durchführung kehrt freilich das reale Verhältnis von Ursache und Wirkung um und macht die Selbstentfremdung verantwortlich für die Verdinglichung insgesamt. So formuliert auch Hellmuth Karasek:

> [. . .] wo Biedermann Vertrauen vorschützt, ist er von Mißtrauen zerfressen. Und es ist nur seine Feigheit, die ihn einerseits blind macht, andererseits seiner Untätigkeit die nötigen Phrasen und Tugenden als Beschwichtigungen und Rechtfertigungen in den Mund legt. (S. 69)

Anm. 88. − Zum Erzählwerk vgl. Anm. 31. − Lobend vom marxistischen Standpunkt aus die Diss. von Klaus Schimanski: Max Frisch. Leipzig 1972. − Vermutlich würde die Diskussion von einer gründlichen Kenntnis der Philosophie der Frankfurter Schule profitieren, zumal Frischs frühe Adorno-Lektüre (seit 1950) belegt ist. Zur ebenso dringlichen Materialaufbereitung vgl. 10.

49 Werner Weber: Zu Frischs *Biedermann und die Brandstifter.* Mb-*Biedermann* S. 163−166. [Zuerst: NZZ v. 3.5.1958].

Die moralistisch gefärbte Autorerwartung setzt sich hier durch. Manfred Durzak geht vom gleichen Vorverständnis aus, um die Frage nach der politischen Verbindlichkeit von Frischs dramatischem Werk zu klären. Das *Biedermann*-Stück stelle die moralische Korruption des Bürgertums trefflich dar, verzichte jedoch darauf, deren treibende Motive offenzulegen: "In den Figuren selbst ist keinerlei überzeugende psychologische Begründung für ihr Tun angelegt." (S. 216) Man sollte diese Kritik nicht mißverstehen als ein Plädoyer für die "altmodische" psychologisierende Dramaturgie, wie sie Durzak (S. 229) an *Andorra* tadelt. Erwünscht wäre vielmehr ein "programmatischer Entwurf, der die Wirklichkeit verbessern will" (S. 216).[50] Obschon Marianne Biedermann gerade den Verzicht auf psychologische Motivierung hochschätzt:

> Indem Frisch [. . .] nur den Mechanismus von Information und darauf folgender Reaktion darstellt, entwirft er ein typisches Bild dieser "Undurchschaubarkeit" [der spätkapitalistischen Gesellschaft], das aber selber durchschaubar bleibt

— und auch in Walter Benjamins Informationsbegriff ein brauchbares analytisches Werkzeug vorfindet (vgl. Eifler S. 186—188), qualifiziert sich auch ihr die *Biedermann*-Parabel nicht als politisches Theater. Zwar sei die Hauptfigur "das [. . .] Modell eines von Information gesteuerten Menschen" (S. 22), — wobei das *Nachspiel*

> Informationen [. . .] nach ihrer Herkunft und Funktion als Machtmittel der Herrschenden definiert, die dazu dienen, alle anderen Menschen in einem Zustand der Abhängigkeit und Unmündigkeit zu halten (S. 35)

— und Biedermanns Versagen lasse sich daher "mit moralischen oder ethischen Begriffen" nicht zureichend erklären. Indessen schließe sich die Handlung doch zur Frisch-typischen Kreisform, wodurch ein "statisches Modell einer Gesellschaft vermittelt [werde], an der [Frisch] zwar Kritik übt, für deren Veränderung er aber keinerlei Hinweise gibt" (S. 36). Stattdessen verfalle er ungewollt der im Stück dargestellten Denkweise "des durchschnittlichen, angepaßten Staatsbürgers, für den die Regierungen [d.i.: der Himmel] grundsätzlich immer zuständig, verantwortlich und auch schuldig sind." (S. 36)

Schärfer noch wird bei der Besprechung *Andorras* die moralistische Grundhaltung Frischs gerügt. Dort verführte, laut Manfred Durzak, der

---

50 Bei John Milfull: Der Tod in Salzburg? *Biedermann und die Brandstifter.* Frisch, Hofmannsthal, Brecht. In: Jurgensen (Hrsg.); S. 157—165, verbürgen schlechte Noten für die Dichter den beruhigten Besitz solcher Katheder-Perspektive: Neben Hofmannsthals "verworrene Visionen" (S. 159) trete gleichwertig Frischs "schwarzer Humor, den die bürgerliche Gesellschaft braucht, um in den Ruinen der bürgerlichen Moral weiterleben zu können." (S. 164)

"säkularisierte theologische Bedeutungshintergrund [d.i.: die Bildnislehre]" (S. 223) zur unzulässigen "Vermischung von individueller Moral und politischer Aktion" (S. 224) und unterschiebt dem "geschichtlichen Verlauf [. . .] augenscheinlich eine metaphysische Logik" (S. 224). Zudem werde die konventionelle, geschlossene Spannungsdramaturgie bloß formal im "moralisierenden Transzendieren der Theaterszene" — den Zeugenaussagen — durchbrochen, während Frisch zu der szenischen Demonstration des antisemitischen Verhaltens keineswegs die nötige Analyse seiner Entstehung liefere. Obgleich Marianne Biedermann, dank Anleihen bei der Sozialphilosophie von Adorno, Kolakowski und Bloch, Frischs Absicht feinfühliger herausarbeitet, bemängelt auch sie, daß die Andorraner nur moralisch zu betrachten und zu beurteilen seien. Paradox genug appelliere das Stück "an die moralische Verantwortung des einzelnen, ohne an die Einsicht und Vernunft der Menschen zu glauben." (S. 93)

Alle bisher vorgestellten Arbeiten zu Frischs "politischem" Werk, denen sich Margret Eiflers grundsätzliche Studie anreiht, behaupteten einseitig die Vorherrschaft des Privaten, während sie sich in der Wertung dieses Sachverhalts unterscheiden, da die vorzeitig abgebrochene "literatursoziologische" Analyse dazu neigt, dem Werk ihre eigenen Versäumnisse vorzuwerfen. (So gibt Margret Eifler die Suche nach einer "dialektischen Bezugsetzung von Individuum und Gesellschaft" [S. 174] in der "poetisch-fiktiven" Schöpfung auf, da Frisch sich dort mit der Mythisierung der "psychologischen Intimsphäre von Mann und Frau" [S. 175] begnüge.) Es bleibt zu prüfen, ob tatsächlich die Dramen und Romane Frischs keinerlei gesellschaftliche Regeln erhellen und praktikable Alternativen nicht vorzuschlagen wissen.

4.3. Aus Frischs früher häufigem, freilich nie rückhaltlosem Bekenntnis zu seinem Lehrer in Sachen "Drama," Bertolt Brecht, wird bisweilen abgeleitet, Frischs Stücke strebten in die gleiche Richtung wie Brechts theatralische Didaktik, ohne doch, wie er, das Klassenziel zu erreichen. Dann gilt Frisch als "verschämter Bürger" und "Brecht-Adept,"[51] und man spricht betrübt von "Brechts Mitteln ohne Brechts Konsequenzen."[52] Obwohl genauere Formanalysen nachweisen, daß Frisch eigenständige dramaturgische Techniken schon früh entwickelt hatte, und sich insbesondere beim Vergleich verschiedener Fassungen seiner Dramen herausstellt, wie die

51 Marianne Kesting: Max Frisch, Nachrevolutionäres Lehrtheater. In: Schau. S. 185–189 [Zuerst: M. K.: Panorama des zeitgenöss. Theaters. München 1969].
52 Hellmuth Karasek: Brechts Mittel ohne Brechts Konsequenzen. Über Fluchtwege vor der Wirklichkeit bei Dürrenmatt und Frisch. Theater heute (Sonderheft) Okt. 1970. S. 42–45. – Bier S. 58 bestreitet solch überragenden Brecht-Einfluß und darüber hinaus die sonst stillschweigend vorausgesetzte Richtigkeit der Brechtschen Wirkungsästhetik: "die Politisierung der Literatur wurde höchstens als Literarisierung politischer Probleme rezipiert." (S. 57) Vgl. oben S. 459, 463, unten S. 487.

äußerlichen Brecht-Anleihen immer mehr zurückgedrängt wurden, bis sie schließlich ganz verschwinden,[53] — man kreidete es trotz allem diesen Stücken durchweg als Fehler an, wenn sie vom Maßstab Brecht abwichen. Solch formales Scheitern wurde inhaltlich mit dem bei Frisch vorherrschenden Moralismus und Fatalismus begründet: "Inhalt der Parabel und ihre Kreisstruktur bedingen also einander," schließt Marianne Biedermann (S. 36). Die ausgedehnte Debatte knüpfte naturgemäß am Erfolgsstück *Andorra* an, das der Untertitel ja als "Modell" deklariert. Hellmuth Karasek (S. 81) hatte zuerst versucht, die zwei Bautypen zu unterscheiden:

> Anders als die Parabel verdichtet und verfremdet das Modell nicht etwa tatsächliche Geschehnisse auf die ihnen innewohnenden, beispielhaften, von allen Zufällen befreiten Züge [. . .], sondern entwirft eine soziologische Konstellation, die sich zur Wirklichkeit erweitern läßt.

Dem folgend differenzieren Wolfgang Frühwald und ich (S. 72f.) zwischen "Zeitmodell" (d.i.: Parabel) und "Wirklichkeitsmodell" als Instrument der Erkenntnis und "Organon der Geschichte." Für das Modell wird eine Anzahl dramaturgischer Elemente des epischen Theaters Brechts entbehrlich, etwa die Publikumsanreden, die Songs u.ä., denn "es evoziert über die stumme Frage nach der Veränderung des individuellen Bewußtseins die Frage nach der Veränderbarkeit der Welt." (S. 73) Die Wandlung des "thematischen Sprechakts" verglichen mit der didaktisch-fordernden Parabel versucht der Schlußabschnitt meines späteren *Andorra*-Essays ausführlicher zu beschreiben. Eigentlich brauchbar werden solche Verfeinerungen erst — das beweist auch der Verlauf der Brecht-Forschung — nach ihrer Historisierung. Klaus-Detlef Müller hat mit guten Gründen die parabolischen Stücke Frischs und Walsers "realistische Parabeln" als Zeugnisse einer ähnlichen Bewußtseinslage eingereiht und derart die strukturellen Eigenheiten schärfer beleuchtet.[54] Die zunächst abseits gebliebene Erörterung des "Lehrstücks ohne Lehre," die den Untertitel nicht als mäßigen Witz abtut, förderte aus dem politischen Stoff absurde und groteske Motive zutage. Neben der wegweisenden Kurzinterpretation von Martin Esslin muß hier Arnold Heidsiecks kategoriale Sonderung des "Grotesken" vom "Absurden" genannt werden, sowie Dietrich Meinerts textnah geführter Nachweis einzelner absurder Motive. Dieter Herms gliedert die "epischen" (im Sinne Brechts)

---

53 Vgl. meinen Aufsatz: Biedermanns Wandlungen. Von der "Burleske" zum "Lehrstück ohne Lehre." Mb-*Biedermann* S. 133—162, der die politische Aussage der Frischschen *Bewußtseinskunst* verfolgt. Eine Zusammenarbeit mit Brecht am *Graf Öderland* (geplante Songs) kam nicht zustande!

54 Wichtig auch: Klaus Haberkamm. Die alte Dame in Andorra. Zwei Schweizer Parabeln des nationalsozialistischen Antisemitismus. In: Hans Wagener (Hrsg.): Gegenwartsliteratur und Drittes Reich. Stuttgart 1977; S. 95—110. Unvorteilhaft nicht nur bei dieser Arbeit der Verzicht auf eine rezeptionsgeschichtliche und -ästhetische Kontrolle der Gattungsdiskussion. — Weiter: Mb-*Andorra* S. 283f.

und absurden Züge dann seinem von Norbert Miller entlehnten Konzept einer "schwebenden Vorgangsparabel" ein (S. 252).[55]

4.4. Der Disput um den Parabel-Begriff hatte, wie genauere Betrachtung der künstlerischen Form noch stets, solch enge, stoffgebundene Etikettierungen, wie "moralisch" oder "politisch," übersprungen und Frischs eigenständige Leistung zu würdigen gelehrt.[56]

4.4.1. Im Fall *Biedermann* leistet dies ein Aufsatz von Bernhard Lorenz, der Marianne Biedermanns informations-theoretischen Ansatz konsequent modelltheoretisch weiterführt, um den berechenbaren Umschlag von verdinglichter Ideologie in entfesselte Zerstörung zu thematisieren. Wie die sinnleere Biedermann-Welt aus sich die zerstörerischen Brandstifter erzeugt, so sind diese ihrerseits obdach- und heimatlos ohne Biedermänner. Statt einseitiger Determination, die sich moralisch-ethisch deuten ließe als Schuld, herrscht strikte Symmetrie des Aufbaus: Biedermann *und* die Brandstifter verkörpern die gegeneinander abgeschotteten Segmente eines verdinglichten Bewußtseins, können deshalb in einen verantwortbaren Handlungs-Diskurs nicht eintreten, sondern lediglich blind vollstrecken, was dem ganz in seine jeweilige Stellung im System Verstrickten als Schicksal zwingend gegenübertritt. Das Stück analysiert genau diesen Kausalnexus der Verdinglichung. – Diesem Raster paßt sich die schon von Werner Weber bemerkte, dann von Gertrud Bauer Pickar behutsam sondierte Sprachverderbnis ebenso ein, wie die parodistischen Zutaten des Stückes.[57]

4.4.2. Die wechselseitige Schuldverflechtung in *Andorra* liest Wolfgang Frühwalds Deutungsskizze am Bauplan des Dramas ab, wo das sechste Bild

---

55 Vgl.: M. Esslin: Das Theater des Absurden. Reinbek 1965. S. 211–213. – A. Heidsieck: Das Groteske und das Absurde im modernen Drama. Stuttgart 1969 (Nachdruck beider im Mb-*Biedermann*). – N. Miller. Moderne Parabel? Akzente 6 (1959) S. 200–213.

56 Dies gelingt indessen nicht bei: Annemarie Schnetzler-Suter: Max Frisch: Dramaturgische Fragen. Bern (= Europäische Hochschulschriften I, 100) 1974. – Sehr zuverlässig dagegen: Klaus Matthias: Die Dramen von Max Frisch. Strukturen und Aussagen. ÜMF II; S. 75–124 [Zuerst: Literatur in Wissenschaft und Unterricht 3 (1970)]. – Anregend auch: Gertrud Bauer Pickar: From Place to Stage. An Evolution in the Dramatic Works of Max Frisch. Seminar 9 (1973) S. 134–147 (von der "duality of place" zur "identification of dramatic and theatrical locality.")

57 Vgl. das Kapitel: Mells *Apostelspiel* und die Parodie *Biedermann*. Parabeln des Vertrauens und der blöden Vertrauensseligkeit. In Bänzigers Aufsatzsammlung; ders.: Fuchs, du hast die Gans gestohlen . . . Mb-*Biedermann* S. 209ff. Herbert Knust: Moderne Variationen des Jedermann-Spiels. Mb-*Biedermann* S. 223–245. [Zuerst: Sheema Z. Buehne et al. (Hrsg.): Helen Adolf Festschrift. New York 1968]. – Laut John T. Brewer: Max Frisch's *Biedermann und die Brandstifter* als Dokument der *Enttäuschung eines Autors.* ÜMF II; S. 281–293 [Zuerst: Germanic Review 46 (1971)], geht es nicht um Parodie der Literatur, sondern um einen satirischen Angriff auf das bildungsbürgerliche Literaturbewußtsein (auch von Frischs Publikum), vgl. Anm. 36 u. unten 8.3.3.

deutlich eine Wende markiert. Indem Andri sich selbst als Jude annimmt, verurteilt er, aus dem "Unmaß" seiner "Unschuld," den Lehrer Can zur unsühnbaren Versündigung und zum Selbstmord. Das Stück baut so einen "Kausalnexus des Andorranischen" auf, dem – wie Peter Pütz bestätigt – die Andorraner auch später nie entkommen. Pütz betrachtet die Zeugenaussagen nicht als moralisierendes Beiwerk, sondern befreit das Stück aus der beklemmenden Formel: "Bewältigung des Vergangenen," wenn er (S. 42) feststellt:

> Nicht die sich jeder Darstellung entziehende Ermordung von Millionen Juden, noch weniger der Versuch einer seichten Vergangenheitsbeschwichtigung sind die Hauptintentionen dieses Stückes [...] es geht gerade um die Demonstration falscher, unerreichter und auf diese Weise unerreichbarer Vergangenheitsbewältigung. Das Drama will nicht einmal in Ansätzen glauben machen, es leiste eine fundierte Auseinandersetzung mit dem historischen Phänomen des Nationalsozialismus, es will dagegen zeigen, daß diese noch gar nicht begonnen hat und wenn, dann in verfehlter und selbstbetrügerischer Form.

Dramaturgische Überlegungen bewegen desgleichen Hans Wysling dazu, nicht länger Brechts Parabeln des Vergangenen als alleiniges Vorbild *Andorras* zu akzeptieren, vielmehr zu behaupten (S. 425), daß in diesem Stück

> nicht weniger als fünf verschiedene Dramentypen durcheinander und ineinander laufen: 1. das epische Theater (Brecht), 2. das analytische Drama (Ibsen), 3. das idealistische Drama in sozio-psychologischer Modernisierung, 4. das Märtyrerdrama, 5. die antike Tragödie.

Solch "dramaturgischer Synkretismus," der, Wysling zufolge, Ratlosigkeit und Skepsis des modernen Autors ausdrückt, wäre auch zu begreifen (Peter Pütz' Anregung aufnehmend) als Scheu dieses Stückes vor seinem monströsen Thema. Der von Wolfgang Frühwald und mir verfaßte Kommentarband versteht *Andorra* deshalb als "Bewußtseinstheater," denn die Bühne spiegelt die verdrängten Inhalte im Unterbewußten derselben Andorraner, die als Zeugen im Vordergrund ihr neu gefestigtes Unschulds-Bewußtsein verkünden. Das verdinglichte Bewußtsein artikuliert sich in einer Rollensprache, die in den mörderischen Schwarzen schließlich Gestalt annimmt. Frischs Phraseologiekritik in der Tradition eines Georg Büchner und Karl Kraus denkt die tödliche "Bild"-haftigkeit andorranischer Rede konsequent zu Ende (vgl. GW IV, 236). Dank der raffinierten Gegenläufigkeit von Geschichts-Bild und Kunst-Abbildung, die sich neutralisierend aufheben, gerinnt freilich die Handlung nicht zur abgezirkelten, spannungslosen Choreographie andorranischer Bewußtseinsfiguren (vgl. Schmitz). Denn die Restelemente des epischen Theaters führen Andri als Fluchtpunkt aller Handlungslinien ein, so daß die Bühne paradox verschränkt einerseits die Andorraner als blinde Marionetten präsentiert und Andri als handlungsfähiges Erlebnissubjekt (diese Schicht arbeitet schon Manfred Jurgensen heraus), andererseits jedoch Andri als ohnmächtig ausgeliefertes Objekt und die schwarzen Projektionsfiguren als Herren des Geschehens. Die Tragik, die man in Andris falscher Selbstwahl zu erkennen glaubte, enthüllt sich als Ironie. Die Bühne verleiht ihm lediglich die Freiheit, sich irrtümlich zum Subjekt eines Prozesses noch aufzuschwingen, dem er objektiv schon lange verfiel. Diese Zurücknahme des klassischen Tragödienweltbildes – Teil der in Frischs Werk ständig wiederholten Absage an verfestigte Literaturformen – beobachteten wir bereits im *Homo faber*.

5. Die zerbrochene Form, sinnvoll als Aufruf zur Toleranz und zur "Offenheit für ein Werdendes," kündigt jenen Wandel in Frischs Poetik an, der erst im Roman *Mein Name sei Gantenbein* vollzogen ist: nur der Tod hält die varianten Lebensentwürfe, ob Andris oder des Buch-Ichs im Roman, endgültig an und verbürgt die Einheit des literarischen Werkes. Was eine simple Parabel zu sein schien, die geschichtliche Illustration der Bildnislehre eines Moralisten, tritt unversehens als ästhetisch komplexer Beleg der anspruchsvollen Variantenpoetik Frischs auf. Ganz unerwartet kommt die Wendung trotzdem nicht. Überlegungen, welche die strenge artistische Meisterschaft Frischs ernstnehmen und vorsichtig Traditionslinien einbeziehen, führten sie herbei. Stillschweigend vorausgesetzt wurde eine immanente Poetik Frischs, zu deren genauerer Untersuchung die Forschung zu den Tagebüchern, die selbst Dokument poetologischer Reflexion des Autors sind, Anstoß gab.[58]

5.1. Doch schon die früheren Essays von Friedrich Dürrenmatt und Helmut Heißenbüttel, später die von Adolf Muschg, Christa Wolf und Peter Bichsel betonen die hintergründige Verflechtung von Erfindung und Biographie. Bei Frisch falle

> die Neigung auf, [. . .] daß er [. . .] sein Privates nicht in der Kunst fallen läßt, daß er sich nicht überspringt, daß es ihm um sein Problem geht, nicht um ein Problem an sich. Er ist in seine Kunst verwickelt. (Dürrenmatt S. 8)

Frischs fiktionales Werk verstecke "Persönlichstes" (Wolf S. 11), seine Poetik ist "Ich-Poetik." Die poetologische Grundgleichung: "Schreiben heißt: sich selber lesen." (GW II, 361) – Jürgen Schröders brilliante Rekonstruktion dieser Ich-Poetik teilt den produktionsästhetischen Ausgangspunkt zwar mit den bisher genannten Arbeiten, bettet diesen jedoch in die stets auf ihn zentrierten Wirkungsabsichten ein. Vorab steht fest, daß

---

58 Zu nah am Material, aber nützlich wegen des Vergleichs mit Dürrenmatt: Konrad Scheible: Max Frisch und Friedrich Dürrenmatt. Betrachtungen über ihre Geisteshaltung und Arbeitsweise. In: Robert L. Kahn (Hrsg.): Studies in German. In Memory of Andrew Louis. Houston (= Rice University Studies 55, 3) 1969; S. 197–235. – Wichtig: Allemann, s.u. S. 495.

vom Autor Frisch, weil dessen Dichtungsverständnis unmittelbar aus dem Selbsterlebnis entspringt, Endgültiges über sein Werk nicht zu erfahren ist: "Ein Ich, wissend, daß es sich stets als Rolle ausspricht, vermag sich über die Weise seines Aussprechens in Wahrheit nicht auszusprechen."

5.2. Wie sein Werk zeugen Max Frischs Selbstaussagen von einem "Konversationstalent des Schweigens."[59] Verschwiegen muß werden, was sich dem Wort nicht mehr anvertrauen läßt, nachdem das Wunder jenes "anfänglichen Wortes, das Geschichte macht, um den Menschen zurückzuholen in die göttliche Wahrheit" (Schröder S. 59), von der Geschichte verraten wurde:

> In diesem Sinne handeln alle Werke Frischs vom Verrat, und sie geben ihre unheiligen Geschichten preis, um die Geschichte des Verrats aufzuheben in einem neuen unerreichbaren Anfang. (S. 62)

Alles Schreiben sucht im Bewußtsein seiner Vergeblichkeit die Rückkehr, will die verlorene Einheit der Schöpfung mit Gott wiedererlangen. Denn das Wort, das in die Welt kam, ohne ihr zu verfallen, war und ist der Gottessohn, Christus. Frischs Ich-Poetik spielt unter dem spirituellen Horizont eines säkularisierten Johannes-Evangeliums. Diese These überrascht weniger, wenn man bedenkt, daß sich schon Marion, der Puppenspieler und Ästhet – und Frischs poetischer Doppelgänger – "ohne die Christusfigur überhaupt nicht vorstellen" (Stemmler S. 34) ließ.[60] Seine Marionetten vermögen den Verrat des Judas, die feige Auslieferung des reinen Wortes an die Welt, noch darzustellen, weil

> die Puppe [. . .] nur ein Zeichen [ist], eine Formel, eine Schrift, ohne daß sie das Bedeutete sein will. Sie ist Spiel, nicht Täuschung, sie ist geistig. (GW II, 479f.)

Seither bekundet der Geist nur noch in seiner Erniedrigung das wahre, unverfälschte, innere Leben des Menschen:

---

59 Unumgänglich der Verweis auf Hofmannsthal; in anderem Zusammenhang macht Heide-Lore Schaefer: Max Frisch: *Santa Cruz*. UMF II; S. 183–206 [Zuerst: GRM N.F. 20 (1970)] auf diese nicht genügend beachtete Verbindung aufmerksam; vgl. Anm. 50 u. 57. Außerdem: Hinrich C. Seeba: Kritik des ästhetischen Menschen. Hermeneutik und Moral in Hofmannsthals *Der Tor und der Tod*. Bad Homburg v.d.H. 1970, bes. S. 12–23, zur erkenntnisleitenden Funktion der Ästhetizismuskritik für die ästhetischen Schablonen des sozialen Rollenspiels.

60 Schröder verweist auf R. Bachem: Dichtung als verborgene Theologie. Ein dichtungstheoretischer Topos vom Barock bis zur Goethezeit und seine Vorbilder. Bonn (= Phil. Diss.) 1955. Näher läge für den "romantischen" Frisch (ein typologisches Klischee, z.B. bei Gassmann) der Hinweis auf: Walther Rehm: Orpheus. Der Dichter und die Toten. Düsseldorf 1950 (bes. die Novalis- und Rilke-Teile); auch Karl-Joseph Kuschel: Schuldvergebung – Veränderung: Zwei Stücke von Max Frisch. In: K.-J. K.: Jesus in der deutschsprachigen Gegenwartsliteratur. Köln/Gütersloh (= Ökumenische Theologie 1) 1978; S. 116–123.

Der Autor Max Frisch befindet sich nicht auf der Suche nach der Identität, sondern [...] nach der Innigkeit des Menschen, die wir alle unaufhörlich in uns verraten. (S. 65)

Das Lieblose, der Verrat, verdichtet sich im Bildnis, wie der geschichtliche Verlauf es erzeugt: Das Äußerliche, Rollenhafte und Konventionelle triumpiert über das lebendig sich Wandelnde, Eigentliche, die innere Wahrheit des Menschen. Die Liebe allein setzt diesen fatalen Mechanismus außer Kraft und befreit aus jeglichem Bildnis.

Lapidar thesenhaft inszeniert Max Frisch in *Als der Krieg zu Ende war* die lösende und vom Vor-Urteil befreiende Macht der bedingungslosen Liebe.[61] Indem die Deutsche Agnes Anders Stepan, den russischen Oberst, lieben lernt, wird ihr das Bildnis bewußt, das sie sich von ihrem Mann Horst jahrelang gemacht hatte und das ihr dessen wahres Gesicht verbarg. Über den Augenblick stummen, entsetzten Erkennens fällt der Vorhang. Die Einsicht in die bittere geschichtliche Wahrheit mußte das zweisame Glück verraten an die Idylle. Diesseits des Verrats kündet das Schweigen in Frischs Werk von der unverstellten, paradiesischen Begegnung, jenseits des Verrats, im Raum der Geschichte, aber vom Entsetzen über seine blutigen Folgen. Die Liebe ist schweigsam, das Bildnis höchst beredt, doch sein "wahres" Wesen tritt erst im stummen Ritual des Mordes und als Totenstarre hervor.

Die Spaltung aller Kreatur in den männlich-intellektuellen Erkenntnisdrang und die weiblich-erotische Komponente einer schöpferischen Verwandlung erleidet im tiefsten der Dichter, der beide Elemente in sich vereint, ohne daß sie verschmelzen dürften. Seine Dichtung strebt daher ständig nach jenem wunderbaren Vergleich, der Vermittlung, welche die Spaltung und das (innere) Rollenspiel der Person aufhebt im Augenblick der Erkenntnis und zur ursprünglichen Einheit wie Christus erlöst. Die Perversionsformen der Liebe, die ehelichen Sorgen, die Untreue als Reise der Liebe zu sich selbst, auch die gestörten und zerstörten Kindschaftsverhältnisse, die Frischs Werk unaufhörlich umkreist, sind präzise Gleichnisse für die Gefährdungen solchen Schreibens, dem es um die "Ehe" des Wortes mit der Sache, die Rettung seiner Gotteskindschaft geht.[62] Frischs Werke sind Metaphern ihrer selbst

---

61 Vgl. die Bedenken bei: Theophil Spoerri: Zu Max Frisch: *Als der Krieg zu Ende war*. Programmhefte des Schauspielhauses Zürich 1948/49 [zum 8.1.1949]. S. 5–12. Die dramaturgische Schwäche der episch unterwanderten "Scheindramatik" (S. 107) gerade dieses Stückes weist Jurgensen (S. 104–112) bündig nach.

62 Leider verfehlt der Beitrag von Zoran Konstantinović: Die Schuld an der Frau. Ein Beitrag zur Thematologie der Werke von Max Frisch. In: Jurgensen (Hrsg.); S. 145–155, sein Thema und erschöpft sich in plaudernden *Montauk*-Paraphrasen. Ebenso unzureichend: Doris Fulda Merrifield: Das Bild der Frau bei Max Frisch. Freiburg 1971, u.: Renate Zonta: Die zwischenmenschlichen Beziehungen im Werk von Max Frisch. Dargestellt am Problem der Liebe und Ehe. Innsbruck (= Phil. Diss.) 1973. – Dagegen erkennt Karin Struck in ihrem leider ungedruckten Funk-Essay

(vgl. Gockel S. 54). Sie suchen die Erlösung durch das wahre Wort, indem sie das täuschende Bildnis vorgeblich zerstören: "Das Bildnis der Dichtung aber, das sie je schon antrifft, ist die Sprache." (Schröder S. 45) Alle Sprache ist Rolle. Die dichterische Sprache lebt hoffnungslos hoffend "als die immer wieder umzuschreibende Umschreibung des Unsagbaren, im endlosen Kreislauf der uneigentlichen Worte um die Wahrheit."(S. 37)[63]

5.3. So schält Werner Stauffachers *Stiller*-Essay mehrere Stilschichten heraus, in denen Uneigentliches gesagt wird, um dem Eigentlichen näher zu kommen. Das Symbol von Stillers "Innigkeit," den Engel, hält Stauffacher allerdings für blaß und konventionell; freilich kommt die Ehe und erlösende Selbstannahme ja auch nicht zustande. – Die Doppelbödigkeit der Sprache in *Biedermann und die Brandstifter* macht die Floskeln der Biedermanns anfällig für Brandstifter-List. Während im *Stiller* die ehrliche Reise der Sprache zu ihrer Wahrheit melancholisch im Nirgendwo endet, kommen die Biedermanns mit ihren Konventions-Lügen schneller, als ihnen lieb ist, zu einer "wahrhaftigen" Identität: als die Brandstifter sie beim Wort nehmen, verfallen sie dem Unheil völlig, mit dem sie immer schon feige und halbherzig paktiert hatten. Die rollenhafte Sprache kann sich also um die befreiende

(NDR, 18.5.1976) die poetologische Dimension, z.B. die geheime Korrespondenz zwischen Abschied, Tod und Schreiben. (Vgl. Arnold [Anm. 87], S. 261). – Auch Topographie und Dinge werden im methaphorischen Bewußtseinsuniversum neu festgelegt. Zur Reise vgl. Anm. 25, zu den Verkehrsmitteln Anm. 33. – Besonders wichtig für die Raumsymbolik das Amerikabild, vgl.: Walter Hinderer: Ein Gefühl der Fremde. Amerikaperspektiven bei Max Frisch. In: Sigrid Bauschinger et al. (Hrsg.): Amerika in der deutschen Literatur. Stuttgart 1975; S. 353–367 (Amerika als Chiffre des "Emigrantischen," d.i. des Schriftstellerischen). Zu den vielfältigen Erscheinungsformen des "Modells" Amerika (u.a. Gegenbild zur Schweiz) vgl. Mauranges, zur erzähltechnischen Nutzung: Sigrid Mayer. Meine Einführung zum Mb-*Stiller* ortet das "Bewußtseinsland Amerika" in der literarisierten Sehnsuchtstopographie von Frischs *Stiller* u. Handkes *Kurzem Brief* [. . .].

63 Bisher leider unersetzt: Siegfried Pedro Hoefert: Zur Sprachauffassung Max Frischs. Muttersprache 73 (1963) S. 257–259. – Zur "schweizerischen Sprachskepsis" vgl. S. 189–200 des Beitrags von Elsbeth Pulver. In: Manfred Gsteiger (Hrsg.): Die zeitgenössischen Literaturen der Schweiz. München (= Kindlers Literaturgeschichte der Gegenwart) 1974. – Subtile Stilanalysen bei Schenker, außerdem: Hennig Brinkmann: Der komplexe Satz im deutschen Schrifttum der Gegenwart. In: Adolf Haslinger (Hrsg.): Sprachkunst als Weltgestaltung. Festschrift für Herbert Seidler. Salzburg 1966; S. 13–26 (zu einem *Gantenbein*-Satz). Die Ergänzung der spärlichen mikrostrukturellen Regularitäten und ihre Vermittlung mit der Ebene der Bildlichkeit, des scharf konturierten "poetischen Vokabulars" (Roland Links: *Stiller*. Mb-*Stiller*. S. 321) wäre sehr zu wünschen. Dankenswert die mehrfach nachgedruckte Untersuchung Manfred Jurgensens über das "leitmotivischen Sprachsymbolismus," der freilich die Entwicklung im Werk, die zu einer immer stärkeren Ironisierung des poetischen Vokabulars führt, vernachlässigt. Weitere Vorarbeit auf dieser Ebene: Loren Ray Alexander: Image and Imagery in Frisch's *Die Schwierigen*. Ann Arbor, Michigan State University (= Phil. Diss.) 1970.

Vereinigung von Sprechen und Tun stets vergebens mühen, oder im tödlichen Verstummen mit sich selbst identisch werden. Frischs unbezweifelbare Sprachscheu und Sprachskepsis führt Walter Schenker auf die "Spannung zwischen Mundart und Schriftsprache" zurück. Die "erinnerte Mundart" verschaffe dem Autor, der Hochdeutsch als "Halbfremdsprache" schreibe, permanent "ein Gefühl von Rolle": "Was in der Mundart selbstverständlich ist, verfremdet sich im Hochdeutschen." (S. 117) Dabei verhalte sich die

> Grundsprache Mundart [. . .] zur Kunst-Materie Hochdeutsch wie das bare Leben zur daraus destillierten Literatur. (S. 134)

Gelegentliche Mundartnähe bedeute keinen Rückfall ins Naive, sondern eine stilistisch bewußt fingierte "Unmittelbarkeit zweiten Grades." So begründet die Sprachsituation des Autors schon die Uneigentlichkeit seines Sprechens. Ergänzend ortet Gunda Lusser-Mertelsmanns literaturpsychologische Sicht die Sprache Frischs im Spannungsfeld zwischen Rolle, Verdrängung und Selbstentfremdung und erklärt somit die nicht nur im *Stiller* themenkonstitutive Verneinungsformel.[64]

Ein Sprechen, das sich rollenhaft verwirklicht, drückt sich nur metaphorisch noch eigentlich aus. "Die Metapher Frischs ist die Absage an das Wort. Sie deckt den Rollencharakter der Sprache auf." (Schröder S. 46) All diese Rollenspiele "auf der Bühne von Wahrnehmung und Imagination" (S. 53) tragen den Stempel des Theatralischen: Bewußtseinstheater.

5.4. Auch Frischs erzählende Texte verweigern sich mit immer neuen Ausflüchten der Zeit und der Geschichte. Sie haben keinen erfüllten Schluß, sondern brechen ab. Der wirkliche Lebenslauf

> summiert alle unsere Bildnisse und Geschichten, die wir und andere in uns hineingesehen haben, und formiert sich zu einem zeitlichen Bewußtsein unserer selbst, das immer auch anders sein könnte. Im dichterischen Spiel objektiviert sich unsere Zeitlichkeit. (Schröder S. 51)

Das radikal sehnsüchtige Alternativdenken des frühen und mittleren Werks weicht etwa seit 1960 einem Variantendenken, dem auch die simultane Zeiterfahrung höchst ambivalent erscheint. Denn sogar in den frei erfundenen Geschichten trifft ein stures Erfahrungsmuster seine Wahl: Geschichten sind Rollen.[65] Nur die Rollen ändern sich. Unter so pessimistischer Perspektive bieten sich im Lebenslauf die möglichen Rollen in zeitlicher Folge dar. Gertrud Bauer Pickar bemerkt zu *Biografie:* "[it] explores the phenomenon of 'image' in its temporal extension as a life script" (S. 174), eine Lebens*geschichte*, aber fiktiv.

---

64 Eine Erscheinungsform der "dualen Erzähltechnik" (siehe Anm. 39).
65 Einführend dazu: Tildy Hanhart: Max Frisch: Zufall, Rolle und literarische Form. Untersuchungen zu seinem neueren Werk. Kronberg (= Scriptor Taschenbuch 99) 1976.

5.4.1. Die Frage nach der komplexen Zeiterfahrung Frischs führt uns — wie Daniel de Vin feststellt — in die inhaltliche und strukturelle Mitte seines ersten Tagebuchs, und damit in das Zentrum seines Werkes.[66] Bereits Gerhard Schröder hatte bemerkt: "Eine Grenzlinie zwischen Tagebuch und Werk läßt sich kaum noch ziehen" (S. 31) und Horst Steinmetz (S. 8, ebenso S. 65) führte aus:

> Die Kongruenz zwischen Tagebuch und Werk ist so groß, daß schließlich alle literarischen Werke als Bestandteile eines umfassenden Tagebuches definiert werden müssen

— das folgerichtige Resultat einer Ich-Poetik.[67] Im Zeiterlebnis des Diaristen — zugleich ein "existentielles Darstellungsproblem" — wird die Zeit wesentlich als eine Funktion des Raumes erfahren (Kieser S. 29). Das Ich entwickelt sich also nicht, sondern entfaltet sich in der Zeit, ein Ablauf, dessen Spuren die einzelnen *Tagebuch*-Einträge sichern. Der Tagebuchschreiber mißt die Welt außen an der inneren Maßeinheit, der Bewußtseinsgröße "Erlebnis" und verzaubert die zeitverfallene Außenwelt so zur Innenwelt der Zeitlosigkeit: "Erlebnis findet immer nur in der Gegenwart statt" (Kieser S. 31). Der dichterische Gestaltungsakt sammelt das scheinbar Heteronome und ist darin verwandt mit dem Traum, der wahreren Hälfte unserer Existenz:

> Die Zeit *muß* übersprungen werden, wenn es um die Wahrhaftigkeit der Erzählung geht. (Kieser S. 32)

Diese "verräterische" Innen/Außen-Dialektik, die Jürgen Schröder zu Frischs Ich-Poetik den Schlüssel lieferte, eliminiert anscheinend den Zufall; es ist immer das Fällige, was uns zufällt. Tatsächlich verwandelt sie Zufall und Schicksal zu Innengrößen:

---

66 Die stoffstatistische Arbeit von Erna Dahms: Zeit und Zeiterlebnis in den Werken Max Frischs. Bedeutung und technische Darstellung Berlin (= Quellen und Forschungen zur Sprach- und Kulturgeschichte der germanischen Völker N.F. 67) 1976, bietet typologisch aufgeschlüsseltes Material. Vorläufig als Überblick zur "epischen" Zeitbehandlung im Drama: G. B. Pickar: The Narrative Time Sense in the Dramatic Works of Max Frisch. GLL 28 (1974/75) S. 1—14. Unbeholfen interpretierend: Martin Joseph Lange: Die Dimension der Zeit und des Raumes im Werk Max Frischs. Louisiana State University (= Phil. Diss.) 1973. — Vorerst ergiebiger die Einzelanalysen der Zeitbehandlung im Frühwerk (vgl. Schaefer Anm. 59; Anm. 77), sowie in den Romanen *Stiller* (Karlheinz Braun: Die epische Technik in Max Frischs Roman *Stiller*. Als Beitrag zur Formfrage des modernen Romans. Frankfurt [= Phil. Diss.] 1959. Auszüge im Mb-*Stiller)* und *Homo faber* (ausgezeichnet: Geulen S. 20—64).
67 Eine Liste bietet: Marlies Cordula Schröder: Max Frisch. Die thematischen Elemente im Tagebuch und ihre Varianten in den Romanen. Vanderbilt University (= Phil. Diss.) 1972. — Ungemein gründlich informiert über Motiv- und Textzusammenhänge die Arbeit von Daniel de Vin. Nur eine Reprise seiner früheren Thesen liefern Rolf Kiesers Aufsätze zum Thema, z.B.: Das Tagebuch als Idee und Struktur im Werke Max Frischs. In: Knapp (Hrsg.); S. 157—171.

Die Einwirkung des Zufalls und der Fügung erfolgt also nicht außerhalb, sondern innerhalb der Person des Erzählers und ist damit als tragendes Element einer Weltanschauung ausgeschaltet. (Kieser S. 56)

Im Zeichen des "Verrats" oder auch: des "Bildnisses" projiziert sich die Innengröße in tödliche Gefährdung von außen: Walter Faber und Gottlieb Biedermann werden sich selbst zum Schicksal.

5.4.2. Die Tagebuchform jedenfalls, der Horst Steinmetz die "besonders enge Verflechtung" mit "verfremdender Darstellungstechnik" bescheinigt (S. 11), befreit den Verstand von jener "perspektivischen Verkürzung," die das "ordentliche Nacheinander von Tatsachen" liebt.[68] "Max Frischs Kunst lebt aus dem Möglichkeitssinn" (Muschg S. 22). Allerdings liegt ihm "nicht so sehr an der Variation des Möglichen, sondern an den Varianten des Wirklichen" (Steinmetz S. 75). Nicht die "Wirklichkeit" wird abgewertet, sondern die pure Faktizität. Die Dichtung verzichtet auch da nicht aufs Wählen, wo die Realität sich keine Wahl gestattet, sondern zwanghaft entscheidet und vollstreckt.

5.5. Im poetischen Verfahren beginnt diese Setzung des je möglichen anderen mit der Erfindung eines Lesers. Denn Frischs Produktionsästhetik ist eine Wirkungsästhetik immanent.[69] Der Leser wird

von Frisch nicht ausgeschlossen, sondern in den innersten Zirkel des schöpferischen Rollenspiels einbezogen. Lesend imaginiert der Partner des Autors das ungeschriebene mögliche Buch in das geschriebene mögliche hinein. (Schröder S. 38)

Auch vom prekären Verhältnis zum Leser erzählen die Ehegeschichten in Max Frischs Texten.[70]

6.1. Mit einem kurzen Aufsatz, der den symptomatischen Titel: *Ich schreibe für Leser* trägt, hat Frisch selbst seinen Roman *Mein Name sei Gantenbein* angekündigt. "Die Erzählperspektive ist die des Möglichkeitssinns" (Gockel S. 16). Empirische Zeit weicht der Simultaneität:[71]

---

68 Robert Musil. *Der Mann ohne Eigenschaften*. Hamburg 1978; S. 650. – Die philosophischen Implikationen von Frischs erzählerischer Möglichkeitskunst legt offen: Jiří Stromšík: Das Verhältnis von Weltanschauung und Erzählmethode bei Max Frisch. ÜMF II; S. 125–157. [Zuerst: Philologica Pragensia 13 (1970)]. Ergänzend: Petersen (zu Parallelen mit Heidegger).

69 Vgl. dazu die Frisch-Beispiele in: Heinz Hillmann: Alltagsphantasie und dichterische Phantasie. Versuch einer Produktionsästhetik. Frankfurt (= Athenäum Taschenbücher) 1977.

70 Vgl. Jurgensen, Erfindung und ders., Lebenswerk.

71 Marchand S. 230; ausführlich und sorgfältig hat Hans Wolfschütz die Erzähltechnik im *Gantenbein*, insbesondere deren "dualen" Aspekt (Wechsel zwischen zwei Fiktionsebenen) untersucht. Botheroyd S. 97 berichtet von den gescheiterten Versuchen, eine der Projektionsfiguren (Enderlin, Svoboda) zum Erzähler zu erheben.

Mein Name sei Gantenbein ist ein Roman, der mobil nur in der Fabel ist, aber stabil, statisch in der Zeit. Er tritt auf der Stelle, was die Zeit betrifft — auf der Stelle, die von der Erfahrung eines Ich markiert wird, das von der Erkenntnis seiner Vergängnis überfallen wurde.

Freilich weist der streng symmetrisch komponierte Roman (vgl. Wolfschütz) doch eine fast verborgene inhaltliche Entwicklung auf, zunächst die versuchte Flucht ins andere Leben, dann umgekehrt die Sehnsucht nach dem "wirklichen Leben," die sich im Schlußbild annähernd erfüllt. Das erzählende Ich, von einer Trennungserfahrung, also der Begegnung mit dem Tod, seinem problemlos-naiven Gemeinschaftsleben entrissen, versucht den Verlust in verräterischen Geschichten zu umschreiben, umzuschreiben:

Zwangsläufigkeit in der Sichtweise des Erzählers, subjektive Notwendigkeit des Assoziativen verbürgt die Einheit im Spiel der Varianten. (Gockel S. 31)

Der "scheinbar Blinde" fungiert als Medium des Erzählens:

[. . .] seine vorgegebene doppelte Sehweise läßt ihn zum idealen Schnittpunkt der verschiedenen Wirklichkeitsebenen in einer vielschichtigen Erscheinungswelt werden.

Die "blinde" Eifersucht als "wesentliche Metapher" (Gockel S. 57) verstrickt das erzählende Ich immer tiefer, in immer neue Geschichten, transformiert die freie Fiktion in reale Fesselung (vgl. Wolfschütz S. 348), bis die Kreisbewegung vom Tode, der sie auslöste und in den sie wieder einmündet, schließlich angehalten wird. Der Tod begrenzt den Raum der Vorstellungen und Erfindungen ebenso endgültig wie den faktischen Erfahrungsraum. In der Gräber-Welt der Via Appia antiqua fühlt das erzählende Ich: "Leben gefällt mir."[72] Dies Schlußbild hebt

auf eigenartige Weise die Widersprüche des Romans auf, indem es sie gerade in seinen exponierten Metaphern aufgreift. In seinem Widerspruch noch hat auch dieses Bild doppeldeutigen Charakter. (Gockel S. 150)

So provoziert der Roman im "Widerspiel von Illusionsschaffung und Imitation" (Gockel S. 14), von "Sinnsetzung und Sinnentziehung" (Wolfschütz S. 348) die Frage nach einer lebbaren Geschichte, obwohl er diese Frage nicht beantworten will. Er handelt, indem er in der Struktur der Subjektivität seines Erzählers aufgeht, nicht zuletzt vom Problem seiner eigenen Deutbarkeit. Auch "Jerusalem" ist für den Erzähler kein Erlösungsort mehr, nur noch melancholische Metapher des Verlusts. Max Frisch macht

---

(Merrifield, de Vin, Bier), wertet unter den vom Ich in "Er"-Form dargestellten aber am höchsten Gantenbein (vgl. S. 103).

72 Laut Muschg S. 25 ein Bild des "wirklichen Lebens," ebenso Kraft, Botheroyd S. 118.

die "Doppeldeutigkeit der Erkenntnismöglichkeit" (Gockel S. 84) zwischen entwerfender Freiheit und literaturimmanenter Rollenhaftigkeit[73] zum Thema dieses poetologischen Romans.

6.2. Auf der Bewußtseinsbühne von *Biografie: Ein Spiel* ist die gelebte Poetik vollends theatralisch geworden (vgl. Schröder S. 37). Das Stück

> behandelt das Bewußtsein eines Einzelmenschen von der Akkumulation von Entwürfen in die Vergangenheit, die er in ihrer chronologischen Linearität zu einer Lebensgeschichte stilisiert, wobei in der diskursiven Bezogenheit der einzelnen Daten sich eine Struktur von Lebensnotwendigkeit und Schicksal abzuzeichnen scheint. (Kieser S. 130)

Kürmann, wie Walter Faber, ist selbst sein Schicksal. Denn die "Struktur des umgekehrten Schachspiels" präpariert jene "durch unsere Bewußtseinslage geformten Bilder als Leitbilder" heraus (Kieser S. 136), die wir mechanisch wählen, auch wenn alle anderen Möglichkeiten offenstehen. Solche Hartnäckigkeit unterläuft den Versuch, in einer Lebens-"Dramaturgie der Permutation"[74] den Zufall zu akzentuieren, wie es sich Frisch in seiner *Schillerpreis-Rede* (1965) vorgenommen hatte:

> Frisch hat ganz gewiß kein Stück des Typs geschrieben, den er in seiner *Schillerpreis-Rede* skizziert hatte. (Bradley S. 365)

Obwohl er sich nicht geradezu widerspricht, kann *Biografie* doch eine gewisse Zwiespältigkeit in den Zielsetzungen des Autors nicht verleugnen. Sein Interesse richtet sich nicht länger

> auf die Variabilität eines Lebenslaufs schlechthin, sondern auf die Variabilität eines Lebenslaufs als Produkt der Variabilität menschlichen Verhaltens. (Profitlich S. 526)

---

73 Vgl. Hanhart S. 27–56. – Die auf Frischs Werk isolierte Sicht wäre auszuweiten; erster, biographisch inspirierter Hinweis bei Toman. Vgl. Krafts Versuch, Gantenbein als "Seher und Schelm" einzuordnen (S. 53); weiter Wolfschütz S. 373–397 (nouveau roman, deutsche Gegenwartsliteratur), Gisela Ullrich: Identität und Rolle. Probleme des Erzählens bei Johnson, Walser, Frisch und Fichte. Stuttgart (= Literaturwissenschaft – Gesellschaftswissenschaft 25) 1977; Andrew White: Max Frisch's *Stiller* as a Novel of Alienation and the "nouveau roman." Arcadia 2 (1967) S. 288–304 (nur Auszüge im Mb-*Stiller,* da vorwiegend über *Gantenbein*); Charles Robert Russell: Versions of the Contemporary Internalized Novel: Günter Grass, William Burroughs, Max Frisch, Alain Robbe-Grillet. Cornell Univ. (= Phil. Diss.) 1972; schließlich Botheroyd (S. 1–11 vorwiegend psychologische Lit., vgl. Anm. 64). – Zum geheimen Kierkegaard-Thema im *Gantenbein* vgl. Gockel, Stemmler, Cunliffe.

74 Sachlich informativ: Heinrich Geisser: Die Entstehung von Max Frischs Dramaturgie der Permutation. Bern (= Sprache und Dichtung 21) 1973. Und: Julius Röntgen: Die Konzeption der Komödie bei Max Frisch. Duitse Kroniek 29 (1977) S. 65–78. – Weiterführend: Walter Pache: Pirandellos Urenkel. Formen des Spiels bei Max Frisch und Tom Stoppard. Sprachkunst 4 (1973) S. 124–141.

Die Frage nach der "Möglichkeit des 'Wählens' " macht der ursprünglich thematischen Zufallspermutation den ersten Rang streitig. (ebd.; vgl. Ruppert) Dabei ist "Wahl" sowohl eine ästhetische Kategorie wie eine existentielle Pflicht. Denn Kürmann und der Registrator verkörpern als Bewußtseinsfiguren die beiden Seiten der poetologischen Grundgleichung: Imagination ("Schreiben") und Wahrnehmung ("sich selber lesen"):

> Kürmann schreibt seine Biographie, indem er sie beständig *um*schreibt [. . .] Denn alles, was ihm der Registrator vorliest, empfindet er als bloße *Um*schreibung seiner selbst, die sein wahres Wesen nicht erreicht. Weil das Lesen seiner selbst ein bloßes *Um*schreiben bleibt, kommt es zu dem Akt eines ständigen *Um*schreibens seiner selbst. Kürmann versucht die Umschreibungen seines Lebens umzuschreiben. (Schröder S. 36)

Indessen, gerade die Utopie absoluter Freiheit, von der Kürmann schreibend ausgeht, verweigert ihm das Geschriebene, der Registrator. Poetologisch: Die praktizierte "Dramaturgie der Permutation" fordert, um jenes anarchische Chaos, das Kieser richtig als eine diaristische Tendenz herausarbeitete, zu vermeiden, die "schlimmstmögliche Wendung" der Geschichten heraus. So wird die formale Utopie gerettet, da die zufällige Wendung keine starre Form stiftet, jedoch auch das Kaleidoskop der Varianten aufgehalten (vgl. Allemann). Der Tod läßt keine Varianten mehr zu: er ist das Resultat des Lebens und des Schreibens.

7. Noch die autobiographische Erzählung *Montauk* ist "Ich-Theater" (Jurgensen, Lebenswerk, S. 351), freilich radikalisiert bis in die Zurücknahme. Schon der Essay von Christa Wolf hatte das autobiographische Thema angekündigt — bezeichnenderweise verknüpft mit der Imaginationsformel des *Gantenbein*-Erzählers: [75]

> Ich stelle mir vor, er wird getreulich seinen Leitmotiven folgend, die hochgetriebene Spannung zwischen den beiden Polen *Diskretion* und *Indiskretion* noch weiter erhöhen; der heute beinahe indiskretesten Frage: Was glaubst du? wird er sich immer neu stellen.

Daß so keine Intimitäten aus dem Privatleben angekündigt werden, klärt ein für allemal Peter Wapnewski in seinem klugen Aufsatz. Das "vollständige und unbeschönigte Erzählen" produziert "schließlich keine Aufrichtigkeit [. . .], sondern eine schöne Geschichte" (Mayer S. 112). Das unfingierte autobiographische Material arrangiert sich die Optik des Verfassers rückblickend zu seiner Geschichte — "allerdings und ausnahmehalber eine wahre." Der Autor sucht sie im Dialog; der öffentliche Partner dokumentiert

---

75 Vgl. zur Fiktion als "Autobiographie:" Jürgen Henningsen: Jeder Mensch erfindet sich eine Geschichte: Max Frisch und die Autobiographie. Literatur in Wissenschaft und Unterricht 4 (1971) S. 167–176.

sich im Zitat (vgl. Jurgensen, Erfindung S. 179), das heißt: im literarischen Gedächtnis. "Ein Stück Gegenwart erhält durch Erinnerung Vergangenheit." (Johnson S. 448) Weil aber für Frisch die Erinnerung nicht mehr heteronom gebunden ist, wie etwa in früheren Autobiographien an eine Idee teleologischer Lebensentwicklung, wird sie als psychologisch gedeutete mythische Macht erfahren, die einen heillosen egozentrischen Zirkel schafft. Im Werk Max Frischs ist die Erinnerung, welche, indem sie den ursprünglich offenen Horizont des Lebens schicksalhaft begrenzt, Schwermut nährt, und aus der die resignierte Hoffnungslosigkeit wächst, von Anfang an ein konstantes Struktur- und Inhaltsmotiv gewesen. Sie erweist sich in *Montauk* als paradoxes Phänomen. Ihre Macht erschöpft sich nämlich keineswegs in der Vergewisserung persönlichen Versagens und in der Besiegelung privater Aporien (wie im *Stiller*) – sie bildet zugleich jenes Vermögen, welches überhaupt erst neues literarisches Schaffen erlaubt, fungiert demnach als Medium eines persönlichen Selbstgerichts des Künstlers und als Erfüllung der Autor-Rolle ineins (vgl. vom Hofe), eine Spaltung, die sich, wie Gerhard Knapp darlegte, noch in der ganz und gar nicht "einfachen" Erzählperspektive *Montauks* spiegelt. Paradoxerweise gerade, indem das Gedächtnis die fortdauernde Lebensverfehlung bestätigt, gestattet es eine neue Sinngebung der Ich-Geschichte mittels literarischer Selbstdarstellung. Die erzählte Erinnerung wird äquivalent zum Diaristischen, wenn das Leben sich der Literatur angleicht. Die "autobiographische Korrektur" in *Montauk* beabsichtigt kein pauschales Verdikt über die literarische Transformation autobiographischen Materials, weil etwa derart das Ich unzulänglich oder unwahr dargestellt werde. Man kann Leben und Literatur bei Frisch schon deshalb nicht gegeneinander aufrechnen, weil jetzige Existenzerfahrung des Autors aus dem Blickwinkel von *Montauk* immer schon in den früheren Texten antizipiert erscheint, weil frühere Fiktionen nicht auf vergangene Erfahrungen beschränkt, sondern zukunftsgerichtet als Möglichkeitsentwürfe in geschichtlicher Gegenwart eingeholt werden. Die autobiographische Korrektur zielt vielmehr auf eine Revision des bisher vermittelten Schriftstellerbildes im Spiegel einstiger literarischer Entwürfe und Fiktionen (vgl. vom Hofe S. 378 u. bes. Knapp S. 301 zum Widerspiel von "Realfigur" und "Kunstfigur"). Die beglückende simultane Bewußtseinsgegenwart der möglichen "Erlebnisse" wurde vom Schriftsteller an die Sprache verraten und schrumpft unter dem Andrang der literarischen "Bildnisse" zur "dünnen Gegenwart" (GW VI, 685) alles Gewesenen in der Erinnerung. Die innere Gefährdung und Ambivalenz des Möglichkeitsdenkens im Zeit-Raum hatten schon *Gantenbein* und *Biografie* nicht verleugnet, doch die Zitatmontage in *Montauk* hemmt nun, wie Heinz Gockel und Hans Bänziger detailgenau nachweisen konnten, die Zeitentfaltung, blockiert also die Zeiterfahrung des Diaristen. Die lebensgeschichtlichen Voraussetzungen einer Ästhetik der fiktiven Ich-Varianten und der Möglichkeitsentwürfe, die ihren Wahrheitsgrund und Erkenntniswert in der Hoffnung auf künftige Verwirklichung literarisch gestalteter Ich-Veränderungen hatten, sind für den alternden Autor von *Montauk,* der sich von der Zukunft ausgeschlossen weiß, nicht mehr vorhanden. Die sonst befolgte Poetik verliert darum ihren Lebensbezug. Die Ich-Vermittlung durch Literatur müßte nun umgekehrt von der verwirklichten Ich-Geschichte ausgehen, um sich in der Erkenntnis definitiver Geschichte gegen die Geschichtlichkeit behaupten zu können (nach vom Hofe).

8. Indessen verlagert die Zitatverwendung in *Montauk* nicht einfach die Gewichte innerhalb des immer schon ambivalenten Zeiterfahrungsfeldes von der Imagination auf die Wahrnehmung, vom Entwurf auf das Zitat. Vielmehr wandelt sich, während Zitate in Frischs vorigen Werken (vgl. Bänziger, S. 270–275) stets geschichtliche als gesellschaftliche Erfahrung transportiert hatten, nun ihre Aufgabe ganz entscheidend: Der Autor von *Montauk* ist sich als Verfasser von Literatur selbst historisch geworden und seine Zitate sind Selbstzitate, meinen öffentliche und persönliche Erfahrung in einem. Damit sind aber die beiden Pole Wahrnehmung und Imagination widersinnig verklammert und eine lange versteckte Tendenz offen vollstreckt. Die Freiheit (oder "Innigkeit") des Ich beweist sich lediglich durch die Einsicht in ihren Verlust. Der Autor sieht sich in seine eigenen Geschichten verstrickt (mit Gerhard Knapps Worten: umschlossen vom "komplexen Gefüge einer Ritualisierung von Schuld" [S. 307]), deren Helden aber waren verstrickt in fremde. In solcher Engführung wird die Gefährdung des Lebens durch die tote Schablone endgültig tödlich. Indem freilich *Montauk* die Variantenpoetik paradox aufhebt durch Entwurf-Zitate, sie an der Zeitschwelle umbiegt, macht diese sehr ernste Erzählung zugleich auf den spezifischen Humor der Werke Frischs von *Don Juan* bis *Hotz* aufmerksam: Humor als Parodie, wie als ironisches Kabarett.[76] Diese ironischen Werke Frischs zeigten die Selbstwahl und Selbstannahme, die sie einesteils für sehr nötig hielten, durchweg verzerrt und in bornierter Einseitigkeit vollzogen: Der Autor macht sich über seine Helden lustig. Zwischen äußerlicher Authentizität der wählenden Geste einerseits und andererseits der Trivialität des gewählten Inhalts steckt das literarische Zitat eine Distanz ab, die komisch wirken muß. Man wählt die zitierte Rolle. In dieser Komik erst objektiviert sich Frischs "Poetik des Uneigentlichen." Sie stellt die "Innigkeit" gebrochen dar durchs "Äußerlichste," verschränkt, nicht antagonistisch. Von der Potenzierung dieses "Columbus-Reise-Motivs" (Schmid S. 297) in *Montauk* war bereits die Rede.

---

76 Bisher nicht untersucht. Jedenfalls wäre von Frischs Reminiszenzentechnik auszugehen, vgl. Gunter Grimm: Rezeptionsgeschichte. München 1977. S. 65–68; Frithjof Rodi: Anspielungen. Zur Theorie der kulturellen Kommunikationseinheiten. Poetica 7 (1975) S. 115–134. Weiter die Hinweise auf die Stereotypenlehre Anm. 46.

8.1. Den Anstoß für die "Entwicklung zu einer Dramaturgie [und Ästhetik] der dialektischen Vorherrschaft" (Jurgensen) gab offenbar die Bewußtseinsszenerie im frühen theatralischen Reigen *Die Chinesische Mauer*. Die Figuren, welche "unser Hirn – noch immer – bevölkern" (GW II, 148), treten nicht erst seit der zweiten Fassung von 1955 als unablässig kreisender historischer Maskenzug auf, dessen Gefährlichkeit das moderne, heutige Bewußtsein zwar zu erkennen vermag, aber nicht zu bannen. Noch die beschwörende Warnung wird als pure Poesie beklatscht, ohne daß man bedenkt, wie auch die scheinbar pragmatischen Zwänge der Machtpolitik literarisch-historische Denkschablonen vollstrecken, freilich anachronistische. Schon hier überblendet der poetologische Sachverhalt den existentiellen und dieser erklärt jenen: was die moderne Literatur kennt als drückende Last der Tradition wirkt im politischen Bereich sich nicht nur metaphorisch-tödlich aus. Die raffinierte Durchdringung der Zeitebenen bildet dabei den unaufhaltsamen Machtzuwachs der Denkbilder und Stereotype präzise ab,[77] bis die im Überlieferten erstarrte Zeit schließlich die Bühne beherrscht und bis die Warnung verstummt. Den Heutigen überwältigt sein eigenes Bewußtsein. Doch gerade die Stummen klagen in diesem Stück an – wie es das Amt der Dichtung ist (vgl. oben S. 476). Die erste Version von 1946 gibt solche Lesart noch offenherziger preis, da hier nicht das Stil- und echte Zitat die kristallinen Strukturen und Inhalte des Bewußtseins bezeichnet, sondern die Masken eher tiefenpsychologischen Archetypen im Jungschen Sinne ähneln,[78] als den sozial verbürgten Stereotypen der Neufassung. Dem Dichter ist die Macht verliehen, jene zu bannen und liebend vom "Reich der Wahrheit" zu künden, sofern eitler Eigennutz ihn nicht verführt. Erst die zweite Fassung, die bisher zu ausschließlich Gegenstand der Forschung war, drängt durch Literarisierung die vordergründigen Dichternöte zurück zugunsten der objektivierten politisch-ästhetischen Thematik.[79]

8.2. Inzwischen nämlich hatte Frisch in den beiden Dramen *Don Juan oder die Liebe zur Geometrie* und *Graf Öderland* die Kluft zwischen

---

77 Dies der Konvergenzpunkt der drei Studien von Gerhard Kaiser (ÜMF I; S. 116–136), Walter Jacobi (Der Deutschunterricht 13 [4/1961] S. 93–108) und Günter Waldmann (ÜMF II; S. 207–219). Eine neuere Arbeit fehlt.

78 So die nicht zu Ende gedachte These bei: Karl Schmid: Versuch über Max Frisch. Schweizer Annalen 3 (1946/47) S. 327–333.

79 Die bisherigen Arbeiten, welche die offenkundigen Anleihen bei Wilders Dramaturgie nachprüfen, kranken bezüglich der Fassungsunterschiede an philologischer Sorglosigkeit. Trotzdem halbwegs zuverlässig: Jean Paul Mauranges: Der Einfluß Thornton Wilders auf das literarische Schaffen von Friedrich Dürrenmatt und Max Frisch. In: Horst Frenz u. H.-J. Lang (Hrsg.): Nordamerikanische Literatur im deutschen Sprachraum seit 1945. München 1973; S. 225–250. Ärgerlich wegen krasser Ungenauigkeiten: Manfred Durzak: Max Frisch und Thornton Wilder. Der vierte Akt von *The Skin of Our Teeth*. In: Jurgensen (Hrsg.); S. 97–120, der S. 105f. sogar den *falschen* Wortlaut eines Zitats detailliert auslegt.

literarischer Schablone und existentieller, gestalterischer Freiheit tiefer ausgelotet und sozusagen gerade die unüberbrückbare Grenze als das beide Verbindende dargestellt.

8.2.1. Der *Don Juan* spielt in einem "theatralischen Sevilla" (GW III, 96); Tradition ist thematisch in diesem Stück. Dies gilt einmal für die Stoffgeschichte — wird doch in eine neue Version des "Don Juan"-Stoffes die Überlieferung von Celestina, der Kupplerin, eingewoben (vgl. Richter S. 45). Die Wandlungen des "Don Juan"-Mythos zeichnete Hans-Gerd Rötzer sorgfältig nach.[80] Er räumt ein, daß Frischs Version einen Mythos zerstört habe indem sie dessen Entstehung auf dem Theater für das Theater entlarvt (vgl. Matthews), jedoch bloß den "sekundären Mythos von der Genialität der Sinnlichkeit," den überhaupt das 19. Jahrhundert erst als "Don-Juanismus" propagiert hatte. Wenn man mit Claude Levi-Strauss einen Mythos als die Gesamtheit seiner Fassungen definiert, erübrigt sich Rötzers Argumentation freilich.

Eine kleinere Gruppe von Interpreten versuchte mit wechselndem Erfolg, die von Frisch in *Nachträgliches zu "Don Juan"* abgesteckte Rezeptionsbahn zu verlassen und dies "vordergründig literarische" Stück auf jene existentielle Grundschicht, die man aus Frischs anderen Werken kannte, zu beziehen. Am weitesten in dieser Richtung wagt sich Manfred Jurgensen vor, wenn er den *Don Juan* als "ein eindrucksvolles dramatisches Symbol einer tragischen Inkongruenz von Natur und Geist" auslegt (S. 38); "tragisch" deshalb, weil "Don Juan [. . .] die essentia des Lebens paradoxerweise durch den Tod her [sic] zu erfahren" sucht (S. 44). Das existentielle Substrat politisiert (mit Hilfe von Lacan und Lukács) die tiefenhermeneutische *Don Juan*-Studie von Peter Horn, darin sich einem oben besprochenen Rezeptionsmuster anschließend. Bloßer Schein sei der vom Stück konstruierte Widerspruch zwischen Sexualität und Geistigkeit — Karl Richter hat ihn behutsam rekonstruiert und erklärt (vgl. bes. S. 46) —, weil ja nach dem, auch in der Komödie geltenden "Gesetz des allgemeinen Äquivalententausches" (S. 141) Don Juans Liebe zur Geometrie geradeso kindisch bleibe wie seine verbrämt ödipalen, regressiv autistischen, immer-gleich phallisch fixierten Sexualkontakte. Die Infantilität der Geometrie — und paradigmatisch der Wissenschaft — verhärtet sich in dem

> Entschluß, alles aus der Entscheidung auszuklammern, was sich ihrer Gesetzmäßigkeit nicht fügt, und es damit sprachlos und unbewußt zu machen.

---

80 Ergänzend der Vergleich mit Calderón bei: Peter Gontrum: Max Frisch's *Don Juan*. A New Look at a Traditional Hero. Comparative Literature Studies 2 (1965) S. 117—123; sehr stoffreich: Anita Pollack: Die Don Juan-Thematik bei Max Frisch. Eine Untersuchung zur Frage der Verarbeitung und Neugestaltung tradierten Stoffgutes. Wien (= Phil. Diss.) 1975.

Don Juan, der Intellektuelle,[81] überspringt die Konvention der Väterwelt als einen irrationalen Bereich bloß, anstatt sie zu bewältigen. Folglich kann er sich nie von der verdinglichten lösen. Das Stück erfüllt diesem jungen Mann sämtliche ödipalen Träume so bereitwillig — alle Frauen, sogar "die Mutter," Dona Elvira, gehören ihm —, daß dieser Mangel an Widerstand heftige Gefühle des Ekels und der Öde hervorruft, weshalb der Träumer zuletzt sein eigenes Gericht inszeniert. Wenn die Bestrafung auch nur als Theater gedacht war — insgeheim setzt sich als Strafinstanz die Gesellschaft durch: Don Juan wird Pensionär, Ehemann und Vater.

Peter Rupperts gemäßigter Versuch, Don Juan als ästhetische Existenz im Sinne Kierkegaards zu erklären, leuchtet eher ein, zumal so eine Brücke zur literaturgeschichtlichen Interpretation geschlagen wird, da Kierkegaards *Entweder/Oder* bekanntlich zu Frischs Quellen gehörte. Schon Hiltrud Gnüg hatte als parodistische Qualität des Stückes betont, daß nicht irgendeine Wirklichkeit Don Juan in seine Rolle zwinge, sondern die Traditionselemente, die der Autor Max Frisch den "theatralischen Sevillanern" (vgl. Matthews) als fixe Erwartungen unterschiebt, bis seiner Figur (wie später Andri) just ein Ausweg bleibt: Don Juan zu sein. Das Stück verschränkt ironisch verschiedene Zeit- und Bewußtseinsebenen.

Die "explizite Vermittlung zwischen den beiden skizzierten Positionen der Forschung," wie mein früherer Überblick sie gefordert hatte, leistet wohl die Studie von Karl Richter,[82] noch entschiedener Johannes Werner, der in "einer doppelten, synchronischen als auch diachronischen Perspektive" (S. 42) die Motivkomplexe faustischer Geistigkeit und "Melancholie und Schwermut" betrachtet, wobei er zeigen kann,

> daß die scheinbar neuen Elemente von Frischs Don-Juan-Bild mit dessen Vorgeschichte, daß die scheinbar unvermittelten in thematischer Einheit aufs engste und dichteste zusammenhängen. (S. 54)

Denn traditionell gilt die Geometrie, die "wesentliche Metapher" dieser Komödie, als melancholische Geistesbeschäftigung. Grund zur Melancholie war noch stets die "Wunde des Geschlechts." Durch die Flucht gleichsam aus seiner Schwermut heraus

---

81 Vgl.: Hertha Franz' Motivvergleich: Der Intellektuelle in Max Frischs *Don Juan* und *Homo faber.* ÜMF II; S. 234–244 [Zuerst: ZfdPh 90 (1971)]. Mit einem Interview Frischs: John F. Holley: The Problem of the Intellectual's Ethical Dilemma as Presented in Four Plays by Max Frisch. New Orleans. Tulane U. (= Phil. Diss.) 1965 (über *Nun singen, ChM, GÖ, DJ*).

82 Richters sehr abgewogene Arbeit vernachlässigt weder das "Verhältnis von 'existentiellem' und gesellschaftlich-politischem Interesse" (S. 41), noch "die Schicht der Reflexion auf das literarische Medium selbst" (S. 55): "Der Rollenbegriff wird zum Schlüsselbegriff eben deshalb, weil er die Rolle als Erscheinungsweise des menschlichen Verhaltens zur Rollenexposition als einer formalen Möglichkeit des Theaters in Beziehung setzt." (S. 57)

und in sie hinein, durch Weib und Geometrie ist [Don Juan] der Melancholie beides mal nicht entgangen: am Ende aller seiner Wege tritt sie ihm stets aufs neue entgegen.

Das Unternehmen besteht also in der Beibehaltung der sattsam bekannten Fakten der kulturellen Überlieferung, obgleich von der neu verstandenen Hauptfigur her vorläufig eine andere, ebenfalls neue Lesart sich anträgt. Nachdem Frisch seinen Helden fast schon aus der "Hölle der Literatur," der ewigen Wiederholung, erlöst hatte, liefert das Schlußbild ihn abermals der Literatur aus. Weder kommt es nun zur gewohnten Höllenfahrt, noch wird schlicht antimythisch Don Juans Entkommen durch schlaue Vortäuschung derselben gefeiert: die resignierte Ehehölle schildert dialektisch Triumph und Widerlegung der Tradition zugleich.[83] Im geglückten Aufstand gegen die literarische Rolle verhalf Don Juan dieser Rolle in seinem Dasein zum Sieg.

8.2.2. Ein weitgehend ähnliches Strukturgerüst besitzt Frischs vorhergehendes Stück, *Graf Öderland,* das in der Forschung bislang nicht genügend beachtet wurde, weil man es meist allzu flach auffaßte als absurdes Polittheater, dem sich allenfalls die zweite, in engem Kontakt mit dem Regisseur Fritz Kortner entstandene Fassung annähert. Ein gründlicher Vergleich der drei Fassungen wäre (auch hier) eine dringliche Aufgabe. — Nur Max Frisch selbst machte soweit (allerdings in einem nur auszugsweise veröffentlichten Brief an Friedrich Dürrenmatt) darauf aufmerksam, daß die Rolle, welche die Tradition für Don Juan spielt, bei "Herrn Martin, Staatsanwalt" mit der "uralten" Mythe vom Grafen Öderland besetzt ist. Die Feengestalten Hilde und Inge (ein weiteres der bei Frisch häufigen Märchenmotive) locken den Staatsanwalt in die mythische Maske des Grafen Öderland.[84] Die Bewußtseinsbühne registriert unbestechlich die eigentliche Macht des Uneigentlichen, denn der Staatsanwalt kann seinen rebellischen Öderland-Phantasien weder entrinnen, noch sie zur geschichtsmächtigen Utopie erhöhen — wie auch die literarischen "Bildnisse" (Mythen, Traditionen) zerstören, ohne zu retten. Das Stück, Frischs liebstes (vgl. Gespr. m. Arnold. S. 34), entwirft mithin kein politisches Programm, sondern durchleuchtet die innere Gefährdung jeder Programmatik im Zeitalter der Realpolitik.

8.2.3. Der Prosatext *Stiller,* den man in der Schweiz zunächst als innenpolitisches Manifest las (vgl. Karmasin et al. S. 526), nimmt das Traditionsthema der *Don Juan*-Komödie wiederum auf.

---

83 Ähnlich schon: Robert J. Matthews: Theatricality and Deconstruction in Max Frisch's *Don Juan.* Modern Language Notes 87 (1972) S. 742–752, der dann jedoch über eine dionysische Vergottung Don Juans spekuliert.
84 So Jurgensen S. 31. — Vgl.: Stine; außer dem Aufsatz die Diss., Bryn Mawr 1977: *Märchen* and *Sage* Elements in the Works of Max Frisch.

Leben und Literatur im Zeitalter der Reproduktion: das ist Max Frischs eigentliches Thema in dem Roman *Stiller*.

hatte Hans Mayer in seinen ausgezeichneten: Anmerkungen zu *Stiller* (S. 243) formuliert. Laut Wolfgang Frühwald verfestigt sich im Bedeutungszusammenhang dieses Romans auch der "nicht unbekannte Gedanke, daß es das Zeichen der Nicht-Liebe sei, also Sünde, sich von seinem Nächsten [. . .] ein fertiges Bildnis zu machen" (GW III, 467) seinerseits in der "Reproduktion tradierter Denkmuster" (S. 258) zur zitathaften Bildungsrarität. Das unwiderruflich gescheiterte Gespräch zwischen den beiden Eheleuten in Davos veranlaßte den Gedankenmord an Julika und Stillers Flucht nach Amerika, wo ihn die Ereignisse schließlich zwingen, sein Versagen anzuerkennen als seine wahre Identität (vgl. 4.4.2. über Andri).

Die schon von Hans Mayer entdeckte Vielfalt romantypologischer Reminiszenzen (Ehe-, Künstler-, Bildungs-, Kriminalroman) kommen einem Geständnis des Versagens, als Autor eine originell-neue Form zu schaffen, gleich. Damit übersetzt Frisch die psychische Situation seines Helden so exakt in die Werkgestalt, daß solche Akribie neuerlich als ein parodistisches Signal wirkt. Parodie, die auch den repräsentativen Parodisten in der deutschsprachigen Literatur des zwanzigsten Jahrhunderts nicht ausnimmt. Wulf Köpkes Studie über: Max Frischs *Stiller* als *Zauberberg*-Parodie, begreift jenen als parodistisch-inversen Bildungsroman und schlägt nicht nur eine versuchsweise Typologie der parodistischen Verfahren vor, sondern entdeckt mittels sorgfältiger Analyse der Zeiterfahrung sog. "Zauberbergorte" und "Zauberberg-situationen," beide der "Vergängnis" entrückt, erstarrt und demnach in der Schweiz angesiedelt: "in der parodie des Zauberberg-motivs steckt die essenz der satire auf die Schweiz" (S. 169). In meiner Einführung zu der *Stiller*-Materialiensammlung habe ich dies Thema aufgegriffen und den Konnex zwischen Literarisierung der Erfahrung und Gesellschaftskritik im *Stiller* freizulegen versucht: "Stillers Versagen [. . .] spiegelt eine gesellschaftliche Versagung." (S. 20) Die Stufen seiner Entfremdung setzen sich in der komplexen Erzählstruktur (vgl. Anm. 66, außerdem: Pickar) scharf voneinander ab und lassen sich darüber hinaus den literarisierten Erfahrungsweisen jeweils zuordnen. Wenn man den Tagebuchcharakter des *Stiller* ernstnimmt, dann ist dies nicht zuletzt ein Roman über die "Unmöglichkeit zu schreiben" in einer Gesellschaft, die literarische Utopien zur Bildung ummünzt: eine paradoxe Thematik, die sich dank Frischs Sprachverständnis (der *Stiller* zitiert abstandnehmend die herrschende "kommentierende" Sprache) dennoch in einen Roman verwandeln ließ.

8.2.4. Die Gesinnungsverwandtschaft zwischen literarischer Traditionsbildung (in der Schweiz) und Legitimation von Herrschaft wird zwanzig Jahre später von der kurzen Literatursatire *Wilhelm Tell für die Schule*, die auch politische Attacke sein will, ganz unbekümmert vorausgesetzt — wie

Manfred Jurgensen meint: "eine Reformation in der Heilsgeschichte der eidgenössischen Freiheitsreligion" (S. 239). Im Kommentar zu Frischs *Wilhelm Tell* legten Wolfgang Frühwald und ich Materialien zu Geschichte und Kritik des Tell-Mythos, zugleich zur literarhistorischen Einordnung des Büchleins vor. Außerdem möchte unsere Interpretation zeigen, wie eine parodistisch-satirische Technik arbeitet, die nicht eine patriotische Freiheitstradition leichthin als Feier eines Rollenspiels paßgerechter Stereotypen denunziert (vgl. Hanhart S. 77—82), sondern noch die eigene, zweiflerische Ausgangslage nicht zementieren will als Standpunkt. Jürgen Schröder erläutert, wie die Absicht des Autors, "zu demonstrieren, daß unsere Erfahrungen nicht das *Resultat* der Geschichte, sondern daß umgekehrt die Geschichte die *Projektion* unserer Erfahrungen und Erlebnismuster ist" (S. 244), dessen poetologischen Grundsätzen entspringt und zu einer Erzähltechnik des gezielten Widerspruchs veranlaßt.

9. Der Zweifel galt stets als Frischs Arbeitsprinzip, notwendiges Korrelat seines Bildnisverbots und Kontrolle der uneigentlichen Rede, wobei als Medien der Skepsis die literarischen Formen und Formelemente (Parodie, Zitat), deren gesellschaftskritischer Zweck schon mehrfach zu erwähnen war, inzwischen erkannt wurden. Jean P. Bier hat in einem klugen Aufsatz deutlich das politische Anliegen von Frischs Theorie und künstlerischer Praxis ausgesprochen.

"Max Frischs Kunst lebt aus dem Möglichkeitssinn" (Muschg S. 22; vgl. Petersen), und die kreative Formel seiner Vorstellungskraft lautet: "das ist so — muß das so sein? " — wie Adolf Muschg erläutert:

[. . .] keine Formel bösen Willens; es ist, bei der literarischen Erfindung angefangen die Methode seiner Produktivität. [S. 22] — Was man so schnell Frischs Engagement zu nennen pflegt, besteht in dieser Offenheit, die herausfordert zur Sache und dem Partner zumutet, sie auf dem Niveau der existierenden Information zu behandeln. [S. 23] — Die Frageform der forschenden Phantasie ist auch diejenige der täglichen Politik. [S. 24]

Zu prüfen wäre, wie sich des Autors politisches Handeln — in den Grundlinien von Adolf Muschg und J. P. Bier nachgezeichnet — bewährt und entwickelt hat.

9.1. Auszugehen ist vom konkret Vorfindlichen, das heißt: Max Frisch und die Schweiz.[85] Grob lassen sich drei Phasen in Frischs Engagement an seine Heimat unterscheiden.

---

85 Vielversprechend freilich auch Barbara Völker-Hezels Material über: Fron und Erfüllung. Zum Problem der Arbeit bei Max Frisch. Revue des langues vivantes 37 (1971) S. 7—43. Unbedingt heranzuziehen als erster gelungener Versuch einer Zusammenschau: Eifler (zur Kritik vgl. oben S. 470), u.a. S. 178—183 über: "Die Misere der Rechtsstaatlichkeit."

Karl Schmid, im einflußreichen Frisch-Kapitel seines Buches: Unbehagen im Kleinstaat, hat betont, grundsätzlich stelle die Schweiz Frisch das Modell einer bürgerlichen Nation, gegen die aufbegehrend des Autors Entwicklung verlaufe (vgl. S. 170).

> Ehe, Nation und Staat sind für Frisch aus Elementen, die der Ordnung des Kollektivs dienten, zu solchen geworden, die das Leben des Individuums schmälern. (S. 71)

Besonders anstößig müssen ihre Ansprüche in einer Nation wirken, die, wie Frisch sie sieht, "seit langer Zeit überhaupt keinen echten Ansprüchen mehr zu genügen hatte" (S. 172), so daß das Erlebnis der Kleinheit und Unbeträchtlichkeit des Kleinstaates heutzutage stärker als je sein müsse und die rückhaltlose Bejahung des kleinen Kreises als eines Menschheitsmodells verdächtig scheine als Restauration:

> Was bleibt, ist das Gefühl der Beengung und die Auffassung der nationalen Wirklichkeit unter dem tragischen Bilde der Haft oder eines ironischen Modells, als eines Beispiels mit negativen Zügen. So versteht sich, was gestern schweizerischer Dichter hieß, nun leicht nur mehr als Dichter in der Schweiz. (S. 178)

Indessen laste Frisch doch auch seine privaten Nöte der Gesellschaft an und zwinge sich — um sich von solch projizierten Objektivationen dann abzusetzen — zu "recht grotesken Verdächtigungen" (S. 161) gegen sein Land. Belege für die staatsfromme Einstellung von Schweizerdichtern und für die harte Reaktion gegen Abweichler brauchen hier nicht gesammelt zu werden.[86] Doch sollte man festhalten, wie sehr Karl Schmids individual-psychologische Erläuterungen in der Öffentlichkeit seines Landes Frischs Glaubwürdigkeit schmälerten. Der jüngst gedruckte Briefwechsel dokumentiert eine Auseinandersetzung zwischen Schmid und Max Frisch, die schließlich 1974 mit der öffentlichen Stellungnahme des Autors in der Rede *Die Schweiz als Heimat* abbrach.

Auch wenn man sie nicht grundsätzlich bestreitet, wird man die Gültigkeit jenes fatalen Schlagworts vom "Unbehagen im Kleinstaat" doch einschränken und eingrenzen müssen. Es trifft, wenn überhaupt, nur die zweite Phase in Frischs politischem Engagement. Thorbjörn Lengborn, der neben Daniel de Vin eine der philologisch sorgfältigsten und ergiebigsten Arbeiten zu Frischs Werk vorlegte, liefert eine Fülle einschlägigen Materials — auch zum nötigen Vergleich mit Albin Zollinger und Friedrich Dürren-

---

86 Darüber informieren: Kurt Marti. Die Schweiz und ihre Schriftsteller — die Schriftsteller und ihre Schweiz. Zürich 1966. — Manfred Gsteigers ausgezeichnete Einführung zur Anm. 63 genannten Lit.gesch. (S. 15–139). — Hilty (vgl. Anm. 93). — Selbst Dokument: Kurt Guggenheim: Heimat oder Domizil? Die Stellung des deutschschweizerischen Schriftstellers in der Gegenwart. Zürich 1961.

matt –, während die Gedankenführung etwas trocken-schulmäßig anmutet (zur Ergänzung daher: Eifler S. 183–186).

9.2. Frischs politische Anteilnahme setzt in den lyrisch-moralistischen Arbeiten der Jahre von 1943 bis 1950 zunächst mit Deutschlandkritik vom Schweizer Standpunkt aus ein,[87] speziell mit dem Tadel jener deutschen nur-ästhetischen Kultur, der Frisch die Schweizer politische Kultur konfrontiert, während allmählich sich auch das Gewicht der weiteren Frage nach Aufgabe und Selbstverständnis der Verschonten, nicht Schuldlosen, sondern Ungeprüften, steigert und die Antwort seit Beginn des Kalten Krieges zunehmend ungünstiger für die Schweiz ausfällt. Am Beispiel des "Requiems" *Nun singen sie wieder* handelte Wilhelm Ziskoven diese und einige verwandte Themen nahezu lehrbuchhaft ab.[88]

Die zweite Phase von 1950 bis 1961, die ebenfalls im dichterischen und essayistischen Werk klar abzugrenzen ist, wird von idealistischer Schweizkritik geprägt. Vor allem das Pamphlet *achtung: Die Schweiz* postuliert, die Schweiz sei einesteils eine verwirklichte Idee, scheue aber nun aus falschem Realismus davor zurück, abermals Ideen zu verwirklichen. Zentrale Partien dieser Schrift übernahm der Verfasser wörtlich in den Roman *Stiller.*[89]

Während Frisch in der Folgezeit von 1961 bis 1964/65 auf Kritik an der Schweiz verzichtet, weil er einsehen mußte, sein Vaterland sei "ein Land ohne Utopie" (GW IV, 258), kehrt er danach

zur Gesellschaftsdebatte in publizistischer Form zurück und engagiert sich intensiv an sowohl schweizerischen als auch [erstmals] internationalen Problemen, vielleicht intensiver als je zuvor, (Lengborn S. 130)

klammert indessen grelle politische Inhalte aus seiner Dichtung strikt aus, obwohl man das dichterische Werk jener Jahre nicht einfach wird "unpolitisch" nennen dürfen. Das *Dienstbüchlein* etwa bemüht sich vor der Folie der *Blätter aus dem Brotsack* um literarische und autobiographische Korrektur, dokumentiert eben den Lernprozeß eines früheren Schweizer-Dichters seit der Geistigen Landesverteidigung (vgl. Jurgensen S. 240–244). Die beängsti-

---

87 Lengborn spricht hingegen von vier Stadien, bes. von 1945 bis 1957/58 postuliert er eine einheitliche Haltung. – Ähnlich die Phasengliederung des Gesamtwerkes bei Armin Arnold: Näher mein Ich zu Dir: Zur Problematik des Alterns, des Sterbens und des Todes bei Max Frisch. In: Knapp (Hrsg.); S. 249–265. Die bisherigen Gliederungsversuche bleiben den Oberflächenkategorien des Inhalts allzu eng verhaftet.

88 W. Z.: Max Frisch, *Nun singen sie wieder.* In: Rolf Geißler (Hrsg.): Zur Interpretation des modernen Dramas. Brecht, Dürrenmatt, Frisch. Frankfurt 1970; S. 113–126. Vgl. Anm. 48. Als "Liberalen Nachkriegshumanismus" bezeichnet F.N. Mennemeier: Modernes deutsches Drama, Bd. 2. München 1975; S. 160–179, Frischs erste vier Dramen. Zum Kontext vgl. Gerhard Hay et al. (Hrsg.): "Als der Krieg zu Ende war." München 1974.

89 Vgl.: W. Schmitz: Zur Entstehung von Max Frischs Roman *Stiller.* Mb-*Stiller* S. 32.

gende Geringfügigkeit des Beiläufig-Privaten vor dem Öffentlichen wird im *Gantenbein* angesprochen und in *Biografie* mittels Filmmontagen ausdrücklich zum sarkastischen Kontrapunkt. Schließlich hat Elsbeth Pulver den "Mut zur Unsicherheit" als stilbildendes Prinzip der privat-fiktionalen wie auch der "politisch-faktischen" Partien des *Tagebuchs 1966–1971* verfolgt und damit Prolegomena einer Psychologie des Politischen im Werk des Bewußtseinskünstlers Max Frisch aufgespürt, zugleich schon die beste Therapie für autoritäre Persönlichkeiten (S. 42f.).[90] Die Verunsicherung macht vor dem Autor nicht halt:

> Eine eigenartige, beunruhigende Spannung zeichnet sich [. . .] ab: da ist einerseits seine Tendenz, dem Leser und sich selbst ein Verharren in einem Zustand der Sicherheit unmöglich zu machen [. . .]. Aber andererseits hat er immer wieder Unsicherheit als eine fast unerträgliche Erfahrung dargestellt (S. 43)

So beispielsweise in der Beschreibung des Alterns. –

In seiner Ansprache anläßlich der Verleihung des Friedenspreises des deutschen Buchhandels an Max Frisch würdigte Hartmut von Hentig den Mut dieses Autors zur verunsichernden Wahrheitsarbeit, zu einer Praxis, die ihn selbst nicht schont, in die er verwickelt bleibt.

10. Die Forschung der vergangenen zehn Jahre konnte herausarbeiten, wie der Verfasser solche "Verstrickung" in das Geschriebene ihrerseits zu gestalten wußte, wie seine Ich-Poetik den Lebensbezug seines Schaffens mit dessen Kunstanspruch zu vereinen vermochte, ohne Abstriche an artistischer Redlichkeit. Keines von Frischs Werken legt sich fest, oder den Leser – auch nicht auf das "Thema des Sich-Nicht-Festlegens" (J. Kaiser). Sie alle kämpfen gegen die "Botschaften", die man ihnen doch allzu lange entnehmen wollte, indem sie mit dem "Leser als Mitspieler" das Entstehen von Botschaften und "Sinn," das Verfertigen von Bildnissen, probierend und erkennend zurücknehmen. Jene in Frischs Werk überall herrschende Ambivalenz wird dadurch zum prägenden Kennzeichen dieses Werks, sie, die auf der Sprach-, Motiv- und Handlungsebene ein ständiges metaphorisches Spiel in Gang hält, derart daß in täuschenden Kettenreaktionen Geistiges und Sinnliches, Existentielles und Poetologisches wechselweise füreinander eintreten und sich verleugnen. Die Übergangsregeln zwischen den einzelnen strukturellen Schichten (denn sicherlich sind diese Teilstrukturen nicht homolog)[91] wären in einem nächsten Schritt freizulegen. – Doch hat die Forschung bisher auch die chronologische Abfolge und Entwicklung in

---

90 Ähnlich bereits: Heinz F. Schafroth: Bruchstücke einer großen Fiktion. Über Max Frischs Tagebücher. TuK S. 58–68. Vgl. zum *Tb II:* de Vin S. 188–250.
91 Marianne Wünschs Strukturanalyse des *Stiller* scheint dieser falschen Prämisse nicht immer auszuweichen. – Vgl. außerdem Anm. 63.

diesem Werk zu wenig beachtet, es allzusehr als einheitlich vorhandenes, wenn auch komplexes Bezugssystem angesehen, so daß die verschiedenen Schaffensphasen (1931–1938; 1939–1950; 1951–1961; 1961–1967; 1968–1976), welche sich anscheinend jeweils als korrigierende Zurücknahme der vorigen definieren und daher auch die Gültigkeit früherer Vertextungsregeln beeinträchtigen) noch kaum in ihrem Eigenwert erkannt, geschweige denn untersucht wurden. –

Neben die innere Untergliederung hätte die Abgrenzung nach außen zu treten. Daß Frisch mannigfaltige Quellen (parodierend und zitierend) nutzt, wird kaum noch bestritten, obschon die meisten Texte auf ihre literarhistorische Interpretation und Einordnung noch warten. Vorerst liegen nur einzelne, verstreute Studien vor, wobei das Niveau beträchtlich schwankt zwischen biederen Motivvergleichen und durchaus subtilen Deutungen.[92] Ebensoviel ist ungetan hinsichtlich der synchronen Bezüge von Frischs Werk, seiner Einbettung ins literarische Leben und seines politisch-gesellschaftlichen Hintergrundes,[93] so daß der künftigen Forschung ein weites, braches Feld zu bestellen bleibt.

92 Für das Verhältnis Frischs zur Existenzphilosophie (von Kierkegaard bis Sartre) vgl. 3.1., sowie Anm. 46, 68 u. 73. Außerdem: Hela Michot-Dietrich: *Homo faber.* Variations sur un thème de Camus. Ann Arbor, Michigan State Univ. (= Phil. Diss.) 1965. [Kurzfassung: Archiv 128 (1976) S. 19–31]. – Zur parodistisch-zitierenden Stoffverarbeitung Anm. 57, sowie 8.3.1. u. 8.3.3. – Erste vergleichende Einordnungsversuche in die Literatur der Gegenwart Anm. 6, 54 u. 58, sowie Allemann (Dürrenmatt); Anm. 62 (Schmitz), Anm. 73, Anm. 88; außerdem: Thomas Koebner: Dramatik und Dramaturgie seit 1945. In: T. K. (Hrsg.): Tendenzen der deutschen Literatur seit 1945. Stuttgart 1971; S. 348–461. – In die Tradition der Moderne: 4.3. (Brecht), Anm. 59 (Hofmannsthal), 8.3.3. (Th. Mann), Anm. 79 (Wilder), außerdem: Hans Bänziger: *Der Steppenwolf* und *Stiller.* Zwei Fremdlinge innerhalb der bürgerlichen Welt. Mb- *Stiller* S. 342–355; Marlies Zeller-Cambon: Max Frischs *Stiller* und Luigi Pirandellos *Mattia Pascal:* Die Odysse zu sich selbst. In: Jurgensen (Hrsg.); S. 81–96; dazu: Anm. 74. – Wichtig: Max Frisch: Spuren meiner Nicht-Lektüre. Mb-*Stiller* S. 341–342. – Eine Gesamtdarstellung von Frischs Werk unter dem Aspekt der Traditionsverarbeitung bereite ich vor.

93 Vorerst müßten die schon zahlreichen Zeugnisse von Zeitgenossen gesammelt werden. Ich nenne nur: Martin Hürlimann: Zeitgenosse aus der Enge. Erinnerungen. Frauenfeld 1977; Traugott Vogel: Leben und Schreiben. Achtzig reiche magere Jahre. Zürich 1975 (darin S. 370–397 Hans Rudolf Hiltys wichtige "Stichworte zum literarischen Zürich im 20. Jahrhundert"); Mayer S. 115–125; weiteres vgl. Anm. 86 u. vor allem Berger/Diederichs, zu deren Leitfaden die Zentralbibliothek Zürich außerdem eine ergänzende, reichhaltige und sehr sorgfältige Dokumentation verwahrt. Zur Biographie vgl. de Vin 18–81.

NACHTRAG (Februar 1979)

Ein Frisch-Forschungsbericht läuft Gefahr, solange das weltweite Interesse am Werk dieses Autors anhält wie bisher, zu veralten, noch ehe er erscheint. So sind mir erst nach Manuskriptschluß, der das Ende der Berichtszeit für diesen Überblick auf den Juni 1978 fixierte, noch vier gewichtige Monographien sowie einige Aufsätze bekannt geworden, die zwar das Gesamtbild nur ergänzen, nicht verändern, es aber doch verdienen, in einem Nachtrag knapp erwähnt und eingeordnet zu werden. – In der Sammlung Metzler hat Jürgen H. Petersen nun, nachdem auch die frühen Texte bibliographisch nachgewiesen und zugänglich sind, eine erste Gesamtdarstellung des Frischschen Werkes vorgelegt (Max Frisch. Stuttgart [= SM 173] 1978), ein weitgespanntes Unternehmen, an sich zu loben, auch wenn das Resultat die Schwierigkeiten eines ersten Versuches nicht verleugnet. Obgleich der Band jene Realien, welche das Reihenprofil der Sammlung Metzler verspricht (Quellen u.ä.), nicht bieten kann, erweist sich Petersen als guter Kenner von Max Frischs Gesamtwerk (ausgenommen die Dramenfassungen), und, trotz einiger Ungenauigkeiten, auch der Sekundärliteratur; man hätte sich freilich gewünscht, daß bibliographische Liste und darstellender Text, der den Ertrag der Literaturwissenschaft bis ca. 1977 aufarbeitet, explizit aufeinander bezogen wären – ein Forschungsreferat "ohne Namen" ist z.B. für den studentischen Benutzer kaum überprüfbar. Petersen gliedert nicht, indem er seine Abhandlung in Kapitel aufteilt, auch das Gesamtwerk Frischs, wenn er auch wenigstens einen plötzlichen und radikalen Umschlag für das Jahr 1945 ansetzt, der zu einer "Poetik, zumindest einer Dramaturgie des Engagements" (S. 44) geführt habe – vielleicht eine allzu stoffnahe Auffassung, da ja von "Poetik," also literarischer Technik, die Rede sein soll. Jedenfalls anregend sind schließlich die Seiten (S. 10–21), die Petersen den "geistigen Einflüssen als Voraussetzung für Frischs poetische Produktion" (S. 10) widmet. – "Frischs geistige Wurzeln" einmal gründlich für den Roman *Stiller* aufgearbeitet zu haben (S. 11–82), ist das große Verdienst von Helmut Naumanns Studie: Der Fall Stiller. Antwort auf eine Herausforderung. Zu Max Frischs *Stiller*. Rheinfelden (= Deutsche und vergleichende Literaturwissenschaft 2) 1978, während sie in der Werkdeutung recht konventionell bleibt, immerhin die "Ironie der Dinge" hervorhebt. Neu ist hier lediglich der Versuch, das "Haar"-Motiv als "Chiffre für den schönen Schein" (S. 173) in Frischs metaphorische Semantik einzuordnen. – Über das geistesgeschichtliche Umfeld des *Stiller,* und ebenso des *Homo faber,* wird man künftig nicht mehr sprechen können, ohne auf Doris Kiernans vielleicht etwas schematisch argumentierende, aber sehr sorgfältig gearbeitete Monographie einzugehen: Existenziale Themen bei Max Frisch. Die Existenzialphilosophie Martin Heideggers in den Romanen *Stiller, Homo faber* und *Mein Name sei Gantenbein*. Berlin (= Quellen und Forschungen zur Sprach- und Kulturgeschichte der germanischen Völker N.F. 73) 1978. Die Fülle bisher nur vage vermuteter, jetzt kohärenter Ergebnisse kann hier nicht ausgebreitet werden, doch schränkt Doris Kiernan den bisher überbetonten Kierkegaard-Einfluß angemessen ein, und über ihr spezielles Thema hinaus gelingt es ihr, das legitime, existenziell gebundene Interesse an Frischs Prosa und das literarhistorische Anliegen der Quellenforschung zu versöhnen. Übrigens meine ich, daß sich sogar eine neue Sicht auf Frischs Gesamtwerk gewinnen ließe, wenn nur jene Frage nach den Quellen und den Techniken ihrer Verarbeitung, der sich die Fachforschung ja immer entschlossener zuwendet, einigermaßen geklärt wäre. Einen Schritt in diese Richtung versucht meine 1980 erscheinende Arbeit: Bewußtseinswirklichkeit. Studien zu Poetologie und Traditionsverarbeitung im Werk Max Frischs (1931–1978). – Zum *Don Juan*-Drama, Probestück für solche Untersuchungen, hat Hiltrud Gnüg eine erweiterte Interpretation vorgelegt: Frisch. *Don Juan oder Die Liebe zur Geometrie.* In: Walter Hinck (Hrsg.): Die deutsche Komödie. Vom Mittelalter bis zur Gegenwart. Düsseldorf 1977; S. 305–323, 404–406, während drei weitere Aufsätze den Kenntnisstand zu den Romanen ergänzen: Otto Schober: Max Frisch – *Mein Name sei Gantenbein.* Spiegelungen des Rollenverhaltens im Roman. In: Manfred Brauneck (Hrsg.): Der deutsche Roman im 20. Jahrhundert. Analysen und Materialien zur Theorie und Soziologie des Romans. Bd. 2. Bamberg 1976; S. 74–96 (vgl. Anm. 65), dann Mona Knapps anregende, die oben (2.2) erwähnte Meinung stützende Miszelle: Der "Techniker" Walter Faber: Zu einem kritischen Mißverständnis. Germanic Notes 8 (1977) S. 20–23, schließlich der komparatistische Versuch von Stephen L. Wailes: The Inward Journey: *Homo faber* and *Heart of Darkness.* New Germanic Studies 6 (1978) S. 31–44 (vgl. Anm. 25, 62, 92). – Nochmals die Zeitgestaltung im Drama Frischs behandelt Cegienas de Groot: Zeitgestaltung im Drama Frischs. Die Vergegenwärtigungstechnik in *Santa Cruz, Die Chinesische Mauer* und *Biografie.* Amsterdam 1977 (vgl. Anm. 66), wobei erwartungsgemäß viel Bekanntes wiederholt, im theoretischen Teil (z.B. S. 18–20) freilich auch ein Fortschritt erzielt wird, den man im Vergleich mit der exemplarisch angelegten Analyse bei Franz H. Link: Zeit und Geschichte in Thornton Wilders *Wir sind noch einmal davongekommen* und Max Frischs *Chinesischer Mauer.* In: F.L. Dramaturgie der Zeit. Freiburg (= rombach hochschul paperback 87) 1977; S. 222–232 (vgl. noch Anm. 92) leicht ermessen kann. – Zusätzlich zu den Anm. 15 genannten, will ich noch auf eine didaktische Arbeit hinweisen, deren Inhalt der Titel bereits zureichend beschreibt: Rudolf Denk: Vom Regiebuch zum Inszenierungsversuch mit dem Video-Recorder. *Biedermann und die Brandstifter* von Max Frisch als Einführung in das Verständnis des Theatralischen im Deutschunterricht einer zehnten Klasse. Der Deutschunterricht 25 (5/1973) S. 129–142.

Literaturangaben

Die vorliegende Auswahl nennt lediglich die ausführlich, zumeist im Text, besprochenen Arbeiten. Die im übrigen herangezogenen Sekundärliteratur wird in den Anmerkungen nachgewiesen. Die Titel, die seit Drucklegung der umfassenden Bibliographie in ÜMF II erschienen (bzw. mir damals entgangen waren), werden hier durch einen Asterisk (*) hervorgehoben. Folgende Abkürzungen wurden verwendet: ÜMF I: vgl. Beckermann (Hrsg.). – ÜMF II: vgl. Schmitz (Hrsg.), Mb (*Stiller, Bidermann, Andorra*) vgl. Schmitz (Hrsg.), Materialienbände. – TuK: vgl. Arnold (Hrsg.).

GW: Max Frisch. *Gesammelte Werke* in zeitlicher Folge. 6 Bde. Hrsg. v. Hans Mayer u. Mw. v. Walter Schmitz. Frankfurt 1976.

Allemann, Beda: Die Struktur der Komödie bei Frisch und Dürrenmatt. ÜMF I; S. 261–273 [Zuerst: Hans Steffen (Hrsg.): Das deutsche Lustspiel. Bd. 2. Göttingen (= Kleine Vandenhoeck Reihe 277) 1969].

Arnold, Armin: Näher mein Ich zu Dir: Die Problematik des Alters, des Sterbens und des Todes bei Max Frisch. In: Knapp (Hrsg.); S. 249–265.

Arnold, Heinz Ludwig (Hrsg.): Text und Kritik. Zeitschrift für Literatur. 47/48: Max Frisch. München 1975.

Bänziger, Hans: Frisch und Dürrenmatt. Bern [6] 1971.

ders.: Zwischen Protest und Traditionsbewußtsein. Arbeiten zum Werk und zur gesellschaftlichen Stellung Max Frischs. Bern 1975.

*ders.: Ab posse ad esse valet ... Zu einem Zitat im Spiel *Biografie.* In: Jurgensen (Hrsg.); S. 11–25.

*ders.: Leben im Zitat. Zu *Montauk:* ein Formulierungsproblem und dessen Vorgeschichte. In: Knapp (Hrsg.). S. 267–284.

Beckermann, Thomas: (Hrsg.): Über Max Frisch (I). Frankfurt (= edition Suhrkamp 404) 1971.

*Berger, Rudolf u. Rainer Diederichs (Hrsg.): Max Frisch. Bücher – Bilder – Dokumente. Begleitheft zur Ausstellung in der Zentralbibliothek Zürich. Zürich 1977.

*Bichsel, Peter: Als uns Primo Randazzo *Bin* befahl. Eine Erinnerung anläßlich der Verleihung des Friedenspreises an Max Frisch. National-Zeitung (Basel) v. 18.9.1976.

Biedermann, Marianne: Das politische Theater von Max Frisch. Lampertheim (= Theater unserer Zeit 13) 1974.

*Bier, J. P.: Zur Reprivatisierung der Literatur bei Max Frisch. Duitse Kroniek 29 (1977) S. 57–64.

*Botheroyd, Paul F.: Ich und er. First and third person self-reference and problems of identity in three contemporary German-language novels. Den Haag (= De proprietatibus litterarum, Series practica 67) 1976.

Bradley, Brigitte L.: Max Frischs *Biografie: Ein Spiel.* ÜMF II; S. 345–367 [Zuerst: German Quarterly 44 (1971)].

*Butler, Michael: The Novels of Max Frisch. London 1976.

Cook, Mary E.: "Countries of the Mind": Max Frisch's Narrative Technique. The Modern Language Review 65 (1970) S. 820–828.

*de Vin, Daniel: Max Frischs Tagebücher. Studie über *Blätter aus dem Brotsack* (1940), *Tagebuch 1946–1949* (1950) und *Tagebuch 1966–1971* (1972) im Rahmen des bisherigen Gesamtwerks (1932–1975). Köln (= Böhlau forum litterarum 10) 1977.

Dürrenmatt, Friedrich: *Stiller* Roman von Max Frisch. Fragment einer Kritik. ÜMF I; S. 7–15 [Zuerst: F. D.: Theaterschriften und Reden. Zürich 1966].

Durzak, Manfred: Dürrenmatt, Frisch, Weiss. Deutsches Drama der Gegenwart zwischen Kritik und Utopie. Stuttgart [2] 1972.

*Eifler, Margret: Max Frisch als Zeitkritiker. In: Knapp (Hrsg.); S. 173–189.

*Friedrich, Gerhard: Die Rolle der Hanna Piper. Ein Beitrag zur Interpretation von Max Frischs Roman *Homo faber.* Studia Neophilologica 49 (1977) S. 101–117.

Frühwald, Wolfgang: Wo ist Andorra? Zu einem poetischen Modell Max Frischs; ÜMF II. S. 305–313 [Zuerst: Beiträge zu den Ferienkursen des Goethe-Instituts (München) 1966].

*ders.:/Walter Schmitz: Max Frisch. *Andorra/Wilhelm Tell.* Materialien, Kommentare. München (= Reihe Hanser 243. Literatur-Kommentare 9) 1977.

*ders.: Parodie der Tradition. Das Problem literarischer Originalität in Max Frischs Roman *Stiller.* Mb-*Stiller* S. 256–268.

*Geiger, Heinz: Widerstand und Mitschuld. Zum deutschen Drama von Brecht bis Weiss. Düsseldorf (= Literatur in der Gesellschaft 9) 1973.

Grimm, Reinhold u. Carolyn Wellauer: Max Frisch. Mosaik eines Statikers. In: Hans Wagener (Hrsg.): Zeitkritische Romane des zwanzigsten Jahrhunderts. Stuttgart 1975; S. 276–300. Vgl. auch Knapp (Hrsg.); S. 191–204.

Geulen, Hans: Max Frischs *Homo faber.* Studien und Interpretationen. Berlin (= Quellen und Forschungen zur Sprach- und Kulturgeschichte der germanischen Völker N.F. 17) 1965.

Gnüg, Hiltrud: Das Ende eines Mythos: Max Frisch *Don Juan oder Die Liebe zur Geometrie* ÜMF II; S. 220–233 [Zuerst: H. G.: Don Juans theatralische Existenz. Typ und Gattung. München 1974].

*dies.: Frisch. *Don Juan oder Die Liebe zur Geometrie.* In: Walter Hinck (Hrsg.): Die deutsche Komödie. Vom Mittelalter bis zur Gegenwart. Düsseldorf 1977; S. 305–323.

*Gockel, Heinz: Max Frisch. *Gantenbein.* Das offen-artistische Erzählen. Bonn (= Abhandlungen zur Kunst-, Musik- und Literaturwissenschaft 211) 1976.

*ders.: *Montauk. Eine Erzählung.* Duitse Kroniek 29 (1977) S. 41–56.

*Haberkamm, Klaus: "Il était un petit navire." Anmerkungen zur Schiffsmotivik in Max Frischs *Homo faber.* Duitse Kroniek 29 (1977) S. 5–26.

Hegele, Wolfgang: Max Frisch: *Andorra.* ÜMF I; S. 172–191. [Zuerst: Der Deutschunterricht 20 (3/1968)].

Herms, Dieter: Max Frisch *Biedermann und die Brandstifter* In: Manfred Brauneck (Hrsg.): Das deutsche Drama vom Expressionismus bis zur Gegenwart. Interpretationen. Bamberg [3] 1977; S. 250–258.

Heißenbüttel, Helmut: Max Frisch oder Die Kunst des Schreibens in dieser Zeit. ÜMF I; S. 54–68.

*Horn, Peter: Zu Max Frischs *Don Juan oder die Liebe zur Geometrie.* In: Jurgensen (Hrsg.); S. 121–144.

*Ismayr, Wolfgang: Das politische Theater in Westdeutschland. Meisenheim/Glan (= Hochschulschriften Literaturwissenschaft 24) 1977.

Johnson, Uwe: Zu *Montauk.* ÜMF II; S. 448–450.

Jurgensen, Manfred: Max Frisch. Die Dramen. Bern ² 1976. [Darin: Leitmotivischer Sprachsymbolismus: Nacht – Schnee – Meer. S. 13–24]

ders.: Max Frisch. Die Romane. Bern ² 1976.

*ders. (Hrsg.): Frisch. Kritik – Thesen – Analysen. Beiträge zum 65. Geburtstag. Bern (= Queensland Studies in German Language and Literature 4) 1977.

*ders.: "Die Erfindung eines Lesers": Max Frischs Tagebücher. In: Jurgensen (Hrsg.); S. 167–179.

*ders.: Das Lebenswerk von Max Frisch und die Entwicklung seiner Schriften. Universitas 32 (1977) S. 349–355.

*ders.: Max Frisch: Die frühen Schriften. In: Knapp (Hrsg.); S. 25–36.

Karasek, Hellmuth: Max Frisch. Velber (= Friedrichs Dramatiker des Welttheaters 17) ⁵ 1974.

*Karmasin, Helene/Walter Schmitz/Marianne Wünsch: Kritiker und Leser: Eine empirische Untersuchung zur *Stiller*-Rezeption. Mb-Stiller; S. 493–537.

Kieser, Rolf: Max Frisch. Das literarische Tagebuch. Frauenfeld 1975.

Kjaer, Joergen: Max Frisch, Theorie und Praxis. Orbis litterarum 27 (1972) S. 264–295.

*Knapp, Gerhard P. (Hrsg.): Max Frisch. Aspekte des Prosawerks. Bern (= Studien zum Werk Max Frischs 1) 1978.

*ders.: Noch einmal: Das Spiel mit der Identität. Zu Max Frischs *Montauk* In: Knapp (Hrsg.); S. 285–307.

*Köpke, Wulf: Max Frischs *Stiller* als *Zauberberg*-Parodie. Wirkendes Wort 27 (1977) S. 159–170.

Lengborn, Thorbjörn: Schriftsteller und Gesellschaft in der Schweiz. Eine Studie zur Behandlung der Gesellschaftsproblematik bei Zollinger, Frisch und Dürrenmatt. Frankfurt 1972.

*Lorenz, Bernhard: Modelle unmöglicher Welten: Max Frischs Analyse der Wirklichkeit in *Biedermann und die Brandstifter.* Mb-*Biedermann.* S. 178–208.

*Lusser-Mertelsmann, Gunda: Max Frisch. Identitätsproblematik in seinem Werk aus psychoanalytischer Sicht. Stuttgart (= Stuttgarter Arbeiten zur Germanistik 15) 1976.

*dies.: Selbstflucht und Selbstsuche. Das "Psychoanalytische" in Frischs *Stiller.* Mb-Stiller; S. 594–616.

Manger, Philipp: Kierkegaard in Max Frischs Roman *Stiller.* Mb-*Stiller,* S. 220–237 [Zuerst: German Life and Letters 20 (1966/67)].

Marchand, Wolf R.: Max Frisch *Mein Name sei Gantenbein.* ÜMF I; S. 205–234 [Zuerst: ZfdPh 87 (1968)].

*Mauranges, Jean Paul: L'image de l'Amerique chez Max Frisch. Recherches Germaniques 7 (1977) S. 173–196.

*Mayer, Hans: Über Friedrich Dürrenmatt und Max Frisch. Pfullingen 1977.

*Mayer, Sigrid: Die Funktion der Amerikakomponente im Erzählwerk Max Frischs. In: Knapp (Hrsg.); S. 205–235.

*Müller, Klaus-Detlef: Das Ei des Kolumbus? Parabel und Modell als Dramenformen bei Brecht – Dürrenmatt – Frisch – Walser. In: Werner Keller (Hrsg.): Beiträge zur Poetik des Dramas. Darmstadt 1976; S. 432–461.

Muschg, Adolf: Vom Preis eines Preises oder Die Wohltat des Zweifels. ÜMF II. S. 19–25 [Zuerst: National-Zeitung (Basel) v. 19.1.1974].

*Petersen, Jürgen H.: Wirklichkeit, Möglichkeit und Fiktion in Max Frischs Roman *Mein Name sei Gantenbein*. In: Knapp (Hrsg.); S. 131–156.

Pickar, Gertrud Bauer: *Biedermann und die Brandstifter;* Das Dilemma der Sprache. Mb-*Biedermann;* S. 167–178. [Zuerst: Modern Languages 50 (1969)].

dies.: Max Frisch's *Biografie*, Image as "Life-script." Symposium 28 (1974) S.166–174.

*dies.: "Kann man schreiben, ohne eine Rolle zu spielen?" Zur Problematik des fingierten Erzählens im *Stiller*. In: Knapp (Hrsg.); S. 77–102.

*Profitlich, Ulrich: Beliebigkeit und Zwangsläufigkeit. Zum Verhältnis von Frischs *Schillerpreis-Rede* und *Biografie*. ZfdPh 95 (1976) S. 509–526.

Pütz, Peter: Max Frischs *Andorra* – ein Modell der Mißverständnisse. Mb-*Andorra* S. 122–132 [Zuerst: TuK].

*ders.: Das Übliche und das Plötzliche. Über Technik und Zufall im *Homo faber*. In: Knapp (Hrsg.); S. 123–130.

*Pulver, Elsbeth: Mut zur Unsicherheit. Zu Max Frischs *Tagebuch 1966–1971*. In: Jurgensen (Hrsg.); S. 27–54.

Ravar, Raymond u. Paul Anrieu: Le spectateur au théâtre. Recherche d'une méthode sociologique d'après *M. Biedermann et les incendiaires*. Brüssel 1964 [Auszüge: Mb-*Biedermann*].

*Richter, Karl: Schwierigkeiten mit der Liebe zur Geometrie. Theatralische Fiktion und Geschichtlichkeit in einer Komödie Max Frischs. In: Eduard Schaefer (Hrsg.): Lerngegenstand: Literatur. Lili, Beih. 5. Göttingen 1977; S. 40–58.

Rötzer, Hans Gerd: Frischs *Don Juan*. Zur Tradition eines Mythos. Arcadia 10 (1975) S. 243–259.

*Rotermund, Erwin: Zur Vergangenheitsbewältigung im deutschen Nachkriegsdrama: Zuckmayer – Borchert – Frisch. Blätter der Carl-Zuckmayer-Gesellschaft 2 (1976) S. 76–85.

Ruppert, Peter: Max Frischs *Don Juan:* The Seductions of Geometry. Monatshefte 67 (1975) S. 236–248.

*ders.: Possibility and Form in Max Frisch's *Biography: A Game*. Modern Drama 18 (1975) S. 349–355.

Schau, Albrecht (Hrsg.): Max Frisch – Beiträge zu einer Wirkungsgeschichte. Freiburg (= Materialien zur deutschen Literatur 2) 1971.

Schenker, Walter: Die Sprache Max Frischs in der Spannung zwischen Mundart und Schriftsprache. Berlin (= Quellen zur Sprach- und Kulturgeschichte der germanischen Völker N.F. 31) 1969.

Schmid, Karl: Unbehagen im Kleinstaat. Untersuchungen über Conrad Ferdinand Meyer, Henri-Frédéric Amiel, Jakob Schaffner, Max Frisch, Jakob Burckhardt. Zürich [3] 1977 [Anhang: K.S.–M.F.: Gespräch über die Schweiz (Briefwechsel, Notizen); S. 253–301].

*Schmitz, Walter: Max Frisch. *Homo faber*. Materialien, Kommentar. München (= Reihe Hanser 214. Literatur-Kommentare 5) 1977.

ders. (Hrsg.): Über Max Frisch II. Frankfurt (= edition suhrkamp 852) 1976.

*ders. (Hrsg.): Materialien zu Max Frisch *Stiller*. 2 Bde. Frankfurt (= suhrkamp taschenbuch 419) 1978.

*ders./Ernst Wendt (Hrsg.): Materialien zu Max Frisch *Andorra*. Frankfurt (= edition suhrkamp 653) 1978.

*ders.: Neun Thesen zu *Andorra*. Mb-*Andorra;* S. 143–159.

Schneider, Peter: Mängel der gegenwärtigen Literaturkritik. Neue deutsche Hefte 12 (1965) S. 98–123.

Schröder, Jürgen: Spiel mit dem Lebenslauf. Das Drama Max Frischs. ÜMF II; S. 29–74. [Zuerst: Gerhard Neumann/J. S./Manfred Karnick: Dürrenmatt, Frisch, Weiss. Drei Entwürfe zum Drama der Gegenwart. München 1969].

*ders.: Wilhelm Tell für die Schule als Max Frisch für die Schule. In: Knapp (Hrsg.); S. 237–248.

Stäuble, Eduard: Max Frisch. Gesamtdarstellung seines Werks. St. Gallen [4] 1971.

Stauffacher, Werner: Langage et mystère. A propos des derniers romans de Max Frisch. Etudes germaniques 20 (1965) S. 331–345 [Auszüge: Mb-Stiller].

Steinmetz, Horst: Max Frisch: Tagebuch, Drama, Roman. Göttingen (= Kleine Vandenhoeck-Reihe 379) 1973.

Stemmler, Wolfgang: Max Frisch, Heinrich Böll und Sören Kierkegaard. München (= Phil. Diss.) 1972.

*Stine, Linda J.: Chinesische Träumerei – amerikanisches Märchen: Märchenelemente in Bin und Stiller. In: Knapp (Hrsg.); S. 37–51.

*Toman, Lore: Bachmanns Malina und Frischs Gantenbein: zwei Seiten des gleichen Lebens. Literatur und Kritik 12 (1977) S. 274–278.

*vom Hofe, Gerhard: Zauber ohne Zukunft. Zur autobiographischen Korrektur in Max Frischs Erzählung Montauk. Euphorion 70 (1976) S. 374–397.

*von Hentig, Hartmut: "Wahrheitsarbeit" und Friede. In: Max Frisch/H.v.H.: Zwei Reden zum Friedenspreis des deutschen Buchhandels 1976. Frankfurt (= edition suhrkamp 874) 1976; S. 7–81.

Wapnewski, Peter: Hermes steigt vom Sockel. Gedanken zu Max Frisch in Montauk (anläßlich des 15. Mai 1976). Merkur 30 (1976) S. 453–463.

Weise, Adelheid: Untersuchungen zur Thematik und Struktur der Dramen von Max Frisch. Göppingen (= Göppinger Arbeiten zur Germanistik 7) 1969.

Weisstein, Ulrich: Max Frisch. New York (= Twayne's World Authors Series 21) 1967.

*Werner, Johannes: Ein trauriger Held. Vorgeschichte und thematische Einheit von Max Frischs Don Juan oder die Liebe zur Geometrie. Sprachkunst 8 (1977) S. 41–58.

Wintsch-Spiess, Monika: Zum Problem der Identität im Werk Max Frischs. Zürich 1965.

Wolf, Christa: Max Frisch, beim Wiederlesen oder: Vom Schreiben in Ich-Form. ÜMF II; S. 11–18 [Zuerst: TuK].

Wolfschütz, Hans: Die Entwicklung Max Frischs als Erzähler von Mein Name sei Gantenbein aus gesehen. Salzburg (= Phil. Diss.) 1972.

*Wünsch, Marianne: Stiller, Versuch einer strukturalen Lektüre. Mb-Stiller, S. 541–593.

*Wysling, Hans: Dramaturgische Probleme in Frischs Andorra und Dürrenmatts Besuch der alten Dame. Mb-Andorra. S. 133–142 [Zuerst: Leonard Forster u. Hans-Gert Roloff (Hrsg.): Akten des V. Internationalen Germanisten-Kongresses Cambridge 1975. Bern 1976].

*Zeller-Cambon, Marlies: Max Frischs Stiller und Luigi Pirandellos Mattia Pascal: Die Odyssee zu sich selbst. In: Jurgensen (Hrsg.); S. 81–96.

Die Autoren dieses Bandes

MANFRED JURGENSEN
Professor für Neuere Deutsche Literatur an der University of Queensland
(Australien). Hauptveröffentlichungen: Max Frisch: Die Dramen
(^{2}1976); Max Frisch: Die Romane (^{2}1976); Symbol als Idee. Studien zu
Goethes Ästhetik (1968); Deutsche Literaturtheorie der Gegenwart
(1972); Über Günter Grass (1974); Das fiktionale Ich (1977). Herausgeber der folgenden Anthologien: Grass: Kritik – Thesen – Analysen
(1973); Böll: Untersuchungen zum Werk (1975); Frisch: Beiträge zum
65. Geburtstag (1977). Zwei Bände Lyrik in englischer Sprache: signs &
voices (1973); a kind of dying (1977). Herausgeber der Queensland
Studies in German Language and Literature. Mitglied der Alexander von
Humboldt-Stiftung (Technische Universität Hannover 1972–1974), Eidgenössischer Bundesstipendiat (Universität Zürich 1966–1968).

JÜRGEN H. PETERSEN
Studium an den Universitäten Göttingen, Berlin und Köln. Nach
sechsjähriger Tätigkeit im höheren Schuldienst ab 1970 an der Universität Bonn, seit 1974 o. Professor an der Universität Osnabrück.
Veröffentlichungen u.a.: Die Rolle des Erzählers und die epische Ironie
im Frühwerk Thomas Manns. Ein Beitrag zur Untersuchung seiner
dichterischen Verfahrensweise (1967). – Einführung in die neuere
deutsche Literaturwissenschaft [m. D. Gutzen u. N. Oellers] ^{2}1977). –
Max Frisch (1978). – Aufsätze u.a. über Büchner, Thomas Mann, Grimmelshausen und Frisch, zur allgemeinen Literaturwissenschaft und zur
Hochschuldidaktik.

WERNER STAUFFACHER
Studium in Genf, Assistent der Eidgenössischen Spitteler-Kommission,
Mitherausgeber der Gesammelten Werke Carl Spittelers. Seit 1953
Professor für neuere Germanistik an der Universität Lausanne. Verfasser
einer umfangreichen Biographie Carl Spittelers (1973), seither Arbeiten
über Döblin, Frisch, C. F. Meyer, Heine, Schiller.

MONA KNAPP
Studierte Germanistik und Komparatistik in Kiel und Salt Lake City.
Promotion am Deutschen Seminar der University of Utah, Salt Lake
City. Veröffentlichungen u.a. zu Dürrenmatt, Frisch und Samuel Beckett,
sowie Übersetzungen literarischer Texte.

ULRICH PROFITLICH
Studium in Köln, Wien, Berlin und Bonn. Lehrtätigkeit an der Freien
Universität Berlin (1964–1973), der University of British Columbia,
Vancouver (1969/70), der Universität Kiel (1972/73), der Cornell-

University, Ithaca (1977) und der Gesamthochschule Paderborn (seit 1973). – Buchveröffentlichungen: Der selige Leser (1968). Eitelkeit (1969). Friedrich Dürrenmatt (1973). – Aufsätze zu Jean Paul, zur Literatur der Gegenwart und zur Theorie des Dramas.

PETER SPYCHER
Lehrtätigkeit an der Princeton University und an der University of Iowa. Seit 1965 o. Professor für neuere deutsche Literatur am Oberlin College, Ohio. Autor von: Friedrich Dürrenmatt. Das erzählerische Werk (1972). Zahlreiche Arbeiten zur modernen deutschen Literatur und auf komparatistischem Gebiet in Zeitschriften und Sammelbänden. Übersetzungen literarischer Texte. Schreibt an einer größeren Studie über Hermann Hesse.

Der Beitrag von MANFRED DURZAK erschien zunächst in: Manfred Jurgensen (Hrsg.): Frisch. Kritik – Thesen – Analysen. Beiträge zum 60. Geburtstag. Bern/München (= Queensland Studies in German Language and Literature 6) [1977]; S. 97–120.

MICHAEL BUTLER
Studierte in Cambridge, Oxford und an der FU Berlin. Dozent für Germanistik an der Universität Birmingham, England. Veröffentlichungen: The Novels of Max Frisch (1976) und u.a. Aufsätze über J. M. R. Lenz, Nikolaus Lenau, Samuel Beckett, die 'Wiener Gruppe,' Konkrete Poesie, Günter Grass. Seit 1968 Herausgeber des 'little magazine' SAMPHIRE – Zeitschrift für neue Lyrik.

MARIANNE BIEDERMANN
Studium der Germanistik, Philosophie und Betriebswirtschaft in Berlin, Mainz und Köln; Dr. phil., Wirtschaftsprüfer und Steuerberater in Berlin. Veröffentlichungen u.a.: Das politische Theater von Max Frisch (Lampertheim 1974) und Aufsätze über Frisch und Dürrenmatt.

GERHARD P. KNAPP
Studium der Literaturwissenschaft und Philosophie in Frankfurt/M. und Berlin; Dr. phil. Akademische Lehrtätigkeit in Berlin und Kanada; seit 1972 Professor für deutsche und vergleichende Literaturwissenschaft an der University of Utah, Salt Lake City. 1977/78 Gastprofessur an der Amsterdamer Universität. Zahlreiche Veröffentlichungen zur Literaturwissenschaft. Seit 1973 geschäftsführender Herausgeber der komparatistisch orientierten Schriftenreihe "Utah Studies in Literature and Linguistics" (Frankfurt/M., Bern, Las Vegas). Neuere Veröffentlichungen u.a.: Forschungsbericht zu Büchner (Frankfurt/M. 1975); (Hrsg.) Friedrich Dürrenmatt. Studien zu seinem Werk (Heidelberg 1976); Georg Büchner (Stuttgart 1977); (Hrsg.) Max Frisch: Aspekte des Prosawerks. Bern/Frankfurt/M./Las Vegas 1978.

ROLF KIESER
Geb. in Zürich. Studium der Germanistik, Anglistik und Geschichte in Zürich und London. Seit 1964 in New York. Professor für neuere deutsche Literatur an der City University of New York, Graduate Center und Queens College. 1973–1976 Chariman des Department of German and Scandinavian, Queens College. Zahlreiche Veröffentlichungen über Gegenwartsliteratur. Wichtigste Publikationen über Max Frisch: Max Frisch. Das literarische Tagebuch. Frauenfeld 1975; Man as his Own Novel: Max Frisch and the Literary Diary. GR 47 (1972) 109–117; An Interview with Max Frisch. Contemporary Literature 13 (1972) 1–14;

Max Frisch: Gesammelte Werke in zeitlicher Folge. In: *Basis* Frankfurt: Suhrkamp 1977.

DORIS STARR GUILLOTON

Associate Professor für deutsche Literaturwissenschaft an der New York University and Director of the College Department of Germanic Languages and Literatures. Hauptarbeitsgebiete: Romantik, Stoff- und Motivgeschichte in deutscher und vergleichender Literaturwissenschaft. Veröffentlichungen: Über den Begriff des Symbols in der deutschen Klassik und Romantik ... (Reutlingen 1964); Deutsche Literatur von heute (New York 1975) [mit A. Domandi]. Aufsätze über Friedrich Schlegel und Rahel Varnhagen.

JIŘÍ STROMŠÍK

Germanistik-Studium in Olomouc (Diplomarbeit über Franz Werfel, 1961); 1968 Dissertation über Max Frisch bei E. Goldstücker (Prag); 1969–1974 Oberassistent für deutsche Literatur an der Karls-Universität Prag: seit 1974 Deutschlehrer an der Sprachschule Prag. Veröffentlichungen über Grimmelshausen, Lessing, Kleist, Fouqué, Stifter, Schnitzler, Hesse, Frisch, S. Lenz, A. Muschg u.a.

ARMIN ARNOLD

Studium der Germanistik und Anglistik in Zürich, London und Fribourg. Dr.-ès-lettres 1956. Sekundarlehrer und Bezirkslehrer in der Schweiz; 1959–1961 Asst. Professor an der University of Alberta, Edmonton. Seither an der McGill University, Montréal. Publikationen: D. H. Lawrence and America (1958); Die Literatur des Expressionismus (1966); Prosa des Expressionismus (1972). Kleinere Monographien über James Joyce, Friedrich Dürrenmatt, G. B. Shaw. Hrsg. von: The Symbolic Meaning (1962); Kanadische Erzähler der Gegenwart (1967 mit Walter Riedel).

GERD ALFRED PETERMANN

Studium der Germanistik und der Philosophie in Berlin. Danach publizistische und verlegerische Arbeit. Gegenwärtig wissenschaftlicher Assistent am Deutschen Seminar der University of Utah, Salt Lake City. Veröffentlichungen und Editionen v.a. zur Arbeiterliteratur.

RICHARD THIEBERGER

Prof. an der Université de Nice und Leiter des dortigen germanistischen Instituts, Agrégé de l'Université, Dr.phil. (Wien), Docteur ès-lettres (Sorbonne). Lehrte an den Universitäten Caen, Toulouse, Mainz und Strasbourg, als Gast für mehrere Wochen in Dakar und in Jena. Bücher über Thomas Mann (1952), Georg Büchner (1953), Albert Camus (1960, 1963), Le genre de la nouvelle dans la littérature allemande (Paris 1968). In Vorbereitung: Von Kleist bis Kafka. Stilanalysen deutscher Novellen (Heidelberg), Handbuch der Stilistik (Bern). Zahlreiche Veröffentlichungen über Peter Altenberg, Anouilh, Hermann Broch, Fritz Hochwälder, Hofmannsthal, Oskar Jellinek, Kafka, Kleist, Karl Kraus, Schnitzler, Urzidil u.a. Arbeiten zur Übersetzungstheorie und -praxis. Übersetzung der Dramen Hochwälders ins Französische.

ZORAN KONSTANTINOVIĆ

Professor für Vergleichende Literaturwissenschaft an der Universität Innsbruck. Träger des Preises der Akademie für Sprache und Dichtung in Darmstadt 1970. Arbeiten aus dem Gebiet der Literaturtheorie und Methodologie der Literaturwissenschaft; Studien zu literarischen Wechselwirkungen. Wichtigste Buchveröffentlichung: Phänomenologie und Literaturwissenschaft (1973).

SIGRID MAYER
Studium der Germanistik und vergleichenden Literaturwissenschaft an der University of New Mexico und der University of Utah. Promotion bei Gerhard P. Knapp. Associate Professor für deutsche Sprache und Literatur an der University of Wyoming, Laramie. Veröffentlichungen u.a.: Golem. Die literarische Rezeption eines Stoffes (1975); Aufsätze über Reinhard Goering, Kafka, Günter Grass, Hermann Hesse und Max Frisch.

WALTER SCHMITZ
Studium der Germanistik, Klassischen Philologie und Allgemeinen Sprachwissenschaft in Trier, Washington, D.C. und München. Mitarbeiter von Hans Mayer bei der Herausgabe von: Max Frisch. Gesammelte Werke in zeitlicher Folge. Veröffentlichte Sammelbände, Kommentare und Aufsätze zum Werk Max Frischs.

ALEXANDER VON BORMANN
Studium der Germanistik, Philosophie und klassischen Philologie in Tübingen, Göttingen und Berlin. Dr. phil. Stipendium der DFG. Seit 1971 "Krondozent" (ab 1979 Professor) für deutsche Literaturwissenschaft an der Universiteit van Amsterdam. Veröffentlichungen: Natura loquitur. Naturpoesie und emblematische Formel bei J. v. Eichendorff. Tübingen 1968; Vom Laienurteil zum Kunstgefühl. Texte zur dt. Geschmacksdebatte im 18. Jh. Tübingen 1974; Gegengesänge/Parodien/ Variationen (Hrsg.), Frankfurt 1975; Wissen aus Erfahrungen, Festschrift für H. Meyer (Hrsg.), Tübingen 1976; zahlreiche Aufsätze zur Literatur des 16. bis 20. Jahrhunderts; Rundfunkbeiträge; Rezensionen.

Register
der im Text genannten Werke

Adamov
Alle gegen alle 345f.
Andersch
Die Rote 336
Anouilh
Antigone 439
de Beauvoir
Les bouches inutiles 439
Beckett
Endgame 429, 434, 448
Glückliche Tage 434
Spiel 414
Waiting for Godot 283, 484
Benn
Ithaka 241
Brecht
"An die Nachgeborenen" 290f.
Der aufhaltsame Aufstieg des Arturo Ui 235
Das Badener Lehrstück vom Einverständnis 290
Bargan läßt es sein 241
Die Dreigroschenoper 121, 162, 208
Furcht und Elend des dritten Reiches 32, 235
Galileo Galilei 31, 40, 290
Der gute Mensch von Sezuan 31, 292
Kleines Organon für das Theater 62, 182
Mann ist Mann 290
Die Maßnahme 290, 327
Mutter Courage und ihre Kinder 31
"Vom armen B. B." 290
"Vom Mitmensch" 289
Büchner
Dantons Tod 228, 302, 304, 310, 329, 404

Der Hessische Landbote 302
Lenz 304
Leonce und Lena 228, 304, 349
Woyzeck 297–311, 342
Byron
Don Juan 265
Calderón
Das Leben ist ein Traum 143
Camus
Caligula 439
Carnets 272
Discours de Suéde 287
Le mythe de Sisyphe 261, 271
Claudel
Der seidene Schuh 29, 143
Clavel
Les incendiaires 439
Döblin
Berlin Alexanderplatz 463
Dürrenmatt
Der Besuch der alten Dame 114, 347
Die Ehe des Herrn Mississippi 170, 224
Ein Engel kommt nach Babylon 114
Herkules und der Stall des Augias 114
Die Physiker 113, 190, 398
Der Prozeß um des Esels Schatten 114
Die Wiedertäufer 113
Frisch
achtung: Die Schweiz 493
Als der Krieg zu Ende war 8, 19, 23, 26, 36, 76, 78–85, 95, 116, 138, 177–194, 217, 220, 227, 239, 241, 248, 425, 466, 476
Andorra 7, 8, 9, 13, 16, 22, 23, 25, 38f., 40f., 43, 50, 59f., 63, 65, 66f., 68, 70f., 107, 113, 114, 115, 117, 123, 129, 178,

507

193, 219f., 221, 225, 241, 248, 251f., 293, 297–311, 313–339, 341–355, 371, 416, 437, 451, 460, 463, 467f., 469, 471, 472f.

Antwort aus der Stille 134f., 239, 455

Der Autor und das Theater 23f., 283, 294, 304

Biedermann und die Brandstifter 7–9, 16, 22, 25f., 38f., 40–43, 63, 107, 113f., 117, 119, 124f., 129, 178f., 193, 212, 220f., 225, 241, 248, 251f., 275–295, 304f., 313, 371, 425, 437, 451, 458, 467f., 471, 477, 497

Bin oder Die Reise nach Peking 13, 34, 131–155, 184, 200, 204, 206, 217, 233, 415, 452f.

Biografie: Ein Spiel 9f., 16f., 24–26, 43f., 47–49, 50–53, 57f., 67, 69, 71, 76, 93–95, 97, 107, 109f., 112, 114, 129, 138, 166, 193, 225, 241–243, 248, 250–253, 262, 264, 295, 313, 357–369, 371–400, 403, 410, 412, 416, 418, 425–427, 437, 452, 478, 482, 484, 494

Blätter aus dem Brotsack 132f., 138, 493

Brief an die Darstellerin einer Nebenrolle 255, 426

Die Chinesische Mauer 8, 18, 21–23, 26, 34–36, 40, 57, 59, 107–109, 113, 117, 121–123, 129, 132, 157–175, 210, 217, 239, 255, 287, 292, 411, 414, 416, 426, 452, 456, 486, 497

Dienstbüchlein 420, 493

Don Juan oder Die Liebe zur Geometrie 8, 21, 26, 41, 63, 76f., 83, 89–92, 107f., 111f., 116, 119, 121, 129, 142, 151, 214, 217, 225, 241, 255–273, 414, 452, 485–487, 489, 497

Dramaturgisches 44–46, 49, 51, 107, 113, 142, 166f., 186f., 357, 375, 382f., 386, 389, 393f., 395f., 399

Emigranten 250–252, 301, 310, 404

Graf Öderland 8–10, 20, 26, 36f., 40, 57, 76, 89–92, 107, 113, 124f., 134, 143f., 177–194, 195–221, 223–254, 292, 313, 425, 438, 452, 456, 471, 486, 489

Griechenland 1967 250

Die große Wut des Philipp Hotz 9, 22, 83, 107, 109, 112, 129, 134, 245, 304, 425, 485

Homo faber 25, 47, 54, 59, 77, 100–104, 138, 243, 331, 377, 395, 408, 412f., 416, 433, 451, 460–465, 468, 474, 479, 496

Ich schreibe für Leser 50, 52, 54, 84, 410, 438, 480

Illusion zweiten Grades 179, 251

In eigener Sache 253

Jürg Reinhart 74, 76f., 418

Kunst der Erwartung 413

Eine Lanze für die Freiheit 455

Mein Name sei Gantenbein 49–52, 58f., 83f., 100, 128, 138, 240, 243, 245, 247, 264, 276, 291, 371–400, 408–410, 438, 452, 455, 458, 474, 477, 480–482, 484, 497

Montauk 11, 75, 80, 83, 95–98, 100, 148, 240, 243, 248, 250, 403, 408, 412, 418, 427, 444, 448, 452, 483–485

Nun singen sie wieder 7, 17, 23, 26, 34–36, 40, 46, 57, 107–109, 113–115, 117–119, 129, 177f., 207, 210, 220, 227, 239, 403, 414, 437f., 493

Öffentlichkeit als Partner 113, 166, 250f., 283, 295, 301, 399f.

Santa Cruz 7, 13, 17f., 26–28, 33f., 36, 56–58, 74, 76, 78–85, 95, 107f., 110, 112, 121, 129, 131–155, 200, 204–207, 210f., 217, 220, 233, 240, 409, 467, 475

Schillerpreis-Rede 45, 49, 54, 166, 295, 393, 433, 444, 482

Der Schriftsteller in unserer Zeit 124

Die Schweiz als Heimat 492

Die Schwierigen 74, 77, 79, 95–97, 136, 138, 239, 405, 407, 409, 415

Skizze = Schinz 134, 243f., 246

Spuren meiner Nicht-Lektüre 304

Stahl 27

Stiller 59, 63, 69, 79, 85–89, 138, 177, 183, 187, 239, 243, 262, 264, 304, 331, 353, 360, 371–400, 409, 411–413, 416, 426, 451, 454, 457, 460, 463–

468, 477–479, 484, 489, 490, 493, 496
Tagebuch 1946–1949 8, 25, 29, 31, 33,
38, 41, 47, 59–61, 65, 70, 81f., 90,
109, 121, 132, 134–136, 159, 177–
181, 184, 186, 195, 223, 225, 260, 276,
297f., 299, 348, 350, 378, 408, 420,
452, 456, 467
Tagebuch 1966–1971 44, 51, 69, 75,
92, 96, 187, 386, 393, 398f., 421, 444,
448, 494
Theater mit Puppen 69–71
Theater ohne Illusion 19, 32, 226
Triptychon 10f., 13, 16f., 25f., 28, 43,
53–58, 71, 95, 98f., 193, 242f., 250,
361, 401–449
Verdammen oder verzeihen? 117
Wilhelm Tell für die Schule 248, 452,
490
Wir hoffen 242, 250, 252f., 353
Zürich-Transit 9, 247, 417, 438
Gaiser
Schlußball 336
Goering
Seeschlacht 241
Goethe
Faust 248, 271, 308
Iphigenie auf Tauris 180f.
Grillparzer
Der Traum ein Leben 143
Handke
Kaspar 284
Kurzer Brief zum langen Abschied 405,
477
Das Mündel will Vormund sein 70
Ritt über den Bodensee 72
Die Stunde der wahren Empfindung 405
Hauptmann
Die Weber 314
Hesse
Morgenlandfahrt 134
Hochhuth
Der Stellvertreter 346
Hochwälder
Der Flüchtling 348
Der Himbeerpflücker 347
Hofmannsthal
Der Abenteurer und die Sängerin 143

Der Tor und der Tod 143, 406
Ibsen
Die Frau am Meer 143
Gespenster 305, 308
Wenn wir Toten erwachen 406
Die Wildente 305f.
Ionesco
La cantatrice chauve 283
Jacques ou la soumission 289
La Leçon 284f.
Jonke
Schule der Geläufigkeit 413
Joyce
Finnegan's Wake 161f., 173, 175
Kafka
Amerika 134
Der Prozeß 244
Das Urteil 419
Die Verwandlung 244
Kaiser
Hölle Weg Erde 239
Von morgens bis mitternachts 186, 229,
240
Kasack
Die Stadt hinter dem Strom 411
Kierkegaard
Entweder-Oder 360, 405f., 488
Die Wiederholung 413, 466
Lessing
Nathan der Weise 327
Mann, Heinrich
Pippo Spano 407
Mann, Thomas
Betrachtungen eines Unpolitischen 408
Tod in Venedig 408
Der Zauberberg 401
Masters
Spoon River Anthology 415
Mell
Apostelspiel 282
Miller
Tod eines Handlungsreisenden 325
Molière
Dom Juan 258, 263, 265, 269
Tartuffe 181
Mozart
Don Giovanni 259, 269

Musil
   Der Mann ohne Eigenschaften 480
Nossack
   Helios GmbH 336
   Nekyia 411
Pirandello
   Sei personaggi in cerca d'un autore 161
Rilke
   Die Aufzeichnungen des Malte Laurids Brigge 406–408, 411
   Die Bücher einer Liebenden 416
Roth, G.
   Sehnsucht 405
Sartre
   Huis clos 10, 413f., 437–449
   Ist der Existentialismus ein Humanismus? 441f.
   Les jeux sont faits 10, 390, 414, 437–449
   Das Sein und das Nichts 441
Schiller
   Die Räuber 230
   Der Verbrecher aus verlorener Ehre 230
Schopenhauer
   Die Welt als Wille und Vorstellung 406
Shakespeare
   Hamlet 420, 434

Shaw
   Man and Superman 416
Stefan
   Häutungen 415
Strauß
   Die Widmung 413
Strindberg
   Nach Damaskus 325
   Traumspiel 412, 416
Tirso de Molina
   Burlador von Sevilla 262, 269
Tschechow
   Drei Schwestern 358
Walser, M.
   Halbzeit 336
Weiss
   Die Ermittlung 350
Wilder
   Our Town 162f., 414, 438f.
   The Skin of our Teeth 33, 157–175
Wolf
   Kindheitsmuster 346f.
Zollinger
   Die große Unruhe 132
   Haus des Lebens 404

Register
der im Text genannten *historischen Namen,*
Wissenschaftler und Kritiker

Adamov, Arthur 310, 342, 345
Adolf, Helen 472
Adorno, Theodor W. 77, 93, 363f., 429, 468, 470
Alewyn, Richard 406f.
Alexander, Loren Ray 477
Allemann, Beda 389, 396, 495
Anders, Günther 447
Andersch, Alfred 336
Anouilh, Jean 439
Anrieu, Paul 458
Ariés, Philippe 411
Arnold, Armin 310, 448, 477, 493
Arnold, Heinz Ludwig 27, 31, 34, 39, 185f., 188, 190, 193, 223, 243, 299, 305, 452, 458, 489

Bachmann, Dieter 132 f.
Bacon, Francis 240
Bänziger, Hans 101, 132f., 135f., 143, 154f., 195–198, 224, 230, 275, 277, 299, 305, 310f., 350, 357, 454, 457, 459, 472, 484f., 495
Barlow, Derrick 467
Bauer, Elisabeth 460
Baumgart, Reinhart 458
Bauschinger, Sigrid 175, 477
de Beauvoir, Simone 75, 439
Beckermann, Thomas 103, 190, 203, 303, 371, 385, 389, 457
Beckett, Samuel 283, 363, 414, 434, 448
Beneš , Eduard 275f.
Benjamin, Walter 469
Benn, Gottfried 241, 301
Bergemann, Fritz 302
Berghahn, Klaus L. 460

Bichsel, Peter 452f., 474
Bicknese, Günther 462
Biedermann, Marianne 11, 212, 221, 315, 336, 355, 372, 469–472
Biemel, Walter 413
Bienek, Horst 27, 137, 283, 288, 300, 378
Bier, Jean Paul 470, 481, 491
Bloch, Ernst 206, 268f.
Bloch, Peter André 116, 188, 223
Blöcker, Günter 402, 458
Böll, Heinrich 365
Bollnow, Otto Friedrich 407
Borchert, Wolfgang 439
Botheroyd, Paul F. 480f.
Bradley, Brigitte L. 372, 388, 390, 393, 397, 482
Braun, Karlheinz 86, 479
Brauneck, Manfred 497
Brecht, Bertolt 18, 27, 29–32, 36, 40, 44f., 60–64, 68, 70, 120, 161f., 169, 178, 182, 184, 208, 232, 235f., 241, 252, 254, 265, 270, 272, 287–295, 305, 318–339, 425, 428, 459, 470f., 473, 495
Brewer, John T. 275, 472
Brinkmann, Henning 477
Brock-Sulzer, Elisabeth 154
Büchner, Georg 228, 297, 311, 329, 342, 349, 404, 473
Büchner, Wilhelm 302
Buehne, Sheema Z. 472
Bussmann, Rudolf 116, 188
Butler, Michael 187, 462f., 465
Byron, George Gordon, Lord 256

Calderón de la Barca, Pedro 143, 487

Campanella, Tommaso 240
Campbell, Joseph 161
Camus, Albert 27, 261, 271f., 287, 439
Carossa, Hans 132
Charbon, Rémy 159
Claudel, Paul 27, 29, 143, 428
Claudius, Matthias 430
Cock, Mary E. 465
Conrad, Joseph 240
Cowley, Malcolm 174
Cunliffe, William G. 467, 482

Dahms, Erna 479
Daiber, Hans 461
Denk, Rudolf 497
Denkler, Horst 241
Dietrich, Margret 267
Döblin, Alfred 463
Dorst, Tankred 119
Drommert, René 392
Dumas, Alexandre 240
Dürrenmatt, Friedrich 74, 113f., 119, 170, 190f., 196, 224, 230, 246, 286f., 292f., 347, 357, 398, 456, 470, 474, 489, 492f., 495
Durzak, Manfred 11f., 33, 40, 142f., 155, 158, 167, 169, 196–199, 201, 205, 210, 221, 280, 283, 288, 309, 313, 322, 327, 357, 382, 404, 428, 439, 457, 460, 468, 486

Eckart, Rolf 307
Ehrhardt, Marie-Luise 466
Eifler, Margret 243, 469f., 491, 493
Endres, Elisabeth 454
Enzensberger, Hans Magnus 308
Esslin, Martin 283, 471f.

Farner, Konrad 461
Forster, Leonard 320
Franz, Hertha 256, 488
Franzos, Karl Emil 302
Frenz, Horst 162, 486
Frenzel, Elisabeth 267
Freud, Sigmund 240
Friedrich, Gerhard 463
Frühwald, Wolfgang 9, 218, 248, 299f., 304f., 310, 323f., 326f., 329f., 331–

338, 402, 454, 457, 463f., 467, 471–473, 490f.
Frye, Northrop 415
Fuchs, Werner 411

Gaiser, Gerd 336
Gassmann, Max 463
de Gaulle, Charles 192, 439
Gay-Croisier, Raymond 272
Geiger, Heinz 467
Geisser, Heinrich 50, 383, 482
Geulen, Hans 462f.
Ginsberg, Allen 364
Giraudoux, Jean 27
Gnüg, Hiltrud 285, 488
Gockel, Heinz 408, 410, 477, 481f., 484
Goering, Reinhard 241
Goethe, Johann Wolfgang von 180f., 268–270, 302
Gold, Michael 175
Goldstone, Richard H. 158
Goltschnigg, Dietmar 310, 342,
Gontrum, Peter 158, 172, 262, 487
Gotthelf, Jeremias 382
Gottwald, Klement 275f.
Grabbe, Christian Dietrich 267
Grass, Günter 365
Grillparzer, Franz 143
Grimm, Gunter 485
Grimm, Reinhold 74, 77, 103, 210, 220, 243, 372, 380, 463
de Groot, Cegienas 497
Gsteiger, Manfred 477, 492
Guggenheim, Kurt 492
Gustavsson, Lars 411

Haas, Norbert 435
Haberkamm, Klaus 349, 463, 471
Häberle, Erwin 161, 168
Habermas, Jürgen 364f.
Hampe, Johann Christoph 411
Handke, Peter 70–72, 284, 404f., 477
Hanhart, Tildy 46, 137, 478, 482, 491
Harder, Johannes 466
Haslinger, Adolf 477
Hauptmann, Gerhart 304, 314
Hauser, Albert 461

Hay, Gerhard 493
Hebel, Franz 435f.
Hegel, Friedrich 363
Hegele, Wolfgang 303, 468
Heidegger, Martin 480
Heidsieck, Arnold 471f.
Heißenbüttel, Helmut 456, 458, 474
Heitner, Robert R. 136
Helbling, Hanno 437
Helmetag, Charles H. 463
Henningsen, Jürgen 483
Hensel, Georg 461
Herms, Dieter 471
Herwegh, Georg 302
Hess, Günter 454
Hesse, Hermann 134
Hillen, Gerd 462
Hillmann, Heinz 480
Hilty, Hans Rudolf 464, 492, 495
Hinck, Walter 497
Hinderer, Walter 175, 477
Hirschfeld, Kurt 27, 301
Hitler, Adolf 348
Hochhuth, Rolf 346
Hochwälder, Fritz 347f.
Hoefert, Siegfried Pedro 477
vom Hofe, Gerhard 412, 484
Hoffmann, Charles W. 136
Hofmannsthal, Hugo von 133, 143, 406, 469, 495
Höllerer, Walter 43, 49, 50f., 107, 142, 166, 186, 357, 375, 382, 384, 393f., 454, 458f.
Holz, Hans Heinz 385f., 394
Horkheimer, Max 364
Horn, Hermann 466
Horn, Peter 487
Horst, Karl August 311, 402
Horwáth, Ödön von 119
Hubacher, Edwin 116, 188, 223
Humboldt, Wilhelm von 435f.
Hüning, Franz Josef 460
Hürlimann, Martin 495

Ibsen, Henrik 41, 143, 305, 406, 473
Imbach, Josef 411
van Ingen, Ferdinand 462f.

Ionesco, Eugène 283–285, 289, 428
Iser, Wolfgang 461
Ismayr, Wolfgang 467

Jacobi, Walter 159, 486
Jaeckle, Erwin 454
Jahnn, Hans Henny 439
Jens, Walter 460
Johnson, Uwe 484
Jonke, Gert 413
Joyce, James 161f., 173, 175
Jünger, Ernst 133
Jurgensen, Manfred 11, 33, 61, 74, 88, 90f., 132, 135–138, 140f., 147, 159, 197, 201, 203, 205, 216, 224, 236, 238, 245, 254, 313, 357, 360, 377, 379f., 384, 395, 421, 438, 452–454, 456, 460, 462, 473, 476f., 480, 483, 486f., 489, 491, 493, 495

Kafka, Franz 134, 244, 419
Kahn, Robert L. 474
Kaiser, Georg 186f., 193, 228f., 239f., 310
Kaiser, Gerhard 103f., 159, 462f., 486
Kaiser, Joachim 184, 311, 437, 456, 494
Kamnitzer, Heinz 329
Karasek, Hellmuth 7, 143, 146f., 153, 186, 198f., 220, 224, 246, 248, 277, 282, 288, 309, 318, 336f., 344, 348, 470f.,
Karmasin, H. 401f., 457
Kasack, Hermann 411, 439
Kaschnitz, Marie Luise 301
Kästner, Erich 301, 304
Keller, Gottfried 430
Kessel, Martin 301
Kesting, Marianne 224, 470
Kierkegaard, Søren 266f., 291, 358, 360, 363, 405f., 413, 416, 451, 464–466, 482, 488, 495f.
Kiernan, Doris 496
Kieser, Rolf 226, 258, 264, 304, 410, 420, 452, 479f., 482f.
Kipling, Rudyard 240
Kjaer, Joergen 466
Klages, Ludwig 240
Knapp, Gerhard P. 11, 52, 100, 113, 132, 215, 226, 240, 243, 248, 304, 353, 357,

372, 426f., 439, 444, 447, 451, 456, 467, 479, 484f., 493
Knapp, Mona 11, 102, 248, 357, 447, 457, 497
Knust, Herbert 472
Koebner, Thomas 495
Koepke, Wulf 490
Kohlschmidt, Werner 454
Konstantinović, Zoran 74, 476
Kortner, Fritz 223, 236, 489
Kosok, Heinz 175
Kraft, Martin 481f.
Kramberg, Karlheinz 461
Krapp, Helmut 322, 324
Kraus, Karl 473
Kreuder, Ernst 301
Krolow, Karl 301
Kübler-Ross, E. 411
Kurz, Paul Konrad 466
Kuschel, Karl-Joseph 475
Kuttenkeuler, Wolfgang 463

Lacan, Jacques 435
Landmann, Michael 407
Landsberg, Paul Ludwig 411
Lang, H.-J. 486
Lang, Peter 14
Lange, Martin Joseph 258, 479
Lankheit, Klaus 417
Lavater, Johann Kaspar 302
Lengborn, Thorbjörn 241, 492f.
Lenin, Wladimir Iljitsch 302
Lenz, Siegfried 119, 365
Leonhard, Rudolf Walter 392
Lessing, Gotthold Ephraim 327
Levi-Strauss, Claude 487
Lewis, Flora 185
Lindtberg, Leopold 394
Link, Franz H. 175, 497
Links, Roland 477
Löffler, Peter 301
Lorca, Federico García 27
Lorenz, Bernhard 472
Lorenzo, N. 394
Louis, Andrew 474
Luft, Friedrich 277
Lusser-Mertelsmann, Gunda 409, 478

Lutz-Odermatt, Hedwig 399

MacCarthy, Mary 161
MacNeice, Louis 178
de Madariaga, Salvador 268
Mahler, Horst 185
Mandel, Oscar 269
Mandelkow, Karl Robert 459
Manger, Philipp 464f.
Mann, Heinrich 407
Mann, Thomas 239, 401, 408, 495
Marache, Maurice 344
Marchand, Wolf 480
Marcuse, Herbert 364
Marti, Kurt 492
Masters, Edgar Lee 415
Matthews, Robert J. 257, 269, 488f.
Matthias, Klaus 196–198, 207, 211, 216f., 377, 472
Mauranges, Jean-Paul 171, 477f.
Mayer, Hans 11, 15, 27, 59, 73, 84, 134, 136, 177, 195, 215, 223, 260f., 269, 271, 276, 297, 304, 359, 426, 441, 453, 455, 456, 458, 464, 483, 490, 495
Mayer, Sigrid 293, 477
McCormick, Dennis Ray 28
Mell, Max 282
Mennemeier, Franz Norbert 493
Merrifield, Doris Fulda 74, 77, 79, 81, 104, 206, 476, 481
Michaelis, Rolf 414, 437
Michot-Dietrich, Hela 495
Milfull, John 469
Miller, Arthur 325
Miller, Norbert 178, 472
Millett, Kate 73
Mohr, Wolfgang 454
Molière (= *Jean Baptiste Poquelin*) 181, 258, 263, 265, 269
Montaigne, Michel de 291
Morus, Thomas 240
Mozart, Wolfgang Amadeus 259, 263, 269
Müller, Klaus-Detlev 432f., 471
Müller-Seidel, Walter 454
Murat, Jean 344
Muschg, Adolf 456, 474, 480f., 491
Musil, Robert 480

Naumann, Helmut 243, 496
Nemec, Friedrich 458
Nietzsche, Friedrich 240
Nivelle, Armand 351
Nolte, Jost 461
Nossack, Hans Erich 336, 411, 439

Oehlmann, Werner 266–268
Ortega y Gasset, José 256
Ossowski, Rudolf 41

Pache, Walter 357, 482
Palitzsch, Peter 323
Pascal, Blaise 291
Petersen, Carol 196–198
Petersen, Jürgen H. 11, 28, 52, 223, 244, 434, 438, 445, 455, 457, 480, 491, 496
Petersen, Klaus-Dietrich 131
Pfanner, Helmut 262
Pickar, Gertrud Bauer 196–199, 201–205, 208, 210, 215, 258, 472, 478f.
Pickard, Max 277
Picon, Gaëtan 439
Pirandello, Luigi 10, 161, 448
Piscator, Erwin 161
Plett, Peter C. 305
Poe, Edgar Allan 435
Pollack, Anita 487
da Ponte, Lorenzo 258, 263
Porter, Thomas E. 414
Profitlich, Ulrich 433, 482
Pulver, Elsbeth 421, 477, 494
Pütz, Peter 221, 313f., 318–320, 322f., 334f., 338, 463f., 473

Quenon, Jean 351

Raabe, Paul 419
Radler, Rudolf 458
Raeber, Kuno 269
Rank, Otto 259
Ravar, Raymond 458
Rehm, Walther 408, 410, 475
Reich-Ranicki, Marcel 458
Reinhardt, Max 27
Richter, Karl 487f.
Rilke, Rainer Maria 133, 406–408, 416

Rischbieter, Henning 309
Robinson, Henry Morton 161
Robinson, Michael 414
Rodi, Frithjof 485
Roisch, Ursula 103, 462
Roloff, Hans-Gert 320
Röntgen, Julius 482
Rosegger, Peter 304
Rosenberg, Alfons 259
Rotermund, Erwin 467
Roth, Gerhard 405
Rötzer, Hans Gerd 258f., 487
Rüedi, Peter 43, 223, 402, 404, 417, 437
Ruppert, Peter 467, 483, 488
Russell, Charles Robert 482
Rychner, Max 453

Salins, Jautrite Milija 467
Salis, J.R. von 196
Sartre, Jean-Paul 10, 27, 291, 351f., 390, 413f., 437–449, 495
Schaefer, Eduard 460
Schaefer, Heide-Lore 142f., 147, 207, 210, 475, 479
Schafroth, Heinz F. 371, 494
Schau, Albrecht 159, 394, 456, 467, 470
Scheible, Konrad 474
Schelsky, Helmut 334
Schenker, Walter 477
Schiller, Friedrich 230
Schimanski, Klaus 468
Schmid, Karl 144, 147, 310f., 371, 409, 454, 456, 485f., 492
Schmitz, Walter 9, 11, 13, 15, 27, 59, 73, 75, 131f., 142, 151, 155, 177, 187, 191, 195, 207, 218, 223, 248, 256, 275f., 297, 299f., 304f., 309–311, 314, 322–324, 326f., 329f., 331–338, 359, 372, 401f., 412, 416, 437f., 456f., 463f., 467, 471, 473, 491, 493, 495, 497
Schneider, Peter 457f.
Schnetzler-Suter, Annemarie 28, 472
Schober, Otto 497
Schoell, Konrad 447
Schönberg, Arnold 363
Schopenhauer, Arthur 406
Schöpp, Joseph C. 175

Schröder, Gerhard 479
Schröder, Jürgen 151, 155, 371, 378, 383, 421, 452, 456, 460, 474f., 477–479, 482f., 491
Schröder, Marlies Cordula 479
Schulze-Vellinghausen, Albert 311
Schumacher, Hans 132
Schwab-Felisch, Hans 394, 402
Seeba, Hinrich C. 414, 475
Seidler, Herbert 477
Shakespeare, William 160
Shaw, George Bernard 416
Sieburg, Friedrich 461
Silex, Karl 461
Simmel, Georg 407
Spengler, Oswald 240
Spoerri, Theophil 476
Spycher, Peter 13, 229
Staiger, Emil 453
Stäuble, Eduard 131–133, 135f., 140, 154, 275, 311, 352
Stauffacher, Werner 59, 454, 465, 477
Stefan, Verena 415
Steinmetz, Horst 11, 88, 195, 226, 304, 371, 374, 378, 383f., 479f.
Stemmler, Wolfgang 464f., 482
Sternberger, Dolf 411
Stifter, Adalbert 304
Stine, Linda J. 131, 453, 489
Stössinger, Felix 261
Storm, Theodor 304
Strauß, Botho 413
Strindberg, August 325, 412, 416, 435, 439, 448
Stromšík, Jiří 198, 200, 248, 480
Struck, Karin 476
Suhrkamp, Peter 299
Suter, Gody 224, 300
Szczesny, Gerhard 301
Szondi, Peter 162, 198, 440

Tarot, Rolf 405f.
Ter-Nedden, Gisbert 463
Tirso de Molina (=Gabriel Tellez) 258, 262, 269
Torberg, Friedrich 394
Trousson, Raymond 271
Tschechow, Anton 358

Ullrich, Gisela 482
Unseld, Siegfried 231, 300, 333, 337

Vaihinger, Hans 240
Villain, Jean 422
de Vin, Daniel 479, 481, 492, 494f.
Vogel, Traugott 495
Völker-Hezel, Barbara 491
Voss, Renate 175

Wagener, Hans 74, 210, 349, 372, 471
Wailes, Stephan L. 497
Waldmann, Günter 159, 486
Walser, Martin 119, 336, 365, 471
Wapnewski, Peter 357, 455, 483
Watrak, Jan 31
Weber, Werner 460, 468, 472
Wedekind, Frank 304
Wehrli, Max 454
Weise, Adelheid 147, 195–197, 204, 215f., 318, 353, 468
Weiss, Peter 350
Weisstein, Ulrich 29, 132f., 136, 140, 142, 147, 152, 154f., 158, 169, 374, 454, 459, 464
Wellauer, Carolyn 74, 77, 103, 210, 220, 243, 372, 380, 463
Wendt, Ernst 9, 311, 314, 459
Werner, Johannes 488
Werner, Markus 50, 463
Werner, Steffen 366
Wersig, Gernot 460
Westecker, Wilhelm 461
White, Andrew 482
Whitton, Kenneth S. 454
Wilbert-Collins, Elly 457
Wild, Winfried 323
Wilder, Thornton 10, 19, 27, 31, 33, 60, 143, 157–175, 292, 414f., 438f., 448, 495
Wintsch-Spiess, Monika 465
Wittgenstein, Ludwig 362f.
Wittmann, Brigitte 256, 258, 260f., 264f., 268f., 271–273
Wixson, Douglas Charles 161
Wolf, Christa 155, 346, 439, 456, 474, 483
Wolfschütz, Hans 480–482

Wünsch, Marianne 401, 405, 457, 464, 494
Wysling, Hans 320, 337, 473

Zehnder, Ulrich 302
Zeller-Cambon, Marlies 495
Zimmer, Dieter E. 193, 371f., 374, 384,
387

Ziolkowski, Theodore 461
Ziskoven, Wilhelm 493
Zollinger, Albin 132, 135, 404, 492
Zonta, Renate 74, 476